한국사

8

삼국의 문화

국사편찬위원회

자문위원

이 기 백　　황 수 영

편찬위원

노 태 돈　　신 형 식　　이 기 동

정 영 호

집필(삼국의 문화)

강 은 구　　김 리 나　　김 정 기

성 기 옥　　성 주 탁　　송 기 중

송 방 송　　신 종 원　　양 은 용

이 난 영　　이 완 우　　이 종 철

이 진 수　　전 상 운　　전 호 태

정 구 복　　정 명 섭　　정 영 호

최 광 식

기획 · 편집

최 근 영　　변 승 웅　　이 근 택

고 혜 령　　고 성 훈　　고 숙 화

윤 병 희

복간 간행 : 김 용 곤 · 장 득 진

한국사 간행취지

우리 겨레가 앞으로 어떻게 살아갈 것인가 하는 문제는 우리들은 물론 우리와 더불어 살아가는 세계인들의 관심사일 것이다. 이에 대한 해답은 과거에 어떻게 살아왔는가 하는 우리 역사에 대한 인식을 통해 찾을 수 있을 것이라고 생각된다.

본 위원회에서는 이미 1970년대에 『한국사』 25권을 간행하여 해방 이후 한국사의 연구성과를 집대성함으로써 한국사에 대한 인식을 새롭게 한 바 있다. 그 이후 한국사회는 놀라운 성장과 발전을 이루었고 역사학계도 상당한 연구성과를 축적하였다. 이러한 변화에 발맞추어 한국사학계는 새로운 『한국사』 편찬의 필요를 느끼게 되었다.

이에 본 위원회는 일차적으로 한국사 연구지원비를 마련하여 역사학계로 하여금 1980년대 중반까지 연구성과가 미진하다고 생각되는 분야를 연구할 수 있도록 하였다. 이어서 1989년부터 1990년까지의 준비를 거쳐 1991년에는 '신편 한국사 편찬위원회'를 따로 구성하고 총 60권에 달하는 새로운 『한국사』를 편찬하기로 하였다. 그리고 다음과 같은 『한국사』 편찬의 목표를 세웠다.

① 한국의 역사와 문화에 대한 객관적 인식의 토대를 제공할 수 있는 한국사를 편찬한다.

② 민족의 창조적 문화활동과 민족사의 내재적 발전을 드러내는 한국사를 편찬한다.

③ 최근까지의 연구성과를 체계화하고 새로운 영역을 개척함으로써 한국사 연구의 지평을 넓힌다.

④ 한국사 연구와 관련하여 고고학·인류학·사회학·경제학 등 인접학문의 연구성과를 수용하여 한국사 인식의 폭을 넓히는 데 기여한다.

새로운 『한국사』를 펴내면서 우리 모두가 바라는 바는, 민족의 통일에 대비해야 하고 급격히 변화하는 시대상황 속에서, 한국사 연구자의 깊이 있는 연구를 도와주고 독자들의 역사인식을 드높일 수 있는 길잡이 구실을 할 수 있었으면 하는 것이다.

국사편찬위원회 위원장

목 차

Ⅱ. 불교와 도교

Ⅲ. 유학과 역사학

Ⅳ. 문학과 예술

Ⅴ. 과학기술

Ⅵ. 의식주 생활

Ⅶ. 문화의 일본 전파

개　　요

I

삼국이 초기에는 중국대륙 문물의 영향을 받아 모방하기도 하였으나 후일에는 고대국가로서의 성장과 함께 각국의 민족성에 따라 세 나라가 제각기 자기 나라 나름의 특수한 문화를 창조하면서 새롭게 형성·발전시켰다. 더욱이 4세기 후반인 372년 이후로는 중국으로부터 불교를 수용하여 더욱 더 대륙의 문물을 받아들였으니 불교적인 조형미술의 발달을 비롯하여 학술의 연구, 사상적 변화, 사회 교화 등 특히 문화면에서 획기적인 변혁을 일으켰다.

즉 불교가 수용되면서 불교의 因果應報·輪廻轉生의 사상과 고유 神敎思想이 융화되어 安心立命의 국민성으로 善導되었다. 그리고 각처에 사찰이 창건되고 塔婆 등 많은 건조물이 세워졌으며 회화·조각·공예미술 등이 크게 발달하였다. 한편 學問僧들의 중국 내왕으로 漢文學이 발달되고 經文을 해독하기 위한 漢文의 성행으로 학문이 발달되었으며, 留學僧들에 의한 대륙의 문물과 제도의 수입으로 문물·제도상의 변화를 일으키는 등 불교의 수용은 삼국의 문화 발달에 크게 이바지하였다.

삼국의 토착신앙은 天神信仰과 조상숭배신앙, 지신신앙 등이 자리하고 있었는데, 불교가 수용되면서 초기에는 다소의 갈등이 있었으나 점차 융화되었으며 결국은 불교가 교대하여 크게 자리잡게 되었다.

불교가 처음 수용된 것은 고구려 小獸林王 2년(372) 중국 前秦에서 僧 順道가 불상과 불경을 가지고 옴으로써 비롯되었다. 백제에는 枕流王 원년(384)에 東晋으로부터 胡僧 摩羅難陀가 불교를 전하였다. 고구려와 백제는 이렇듯 아무런 마찰없이 각기 국가적인 사절을 매개로 왕실에 의하여 불교를 받아들였던 것이다. 그러나 신라는 訥祇麻立干(417~457)때에 고구려를 거쳐온 阿道(我度 : 별명 墨胡子)가 一善郡(지금의 龜尾市 善山郡 桃開面 道開洞)에 들어옴으로써 불교가 파급되었지만, 그것은 지방에 있어서의 개인 傳道로 박해가 심하였다. 그 후 梁나라의 사신인 僧 元表에 의하여 비로소 신라 왕실에 불교가 알려졌던 것이며 왕실은 불교의 수용을 위하여 노력하였으나 귀족들의 반대로 실패하고 法興王 14년(527) 異次頓의 殉教를 계기로 불교가 공인되었던 것이다.

삼국에 있어서 불교를 받아들이는 데 선봉적인 역할을 한 것은 모두 왕실이었으니 신라의 경우는 그것이 더욱 뚜렷이 나타나 있다. 이렇듯 왕실에 의하여 불교가 믿어지고 발전하게 된 것은 전제화 한 왕권 중심의 고대국가에 있어서 정신적인 지주로서 적합하였기 때문이다. 부족적인 전통을 지닌 巫覡信仰 대신에 하나의 불법에 귀의하는 같은 信徒라는 신념은 하나의 국왕을 받드는 같은 국민이라는 생각과 함께 국가의 통일에 큰 역할을 하였던 것이다. 그러므로 삼국시대의 불교는 무엇보다도 왕실불교요 국가불교였다. 특히 신라에서 國統·州統·郡統 등의 僧官을 두어 승려를 다스리려고 한 것은 그러한 연유 때문이었을 것이다.

삼국시대의 불교는 때로는 개인의 求福信仰을 엿볼 수 있었지만, 이 보다는 국가의 발전을 비는 護國信仰이 더욱 강하게 나타나 있었다. 그러므로 護國經典으로 유명한《仁王經》은 특히 귀중하게 여겨졌다. 이《인왕경》의 說에 의하여 百座講會(仁王會)라는 국가의 태평을 비는 의식이 행하여졌으며 八關會도 역시 호국적인 의미를 가진 것이었다. 많은 寺院 중에서도 신라의 皇龍寺나 백제의 王興寺 등은 모두 호국의 도량이었는데, 특히 황룡사의 9층목탑은 신라 사람들의 신념 즉 주위 9개국을 정복하여 朝貢받을 것을 상징했다는 것이다. 彌勒佛이 下生하여 花郞이 되었다는 신념도 이러한 호국신앙의 표시이며 나아가 호국과 護法을 위하여 전쟁에 용감하기를 권하는 승려들의 설법은 국가를 위해 전쟁에 나가는 국민의 용기를 북돋아 주었던 것이다.

한편 이 시기에 密敎가 크게 성하였다. 그리하여 治病·禳兵·降龍 등의 기적을 행한 것으로 믿어진 것도 당시 백성들의 불교에 대한 관념을 말해주는 것이라 하겠다. 그러나 고구려나 백제의 말기에는 불교도 변모하고 있었으니 백제의 謙益이나 신라의 慈藏이 그 대표이었던 戒律宗 외에 고구려의 普德이 道敎의 不老長生思想에 대항하기 위하여 金剛不壞의 佛性을 일체 중생이 모두 가지고 있다는 涅槃宗을 제창하였으며 寶藏王 9년(650)에 完山州 孤大山으로 옮겼다.

이렇듯 불교가 국가적인 종교로서 절대적인 지지를 얻음으로써 승려들은 때로는 정치적인 고문의 역할을 담당하기도 하였다. 乞師表를 쓴 圓光法師나 大國統으로서 황룡사 9층목탑의 건립을 건의한 慈藏律師 등이 그 대표라 하겠으며, 이들은 또한 문화적으로는 중국문화 수입의 선구적 역할을 담당하였던 것이다. 또한 이들은 정신적인 스승으로서 민심을 敎導하였으니 원광법사가 화랑인 貴山과 箒項에게 世俗五戒를 가르친 일이나 花郎徒 가운데 승려가 섞여 있어서 도의적인 면의 교육을 담당한 것은 그러한 좋은 예라 하겠다.

道敎도 유교·불교와 같이 삼국시대에 전래되었는데, 유·불 2敎가 4세기 후반인데 비하여 도교의 전래에 관한 문헌 기록은 7세기이며 고구려 榮留王 7년(624)에 당나라에서 파견한 道士가 天尊像을 가지고 와서《道德經》을 강론함으로써 비롯되었다는 것이다. 그러나 여러 가지 상황으로 보아 이전부터 삼국에는 도교사상이 퍼져 있었다. 고구려에서는《도덕경》의 유포와 아울러 신선사상이 유행하였으니 특히 고분벽화에 잘 나타나 있다. 그리고 三敎等位 도교관이 확산되고 있었는데, 불교와 도교의 대립이 노정되는 가운데 유·불·도 3교를 대등하게 인식하는 도교관이었던 것이다. 백제에서는 方術이 유행하고 있었으니 다양한 학술이 발전한 가운데 陰陽五行은 물론 醫藥·卜筮·占相의 術을 이해하고 있었다. 도교사상 유포의 예로서는 무령왕릉에서 買地券이 발견된 일과 신선사상의 성행을 알리는 山景文塼과 山水鳳凰文塼, 1993년에 출토된 扶餘 陵山里 出土 百濟金銅大香爐(국보 제287호) 등이 있다. 신라에서는《도덕경》과 노자사상의 유행, 이와 함께 전개된 道佛會通·三敎會通사상의 확산을 들 수 있으며, 신선사상의 표현은 화랑을 '仙徒'라 칭한 데서도 바로 알 수 있다.

Ⅱ

문화의 발달과 문자의 사용은 불가분의 관계이다. 삼국시대의 문자는 漢字였는데 한국에 한자가 전래된 것은 일찍이 금속문화가 들어온 때이나 널리 사용하게 된 것은 역시 삼국시대였다. 그러나 외국문자인 한자를 그대로 사용하는 것은 불편하였으므로 자연히 독특한 표기법이 생겨나게 되었다. 즉 한자의 音을 빌어서 우리말을 기록하는 방법이 생겨났으니, 이 표기법에는 일정한 법칙이 있었으며 그것이 일본의 萬葉假名에 영향을 미치고 있다. 처음 고유명사에 이용되던 이 표기법은 뒤에 확대되어서 이두(吏讀)가 생겨났고 그것이 薛聰에 의하여 정리되기에 이른 것이다.

문자를 사용함에 따라 여러 가지 국가적인 편찬 사업이 행하여 졌는데 그 대표적인 것이 國史의 편찬이었다. 삼국이 각기 국사를 편찬한 것은 고대국가를 건설한 후 왕권의 존엄성과 국가의 위신을 內外에 과시하려는 의도였으며 그러므로 이 국사의 편찬은 고대국가 건설의 문화적 기념탑이라고 할 수 있겠다. 고구려에는 초기에 지은《留記》100권이 있었다고 하는데 편찬자를 알 수 없으며, 이것은 후일 嬰陽王 11년(600)에 太學博士 李文眞에 의하여《新集》5권으로 다시 편찬되었다. 백제에서는 近肖古王(346~374) 때 博士 高興이《書記》를 편찬하였다고 하며 이밖에도《百濟記》·《百濟本記》·《百濟新撰》등의 책이름이 전하고 있다. 신라에서는 眞興王 6년(545)에 居柒夫로 하여금《國史》를 편찬케 하였다. 이와 같은 삼국의 역사책들은 현재 모두 전하지 않지만 그 내용은 金富軾의《三國史記》속에 어느 정도 서술되어졌을 것으로 짐작된다.

삼국은 모두 家父長的인 가족제도나 전제왕권이 성장함에 따라 사회적으로 忠이나 孝의 도덕이 요구되었고 이에 儒敎가 장려되어서 고구려에서는 소수림왕 2년(372)에는 太學을 세우고 여기서 유학을 교육하였다. 후일에는 각처의 扃堂에서도 子弟들을 모아다가 밤낮으로 독서를 하고 弓射를 하였다고 하는데 고구려인들은 이미 五經과 같은 유교경전이나 史記·漢書 등의 史書와 玉篇 등의 사전, 文選 같은 문학서적을 읽고 있었다고 한다. 백제에서는 이미 五經博士 등의 박사제도가 있었고 또 經·子·史 등의 서적이 있었다고 하며 그들이 일본에까지 유학을 전해 준 사실에서도 백제에 유학이 크게 성하였음을 짐작할 수 있다. 신라에서는 유교가 다른 나라보다 뒤늦게 성하였으나 忠·孝·信 등의 유교도덕이 널리 국민에게 권장되고 있었으며 특히 화랑의 세속오계 중 事君以忠, 事親以孝, 交友以信 등의 가르침은 이러한 도덕적인 면을 잘 표현하고 있는 것이다.

Ⅲ

예술에 있어서는 삼국이 소박한 아름다움을 지닌 것은 공통된 점이나, 각국의 지리적 위치와 민족성에 따라 독특한 점이 나타난다. 또한 불교가 수용된 후 조형미술의 발달로 그 특징적인 면이 곧 조형물에 나타나 오늘날 유적·유물로서 각기 특질을 보이고 있다. 그리하여 고구려를 실질 강건하고 好戰的인 기풍에서 웅장한 건축술이 발달되어 웅건하고 야성적인 예술이라 하면, 백제는 溫柔한 민족성으로 流麗한 조각술이 발달되어 풍만하고 아름다운 곡선미의 예술이라 하겠고, 신라는 보수적인 민족성에서 아담하고 섬세한 예술의 특징을 보인다고 할 수 있겠다.

건축에 있어서 고구려는 宮室을 짓기를 좋아했다고 하였으나 현재 남아있는 지상 건축물은 전혀 없으며 다만 옛 도읍지인 集安과 平壤을 중심한 주변에 많이 남아있는 고분을 통하여 간접적으로 그 모습을 짐작할 수 있다. 대표적인 것으로 집안의 將軍塚과 평안남도 龍岡郡의 雙楹塚을 들 수 있는데, 장군총은 피라밋式으로 석재를 쌓아올린 독특한 형식의 石塚으로서 웅대한 건축기술의 정교함을 말해주고 있다. 그리고 쌍영총은 입구 양쪽의 8각형 石柱와 斗八天障의 특수한 구조와 그림으로 나타낸 네 귀퉁이의 기둥 枓栱, 棟樑 등 다채로운 구조가 고구려의 건축양식을 보이고 있다. 고구려의 불교적인 건축물이 남아있지 않는 것은 법당과 불탑들이 모두 木造였기 때문이다. 그러나 지상의 목조건축물은 남아있는 것이 없다 하더라도 遺構는 지하에 묻혀있어 발굴조사에 의하여 그 규모 등 여러 가지 내용을 알 수 있으니, 대표적인 예로 평양의 淸岩里寺址와 定陵寺址, 大同郡 林原面의 上五里寺址, 鳳山郡 土城里寺址를 들 수 있다. 백제에서는 역대 국왕들이 굉장한 규모의 宮室과 樓閣을 지었고 특히 佛事 건축에서는 武王代에 충청남도 부여의 王興寺를 30여 년이나 걸려서 지었다고 하는데 현재 백마강 건너에 옛터만이 남아있다. 오늘날 남아있는 백제의 대표적인 건축물은 石塔으로서 전라북도 益山의 彌勒寺址 석탑과 부여의 定林寺址 5층석탑을 들 수 있다. 이 2基의 백제 석탑 중 미륵사지 석탑은 最古最大의 석탑으로 목조 탑파의 양식을 잘 나타내고 있어 백제시대 목조건물의 형식과 기법 등을 연구하는 데 특히 귀중한 존재라 하겠다. 신라에도 거창한 사찰이 많았었다는 기록이 있으나 현재 남아있는 것은 없고 그 옛터를 살필 수 있을 뿐으로 유명한 慶州의 皇龍寺 9층목탑도 고려 때 몽고의 병란으로 타서 없어지고 그 터만이 남아있다. 그러나 芬皇寺 模塼石塔과 瞻星臺에서 웅대하고 아름다운 곡선미 등 신라의 건축 기술을 찾아볼 수 있다.

조각에 있어서는 삼국 모두 불상 조각이 거의 전부를 차지한다. 고구려의 불상은 작은 형태의 금동불상과 土佛이지만 古拙한 미소를 머금은 우수한 불교조각들이다. 대표적인 것으로 황해도 谷山에서 출토된 辛卯銘金銅三尊佛像과 평양시 平川里에서 출토된 金銅半跏思惟像, 근년에 경상남도 宜寧에서 출토된 延嘉七年銘金銅如來立像 등을 들 수 있고 토불로는 평안남도 平原郡 原五里寺址에서 출토된 토불들이 있다. 백제의 불상으로는 충청남도 泰安郡 太乙庵의 磨崖三尊佛像과 瑞山市 雲山面 龍賢里의 磨崖三尊佛像을 대표로 들 수 있다. 금동불상으로는 부여 軍守里의 옛 절터에서 출토된 金銅菩薩立像과 부여 窺岩面에서 출토된 金銅觀世音菩薩立像 등이 알려져 있는데, 이들 백제의 불상에서는 우아한 相好에서 '백제의 미소'라고 부르는 특유의 아름다운 미소를 볼 수 있다. 신라의 불상으로는 금동 혹은 석조의 미륵반가사유상에서 곱게 흘러내린 옷자락과 은은한 미소를 머금은 인자한 相好를 볼 수 있는데 모두 따뜻한 정이 통할 듯한 느낌을 준다. 경주의 斷石山 神仙寺 磨崖佛像群이나 南山 三花嶺 三尊佛像 등은 다 같은 인상을 풍기는 걸작들이다. 특히 분황사 모전석탑 초층탑신각면의 仁王像들은 건실한 수법이면서도 아취가 있는 불교 조각이라 하겠다. 조각가로 알려진 사람은 신라의 良志라는 승려인데 그는 불상과 神將像, 기와와 큼직한 벽돌 등을 많이 만들었다고 한다. 한편 삼국시대의 기와와 벽돌에는 막새기와에 아름다운 연꽃문양 등을 조각하였으며 벽돌의 앞면과 옆면에는 여러 가지 문양을 조각하였는데 그 중에서도 부여에서 출토된 백제의 山景文塼과 山水鳳凰文塼은 화려하고 섬세한 솜씨로 유명하다.

회화에 있어서는 종이나 비단 등에 그려진 것은 남아있는 것이 없고 고분의 벽화에서 당시의 회화를 알 수 있다. 고분의 玄室 4면 벽과 천장 등에 그려진 이 고분벽화는 여러 가지 내용을 알 수 있게 하는데, 당시 사람들의 사상과 풍속 등을 연구하는데도 귀중한 자료가 된다. 특히 인물을 그린 벽화에서는 당시의 복식과 즐겨 쓰던 채색을 알 수도 있다. 이러한 벽화고분은 고구려가 가장 유명하며 그림의 題材에 의하여 四神塚·角抵塚·舞踊塚·狩獵塚 등으로 불리어지고 있다. 벽화 중에서 특히 유명한 것은 江西郡 遇賢里 大墓의 靑龍·白虎·玄武·朱雀의 四神圖이다. 패기가 넘치는 線의 묘사나 색채의 조화는 살아서 꿈틀거리는 것 같은 박력을 느끼게 하고, 바로 눈앞에 말을 타고 달리는 고구려 무사의 모습을 보는 듯한 느낌을 준다. 또한 集安市에 있는 무용총의 사냥하는 벽화 중에서 활로 사슴 사냥을 하는 그림은 당시 사회풍속을 잘 나타내고 있는 것이다. 무용총 벽화 중 牛車의 그림 또한 당시의 풍속을 알 수 있게 한다. 백제에서도 고구려의 영향으로 고분벽화가 그려졌는데 충청남도 公州市의 宋山里 고분과 부여의 陵山里 고분의 벽화가 알려져 있다. 송산리 고분은 벽돌로 쌓은 고분이어서 그 표면에 石灰를 발라 평평한 벽면을 만들고 神獸圖를 그렸는데 석회를 바른 위에 그림을 그리는 방법은 이미 고구려에서 취하고 있었다. 능산리 고분은 石室墳으로 백제의 고분벽화 중 가장 잘 남아 있는데 四神獸圖와 특히 천장의 연꽃문양과 구름문양 등은 백제 미술의 온유하고 유려한 솜씨를 잘 나타내고 있다. 신라는 고분의 구조상 積石冢이 대부분이어서 벽화를 남기지 못하였는데 근년에 경상북도 榮州郡 順興面 臺庄里에서 於宿述干墓의 벽화 일부를 조사하였고, 순흥면 邑內里 고분에서 또한 벽화 일부를 조사함으로써 신라 고분벽화의 일면을 알 수 있게 되었다. 그리고 경상북도 高靈郡 古衙洞의 고분에서 또한 벽화를 발견 조사하여 가야시대 벽화의 한 예를 찾게 되었다. 신라의 고분벽화는 여러 개의 돌을 쌓아 石室을 만든 벽면에 그린 것인데 여기에도 석회를 발라 평평한 벽면을 만들고 그린 것이다. 이렇듯 석회를 발라 그 표면에 벽화를 그리는 방식은 고구려의 솜씨가 백제뿐만 아니라 신라에까지 미쳤던 것으로 추측된다. 또한 1973년 경주의 155호 고분에서 天馬圖 등이 출토되어 단편적이나마 신라의 회화를 생각할 수 있게 되었다. 처음으로 출토된 천마도이기에 155호 고분의 명칭이 천마총으로 바뀌어지게 된 것이다. 한편 당시 이름난 화가로는 고구려의 曇徵, 백제의 阿佐太子 등이 있는데, 일본으로 건너가 담징은 筆·墨을 전하고 아좌태자는 聖德太子像 등 유명한 그림을 그린 것으로 전하고 있다. 신라에서는 率居라는 천재 화가가 있어 황룡사의 벽화로 老松을 그렸던 바 새들이 날아와 몇 번씩이고 앉다가 떨어졌다는 유명한 이야기가 전해지고 있다.

공예에 있어서는 삼국시대의 傳承品은 없고 각처에서 발견되는 고분의 副葬品에서 당시의 공예기술을 알 수 있다. 고구려와 백제는 고분의 구조상 석실분이므로 도굴이 심하여 남아있는 것이 적다. 그러나 신라는 고분의 구조가 대체로 잔돌과 진흙을 섞어서 쌓아올린 것이어서 도굴이 곤란하여 다행히 많은 부장품이 전하고 있다. 즉 순금으로 만든 금관을 비롯하여 金帶·금귀고리·금가락지·금팔지 등 화려한 장신구들은 당시의 뛰어난 공예기술을 짐작케 한다. 백제에 있어서도 공주시의 무령왕능에서 많은 金銀 장신구가 출토되었으나 왕과 왕비의 순금제관은 아니고 다만 관의 장식물들이다. 역시 신라의 금관이 당시 금속공예의 극치라 하겠는데 金冠塚·瑞鳳塚·金鈴塚·天馬冢·皇南大塚 등에서 금관이 출토되었으니 이들은 美的으로 뛰어나기도 하였지만 한편 전제적인 왕권의 상징물이었던 것이다. 고구려의 금속공예로 金銅冠과 장신구가 있으나 현재의 유물로는 전모를 알기가 어렵다.

서예에 있어서는 당시의 金石文이 남아있어 筆致를 짐작할 수 있다. 고구려의 금석문으로는 廣開土王碑의 명문과 평양성 벽의 刻字銘, 滿浦鎭 건너편 下羊魚頭의 牟頭婁墓地, 그리고 충청북도 中原高句麗碑銘이 있다. 백제의 것으로는 부여에서 발견된 奈祇城主 砂宅智積碑銘이 있어 당시 중국 남북조시대의 영향을 받아 고아한 風이 있었음을 알 수 있고 무령왕능에서 발견된

誌石은 또 하나의 귀중한 백제 금석문이라 하겠다. 신라의 금석문은 다른 두 나라에 비하여 많은 편인데 법흥왕대의 명문인 경상남도 蔚州의 川前里刻石을 비롯하여 진흥왕대의 丹陽赤城碑·昌寧碑·黃草嶺碑·磨雲嶺碑·北漢山碑와 진평왕때의 경주 南山新城碑 등을 들 수 있다. 그리고 최근에 발견 조사된 蔚珍 鳳坪里 新羅碑와 迎日 冷水里 新羅碑도 古新羅의 石碑로 금석학뿐만 아니라 당시의 역사 연구에 귀중한 자료이다. 이들 삼국의 석비에 보이는 글씨는 대개 古拙한 隸書體로 이루어졌다.

음악은 고구려의 王山岳이 거문고를 만들어 작곡한 음악의 大家였으며, 백제에서는 樂曲에 관한 문헌은 없으나 악사와 악기가 많이 일본으로 건너갔는데 악기로는 날라리·공후·鼓角·箏竽·桃皮篳篥 등이 있었다고 한다. 신라에서는 玉寶高가 거문고의 대가로 이름났고, 百結 선생은 청빈한 음악가로서 碓樂이라는 방아곡조를 작곡한 것으로 유명하다. 于勒은 가야금의 명수로서 진흥왕때 가야국에서 신라에 귀화하였다. 그 후 충청북도 충추시의 彈琴臺에서 은거하며 많은 연구를 하여 제자를 길러 냈으니 法知·注知·階古·萬德 등이 유명하며 오늘날 전하는 '가야금'의 원조를 이루었던 것이다.

詩歌에 있어서는 본래 원시사회의 종교적인 祈祝儀式으로부터 유래된 것으로 삼국시대에는 문학적 시가로 발달하였다. 그런데 이들 시가는 대부분이 口傳되어 온 것으로 거의 인멸되고 오늘날 그 일부분만이 기록에 전한다. 고구려의 漢詩로 黃鳥歌·詠孤石이 있고 을지문덕장군의 五言詩가 전한다. 백제의 것으로는 세칭 백제가요라는 井邑詞가《樂學軌範》에 전하고 있다. 신라에서는 일찍이 儒理王때의 兜率歌, 奈解王 때의 勿稽子歌 등이 지어져 시가가 발달하였음을 알 수 있는데 이후 鄕歌가 유행하여 薯童謠와 慧星歌가 유명한 것으로 전해지고 있다.

한편 경주 錫丈里의 錫丈寺址 주변에서 발견 조사된 壬申誓記石에는 신라의 젊은이가《詩經》·《尙書》·《禮記》·《春秋傳》을 익히고 국가에 대한 忠道를 실천하겠다는 맹세의 내용을 우리말 식의 문체로 기록하고 있는데, 이것은 당시 화랑도의 한자 사용에 대한 연구에 중요한 자료가 되고 있는 바 당시 유학 발달의 일면과 詩歌는 모두 漢詩와도 같았음을 알 수 있는 것이다.

〈鄭永鎬〉

Ⅰ. 토착신앙

1. 고구려의 토착신앙
2. 백제의 토착신앙
3. 신라의 토착신앙
4. 토착신앙과 불교와의 관계

Ⅰ. 토착신앙

토착신앙은 대체로 고대사회의 신앙이라는 측면보다는 원시종교적인 면에서 다루어져 왔다. 그것은 종래 고대국가에 대한 기준이 집권화된 관료체제에 두어졌기 때문이었다. 즉 율령반포와 불교공인을 고대국가의 중요한 기준으로 설정하였기 때문에 고대국가와 고대사회의 지배적인 사상으로 불교를 인식하였던 것이다. 그러나 인류학적 지식이 한국 고대국가 형성에 원용되면서 고대국가 형성에 대한 개념이 바뀌고, 그에 따라 고대국가 형성시기가 상향 조정되었다. 따라서 종래 고대국가의 이데올로기라고 하였던 견해가 다시 중앙집권적 귀족국가의 지배이데올로기라고 수정되기도 하였다.[1)]

이와 같이 고대국가에 대한 개념과 그 시기가 바뀌게 됨에 따라 불교가 고대국가에서 차지한 영향력에 대한 재검토가 필요하게 되었다. 그리고 종래 고대국가 형성시기와 불교의 공인시기를 비슷한 시기로 보았으므로 불교를 고대국가의 지배적인 이데올로기라고 하였으나 국가 형성시기가 훨씬 앞선 것으로 밝혀짐에 따라 고대의 국가와 사회에 있어서 중심적인 사상이 무엇인가를 밝혀내는 작업은 매우 중요한 과제라 하겠다. 이에 불교가 수용되기 이전의 토착신앙에 대한 올바른 이해가 요청되는 것이다.

종래 불교수용 이전의 토착신앙에 대한 연구는 대개 원시신앙 내지는 원시종교의 입장에서 연구되었다. 이러한 입장은 특히 일본학자에 의해 이루어졌는데 한국학자들도 역사학자나 민속학자들 거의 모두가 토착신앙을 원시신앙이라는 입장에서 고찰하였다. 특히 실증사가들은 정치사나 제도사를 중요한 연구과제로 하였는데 그 가운데 고대국가에 있어서 율령반포를 중요시하고 그 율령반포와 거의 같은 시기에 수용되었던 불교를 고대국가의 지배이데올로기로 파악하였기 때문이다. 이것은 일본의 고대국가에 있어서 그 기

1) 李基白, 〈新羅初期佛敎와 貴族勢力〉(《震壇學報》 40, 1975), 23~39쪽.

준을 율령반포와 불교공인으로 파악한 데서 영향을 받은 것이다.

그러나 고대국가 형성에 대한 논의가 활발해지면서 고대국가에 대한 개념과 기준에 대한 새로운 견해들이 발표되었다. 특히 인류학이론의 한국사에의 적용이라는 각도에서 고대국가 형성에 대한 관심이 기울어지면서 고대국가에 대한 다양한 이론이 소개되었다. 특히 서어비스와 프리이드의 인류학이론이 소개되면서 통합이론과 갈등이론에 대해 이해할 수 있게 되었다.[2] 또한 최근에는 종합적인 견해가 인류학계에서 제기되고, 국가형성에 있어 왕권의 신성성을 중요시하는 견해가 제시되었다.[3] 즉 구미 인류학계에서도 국가형성에 있어 신앙적인 측면이 다시 주목을 받고 있다.

그러나 우리 나라의 토착신앙에 대한 자료는 별로 남아 있지 않다. 다만 신화와 제의에 관한 자료만이 단편적으로 남아 있을 뿐이다. 그런데 신화가 신앙의 이론적 구조라고 한다면, 제의는 신앙의 실천적 형태라 할 수 있으며, 양자는 깊이 얽혀 유기적인 전체성의 부분을 이루고 있는 것이다.[4] 따라서 우리는 토착신앙에 대한 이해를 남아 있는 신화와 제의를 통해서 살펴볼 수 있는 것이다.

삼국의 토착신앙에 대해서 기록한 문헌은 별로 남아 있지 않다. 따라서 여태까지 이 시기의 사상과 문화를 논할 때는 불교와 유교 또는 도교에 대해서만 논하였고, 귀족들의 문화만을 언급하였다. 그 까닭은 자료상의 문제뿐만 아니라 역사를 보는 시각 자체가 지배층 위주였기 때문이다. 물론 남아 있는 자료가 지배 엘리트에 의해 쓰여졌기 때문에 지배층 위주로 사상과 문화를 살필 수밖에 없다.

그러나 지배층이 남긴 자료라 하더라도 그 시대 피지배층의 감정과 사상을 엿볼 수 있는 자료가 전혀 없는 것은 아니다. 더구나 토착신앙의 경우는 불교와의 마찰을 보이는 기록들을 잘 이용하면 그 실체에 접근할 수가 있다. 그런데도 이 시기의 사상과 문화를 논할 때 유학·불교·도교와 귀족문화에

---

2) 金貞培, 〈國家起源의 諸理論과 그 適用問題〉(《歷史學報》 79, 1982), 1~27쪽.
3) 金光億, 〈國家形成에 관한 人類學的 理論과 韓國古代史〉(《韓國文化人類學》 17, 1985), 17~33쪽.
4) 琴章泰, 〈韓國古代의 信仰과 祭儀〉(《同大論叢》 8, 同德女大, 1978), 5~19쪽.

국한한 것은 역사를 너무 안이하게 생각하였기 때문이다.

그 시대인들이 무엇을 어떻게 생각하고, 어떤 감정을 갖고 살았는가에 대해서는 고민을 크게 하지 않고 남아 있는 자료의 해석에만 매달렸다고 볼 수 있다. 예컨대 불교가 전래·수용된 이후에도 대부분의 사람들은 재래의 토착신앙을 신봉하였으며, 불교를 공인하면서 토착신앙과의 갈등과 마찰을 겪으면서 불교와 토착신앙과 융화현상이 나타나는 것을 간과하였다. 유교나 불교·도교는 모두 중국에서 전래된 사상과 종교이다. 따라서 한자와 한문에 대한 소양없이는 쉽게 가까이 할 수 없었을 것이다. 당시에 한자와 한문에 대한 소양을 가질 수 있는 사람들은 특정한 계층에 불과하였다. 일반 백성들은 한자와 한문에 대한 소양을 갖고 있지 않아 유학·불교·도교에 대해 이해한다는 것은 거의 차단된 상태였던 것이다. 따라서 중국으로부터 전래 수용된 儒·佛·道는 일반 백성들과는 거리가 멀었으며, 대중화되어 가면서 토착신앙화되어 가는 과정을 겪게 되었다.

물론 토착신앙이 모두 피지배층에 의해서만 신앙된 것은 아니었다. 토착신앙이 특히 피지배층에 의해서만 신앙된 것은 유학과 불교·도교가 전래 수용되고 지배이데올로기화한 이후의 일이었다. 외래신앙이 전래·수용되기 전에는 오히려 토착신앙이 지배이데올로기였다고 할 수 있다.[5] 종래 지배이데올로기였던 토착신앙은 외래신앙이 수용된 후 그 지배이데올로기의 위치를 잃고 민간신앙화한 것이다. 그러나 지배이데올로기의 위치를 잃었지만 일반 백성에게 미치는 사회적 영향력은 지대한 것이었다. 따라서 지배층이 외래신앙을 지배이데올로기로 하였다면 민중들은 토착신앙을 민중이데올로기로 하였다고 할 수 있다. 그러나 지배층은 외래신앙을 지배이데올로기로 하면서도 각종 토착신앙의 의례를 중단하지 않고 지속하였다.

따라서 우리는 토착신앙의 편린이 남아 있는 의례를 통하여 토착신앙의 실체에 접근할 수 있는 것이다. 여기서는 삼국의 토착신앙을 나라별로 천신신앙·조상숭배신앙·지신신앙으로 나누어 살펴보고, 토착신앙과 불교와의 관계를 살펴보겠다.

---

5) 崔光植, 〈韓國 古代社會의 起點과 終點－國家祭祀를 중심으로－〉(《經濟史學》 21, 1996), 25~44쪽.

1. 고구려의 토착신앙

1) 천신신앙

고구려에서 하늘(天神)에 대한 신앙이 어떻게 이루어졌는가를 알 수 있는 기록은 《三國志》 魏書 東夷傳, 《三國史記》 祭祀志, 《東國李相國集》 東明王篇, 〈廣開土王陵碑〉 등을 들 수 있다.

《동국이상국집》 동명왕편과 〈광개토왕릉비〉에는 고구려가 天帝의 자손임을 기록하고 있다. 한편 《삼국지》 위서 동이전에는 고구려의 제천의례인 東盟에 대하여 기술하고 있다.

> 10월에 하늘에 제사를 지내는데 나라의 큰 행사로 이름을 동맹이라 한다. 그 공적인 모임에는 의복을 모두 비단과 금은으로 장식하여 입는다. 大加와 主簿는 모두 幘을 쓰는데 (중국의 책과) 같기는 하지만 뒤로 늘어뜨리는 부분이 없으며, 小加는 折風을 쓰는데 모양이 고깔과 같다. 나라의 동쪽에 큰 굴이 있어 隧穴이라 하는데 10월 國中大會 때 隧神을 모셔다가 나라 동쪽의 위에서 제사를 지내며 나무로 만든 수신을 신좌에 모신다. 감옥은 없으며 죄가 있으면 제가가 의논하여 문득 죽이고 처자를 몰입하여 노비로 삼는다(《三國志》 권 30, 魏書 30. 東夷, 高句麗).

10월에 제천의례를 행하는데 그 제의는 거국적인 대회이며 그 제의의 이름은 동맹이라 하였다. 이 동맹이란 제의명은 고구려의 건국자 동명과 관련이 있다. 따라서 이 제의는 제천의례이면서 또한 국조신에 대한 제의로서 양면성을 가진 것이라 할 수 있다. 즉 천의 자손인 동명에 대한 제사의례로 파악할 수 있는 것이다. 그리고 이 제천대회는 공회로서 국가의 공식적인 의례이며 단순한 민속행사가 아닌 것이다. 아울러 그 공회에 참석할 때 의복을 모두 비단과 금은으로 장식하여 대단히 화려하게 의례를 거행하였다. 따라서 이 의례는 지배계층의 의례라고 볼 수 있다. 모자를 쓰는데 대가와 소가가 차별성을 보이고 있는데 이러한 복장의 차별성은 바로 고구려 지배층 내부의 계층성이 매우 확연함을 알 수 있다. 이러한 의미에서 국왕이 제의를 주관함으로써 왕권의 위엄을 보여 수직적인 지배구조를 과시하는 것이다. 제천의례를 행하는데 수혈에서 신을 맞이하여 神木을 만들어 제사를 지내는 것은 맞이굿·오구굿의 원형이라 할 수 있다.[6] 수혈의 유적이 지금 集安市 下解放村 산중턱에 通天洞과 國洞大穴의 이름으로 남아 있다.[7] 東盟은 산위의 통천동과 국동대혈에서 왕과 귀족들의 제례로 시작하여 산아래에 일반민들이 모여 가무를 즐겼다고 생각한다.[8] 제사의례 중에 재판과 형벌이 집행된 경우는 〈부여전〉과 신라의 금석문에서도 볼 수 있다. 종교적인 축제에 범죄자를 재판하는 것은 재판이 神에 의해서 행해진다는 신앙에 뿌리를 두는 것임을 인류학의 지식에 비추어서 알 수 있다.[9] 이것은 제의가 규범으로서의 기능을 갖고 있는 것이다.[10] 이처럼 제천의례는 종교적인 행사일 뿐만 아니라 지배이데올로기적 성격을 갖고 있던 것이다.

《三國史記》 祭祀志에서는 고기를 인용하여 제천의례에 대해 기술하고 있다.

> 고기에 운운 … 고구려에서는 항상 3월 3일에 낙랑의 언덕에서 모여 돼지와 사슴을 잡고 하늘과 산천에 제사하였다(《三國史記》 권 32, 志 1, 祭祀).

《삼국지》 위서 동이전에서는 10월에 제천대회를 하였다고 하였는데 《삼국사기》 제사지에서는 3월 3일에 제천의례를 행하였다고 하였다. 그 제사 지내는 날을 볼 때 중국문화의 영향이 엿보이는데 돼지와 사슴을 잡는 희생의례가 있었음을 알 수 있다. 한편 하늘과 더불어 산천에 함께 제사를 지낸 것을 알 수 있다. 장천 1호분은 그림의 내용이 제천의례의 모습을 담고 있다. 사냥하는 모습은 제사에 필요한 犧牲을 잡기 위한 것이며, 나무를 중심으로 사람들이 모여 있는 것이 바로 제의를 행하는 모습이며, 춤추는 모습도 제의 과정의 하나이다.

---

6) 金宅圭, 《韓國民俗文藝論》(一潮閣, 1980), 22~32쪽.
7) 鄭永鎬, 〈高句麗의 東盟과 그 遺蹟〉(《于江權兌遠敎授停年紀念論叢》, 1994), 7~9쪽.
8) 申瀅植, 《集安 高句麗遺蹟의 調査硏究》(國史編纂委員會, 1996), 167~169쪽.
9) 李基白, 〈韓國 古代의 祝祭와 裁判〉(《歷史學報》 154, 1997), 22~27쪽.
10) 崔光植, 《韓國古代의 祭儀 硏究》(高麗大 博士學位論文, 1990), 40쪽.

2) 조상숭배신앙

고구려의 조상숭배신앙을 찾아볼 수 있는 자료는 始祖廟에 대한 기록이다. 고구려의 시조묘에 대한 기록으로 가장 오래된 것은《삼국지》고구려전에서 찾을 수 있다. 그러나《삼국사기》제사지에 실려 있는 <고기>을 보면 神廟에 대한 기록이 보다 구체적으로 기록되어 있다.

> 고기에 이르기를 동명왕 14년 가을 8월에 왕의 어머니 유화가 동부여에서 薨去하자 그 왕 금와가 태후의 예로서 장례를 치루고 드디어 신묘를 세웠다. 태조왕 69년 10월 부여에 순행하여 태후묘에 제사하였다. 신대왕 4년 9월 卒本에 가서 시조묘에 제사하였다. 고국천왕 원년 9월, 동천왕 2년 2월, 중천왕 13년 9월, 고국원왕 2년 2월, 안장왕 3년 4월, 평원왕 2년 3월, 건무왕 2년 4월 모두 위와 같이 행하였다(《三國史記》권 32, 志 1, 祭祀).

먼저 태후묘 제사에 대해 살펴보면 동명왕 14년(B.C. 24) 8월에 왕의 어머니인 유화가 동부여에서 죽자 금와왕이 태후의 예로서 장례를 지내고 신묘를 세웠다. 그리고 태조왕 69년(121) 10월에 부여에 순행하여 태후묘에 제사지냈다. 여기서 신묘는 태후묘를 말하며 이는 동명왕 14년에 세웠는데 그에 대한 제사는 태조왕 69년에 단 한번 행해졌다. 그 이전에는 왕이 직접 가지 않고 사신을 보내 제사를 지내게 하였다. 그리고 나무를 깎아 부인상을 만들어 제사하였다.

그런데 왕이 직접 행한 태후묘에 대한 제사는 태조왕 이후에는 없고, 졸본에 있는 시조묘제사가 주종을 이루었다. 신대왕 4년(168) 4월, 고국천왕 원년(179) 9월, 동천왕 2년(228) 2월, 중천왕 13년(260) 9월, 고국원왕 2년(332) 2월, 안장왕 3년(521) 4월, 평원왕 2년(560) 2월, 건무왕 2년(619) 4월에 왕이 졸본에 직접 행차하여 시조묘에 제사를 지냈다.

이를 보다 구체적으로 전하는 내용이《삼국사기》고구려본기에 기록되어 있다. <제사지>에는 언제 동명왕묘가 세워졌는지에 대한 기록이 없는데 <고구려본기>에는 대무신왕 3년(A.D. 20)에 동명왕묘를 세웠다고 기록되어 있다.

어디에 세웠는지는 확실하지 않지만 시조묘가 졸본에 있었으니 졸본에 세워졌다고 보아야 할 것이다. 신대왕 3년 9월에 왕이 졸본에 가서 시조묘에 제사를 지내고 10월에 졸본으로부터 돌아왔다고 되어 있다. 다음 왕인 고국천왕도 즉위 다음해 졸본에 가서 시조묘에 제사를 지냈다. 즉 즉위 다음해 우씨를 왕후로 세우고 졸본에 가서 시조묘에 제사를 지냈다. 한편 동천왕은 우씨를 왕후로 봉하기 직전에 졸본에 가서 제사를 지냈다. 즉 동천왕은 졸본에 가서 시조묘에 제사를 지내고 대사면을 행하고 난 뒤 우씨를 왕태후로 삼았다. 그런데 동천왕 21년(247)조를 보면 廟社를 평양성으로 옮겼다고 기록되어 있다. 즉 동천왕 21년 환도성이 난리를 겪어 다시 도읍하기 어려우므로 평양성을 쌓고 백성과 묘사를 옮겼다. 여기서 묘사는 종묘와 사직을 이르므로 환도성에 묘사가 있었던 것을 알 수 있다. 그런데 시조묘는 그 이전에도 졸본에 있었으며 그 이후에도 졸본에 그대로 있다. 왜냐하면 다음 왕인 중천왕 13년(260)에 왕이 졸본에 가서 시조묘에 제사를 지냈기 때문이다.

여기서 시조묘와 종묘에 대해 분명한 이해를 하고 넘어가야 하겠다. 졸본에는 시조묘가 있고, 종묘는 도읍을 옮김에 따라 함께 옮겼다는 것을 알 수 있다. 따라서 시조묘는 시조 동명성왕이 묻힌 졸본의 시조묘 주변의 사당을 의미한다. 중국 길림성 집안시에 있는 장군총의 맨 꼭대기에 건물이 있었던 흔적이라 볼 수 있는 기둥구멍 자리가 있다. 태왕릉에서 불과 200여 미터 떨어진 곳의 적석총 위에는 수많은 기와장이 널부러져 있다. 이 적석총 위에도 역시 건물이 있었다는 것을 알 수 있다. 장군총과 적석총 위에 있었던 건물은 고인을 기리는 사당이었다. 그러므로 고구려의 사당은 무덤 위에 있었다는 것을 알 수 있다. 그러다 차츰 무덤 옆으로 위치가 옮겨진 것이다. 한편 종묘는 시조뿐만 아니라 그 이후의 왕들을 함께 모신 사당이다. 따라서 四時로 행하는 제사는 종묘에서 행하고 왕의 즉위의례 등 특별한 경우에 시조묘에 가서 제사를 지냈다.

고국원왕 2년(332)에 왕이 졸본에 가서 시조묘에 제사를 지냈는데 그 목적이 다소 분명히 나타난다. 왕이 즉위 다음해 봄에 졸본에 가서 시조묘에 제사하였으므로 이것은 즉위의례적 성격을 갖는 것이었다. 그리고 백성들의 질

병을 문안하고 진휼한 것을 볼 때 이 시조묘제사는 巡幸의 일환으로 이루어진 것이었다.[11]

한편 고국양왕 때 종묘를 중수하는 기사가 보이는데 이는 시조묘와는 다른 것으로 동천왕 21년(247)에 평양성에 옮겼던 묘사 등의 종묘이다. 불교의 공인과 함께 宗廟와 國社를 수리하였다. 이것은 사상정책에 있어 불교를 공인하면서 그에 대한 일종의 무마책인 것 같다. 그 이후 광개토왕·장수왕·문자왕대에는 시조묘제사에 대한 기록이 보이지 않는다. 약 200년간 시조묘제사에 대한 기록이 나타나지 않다가 안장왕 3년(521)에 왕이 졸본에 순행하여 시조묘에 제사를 지냈다고 나온다. 즉위 직후에 행한 것을 볼 때 즉위의례적 성격이 강하며 순행의 목적도 있었다. 평원왕 2년(560) 2월에 왕이 졸본에 순행하여 시조묘에 제사하고 3월에 돌아오면서 州郡의 獄에 갖힌 죄수를 사면하여 주었다. 영류왕 2년(619)의 시조묘제사도 이와 같은 성격을 보이고 있다. 즉위 다음해인 2년 2월에 사신을 당에 보내 조공하고 4월에 왕이 졸본에 순행하여 시조묘에 제사를 지냈다.

그런데 고구려의 마지막 임금인 보장왕 5년(646)에는 동명왕모 塑像이 3일에나 피를 흘렸다는 기록이 있는데 이는 고구려의 멸망을 예고하는 듯하다. 고구려의 멸망은 제사를 통하여 분명히 알 수 있다. 보장왕 25년에 왕이 태자 福男을 唐에 보내 태산에 제사를 지내는데 시위하게 하였다. 27년(668)에는 唐高宗이 李積으로 하여금 보장왕을 召陵에 바치고 軍容으로 하여금 鼓歌를 연주하게 하고 京師에 들어가 太廟에 바치게 하였다. 이것은 고구려의 종묘와 사직이 끝난 것을 단적으로 보여주는 장면이다. 이와 같이 한 국가의 멸망은 결국 제사권을 빼앗기고 다른 나라의 제사체계 속에 편성되는 것을 의미하는 것이며 제사의례가 갖는 정치사적 의미가 바로 여기에 있는 것이다.

3) 지신신앙

고구려에서의 땅에 대한 신앙에 관해서는 먼저《삼국지》위서 동이전에서

11) 金瑛河,〈新羅時代 巡狩의 性格〉(《民族文化研究》14, 高麗大, 1979), 119~245쪽.

찾아볼 수 있다.

> 그 나라 동쪽에 큰 구멍이 있어 이름을 수혈이라 하였는데 10월 국중대회 때 수신을 맞이하여 모시고 나라에 돌아가 동쪽에서 제사를 지내는데 나무로 만들어 신좌에 모신다(《三國志》 권 30, 魏書 30, 東夷, 高句麗).

10월 제천대회인 동맹을 행할 때 하늘에 뿐만 아니라 땅에 대해서도 제사의례를 행했다는 것을 알 수 있다. 나라 동쪽에 있는 큰 굴에서 지신을 맞이하여 나라 동쪽에 모셔다가 나무로 만들어 신좌에 모셨다. 신의 모습을 나무에 의탁하였다. 따라서 국중대회인 동맹이 열릴 때마다 천신과 아울러 지신에 대한 제사의례가 이루어졌음을 알 수 있다.

《삼국사기》 고구려 본기에도 지신신앙에 대한 기록이 남아 있다.

> 시조 동명성왕의 성은 고요, 휘는 주몽이다. 이에 앞서 부여왕 解夫婁가 자식이 없어 산천에 제사를 지내 후사를 구하고, 말이 가는 대로 鯤淵에 이르러 큰 돌이 서로 마주보고 눈물을 흘리고 있는 것이 보였다. 왕이 괴이하게 여겨 사람으로 하여금 그 돌을 젖히게 하니 금색으로 된 개구리 모양의 어린아이가 있었다. 왕이 기뻐하여 이는 하늘이 나에게 뒤를 잇게 하고자 한 것이 아닌가 하고 거두어 기르니 이름을 金蛙라 하고 장성하여서는 태자가 되었다(《三國史記》 권 13, 高句麗本紀 1, 시조 동명성왕).

시조 동명성왕의 출계를 밝히고자 하는 서두에서 부여왕 해부루가 태자인 금와를 얻게 된 과정을 기술한 내용이다. 그런데 금와를 얻기 위하여 산천에 제사를 지낸 것을 알 수 있다. 산천에 제사를 지내고 나서 말이 곤연으로 이끌고 간 것이다. 거기서 신이한 장면을 목격하였고 금색 모양의 어린아이를 얻게 되었다. 해부루는 제사를 지낸 후에 이러한 신이한 일이 일어났음으로 하늘이 자기에게 내려준 것으로 이해하고 데려다 길렀던 것이다. 그리고 마침내 장성하여서는 신이하게 탄생한 그가 태자가 될 수 있었다. 산천에 대한 제사가 하늘에 닿아 돌에서 아이를 얻었고 그 아이는 마침내 후사를 잇게 된 것이다. 물론 고구려의 것은 아니고 부여의 경우이기는 하지만 고구려의 경우도 마찬가지이다.

고구려의 山上王도 자식이 없어 산천에 제사하여 아들을 얻었다.

> 7년 3월 왕이 자식이 없어 산천에 기도하였다. 이 달 15일 밤에 꿈을 꾸었는데 하늘이 말하기를 '내가 너에게 小后로 하여금 아들을 낳게 하려고 하니 걱정하지 말라'고 하였다. 왕이 꿈에서 깨어나 군신들에게 말하기를 '하늘이 나에게 이와 같이 순순히 이야기하였으나 소후가 없으니 어찌하느냐'고 하였다. 乙巴素가 대하여 아뢰기를 '천명은 가히 헤아리기 어려우니 기다리십시요'라고 하였다(《三國史記》 권 16, 高句麗本紀 4, 산상왕 7년).

산상왕 7년(203) 3월에 왕이 자식이 없어 산천에 기도한 것은 부여의 경우와 같다. 기도의 효험으로 꿈에 하늘이 소후로 하여금 아들을 낳게 되도록 하겠다고 하였다. 산천에 제사를 지내고, 하늘이 도와주는 구조도 부여와 마찬가지이다.

그런데 아들을 찾게 되는 과정에 부여의 경우는 말이 길잡이가 되는데 고구려에서는 돼지가 길잡이가 된다.

> 12년 겨울 11월에 郊豕(제사에 사용하는 돼지)가 달아나자 담당자가 이를 쫓아 酒桶村에 이르렀으나 머뭇거리다 잡지 못하였다. 이때 스무살쯤 된 아주 예쁜 여자가 웃으며 앞에서 교시를 잡아 쫓아간 사람이 이를 얻을 수 있었다. 왕이 듣고 이상히 여겨 그녀를 보고 싶어 미행하여 밤에 그녀의 집에 이르러 시중드는 사람으로 하여금 이야기하도록 하였다. 그 집에서는 왕이 왔다는 것을 알고 감히 거역하지 못하여 방으로 들게 하고 그녀를 불러 모시도록 하였다. 그녀가 고하여 가로되 '대왕의 명령은 감히 피할 수 없으니 만약 자식이 생기면 저버리지 마시기 바랍니다' 하였다. 이에 왕이 약속을 하였다. 丙夜(새벽)에 이르러 왕이 일어나 환궁하였다 … 13년 가을 9월에 주통촌녀가 아들을 낳았다. 왕이 기뻐하여 말하기를 '이는 하늘이 나에게 후손을 내려주신 것이라' 하였다. 교시의 일로부터 시작되어 그 어미를 만났으므로 그 아이의 이름을 교시라 하고 그 어미를 小后로 삼았다. 처음에 소후의 어미가 잉태하고 아직 낳지 않았을 때 무당이 말하기를 '반드시 왕후를 낳을 것이라' 하여 어미가 기뻐 이름을 后女라 하였다 … 17년 봄 정월에 교시를 태자로 삼았다(《三國史記》 권 16, 高句麗本紀 4, 산상왕).

제사에 희생물로 쓰이는 돼지가 도망간 것을 계기로 주통촌의 여자를 알게 되었고 그녀가 임신을 하여 아이를 낳았는데 아들이었다. 이것은 5년전에 산천에 기도하여 하늘이 꿈에서 이야기한 그대로 된 것이다. 더구나 소후의 몸에서 아들을 낳는다고 하였는데 그것도 꿈의 내용과 같다. 또한 그의 어미의 탄생에 있어서도 무당이 왕후가 될 것이라는 것을 예언하였다. 왕은 이 아이를 하늘이 내려주신 것으로 이해하고 마침내 왕태자로 삼았다. 산천에 대한 제사가 꿈에서 앞일을 예언받게 되었으며 제사에 쓰는 돼지가 여자를 만나게 하였으며 마침내 아들을 낳았으며 왕태자가 되었다. 산천에 대한 제사가 얼마나 중요한 것인가를 알 수 있다.

따라서 난리를 겪을 때 도읍을 옮기며 조상신을 모시는 종묘와 함께 토지신을 모시는 社를 함께 옮겼다. 東川王 21년(247)에 환도성이 난리를 만나 다시 회복하기가 어렵게 되자 평양성을 쌓고 백성과 묘사를 옮겼다. 조상신을 모시는 종묘와 함께 토지신을 모시는 사를 옮기는 것을 볼 때 토지신에 대한 중요성을 알 수 있다. 故國壤王 때에도 종묘와 국사를 함께 수리하였다. 고국양왕 9년(391) 3월에 왕이 불교를 공인하면서 국사를 세우고 종묘를 수리하였다. 종묘가 기본적으로 왕실의 조상숭배에서 비롯된 것이라는 사실을 염두에 두면 종묘제의 변화가 왕실세계 인식의 변화와 일정하게 관련되어 있었을 것으로 추측할 수 있다.[12] 하여튼 여기서도 조상신을 모시는 종묘와 토지신을 모시는 국사가 함께 중요한 의미를 지니고 있는 것을 알 수 있다. 平原王 때에는 가뭄이 들자 산천에 기도하였다. 평원왕 5년(563) 여름에 가뭄이 크게 들자 임금이 평상시보다 반찬의 가지수를 줄이고 산천에 기도하였다. 가뭄이 들거나 홍수가 나면 산천에 제사지냈다는 것을 알 수 있다. 고구려에서는 사냥을 하고 나서도 산천에 제사를 지냈다. 《삼국사기》 제사지에 〈고기〉를 인용하여 고구려에서는 매년 3월 3일에 낙랑의 언덕에 모여 사냥을 하고 하늘과 산천에 제사한 것이 기록되어 있다. 이때 사슴과 돼지를 잡아 희생으로 한 것을 알 수 있는데 고구려에서는 매년 하늘과 산천에 제사를 지냈다.

12) 趙仁成, 〈4, 5세기 高句麗 王室의 世系認識 變化〉(《韓國古代史研究》, 1991), 70~74쪽.

2. 백제의 토착신앙

1) 천신신앙

백제에서도 천신에 대한 숭배가 초기부터 이루어져《삼국사기》제사지에서는 중국의 각종 문헌을 인용하여 기술하고 있다.

먼저《冊府元龜》를 인용하여 백제의 제사의례를 논하고 있다.

> 책부원구에 가로되 백제에서는 사계절의 가운데 달에 왕이 하늘(天)과 五帝의 신에게 제사를 지내고 그 시조 仇台의 廟를 國城에 세워 해마다 네번 지냈다(《三國史記》권 32, 志 1, 祭祀).

이 기록을 통하여 백제에서는 왕이 하늘에 해마다 네번 제사지낸 것을 알 수 있으며 제천의례가 가장 중요하였다는 것도 알 수 있다. 왜냐하면 5제의 신과 시조 구태묘보다도 가장 먼저 기록되어 있기 때문이다. 그러나 5제의 신과 함께 제의가 이루어진 것을 볼 때 중국문화의 영향이 깊이 침투되었다고 할 수 있다. 그러나 중국측 기록이기 때문에 기록한 사람의 중국적 개념화의 영향일 수도 있다 하겠다.

〈古記〉를 인용한 다음의 기록은 천지신에 대한 제사일시가 기록되어 있다.

> 고기에 가로되 온조왕 20년 봄 2월에 단을 설치하여 천지신에 제사하였다. 38년 겨울 10월, 다루왕 2년 봄 2월, 고이왕 5년 봄 정월, 10년 봄 정월, 14년 봄 정월, 근초고왕 2년 봄 정월, 아신왕 2년 봄 정월, 전지왕 2년 봄 정월, 모대왕 11년에도 이와 같이 하였다(《三國史記》권 32, 志 1, 祭祀).

온조왕 20년(A.D. 2) 2월에 단을 설치하여 천지신에 제사지내고, 38년에도 이에 제사를 지냈다. 그 뒤 다루왕 2년(A.D. 29)에도 제사를 지냈다. 고이왕 때에는 5년(238) 정월, 10년 정월, 14년 정월 등 3회에 걸쳐 제사를 지냈다. 그리고 근초고왕 2년(347) 정월, 아신왕 2년(393) 정월, 전지왕 2년(406) 정월, 모대왕 11년(489) 10월에도 위와 같이 제사지냈다.

다루왕·근초고왕·아신왕·전지왕 때에 제사를 지낸 해가 신왕 즉위 다음해이므로 즉위의례적 성격이 강한 것으로 이해할 수 있다. 그러나 온조왕 때의 제사나 고이왕 때의 제사, 모대왕 때의 제사는 즉위의례로 볼 수가 없다. 한편 제사의례가 행해진 달(月)을 보면 대부분이 정월이나 2월이다. 이것은 그 해의 풍년을 기원하는 기풍제적 성격을 갖고 있다고 할 수 있다. 그외 온조왕 38년이나 모대왕 11년에는 10월에 제사의례가 행해졌는데 이것은 삼한의 10월제와 같은 시기로 농경을 마치고 수확의례적 성격이 강하다고 볼 수 있겠다.

《삼국사기》 백제본기를 보면 제의에 대해 보다 상세한 모습을 엿볼 수 있다. 온조왕 20년에 대단을 설치하여 천지에 제사를 지냈는데 신이한 새 다섯 마리가 날라왔다고 한다. 천신과 새는 깊은 관련이 있는 것을 알 수 있다. 시조 온조왕 때에는 동명묘와 국모묘, 천지에 대한 제사가 따로따로 행해졌다. 그런데 그 다음 왕인 다루왕대에는 동명묘와 천지에 대한 제사가 같은 해에 행해졌다. 한편 기루왕대·개로왕대·근초고왕대 등 약 200년간에는 시조 동명묘와 천지에 대한 제사기록이 보이지 않다가 구수왕 15년(227)에 동명묘에 대한 제사가 보이고, 다음 고이왕 5년 정월에 천지에 제사를 지냈는데 鼓와 吹를 사용하였다는 기록이 보인다. 이것은《삼국지》한전을 보면 제천대회 때 소도에 대목을 세우고 방울과 북을 달았는데 이와 유사한 모습이다. 비류왕 10년(313) 정월에도 천지에 대한 제사가 남교에서 행해졌다는 기록이 있어 중국의 교사가 이루어지고 있었다는 것을 알 수 있다.

또한 왕이 친히 희생의례를 행하였는데 제사의례에서 희생의례가 중요한 것은 최근 발견된 〈울진봉평신라비〉나 〈영일냉수리신라비〉에서 확인되었다. 어떤 짐승을 사용했는지는 확실하지 않은데 온조왕대 기록을 보면 사슴(鹿)을 희생으로 하였다. 한편 근초고왕대 이후에는 천지신에 대한 제사와 함께 중신의 임명기사가 보인다. 그런데 법왕 2년(600) 기우 기사는 백제에서의 제의와 불교와의 관계를 잘 보여주고 있다. 즉위 다음해 동명묘와 천지에 제사를 지내지 않고 사찰에서 비가 오기를 빌었다. 이것은 시조묘 제사나 천지신 제사보다 불교의례가 중요시되었다는 것을 보여주고 있다.

2) 조상숭배신앙

백제의 조상숭배신앙도 시조묘신앙을 통해 알 수 있으며, 특히 시조묘에 대한 제사의례를 통하여 살펴볼 수 있다. 백제의 시조묘는 동명묘와 구태묘 두 계통으로 전한다. 중국측 자료에서는 구태묘로, 한국측 자료에서는 동명묘로 기록되어 있다. 먼저 중국측 기록으로 《책부원구》를 보면 백제에서 4계절의 가운데 달마다 왕이 천 및 오제지신에게 제사를 지내고 시조 구태묘를 국성에 세워 1년에 네번 제사를 지냈다고 되어 있다. 여기서 오제지신은 오방(동·서·남·북·중)의 방위신을 말하는데 지신을 의미한다. 백제는 천신·지신·시조묘에 제사를 지낸 것을 알 수 있는데 그 시조가 구태이므로 구태묘를 세워 제사를 지낸 것이다. 이와 유사한 기록이 《수서》 백제전에도 나타나 있다. 동명의 후손으로 구태라는 자가 있는데 매해 사계절 가운데 달에 왕이 天 및 五帝의 神에 대해 제사를 지내고 그 시조 구태묘를 국성에 세워 일년에 네차례나 제사를 지냈다고 되어 있다. 이를 통해 구태가 동명의 후손임을 알 수 있다. 이와 같은 기록은 《북사》 백제전에도 마찬가지이다.

그런데 《삼국사기》 제사지에서는 여러 사서를 인용 비판하여 시조묘를 동명묘로 판단하였다. 《해동고기》에서는 시조를 동명이라고도 하고 우태라고도 하였다. 그리고 《북사》나 《수서》는 동명의 후손인 구태가 있어 대방에 나라를 세웠다고 하였는데 여기의 우태는 구태를 말하는 것이라 하였다. 이에 대하여 《삼국사기》에서는 동명이 시조였다는 사적이 명백하므로 그 나머지를 믿을 수 없다고 하였다. 따라서 《삼국사기》 제사지를 보면 〈고기〉를 인용하여 천지신에 제사한 기록과 함께 시조 동명묘에 대한 제사 기사가 수록되어 있다. 시조 동명묘에 대한 기록은 다음과 같다.

> 고기에 이르되 다루왕 2년 봄 정월 시조 동명묘를 배알하였다. 책계왕 2년 봄 정월, 분서왕 2년 봄 정월, 계왕 2년 여름 4월, 아신왕 2년 봄 정월, 전지왕 2년 봄 정월 모두 위와 같이 하였다(《三國史記》 권 32, 志 1, 祭祀).

다루왕 2년(29) 정월에 시조 동명묘에 배알하고, 책계왕 2년(287) 정월, 계왕 2년(345) 4월, 아신왕 2년(393), 전지왕 2년(406) 정월에도 이와 같이 하였다고 되어 있다. 이상 여섯번의 제사가 모두 즉위 다음해에 이루어졌으므로 즉위의례의 성격이 분명하다 하겠다. 또한 제사의례를 행한 달도 계왕 2년 4월의 경우를 제외하고는 모두 정월에 이루어져 기풍제적 성격을 지녔다고 할 수 있다. 《삼국사기》 제사지에서는 고기를 인용하여 천지신과 동명묘에 대한 제사를 정리하고 있는데 〈백제본기〉를 보면 제사의례에 대해 보다 상세한 모습을 엿볼 수 있다.

시조 온조왕조를 보면 온조왕 원년 5월에 동명묘를 세웠다고 되어 있다. 신라의 경우는 남해왕대, 고구려의 경우는 대무신왕대 시조묘를 세웠는데 백제는 시조묘를 시조 온조왕대에 세웠다. 백제 시조는 온조왕이나 시조묘는 동명묘인 점이 특이하다. 더구나 백제의 시조에 대한 견해는 그외에도 비류왕·구태 등으로 의견이 분분하다.[13] 그런데 온조왕 17년(A.D. 3)에는 國母에 대한 廟를 세워 제사를 지냈다. 시조 온조왕대에는 동명묘와 국모묘, 천지에 대한 제사가 따로따로 이루어졌다. 그런데 그 다음왕인 다루왕대에 오면 동명묘와 천지에 대한 제사가 같은해에 이루어졌다. 즉위 다음해 정월 시조 동명묘를 배알하고, 2월에 왕이 남단에서 천지에 제사를 지냈다. 이것은 즉위 다음해 정월에 시조 동명묘에 신왕의 즉위를 고하여 왕위계승을 고유한 다음에 남단에서 백관을 대동하고 천지에 제사함으로써 왕권의 위엄을 보인 것이라 하겠다. 그런데 기루왕·계루왕·초고왕 등 약 200년간에 시조 동명묘와 천지에 대한 제사기록이 보이지 않는다. 그러다 구수왕 15년(227)에 동명묘에 대해 제사를 지낸 기록이 보인다. 이 해 3월에 우박이 내리고, 4월에 큰 가뭄이 들어 왕이 동명묘에 기우하니 비가 내렸다. 시조 동명묘에 대한 제사는 이와 같이 농경생산과 깊은 관련을 맺고 있는 것을 알 수 있다. 책계왕 2년(287)에도 동명묘 제사가 기록되어 있는데 즉위 다음해 동명묘에 배알한 점에서 분서왕 2년(299)의 기사와 같다. 비류왕 9년(312) 동명묘에 대한 배알 기사가 보이며, 이 해 4월에 동명묘에 배알하고 解仇를 兵官佐平으로 삼았다. 이것은 신라의 시조묘 제사나 신궁 제사 때 중신을 임명한 기사와 성

13) 盧明鎬, 〈百濟의 東明神話와 東明廟〉(《歷史學硏究》 10, 全南大, 1981), 39~89쪽.

격이 같다. 아신왕 2년(393)에도 동명묘 제사와 천지신 제사가 함께 이루어졌다. 아신왕 즉위 다음해 정월에 동명묘에 배알하고 남단에서 천지에 제사를 지냈으며 眞武를 좌장으로 삼아 병마의 일을 맡겼다. 여기서도 동명묘 제사와 천지신 제사가 동시에 이루어졌으며 중신에 대한 임명이 뒤따랐다.

한편 전지왕 때에도 동명묘 제사와 천지신 제사가 함께 이루어졌다. 즉위 다음해 정월 왕이 동명묘를 배알하고 남단에서 천지에 제사하고 大赦하였다. 이어 2월에 사신을 晉에 보내 조공하였으며 9월에는 解忠을 달솔로 삼았다. 여기서 주목되는 것은 대사에 대한 기사이다. 동명묘 제사와 천지신 제사 때의 중신임명 기사뿐만 아니라 대사에 대한 기록이 처음으로 나타났는데 신라의 시조묘 제사나 신궁 제사 때 함께 나타난다.[14] 이후에는 백제 멸망 때까지 시조묘에 대한 제사기록이 보이지 않는다. 이후에는 동명묘보다 현실적 시조로서 구태(고이왕)묘 제사가 강조되었기 때문일 것이다.[15] 다만 백제의 멸망을 보여주는 제사에 대한 기록만이 보일 뿐이다. 福信이 道琛을 죽였는데 豊이 능히 제어하지 못하고 다만 제사만을 주관할 뿐이었다. 즉 군사적·정치적 능력은 상실하고 다만 제사권만 갖고 있는 것이다. 그러나 결국 그 제사권마저 빼앗김으로써 백제의 멸망을 고하는 것이다. 즉 부여융이 신라 문무왕과 웅진성에서 만나 白馬를 죽여 맹서하였다. 이때 劉仁軌가 盟辭를 지었는데 金書鐵契로 만들어 신라의 종묘안에 간직하게 된 것이다.[16] 이것으로 백제는 그 모습을 완전히 감추게 되는 것이다.

3) 지신신앙

백제의 땅에 대한 신앙은 하늘에 대한 신앙과 함께 이루어졌다. 백제 시조 온조왕 20년(A.D. 2) 왕이 큰 단을 설치하여 제사를 지낼 때 하늘과 땅을 그 대상으로 하였다. 38년 10월에도 큰 단을 설치하여 하늘과 땅에 제사를

14) 崔在錫, 〈新羅의 始祖廟와 神宮의 祭祀〉(《東方學志》 50, 延世大, 1986), 29~86쪽.
15) 李鐘泰, 《三國時代의 「始祖」 認識과 그 變遷》(國民大 博士學位論文, 1996), 94~106쪽.
16) 《三國史記》 권 28, 百濟本紀 6, 의자왕.

지냈다. 그 다음 왕인 다루왕 때에는 즉위 직후 하늘과 땅에 제사를 지냈다. 다루왕 2년(A.D. 29) 정월 즉 즉위한 다음해 정월에 먼저 시조 동명묘를 배알하고, 다음달 2월에는 남단에서 하늘과 땅에 제사를 지냈다. 즉위 직후에 제사가 이루어졌음을 볼 때 즉위의례적 성격이 강함을 알 수 있다. 시조묘와 하늘과 함께 땅에 대한 제사의 중요성을 알 수 있으며 땅에 대한 신앙과 숭배가 시조나 하늘에 대한 그것에 못지 않았음을 알 수 있다. 백제에서 제사가 가장 많이 행해진 것으로 전해진 고이왕 때도 땅에 대한 제사가 하늘에 대한 제사와 함께 기록되어 있다.

고이왕 때에는 재위 5년·10년·14년 세번에 걸쳐 땅에 대한 제사를 지낸 기록이 있다. 그런데 제사를 지낸 시기가 모두 정월달이며, 하늘에 대한 제사와 함께 이루어졌다. 그리고 제사를 지낼 때는 큰 단을 설치하였는데 남쪽에서 거행되었으며, 산과 내에 대한 제사도 함께 이루어지기도 하였다. 한편 이러한 제사의례를 행할 때는 북과 나팔을 사용하여 음악이 연주되어 축제적 분위기를 자아낸 것 같다. 그리고 이러한 제의에는 희생의례가 이루어졌음을 비류왕 때의 제의를 통하여 알 수 있다. 비류왕 10년(313) 봄 정월에 남교에서 땅에 제사를 지낼 때 왕이 친히 짐승을 베는 희생의례를 행하였다. 희생물이 무엇이었는지는 기록에 없어 확실한 것을 알 수 없다.

한편 하늘과 땅에 제사를 지내고 중신을 임명하는 예는 신라의 경우와 마찬가지이다. 아신왕 2년(393) 봄에 동명묘를 배알하고, 하늘과 땅에 제사를 지내고나서 중신을 임명하였다. 이와 같은 사례는 신라의 경우 일반적인데 백제도 그러했던 것 같다. 하늘과 땅, 시조로부터 왕권의 정당성을 부여받은 후 인사권을 행하는 것이다. 땅이나 산천에 대한 제사는 홍수나 가뭄이 들었을 때도 행하였다. 아신왕 11년 여름에 크게 가물어 벼와 풀들이 모두 말라버려 왕이 横岳에서 제사를 지내니 비가 내렸다. 가뭄이나 홍수가 나면 부여의 경우와 같이 이를 왕의 책임으로 받아들여 산천에 제사를 지냈다. 한편 왕의 즉위의례로서의 제의에서는 대사면령이 내렸다. 전지왕 2년(406) 봄 2월에 왕이 동명묘를 배알하고 남단에서 하늘과 땅에 제사를 지내고 대사면령을 내렸다. 하늘과 땅, 시조로부터 왕권의 정통성을 부여받고는 인사권을 행하거나 은사권을 행하는 것이다.

그런데 하늘과 땅에 대한 제사는 풍년이 들었을 때도 행하였다. 동성왕 11년(489) 가을에 대풍년이 들어 남쪽 지역에서 복속의례를 행하자 단을 설치하여 하늘과 땅에 감사를 드리는 제사의례를 행하였다. 그리고 군신들에게 연회를 베풀어 그 노고를 치하하였다. 농경사회에서는 풍흉이 사회의 생산력을 가늠하는 것이므로 가뭄과 홍수 때는 물론 풍년이 들었을 때도 제의를 행하였다. 그런데 이후로는 백제에서 땅에 제사를 지낸 기록이 보이지 않는다.

다만 武寧王(501~523)의 사후 그의 장례를 치룰 때 토지신에 대한 의례가 있었던 것 같다. 우리는 무령왕의 誌石과 買地券을 통하여 당시 백제인들의 토지관을 엿볼 수 있다. 무령왕릉에서는 왕과 왕비의 지석이 출토되었다. 왕의 지석의 앞면에는 왕의 이름과 죽은 날자와 장례를 치룬 날자가 기재되어 있으며, 뒷면에는 방위가 기재되어 있다.[17] 왕비의 지석에는 왕비의 죽은 날자와 장례날자가 기재되어 있으며, 뒷면에는 매지권이 기재되어 있다. 이 매지권의 내용은 돈(錢) 1萬文을 가지고, 묘지 1건을 寧東大將軍百濟斯麻王(武寧王)이 土王·土伯·土父母·上下衆官 二千石秩에게 서쪽 땅(申地)을 사서 묘를 만들었으므로 증서(券)를 만들어 분명하게 했으니 어떤 律令도 이 영역에는 미치지 못한다고 하는 것이다.[18] 왕과 왕비의 묘지를 쓸 때 토지신에게 이를 사서 해야 한다는 것을 알 수 있으며, 이는 율령보다도 앞선다는 것을 알 수 있다. 지금도 산소에 가면 먼저 토지신에게 제사를 지내며, 개토를 할 때도 토지신에게 開土祭를 지냄을 볼 수 있다.

法王 2년(600) 정월에 王興寺를 창건하고 승려 30인이 되는 것을 허락하였는데 크게 가물어 왕이 漆岳寺에 순행하여 비가 오기를 빌었다. 앞에서 본 바와 같이 아신왕 11년(402)에는 가뭄이 들어 횡악에 가서 비가 오기를 빌었는데 여기서는 칠악사에 가서 비가 오기를 빌었다. 이것으로 침류왕 원년

---

17) 최근 公州 艇止山에서 발견된 유적이 국가 차원의 제의를 위해 만든 시설일 가능성이 제기되었다. 이것이 시조나 선왕들에 대한 제사인지 아니면 6세기 전반대의 왕이나 왕비 혹은 왕족의 사망에 즈음하여 단기간 동안 의례를 행하던 곳(殯地)인지의 여부는 추후 정밀한 검토가 필요하다. 그러면서도 무령왕과 왕비의 능과 관련성이 있다는 의견이 조심스럽게 개진되었다(李漢祥, 〈公州 艇止山 遺蹟 發掘調査의 概要〉, 第40回 全國歷史學大會 發表要旨, 1997, 337~384쪽).

18) 成周鐸, 〈武寧王陵 出土 誌石에 관한 연구〉(《武寧王陵의 硏究現況과 諸問題》, 公州大, 1991).

(384)에 불교가 수용되어 공인되고 백제의 지배이데올로기가 되면서 토착신앙보다 중요한 위치를 차지하게 된 것임을 알 수 있다.[19] 종래에는 가물거나 홍수가 나면 땅이나 산천에 비가 오기를 빌거나 비가 그치기를 빌었다. 그러나 불교가 백제의 지배이데올로기가 되면서부터 가물거나 홍수가 났을 때 절에 가서 비가 오기를 빌거나 그치기를 비는 것으로 변화한 것이다. 불교가 수용된 것은 침류왕 원년이지만 불교가 국가의 공식적 의례로서 나타난 것은 법왕 2년이니 그 동안 토착신앙과 불교와의 갈등과 융화되어 가는 모습을 짐작할 수 있다. 왜냐하면 왕이 절에 가서 비오기를 빌었지만 그 절의 이름인「漆岳寺」를 통해서 산에 있는 절임을 알 수 있으며, 이는 토착신앙인 산신신앙과 불교가 융화된 것을 엿볼 수 있는 것이다.

산성의 연구에서 산성과 제사와 관련성이 있다는 견해는 이미 지적된 바 있다.[20] 二聖山城의 발굴에서도 제사와 관련된 건물 터가 발견되었다.[21] 부안 죽막동 제사유적도 해상의 요충지에 위치하고 있다.[22] 또한 익산 금마 오금산성에 위치한 백제의 보덕산성의 발굴에서도 성곽과 제사와의 관계가 밀접한 것이 밝혀진 바 있다.

3. 신라의 토착신앙

1) 천신신앙

《삼국지》 위서 동이전을 보면 삼한의 제천대회에 대한 기록이 있다. 귀신을 믿는데 국읍에 각각 1인을 세워 천신에게 제사지내는 것을 주재하게 하였다. 그러나 《삼국사기》 신라본기를 보면 천신에 대한 제사기록이 보이지 않는다. 따라서 제천의례의 기록이 김부식의 사대적 관념의 투영에 의해 삭

19) 車勇杰, 〈百濟의 祭天祀祇와 政治體制의 變化〉(《韓國學報》 11, 一志社, 1978), 51~76쪽.
20) 閔德植, 〈新羅 王京의 防備에 대한 考察〉(《史學硏究》 39, 韓國史學會, 1987).
21) 《二聖山城 2次發掘報告書》(漢陽大博物館, 1988).
22) 全榮來, 〈周留城, 白江 位置比定에 관한 新硏究〉(부안군, 1973).

제된 것으로 보기도 하였다.[23] 그러나 《삼국사기》 제사지를 면밀하게 살펴보면 신궁에서 천지신에 대한 제사가 이루어졌음을 알 수 있다.

> ① 제2대 남해왕 3년 봄에 처음으로 시조 혁거세묘를 세우고 四時로 제사를 지내게 하였는데 親妹인 阿老로서 主祭하게 하였다. ② 제22대 지증왕대에 시조가 탄강한 땅인 奈乙에 神宮을 창립하고 제사를 지내게 하였다. ③ 제36대 혜공왕대 이르러 五廟를 세웠는데 미추왕은 김성 시조이고 태종대왕·문무대왕은 백제와 고구려를 평정하는 데 큰 공덕이 있음으로 모두 대대로 不毁之宗으로 하고 親廟 둘로서 오묘를 삼았다. ④ 제37대 선덕왕대에 이르러 사직단을 세웠는데 사전에 보이는 것은 모두 경내 산천뿐이고 천지에는 미치지 못하였다. ⑤ 이것은 대개 王制에 이르기를 天子는 七廟이며, 諸侯는 五廟로 二昭와 二穆과 太祖의 廟와 더불어 다섯이며, 천자는 천지와 천하 명산대천에 제사하고 제후는 사직과 명산대천의 그 땅에만 제사지내는 고로 감히 예를 벗어나지 않고 실행한 것이다(《三國史記》 권 32, 志 1, 祭祀).

종래에는 사료 ①·②·③만을 이용하여 시조묘에서 신궁으로, 신궁에서 5묘로 바뀐 것으로 이해하였다. 그러나 이 사료는 ④와 ⑤를 포함시켜 종합적으로 검토해야 하는 것이다. 이 기록을 전체적으로 조감하여 보면 세개의 단락으로 나눌 수 있다. 즉 ①과 ②, ③과 ④, 그리고 ⑤의 세 부분으로 구성되어 있는 것이다. 따라서 ①과 ②의 제도가 ③과 ④의 제도로 변화한 것이며, ⑤는 그렇게 변화하게 된 이유를 설명하는 문장이 되는 것이다. 즉 ①의 시조묘가 제36대 혜공왕대에 이르러 ③의 5묘의 제도로 변화하고, ②의 신궁이 ④의 사직단으로 변화하였으며, ⑤는 《禮記》 王制篇을 근거로 하여 이러한 일련의 변화를 가져오게 된 이유를 제시하고 있는 것이다. 결국 시조묘가 5묘로 변화하고, 신궁이 사직단으로 변화한 것이다. 그리고 ⑤에 따르면 신궁의 주신은 천지신이라는 것을 알 수 있다. 제2대 남해왕 3년 시조 혁거세를 모시는 시조묘를 세우고 제22대 지증왕대 천지신을 모시는 신궁을 시조가 탄강한 땅인 나을에 세웠는데 중국문화의 영향을 받아 제36대 혜공왕대에 이르러 5묘제로 변화하고 제37대 선덕왕대 이르러 사직단을 세웠다는 것이다. 즉 천자의 예에서 제후의 예로 변화하게 되었다는 것이며, 그 근거는 사

---

23) 金泰永, 〈朝鮮初期 祀典의 成立에 대하여－國家意識의 變遷을 中心으로－〉(《韓國史論文選集》 朝鮮前期篇, 1976), 1~30쪽.

료 ⑤로서 《예기》 왕제편의 기록이다.

이러한 천지신을 숭배하는 신궁이 설치된 의미는 무엇일까. 소지왕 9년(467) 2월에 천지신을 모시는 신궁을 시조가 태어난 나을에 설치하고 나서 한달 뒤 3월 사방에 우역을 설치하고 소사에게 관도의 수리를 명하고 7월에는 월성을 수즙하였다. 따라서 천지신을 모시는 신궁의 설치가 중앙통치력 확대과정의 일환으로써 이룩된 것임을 알 수 있다. 이러한 국내의 체제정비 및 왕권강화와 대외적 국가의식의 성장은 지증왕대에 이르면 더욱 강고해진다. 천지신을 모시는 신궁의 설치는 대내적으로 국가체제의 정비에 따른 사상적 통일정책이라 할 수 있다. 이와 같이 지증왕대 신궁제사를 토착신앙 자체내의 사상적 통일정책의 성공으로 간주한다면 불교공인 이전에 왕실의 노력으로 토착신앙내의 사상적 통일을 자주적으로 이루었다고 할 수 있다.[24]

그렇다면 불교의 공인은 이와 같이 자체적으로 사상적 통일을 이룩할 수 있었던 신라사회의 자신감에서 이룩된 것이지 새로운 통치이념의 필요에 의한 것이 아님을 알 수 있다. 왜냐하면 불교공인 이후에도 천지신을 모신 신궁에 대한 제사는 계속해서 행해졌기 때문이다. 따라서 불교공인을 巫·佛의 교대로 파악해서는 안되며 오히려 자체적으로 사상의 통일을 이룩한 자신감을 바탕으로 외래사상인 불교를 받아들여 사상적 발전을 꾀하려 한 것으로 보아야 한다. 즉 토착신앙을 기반으로 외래신앙인 불교를 어떻게 발전시켜 나갔는가 하는 점에 주목하여야 한다. 사찰내의 산신각과 장승을 단순히 토착신앙의 잔재가 아니고 토착신앙의 제당구조 안에 불당을 받아들이는 특유한 복합형태로 파악한 것은 그 한 예라 하겠다.[25]

2) 조상숭배신앙

신라의 조상숭배신앙에 대한 자료는 고구려나 백제에 비하여 풍부하다. 시조묘 이외에 祖廟·國祖廟·廟·先祖廟·祖考廟·五廟를 설치하여 조상을

24) 崔光植, 〈新羅의 神宮設置에 대한 新考察〉(《韓國史硏究》 43, 1983), 61~79쪽.
25) 崔光植, 〈巫俗信仰이 韓國佛敎에 끼친 影響－山神閣과 장승을 중심으로－〉(《白山學報》 26, 1981), 47~77쪽.

숭배하였다. 신라의 시조묘는 제2대 남해왕 3년 정월에 처음으로 설치되었다. 시조묘는 시조 박혁거세의 廟로서 1년에 四時로 이를 祭祀하였으며 친누이인 阿老로서 이를 주제하게 하였다. 이후 제8대 아달라왕 17년(170) 2월에 시조묘를 중수하였는데 그 이유에 대해서는 아무런 언급이 없다.

한편 21대 소지왕대에 이르면 시조묘에 守廟 20家를 증치하였다. 소지왕 7년(485) 2월에 仇伐城을 수축하고 여름 4월에 시조묘에 친사하고 수묘 20가를 증치하였고 5월에는 백제가 내빙하였다. 이때 수묘 20가를 증치한 데 대한 확실한 이유에 대해서는 언급이 없어 잘알 수가 없다. 다만 수묘 20가를 증치했다는 것을 볼 때 이전에도 수묘가가 있었다는 것을 알 수 있으며 「守廟」가 「守墓」와 같은 의미일 것 같은 느낌을 준다.

王廟를 王陵으로 인식한 것은 味鄒王陵의 경우에서도 찾아볼 수 있다. 미추왕릉을 始祖堂으로 부르고 있었는데, 이것은 왕묘를 왕릉으로 인식하였기 때문일 것이다. 廟와 陵이 혼용되어 불리고 있는 것은 金首露王陵에서도 볼 수 있다. 《駕洛國記》에 보면 김수로왕릉을 왕묘라고 하였으므로 능과 묘가 같음을 알 수 있다. 그렇다면 朴赫居世廟는 박혁거세의 능이라 볼 수 있으며 五陵이 始祖廟라고 볼 수 있다. 미추왕릉을 大祀인 三山과 같은 격으로 제사지내고 5릉의 위에 놓으며 大廟라 칭한 《삼국유사》 味鄒王 竹葉軍條를 통해서도 확인할 수 있다.

그러면 시조묘가 어떻게 하나의 능이 아니라 다섯 개의 능으로 되었을까. 이는 통일 이후에 5묘제의 영향으로 인하여 김씨 왕실의 왕묘가 5묘가 될 때 박씨 왕실의 왕묘도 5묘로 되면서 5릉이 된 것으로 짐작해 볼 수 있을 것 같다. 신라의 경우 5묘제가 시행된 것은 神文王代가 처음이며 제도화된 것은 惠恭王代 이후이다. 그러므로 시조묘가 5릉으로 된 시기는 신문왕대와 혜공왕대 사이라고 생각된다.[26] 그러면 시조묘를 비롯한 묘에 대한 제사가 어떻게 이루어지고 있었는지를 알아보도록 하겠다. 우선 《삼국사기》 신라본기에 나오는 시조묘에 대한 역대 왕의 제사기록과 그 관련기사를 도표화해 보면 다음의 〈표〉와 같다.

---

26) 崔光植, 〈新羅 上代 王京의 祭場〉(《新羅 王京 硏究》, 新羅文化宣揚會, 1995), 74~76쪽.

〈표〉 역대 왕의 親祀기록과 그 관계기사

王代	王名(姓)	年.月	親祀記錄	關 係 記 事
2	南 解(朴)	3. 1	立始祖廟	
3	儒 理(朴)	2. 2	親祀始祖廟	大赦
4	脫 解(昔)	2. 2	親祀始祖廟	春正月拜瓠公爲大輔
5	婆 娑(朴)	2. 2	親祀始祖廟	三月巡撫州郡發倉賑給
6	祗 摩(朴)	2. 2	親祀始祖廟	拜昌永爲伊飡 以參政事 玉權爲波珍飡 申權爲一吉飡 順宣爲級飡
7	逸 聖(朴)	2. 1	親祀始祖廟	
8	阿達羅(朴)	2. 1 17. 2 19. 2	親祀(始)祖廟	大赦 以興宣爲一吉飡 重修始祖廟 有事始祖廟 京都大疫
9	伐 休(昔)	2. 1	親祀始祖廟	大赦
10	奈 解(昔)	2. 1 3. 4 10. 8	謁始祖廟	 始祖廟前臥柳自起 狐鳴金城及始祖廟庭
11	助 賁(昔)	1. 7	謁始祖廟	
12	沾 解(昔)	1. 7 7. 7	謁始祖廟 禱祀祖廟及名山	封父骨正爲世神葛文王 乃雨 年饑多盜賊
13	味 鄒(金)	2. 2 20. 2	親祀國祖廟 謁廟	大赦 封考仇道爲葛文王
14	儒 禮(昔)	2. 1	謁始祖廟	
15	基 臨(昔)	2. 2	祀始祖廟	
16	訖 解(昔)	2. 2	親祀始祖廟	
17	奈 勿(金)	3. 2 7. 4	親祀始祖廟	紫雲盤旋廟上 神雀集於廟庭 始祖廟庭樹連理
18	實 聖(金)	3. 2	親謁始祖廟	
19	訥 祗(金)	2. 1 19. 4	親謁始祖廟 祀始祖廟	王弟卜好自高句麗 與堤上奈麻還來
20	慈 悲(金)	2. 2	謁始祖廟	
21	炤 知(金)	2. 2 7. 4 9. 2 17. 1	祀始祖廟 親祀始祖廟	 增置守廟二十家 置神宮於奈乙 奈乙始祖初生之處也 王親祀神宮

王代	王名(姓)	年.月	親祀記錄	關　係　記　事
22	智　證(金)	3. 3	親祀神宮	下令禁殉葬 前國王薨 則殉以男女各五人 至是禁焉 分命州郡主勸農 始用牛耕
23	法　興(金)	3. 1	親祀神宮	龍見楊山井中
25	眞　智(金)	2. 2	王親祀神宮	大赦
26	眞　平(金)	2. 2	親祀神宮	以伊湌后稷爲兵部令
27	善　德(金)	2. 1	親祀神宮	大赦 復諸州郡一年租調
28	眞　德(金)	1.11	王親祀神宮	
30	文　武(金)	8.11	謁先祖廟	告曰 祗承先志 與大唐同擧義兵 問罪於百濟高句麗 元兇伏罪 國步泰靜 敢玆控告 神之聽之
31	神　文(金)	2. 1 7. 4	親祀神宮 遣大臣於祖廟致祭	大赦 曰 王某稽首再拜 謹言太祖大王眞智大王文興大王太宗大王文武大王之靈
32	孝　昭(金)	3. 1	親祀神宮	大赦 以文穎爲上大等
33	聖　德(金)	2. 1	親祀神宮	遣使入唐貢方物
34	孝　成(金)	3. 1	拜祖考廟	
35	景　德(金)	3. 4	親祀神宮	遣使入唐獻馬
36	惠　恭(金)	2. 2	王親祀神宮	
37	宣　德(金)	2. 2	親祀神宮	
38	元　聖(金)	3. 2	親祀神宮	京都地震 大赦
40	哀　莊(金)	2. 2 3. 1	謁始祖廟 王親祀神宮	別立太宗大王文武大王二廟　以始祖大王及王高祖明德大王　曾祖元聖大王皇祖惠忠大王皇考昭聖大王爲王廟　以兵部令彦昇爲御龍省私臣 未幾爲上大等 大赦
41	憲　德(金)	2. 2 5. 2	王親祀神宮 謁始祖廟	發使修葺國內堤防 玄德門火
42	興　德(金)	2. 1 8. 4	親祀神宮 王謁始祖廟	
46	文　聖(金)	5. 7		五虎入神宮園
47	憲　安(金)	2. 1	親祀神宮	
48	景　文(金)	2. 2 12. 2	王親祀神宮 親祀神宮	
55	景　哀(朴)	1.10	親祀神宮	大赦

위의 <표>를 보면 시조묘의 명칭과 제사의 명칭이 다양하게 나타나는 것이 주목된다. 시조묘는 시조 박혁거세의 묘이나 단순히 박씨의 조상으로만 보아서는 곤란하다. 박혁거세는 박씨의 조상이기도 하지만 더욱 중요한 것은 신라의 국조인 것이다. 따라서 시조묘 이외에 조묘와 국조묘가 함께 기록되어 있는 것이다.

그러면 시조묘에 대한 제사는 누가 지냈는가. <신라본기>에는 왕이 친히 제사했다고 되어 있으며, <제사지>에서는 친매인 아노로서 주제하게 하였다고 하였다. 계절마다 지내는 통상적인 의례는 아노와 같은 제관이 주제하고, 즉위의례 등 중요한 경우에는 왕이 친히 제사하였다고 보아야 할 것이다. 그러나 왕이 친사하는 경우에도 제관인 아노는 제사에 관여하였다. 왕은 제주로서 제사권을 장악하고 있었으며 아노와 같은 제관은 이미 왕의 직속하에 제의의 기능적인 면을 담당하는 데 불과하였다. 그러나 통일기 이후 신문왕대에는 대신을 보내서 조묘에 제사를 지내게 하고 있다. 즉 처음에는 왕이 친제하다가 통상적인 의례의 기능적인 면을 제관에게 넘겨주어 주제하게 하다가 통일기 이후 대신으로 하여금 주제하게 하도록 변화되었다.

그러면 이러한 시조묘에 대한 제사의례는 어떠한 목적에서 이루어졌으며 그 의의는 무엇인가. 계급사회로 들어서면서 지배자는 여러 신들 중에서 천신에 대한 제사의례를 통하여 지배권을 확립하려 하였다. 여러 신들의 서열화 과정에서 천신이 정점을 이루게 되어 제천의례가 행해졌다. 그러나 국가형성이 본격화하면서 지배자는 天의 子 또는 天의 孫이라는 의식을 강조할 필요성이 제기되었다. 따라서 신라에서는 천강신화를 가진 박혁거세를 위한 시조묘를 세우고 이에 대한 제사를 통하여 왕권의 강화를 꾀하였던 것이다. 또한 이러한 제의를 통하여 내적인 지배이데올로기로서 활용하고, 주변의 세력을 정복할 수 있는 배타적 지배이데올로기를 확립한 것이다. 따라서 시조묘 제의는 고대 국가형성의 가장 중요한 징표의 하나이며, 《삼국지》 한전에 보이는 대국에서만 볼 수 있는 것이다. 소국에서의 천신에 대한 제의가 마침내 대국에서는 천의 자손에 대한 제의로 발전된 양상이라고 할 수 있는 것이다. 여기에 시조묘 제의가 갖는 정치사적 의미가 있는 것이다.

앞에서 제사제도가 시조묘에서 오묘로, 신궁에서 사직으로 변화하였다고 고찰한 바 있다. 그러나 〈신라본기〉를 보면 오묘나 사직이 설치된 이후에도 시조묘와 신궁에서 행한 제사에 대한 기록이 있다. 시조묘에서 오묘로, 신궁에서 사직으로 변화했다고 한 것은 〈제사지〉를 분석한 내용으로, 그것은 기본적으로 제도상 그러했다는 것이다. 〈신라본기〉에 의하면 통일기 이후에도 시조묘와 신궁에 대한 제사는 그대로 유지되었다. 이것은 신라문화의 특징으로 제도와 실제가 다른 점을 보여주는 것이라 하겠다. 즉 제도상으로는 중국을 의식하여 시조묘 대신에 오묘로, 신궁 대신에 사직으로 제도화가 이루어졌지만 신라는 자신들의 독자적인 제사인 시조묘와 신궁에 계속하여 제사를 지냈던 것이다. 신라는 중국에서 종묘제를 수용하였지만 그 구체적인 사항에서는 중국의 종묘제 원칙을 그대로 따른 것은 아니었다.[27]

3) 지신신앙

신라의 지신과 산천에 대한 신앙은 고구려와 백제보다 자료가 풍부하다. 《삼국사기》 신라본기뿐만 아니라 제사지에 위계적으로 잘 나타나 있으며, 《삼국유사》에도 땅과 산악에 대한 신앙이 잘 나타나 있다.

逸聖尼師今 5년(138) 10월에 왕이 북쪽으로 순행하여 태백산에서 친히 제사를 지냈다. 한편 基臨尼師今 3년(300) 3월에 왕이 우두주(지금의 춘천지방)에 이르러 태백산에 望祭를 지냈다. 이와 같이 신라초부터 산악에 대한 제사를 왕이 친히 지낸 것을 볼 때 산악에 대한 신앙이 얼마나 중요했는가를 알 수 있다. 특히 태백산에 대한 제사를 중요시 하였는데 이는 신라가 북쪽으로 진출하려는 의지와 깊은 관련을 갖고 있다. 기림니사금 3년에 牛頭州가 신라의 영토가 되었다는 것은 문제가 있다. 망제는 먼 곳에 위치한 名山大川을 바라보면서 지내는 제사이지만 바라보며 지내는 제사의 대상은 자국의 영토로 한정되기 때문이다.[28]

한편 지신에 대한 숭배는 하늘에 대한 신앙과 함께 이루어졌다. 백제에서

---

27) 나희라, 〈신라의 종묘제 수용과 그 내용〉(《韓國史硏究》 98, 1997), 57~89쪽.

28) 鄭雲龍, 《5-6世紀 新羅 對外關係史 硏究》(高麗大 博士學位論文, 1996), 51~53쪽.

와 같이 천지에 제사를 지냈다는 기록이 확실히 나타나 있지는 않지만 천신 신앙에서 살펴보았듯이 신궁은 천지신에 대한 제사를 지냈던 곳이다.

炤知王 7년(485) 4월에 왕이 시조묘에 친히 제사를 지내고 수묘 20가를 증치하였다. 그리고 9년 2월에는 신궁을 나을에 설치하였는데 나을은 시조가 처음 태어난 곳이다.[29] 시조묘에 대한 제사에서 시조가 태어난 땅에 대한 제사로 옮겨간 것이다. 또한 17년 정월에는 왕이 신궁에서 친히 제사를 지냈다. 智證王 3년(502) 3월 왕이 친히 신궁에서 제사를 지내고 이후 역대 왕들은 즉위 직후 신궁에서 제사를 지냈다. 한편 〈제사지〉를 보면 제22대 지증왕이 시조가 태어난 땅인 나을에 신궁을 창립하고 제사를 지냈다고 되어 있다. 이와 같이 《삼국사기》 신라본기에는 신궁이 소지왕 때 설치된 것으로 되어 있고, 〈제사지〉에는 지증왕 때 설치된 것으로 되어 있어 차이를 보이고 있다. 이것은 신궁이 소지왕 때에 설치되었으나 신궁에 대한 제사가 즉위 직후에 행한 것은 지증왕 때부터이므로 〈제사지〉에서는 제도화한 때를 기록한 데서 연유한 것이다. 즉 소지왕 9년(487)에 처음으로 신궁을 설치하고, 17년에 처음으로 왕이 신궁에 제사를 지냈으나 왕의 즉위 직후에 지내는 즉위의례로서의 제사는 지증왕 3년이므로 이를 〈제사지〉에 기록한 것이다.

〈제사지〉에서는 처음에 종묘의 제도에 대해서 논하고 3산5악 이하 명산대천은 대사·중사·소사로 나누어 구분하였다. 신라는 신라 영역내에 있는 명산과 대천을 세 가지로 구분하여 제사를 지낸 것이다.[30] 이는 고구려나 백제보다 제사체계가 잘 짜여져 있다는 것을 알 수 있으며, 이는 신라의 영토관념과 밀접한 관련을 갖고 있다.[31] 〈제사지〉에 기록된 내용은 통일전쟁 이후에 체계화된 것이지만 통일전쟁 전에도 이와 같은 제사체계는 있었다. 예컨대 3산에 대한 기록은 통일 전부터 나타나고 있다. 《삼국유사》 김유신조에 보면 김유신과 3산의 신들과의 관계가 기록되어 있다.

---

29) 崔光植, 〈新羅 上代 王京의 祭場〉(《新羅 王京 硏究》, 新羅文化宣揚會, 1995), 74~76쪽.

30) 崔光植, 〈新羅의 大祀·中祀·小祀의 祭場〉(《역사민속학》 4, 역사민속학회, 1994), 50~70쪽.

31) 濱田耕策, 〈新羅の祀典と名山大川の祭祀〉(《呴沫集》 4), 147~166쪽.

郞(김유신)이 고구려와 백제 두 나라를 치려고 밤낮으로 깊히 꾀하고 있을 때 白石이란 자가 그 일을 알고 낭에게 고하되 자기와 公이 함께 몰래 적국을 선탐한 뒤에 도모하는 것이 어떻겠는가 하였다. 낭이 기뻐하며 친히 백석을 데리고 밤에 떠나서 고개 위에서 막 쉬고 있을 때 두 여자가 나타나 낭을 따라왔다. 骨火川에 이르러 유숙하는데 또 한 여자가 홀연히 와서 공은 세 여자와 더불어 기쁘게 이야기하였다. …여자들이 고하되 '공이 말하는 바는 이미 알고 있으니 원하건대 공은 백석을 그냥 두고 우리와 함께 숲속에 들어가면 다시 실정을 말하겠다' 하고 이어 함께 들어갔다. 여자들이 문득 귀신이 되어 말하기를 '우리들은 奈林·穴禮·骨火 등 세 곳의 호국신이다. 지금 적국인이 낭을 유인하는 것을 낭이 알지 못하고 따라가므로 우리가 낭을 만류시키려 이곳에 온 것이다'라고 말을 마치자 보이지 아니하였다(《三國遺事》 권 1, 紀異 2, 金庾信).

이를 통하여 통일전쟁 이전에 이미 3산의 신들이 중요시되고 있었으며 또한 이들이 호국신임을 알 수 있다. 奈林은 《삼국사기》에 의하면 習比部에 있던 산이며, 骨火는 영천지방에 있는 산이다. 穴禮는 종래에는 청도의 오리산이나 월성군의 단석산으로 비정하였으나 최근에는 영일냉수리비가 발견된 뒷산인 어래산이 유력하다. 즉 혈례산→열례산→얼레산→어래산으로 음전되어 지금의 어래산이 된 것이라 보고 있다.[32] 따라서 호국삼신에 대하여 제사를 지냈던 대사의 장소들은 신라의 수도 경주와 그 인접지방이었다는 것을 알 수 있다.

이와 같이 통일전쟁 전에는 3산5악의 위치가 경주지방을 중심으로 이루어졌는데 통일전쟁 이후에는 국토의 영역 확대와 함께 전국적 규모로 변화하였다.[33] 즉 3산5악의 산신신앙은 신라 초기의 경주지방의 산신숭배신앙에서 통일전쟁 이후 전국에 걸친 지역의 산신숭배신앙으로 변화한 것이다. 이것은 단순히 숭배대상만이 바뀐 것이 아니라 급격히 변화하는 당시 사회의 변화상을 반영한 것이다.

---

32) 金崙禹, 〈新羅時代 大城郡에 관한 考察〉(《新羅文化》 3·4합집, 東國大, 1987), 22~24쪽.
33) 李基白, 〈新羅五岳의 成立과 그 意義〉(《震檀學報》 33, 1969), 7~23쪽.

4. 토착신앙과 불교와의 관계

재래의 토착신앙이 지배적인 이념으로 자리잡고 천지신을 그 정점으로 하여 대중화되어 있는 가운데 외래신앙인 불교가 전래되었다. 따라서 재래신앙인 토착신앙과 외래신앙인 불교는 갈등을 벌이게 된다. 종래 토착신앙과 불교와의 관계에 대한 연구는 巫佛交代라는 입장으로 단순화시켜 보아 왔다.[34] 그것은 지배층의 입장에서 불교의 전래와 수용을 이해하였기 때문이었다. 외국으로부터 불교가 전래된 것과 이것을 그 사회가 수용하는 것, 국가가 이를 공인한 것과는 개념상의 커다란 차이가 있는데 종래 연구는 이를 간과하였기 때문이기도 하다.[35]

신라는 고구려와 백제에 비하여 불교가 전래된 것이 그렇게 많이 늦은 것이 아니다. 이미 訥祗王대에 사문 墨胡子가 고구려로부터 一善郡 사람 毛禮의 집에서 포교활동을 하였으며, 양나라 사신이 왔을 때 왕실에 들어가 불교에 대해 이해를 시켰던 것이다. 더구나 炤知王대에는 이미 內殿에 焚修僧이 자리잡고 있었다.[36] 신라는 다만 국가적 공인 조치가 늦었을 뿐이다. 그것은 고구려나 백제에 비하여 토착신앙과 불교가 갈등과 대립이 심하였기 때문이라 하겠다. 고구려나 백제는 이미 중국문화에 대해 익숙해 있었기 때문에 중국을 통해 들어온 불교에 대해 거부감이 적었던 것이라 할 수 있다. 반면에 신라는 중국문화에 대한 지식과 이해가 적어 불교를 수용하는 데 많은 사상적 갈등을 겪게 된 것이다.

그러나 보다 중요한 문제는 신라가 토착신앙에 의해 사상적 통일을 이루었기 때문이라 할 수 있다. 신라는 천지신을 모신 신궁을 설치하여 사상적 통일을 하였으므로 외래신앙인 불교에 대하여 대립과 갈등이 심하였던 것이다. 더구나 이차돈이 토착신앙의 제장인 天鏡林에 사찰을 지으려다가 강력한

---

34) 이기백, 〈三國時代의 佛敎傳來와 그 社會的 性格〉(《歷史學報》 6, 1969), 1~30쪽.
35) 최광식, 〈신라의 불교 전래, 수용 및 공인〉(《신라사상의 재조명》, 신라문화선양회, 1991), 107~120쪽.
36) 辛鍾遠, 《新羅初期佛敎史硏究》(민족사, 1992), 13~22쪽.

저지에 직면하였으며 그러한 경험이 신라인으로 하여금 불교를 받아들이는데 주저하게 만든 것이다. 그러나 그러한 내부진통을 겪게 됨으로써 독특한 신라의 불교를 발전시켜 나갔다.[37] 이러한 과정에서 토착신앙과 불교와의 타협이 이루어지는데 가장 대표적인 것이 산신각과 장승이라 하겠다. 즉 불교가 처음 전래되어 수용되는 단계에는 토착신앙과 불교가 대립과 갈등을 겪게 되었으나 일단 그 과정을 거치면서 융화되어 가는 문화접변현상을 일으킨 것이다. 따라서 우리는 불교공인 이후를 巫佛交代로 보아서는 안되며 巫佛融化의 입장에서 신라사상의 흐름을 파악하여야 한다.

1) 토착신앙과 불교와의 갈등

토착신앙과 불교가 갈등을 빚는 모습을 가장 잘 보여주는 기록이 이차돈의 순교설화이다. 이차돈의 순교설화는 《삼국사기》·《해동고승전》·《삼국유사》 및 금석문에 실려 있다. 이들 사서에 기록되어 있는 사료들을 검토해 보면 법흥왕이 본디 불법을 존중하여 興敎할 뜻이 있었으나 군신들의 반대가 두려워 온건한 입장을 취하고 있었다 그런데 興法에 대해 강경한 입장을 갖고 있던 이차돈에 의해 창사의 결심을 하고 이차돈에게 왕명을 내리어 창사의 책임을 부여하였다. 군신들은 절을 지으라는 왕명에 대하여 내심으로 반발하였지만 강력하게 반대하지는 못하였다. 그러나 이차돈이 토착신앙의 성소인 천경림에 절을 지으려 하자 강력하게 반발하고 나서게 되었고, 이에 따라 創寺가 지연되고 있었던 것이다. 왕이 창사가 늦어지는 이유를 알고 보니 이차돈이 왕의 허락도 없이 토착신앙의 성소인 천경림에 창사하게 된 데서 비롯된 것이었다. 따라서 왕은 토착신앙의 성소인 천경림에 창사하려는 데 대해 강력하게 반발하고 나선 군신들의 의견을 도외시 할 수 없었고, 더구나 자기와 장소에 대하여 의논하지 않고 천경림에 창사한 이차돈을 왕의 입장에서 矯命罪로 다스리지 않을 수 없었던 것이다. 홍법의 온건파인 법흥왕은 홍법문제에 있어서 군신들이 촉각을 워낙 날카롭게 세우고 있었기 때문에

37) 崔光植, 〈異次頓 說話에 대한 新考察〉(《韓國傳統文化研究》 創刊號, 曉星女大, 1985), 223~237쪽.

이차돈이 군신들의 신경을 건드려 가며 천경림에 창사하리라고는 생각하지 않았던 것이다. 반면 홍법의 강경파인 이차돈은 창사를 할 바에는 아예 토착신앙의 본거지인 천경림에 창사함으로써 홍법의 의지를 보다 강력하게 나타내고 싶었던 것이다. 결국 군신들의 반발이 거세게 나오고자 왕은 군신들의 반발을 일단 완화시키고 왕명의 준엄함을 보이기 위해 이차돈을 교명죄로 처형하지 않을 수 없었던 것이다. 즉 홍법에 대해 온건파인 법흥왕과 강경파인 이차돈의 의견차이와, 홍법 자체에 대한 반대파인 군신들과의 사이의 갈등과 대립에서 이차돈이 순교를 하게 된 것이라 하겠다.

아직 강력한 세력을 확보하지 못한 불교세력이 결국 이차돈의 순교를 계기로 왕권의 강화를 가져오는 결과를 낳게 되었고, 또한 토착신앙의 성소인 천경림에 창사함으로써 불교가 공인되게 되었다. 이를 계기로 불교가 지배이데올로기화되어 가고 불교세력이 유리한 입장에 서게 되었다. 그러나 이것을 무불교대로 해석하는 것은 성급한 결론이라고 하겠다. 왜냐하면 불교가 국가의 지배이데올로기가 되어 종래 토착신앙이 갖고 있던 위치를 차지하게 되었지만 이것은 통치이념의 변화일 뿐 사상적으로는 두 개의 신앙이 마찰과 갈등을 겪으며 융화되어 갔기 때문이다. 즉 불교가 공인된 이후에도 토착신앙이 다소 약화되었지만 그 전통은 지속되어 오히려 불교에서 배워온 것도 있고, 반대로 불교가 토착신앙의 제요소와 융화하여 독특한 한국불교로 토착화되어 갔다. 불교는 지배층에서 많은 호응을 받았지만 피지배층 일반에서는 토착신앙이 일반적 추세였다. 따라서 통치이념의 관점에서 지배층 위주로 볼 때는 무불교대라는 평가를 할 수 있겠지만 사회사상의 관점에서 본다면 이러한 평가를 내릴 수 없다. 불교가 공인된 이후에도 피지배층 일반에서는 대부분 기존의 토착신앙을 중요시 하였으며, 또한 불교 자체도 토착신앙과 융화하여 토착화되어 나갔기 때문이다.

2) 토착신앙과 불교와의 융화

전국 어떤 사찰에 가더라도 불교 본연의 불사를 드리는 본당 이외에 토착신을 모신 冥府殿·十王殿·山神閣·七星閣 등을 볼 수 있다. 이것은 불교가 인도·중국·한국에 있어서 각국의 토착신앙과 융화된 모습을 보여주고 있는 것이다. 그 중에서도 특히 산신을 모신 산신각은 우리 나라 토착신앙과 불교가 융화된 모습을 나타내주는 좋은 예라 하겠다. 또한 산문 근처나 사찰 입구에서 장승이나 돌무더기를 발견할 수 있다. 이러한 산신각이나 사찰입구의 장승은 한국사찰의 특징이며, 이는 토착신앙과 불교와의 융화된 모습을 보여 주고 있는 것이다. 이러한 현상은 가람의 배치에서 뿐만 아니라 사찰연기설화·연등회·팔관회·탱화 등에서도 볼 수 있다. 한편 토착신앙 내에도 무당의 무의·무구·무신도·무속용어 등에 불교적 요소가 융화되어 있다. 이렇게 토착신앙과 불교는 상호 영향을 끼치며 융화되었던 것이다.

고대사회에서 토착신앙이 불교화한 것으로 환인천제가 불교의 제석천 곧 제석환인의 신앙으로 변화한 것과 국조 단군이 독성님이나 불교적 산신으로 변화한 것을 들 수 있다. 불교신앙이 토착신앙화 한 경우로는 불교의 미륵신앙이 화랑국선으로 변화한 것을 들 수 있다. 그러나 토착신앙과 불교가 관련된 가장 중요한 자료는 토착신앙의 성역과 불교사찰과의 관계에서 찾을 수 있다. 《삼국유사》에서 일연이 아도본비를 인용하여 신라는 그 서울안에 일곱개의 가람의 터가 있으니 하나는 금교 동쪽의 天鏡林이요, 둘째는 三川岐요, 셋째는 龍宮의 남쪽이요, 넷째는 龍宮의 북쪽이요, 다섯째는 沙川尾요, 여섯째는 神遊林이요, 일곱째는 壻請田이니 모두 전시에 가람의 터로 법수가 길게 흐르는 땅이라 하였다.[38] 여기서 천경림, 삼천기, 용궁 남, 용궁 북, 사천미, 신유림 및 서청전 등은 토착신앙의 신성지역들이다. 사원 건립 이전부터 토착신앙의 종교적 공간으로 여기에 불교사찰이 들어섰던 것이다. 그러나 토착신앙의 신성지역에 불교사찰이 들어섰지만 佛·菩薩에 대한 숭배와 의례만 이루어진 것이 아니라 토착신에 대한 숭배와 의례가 끊어지지 않고 계속되었다. 《삼국유사》의 선도산 성모수희불사조를 보면 이를 잘 알 수 있다. 선도산에 山神과 神母의 神祠가 있었는데 이들 산신과 신모의 도움으로 새로 불전을 지을 수 있었다. 그리고 그 신모가 불상과 더불어 벽상에 53佛과 6類聖衆 諸天神과 五岳神君을 그려 받들며 占察法會를 베풀어 이를 항규로 삼으라 하였다.

38) 《三國遺事》 권 3, 興法 3, 阿道基羅.

일연은《삼국유사》에서 고려시대에도 이와 같은 일이 그대로 지속되고 있음을 주기하였다. 진평왕대(579~631)의 이 기록은 산신과 비구니, 신사와 불전, 불상과 천신, 산신탱화가 융화하고 있는 면을 잘 보여주고 있다.[39] 더구나 일연이 주기한 오악에 대해 살펴보면 산신과 불사와의 관계를 보다 자세히 알 수 있다. 일연은 여기의 오악을《삼국사기》제사지에 보이는 오악으로 보았으나 안흥사의 비구니 지혜가 모신 오악신군은 경주평야를 중심으로 한 지역의 오악에 있는 산신이다.《동국여지승람》의 경주 산천조에 의하면 선도산이 서악으로 되어 있는 것이다. 또한 의상이 전교활동을 하던 화엄십찰이 오악과 깊은 관련을 맺고 있다.[40]

의상이 부석사를 지을 때 이미 이교도들이 있었다고 하는데 여기의 이교도는 바로 토착신앙을 믿는 무리들인 것이다. 결국 삼국시기의 경주평야를 중심으로한 지역의 오악과 남북국시기의《삼국사기》제사지에 보이는 오악 모두 토착신앙과 불교가 깊은 관련을 맺고 있는 것이다. 더구나 선종이 수용된 9세기 이후 산지가람으로 발전하면서 토착신앙과 불교와의 관계는 보다 긴밀하게 된다. 산신이 사원에서 신앙의 대상이 되는 것은 이러한 산지의 가람건립 과정에서 보다 확대되어 갔다.

토착신앙의 성소는 산신각과 장승의 형태로 불사와 융화하거나 민간에서는 계속 신성지역으로 숭배되어 산신당·서낭당·장승과 솟대의 형태로 남아 있다. 위치상으로 보아 산신각이 상위, 불당이 중위, 장승이 하위에 위치하는 우리 나라 가람의 삼중구조는 상당으로 관념되는 산신당, 중당으로 관념되는 서낭당, 하당으로 관념되는 장승과 솟대의 동제당의 삼중구조와 상호 관련되어 있다. 따라서 산신각과 장승은 단순히 토착신앙의 잔재로서 존재하는 것이 아니라 토착신앙 성역의 구조안에 불단을 받아들이는 특유한 복합형태의 결과로 보아야 한다.[41] 이러한 신당은 불교의 수용과 함께 융화되어 토착신앙의 가람 건립화에 따라 사원내에 존재하며 현세구복, 기복불교의 기능을 담당하게 되었다.

39)《三國遺事》권 5, 感通 7, 仙桃聖母隨喜佛事.
40) 李基白, 앞의 글(1969), 7~23쪽.
41) 崔光植, 〈巫俗信仰이 韓國佛敎에 끼친 影響〉(《白山學報》26, 1981), 47~77쪽.

3) 토착신앙과 불교의 교대

원시공동체사회에서는 하늘·땅·해·산·바람·비·동물 등 여러 자연신에 대한 신앙과 제의가 이루어졌다. 공동체가 해체되고 계급이 발생하고 정치체가 형성되면서 여러 신들의 위계화가 이루어져 자연신의 하나인 天神이 여러 자연신의 최고 정점에 자리잡게 되었다. 고대사회의 지배자는 萬神들의 하이어라키의 최고 정점에 위치한 천신을 자기와 동일시하여 천신을 지배이데올로기로하여 계급사회의 정당성을 사상적으로 보장받고자 하였다. 고대국가가 발전하면서 시조묘를 세워 천신신앙과 조상숭배신앙을 결합시켜 다른 정치체보다 우월함을 보였으며, 정복전쟁을 수행하면서 그 지역신을 중앙집권적 구조 속에 재편성하면서 天地神을 신앙하고 祭儀를 받들었다.

노동력의 수취보다 토지에 대한 관심이 높아지면서 정복전쟁이 확대되고 많은 군사력이 요구되어 良人化가 많이 이루어지게 되었다. 이러한 신분체제의 변화는 새로운 사상과 신앙을 필요로 하게 되었으며, 이미 전래 수용된 불교를 국가이데올로기로 하였다. 이는 불교가 천신신앙보다 평등주의적이며 보편적인 종교였기 때문이다. 특히 불교는 전쟁이 빈번해지면서 지배층과 피지배층 모두에게 필요하게 되었다. 피지배층은 현실적 어려움, 특히 전쟁에 참여하면서 현실보다는 내세에 관심을 갖게 되었고, 이를 통해 죽음에 대한 공포를 덜 수 있었다. 지배층은 피지배층을 광범위하게 전쟁에 참여시키기 위해 피지배층이 믿는 불교를 이용하여 전쟁에 승려들을 참여시키고 전몰장병을 위해서 八關會를 베풀었다. 그리고 불교를 國敎로 하여 大僧統을 임명하였고 國家寺院인 成典寺院을 건립하였다. 이러한 변화는 사상사적으로 고대사회에서 중세사회로의 전환을 의미한다고 할 수 있다. 토착신앙에서 불교로의 변화는 보다 평등주의적이고 보편적인 이데올로기로의 변화라 할 수 있으며, 五廟와 社稷에 대한 제사로의 변화는 중국적 예제로 편성된 것이라 할 수 있다.

〈崔光植〉

Ⅱ. 불교와 도교

1. 불　교
2. 도　교

II. 불교와 도교

1. 불　교

1) 고구려의 불교

(1) 불교의 전래

고구려에 불교가 공식적으로 들어온 해는 小獸林王 2년(372)이다. 前秦王 符堅이 고구려에 사신과 함께 僧 順道를 보내었는데, 이 때 불상과 불경을 가지고 왔다. 그 2년 뒤에는 僧 阿道가 왔다. 소수림왕 5년에 省門寺와 伊弗蘭寺를 지어 순도와 아도를 각각 살게 하였다. 이러한 일련의 불교정책은 전진과 외교관계의 일환으로 이루어진 것이므로 당연히 국가의 지원이 따랐을 것이다. 「省門寺」라는 절 이름은, 그것이 본래 관청 건물의 일부였음을 말해 준다. 아도는 국적이 불분명하므로 개인자격으로 전도하러 왔다고 생각된다.

한편 曇始가 東晉의 太元(376~396) 「말년」에 고구려에 불교를 처음 전했다는 기사가 崔致遠의 〈鳳巖寺智證大師寂照塔碑〉(924) 및 중국측 고승전에 보인다고 하여, 오히려 이 기사가 믿을 만하다는 주장이 있다.[1] 그 이유는 순도·아도가 불교를 전해주었다는 기사는 기껏해야 12세기에 성립된 《三國史記》에 처음 나오지만, 중국측 사서에는 전혀 언급이 없기 때문이라 한다. 즉 《삼국사기》란 중국측 사서를 보고 적당히 紀傳體로 날조한 역사책이라는 편견을 가지고 출발한 논리인데, 다음 몇 가지 점에서 볼 때 수긍하기 어렵다. 첫째 《三國遺事》나 《海東高僧傳》에 나오는 순도·아도에 관한 기사는 金富軾의 《삼국사기》를 근거로 한 것이라고 하였는데, 두 책의 기사는 《삼국

---

1) 木村宣彰, 〈曇始と高句麗佛敎〉(《佛敎學セミナー》 31, 大谷大學佛敎學會, 1980), 30~41쪽.

사기》와 내용이 다르다. 특히 《삼국유사》는 고구려 불교의 시작에 대해 〈高麗本記〉을 인용하였는데, 이 〈고려본기〉는 《삼국사기》의 高句麗本紀가 아닌 점으로 볼 때 《舊三國史》일 가능성이 크다.[2] 그렇다면 순도 등에 관한 기사는 별도의 典據가 있었다는 말이 되며, 그것은 12세기보다 훨씬 거슬러 올라간다. 둘째 최치원이 순도·아도 사적을 언급하지 않은 까닭은, 최치원이 그들에 대해 알지 못했기 때문일 것이다. 그 반면에 최치원은 중국 문헌에 매우 밝은 사람이었다. 셋째 고구려의 불교 初傳에 관한 한 《삼국사기》는 담시에 대하여 일체 언급하고 있지 않아 사료가치가 매우 적은 듯 말하고 있다. 그러나 《삼국사기》 撰者도 「末年」을 「末期」의 뜻으로 보았을 것이므로, 《삼국사기》 고구려본기의 編年式 체제상 담시 기사는 게재될 여지가 없다. 요컨대 고구려 불교사를 이해함에 있어 중국측 문헌에서부터 논의를 시작하는 태도 자체가 바람직하지 않으며, 최치원의 비문 또한 절대적일 수 없다.[3]

동진의 고승 支遁道林(314~366)이 「高麗道人」에게 보낸 편지가 있는데, 약 30년 年上인 竺法深의 높은 德과 불교를 널리 편 공적을 찬양한 내용이다. 지둔도림의 생존연대를 참작하면, 「고려도인」은 순도가 고구려에 오기 이전에 동진에서 활약한 인물이다.[4]

당시 고구려의 서울은 國內城이었으므로 일명 興國寺·興福寺로 불린 성문사와 이불란사는 輯安에 있던 것이 틀림없는데, 평양에도 홍국사와 홍복사가 존재했을 가능성이 있다. 평양에는 광개토왕 3년(393)에 九寺를 창건한 바 있는데, 이것은 고구려가 南進政策을 펴는 과정에서 평양으로 遷都하기 위한 준비작업이었다. 그러므로 국가를 일으키는 데 있어 불교의 역할을 크게 기대한 것으로 볼 수 있는데, 성문사와 이불란사도 이 때 이름이 바뀌었고, 다음 장수왕대에 평양으로 천도할 때 홍국사와 홍복사도 평양으로 옮겨졌을 것이라 추측된다.[5]

---

2) 辛鍾遠, 〈新羅 佛敎傳來의 諸問題〉(《新羅初期佛敎史硏究》, 民族社, 1992), 145쪽.
3) 담시 初傳說을 비판한 다음 글이 있다.
金煐泰, 〈高句麗 佛敎傳來의 諸問題〉(《佛敎學報》 23, 東國大, 1986 ; 《삼국시대 불교신앙 연구》, 불광출판부, 1990).
4) 辛鍾遠, 〈6세기 신라불교의 南朝的 성격〉(앞의 책), 182쪽.
5) 신동하, 〈고구려의 寺院造成과 그 의미〉(《韓國史論》 19, 서울大, 1986), 3~29쪽.

고구려에 처음 전래된 불교의 성격은 格義佛敎 및 神異的인 것으로 추측되는데, 당시 중국의 5胡 16國 및 동진 초기 불교의 성격이 그러하였기 때문이다. 축법심이나 지둔도림은 淸談格義불교의 대가로 유명하다. 「청담」이란 魏晉시대에 유행하였던 老莊思想의 풍조를 일컫는 말인데, 이러한 사상 기반을 가지고 불경을 이해하는 연구방법을 「격의」라고 한다. 다시 말하면 중국사회에 일찍부터 傳譯되었던 般若思想을 그와 비슷한 성격을 가진 老莊의 典籍에서 예를 들어 설명하는 것이다. 또한 북중국의 胡族을 敎化시킬 때 곧잘 쓰는 방법이 신통력이었다. 呪文 등을 통해 기적을 보임으로써 위로는 국왕의 尊崇까지 받게 되었다는 영험담이 고승전에 자주 등장하는데, 그러한 예를 담시의 일화에서 잘 볼 수 있다. 그러나 담시는 고구려에 "三乘의 가르침을 전해주고 三歸五戒의 법을 세웠다"는 평을 듣고 있듯이, 이미 이즈음에 와서는 初傳佛敎의 성격을 벗어나 經論의 연구 및 실천수행에 진력하는 불교 본연의 모습을 보여주기 시작했다.[6)]

(2) 교학의 발전

먼저 三論宗부터 살펴보기로 한다. 삼론종이란 鳩摩羅什이 번역한《中論》·《百論》·《十二門論》을 근본 경전으로 하여 성립된 학파다. 삼론의 주요사상은 「中道」의 실체를 바르게 드러내는 것으로서 다음과 같다. 모든 존재는 현상적인 측면에서 보면 「有」라 할 수 있다. 그러나 그 존재는 因緣이 임시로 만나 형성되었기 때문에 「假有」라고 일컫는다. 그러므로 모든 사물이나 현상은 「가유」로서 현존하는 실체이므로 「假諦」라고 할 수 있다. 그러나 本體面에서 본다면 그것은 아무런 自存的 실체가 없는 것이다. 그러므로 이것은 「空」이다. 모든 것은 空因緣으로 생성된 것이다. 요컨대 삼론종은 有·假·空의 논리를 형성하여 空·假·中의 眞諦를 체득케 하는 학문이다. 중국에서 삼론종이 성하였던 시기는 6세기 후반부터 7세기 후반까지 한 세기 동안

6) 李龍範, 〈北朝前期 불교의 高句麗傳來〉(《東國大學校論文集》 12, 1973).
金煐泰, 〈高句麗佛敎思想〉(《崇山朴吉眞博士華甲紀念 韓國佛敎思想史》, 圓光大, 1975).
鎌田茂雄, 〈高句麗佛敎の 開教者－白足和尙 曇始〉(《文山金三龍博士華甲紀念 韓國文化와 圓佛敎思想》, 圓光大, 1985)

이었는데, 고구려에서도 삼론종 학자가 많이 배출되었다. 그 가운데서도 중국의 攝山 棲霞寺에서 살았던 僧朗은 중국 삼론종의 기초를 닦는 데 크게 기여하였다. 중국 삼론종을 대성한 吉藏은 승랑을 언제나 마음 속으로 師事하여, 승랑의 학설을 기준으로 하여 자신의 연구를 발전시켜 나갔다.[7] 길장은 자신의 저서에서 승랑에 대하여 다음과 같이 말하고 있다.

> 섭산의 고려 승랑대사는 원래 요동사람인데, 北으로 올라와 멀리 羅什師의 義를 익히고 南土에 들어가 草堂寺에 주석하였다. … 梁武帝는 三寶를 敬信하여 오다가 대사가 왔다는 말을 듣고 僧正과 智寂 등 十師를 보내어 배우게 하였다(《大乘玄論》 上).

고구려 승 義淵은 大丞相 王高德의 청으로 北齊의 法上(495~580)에게 가서 「佛法의 始末緣由」와 「十地·地論」 등에 관해 물었다.[8] 법상은 慧光 門下 十哲의 上首로서 十地·地持·楞伽·涅槃 등의 經論을 강의하고, 북제 文宣帝의 존숭을 받아 昭玄大統이 되어(551) 僧尼를 다스렸던 고승이다. 의연이 법상에게 문의한 것은 왕고덕과 같은 당시 고구려 識者層의 관심이기도 하였을 것이다. 그리고 불법의 始末에 대한 법상의 답변 가운데, "周昭王 24년 甲寅歲에 부처님이 탄생하셨다"고 하는 연대는 한국에서 전통적으로 사용해 오던 佛紀와 일치하고 있어, 우리의 불기 기원이 이로부터 말미암고 있음을 알 수 있다.[9]

수나라와 당나라 초기에 이름을 떨친 중국승 靈睿(565~647)는 581년쯤 蜀나라에 들어가 고구려 출신 印法師로부터 삼론을 듣고 인법사의 제자가 되어 大乘敎學을 배웠다. 또 중국승 慧持(575~642)는 고구려의 實法師에게서 삼론을 배웠다.

고구려 沙門 智晃은 북중국 攝論宗의 開宗祖인 曇遷과 교분이 두터웠는데

7) 金芿石, 〈高句麗 僧朗과 三論學〉(《白性郁博士頌壽紀念 佛敎學論文集》, 1959).
金芿石, 〈僧朗을 相承한 中國三論의 眞理性〉(《佛敎學報》 1, 1963).
柳炳德, 〈僧朗과 三論思想〉(《嵩山朴吉眞博士華甲紀念 韓國佛敎思想史》).

8) 《續高僧傳》 권 8, 法上傳.
《海東高僧傳》 권 1, 義淵.

9) 高翊晉, 《韓國古代佛敎思想史》(東國大, 1989), 117쪽.

지황은 특히 薩婆多部에 능하여 유명하였다고 한다. 고구려 승 파야(波若)는 중국 천태산에 들어가 天台宗의 창설자 智顗(538~597)에게서 敎觀을 전해 받고 神異로써 이름을 떨쳤다고 한다. 이들 고구려 승들에 대해서는 자세한 기록이 없고, 각각 중국 고승의 전기에 조금씩 언급되어 있을 뿐이다.

(3) 불교신앙

고구려 불교신앙의 실상에 대해서는 다행히 불상 명문이 몇 가지 남아 있어 접근이 가능하다. 먼저 국보 제119호 延嘉七年銘金銅如來立像의 光背銘을 보면, "高(句)麗 樂良 東寺의 僧徒 40명이 賢劫千佛을 조성하였는데, 그 스물아홉번째인 因現義佛을 비구 □□가 공양하였다"는 내용이다. 이 부처 이름을 통해 이들은《賢劫經》의 가르침에 따라 佛事를 하였으며, 아울러 당시 고구려에는 현겁천불신앙이 일반적이었음을 알 수 있다.10) 이 불상의 조성연대를 종래 6세기로 보았으나 최근에는 長壽王 7년(419)설이 제기되고 있다.11)

1930년 황해도 谷山郡 花村面 蓬山里에서 출토된 辛卯銘金銅三尊無量壽佛光背에는 다음과 같은 내용의 글이 새겨져 있다. 비구와 善知識 다섯 사람이 돌아가신 스승과 부모의 명복을 빌기 위해 무량수불을 만들고, 이 분들이 미륵을 만나기를 기원한다는 것이다. 무량수불 즉 아미타불을 만들었다면 그것은 西方極樂淨土에 왕생하기를 기원하는 것이라야 교리상으로 타당한데, 오히려 미륵의 兜率淨土를 희구하고 있다. 그러므로 이 불상의 조성연대로 추정되는 평원왕 13년(571) 당시 고구려인들이 미타정토왕생과 미륵정토왕생을 구분하지 못했다고 일단 보여진다.12) 그러나 이들이 서방왕생과 미륵과의 만남을 동시에 원한 것이 아니라, 서방왕생을 원하지만 부득이하면 다음 生에서라도 미륵불의 설법을 듣기를 희망하는 것이라 해석되기도 한다.13) 어쨌든

---

10) 金煐泰, 〈현겁천불 신앙〉(《삼국시대 불교신앙 연구》, 불광출판부, 1990), 275~281쪽.

11) 文明大, 《韓國彫刻史》(열화당, 1980), 108~109쪽.
김영태, 《三國新羅時代佛敎金石文考證》(민족사, 1992), 9쪽.

12) 安啓賢, 《韓國佛敎思想史硏究》(東國大出版部, 1983), 9~10쪽.

13) 金煐泰, 〈現存 佛像銘을 통해 본 高句麗 彌勒信仰〉(《蕉雨黃壽永博士古稀紀念美術史學論叢》, 通文館, 1988), 445~449쪽.

이러한 형태의 신앙은 北魏의 그것을 답습한 것이기는 하지만, 또한 고구려 미륵신앙의 초기 형태이기도 하다.14)

또하나 고구려의 미륵신앙을 보여주는 불상명문으로 平壤市 平川里에서 출토되었다고 전해지는 永康七年銘 광배가 있다. 즉 "돌아가신 어머니의 명복을 빌고자 彌勒尊像을 조성하였으니 … 慈氏(미륵)의 三會說法을 만나서…"라는 발원문이 그것인데, 이 광배의 연대에 대해서는 아직 의견의 일치를 보지 못하고 있다.

고구려 불상의 연대에 대해 논란이 많은 까닭은 명문의 연호가 지금까지 알려지지 않았던 것이며, 그렇다고 그것을 고구려의 逸名 연호로 보는 것도15) 현재로서는 성급한 판단이라고 보기 때문이다.

고구려의 탑에 대해서도 유적 및 문헌을 통해 어느 정도 윤곽이 드러난다. 일제시대에 발굴되었던 평양 淸岩里 寺址는 一名 金剛寺址라고도 한다. 평면 八角의 大基壇을 중심으로 그 동·서·북쪽에 세 채의 건물이 배치되었다. 그리고 기단 남쪽에는 門址로 보이는 건물 터가 있다. 팔각기단은 木塔址로서, 그 추정 높이는 약 90미터 정도로 추산되어 황룡사구층탑보다 작지 않은 大塔이었다. 이외에도 城郭圖를 통해 알려진 遼東城塔을 비롯하여, 대동군 上五里 寺址 등의 탑은 모두 木塔이었다. 그리고 《삼국유사》 高麗靈塔寺條를 보면, 이곳의 탑은 팔각칠층 석탑이었다.16)

(4) 일본에 불교를 전파한 승려들

일본에 불교가 전해진 뒤에도 아직 三寶를 제대로 공경할 줄 모르던 시절, 백제 사신 鹿梁이 일본에 미륵불상을 가지고 왔다. 蘇我馬子는 精舍를 짓고 불상을 모신 다음, 사방으로 沙門을 구한 끝에 고구려 승 惠便이 초빙되어 소아마자의 스승이 되었다(敏達 13년, 584). 혜편은 善信·禪藏·惠善을 승려로 득도시켰는데, 이들이 일본 최초의 비구니였다.17)

---

14) 위의 글, 449쪽.
15) 손영종, 〈금석문에 보이는 삼국 시기의 몇 개 년호에 대하여〉(《력사과학》 1966-4, 평양 ; 《북한의 우리고대사 인식》 1, 대륙연구소 출판부, 1991, 340~359쪽).
16) 《高句麗の文化》(사회과학원 고고학연구소 편, 呂南喆 外譯, 1982), 105~110쪽.

일본 推古天皇 3년(595)에 고구려 승 惠慈가 일본에 건너가자, 일본에서는 혜자를 백제승 惠聰과 함께 法興寺에 모셨다. 혜자는 聖德太子의 불교 교육을 담당하여, 태자가 불교적 정치이념을 구현하는 데 큰 영향을 주었다. 혜자는 嬰陽王 26년(615)에 귀국하였다.

고구려 승 曇徵(579~631)은 학문에 능통할 뿐 아니라 그림・글씨에도 능하였다. 추고천황 18년에 담징은 法定과 함께 백제를 경유하여 일본으로 갔다. 담징은 성덕태자의 환영을 받고 奈良(나라)의 法隆寺에 머물었는데, 유명한 법륭사의 금당벽화는 그가 그린 것이라고 한다.[18]

언제 일본으로 갔는지는 모르지만, 고구려 승 道顯은 왕명을 받고 大安寺에 살면서 불교를 가르쳤다. 그는 틈틈이 《日本世記》를 지었다고 하는데, 이 책은 현재 전해지지 않지만 《日本書紀》를 편찬할 때 중요한 자료가 되었던 것이라고 인정되고 있다.

慧灌은 隋나라의 吉藏으로부터 삼론을 배우고 돌아와, 榮留王 7년(625)에 일본에 건너가 元興寺에서 살았다. 어느 해 가뭄이 심하자, 혜관이 靑衣를 입고 삼론을 강의하였더니 큰 비가 내렸다고 한다. 혜관은 일본 삼론종의 시조가 되었으며, 大化 2년(646)에는 칙령에 따라 궁중에서 삼론학을 가르쳤다. 이외에도 원흥사에서 살았던 고구려 승려로는 道登이 있다.[19]

(5) 백제・신라에서 활약한 승려들

삼국의 승려들은 政事에 있어서도 많은 공헌을 하였다. 고구려 승 道琳은 백제를 쳐서 先代에 빼앗겼던 땅을 되찾고자 하는 長壽王의 마음을 알아차리고 密使를 자청하여 백제로 갔다. 도림은 本國에서 죄를 짓고 도망왔다고 속여 바둑을 좋아하는 蓋鹵王에게 접근하였다. 바둑을 두면서 왕의 마음을

---

17) 이들에 대해서는 백제불교 편에서 좀더 자세히 서술할 것이다.

18) 1992년 여름, 법륭사 금당 本尊의 하나인 아미타여래상의 臺座에서 壯年의 男性을 그린 墨書의 畵像이 발견되었다. 이 그림은 성덕태자의 생존시기(622년에 죽음)까지 소급될 가능성이 높다고 한다.

19) 고구려 불교의 일본 전파에 대해서는 다음의 글이 참조된다.
金東華, 〈高句麗時代의 佛敎思想〉(《亞細亞硏究》 2-1, 高麗大, 1959).
睦楨培, 《三國時代의 佛敎》(東國大出版部, 1989), 15~22쪽.

사로잡은 도림은 개로왕을 꾀어 성을 쌓고 궁전을 수리하는 등의 役事를 일으키도록 하였다. 이에 나라의 창고가 다 비고 인민이 곤궁한 틈을 타서, 장수왕은 그 63년(475)에 漢城을 공략하여 왕을 죽이고 남녀 8천 명을 사로잡아 갔던 것이다.

신라의 귀족으로서 名將인 居柒夫는 眞興王 6년(545)에 《國史》를 편찬하였고, 나중에 신라 최고의 관직인 上大等에까지 오른 인물이다. 젊은 시절에 승려가 된 뒤 고구려에 가서 당시 명성을 날리던 惠亮法師의 불경 강의를 들은 적이 있었다. 거칠부는 귀국한 뒤 백제와 연합하여 고구려의 영토를 많이 빼앗았는데(진흥왕 12년), 거칠부가 戰場에서 돌아올 때 혜량법사도 따라왔다. 신라에 와서 僧統을 임명받은 혜량은 百高座講會와 八關會를 열었다. 이러한 사실로 유추해보면, 고구려에서도 이와 같은 법회가 열렸던 듯하다. 백고좌강회는 《仁王護國般若波羅蜜多經》 護國品의 가르침에 입각한 불교행사로서 세상이 어지럽거나 나라가 위태로울 때 百名의 고승을 모셔다가 이 경을 강독하는 것이다.[20]

고구려는 말년에 들어와 道敎를 숭상하였다. 榮留王 7년(624), 왕을 비롯하여 수천명의 성직자와 일반인들은 당나라에서 온 道士로부터 《老子》 강의를 들었다. 이듬해에는 유학생을 당나라로 보내어 《노자》를 배워오도록 하였다. 寶藏王 2년(643)에는 연개소문이 도교를 진흥시키자고 상소한 바 있다. 이와 같은 고구려의 도교숭상 정책은 수나라가 불교를 정책적으로 이용한 데 반해 당나라는 도교를 교묘히 이용한 것에서 영향받은 것이라는 주장이 있다.[21]

당시 盤龍寺에 살았던 고승 普德은 도교가 불교와 맞서면 나라가 위태로와진다고 여러 번 아뢰었으나 왕이 듣지 않으므로 백제의 完山(全州)으로 거처를 옮겼다.[22] 나중에 그는 涅槃宗의 開祖로 받들어졌으며, 고려시대에 이르기까지 높이 추앙되고 있었다.[23]

---

20) 李箕永, 〈仁王般若經과 護國佛敎〉(《韓國佛敎硏究》, 韓國佛敎硏究院, 1982). 뒤에서 언급하겠지만, 진평왕 때에도 圓光에 의해서 백고좌회가 열린 바 있다.

21) 山崎宏, 〈隋の高句麗遠征と佛敎〉(《隋唐佛敎史の硏究》, 法藏館, 1967).

22) 《三國遺事》 권 3, 興法 3, 寶藏奉老 普德移庵.

23) 崔柄憲, 〈三國遺事에 나타난 韓國古代佛敎史 認識〉(《三國遺事의 綜合的 檢討》, 한국정신문화연구원, 1987), 202쪽.

2) 백제의 불교

(1) 불교의 전래

백제에 불교가 처음 전해진 때는 沈流王 원년(384)이다. 胡僧 摩羅難陀가 東晉에서 오자 왕이 그를 맞이하여 궁전에 모시고 예의를 갖추어 경배하였다. 이보다 2개월 전에 백제는 동진에 사신을 보내어 조공하였는데, 마라난타는 백제로 오는 사신과 함께 왔을 것으로 추측된다. 그런데《일본서기》推古紀 32년(624)조에 실린 백제승 觀勒의 上表文에, "佛法이 백제에 이른 지 겨우 백 년이 되었을 때, 우리 왕께서 일본 천황의 현명함을 듣고 불상 및 內典을 바친 지 아직 백 년이 되지 않았습니다"라는 기사가 있다. 이 기사를 근거로 첫째 백제에 불교가 전해진 해는 524년이라는 설이 있다.

둘째 위 사료를 백제에 불법이 전해진 지 백년이 지나 다시 일본에 전해진 기간을 말하는 것이라 해석한다. 이 경우《일본서기》에 의하면 일본에 불교가 처음 전해진 해는 552년이므로, 백제에 불교가 전해진 해는 452년이 된다. 문장상으로 보면 두번째 주장이 더 타당해 보이지만, 한국측 기록과 많은 차이가 난다. 이러한 주장들은 침류왕 원년 이후 聖王 19년(541)에 이르기까지 백제불교에 관한 기사가 전혀 없고, 漢山城(지금의 서울) 주변에 당시의 불교유적이 발견되지 않는 점 등을 그 이유로 내세운다.[24)]

침류왕 원년설을 부정하는 시각은 애초 백제에 불교가 전해진 시기가 일본보다 그렇게 빠를 수는 없다는 선입견을 가지고서 출발하였기 때문에 사료에 대하여 무리한 해석이 나올 수밖에 없다. 그러나 그 당시 백제와 동진 사이의 교류를 참작하고, 침류왕 원년설을 부정할 만한 적극적인 자료가 나오지 않는 한 침류왕대 전래설은 여전히 타당한 것으로 받아들여지고 있

---

24) 末松保和, 〈新羅佛教傳來傳說考〉(《新羅史の諸問題》, 東洋文庫, 1954), 209~221쪽.
李弘稙, 〈日本에 傳授된 百濟文化〉(《韓國思想》 9, 1968), 123쪽.
田村圓澄, 〈百濟佛教傳來考〉(《白初洪淳昶博士還曆紀念 史學論叢》, 大丘史學會, 1977), 104~105쪽.
田村圓澄, 〈百濟佛教史序說〉(《百濟文化と飛鳥文化》, 吉川弘文館, 1978), 311쪽.
鎌田茂雄, 〈朝鮮三國の佛教〉(《日本古代史講座》 4, 1980), 179쪽.

다.[25] 그런데 근년에 漢城時代의 불교를 입증해주는 유물이 속속 나오고 있어, 침류왕대 전래설에 대해서는 달리 의심의 여지가 없다.[26] 즉 400년경에 만들어진 금동불상이 서울 뚝섬에서 나온 바 있으며,[27] 이 밖에도 서울 몽촌토성에서는 연꽃무늬 瓦當 등이 출토된[28] 바와 같이, 앞으로 한성시대 사찰기와의 출토 가능성은 매우 크다.[29]

한편 더욱 이른 시기에 불교가 백제에 전해졌다고 보는 견해도 있다. 즉 중국 江南이나 동남아시아 또는 인도에서 직접 바닷길을 따라 3세기경에는 불교가 전해졌을 것으로 추측하는 것이다. 특히 海路를 통한 불교전래는 후대에 謙益이 인도에 求法하러 간 사실을 하나의 證左로 보고 있다. 이와 같은 적극적 시각은 고구려의 경우에도 적용되어, 天山山脈 北側 北道를 따라 2세기 후반부터 3세기초에 걸쳐 불교가 고구려에 전해졌을 것으로 보고 있다.[30] 이 주장에 대해서는 다음과 같은 평가가 내려지고 있다. "종교의 전래를 단지 왕실간의 교류방식에 의한 것으로 보는 제한된 안목에서가 아니라 보다 넓은 시각에서 이를 다루어야 할 것임을 제시하고 있다고 할 수 있다. 다만 이를 뒷받침할 만한 자료의 근거를 가지지 못하고 추측의 단계를 벗어나지 못한다는 약점이 있다"[31]는 것이다.

침류왕은 재위 2년 2월에 漢山에 절을 짓고 열 사람을 승려로 만들었다.

---

25) 平野邦雄, 〈古新羅の對外交涉に關する覺書〉(《九州大學硏究報告》 9, 1961), 6쪽.
中井眞孝, 〈佛敎の傳來と朝鮮三國〉(《東洋學硏究》 18-2, 1979), 22쪽.
鎌田茂雄, 《朝鮮佛敎史》(東京大學, 1987), 18쪽.

26) 500년대에 불교가 백제에 전해졌다는 주장을 반박하는 글로는 다음과 같은 것이 있다.
李基白, 〈百濟佛敎 受容年代의 검토〉(《震檀學報》 71·72, 1991).
신종원, 〈불교사상과 제반문화〉(《한국사》 4, 한길사, 1994), 268쪽.
신종원, 〈백제 불교미술의 사상적 배경〉(《백제의 조각과 미술》, 公州大, 1991), 56쪽.

27) 金元龍, 〈纛島出土 金銅佛像〉(《歷史敎育》 5, 1961).

28) 金元龍 외, 《夢村土城-東北地區發掘報告》(서울大 博物館, 1987), 70~72쪽.
金元龍 외, 《夢村土城-東南地區發掘調査報告》(서울大 博物館, 1988), 404쪽.

29) 龜田修一, 〈百濟漢城時代の瓦に關する覺書-石村洞4號墳出土例を中心として-〉(《尹武炳博士回甲紀念論叢》, 通川文化社, 1984).

30) 鎌田茂雄, 《新羅佛敎史序說》(東京大, 1988), 16~18쪽.

31) 申東河, 〈삼국시대 불교사 연구의 현황과 반성〉(《同大論叢》 19, 同德女大, 1989), 179쪽.

이것은 불교가 전해진 지 불과 반 년만의 일로, 그렇게 짧은 기간 동안에 절을 짓고 백제인을 불교에 귀의시키고 성직자까지 배출했다는 것에는 이해하기 어려운 점이 있다. 그러므로 침류왕 시대 이전에 이미 백제에 불교가 전해졌던 것이며, 위의 初傳 기록은 公傳에 불과할 것이라는 견해는[32] 설득력이 있다.

처음 백제에 전해진 불교사상이 어떠한 것인지를 알려주는 자료는 없다. 그렇지만 당시 동진에서 유행한 불교가 격의불교였으므로 아마도 이러한 성격의 불교가 전해지지 않았을까 추측해볼 수도 있겠으나, 초창기에 그와 같은 고답적 불교가 받아들여지기는 어려웠을 것이다. 《해동고승전》에서는 마라난타를 평하여 '神異感通'하다고 하였듯이, 이즈음 백제불교의 성격은 오히려 신이적이었다고 함이 타당할 것이다. 그리고 고구려의 초기 불교사상이 초보적인 因果應報·勸善徵惡的이었듯이, 이즈음의 백제불교도 그러한 성격이 있었을 것임을[33] 간과해서는 안된다. 이러한 판단은 阿莘王 원년(392)의 下敎 즉 "佛法을 받들고 믿어 복을 구하라"고 한 데서도 확인된다.

(2) 교학의 발전과 불교신앙

漢城시대의 승려로서는 《삼국사기》 백제본기에 道琳이 보인다. 앞에서 기술한 바 있듯이, 그는 백제의 敗戰에 결정적 역할을 한 사람으로서 고구려의 승려였다. 이 같은 기록을 보면 백제에서는 불교전래 이후로도 면면히 불교를 숭상하였을 것이며, 아울러 승려들은 왕궁 출입에 크게 제한을 받지 않았다고 추측된다. 고구려 군사에 의해 蓋鹵王이 죽음을 당하자, 그 아들 文周王은 熊津(公州)으로 천도하였다(475).

백제 승려로서 이름이 남아 있는 맨 먼저 인물은 發正이다. 그는 天監 연간(502~519)에 梁나라에 건너가서 스승을 찾아 佛道를 배운 지 30여 년만에 귀국하였다. 발정이 중국에 있었을 때 越州界山에 관세음 堵室이 있다는 말을 듣고 찾아가 보니 두 승려가 수행하고 있었다고 하는데, 그 원문은 다음과 같다.

---

32) 睦楨培, 앞의 책, 39~40쪽.
33) 金東華, 〈百濟時代의 佛敎思想〉(《亞細亞硏究》 5-1, 1962), 64쪽.

두 道人이 있었는데 서로 入山하기를 재촉하였다. 각각 골짜기 하나를 차지하여 한 사람은《화엄경》을, 또 한 사람은《법화경》을 독송하고자 하였다(《觀世音應驗記》).

아마도 위의 두 경전은 백제에 수용되었을 것이다. 뿐만 아니라 당시 南中國에서 사용한「道人」이라는 칭호가 백제에서도 유행하였을 것으로 추정되고 있다.[34]

彌勒佛光寺事蹟에 의하면 백제승 겸익은 聖王 4년(526)에 인도에서 梵本五部律을 직접 가지고 돌아와 28인의 승려와 함께 번역하였다고 한다. 曇旭과 惠仁은 이에 대한 律疏 36권을 저술하였으며, 왕은 번역된 新律의 序를 썼다.[35] 이 사료는 매우 신빙성이 높은 것으로 평가되고 있는데, 그 이유는 다음과 같다. 첫째 겸익은 한국→남중국→인도에 이르는 해양 실크로드를 경유했을 것이다. 둘째 이때는 백제에 불교가 전해진 지 100여 년이 지난 때로서 불교교단의 팽창에 따라 새로운 律文을 구하지 않으면 안되었다. 셋째 무령왕·성왕의 治世에 해당되는 이 시기는 백제가 한창 국가 중흥에 힘을 기울였고 새로운 문물을 적극 도입하던 때였으므로, 겸익은 국가에서 파견한 유학생일 것이다. 넷째 미륵불광사사적이 전하는 당시 백제의 사정이나 이웃나라의 사정이 역사상의 제반 사실과 모순되지 않는다.[36]

백제가 수도를 남쪽 熊津으로 옮긴 뒤부터 다시 성왕이 泗沘(扶餘)로 천도할 때까지(538) 웅진은 이 나라 정치·문화의 중심지였다. 이 시대의 절로서 그 이름을 알 수 있는 것이 있는데, 그 내용이 약간 와전된 채로 다음과 같이 전한다.

또 大通 원년 丁未(527)에 梁帝를 위하여 熊川州에 절을 지었는데, 이름을 大通寺라 하였다(原註-웅천은 공주인데 당시 신라에 속하기 때문이다. 그러나 아마 丁未는 아닐테고 中大通 원년 己酉(529)에 세웠을 것이다. (법흥왕이) 정미년에 興輪寺를 세우고 아직 他郡에 절을 세울 겨를이 없었을 것이다)(《三國遺事》권 3, 興法 3, 原宗興法).

---

34) 辛鍾遠, 앞의 책, 182~183쪽.

35) 李能和,《朝鮮佛敎通史》(新文館, 1918), 33~34쪽.

36) 小玉大圓,〈百濟求法僧謙益とその周邊〉上(《마한백제문화》8, 1985).

위 인용문은 신라 법흥왕의 崇佛 업적을 기술한 것인데, 당시 웅천주는 백제영토이므로 挾註가 틀린 것이다. 大通寺址는 공주시 班竹洞에 있는데, 대통 원년(성왕 5년)에 백제에서는 梁 武帝를 위하여 그 연호를 취해 절을 지은 것이다.[37] 이외에도 웅진시대의 백제 사찰로서 그 이름이 알려진 것으로는 먼저 水源寺를 들 수 있다.[38] 이 절터가 공주시 玉龍洞에 있었다는 것이 최근에 밝혀졌다.[39] 그리고 舟尾寺(공주시 주미동 절터골),[40] 西穴寺(공주시 웅진동 쉬엿골-서혈동),[41] 南穴寺(공주시 금학동 남산),[42] 晩日寺(천안군 聖居面 성거산 中腹) 등이 있다.

武寧王陵이 발견됨으로써 이 시절 불교신앙의 구체적 모습을 알 수 있게 된 것은 퍽 다행한 일이다. 무령왕비는 불교신자였고 淨土願生者였음이 그 木枕의 圖像에 나타나는데, 이것은 北魏 용문석굴의 그것과 일치한다고 한다.[43] 또한 무령왕릉은 華藏世界요 蓮花臺를 상징하는 것이라 하여 왕릉을 造營한 성왕은 父王과 그 妃의 능을 극락정토로 꾸몄을 것이라고 한다.[44] 그 근거에 대해 다음과 같이 설명되고 있다. 능의 羨道와 玄室이 연꽃무늬로 장식되어 있는데, 이것은 능이 하나의 극락정토임을 의미한다. 壁龕의 白磁등잔은 蓮花世界를 이루는 燃燈供養이며, 벽감은 寶珠形이니 곧 摩尼寶珠가 된다. 金製 귀금속의 새 모양은《觀無量壽經》에서 說한 極樂鳥로 볼 수 있다.

6세기 전반 내지 중엽의 작품으로 추정되는 유물로는 瑞山 普願寺址 출토 金銅佛立像과[45] 禮山의 四方佛[46]을 들 수 있다. 보원사지 금동불입상이 발견된 지점은 중국과 해상을 통하여 교류하던 泰安半島에서 부여로 가는 첫 길

37) 輕部慈恩,《百濟美術》(寶雲舍, 1946), 93쪽.
38)《三國遺事》권 3, 塔像 4, 彌勒仙花 未尸郎 眞慈師.
39) 金永培, 〈水源寺塔址調查〉(《百濟文化》11, 公州師大, 1978).
秦弘燮, 〈百濟寺院의 伽藍制度〉(《百濟研究》2, 忠南大, 1971).
40) 朴容塡, 〈舟尾寺跡〉(《百濟の考古學》, 雄山閣, 1972).
41) 金永培・朴容塡, 〈西穴寺跡〉(《百濟の考古學》, 앞의 책).
42)《南穴寺址》(국립공주박물관, 1993).
43) 吉村怜, 〈百濟武寧王木枕に書かれた佛敎圖像について〉(《美術史研究》14, 1977).
44) 史在東, 〈武寧王陵 文物의 敍事的 구조〉(《百濟研究》12, 1981).
趙載勳, 〈武寧王陵과 百濟의 宗敎〉(《百濟武寧王陵》, 公州大, 1991).
45) 李殷昌, 〈서산 용현리 출토 백제 금동여래입상〉(《考古美術》9-7, 1968).
46) 朴永福, 〈예산백제사면석불의 고찰〉(《尹武炳博士回甲紀念論叢》, 1984).

목이다. 그리고 백제 四方佛像은《觀佛三昧海經》에 근거하여 만들어졌다고 추정되고 있다.[47)]

성왕 19년(541)에 왕은 使者를 梁나라에 파견하여 毛詩博士와 涅槃 등 經義와 工匠·畵師 등을 요청하여 이들을 제공받았다.[48)] 당시 중국에서는 열반경 교리에 밝지 않고는 행세할 수 없을 정도로 이 경이 유행하였는데, 그러한 학풍이 백제에 전해지자 특히 열반경 義疏를 청하게 되었다고 한다.[49)]

熊州人 釋 玄光은 중국으로 건너가 陳나라의 南岳 慧思禪師(514~577)에게서 法華 安樂行門을 은밀히 받고 精修하였다. 스승으로부터 印可를 받은 뒤 귀국하여 고향에서 법문을 크게 폈다.[50)] 법화 안락행문은《법화경》安樂行品을 말하는 것으로서, 그는 법화경 교리에 대한 이해나 講說에 그쳤던 것이 아니라 이를 실천하고 證得한 자였다.[51)] 모든 고승전에서 그를 신라인으로 기록하고 있으나 착오임이 분명하다.

惠現(慧顯, 570~627?)은 일찍이 출가하여 오직 한 마음으로 정성을 다하여 법화경 讀誦을 業으로 삼았으며, 三論을 공부하기도 한 그에게는 靈應이 많았다고 한다.[52)] 현광이나 혜현을 통하여 우리는 백제시대 法華三昧의 실천적 경향을 볼 수 있다.[53)]

이즈음 만들어진 불상으로는 鄭智遠銘金銅釋迦佛立像(보물 196호)이 있다. 불상의 造像例로 볼 때 백제에서는 미륵신앙도 적지 않게 유행하고 있었던 것 같다. 위덕왕 31년(584)에 백제에서 일본으로 가지고 온 미륵석상 이외에도 부여의 扶蘇山 東部 建築址 및 定林寺址에서 滑石製의 半跏像 2軀가 발견

---

47) 文明大,〈백제 사방불의 기원과 예산 石柱四方佛像의 연구〉(《韓國佛敎美術史論》, 1987), 69쪽.

48)《三國史記》권 26, 百濟本紀 4, 성왕 19년.
《南史》권 7 및《梁書》권 54.

49) 金東華, 앞의 글, 68~72쪽.
──,〈백제불교의 日本傳授〉(《百濟硏究》2, 忠南大, 1971).

50)《宋高僧傳》권 18, 陳新羅玄光傳.

51) 金煐泰,《百濟佛敎思想硏究》(東國大, 1985), 28~31쪽.

52)《三國遺事》권 5, 避隱 8, 惠現求靜.
《續高僧傳》권 28, 釋慧顯.

53) 삼국의《법화경》수용에 대해서는 福士慈稔,〈朝鮮半島に於ける法華經傳播について〉(《大崎學報》145, 1988) 참조.

되었다.[54] 최근의 연구에 의하면 태안마애삼존불의 중앙 尊像 또한 미륵보살이며, 좌·우는 각각 釋迦·多寶佛이라고 한다.[55] 그리고 서산의 마애삼존불도 중앙은 석가, 왼쪽은 관음, 오른쪽은 미륵반가상으로 이해되고 있다.

백제의 사찰 가운데 烏含寺는 창건의 사정(法王 또는 武王代)이 전해지는 드문 예에 속한다. 충청남도 保寧郡에 있는 聖住寺는 원래 백제의 오합사인데[56] 같은 이름의 절이 일본 河內에도 있었다. 그 이유에 대해서는 백제의 오함사 관계자가 일본의 하내지방에 정주해서 그 곳에 氏寺를 세우고, 본국의 오함사를 모방하여 절 이름까지 동일하게 붙였기 때문이라고 한다.[57]

왕의 諡號에서도 알 수 있는 바와 같이 법왕은 신심이 돈독하였고, 불교진흥을 위해 힘쓴 왕이었다. 《삼국사기》의 다음 기사를 보도록 하자.

> 겨울 12월에 令을 내려 살생을 금하고, 人家에서 기르는 매를 거두어서 놓아주었고, 고기잡는 도구와 사냥하는 도구를 불살랐다(《三國史記》 권 27, 百濟本紀 5, 법왕 원년).
>
> 봄 정월에 王興寺를 창건하고 승려 30인을 득도시켰다. 크게 가물었으므로 왕은 漆岳寺에 행차하여 기우제를 지냈다(《三國史記》 권 27, 百濟本紀 5, 법왕 2년).

위의 두 기사는 상호 연결되는 일련의 사건 같이 보인다. 거의 같은 내용이 《삼국유사》 興法篇, 法王禁殺條에도 있다. 이에 대해서, 법왕이 내린 명령은 미륵신앙에 의한 계율이며, 그것은 미륵상생신앙의 요건으로서 법왕 당시 백제에서는 미륵상생신앙이 성행하고 있었거나 아니면 왕이 이를 널리 펴고자 하는 의도를 가졌다고 해석하는 이가 있다.[58] 왕홍사를 미륵사와 동일시하는 사료가 있는가 하면,[59] 부여군 규암면 新九里 절터를 왕홍사로 비정하

---

54) 黃壽永, 〈百濟半跏思惟石像小考〉(《韓國佛像의 硏究》, 삼화출판사, 1973), 58~59쪽.
55) 文明大, 〈泰安 百濟磨崖三尊佛像의 新硏究〉(《佛敎美術硏究》 2, 東國大, 1995), 1~25쪽.
56) 洪思俊, 〈百濟 烏合寺考〉(《考古美術》 100, 1968).
57) 田村圓澄, 《古代朝鮮佛敎と日本佛敎》(吉川弘文館), 120~124쪽.
58) 洪潤植, 《三國遺事와 韓國古代文化》(圓光大, 1985), 182쪽.
59) 《三國遺事》 권 2, 紀異 2, 武王.

기도 한다.[60]

《삼국유사》 武王條에 의하면, 무왕의 妃가 미륵사 건립을 발원하자 신라 진평왕이 工人을 보내어 원조해 주었다고 한다. 미륵사의 창건 시기에 대해서는 薯童說話의 해석 여하에 따라 무왕대,[61] 武寧王代[62] 또는 東城王代[63]라고 각각 주장한다.[64] 어떻든 미륵사가 완성된 후 그 규모와 경관이 어떠했던가는 다음과 같은 후대의 평가를 보아도 짐작이 간다.

> 석탑은 매우 커서 그 높이가 몇 길(丈)이나 된다(《新增東國輿地勝覽》 권 33, 益山郡).

미륵사의 창건이 彌勒佛國土 사상과 연결된다는 것은, 창건 과정에서 일어난 여러 사실들이 다음과 같은 미륵경전에 보이는 彌勒下生信仰과 밀접한 대응관계를 보이고 있다는 데서 미루어 알 수 있다. 즉 도솔천의 미륵은 七寶臺內 摩尼殿上의 獅子床에 앉아 있다가, 땅이 金沙로 덮혀 있고 곳곳에 금·은이 쌓여 있는 翅頭城의 婆羅門家에 하생한 후, 龍華樹 아래에서 成佛하고 3回의 법회를 열어 중생을 제도한다. 미륵경전에 보이는 이러한 내용과 미륵사 창건 과정상의 내용을 대비해보면 다음과 같다. 獅子床은 知明法師가 살았던 용화산의 獅子寺와 대응되고, 미륵이 하생한 시두성의 금은 서동이 마를 캐며 "흙더미 같이 쌓아 놓았다"고 한 황금과 대응되며, 용왕이 있는 못은 용화산 아래의 大池와 대응되며, 용화수는 용화산과, 龍華三會는 龍華三會殿과 각각 대응되고 있다.[65] 이렇게 볼 때 익산 지역은 미륵이 하생하여

---

60) 秦弘燮, 〈百濟寺院의 伽藍制度〉(《百濟硏究》 2, 1971), 101~102쪽.

61) 黃壽永, 〈百濟帝釋寺址의 연구〉(《百濟硏究》 4, 1973).

62) 사재동, 〈서동설화연구〉(《藏庵池憲英華甲紀念論叢》, 1971).

63) 李丙燾, 〈서동설화에 대한 신고찰〉(《韓國古代史硏究》, 博英社, 1976).

64) 金福順은 서동설화에 나오는 知命을 신라 진평왕 때의 大德 智明과 동일인으로 보았다. 그리하여 신라에서 지명을 諜者로 백제에 보내어 미륵사의 大役事를 유도하고, 그것이 백제 멸망의 한 요인이었다고 하였다(金福順, 〈三國의 諜報戰과 僧侶〉, 《伽山李智冠華甲紀念 韓國佛敎文化思想史》 上, 伽山文庫, 1992). 그러나 자신의 本色을 숨겼을 智明이 같은 이름을 사용하였을까 하는 등 의문이 남는다

65) 金煐泰, 〈彌勒寺 創建 緣起說話考〉(《馬韓百濟文化》 創刊號, 1975).

성불하는 이상적인 지역으로 인식되고 있었다.[66] 그리하여 이곳에 미륵삼존불을 모신 거대한 사찰을 건립한 것은 미륵불국토를 건설한 것이었다. 王興寺의 준공에 대하여 《삼국사기》는 다음과 같이 적고 있다.

> 무왕 35년(634) 봄 2월에 왕흥사가 준공되었다. 그 절은 물을 굽어보고 있으며, 채색과 장식이 장엄하고 화려하였다(《三國史記》 권 27, 百濟本紀 5).

泗沘時代의 유물 가운데 金銅龍鳳蓬萊山香爐를 들지 않을 수 없다. 1993년 부여 능산리의 집터를 발굴하던 중 금동향로와 각종 금속 유물 및 유리·구슬·토기를 비롯해서 기와 등 100여 점의 유물이 출토되었다. 향로의 형태는 머리를 들어 올린 龍을 조각하여 받침을 삼고, 몸체는 연꽃 위에 솟아난 봉래산을 표현하였으며, 꼭대기에는 봉황 한 마리가 날개를 펴고 있는 모습을 하고 있어, 전체적으로 신선의 세계를 표현한 博山香爐의 형식과 비슷하다. 이 향로는 백제가 부여로 도읍을 옮긴 후, 정치적 안정을 되찾은 7세기초에 백제인들의 정신세계와 예술적 역량이 함축되어 이루어진 백제 공예품의 진수라 할 만하다.[67] 이외에도 부여지방의 출토유물을 통하여 「何多宣藏法師」라는 僧名이 최근에 알려졌다.[68]

백제가 멸망한 해인 義慈王 20년(660)에 僧 覺從이 일본으로 파견된 것은 나당연합군을 반격하기 위하여 請兵하러 간 것이었다. 그 후로도 백제遺民들의 부흥운동은 집요하게 전개되어서, 승 道琛은 僧將으로서 領軍將軍을 자칭하고 왕족 福信과 더불어 일본으로부터 왕자 扶餘豊을 맞아 왕으로 삼고 周留城에 依據하였다. 나당연합군은 이들 부흥운동군에게 敗하기가 일쑤였다. 그러나 복신이 도침을 죽이는 등 잇달은 內紛으로 주류성이 마침내 함락되어(663) 전후 4년에 걸친 부흥운동도 終幕을 고하게 되었다.[69]

---

66) 洪潤植, 앞의 책, 213~214쪽.
67) 崔夢龍, 〈최근 발견된 백제 향로의 의의〉(《韓國上古史學報》 15, 1994).
溫玉成, 〈百濟의 金銅大香爐에 대한 새로운 해석〉(《美術史論壇》 4, 1996).
68) 金容民, 〈扶蘇山城 東門址 出土 金銅光背〉(《美術資料》 57, 국립중앙박물관, 1996), 200~209쪽.
69) 安啓賢, 〈韓國佛敎史〉 上(《韓國文化史大系》 6, 高麗大, 1970), 199~200쪽.

(3) 백제불교의 일본 전파

元興寺緣起에 의하면, 聖王이 使者를 일본에 보내어 太子像·灌佛器·《說佛起書卷》을 倭國 朝廷에 보냈다고 한다. 이것은 성왕 16년(538)의 일로서, 불교가 일본에 처음 전해진 사적을 말한다고 일본 학계에서는 이해하고 있다.[70] 《설불기서권》은 석가의 傳記이므로 위의 태자상은 곧 悉達太子像이라고 한다.[71]

6세기 후반은 威德王(553~597)의 治世로서 그는 신라의 침공을 막는 데 주력하는 한편 內治에도 힘써 고도의 불교문화를 꽃피웠다. 재위 24년(577)에는 경전 외에도 律師·禪師·비구니·呪禁師·造佛工·造瓦工 등을 일본에 보내었다. 재위 30년에는 백제승 日羅가 일본에 건너가며, 31년에는 鹿深臣이 백제로부터 미륵석상을 가지고 일본으로 돌아오고, 같은 해에 佐伯連도 불상 1軀를 가지고 귀국하였다. 녹심신이 가지고 온 미륵석상은 半跏思惟像이었을 것으로 추측되고 있는데, 이것은 백제에서 반가상을 적지 않게 만들었다는 이야기가 된다.

좌백련이 가지고 온 불상은 蘇我馬子가 받아 佛殿에 모시고, 司馬達等과 池邊氷田에게 명하여 修行者를 구하도록 하였다. 그리하여 播磨에 살고 있던 환속한 고구려의 老夫婦, 惠便과 法明을 만나게 되었다. 사마달등의 딸들은 法明을 스승으로 하여 출가하였는데, 善信尼·禪藏尼·惠善尼가 그들이다.[72] 이 사적은 일본에 있어서 불교수용이 구체화되는 과정이라고 흔히 일컬어지고 있다. 정식으로 계를 받지 않은 선신니 등은 戒師로부터 계를 받기 위해 소아마자에게 백제에 보내달라고 청하였다. 위덕왕 34년(587)에 일본에 온 백제 사신의 설명에 의하면, 백제에서 비구니가 계를 받으려면 먼저 尼寺에서 10인의 尼師를 청해 계를 받은 뒤 法師의 절에 가서 10인의 법사를 청해 계를 받는다고 한다. 그러므로 백제에서는 비구의 절과 비구니의 절이 서로 종

70) 田村圓澄, 〈百濟佛敎史序說〉(《百濟文化と飛鳥文化》, 吉川弘文館, 1978), 325쪽.

71) 田村圓澄, 《古代朝鮮佛敎と日本佛敎》(위의 책), 85쪽.

72) 이들이 俗人 부부에게서 得度出家했다는 것은 있을 수 없는 일이며, 惠便과 法明은 이미 法師가 되어 이들을 沙彌尼로 득도시켰다고 하는 주장이 있다(金煐泰, 〈百濟의 尼衆受戒와 尼僧職 관계〉, 위의 책, 381~385쪽).

소리를 들을 수 있을 정도로 가까운 거리에 있었다.

위덕왕 35년에 백제는 令照律師와 그의 제자 惠聰, 令威法師와 그 제자 惠勳, 道嚴法師와 그 제자 令契의 여섯 승려와 40인의 工人, 그리고 鏤盤師·瓦師 등 一團을 일본에 보냈다. 그것은 受戒에 필요한 승려 및 절을 지을 工人의 파견을 소아마자가 요청했기 때문이다. 소아마자는 이들 백제 기술자의 지도를 받아 尼寺로서 建興寺를, 法師寺로서 法興寺를 짓기 시작했다. 법흥사 造營은 東漢氏의 감독하에 忍海·朝要·鞍部·山西의 4호족을 首領으로 하고 그 사유민에 의해 이루어졌다. 다시 말하면 법흥사 조영의 지도는 백제 기술자가 맡고, 작업을 담당한 사람들은 소아씨의 지배하에 있던 渡來氏族이었다.[73] 이를 통해 당시 백제불교의 높은 수준을 충분히 짐작할 수 있다.

위덕왕 37년에 선신니 등은 정식 비구니가 되어 백제로부터 돌아왔다. 위덕왕 40년에 건흥사(豊浦寺)의 금당과 禮佛堂이 준공되었고, 마침내 그 3년 뒤에는 법흥사 탑이 준공되었다. 건흥사도 그러한 예이지만, 佛寺를 짓는 데 있어 먼저 탑부터 세우는 것은 백제의 佛寺造營 방식이라고 이해되고 있다. 고구려 승려 慧慈와 백제승 慧聰 두 사람은 일본 최초의 法師寺인 법흥사에 모셔졌고, 이후 법흥사는 일본에 있어 佛法興隆의 중심지가 되었다.

무왕 3년(602)에 백제승 觀勒은 曆本·天文地理書·遁甲方術書를 가지고 일본에 갔다. 야마또 조정에서는 書生 數人을 뽑아 각각 역법, 천문 및 둔갑방술을 배우도록 했다.[74] 이 기사를 두고서 다음과 같이 설명한다. 첫째 백제에서는 승려가 불교 이외에 陰陽道에 관계되는 학문을 修得했다. 둘째 관륵이 체득한 학문은 제자에게 敎授할 정도로 높은 수준이었다. 셋째 일본에서는 曆學을 포함해서 陰陽道를 그 후 정부의 독점하에 두고 局外者가 이러한 것들을 운용하거나 敎授하는 것은 금지되었는데, 승려가 역학 등을 배울 수 있었던 백제에서는 승려와 정부 내지 궁중과의 관계가 밀접했다.[75]

그로부터 22년 뒤에 관륵은 일본 최초의 僧正職에 올랐다. 한편《本朝高僧傳》에는 다음과 같이 기술하고 있다.

---

73) 田村圓澄, 〈百濟佛敎史序說〉(앞의 책), 331~332쪽.

74) 《日本書紀》 권 22, 推古天皇 10년.

75) 田村圓澄, 앞의 책, 340쪽.

백제 사람들은 三論을 연구하였고, 外學에도 통달하였다(《本朝高僧傳》 권 1, 百濟國沙門觀勒)

이즈음은 백제뿐 아니라 중국과 고구려의 불교계에서도 삼론학이 일반적으로 유행하였다. 이러한 경향은 다음 사실을 통해서도 짐작할 수 있다. 고구려 승 慧灌은 일본의 제2대 僧正으로 임명되었는데, 일본 삼론종의 시조였다. 그러나 관륵·혜관 모두 자신들의 전공인 삼론 철학을 일본에서 강의하지 못했던 것은 당시 일본 불교학계가 삼론을 이해할 정도의 수준에 이르지 못했기 때문이다. 그래서 관륵이 당시의 民度에 맞추어 曆·遁甲·方術 등을 가르쳤던 것은 외국승으로서 하나의 방편이었을 것이라고 한다.[76] 그리고 이즈음 일본의 僧官制度가 승정을 중심으로 하는 南朝系였던만큼 백제의 승관제도도 남조계였다고 추측된다.[77]

3) 신라의 불교

(1) 불교의 전래

신라 불교전래에 관한 原史料로서 가장 기본이 되는 것은 金大問의《鷄林雜傳》인데,《삼국사기》·《삼국유사》·《해동고승전》에 모두 실려 있다. 그 내용은 대략 다음과 같다. 신라 눌지왕(417~458) 때 고구려로부터 沙門 墨胡子가 一善郡(경상북도 善山) 毛禮의 집에 와 있었는데, 梁(502~557)나라 사신이 가지고 온 香의 용도를 일러주었으며, 왕녀의 병도 고쳐주었다는 것이다. 4세기말 이래 신라가 고구려에 종속적인 외교관계를 긴밀히 유지했던 사실로 보면, 눌지왕대에 처음 불교가 전해졌다는 기사는 타당할 것이다. 다만 위 기사는 고구려와의 접경을 통하여 불교가 민간에 전해졌던 사실이 傳承으로 잘 남아 있는 경우일 뿐이며, 유물·유적을 통해 보면 고구려와 통하는 또 다른 경로인 경상북도 북부의 영주·안동쪽으로도 불교는 전해졌다.[78]

---

76) 金東華, 앞의 글(1962), 73~74쪽.

77) 金煐泰, 〈百濟의 僧職制度〉(앞의 책, 1985), 44~54쪽.

78) 秦弘燮, 〈古新羅時代 佛像様式 北方傳來の問題〉(《新羅と日本古代文化》, 吉川弘文館, 1981).

그리고 신라 왕실이 불교를 접한 시기가 고구려에 비해 별로 뒤지지 않았음은 5세기 초엽의 신라 왕릉 유물에서 연꽃무늬가 나타나는 것으로 보아 분명하며, 그 가운데 어떤 것은 왕족이 직접 가져왔거나 아니면 신라 왕실에 보내어진 것이라 추측된다.[79] 그러므로 묵호자를 통하여 신라 왕실이 처음 불교에 접했다는 기사는 액면 그대로 받아들이기 어렵다.

羅濟同盟(433) 이후 신라와 백제 사이의 관계는 외교나 군사면에서 뿐만 아니라 문화면에서도 밀접하였다. 신라가 先進 불교문화를 고구려를 통하여만 받아들였다고 생각하면, 이것은 일반적 史實과 부합되지 않는 발상이다. 지방에 숨어 있던 묵호자가 왕실에까지 불교를 포교하였다거나, 이때 시대상으로도 맞지 않는 梁나라 사신이 등장하는 것은 시대와 성격을 달리하는 고구려·백제 두 계통의 불교가 각각 전래된 사실이 하나로 중첩되어 나타나기 때문이다.[80] 신라는 법흥왕 8년(521)에 백제 사신을 따라가서 梁나라에 처음으로 조공하였다. 이러한 사실을 참작해볼 때, 신라는 백제를 통해 南朝의 불교를 받아들였을 것이며, 그것은 외교적 색채가 강한 것이었다고 말할 수 있다. 그리고 그것은 北朝佛敎的 성격이었다고 추정되는, 신라에 처음 전래된 불교와는 성격이 다른 것이다.[81]

한편 신라에 불교가 처음 전해진 사적에 대해서는 阿道(혹은 我道)碑文이 있는데, 《해동고승전》과 《삼국유사》에 실려 있다. 그 골자는 다음과 같다. 미추왕 2년(263)에 아도가 고구려에서 왔는데, 그는 曹魏人 我掘摩의 아들이라는 것이다. 일연은 이 기사에 대하여 시대만 너무 빠를 뿐 아도의 행적이 《계림잡전》의 묵호자 사적과 비슷하다고 하여 다음과 같이 결론을 내렸다. 즉 아도와 묵호자는 동일인이며, 소수림왕 2년(374)에 고구려에 온 아도가 곧 阿道碑의 아도라는 것이다.[82] 이 주장은 고구려에 온 아도가 魏나라에서 왔

79) 國立博物館, 《壺杅塚과 銀鈴塚》(乙酉文化社, 1946).

80) 辛鍾遠, 〈新羅 佛敎傳來의 諸樣相〉(앞의 책), 131~155쪽.

81) 종래 신라 초기불교에서 북방불교의 성격이 지나치게 강조되었다. 대표적인 글로는 金哲埈, 〈新羅上代社會의 Dual Organization〉 下(《歷史學報》 2, 1952)가 있다.

82) 일연의 논평을 높이 평가한 것으로는 李基白, 〈三國遺事의 史學史的 意義〉(《韓國史學의 方向》, 一潮閣, 1978)가 있다.
아도비의 아도는 고구려에 온 전도승 아도와 별개의 인물이라고 주장하는 이로

다는 가정 위에서 성립되는 것인데, 일연은 이 점에 대하여 전적으로 《해동고승전》의 저자 覺訓의 설을 답습하고 있다. 그러나 각훈이 근거하고 있는 자료는 다름 아닌 阿道碑로서, 각훈은 고구려 및 신라의 두 아도를 동일인으로 보고 이미 《해동고승전》에서 하나의 阿道傳만 둔 것이다. 아도비의 내용은 시대착오가 심하며, 설화적 구성이 짙은 사료다. 뿐만 아니라 고구려의 아도는 晉나라에서 왔다는 〈高麗本記〉의 기사가 있으므로,[83] 위와 같은 이유를 들어 두 나라의 전도승 아도를 동일시하는 주장은 성립될 수 없다. 다만 생존연대로 보아 고구려에 온 아도가 자신의 말년에 신라에 왔을 가능성은 배제할 수 없다. 그러나 신라에 불교를 처음 전한 승려가 아도라고 하는 사료는 아도비밖에 없다. 〈古記〉에 의하면 아도는 正方과 滅垢玭에 이어 세 번째로 왔으며, 高得相의 詠史詩에는 아도가 두 번이나 죽음을 당하고 또다시 신라에 온 승려였다고 하였다. 그러므로 아도는 신라 전도승의 대명사와도 같이 쓰였으므로, 아도를 반드시 初傳僧으로 규정지을 수는 없다.

소지왕대(479~500)에 모례의 집에는 몇 명의 승려가 신도들을 상대로 경전을 강의하였는데, 이러한 敎勢는 王京에서도 마찬가지였다. 왕실에는 內佛堂이 있고, 이곳의 焚修僧과 宮主 사이에 일어났던 불미스러운 사건이 《삼국유사》 射琴匣條에 보인다. 이 사건은 실은 불교를 비방하는 세력의 모함으로 보이는데, 결국 이들이 처형을 받았다는 것은 왕권강화를 위해 왕실에서 불교를 적극 권장했다고 하는 종래의 주장과 상반된다. 이것은 불교수용에 대해 정치적인 선입견이 일률적으로 통용될 수 없다는 점을 환기시켜준다.

법흥왕 이전의 불교 실태는 전래 사실을 제외하고는 거의 공백에 가까운 듯이 생각되지만 실은 그렇지 않았다. 榮州郡 順興의 '乙卯年於宿知述干'銘墓 고분벽화에는 羨道 천장에 滿開한 연꽃이 한 송이 그려져 있다. 그리고 인접한 또 하나의 벽화고분에는 "己未中墓像人名□□"의 명문과 아울러 연꽃과

는 李丙燾·金煐泰가 있다. 특히 이병도는 아도가 소지왕대(479~500)에 南中國에서 백제를 거쳐 왔다고 하였다(李丙燾, 〈新羅佛敎의 浸透過程과 異次頓 殉敎問題의 新考察〉, 《學術院論文集》 14, 1975 ; 앞의 책, 647~649쪽 및 金煐泰, 〈新羅佛敎初傳者考〉, 《東國大論文集》 17, 1978 ; 《三國遺事所傳의 新羅佛敎思想硏究》, 新興出版社, 1979, 251쪽).

83) 《三國遺事》 권 3, 興法 3, 順道肇麗.

연밥 및 서쪽으로 향해 있는 새가 그려져 있다. 於宿墓의 연대는 595년 또는 535년이라 하여 주장이 엇갈리고 있으며, 己未銘 고분에 대해서는 법흥왕 26년(539)설이 지배적이다. 그렇다면 적어도 被葬者의 활동연대는 소위 불교공인의 해(527) 전후가 된다.[84] 이것은 법흥왕 자신이 불교공인 이전에 이미 불교신자였던 것과 마찬가지로, 지방에도 불교가 공공연히 뿌리를 내리고 있었음을 말해준다. 이렇게 볼 때 막연히 사용되는 「公認」의 의미는 축소될 수밖에 없다.[85]

(2) 불교공인의 실상

일반적으로 신라에서 불교가 공인된 해는 법흥왕 14년(527, 정미년)이라고 말한다. 그러나 이 해에 이차돈은 처형당하고 興輪寺 창건 공사는 중단되었다. 그러므로 정미년은 공인된 해가 아니라 오히려 박해를 받은 해이며, 실질적 공인 연도는 법흥왕 22년(을묘년) 즉 흥륜사 공사가 재개되던 해라고 보기도 한다.[86] 이와 같이 이차돈에 얽힌 이야기는 비록 宗教史話라고는 하지만 여러 가지 모순점이 발견된다. 이 문제에 접근하기 위해서는 다음 몇 가지 사항을 먼저 인식하고 있어야 한다. 첫째 흥륜사는 을묘년에 공사를 재개하여 진흥왕 5년(544)에 비로소 완공되었다는 《삼국사기》의 기사를 일반적으로 의심없이 받아들이고 있다. 그러나 《삼국유사》의 두 군데 註에[87] 의하면, 법흥왕 14년에 이미 흥륜사는 「始開」 또는 「草創」되어 있었다. 법흥왕 22년 이전에 흥륜사가 이미 존재했던 것은 蔚州 川前里書石을 보면 분명하다. 즉 그 甲寅題記(534)에 '甲寅大王寺中 安藏 許作'이라는 명문이 나오는데, 흥륜사

---

84) 순흥지방 벽화고분에 대해서는 다음의 글이 참조된다.
《영주순흥벽화고분 발굴조사보고서》(梨花女大 博物館, 1984).
《順興邑內里壁畵古墳》(문화재관리국 문화재연구소, 1986).
金昌鎬, 〈순흥 기미명 벽화고분의 축조연대〉(《부산시립박물관연보》 11, 1989).
이돈희, 〈순흥 기미년명 벽화분에 대하여〉(《두산김택규박사화갑기념 문화인류학논총》, 1989).
《順興邑內里壁畵古墳 發掘調査報告書》(大邱大 博物館, 1995).

85) 辛鍾遠, 〈신라 불교전래의 제양상〉(앞의 책), 132~159쪽.

86) 李基白, 〈三國時代 佛教受容과 그 社會的 意義〉·〈新羅 初期 佛教와 貴族勢力〉(《新羅時代의 國家佛教와 儒教》, 韓國硏究院, 1978), 12·82쪽.

87) 《三國遺事》 권 3, 興法 3, 原宗興法·阿道基羅.

는 「大王興輪寺」라고도 불렸다는 기사가 있으므로 갑인년의 '대왕사'는 곧 홍륜사인 것이다. 둘째 이차돈 설화에서는 이차돈의 순교정신을 강조한 나머지 법흥왕 자신의 신앙생활, 즉 잠시 政事를 멈추고 三寶의 노예가 되어 入寺修道한 「捨身」의 행적이 퇴색되었다는 점이다. 법흥왕의 사신에 대해서는 《삼국유사》 原宗興法條에 "법흥왕은 절이 완성되자 면류관을 벗고 僧服을 입고는 宮戚을 바치어 寺隷로 삼았다"고 되어 있다. 셋째 법흥왕이 당대에 세운 절이란 바로 홍륜사이며, 이 절에서 법흥왕이 머물렀기 때문에 홍륜사는 「대왕사」라고도 불리었다.

그렇다면 법흥왕이 사신한 시기는 언제인가. 이차돈이 홍륜사 창건에 관련되어 죽음에까지 이르렀다면, 그것은 일반인의 信佛을 우려하는 정도의 차원은 아닐 것이다. 그리고 이차돈 같은 예를 보더하도 이미 이즈음 신라사회에는 독실한 불교신자 또한 적지 않았을 것이다. 그렇다면 이차돈의 순교는 왕의 信佛行爲와 관련이 있을 것이라는 심증이 가며, 이 부분이 모호하게 처리된 이차돈 설화는 실은 전반부가 빠진 이야기이므로 위에서 든 세 가지 사항을 염두에 두고 새겨 읽어야 한다.

법흥왕의 사신과 이차돈의 순교를 前後一連의 사건이라고 볼 때, 이 사건의 全貌는 다음과 같이 이해된다. 법흥왕의 사신은 朝野에 큰 물의를 일으켰을 것이고, 이에 귀족회의가 개최되었다. 이 회의는 왕이 주재하였지만, 이즈음 王號는 아직 「寐錦」을 칭하던 시절이었다. 그러므로 법흥왕 자신도 귀족회의 구성원의 한 사람으로서 衆議를 따를 수밖에 없었던 왕권이 제한된 사정은 순교 기사에서 보는 바와 같다. 이차돈의 죄목은 홍륜사 중창 명령을 전한 것이었다. 귀족회의의 결과 법흥왕의 사신에 대한 비난은 왕의 신변에까지 영향을 미치지는 않았고, 왕의 信行을 적극적으로 도왔던 이차돈이 처형되는 선에서 일단락되었다.

帝王의 사신은 비록 개인적인 것이라 할지라도, 국가의 불교정책과 연결되지 않을 수 없다. 순교사건으로 말미암아 불교를 크게 일으키고자 했던 법흥왕의 의욕은 일단 꺾였지만, 왕권의 신장에 따라 그것은 부수적으로 이루어지는 것이다. 왕이 명실공히 귀족들 위에 군림하게 되는 것은 현재까지의 사료상 「大王」을 칭하기 시작했던 법흥왕 21년(524)부터이다. 그러므로 그 이듬해에 흥륜사 중창 공사를 크게 일으키게 되는 것은 오히려 당연한 순서였다. 이와 같은 과정을 간과할 때, 법흥왕 22년의 흥륜사 중창 공사를 실질적 공인의 해로 보기 쉽다. 그러나 법흥왕 17년(정미년)은 왕 자신이 불교에 대한 태도를 천명한 해이며, 이 해에 조정에서 불교수용에 대한 논의가 본격적으로 이루어졌다. 따라서 이차돈이 순교한 사실을 제외하더라도 정미년은 신라 불교사에서 하나의 기원이 되는 해다. 《삼국사기》에서 이 해에 "처음 佛法을 행했다"고 한 기사나, 모든 佛敎史書에서 정미년을 「興法」의 紀年으로 잡은 것은 법흥왕의 捨身을 정당하게 평가한 역사해석이라고 하겠다. 정미년에 법흥왕이 사신을 했고, 그로 말미암아 이차돈이 희생되었다고 하는 史實은 聞慶 〈鳳巖寺智證大師碑〉(924)에도 잘 나타나 있다.[88]

(3) 진흥왕대의 불교

진흥왕(540~576)은 불교를 國政 및 自國 문화의 지도원리로 채택하여 佛敎國家를 이상으로 삼은 왕으로서, 그것은 인도의 아쇼카왕이나 중국 南朝 특히 梁나라 武帝의 정책을 본받은 바가 많다.[89] 그는 말년에 머리를 깎고 중이 되었다고 史書에 기록되어 있다. 이것은 捨身에 대한 이해의 부족으로 인하여 와전된 것이라 추측되며, 그는 재위기간 중 적어도 몇 번이나 사신을 했다고 추측된다.[90]

진흥왕은 영토확장을 감행하여 새로 정복한 지역을 巡狩할 때, 많은 인원을 대동하였다. 이때 새긴 기념비 즉 순수비 중 黃草嶺碑나 磨雲嶺碑의 비문

88) 지금까지 불교공인의 실상에 대한 논지는 辛鍾遠, 〈신라 불교공인의 실상〉·〈6세기 신라불교의 남조적 성격〉(앞의 책, 162~208쪽)에 의거하였다.
불교수용의 사회적 의미에 대해서 김두진, 〈불교의 수용과 고대사회의 변화〉(《한국고대사론》, 한길사, 1988)이 참조된다.

89) 山崎宏, 《支那中世佛敎の展開》(淸水書店, 1942), 26~27쪽.
진흥왕대의 불교에 대해서는 다음과 같은 글이 있다.
金煐泰, 〈신라 진흥대왕의 信佛과 그 사상 연구〉(《佛敎學報》 5, 1967).
村上四男, 〈佛敎の朝鮮三國への傳來と新羅眞興王代〉(《アジア文化》 9-4, 1973 ; 《朝鮮古代史研究》, 開明書院, 1978).

90) 辛鍾遠, 〈6세기 신라불교의 남조적 성격〉(앞의 책), 197~202쪽.
福士慈稔, 〈新羅에 있어서 佛敎의 受容과 展開 -6세기 王族의 出家를 중심으로-〉(《진산한기두박사화갑기념 韓國宗敎思想의 再照明》, 1993).

에 '沙門道人法藏慧忍'이 보인다. 수행한 신하들 가운데 이들 승려의 이름이 맨 처음에 나온다는 것은 그들의 비중이 그만큼 크다는 것을 의미한다. 순수를 할 때에는 새로 정복된 지역민으로부터 충성을 약속받고, 왕과 신하는 이들을 보살필 것을 맹세한다. 여기에 승려가 참여하고 있는 것은 會盟의 정신이 불교에 입각하고 있음을 말해준다. 이제 불교는 개인의 신앙 차원을 넘어 사회의 새로운 지도이념이 되어가고 있는 것이다.

진흥왕 11년(550)에 安藏法師를 大書省에, 그리고 惠亮을 僧統(國統)에 임명하였다. 승통 밑에는 大都唯那와 都唯那娘을 두어, 각각 寶良과 阿尼를 임명하였다. 처음으로 僧官制가 실시된 것이다. 그렇지만 이즈음의 승통이란 왕이 승려를 우대하기 위한 榮典的 칭호였으며, 승관제 역시 형식적인 데에 지나지 않았다.[91]

진흥왕은 戰歿士卒을 위하여 八關會를 열었다(572). 당시의 정황으로 보아 팔관회가 호국적 성격을 띠고 있는 것은 사실이다. 그러나 그것은 在家信徒가 경전에 입각하여 죽은 이의 명복을 비는 불교수행의 범위를 벗어나는 것은 아니다.

신라사회에서 미륵신앙을 처음 수용한 방증으로서 진흥왕대에 팔관회를 열었던 사실을 든다. 그것은 彌勒三部經에 모두 八關(戒)齋를 修習한 공덕으로 도솔천에 왕생하고 또 미륵의 處所에 태어나게 된다는 가르침이 있기 때문이다. 이 팔관회는 고구려에서 귀화한 惠亮에 의해 베풀어졌으므로 신라의 미륵신앙은 고구려로부터 전래된 것으로 보는 것이다. 또 明觀이 佛經論 1,700여 권을 가져왔을 때 그 중에는 미륵 관계 典籍이 들어 있다고 보아, 미륵신앙은 중국 남조를 통해서도 전래되었을 것으로 추측한다.[92]

이러한 주장에 개연성이 인정되지 않는 바는 아니지만, 좀더 명확한 자료가 있기 전에는 받아들이기 어렵다. 먼저 팔관회의 所依經典이 미륵경이라고 하고 있으나, 국가 차원의 팔관회는 오히려 《佛說齋經》이나 《奉法要》에 입각한 儀式으로서 중국 남조에서 유행한 것이었다.[93] 그리고 화랑과 미륵신앙

91) 中井眞孝, 〈新羅における佛敎統制機關について〉(《朝鮮學報》 59, 1971), 91~92쪽.
92) 金煐泰, 앞의 책(1990), 150~154쪽.
93) 辛鍾遠, 앞의 책, 196~197쪽.

의 결합이 진흥왕대의 왕권과 사회를 여실히 반영하고 있다는 방증으로 진흥왕대의 轉輪聖王사상을 들기도 한다.[94] 즉 진흥왕의 태자 이름이「銅輪」이고, 次子(眞智王)의 이름은「舍輪」혹은「金輪」이라는 것이다. 그런데「동륜」은 一名「東輪」으로도 쓴다. 진지왕의 이름 중「금륜」만을 취하여 태자와 차자의 이름에 있어서 그 순서가 뒤바뀐 듯하다는 지적도 있지만,[95] 그런 연유 때문인지「금륜」은 곧「鐵輪」이었을 것이라는 궁여지책이 나오기도 하였다.[96] 진흥왕의 행적을 보면 전륜성왕의 그것을 방불케 하는 점이 있기는 하지만, 왕족의 이름에서 전륜성왕사상을 볼 수 있다는 주장에는 수긍하기 어렵다.

진흥왕대에 이르러서는 중국에 유학갔던 승려가 속속 돌아왔다. 먼저 覺德이 진흥왕 10년(549)에 佛舍利를 가져오게 됨으로써, 소위 眞身을 모시게 되어 신앙면에서 차원을 한 단계 높이게 되었다. 특히 陳나라에서 明觀을 시켜 經論 1,700여 권을 보내어 오게 됨으로써(565) 신라는 당시 漢譯 경전의 대다수를 갖추게 되었다.[97] 그 후 신라불교는 수용 단계를 지나 독자적 발전을 이루어 갔고, 또한 自國의 사회적 요구에 부응하였다.

(4) 미륵신앙의 양상

미륵불은 未來佛로서 현세의 석가불이 다 濟度하지 못한 중생을 성불시킨다고 한다. 이 미륵신앙도 所依經典에 따라 일반적으로 두 종류로 나눈다. 먼저 현재 도솔천에 있는 미륵보살을 믿어 死後 天上에 왕생하기를 희구하는 上生信仰이 있다. 또 하나는 먼 미래에 이 땅이 樂土가 되었을때 미륵이 下生하여 龍華樹 아래에서 세 번의 설법으로 중생을 제도할 때 참여하겠다는 하생신앙이 그것이다. 그리고 미륵이 출현하는 국토에는 전륜성왕이 나타나 正法으로 나라를 다스린다고 한다.

아래에 몇 가지 사료를 검토해감으로써 中古期 즉 통일 이전의 신라 미륵

94) 金哲埈, 앞의 글, 91쪽.
金煐泰, 〈新羅 眞興大王의 信佛과 그 思想硏究〉(《佛敎學報》 5, 1967), 71~79쪽.
95) 金煐泰, 위의 글, 72쪽.
96) 金哲埈, 앞의 글, 91쪽.
97) 史書에 따라 卷數에 차이가 있다. 이에 대해서는 辛鍾遠, 앞의 책, 194쪽 참조.

신앙에 대하여 서술하고자 한다.

> 眞智王 때(576~579) 흥륜사 승 眞慈는 언제나 堂主인 미륵상 앞에 나아가, 彌勒大聖께서 花郎으로 化身하시어 이 세상에 오시면 늘 뵈옵고 가까이 모시겠다고 서원하였다. 그러던 어느날 꿈에 한 스님이 熊川 水源寺에 가면 彌勒仙花를 뵐 수 있다고 일러주었다. 이튿날 진자는 거기를 찾아가서 京師人이라고 밝힌 용모 단정한 소년의 마중만 받고 그냥 돌아왔다. 그런데 먼저 만난 그 소년이 바로 미륵선화라는 산신령의 말을 나중에 듣고서야 靈廟寺 동북쪽의 나무 밑에서 그 소년을 찾았다. 그의 이름이 '未尸'인 것만 알 뿐, 일찍 부모를 여의었고 姓도 모른다고 하였다. 왕은 이 소년을 敬愛하여 國仙으로 모셨고, 그의 風流가 7년 동안 빛났는데 문득 종적을 감췄다(《三國遺事》 권 3, 塔像 4, 彌勒仙花 未尸郎 眞慈師).

위 설화에서 우리는 미륵이 신라에 하생하여 화랑이 된다는 당대의 믿음을 볼 수 있다. 그런데 위 사료에서 간과해서는 안될 점이 있다. 첫째 신라인들 스스로가 현재 미륵의 住處를 백제로 인식하고 있다. 이것은 자신들의 신라가 곧 佛國土라는 믿음과는 상당한 時差를 보이고 있다. 둘째 미시랑의 출신이 寒微하고 그 終末도 모호하다는 점이다. 이것이 사실이라면 화랑의 출신 신분이나 사회적 성격이 始終 일정했던 것은 아니라고 보아야 한다. 미시랑의 나중 행적이 모호한 점은 아마도 진지왕의 폐위와 관련이 있는 것 같고, 여타 화랑집단과의 알력 같은 것도 염두에 두어야 할 것이다.[98)]

竹旨郎은 眞平王代(579~632)의 화랑이었고, 김유신의 副帥로서 삼국통일에 공을 세운 인물이다. 그의 출생에 대한 이야기를 옮겨본다.

> 죽지랑의 아버지 逑宗公이 朔州 都督使로 부임하러 갈 때, 竹旨嶺에서 한 居士가 길을 닦아주었다. 부임 한 달 후 거사의 안부를 물으니, 이미 거사는 죽은 뒤였다. 죽지랑의 부모는 거사의 무덤 앞에 石彌勒像을 만들어 모셨다. 이즈음 죽지랑의 어머니는 胎氣가 있었는데, 거사가 託生한 아이라 하여 출산

98) 비슷한 이유를 들어서 화랑집단과 미륵신앙의 결합을 진평왕대 이후로 보는 견해가 있다(福士慈稔, 〈圓光の世俗の五戒と花郎集團について〉(《印度學佛敎學硏究》 37-2, 통권 74, 1989, 644~646쪽).
《三國遺事》 彌勒仙花 未尸郎 眞慈師조를 분석한 글로 金煐泰, 〈彌勒仙花攷〉(《佛敎學報》 3·4합집, 1966)이 있다.

후 이름을 竹旨라 하였다(《三國遺事》 권 2, 紀異 2, 孝昭王代 竹旨郞).

이것은 거사가 환생하여 죽지랑이 되었다는 이야기인데, 여기에 미륵석상이 개재되어 있다. 미시랑 설화를 참고할 때 거사의 무덤 앞에 미륵석상을 안치했다는 것은, 거사가 미륵으로 下生하기를 기원한 것이라 볼 수 있다. 화랑을 하생한 미륵으로 인식한 예로서는 김유신(595~673)이 15세에 화랑이 되었을 때 사람들이 그 무리를 「龍華香徒」라고 불렀다고 한 것을 들 수 있다. 즉 彌勒信徒라는 뜻이다. 미시랑·죽지랑·김유신의 경우를 종합해보면, "화랑단체가 그 이념으로 삼았던 이상국가란 다름아닌 불교의 理想國家觀인 미륵정토를 구현하는 데 있었던 것으로 龍華樹下 三會의 설법에 値遇하여 왕생을 얻고자 하는 미륵하생신앙이 신라라는 현실 국토에 그대로 龍華三會를 그려보려는 데 있었다"는[99] 주정은 설득력이 있다. 그런데 신라 중고시대의 무덤에 미륵석상을 안치하는 경우가 비교적 많았다면, 죽지랑의 경우 반드시 화랑과 미륵신앙이 직결됨을 보여주는 예로서 적합할지 의문이다.

彌勒石像이 무덤에 놓여 있는 사례를 보도록 하자.

> 道中寺 僧 生義는, 어떤 스님이 생의를 南山으로 데리고 가서 풀을 묶어 표시한 뒤 자신이 여기에 묻혀 있으니 파내어 고개 위에 안치해달라고 하는 꿈을 꾸었다. 이튿날 친구와 함께 그 곳을 찾아가서 파보니 石彌勒像이 나와서 三花嶺에 모셨다. 그는 善德王 12년(643)에 여기에 절을 짓고 살았다(《三國遺事》 권 3, 塔像 4, 生義寺石彌勒).

일부 학계에서는 경주 남산 長倉谷에서 옮겨 현재 국립경주박물관에 있는 미륵삼존이 바로 이 미륵상이라고 한다.[100] 이 미륵은 出土處로 볼 때 원래 古墳의 石室에 모셨던 것이라고 이해되어 왔으나, 그 곳은 始原的 형태의 石窟이라는 주장도 제기되었다.[101] 그러나 죽지랑이나 뒤에서 볼 調信의 예에서 보듯이 오히려 고분일 가능성이 더욱 크다. 경주 西岳里 고분에서는 앞·뒷면에 金剛力士像이 새겨진 돌문(石扉)이 나온 예도 있다.[102] 따라서 고분에

99) 安啓賢, 앞의 글, 203쪽.

100) 黃壽永, 〈新羅南山三花嶺彌勒世尊〉(앞의 책), 256~261쪽.

101) 黃壽永, 위의 글, 255쪽.

는 불상은 물론 神將像까지 모셔진 경우를 진지하게 생각해볼 필요가 있다.

이외에도 비록 통일 후의 이야기지만 洛山寺 大悲像 앞에서 꿈을 꾼 調信이 꿈속에서 죽은 아들을 파묻었던 곳으로 찾아가 파보니 돌미륵이 나왔다고 한다.[103] 그러므로 신라인들이 무덤에 미륵상을 묻는 습속은 드물지 않았고,[104] 그것은 죽은 이가 미륵 도솔천에 왕생하기를 기원하는 것이었다고 해석된다.[105] 이와 같은 造像 의도는 삼국불교에 많은 영향을 미쳤다고 생각되는 北魏의 미륵신앙이 도솔천 上生에 비중을 두면서도 상생의 대상은 發願者 자신이 아니라 돌아가신 부모 등 死者의 追善을 希求한 것이었다는 신앙 경향[106]과 공통점을 보이고 있다. 죽지랑의 부모도 그러한 관행에 따라 거사의 무덤에 미륵상을 모셨을 것이다. 그런데 죽지랑이 화랑이 된 뒤, 미륵하생 신앙자들이 거사 무덤의 미륵상에 특별히 의미를 부여한 것은 아닌지 생각해볼 여지가 있다. 미륵상생신앙의 단적인 예가 바로 중고기에 많이 조성된 미륵반가사유상일 것이며,[107] 이것은 현재 도솔천에서 수행중인 미륵보살상이라고 함은 익히 아는 바이다.[108]

---

102) 中吉功, 〈三國時代の金銅佛〉(《新羅・高麗の佛像》, 二玄社, 1971), 55쪽.

103) 《三國遺事》 권 3, 塔像 4, 洛山二大聖 調信.

104) 金杜珍은 미륵「仙花」곧「神仙」이란 토착적 巫覡信仰에서 받아들여지는 神格의 의미로 사용되었다고 하였다(金杜珍, 〈新羅 中古時代의 彌勒信仰〉, 《韓國學論叢》 9, 國民大, 1987, 20~21쪽). 장지훈은 國仙의 무리에 속하는 月明師가 鄕歌만 알 뿐 梵聲에는 익숙치 못하다고 한 점을 들어 화랑도가 불교와 별로 관계가 없다고 하였다. 또 죽은 사람의 영혼이 童子로 化하여 다시 인간세계로 와서 샤만이 된다는 동북아시아 신화 모티프를 예로 들어, 신라인의 종교관에서 볼 때 미륵은 불교적인 존재로서보다는 샤만적 존재로 인식되었을 가능성이 크다고 하였다(장지훈, 〈신라미륵신앙의 사상적 특성〉, 《宋甲鎬敎授停年退任紀念論文集》, 高麗大, 1993).

105) 金煐泰도 죽지랑 설화를 언급하면서, "死者를 위해서 (미륵상을) 安置한 것이라면 兜率生天을 祈祝했다고 볼 것이다."고 하였다(金煐泰, 〈新羅 白月山 二聖 說話의 硏究〉, 《曉城趙明基博士華甲紀念 佛敎史學論叢》, 東國大, 1965, 58쪽). 그러나 그는 "거사를 생각한 것보다도 다시 자기 집에 태어날 새 생명을 위한 것"이기 때문에 生天이나 往生을 위한 뜻이 아니라 하였다.

106) 塚本善隆, 〈龍門石窟に現れたる北魏佛教〉(《支那佛教史硏究》, 北魏篇, 弘文堂, 1942), 502~503쪽.

107) 이에 대해서는 黃壽永, 〈新羅半跏思惟石像〉(앞의 책) 참조.

108) 韓相吉은 甘山寺彌勒菩薩造像記(719)를 예로 들어, 亡者를 위해 미륵상을 조성하는 일은 보기 드문 경우라 하였는데, 오히려 중고기 이래의 일반적 현상으로

미륵상생신앙과 관련하여 주목을 끄는 자료로서 斷石山 神仙寺 마애불과 그 造像銘記가 있다. 경주 단석산 거의 정상에 부처·보살 및 人物像까지 도합 10軀가 高浮彫되어 있는데, 이 가운데 반가사유상은 일찍부터 주목되어 왔다. 이렇게 조상을 하게 된 인연과 發願을 적은 것이 조상명기로서 약 20行으로 되어 있다. 이 유적은 중고기의 왕비족인 岑喙部에 의해 이루어졌다는 사실이 최근에 밝혀졌다.109) 銘記의 내용은 滅罪·참회하고 福을 닦아 彼岸(도솔천)에 왕생하여 成佛할 것을 서원하면서, 미륵석상 1구와 보살 2구를 만든다는 것이다. 이들은 미륵하생집단 또는 화랑도와는 분명히 성격을 달리하고 있다. 이들의 참회주의적 계율관은 이른바 세속오계와 대조적이고, 이들이 정통 梵唄인 「新曲」을 부르는 데 반해 화랑도는 향가를 즐겨 불렀다. 따라서 중고기의 미륵신앙을 下生 일변도로 보아서는 안되며, 그 실상은 출신 部나 신앙집단에 따라 생각보다 복잡하다는 점을 인정해야 한다.

(5) 신라 불국토설의 내용과 대두 시기

흔히 신라 불국토설을 말하고 있지만, 그 내용은 사람에 따라 다르고, 대두 시기에 대한 구체적 논의도 아직 없는 실정이다. 진흥왕의 왕자들 이름이 四轉輪聖王의 이름에서 따왔다는 주장이 별로 근거가 없다고 함은 이미 말한 바와 같다. 이 주장과 관련하여 전륜성왕이 나라를 다스리는 시기는 미륵이 하생하는 때이므로, 신라 불국토란 곧 미륵정토라고 이해하기도 한다.110)

한편 진평왕의 이름이 「白淨」이고 그 妃는 「摩(麻)耶夫人」이므로 석가의 부모 이름을 취하였으며, 진평왕의 아우 眞正葛文王과 眞安갈문왕은 석가 삼촌의 이름을 따서 각각 「伯飯」과 「國飯」으로 하였다고 주장한다.111) 그러나

이해해야 할 것이다. 그리고 그는 미륵반가사유상을 미륵하생신앙과 연결시켰다(韓相吉, 〈新羅 彌勒下生信仰의 연구〉, 《伽山李智冠스님華甲紀念論叢 韓國佛敎文化思想史》 上, 伽山文庫, 1992, 327쪽).

109) 辛鍾遠, 〈斷石山神仙寺 造像銘記에 보이는 彌勒信仰 집단에 대하여－新羅 中古期의 왕비족 岑喙部－〉(《歷史學報》 143, 1994), 1~26쪽.

110) 金煐泰, 〈신라 진흥대왕의 信佛과 그 사상 연구〉(앞의 책), 71~79쪽.
安啓賢, 앞의 글, 203쪽.
高翊晉, 앞의 책, 36~37·45~46쪽.

111) 金哲埈, 앞의 글, 92쪽.

진안갈문왕의 경우를 보면「一云國芬」이라 하였으며「國其安」갈문왕이라고도 하였다. 淨飯王의 아우 斛飯王(Dronodanaraja)은「穀淨」이라고도 번역되지만「국반」이라고 하지는 않는다. 그리고「斛飯」·「穀淨」은 모두 意譯이므로「국반」이 될 리가 없다.[112] 마치 진평왕대가 되면「王卽佛」의 北方佛敎 영향을 받아서 신라가 釋迦 在世時의 불국토를 재현한 듯 설명하고 있지만, 근거는 매우 약하다. 그리고 교리적으로 보더라도 미륵은 未來佛이므로, 진흥왕대의 전륜성왕 시대 다음에 진평왕대의 釋迦族 王名時代가 온다는 것은 先後가 바뀐 것이다.

이른 시기의 불국토설 즉 적어도 진흥왕대부터 신라가 불국토였다는 근거는 한두 군데 더 있다. 그 하나는 인도 阿育王(아쇼카왕)이 丈六尊像 鑄造에 실패한 뒤 南閻浮提·중국 등 수천 나라에서도 이루지 못한 것을 신라에서 성공하여서 모셔 놓은 것이 황룡사장육존상이라는 것이다.[113] 다른 하나는 迦葉佛宴坐石이다. 이것은 석가불이 來世하기 전에 가섭불이 앉아서 강연하던 돌인데, 이 돌은 황룡사를 창건할 때(553)[114]부터 佛殿 뒤에 있었다고 한다.[115] 이 두 靈異에 대해서는 慈藏이 중국 오대산에서 문수보살로부터 들었다고 할 뿐 아니라 그 出典이「玉龍集及慈藏傳」이므로 자장으로부터 나온 이야기이다.[116]

진흥왕 35년(574)에 만들어졌다고 하는 이 불상은 진평왕 6년(584)에 건립된 重建金堂에 모셔졌다. 금당 중건을 시작으로 하여 황룡사구층탑이 세워짐으로써(645) 황룡사의 2次 伽藍造營은 끝났다. 중건금당이 세워지자 황룡사는 비로소 第一國刹로서의 위치를 차지하였는데, 애초의 금당은 거대한 장육존상이 안치될 정도의 규모는 못되었다. 그러므로 2차 가람에 걸맞는 불상을 만든 것이 황룡사장육존상이며, 그것을 鑄成한 시기는 진평왕대라는《삼국유사》皇龍寺丈六條의「或說」이 오히려 타당하다. 황룡사장육존

112) 辛鍾遠, 〈慈藏과 中古時代의 思想的 課題〉(앞의 책), 273쪽.
113)《三國遺事》권 3, 塔像 4, 皇龍寺丈六.
114) 황룡사는 진흥왕 14년에 짓기 시작하여 같은 왕 27년(566)에 완공되었다. 이 절에 대해서는 李基白, 〈皇龍寺와 그 創建〉(앞의 책)이 있다.
115)《三國遺事》권 3, 塔像 4, 迦葉佛宴坐石.
116) 辛鍾遠, 〈安弘과 신라불국토설〉(앞의 책), 243~244쪽.

상은 인도양식의 불상이었을 것으로 추측되는데, 신라 불국토설이 대두되던 시기에 이러한 불상이 선호되었을 것은 짐작하기 어렵지 않다.[117] 황룡사장육존상이 만들어진 후 그에 대한 유래를 부연한 사람은 자장이었다고 추측된다.

지금까지 고찰한 바에 의하면, 신라 불국토설은 진평왕대 후반부터 대두되기 시작한 것이었고, 그것은 진평왕 및 선덕왕 즉 銅輪系[118] 왕권을 불교적으로 신성화·합리화한 것이었다. 그리고 그 내용은 護國三寶로[119] 압축될 수 있다. 즉 진평왕의 玉帶는 (帝釋)天使로부터 받았다는 것, 忉利天의 딸인 선덕왕이 황룡사구층탑을 세운 것 및 아육왕상이 신라에 와서야 조성될 수 있었다는 것이다. 여기에 가섭불연좌석까지 포함시키면 신라 불국토설이란 다음과 같은 것이다. 신라는 먼 과거로부터 불교와 인연이 있는 땅이며, 그래서 도리천·제석천·사천왕의 보살핌을 받아 西天竺(印度)에 못지 않는 불국토 즉 東天竺이라는 것이다.[120] 그리하여 그들은 신라를 중심으로 하나의 새로운 세계관을 형성한 것이다. 이러한 주장 또는 신념이 형성된 배경에는 안으로 왕권에 대한 문제가 있고, 밖으로는 삼국이 대치하고 있다는 위기의식이 있었다. 중고시대의 고승은 이와 같은 시대와 사회에 직면하여 자신들의 역량을 충분히 발휘한 지식인들이었다.

(6) 중고시대의 고승

가. 원 광(541~630?)

원광이 처음 중국에 갔을 때는 승려의 신분이 아니라 선진문물을 배우러

---

117) 辛鍾遠, 위의 책, 274~277쪽.
현재 남아 있는 신라의 아육왕 양식 불상은 대부분 7세기 후반에서 8세기에 걸치는 것들이다(金理那, 〈皇龍寺의 丈六尊像과 新羅의 阿育王像系 佛像〉, 《震檀學報》 46, 1979 ; 《韓國古代佛敎彫刻史硏究》, 一潮閣, 1989 참조).

118) 동륜의 아들이 진평왕이고, 진평왕의 딸이 선덕왕이다.

119) 신라 三寶에 대해서는 다음 글이 있다.
金相鉉, 〈新羅 三寶의 成立과 그 意義〉(《東國史學》 14, 1980).

120) 이와같은 自尊的 佛國土觀을 간과하면 오히려 이것을 다음 글과 같이 釋種(釋迦族) 意識 또는 釋迦佛信仰으로 보기 쉽다(金杜珍, 〈新羅 眞平王代의 釋迦佛信仰〉, 《韓國學論叢》 10, 1988, 15~39쪽).

간 유학생이었다고 판단된다. 陳나라 황제의 칙허를 얻어 승려가 된 그는 梁武帝의 師友인 莊嚴寺 僧旻의 弟子로부터 受學하였다. 《續高僧傳》 慧旻傳에 의하면, 혜민이 15세(587) 때 "회향사의 신라 光法師로부터 成(實)論을 들었다"라는 기록이 있는데, 연대상으로 보아 광법사는 원광이 틀림없다. 이와 같이 이름을 날리던 원광은 수나라의 서울 長安으로 가서(589) 《攝大乘論》을 연구하고, 본국의 요청에 의해 진평왕 22년(600)에 朝聘使 2인과 함께 귀국하였다. 진평왕 30년, 隋나라에 乞師表를 쓰라는 왕명을 받자 원광은 그것이 沙門의 도리가 아니라고 하면서도 또한 자신은 신라의 臣民이기 때문에 명령을 받들지 않을 수 없다 하였다. 世俗法과 佛法을 二元的으로 파악하고 있는 원광의 고민을 여기에서 볼 수 있으며, 이러한 태도는 원광 이후 승려들의 적극적인 호국활동과는 상당한 차이가 있다.

이러한 사고는 그가 世俗五戒를 가르칠 때 불교에는 菩薩戒가 있다고 말한 데서도 드러난다. 즉 신라의 청소년들에게 殺生有擇과 臨戰無退를 가르쳤지만 자신에게는 佛法의 길이 따로 있었던 것이다. 진평왕 35년(613)에 황룡사에서 百高座會를 열었을 때, 원광은 거기서 《인왕경》을 강의하였다. 이러한 방법으로 나라를 지키고자 하는 것은 隋·唐代 이후의 호국 즉 밀교적 주술에서 나오는 강력한 法力을 기대하는 것과는 다르다. 이것은 남조불교의 한 특징으로서, 《인왕경》은 護國經典史上 正法治國思想과 밀교적 治國의 중간적 위치를 차지한다.

왕은 원광으로부터 戒를 받고 참회하였다. 계율과 참회의 병행은 중국적 대승보살계의 특징으로서, 그 목적은 戒行에 있다기보다 참회에 의해 죄를 소멸하고 현세에서 복을 받는 데 있다. 계를 받은 왕, 즉 「菩薩戒弟子」 왕이 원광에게 衣食을 손수 마련해드렸다는 일화는 과장이나 꾸민 이야기가 아닐 것이다. 지금까지 보아온 바와 같이 국가와 국왕에 대한 원광의 태도는 梁武帝 때의 崇佛 태도와 흡사한 것으로서, 원광의 초기 유학시절의 견문은 귀국 후에도 지대한 영향을 미쳤다.

원광의 대중포교 활동으로는 嘉栖寺에서 占察法會를 개최한 것이 유명하다. 그것은 《占察善惡業報經》에 의거하여 몇 차례의 占擲을 통해 참회함으로써, 衆生心이 본래 깨끗하고 무한한 功德을 갖춘 如來藏임을 自得하고 지장

보살의 원력에 의해서 죄를 없애는 것이다. 그러므로 원광은 신라에 여래장 사상과 지장신앙을 심어준 것이었다. 이러한 그의 관심은 그가《如來藏經私記》와《大方等如來藏經疏》를 지었다는 사실과 무관하지 않다.121)

나. 안 홍(579~640?)

安含으로도 알려진 安弘은 진평왕 23년(601)에 수나라에 유학가서 5년만에 胡僧과 함께 돌아왔다. 안홍의 저서에는 讖書라고 하는《東都成立記》한 권이 있다.《해동고승전》에 이 책의 일부가 실려 있지만, 원문과 후대의 해석문이 섞여 있어 판별하기가 쉽지 않다. 원문의 대체적인 내용은 다음과 같이 추측된다. 머지 않아 이웃 나라로부터 침공을 받을 것이며, 이에 대비하여 중국에 적극적인 외교를 펼칠 것, 그리고 비록 이러한 시련이 있더라도 희망찬 미래를 약속할 수 있는 까닭은 선덕왕이 忉利天女이므로 신라는 곧 불국토로서 부처의 보살핌을 받게 된다는 것이다. 안홍은 황룡사에 9층탑을 세워 九韓의 침공을 막으라고 하였다. 이것은 그가 유학시절에 수나라의 國刹 大興善寺 탑을 보고 그러한 호국 인연을 본받고자 한 것이다.

隋 文帝는 새 왕조의 무궁한 발전을 빌고 아홉 오랑캐가 평정되었음을(九服) 스스로 칭송하는 詔勅을 내렸는데, 당시 수나라에는 천하통일의 당위성을 논하는 참서가 유행하였다. 즉 수 문제는 四天王의 보살핌과 도리천 덕분

---

121) 辛鍾遠, 〈圓光과 眞平王代의 占察法會〉(앞의 책), 223~228쪽.
이외에도 원광에 대해서는 다음 글들이 있다.
李基白, 〈圓光과 그의 思想〉(앞의 책).
정병조, 〈원광의 보살계사상〉(《한국고대문화와 인접문화와의 관계》, 한국정신문화연구원, 1981).
최연식, 〈圓光의 生涯와 思想〉(《泰東古典硏究》 12, 1995).
한편 福士慈稔은 史書에 나타난 화랑들을 볼 때 화랑과 미륵신앙의 결합은 600년 이후가 될 것이며, 세속오계 또한 儒·佛 등 諸思想을 신라의 國是에 맞게 선택한 것이며,《점찰경》에「미륵」의 이름이 보이지 않는다는 점을 우선 지적하였다. 그러므로 원광 이전에 화랑의 이념 중 불교적 요소를 찾기 힘들며, 원광을 미륵신앙자로 보기는 어렵다고 주장하였다(福士慈稔, 〈圓光の世俗の五戒と花郎集團について〉, 앞의 책, 132~134쪽 및 〈新羅圓光法師傳考〉,《羅·唐佛敎의 再照明》, 大韓傳統佛敎硏究院, 1993, 323~355쪽). 그러나 지장보살은 미륵이 成佛할 때까지 無佛時代의 중생 교화를 맡는다는 것이 地藏경전 敎說의 공통된 바이며, 뒤에서 언급된 비구니 智惠의 佛殿에 모신「主尊三像」또한 釋迦·地藏·彌勒像이었을 것이라는 점을 고려해야 할 것이다.

에 천자가 되었다고 하는 불국토설 등이 그 내용인데, 안홍은 이러한 견문을 그대로 신라에 원용하였다. 신라 불국토설은 자장으로부터 나온 것이라 하지만 자장의 발상도 실은 안홍의 그것을 이어받아 발전시킨 것이다.[122] 9층탑 건립은 당나라에서 귀국한 자장의 건의에 의해서 이루어졌지만, 그 뒤 통일이 되자 이 모든 것을 예언했던 안홍과 그의 讖書가 새삼 높이 평가되었을 것이다. 비록 불교계측의 예언이기는 하지만 신라인들은 자신들의 나라가 불국토이기 때문에 외적방어의 차원을 넘어 聖域의 보전, 더 나아가 신라를 중심으로 欲界의 인간세상을 이룩하고자 한 것이다. 수 문제의 讖文은 이미 성취된 것에 대한 당위적 설명이지만, 신라의 불국토설은 미래상의 제시로서 이것은 전적으로 안홍의 공적이다.[123]

다. 자 장

慈藏의 아버지 武林은 진덕왕대(647~654)까지도 國事를 논의하였던 진골귀족이었다. 자장은 이러한 가문을 배경으로 재상의 자리에 천거되었으나 이를 마다하고 출가하였다. 선덕왕 7년(638) 唐 나라에 유학갔을 때 자장의 나이는 25세를 조금 지난 때였다. 당나라에 갔을 때나 귀국할 때 唐 太宗으로부터 융숭한 대우를 받은 것을 보면, 자장이 유학한 데에는 국가적으로 對唐 외교사절의 일면도 있었을 것이다.

자장은 중국에서 먼저 法常을 찾아뵙고 보살계를 받았으며,[124] 終南山에서 3년간 수도하였다. 당시 종남산에는 중국 계율종의 宗主인 道宣이 강의와 저술에 전념하고 있던 때였다. 자장이 도선과 상면했는지에 대해서는 단언할 수 없으나, 자장의 저서에 《四分律羯磨私記》·《十誦律木叉記》 등이 있다는 사실로 보아 도선으로부터 영향을 받았음을 알 수 있다. 이와 같은 자장과 도선과의 法脈에 대해 부정적인 견해가 있는데,[125] 그것은 자장전에 나오는 설화를 그대로 믿어 자장의 나이가 도선보다 훨씬 많다고 보았기 때문이다.

122) 비슷한 주장을 이미 高翊晉이 한 바 있다(高翊晉, 〈新羅密敎의 思想內容과 展開樣相〉, 《韓國密敎思想硏究》, 東國大, 1986, 137~139쪽).
123) 辛鍾遠, 〈안홍의 신라불국토설〉(앞의 책), 232~249쪽.
124) 《續高僧傳》 권 15, 法常.
125) 安啓賢, 〈慈藏의 佛敎思想〉(앞의 책), 102~104쪽.

자장은 귀국하여(643) 궁중에서《攝大乘論》을 강의하였고, 황룡사에서는《菩薩戒本》을 강의하였다. 자장은 大國統에 임명되어 승려의 규범을 바로잡고, 지방 사찰을 다니며 계율을 지키도록 일깨워주었다. 이즈음에 이르러 나라 사람 가운데 계를 받고 부처를 받드는 자가 10명 중 8, 9명이나 되었다고 한다. 이와 같은 계율 尊崇의 의의는 다음과 같다.

僧團에는 出家得度나 儀式에 있어 일정한 규범이 필요하였고, 동시에 그러한 계율이 만들어진 의의를 알지 않으면 안되었다. 불교 수용 당시 중국에서는 계율을 글자 또는 의미가 유사한 禮나 律로 인식하였다. 중고시대 신라에서도 국가나 사회적으로 당시 최고의 지식인이자 인격자인 승려에게 어떠한 규율의 지침을 받고자 하는 기대가 있었다. 원광에게 세속의 계율을 얻어듣고자 한 것도 그러한 예이지만, 자장을 대국통으로 삼아 많은 백성이 계를 받도록 한 것도 禮俗의 진작이라는 측면과 무관하지 않다.

자장의 저서에《阿彌陀經疏》와《阿彌陀經義記》가 있는 것을 볼 때, 정토교에 대한 관심 또한 컸음을 알 수 있다. 자장을 화엄사상가로 부각시키려는 의도도 후대에 점차 나타나고 있는데, 어떻든 그를 어느 한 종파로 국한시키는 것은 사실과 맞지 않는다. 그렇지만 불교종파라는 좁은 의미가 아니라 그의 사회적 활동면을 함께 보면「律師」라는 전통적 호칭은 타당하다.

자장은 불국토인 신라에서 문수보살을 친히 보고자 태백산·오대산 등지를 순례하였다. 이것은 감통을 중시하는 그의 일면을 보여주는 것인데, 절대적인 신앙에 귀의함이 없이는 계를 온전히 지킬 수 없다는 도선의 태도와 서로 통한다. 자장은 통도사를 창건하고 戒壇을 쌓았다. 그리고 중국의 衣冠을 입고 당나라 연호를 쓰도록 건의하는 등 구체적인 事大의 방안을 제시하기도 하였다.126)

(7) 불교의 대중화

신라에 불교가 처음 전해졌을 때 전도승을 후원했던 毛禮를「毛禮長者」라고도 불렀던 것으로 보아 초창기 포교의 주요 대상은 지방유력자였을 것이

126) 辛鍾遠, 〈자장과 중고시대 사회의 사상적 과제〉(앞의 책), 250~286쪽.
南東信, 〈慈藏의 佛敎思想과 佛敎治國策〉(《韓國史硏究》76, 1992), 1~45쪽.

다. 이러한 현상은 王京에서도 마찬가지였는데, 그것은 선진문물의 수용이라는 점에서 왕이나 귀족들이 불교를 선호할 수밖에 없었다. 하지만 민중에게도 불교는 점차 뿌리를 내려갔다. 불교의 평등주의 이념, 救援이라는 종교적 이상은 피지배 계급의 신앙심을 일으키기에 족했다. 治者의 입장에서도 나라 사람들이 새로 들어온 고등종교의 가르침에 의해 권력에 길들여지는 것을 바람직하게 여겼을 것이므로, 계율 등 일부 敎說의 전파에 적극적이었다고 보아야 한다.

진평왕 때에 安興寺의 비구니 智惠도 점찰법회를 열었다. 지장보살은 땅속에 감춰져 있었던 것을 인격화한 보살이라는 점에서 여래장 敎義와 밀접한 관련이 있다. 智惠가 지은 佛殿의 지장보살상은 仙桃聖母 즉 산신의 神祠 밑에서 캐낸 금으로 장식했다고 한다. 불교의 보살과 재래신앙의 산신이 이렇게 맺어짐으로써 지장보살이 어떻게 친근하고 쉽게 이해되었는가를 보여주는 설화이다.

같은 점찰법회라 하더라도 원광의 그것은 어리석은 중생을 교화하는 측면이었지, 민중 속에 살면서 그들과 같은 길을 가는 보살행과는 거리가 있었다. 왕으로부터 존경을 받고 국가의 輿望을 짊어졌던 고승들이 민중을 멀리하였다는 것은 다음과 같은 일화에 잘 나타나 있다. 남루한 옷을 입은 늙은 거사가 자장을 보고자 하였으나 문전에서 쫓겨났다. 그 거사는 "我相이 있는 자가 어찌 나를 볼 수 있겠는가"하고는 獅子寶座를 타고 가버렸다. 이 거사는 문수보살의 眞身이었다.

진평왕 때의 승려 惠宿은 國仙 瞿旵公이 사냥 즐기는 것을 나무랐으며, 왕의 부름도 거절하였다. 惠空은 天眞公 하녀의 아들이었는데, 천진공은 그를 聖人이라 하여 존경하였다. 이름없는 절에서 살던 혜공은 거리와 골목을 누비면서 민중교화에 힘썼다. 大安은 언제나 시장바닥에서 밥그릇을 두드리며 "대안, 대안"하고 외쳤다. 왕이 대안으로 하여금 흐트러진 《金剛三昧經》을 꿰어맞추라고 궁궐로 불렀으나, 그는 이것을 시장에 벌여 놓고 정리하였다. 이와 같이 대중교화에 힘을 쓴 승려들은 권력을 멀리하였고, 쉬운 말로 불교의 뜻을 풀이해주었으며, 간단한 儀式을 통해 신앙생활을 영위하도록 몸소 모범을 보였다.[127]

4) 가야의 불교

낙동강 유역에 위치하고 있었던 伽倻聯盟은 백제·신라 및 왜 등 諸勢力의 각축으로 인하여 독자적인 정치·사회적 발전을 이룩하지 못했다. 그렇다고 그 문화적 발전이 결코 신라에 뒤지지 않았음은 근래의 발굴을 통해서 잘 알려졌다. 불교가 일찍부터 가야지역에 流轉하였으리라는 것은 本伽倻의 첫 임금 首路王과 그 왕비 許왕후에 관한 설화에 의해 짐작이 된다. 《駕洛國記》는 고려 文宗(1046~1083) 때에 찬술된 史書다. 이에 의하면 수로왕은 멀리 바다를 건너 온 인도 阿踰陀國의 공주 許黃玉을 왕비로 맞아들였는데, 그 후 제8대 銍知王이 허왕후의 명복을 빌기 위해 王后寺를 세웠다고 한다.[128] 또 金海 虎溪寺의 婆娑石塔은 허왕후가 가지고 온 것이었다는[129] 등 일련의 설화는 가야불교의 始源이 인도 내지 南方系와 연결된다는 점을 시사하여 준다. 이 외에도 경상남도 河東 雙溪寺의 「七佛庵懸板記」에는 수로왕의 일곱 왕자가 이곳에서 成佛하였다 하여 칠불암이라 하였다는 사적이 적혀 있다.

이러한 전설적 사료에 착안하여 그 증거를 찾으려는 노력이 근래 시도되었다. 먼저 가야불교에 대한 주장은 다음과 같다. 인도의 아요디아 지방에서 태국의 아요디아→일본 九州→가야로 들어왔다고 하거나,[130] 스키타이→간다라→인도 아요디아→중국 四川省 普州→가야→일본 구주로 왔다고 하는 홍미진진한 논증이다.[131] 이들은 그 物證으로서 지명이나 雙魚紋의 존재를 집요하게 추적하였다. 그렇지만 씨족의 이동이나 문화의 전파를 주장하려면 더욱 보편적이고 견실한 자료를 제시해야 한다고 생각된다. 쌍어문이 그렇게 세계 곳곳에 보인다면, 오히려 그것은 인류가 보편적으로 사용한 상징이라는 쪽으로 생각하는 것이 훨씬 객관적이라 하겠다. 물고기는 어느 지역이나 흔

---

127) 불교의 대중화에 대해서는 다음 글이 있다.
　　金煐泰, 〈新羅 佛敎大衆化의 역사와 그 사상연구〉(《佛敎學報》 6, 1969).
128) 《三國遺事》 권 2, 紀異 2, 駕洛國記.
129) 《三國遺事》 권 3, 塔像 4, 金官城婆娑石塔.
130) 이종기, 《駕洛國探查》(一志社, 1975).
131) 김병모, 《김수로왕비 허황옥》(조선일보사, 1994).

하며 쉽고 간단하게 그릴 수 있는 物像이기 때문이다.

《가락국기》에 「羅漢」·「아유타」 등이 나오는 것에 대하여 다음과 같은 논평이 있다. 즉 그것은 가락국의 건국설화를 인도의 아유타 왕국과 결부시킨 것이며, 아유타국에서 아직 대승불교와 소승불교가 공존하던 시절에 가야가 건국되었다고 함으로써 가야의 건국연대를 끌어올리기 위한 날조라는 것이다.[132] 적어도「아유타」라는 지명은 불교전래 후에 생긴 것일 터이므로, 인도 지역에 그러한 지명이 있을 것은 당연하다. 그리하여《가락국기》는 그 순서나 분량·제목 등으로 보아 고려 문종 때 金官州知事이던 어떤 문인이 편찬한 것이라고 추정되고 있다.[133]

비록 신라의 사적이지만 불교는 南海路를 통해 한반도의 東南海 沿岸地方에 직수입되었다는 이야기는 〈金剛山楡岾寺事蹟記〉나 洛山寺의 관음신앙 유래 등에서도 발견된다. 이들 사료에다 가야의 건국설화까지 검토한 뒤에 "기원 전후 한반도를 중심으로 한 동서 해상교통의 상황을 조명해 본 결과 불교가 南海路를 통해 한반도의 동·남해 연안지방에 직수입될 수도 있었다는 推斷에 이르게 되었다."[134]고 말하는 이도 있다. 이 설은 南來說 사료를 적극적으로 검토는 하였으나 그것을 뒷받침할 만한 자료 제시가 부족하여, 여전히 하나의 가능성으로만 남게 되어 아쉽다.

인도의 불상이나 탑이 어떤 인연으로 신라에 오게 되었다는 이야기에 황룡사장육존상 설화가 있다. 이 또한 진평왕대의 사실을 진흥왕의 奉佛事蹟인 것처럼 연대를 거슬러 올렸다고 앞에서 말한 바 있다. 유점사 53불 연기도, 이것을 원래 인도에서 봉안하려다 실패하고 南解王 원년(A.D. 4)에 有緣國土인 신라에 와서 그 소원이 이루어졌다는 것이다. 그런데 실제 이 53불의 제작 시기는 신라 하대 혹은 그보다 늦은 유점사 창건 연대로 추정되고 있다.[135] 따라서 유점사 창건 후 어느 시점에서, 이들 불상이 古來의 신성한

---

132) 최복홍, 〈삼국유사에 실려있는 고조선과 가락국 건국신화의 불교관계자료에 대하여〉(《력사과학》 1986-4 ;《북한의 우리 고대사 인식》 1, 대륙연구소, 1991).

133) 金福順, 〈위 최복홍의 논문에 대한 논평〉(위의 책), 322쪽.

134) 무함마드 깐수, 〈한국불교 南來說 試考〉(《史學志》 22, 檀國大, 1989 ;《新羅·西域交流史》, 檀國大, 1992, 312쪽).

135) 黃壽永, 〈유점사 五十三佛〉(앞의 책), 317~318쪽.

것이라고 함을 점차 그러한 식으로 설명하였고, 그것이 고려시대에 閔漬에 의해 기록된 것이라고 볼 수 있다. 《가락국기》의 설화도 이러한 불국토 또는 유연국토신앙이 가야 지방에 적용되었을 가능성이 크다. 굳이 가야의 건국연대를 끌어올리기 위해서였다는 평은 오히려 현대 史家의 관심사에 매몰된 시각이라 하겠다.

다만 최치원도 문경 《봉암사지증대사비》에서

> 불교가 전래됨에 있어서 毘婆娑(小乘)가 먼저 전래하였으니 四郡이 四諦의 法輪을 몰았고, 摩訶衍(大乘)이 뒤에 이르러 온 나라에 一乘의 거울을 빛냈다.

고 하였다. 역시 소승불교의 先來에 대해서도 적지 않은 가능성이 있다.

역시 가야불교를 적극적으로 검토하려는 태도에서 나온 최근의 연구를 소개하면 다음과 같다. 신라에 처음 불교가 전해진 一善郡 지방은 지리적으로 고구려보다는 가야에 더 가깝다는 점을 들어, 우리 고대국가의 불교는 금관가야→대가야→신라의 순서로 전해졌다고 보기도 한다.[136] 그렇지만 묵호자 또는 아도가 고구려로부터 왔다는 사료를 부정할 정도의 근거는 제시하지 못하고 있다. 오히려 550년대에 백제의 聖王과 대가야와의 군사동맹 및 성왕의 불교전파 정책을 들어, 대가야는 백제로부터 불교를 받아들였다고 보기도 한다.[137] 이 주장은 경상북도 고령군 고아동 벽화고분의 연꽃그림이 백제의 벽화고분과 흡사하다는 점도 들고 있어 설득력이 있다.

한편 최치원이 지은 〈釋利貞傳〉 등을 보면, 대가야의 月光太子가 가야산 해인사의 前身이라고 할 擧德寺에서 수도했다는 기록이 있다. 이 사료에 대해서도 해인사 및 대가야국의 위상을 드높이려는 의도에서 나온 것이라고 보기도 하고,[138] 기존의 사실 및 口傳을 채록했을 것이라고도 하여 의견이 상반되고 있다.[139]

---

136) 金煐泰, 〈駕洛佛敎의 전래와 그 展開〉(《佛敎學報》 27, 1991), 36~41쪽.
洪潤植, 〈伽耶佛敎에 대한 諸問題와 그 史的 意義〉(《伽耶考古學論叢》, 1992).

137) 金福順, 〈大伽耶의 불교〉(《加耶史硏究－대가야의 政治와 文化－》, 1995), 285~288쪽.

138) 백승충, 〈于勒十二曲의 해석문제〉(《한국고대사논총》 3, 1992), 465쪽.

139) 金福順, 앞의 글, 288~291쪽.

《삼국사기》·《삼국유사》의 書名이 말해주듯이 우리의 고대 사료는 고구려·백제·신라에 집중되어 있다. 그러므로 앞으로 문헌자료의 발굴과 아울러 유물·유적을 통해서도 가야불교에 대한 실체를 밝혀야 할 일이 또한 우리의 과제로 남아 있다.

〈辛鍾遠〉

2. 도 교

1) 도교의 전래와 수용기반

道敎가 우리 나라에 전래된 것은 유교 및 불교와 같이 삼국시대이다. 이들 외래사상인 유불도 3교가 고유신앙사상의 바탕 위에 수용된 이래 오늘에 이르기까지 한국사상의 주류를 형성하면서 정치·사회·문화 등 여러 방면에 커다란 역할을 미쳐왔다.

그러나 유불 2교의 公傳이 4세기 후반인데,[1] 도교의 전래에 관한 문헌기록은 7세기에 이르러 확인되고 있다. 즉 榮留王 27년(624)에 당나라에서 파견한 道士가 天尊像을 가지고 와서 《道德經》을 강론했다는 내용이 있다.[2] 여기에는 당시 고구려 사람들이 도교인 五斗米道를 널리 신앙하고 있었으며, 그러한 사정을 전해듣게 된 당의 高祖가 이에 응했다는 사실을 아울러서 전하고 있다. 따라서 이는 다만 신앙적인 의미뿐만 아니라 정치적인 성격이 함께 내포되어 있는 것이다.[3]

---

1) 고구려에서 유교의 太學이 小獸林王 2년(372) 건립되었고, 같은 해에 전진에서 불교가 佛法僧 三寶를 갖추어 公傳하고 있다(《三國史記》 권 18, 高句麗本紀 6, 소수림왕).

2) 《三國遺事》 권 3, 興法 3, 寶藏奉老 普德移庵. 이 중의 도사(교단)·천존상(신앙대상)·《도덕경》(경전)은 불교의 佛法僧 三寶와 같이 신앙체제가 갖추어진 도교삼보이다.

3) 《三國史記》 권 29, 高句麗本紀 8, 영류왕조에 唐高祖가 형부상서 沈叔安을 파견하여 왕에게 上柱國遼東郡公高句麗王의 작위를 내렸음을 함께 전하고 있다.

이러한 도교전래와 수용과정을 이해하는 데는 중국에 있어서 도교교단의 형성과 우리 나라에 있어서의 수용기반이라는 두 가지 점에 유의할 필요가 있다. 먼저 중국에 있어서 도교의 성립은 기원 전후에 전래한 불교교단에 자극되면서 옛부터 전해오는 신선·방술·도참·의약·오행 등의 민간신앙 습속에 老莊思想을 가미하여 延命長壽와 道統神仙을 구하는 종교로 조직화되었다. 그러므로 무지·빈곤·질병 등 민중의 현세이익에 대처하면서 結社의 성격을 강하게 지닌다. 그러한 최초의 교단이 후한 말기인 2세기 중엽의 于吉(혹은 干吉, ?~200)과 張角(?~184)에 의한 太平道와, 비슷한 시기의 張陵(張道陵, ?~117)에 의한 오두미도이다.4)

특히 오두미도는 《도덕경》을 기본경전으로 삼아 교단조직을 갖추고 신도들로 하여금 서로 돕게 하고 형벌을 탕감시키는 등 빈민구호사업을 실시하였다. 노자를 신격화하여 교조로 숭배하면서, 부적을 사른 물(符水)로 질병을 치료하는 등 주술적이며 기복적인 성격이 강한 가르침을 펴나갔다. 이러한 현세이익적인 분위기로 관청의 억압에 시달려 오던 민중의 환영을 받아, 아들인 張衡·손자인 張魯(?~215~?)의 삼대에 걸쳐 한중지역에서 거대한 세력을 갖는 교단을 형성하였다. 교단의 체제가 갖추어지면서 창교자 장릉을 天師, 장형을 繼師, 장로를 嗣師로 호칭하였고 따라서 오두미도는 점차 天師道로 불리게 되었다.5)

이후 도교는 민중을 응집시키는 세력으로 자리잡으면서 교리·수행·의례·경전 등을 체계화시켜 나갔다. 특히 진의 葛洪(283~343)은 《抱朴子》를 지어 수련을 체계화시키고, 북위의 寇謙之(365?~448)는 오두미도를 新天師道로 재정비하여 불교를 추방하고 국교로 옹립시켰으며, 양의 도사 陶弘景(456~536)은 많아진 도교경전을 三洞四輔로 정비하는 등의 도교위상이 높아진다. 이렇게 하여 유불 2교와 더불어 3교로 병칭될 정도로 성장한 도교는 남북조를 통일한 수나라에서도 세력을 신장시켰고, 당나라에 이르러서는 황제가 노자와 같은 李氏임에 착안하여 노자를 황실의 조상으로 받들었다. 영류왕 당

4) 窪德忠著, 《道教史》(山川出版社, 1977), 112쪽 참조. 오두미도란 입교금으로 5斗의 쌀을 받은 데서 연유한 통칭이며, 교단내에서는 正一教로 표방해왔다.

5) 任繼愈主編, 《中國道教史》(上海人民出版社, 1989), 34~37쪽 참조.

시의 당나라는 고조 李淵(재위 618~626)이 장안에 老子廟를 건립(620)하는 등 도교의 황실신앙화가 터잡히던 시기로 고구려에서도 당나라의 이러한 상황을 잘 알고 있었을 것이다. 외교경로를 통한 도교의 公傳은 양국우호의 강화라고 하는 정치외교적 성격과 함께 도교교단의 세력이 국가간에 주목을 끌 정도였음을 말해주는 바라 하겠다.

그런데 도교를 받아들인 우리 나라에서도 수용기반이 갖추어져 있었던 것으로 보인다. 이를 흔히 檀君史話에서 찾는데, 단군이 국조로 숭배되는 만큼 문헌기록으로 나타나며,[6] 거기에는 治世觀과 신앙적 성격 등의 사상성이 드러나고 있다. 즉 古記를 통해 확인되는 단군사화는 天帝인 桓因의 서자 桓雄이 弘益人間의 이념을 가지고 천상세계로부터 태백산정 神檀樹 아래에 강림하여 지상세계를 교화하며, 그간에 곰의 화현인 熊女와 결혼하여 단군을 낳는데 그가 朝鮮을 개국하며 그 시기는 중국의 堯와 같고, 1,500년간을 통어하다가 중국에서 箕子가 옮에 따라 藏唐京으로 천도했다가 1908세 때에 白岳山 阿斯達로 들어가 산신이 되었다는 것이 기본 골격이다.

도교와 관련해 보면 이러한 단군사화를 중심한 고유신앙에는 일원론적인 仙의 요소와 함께 이원론적인 巫의 요소가 함께 나타난다. 天神族인 환웅족이 배달신앙 즉 광명숭배집단으로서 사람과 산신 등을 넘나드는 모습이 神人合發하는 선의 요소라 한다면, 토템족인 웅녀족이 토속신앙집단으로서 巫祝을 중시하는 모습은 현실기복하는 무의 요소라 할 수 있을 것이다. 국조인 단군이 君長과 제사장을 겸하고 있는 바에서 이들이 복합되어 나타나며, 이 선과 무가 한국종교의 원형을 이루게 된다.[7] 후일 신라에서 일어난 花郎道

---

6) 檀君史話를 전하는 문헌에는 一然의 《三國遺事》(1287경)를 비롯하여 李承休, 《帝王韻記》(1287) ; 權近, 《陽村集》(1402) ; 鄭麟趾 등, 《世宗實錄》(1454) ; 權擥, 《應制詩註》(1461) ; 徐居正 등, 《東國通鑑》(1485) ; 李荇 등, 《新增東國輿地勝覽》(1530) ; 洪萬宗, 《海東異蹟》(1666) ; 北崖老人, 《揆園史話》(1675) ; 安鼎福, 《東史綱目》(1776) ; 李肯翊, 《燃藜室記述》(18세기) ; 韓致奫, 《海東繹史》(18세기) 등이 있다.

7) 柳炳德, 《韓國思想과 圓佛敎》(교문사, 1989), 6쪽 이하 참조.
한국의 고유신앙에는 Tylor 등이 밝힌 Animism설과 Marett 등의 Manaism설이 공존하고 있다는 논리인데, 선은 Manaism을 이루고 무는 Animism(이것의 신앙행위로서의 Shamanism)을 이루고 있다고 본다.

의 원류(仙)나[8] 삼국을 비롯한 각 왕조의 국조신앙의 원류(巫)를[9] 단군사화 내지 고유사상에서 찾는 것이 이를 증명하는 비근한 예라 하겠다. 신라에 한정해 본다면, 전자를 시조 赫居世의 卵生說에서, 후자를 南海次次雄의 巫帝說에서 찾게 되며,[10] 전자를 수련적인 신선도교, 후자를 민간신앙적인 민중도교의 수용바탕으로 이해할 수 있을 것이다.

李能和는 이러한 문화토양을 도교성립과 관련하여 "예로부터 신선을 말하는 사람은 누구나 黃帝가 崆峒에 있는 廣成子에게 도를 물었다고 전한다. 그러나 진나라 사람 葛洪이 지은 《抱朴子》에는 황제가 동쪽 靑丘에 와서 紫府선생에게 三皇內文을 받았다고 하였다. 자부선생은 즉 東王公으로서 그가 동방에 있는 까닭에 세상에서 東君이라 이르는 것이다. 壇君은 동방 최초의 임금으로서 壇을 모으고 하늘에 제사하였으므로 단군이라 하며, 그 군자는 동군·帝君·眞君 등 선가의 용어이며 또한 雲中君·湘君 등 신군의 이름과 같은 것이다. 이로 보아 단군이라 함은 仙이라 할 수도 있고 神이라 할 수도 있다."[11]고 파악하였다. 蓬萊·方丈·瀛州의 三神山을 각각 금강·지리·한라 등으로 비정해보는[12] 仙鄕意識을 한국인이 계승해 왔던 것 역시 이러한 흐름과 같은 선상에서의 인식이다.

중국 교단도교의 원류를 일방적으로 우리 나라에서 찾는 데는 좀더 구체적인 논의를 필요로 하지만,[13] 적어도 중국에서 교단체제를 갖춘 도교를 수용하는 기반이 되었음은 의심의 여지가 없다. 다른 문화를 수용할 기반이 있었기에 전래과정에서 마찰을 줄이고, 문화의 독자성이 있었기에 중국과는 다른 도교사상을 전개할 수 있었다는 말이다.

---

8) 宋恒龍, 〈百濟의 道家哲學思想〉(韓國哲學會편, 《韓國哲學硏究》 上, 東明社, 1978), 323쪽 이하 참조.
9) 李丙燾, 《韓國史》 古代篇(震檀學會, 1959), 575쪽 참조.
10) 梁銀容, 〈統一新羅時代의 道敎思想과 風流道〉(한국도교사상연구회 편, 《道敎의 韓國的 受容과 轉移》, 아세아문화사, 1994), 10쪽 참조.
11) 李能和, 《朝鮮道敎史》(李鍾殷譯, 普成文化社, 1978), 23~24쪽.
12) 李能和, 위의 책, 41~48쪽.
13) 도교의 발생논의에 대해서는 鄭在書, 《不死의 神話와 思想》(민음사, 1994), 63쪽 이하를 참조.

2) 도교사상

(1) 고구려

고구려의 도교사상은 다음과 같은 몇 가지 사례를 통해 그 유행과 함께 특성을 확인할 수 있다.

첫째 《도덕경》의 유포이다. 고구려의 장군 乙支文德(?~612~?)이 수나라 장수 于仲文에게 보낸 시에 "귀신과 같은 계책은 天文을 다하였고 妙算은 지리를 통달하였도다. 싸움에 이겨 전공이 이미 높았으니 만족함을 알거든 원컨대 그치라."[14] 하였는데, 이 중의 '만족함 운운'의 구절은 《도덕경》에서 유래하고 있다.[15] 그렇다면 고구려에는 이른 시기부터 노장사상 내지 도교신앙이 상당히 유행했을 것이며, 이러한 바탕 위에 榮留王 7년(624)의 公傳이 행해진 것이다.

마지막 왕인 寶藏王대에는 權臣 淵蓋蘇文이 당에 다시 도교를 청하고 있는데, 중국측의 기록에는 "천존상과 도사들을 그들(고구려)에게 보내어 《도덕경》을 강론하니 왕과 도사와 일반사람들로서 참관한 자가 수천인이었다"[16] 고 밝히고 있다. 영류왕대의 도교존숭 분위기가 고구려말까지 계속되는 가운데 《도덕경》은 노장사상을 넘어서 도교의 경전으로 자리잡게 되었다.

둘째 神仙思想의 유행이다. 고구려에 있어서 신선사상은 특히 고분벽화에 현저하게 나타난다. 집안현 통구의 四神塚·舞踊塚·4호분·5호분·天王地神塚, 강서의 大墓, 용강의 雙楹塚·龕神塚 등 다수이다.[17] 고분의 현실 등에 그려진 벽화에는 청룡·백호·주작·현무의 四神圖와 같이 정형화된 것도 있고, 신화적인 내용을 전하는 것도 있다. 이 신화적인 내용을 전하는 신선도에는 선인들이 다양하게 묘사되어 있다. 선인들은 용이나 범을 동반하기도 하고, 봉황이나 학을 타고 飛昇하기도 한다. 무용총 등에는 人

14) 《三國史記》 권 44, 列傳 4, 乙支文德.
15) 《道德經》 44장.
16) 《舊唐書》 권 199上, 列傳 149上, 東夷, 高麗.
17) 鄭璟喜, 《韓國古代社會文化硏究》(一志社, 1990), 250쪽 참조.

面鳥가 묘사되어 《山海經》의 鳥人一體 신화를 전하고 있다.[18] 이들 벽화는 3세기 이후에 제작된 것으로 추정되며, 당시 신선사상이 널리 유행했음을 말해준다.

그런데 강서대묘의 벽화에 그려진 飛仙은 약그릇과 영지버섯을 손에 들고 있는 것으로 밝혀졌다.[19] 그것은 신선이 되는 구체적인 방법, 즉 鍊丹術을 형상하므로 고구려에 유행한 신선사상은 좀더 구체적인 도교색채를 갖는다는 말이다. 양나라의 도사 陶弘景은 “생금은 먹을 수 있지만 독이 있어 제련하지 않고 먹으면 사람이 죽는다. …고려(고구려)·부남 및 서역 외국에서 그릇을 만들 때, 모두 연숙하여 먹을 수 있다”[20]고 증명하고 있다. 선인을 흠모하거나 동경하는 수준에 그치지 않고 연단술을 수련하는 데까지 이르고 있으므로, 고구려에 金丹道敎[21]가 유행했다는 말은 설득력을 지닌다. 이와 관련해 보면 仙籍에서 고구려 시조인 東明王을 선인으로 그리면서, 단군의 도맥을 계승했다고 보는 시각[22]은 고구려의 신선사상을 구체적인 도교의 전개로 보려는 입장이다.

셋째 三敎等位 도교관의 확산이다. 고구려에서 오두미도의 존재가 확인되는 말기에 이르면 불교와 도교의 대립이 노정되는 가운데 유불도 3교를 대등하게 인식하는 도교관을 드러낸다. 즉 연개소문은 보장왕 2년(643)에 왕에게 당으로부터의 도교도입을 주청하였는데, 그 전말을 보면 “3월에 소문이 왕에게 고하기를 ‘3교는 비유하자면 鼎足과 같으므로 하나라도 빠져서는 안됩니다. 지금 유교와 불교는 함께 번성하였으나 도교는 아직 성하지 못하므로 천하의 도술을 갖추었다고 할 수 없습니다. 청컨대 사신을 당에 보내어 도교를 구하여 백성들에게 가르치게 하소서.’ 하니 왕이 그렇게 하겠다고 하

---

18) 정재서, 《동양적인 것의 슬픔》(살림, 1996), 145쪽 이하 참조.
19) 李丙燾, 〈江西古墳壁畵의 연구-主로 大墓壁畵에 對한 硏究-〉(《東方學志》 1, 延世大, 1954), 135쪽 이하 참조.
20) 陶弘景, 《證類本草》, 金屑.
21) 三木榮, 《朝鮮醫學史及疾病史》(學術圖書刊行會, 1962), 8쪽 참조.
22) 洪萬宗, 《海東異蹟》, 檀君·東明王傳.
宋恒龍, 《韓國道敎哲學史》(成均館大, 1986) 30쪽에서는 天帝의 아들 解慕漱가 河伯의 딸 柳花와 결합하여 동명왕이 탄생했다는 卵生說話(《三國遺事》 권 1, 紀異 2, 高句麗)를 保氣와 聚精을 통한 신선사상적 사유와 상통된다고 본다.

고 글을 보내어 청하니 당 태종이 도사 叔達 등 8명에게 노자의《도덕경》을 주어 파견하였다. 이에 왕은 기뻐하며 불교사원(僧寺)을 취하여 道觀으로 하였다."[23]고 기술되어 있다. 유불도 3교를 국가경영의 이념으로 보기 때문에 균형을 유지하지 못하면 나라가 위태롭다는 논리이다. 3교의 조화로운 공존을 통한 치세를 강조한 이른바 三敎鼎足의 治世觀[24]이 분명하게 드러난다.

당시의 도교장려는 불교계와 갈등을 빚어 사상계의 혼란을 초래하고 있었다. 대표적인 예가 盤龍寺의 고승 普德이 도교와 불교가 대치하여 국운이 위태로와지는 것을 딱하게 여겨 여러번 왕에게 간하였으나 듣지 아니하자, 보장왕 9년(650)에 方丈을 날려 백제지역인 완산주 孤大山으로 옮겨간 경우이다. 갈등의 요인에는 왕실이 당나라 도사들에게 사원을 도관으로 제공하고 儒士보다 높은 예우를 베푸는 가운데 도사들이 국내 산천을 돌아다니면서 圖讖을 지어 유포시킴으로써[25] 국론을 분열시킨 데에도 있다. 그러나 어떻든 도교에 있어서는 오래전에 수용된 유불 2교와 대등한 사회적 위치를 확보하는 일면을 보여주고 있는 것이다.

(2) 백 제

한반도의 남쪽에 위치한 백제는 중국과의 교류가 크게 두 방향에서 이루어졌다. 하나는 고구려를 통한 간접적인 경우이고 다른 하나는 수로를 이용한 직접적인 경우이다. 그러므로 백제는 불교가 그러했던 것처럼 도교수용에 있어서도 고구려와 시기적으로 비슷했을 터인데, 공식적인 전래의 기록은 나타나지 않는다. 중국사서에도 "백제에는 승려와 절과 탑은 많지만 도사는 없다."[26]라 하고 있어서 교단도교적 형태를 찾아보기 어렵다.

그렇지만 백제의 기록과 문물을 살펴보면 도교사상이 유행한 흔적을 폭넓

---

23) 《三國史記》 권 21, 高句麗本紀 9, 보장왕 2년.

24) 梁銀容, 〈高句麗末 讖書流布에 대하여〉(《印度學佛敎學硏究》 28-1, 1978, 132쪽) 참조. 이는 이후 한국사상사의 주류를 이루는 三敎等位觀이나 三敎合一思想의 연원이라 할 수 있다.

25) 《三國遺事》 권 3, 興法 3, 寶藏奉老 普德移庵.

26) 《周書》 권 49, 列傳 41, 百濟. 같은 흐름의 기록이 《隋史》·《北史》 등에도 나타난다.

게 찾아볼 수 있다.

첫째 方術의 유행이다. 중국측의 기록에 의하면 백제는 다양한 학술이 발전한 가운데 음양오행은 물론 의약·卜筮·占相의 술을 이해하고 있었다.[27] 백제의 문물은 불교의 日本公傳(538, 일설은 552)에서 보는 바와 같이 일본에 전해져 일본문화의 기반을 이루고 있는데, 《日本書紀》에는 推古天皇 10년(602)조에 "겨울 10월에 백제의 승 觀勒이 本朝에 渡來하여 曆書·천문·지리의 서, 그외 遁甲·方術의 서를 바쳤다. 그래서 서생 3~4명을 선택하여 관륵 밑에서 학습하게 하였다. 陽胡史의 원조 玉陳은 역법을 배우고, 大友村主인 高聰은 천문·둔갑을 배우고, 山背臣인 日立은 방술을 배워 학업을 다 달성하였다"[28]고 전한다. 둔갑은 변신술이요, 방술은 의약·천문·복서·점상 등의 도통신선을 위한 잡술이므로 민간도교의 흐름을 말하며,[29] 위의 중국기록에 나타나는 방술유행 내용과 일치함을 알 수 있다.

후래의 기록에서 둔갑서 등이 수련도교의 仙籍으로 우리 나라에 전래 상승되며 중시되었던 점을 고려하면[30] 이러한 서적이 당시 구체적인 학술사상으로 자리매김하였을 것으로 짐작된다. 일찍부터 유서의 5경박사는 물론 의학이나 易學·曆學·卜筮 등에도 각각 박사호칭을 부여하고 있는 것이 이를 말해준다.

그런데 이보다 앞서 285~286년대(일설 405년)에는 박사 王仁이 일본에 건너가서 《논어》·《천자문》·《효경》·《주역》·《산해경》을 전하고, 菟道稚郎子에게 전적들을 가르쳤다.[31] 이런 정황으로 왕인 등이 단지 유학자라기보다는 도교적 교양을 겸한 인물이요, 그러한 백제와의 문물교류에 의하여 《延喜

27) 《周書》 권 49, 列傳 41, 百濟. 《北史》나 《隋書》 등 다른 사서도 같은 사항을 전하고 있다.

28) 《日本書紀》 권 22, 推古天皇 10년.

29) 都珖淳, 〈韓國의 道敎〉(福井康順외 監修, 《道敎 3-道敎의 傳播》, 平河出版社, 1983), 78쪽.

30) 韓無外, 《海東傳道錄》(1610)에는 중국 全眞敎의 鍾離權이 신라말의 崔承祐(?~889~892~?) 등에게 《天遁鍊魔法》 등을 전했으며, 그것이 金時習(1436~1493)-洪裕孫으로 이어지는 조선 鍊丹學派에 전승되고 있음을 전하다.

31) 權寧遠, 〈百濟의 崇文精神으로 본 扶餘世系와 儒佛仙三敎思想〉(車勇杰 외, 《百濟의 宗敎와 思想》, 忠淸南道, 1994), 53쪽 참조.

式》의 '黃天上帝·三極大君·일월성신' 등을 대상으로 하는 도교적 색채가 강한 의식 내지 祝詞가 형성되었다고 본다.[32] 이후에도 백제를 통해 呪禁師 등이 일본에 건너가 관료 등으로 활약하는 기록이 산견되는데,[33] 그렇다면 백제에는 일찍부터 유행한 방술이 후래에까지 전승되면서 도교적 흐름을 형성했으리라 생각된다. 방술이 구체적인 수련도교의 이해를 전제로 한다는 점에서 그것의 유행은 교단도교적인 조직이 없는 백제에도 수련도교의 練丹逸士들이 존재했을 가능성을 시사한다.[34]

둘째는 도교사상 내지 《도덕경》의 유포이다. 近肖古王(346~375)대에 고구려군이 침입하자 近仇首太子가 대항해 싸워 대파하고 고구려군을 쫓아 진격하자, 장군 莫古解는 "일찍이 듣건대 도가의 말씀에 '만족함을 알면 욕되지 않고 그칠 바를 알면 위태롭지 않다'고 들었습니다. 지금 얻은 바가 많은데 하필 많은 것을 구하려 하십니까"[35]라고 간하여, 태자를 설득하고 회군케 하였다. 이는 후일 고구려의 장군 乙支文德이 수나라의 于仲文에게 전하는 말과 같은 《도덕경》의 구절로, 이후 고구려나 백제의 무장들 사이에 이러한 가르침이 성행하여 백성의 덕성을 훈도했던 것으로 보인다.

백제문화의 한 전형으로 일컫는 무령왕릉에서는 도교사상과 관련된 지석, 곧 買地劵이 발견되었다. 무령왕(501~523) 부처의 사후에 葬地를 매입하여 장사를 지냈다는 내용인데, 이 매지권은 중국에서 도교사생관에 입각하여 마련하던 사후세계에 대응한 문서이다. 왕릉 발굴 당시(1971) 지석 위에는 동전 꾸러미가 놓여 있어 산신에게 장지대금을 치렀음을 분명히 하고 있다.[36] 그

---

32) 黑板勝美, 〈우리 나라 상대에 있어서 도교사상 및 도교에 대하여〉(《史林》 8-1) 초록을 참조.

33) 中村璋八, 〈日本의 道敎〉(福井康順외 監修, 앞의 책), 9쪽 이하 참조.

34) 宋恒龍은 "도가사상은 있어도 도교신앙은 두드러지지 않았다"고 보았으나(宋恒龍, 〈道敎信仰의 展開樣相과 生活世界〉, 《韓國思想大系》 2, 韓國精神文化硏究院, 1991, 374쪽), 申東浩는 "修鍊道士가 없었다면 그 어려운 방술을 어떻게 터득할 수 있었겠는가"라고 반문하여 교단에 소속되지 않은 도사들의 존재를 인정하고 있다(申東浩, 〈百濟의 道家思想〉, 車勇杰 외, 앞의 책, 272쪽).

35) 《三國史記》 권 24, 百濟本紀 2, 근초고왕.

36) 李錫浩, 〈道敎思想史〉(鄭柄朝·李錫浩, 《韓國宗敎思想史》 1, 延世大出版部, 1992), 236쪽 참조.

렇다면 백제에서는 도교사상이 매우 널리 유행했다는 말이 된다.

셋째는 신선사상의 성행이다. 백제에 있어서 신선사상의 자취는 우선 와당과 향로 등을 통해 확인할 수 있다. 각종 文塼 가운데 山景文塼에는 品자형의 세 봉우리가 중첩하여 있고 신선상 같은 인물이 그려져 있어 삼신산과 도관 및 도사를 표현한 것이라 볼 수 있으므로 신선사상 내지 도교의 영향을 받은 것으로 보인다.[37] 山水鳳凰문전은 물론 봉황문전·蟠龍문전 등도 같은 흐름이다.

특히 부여 능산리에서 발굴(1993)된 金銅龍鳳蓬萊山香爐는 삼신산 등을 중첩하여 표현한 博山香爐의 형식을 취하고 있는데, "박산향로는 당시의 산악숭배, 무속, 不老長生의 방생술과 양생술, 無爲思想, 陰陽思想 등을 좇는 신선사상이 조형적 배경"[38]을 이루었다고 한다. 이렇게 보면 무령왕릉에서 출토된 方格規矩神獸文鏡의 명문에 주목하게 된다. 거기에는 "위에 仙人이 있으니 늙음을 모르네, 목마르면 玉泉의 물을 마시고 시장하면 대추를 먹으니 수명이 金石과 같도다"[39]라 하여, 신선사상의 폭넓은 유행을 말해주고 있다. 무왕 35년(634) 왕이 궁성 남쪽에 못을 파고 방장산을 본떠 섬을 만들고 있는 것[40]도 같은 흐름을 반영하고 있다.

그런데 이와 같은 신선사상이 방술이나 《도덕경》의 유행에서도 확인되는 것처럼, 다만 관념적인 것이 아니라 구체적인 도교적 삶의 양태를 표현하는 특징이 드러난다. 예컨대 봉래산향로의 그림이 신선사상을 표현하는 것에 그치지 않고 양생술을 전개하고 있으며, 동경의 명문에서도 선인에 대한 열망과 함께 물·대추 등의 약물을 복용하므로써 장생한다는 구체적인 방법에까지 접근하고 있다. 백제의 도교가 불교승가처럼 강력한 교단도교의 체제를 갖추지는 못했지만 연단수련 등 구체적인 도교의 요소는 뚜렷이 보이며, 가치관이나 사상체계에서부터 생활문화에 이르기까지 폭넓게 전개되고 있었음을 알 수 있다.

---

37) 李丙燾, 앞의 책, 588쪽 참조.
38) 국립부여박물관 편, 《백제금동향로와 사리감》(1996), 11쪽.
39) 鄭璟喜, 앞의 책, 207쪽 참조.
40) 《三國史記》 권 27, 百濟本紀 5, 무왕.

(3) 신 라

신라는 한반도의 동남쪽에 위치하여 고구려와 백제를 경유하지 않고는 중국과 교역이 불가능했던 관계로 각종 문화의 전래가 삼국 중에서 가장 뒤졌다. 백제지역에는 상당히 늦은 시기까지 마한세력이 남하하면서 온존하고 있었으므로 옛 馬韓地域의 蘇塗信仰 등 고유신앙적인 요소보다는 불교신앙 등으로 체계화된다. 이에 비하면 신라는 역내에 존재하던 변한 등의 세력이 일찍이 소멸되어, 고유신앙적 흐름을 계승하기 용이했던 모양이다. 후술할 風流道 등에서 볼 수 있는 바와 같은 선인적 요소와 불교수용을 거부하는 古神道的 신앙체계가 그것이다. 신라에는 백제와 마찬가지로 교단도교가 전래된 흔적은 밝혀지지 않지만, 그러한 문화토양을 전제로 하고 보면 신라에 도교사상이 폭넓게 유행했으며, 그것을 다음과 같은 몇 가지 사항으로 나누어 파악할 수 있다.

첫째 《도덕경》 및 노장사상의 유행이다. 신라에 《도덕경》 등의 도가서가 전래된 기록은 통일신라시대에 이르러서 나타나지만,[41] 지식층 사이에는 훨씬 이전부터 유포되어 있었다. 자비왕(458~479)대의 百結은 榮啓期를 사모하여 청빈함을 즐겼다고 한다. 그는 이웃집에서 떡방아 찧는 소리가 들려오자 아내에게 "죽고 사는 것에는 명이 있고 부귀는 하늘에 달려 있다. 그것들이 닥쳐올 때 막아서는 안되고 그것들이 갈 때 좇아가서도 안된다. 너는 무엇을 슬퍼하는가. 내가 너를 위해 절구찧는 소리를 내어서 위로해 주겠다."[42]고 말하면서 거문고를 켜 아내를 위로했다고 한다. 이는 《列子》[43]에 나타난 영계기의 고사에 의한 것으로, 自寬自樂하는 삶의 모습이 신라에 영향을 미쳤음을 뜻한다.[44]

진평왕(579~632)대에 활동한 지증왕의 증손 金后稷은 임금이 사냥에 탐익하는데 대하여, "노자는 '말을 달려 사냥하는 것은 사람의 마음을 미치게 한

41) 《三國史記》 권 9, 新羅本紀 9, 효성왕조에는 효소왕 2년(738)에 당의 사신 邢璹가 《도덕경》 등의 서적을 왕에게 바치고 있다.
42) 《三國史記》 권 48, 列傳 8, 百結先生.
43) 《列子》, 天瑞篇.
44) 車柱環, 〈統一新羅時代의 道家思想〉(韓國哲學會 편, 앞의 책), 268쪽 참조.

다'라고 말하였습니다."[45]라는 말로 간하고 있다. 이는 《도덕경》 12장에 나타난 감각적 욕망의 절제를 전하고 있는 것이다. 또한 金仁問(629~694)의 행적에는 "어려서부터 학문에 힘써 유가의 책을 많이 읽었고 아울러 노장과 불교의 학설까지 널리 섭렵하였다."[46]고 전한다. 《도덕경》을 비롯한 노장사상이 폭넓게 유행했다는 말이다.

둘째 노장사상의 유행과 함께 전개된 道佛會通 내지 三敎會通思想의 확산이다. 김인문과 같은 시기의 고승 元曉(617~686)를 예로 들면, 그는 수학과정에서 佛敎內典 외에도 讖書에 이르는 外家書를 두루 섭렵하고 있는데,[47] 그러한 사항이 저서 속에 회통사상으로 나타나고 있다. 우선 노장적인 것에 한해 보더라도 주저인 《金剛三昧經論》에서는 제목을 해석하면서 "因에는 功用이 있으나 果에는 공용이 없으니 덜고 또 덜어 無爲에까지 이를 수 있기 때문이다."[48]라고 하였다. 이는 《도덕경》의 "학문을 하면 날로 더해가는 것이요, 도를 닦으면 날로 덜어진다. 덜고 또 덜면 무위의 경지에 이르게 된다. 하는 것이 없으면서 하지 않는 것도 없는 것이다."[49]라는 내용의 연역이다.

그의 《大乘起信論疏》에서도 대승의 宗體를 논하면서 "杜口大士와 目擊丈夫가 아니면 누가 언어를 초월하여 대승을 논하겠는가."[50]라고 말하고 있다. 두구대사는 침묵의 설법을 했다는 維摩居士를 가리키며 목격장부는 눈만 마주쳐도 도를 안다는 《莊子南華經》의 어귀이다.[51] 「금강삼매」를 인위를 넘어선 무위의 경지로 해석한 것이나, 「대승」을 언어를 떠난 개념으로 승화시키는 논리가 다같이 불교이념을 노장사상의 핵심인 무위와 회통시키고 있음이 엿보인다. 이 밖에도 그의 저술에는 불교이념을 노장사상과 대비하여 해석한

---

45) 《三國史記》 권 45, 列傳 5, 金后稷.

46) 《三國史記》 권 44, 列傳 4, 金仁問.

47) 〈誓幢和上塔碑〉에는 "王城西北有一小寺□讖記□□外書等見斥於世□"이라 하였는데, 이는 儒道典籍은 물론 참서 등 세상에서 배척받는 外家書까지도 섭렵한 것으로 해석된다(梁銀容, 〈韓國圖讖思想史에 있어서 元曉大師〉, 金知見 편, 《元曉聖師의 哲學世界》, 民族社, 1989, 170쪽 참조).

48) 元曉, 《金剛三昧經論》(《韓國佛敎全書》 1, 東國大出版部, 1979, 606쪽).

49) 《道德經》 48장.

50) 元曉, 《大乘起信論疏》(《韓國佛敎全書》 1, 698쪽).

51) 《莊子》 田子方 25.

곳이 산견되는 것을 보면,[52] 이는 원효 개인의 취향을 넘어서서 당시 지식인들 사이에 그러한 의식이 확산되었던 것으로 이해되며, 풍류도에 나타나는 3교회통의 논리도 같은 선상에서 이해해도 무방할 것이다.

셋째 신선사상의 유행이다. 시조인 朴赫居世를 仙人으로 그리고 있는 것을 후래인들의 재정리라고 하더라도,[53] 그 원류가 될 만한 사료가 적지 않아서,[54] 신라사회에는 일찍부터 신선사상이 비교적 널리 유행했던 것으로 보인다. 實聖王 12년(413) 8월, 경주 낭산에 상서로운 구름이 이는 것을 보고, "왕은 '이는 반드시 하늘에서 仙靈이 내려와 노는 곳이니 그 곳은 당연히 福地일 것이다'고 말하고, 그로부터 누구도 그 곳에서 나무를 베지 못하도록 명하였다."[55]고 전한다. 선령과 복지가 상관개념으로 사용된 것으로 보아 이들이 도교적 신선계를 상징하고 있음은 의심의 여지가 없다.

이처럼 고유신앙까지를 섭렵하면서 이루어진 풍류도는 이와 같은 신선사상이 유행하는 기반 위에서 비로소 형성 가능했을 것이다. 최근에 발굴 공개된 金大問(?~704~?)찬의 《花郎世紀》를 분석해 보면 풍류도는 호칭이나 조직이 시대를 따라 다양하게 변하고 있다. 법흥왕(514~540)대에 여자로 源花를 삼다가 남자를 뽑아 花郎으로 바꿔 불렀는데, 그 우두머리인 風月主의 제1세인 魏花郎이 진흥왕 원년(540)에 취임하였으며, 眞智王 3년(578)에 원화제도가 부활되는 등의 과정을 거쳐 신라말에까지 계승되고 있다.[56] 그 성격은 서문의 '화랑은 仙徒'라는 명제에서 분명하며, 풍월주의 찬에서도 "살아서는 선도요, 죽어서는 부처로다. … 國仙으로 화랑이 되어 우리 國風을 크게 진작하였도다."[57] 등의 같은 흐름이 나타난다. 당시 사람들은 여기서 말하는 선과 신선사상을 일치하는 것으로 이해했으리라는 것이다.

---

52) 예컨대 《대승기신론소》의 "以善淨十善業爲輻 以淨功德資糧爲轂"(《韓國佛敎全書》 1, 734쪽)은 《도덕경》 11장의 "三十輻共其轂 當其無 有車之用"을 연용한 것으로 보인다.

53) 洪萬宗, 《海東異蹟》, 朴赫居世傳 등.

54) 《三國史記》 권 12, 新羅本紀 12, 경순왕.
《三國遺事》 권 5, 感通 7, 仙道聖母隨喜佛事.

55) 《三國史記》 권 3, 新羅本紀 3, 실성니사금.

56) 梁銀容, 〈統一新羅時代의 道敎思想과 風流道〉(앞의 책), 15쪽 이하 참조.

57) 金大問, 《花郎世紀》, 魏花郎·文弩.

물론 풍류도에는 龍華香徒로 호칭하는 것과 같은 불교 등과의 관련이 있다. 그런 풍류도의 사상성을 신라말의 문호 崔致遠(857~?)은 〈鸞郎碑序〉[58]에서 3교의 敎旨를 두루 포함하고 있는 것으로 보았다. 3교회통사상이 여기서도 드러나고 있는 것이다. 그렇다면 신라의 도교는 교단적인 조직을 이루지는 않았으나 그 영향력은 유불 2교와 비교되는 위치로 파악된다. 고구려와 같은 시기에 신라에서도 3교정족의 치세관이 확립되고 있었다는 말이다.

〈梁銀容〉

58) 《三國史記》 권 4, 新羅本紀 4, 진흥왕.

Ⅲ. 유학과 역사학

1. 역사개념의 출현
2. 유학과 역사학의 관련
3. 삼국의 유학
4. 역사편찬

Ⅲ. 유학과 역사학

1. 역사개념의 출현

선사시대 사람들의 생활은 자연의 변화와 밀접히 연결되었다. 그들의 생활 중 가장 중요한 일은 의식주를 해결하는 것이었다. 그러나 이 일은 평상적으로 반복되는 것이었고 이런 평상적인 경험은 아버지로부터 자식에게 전승되었다. 그러다가 인간의 활동이 획기적으로 다양해지게 되는 때는 청동기시대부터라고 할 수 있다. 우선 그들의 활동범위가 넓어졌으며, 사회가 지배층과 피지배층으로 구분될 정도로 분화되었으며, 다른 집단과의 전쟁도 일어나게 되었다. 이처럼 일상적인 생활만이 아니라 다른 정치적 사회적 활동이 다양해지면서 인간은 이를 기록해두는 문자를 필요로 하게 되었다. 따라서 인간의 역사상 어느 나라를 막론하고 청동기시대에 거의 대부분의 문자가 만들어지는 것은 우연한 일치가 아니다. 이 시대 사람들이 문자를 필요로 한 까닭을 구체적으로 말한다면 당시 자연에 대한 제사날을 기록하기 위하여, 농사를 위한 계절과 자연의 변화를 파악하기 위하여, 또다른 사람과의 약속을 남기기 위한 때문이었다고 할 수 있다.

한국의 청동기문화는 외부로부터 전래되었다. 이는 중국계통의 것이 아니라 북방 스키타이계통의 것으로 알려지고 있다. 그러나 청동기문화가 수용된 후 오랜동안 우리 나라의 독자적인 문화를 발전시켰다는 점을 생각하면 우리의 독자적인 문자가 왜 만들어지지 않았을까 하는 의문이 생긴다. 우리 나라의 독자적인 문자가 생기는 과정에서 중국의 한자문화가 철기문화와 함께 전래함으로써 무산된 것인지 아니면 문자가 생기기 전에 한자가 도래하였는지는 앞으로 더 연구되어야 할 것이다. 그러나 청동기시대에 조각된 울주 반구대의 암각벽화에는 분명히 기호표시가 보이고 있음을 통하여 문자생성의 단계를 생각할 수 있다. 이에 따라 고유한 문자가 생기려는 단계인 청동기시대 중기에 철기문화가 중국으로부터 수용됨과 더불어 중국의 청동기시대에 만들어진 한자의 전래로 인하여 독자적인 문자의 생성이 완성되지 못한 것으로 생각된다.

역사기록의 필수요건은 문자이다. 고유한 문자를 발명해 냄에 실패한 한민족은 중국의 한자를 수용하여 썼다. 한자는 기원전 4세기경에 중국의 철기문화의 수용과 함께 고조선에 전래되었다고 생각된다. 고조선의 八條禁法이 비록 성문법이 아닌 관습법이라고 하더라도 이런 법조문이 형성되었다면 문화가 상당한 수준으로 발달하였음을 알 수 있다. 따라서 한자의 보급은 漢四郡이 설치될 무렵 이후로부터 고구려가 건국된 기원 전후로 여겨지며, 신라의 경우 5세기 말엽의 迎日郡 冷水里 비문을 통하여 3~4세기 전후에는 한자의 사용이 가능하였다고 여겨진다. 백제의 경우 한자의 보급된 시기를 정확히 알 수 있는 자료는 없지만 한사군을 통하여 신라보다 먼저 한자를 수용하였다고 판단된다. 3세기 후반인 고이왕 때에 율령제가 도입된 것으로 보아 2세기말에는 한자의 사용이 보편화된 것으로 짐작된다.

역사기록의 또 하나의 요건은 冊曆이 보급되어야 한다는 점이다. 왜냐하면 역사기록에는 년과 달, 날짜가 기록되어야 하기 때문이다. 그러나 삼국초기 책력의 수용에 대한 기록은 찾을 수 없지만 중국의 책력이 수입되어 사용되었다고 여겨진다.

또한 역사기록을 남기는 정치적 배경으로는 정치체제의 확립과 왕권의 강화를 들 수 있다. 왕권의 강화는 정복전쟁을 성공적으로 수행하여 영토를 확장하면서 비약적으로 이루어졌다고 생각된다. 인근의 다른 부족을 많이 정복하고 영토를 크게 확장하면서 강화된 왕권에 의하여 자신의 업적을 기록할 필요성을 느꼈다고 할 수 있다.

그러나 역사기록을 남기지 못한 선사인들도 역사라는 개념은 가지고 있었다고 생각된다. 이들의 역사개념은 자연중심적이라 할 수 있다. 그들의 의식주 생활이 자연과 밀접하게 관련되었다는 점과 아직 자연에 대한 무지 등이 자연중심적 역사관을 갖게 된 중요한 이유라고 할 수 있다. 즉 풍흉은 인간의 노력으로 극복할 수 없고 이는 자연신의 작용과 깊은 관련을 갖는다고 생각하였다. 부여 등에서 흉년이 들면 왕을 죽였다는《三國志》魏書 東夷傳의 기록은 왕이 이에 대한 책임을 졌다는 사실을 반영하여 주는 것이다. 이는 왕이 自然神[1]을 경건하게 숭배하지 않음으로써 그런 결과를 초래하였다고 생각하였음을 알 수 있다. 역사적 결과를 인간의 의지나 노력으로 파악하지 않고 자연의 힘에 의하여 좌우된다고 믿었다. 이 점이 바로 선사시대인들의 역사관의 중요한 특징이다.

그들의 역사내용은 축적된 경험을 후세에 전달한다는 의미를 또한 가졌다. 그러나 이는 일상생활상의 경험이 아니라 사회적 의미를 갖는 경험이었다고 할 수 있다. 이를 좀더 구체적으로 말한다면 지역민들의 共同祭祀, 자연의 변화, 그리고 공동체의 영웅이었던 인간의 출생과 계보가 주를 이루었다. 중국 사람들이 우리 민족의 공통적인 특질을 국가마다의 전국민이 참여하는 제사와 그리고 음주가무로 본 것은 부족마다의 공동제사가 얼마나 중시되었는가를 알게 하여준다. 선사시대의 역사내용은 구전되었음으로 설화적인 성격이 강하다. 설화이기 때문에 장소와 일시가 구체적이지 못하고 구전되는 동안 내용이 추가되기도 하고 변형되기도 하였다. 이 점은 기록을 정확히 남기는 역사시대의 기록과 구별되는 점이었다고 할 수 있다.

이 시대의 역사의식을 찾을 수 있는 자료로는 비록 후대의 기록이지만 檀君神話를 들 수 있다. 이 단군신화에서 天帝의 아들이 내려와 동물을 인간으로 만드는 창조적 내용과 쑥과 마늘을 먹고 금욕적인 생활을 하는 원시사회 성년식의 모습, 농경의 중요성, 신에게 기원하는 고대의 종교적 행위, 제정일치사회의 모습, 토템사상, 도읍의 중시사상, 그리고 가장 중요한 것으로 천제가 인간생활을 보살펴 주고 있으며, 이를 인간이 숭배한 사상의 흔적을 찾을 수 있다.

우리 나라 신화는 시조가 모두 천제의 아들이라는 점에서 공통성을 갖는다. 천제에 대한 구체적 신앙은 고구려의 경우 태양임을 확인할 수 있다.[2]

---

1) 이들이 숭배한 自然神 중 최고의 신은 하늘님이였고, 태양·산천과 바다·강 등의 자연신이 있었다.

2) 〈廣開土大王陵碑〉와 〈牟頭婁墓誌銘〉에 보이고 있다(盧泰敦, 〈高句麗의 歷史와 思想〉,《韓國思想史大系》 2-古代篇, 韓國精神文化硏究院, 1991, 18~19쪽).

그리고 천제와 地神의 결합을 보여주는 내용이 東明聖王신화에서 찾아진다. 천제의 아들과 河伯女의 결합을 들 수 있다. 고구려에서 말기까지 시조신과 하백녀인 국모신, 그리고 천제에 대한 제사와 신앙이 행해졌음을 확인할 수 있다.[3] 10월의 국중대회인 동명제에는 국왕이 참여하여 직접 제사를 지냈다.

2. 유학과 역사학의 관련

역사학이 반드시 유학과 관련되어야 할 필연성은 없다. 그뿐만 아니라 실제로 역사의 기록이나 편찬이 유학의 목적으로 이루어진 것이 아님이 분명하다. 단지 기록의 필요성에서 역사의 기술이 시작되었을 뿐이었다. 그러나 고대의 역사기록을 담당한 사람들이 바로 유학자라고 할 수는 없어도 그들이 기록한 문자는 한자였으므로 역사를 기술한 사람들이 한문적 소양을 갖추어야 함은 물론이고 한문적 소양에는 유학에 대한 이해가 반드시 들어 있었을 것임은 당시 중국의 문화적 성격으로 보아 당연하다고 하겠다. 또한 중국의 한자문화가 전래할 때에 유학의 경서, 그리고 중국의 발달한 역사서 즉《左傳》, 司馬遷의《史記》, 班固의《漢書》등이 함께 전래하여 자신의 역사를 기록하고 편찬합에 중대한 영향을 미쳤다고 생각된다. 따라서 우리 나라에서 역사를 처음으로 기술하였을 때의 그 역사의 성격이 유학과 어떤 관련을 갖는냐 하는 문제는 고대 역사학의 중요한 문제점이라고 할 수 있다. 이에 관해서는 뒤에서 고대의 역사기술을 언급하면서 다시 한번 다루고자 한다.

우리 나라의 역사기술이 유학이 전래하기 전이거나 전래 후이거나 간에 유학의 영향을 받았다고 하더라도 당시의 그 자료가 현재 남아 있지 않아서 이를 구체적으로 알 수가 없다. 단지 초기의 자료들를 이용한 후대의 역사서인《三國史記》를 통하여 변형된 자료와 당시의 일부 금석문 자료 등을 통하여 유추할 수밖에 없는 형편이다.

3)《舊唐書》권 199上, 列傳 149上, 東夷, 高麗.

설령 역사와 유학의 상관관계가 필연적인 것이 아니라 하더라도 이미 앞에서 서술한 것처럼 당시의 유학의 발달을 파악한다는 것은 당시의 역사기록의 문화적·학술적 배경을 이해함에 대단히 중요한 일이다.

3. 삼국의 유학

유학이란 고대 중국인의 오랜 생활방식과 문화전통을 孔子와 孟子가 학문적인 체계로 해석한 것이라 할 수 있다. 유학은 유교라고도 부르지만 유학은 학문적인, 사상적인 것을 주목하여 지칭하는 것이고, 유교는 교화적·祭禮的 의미를 지닌 것으로 개념상 약간 다르다고 할 수 있다.[4] 그러나 그 사상적 내용은 같은 것이다.

이 시기의 유학의 전래는 토속적인 전통 생활방식과 구별되는 외래사상이었다. 우리 나라에 유학이 수용될 때에 수용계층이 지배층이었기 때문에 사회적 반발이나 물의가 없이 순탄하게 하나의 고급문화의 수용으로 전래하였다고 할 수 있다. 유학은 우리 나라 역사와 시기를 거의 같이하면서 19세기 말까지 영향을 주었다. 이 점에서 유학은 우리 고유사상과 생활습관과 거의 구별되지 않는다. 또한 외래문화 중 유학처럼 오랜동안 우리 생활을 규제하고 영향을 미친 사상도 드물다.

그러나 당시 유학은 불교나 기독교처럼 새로운 종교가 아니라 생활윤리였으므로 쉽게 적용될 수 있었고, 우리의 생활윤리 중에 유학의 근본 가르침과 공통된 부분이 유학전래 이전부터도 존재하였기 때문이기도 하다. 예컨대 부모에 대한 효, 형제의 우애 등은 인간의 보편적인 덕목이 중국문화 수용 이전의 전통사회에도 있었기 때문이다. 즉 忠·孝·仁·義라는 덕목이 지목되고 규정된 것은 유학의 전래로 인하여 확연해진 것이지만 이런 덕목의 내용은 유학수용 이전의 우리 사회에서도 있어 왔던 것이지 새로이 창출된 개념이 아니었다고 할 수 있다.

---

4) 李丙燾, 《韓國儒學史》(亞細亞文化社, 1987), 1쪽.

전통시대의 역사서를 통해 보면 箕子가 우리 나라에 와서 팔조의 금법 등을 실시함으로써 교화가 시작되었다는 데에서 중국의 유학이 전래한 것으로 오랫동안 믿어져 왔다. 이 설에 따르면 殷나라의 현신인 기자가 은나라가 망하고 周나라가 건국되자 동쪽으로 우리 나라에 와서 고조선을 통치하였는데 주나라 武王은 그를 朝鮮侯에 책봉하여 한국의 유교문화는 이로부터 시작되었다는 것이다.

이 설은 고려조에 들어와서 유학이 발달하면서부터 그 정통성을 확립하려는 목적으로 중국문헌의 기록[5]을 토대로 정립되어 평양에 기자의 사당을 짓고 이에 제사를 지내는 행사가 이루어졌다. 그 후 조선조에 와서 기자의 東來說과 유교문화의 창시자로서의 위치는 더욱 확고하게 굳어졌다. 즉 고려 仁宗 23년(1145)에 편찬된 《삼국사기》로부터 조선 초기의 《高麗史》·《三國史節要》·《東國通鑑》, 조선 후기 安鼎福의 《東史綱目》에 이르기까지 이 설은 확고하게 서술되었다.[6] 나아가 기자에 대한 모든 기록들이 집대성되기에 이르렀다.[7]

한국에 근대사학이 확립되어 기자가 동래하여 고조선의 왕이 되었다는 것은 있을 수 없다는 설이 제기된 후[8] 현재에는 기자의 동래설은 완전히 부정되기에 이르렀다.[9] 따라서 오늘날 기자의 동래설을 신봉하는 학자는 없다. 이는 토착민이었던 한씨조선으로 이해되고 있다.

그러나 漢文化의 일부인 유학이 한국에 전래한 것은 秦漢交替의 혼란기에 중국측으로부터 밀려온 많은 유이민들을 통하여 한자문화의 전래와 함께 들

---

5) 이에는 세 종류의 중국문헌 기록이 바탕이 되었다. 즉 《尙書大傳》, 《史記》 宋微子世家, 《漢書地理志》 燕條의 기록을 들 수 있다.

6) 좀더 엄격하게 말하면 관찬사서로서 이 설을 기술하고 있는 것은 1894년에 학부에서 편찬한 《東國史略》까지라고 할 수 있다.

7) 尹斗壽의 《箕子誌》와 李珥의 《箕子實記》 등이 그 대표적 저술이다. 그리고 평양을 방문한 많은 문인들이 이에 대한 시를 지었고 여러 사람의 칭송의 대상이 되었으며(海東樂府), 韓百謙은 기자의 井田 遺制가 평양에 남아 있다는 설을 제기하였으나 崔錫鼎에 의하여 비판되었다.

8) 李丙燾, 〈「箕子朝鮮」의 正體와 소위 「箕子八條敎」에 대한 新考察〉(《韓國古代史研究》, 博英社, 1976), 47~56쪽 참조.

9) 李丙燾, 〈在來 所謂 「箕子朝鮮」의 正體와 周圍 諸宗族 및 燕 秦 漢과의 關係〉(《韓國史》 古代篇, 震檀學會, 1959), 92~114쪽.

어왔다는 데 대해서는 누구도 의심할 수 없다.[10] 한사군이 설치된 후 이곳은 중국문화 수용의 기지였다.

고구려의 유학 : 고구려는 玄菟郡으로부터 관복과 衣幘을 받아오곤 하였으며[11] 현도군이 축출된 후에는 평양지방에 설치되어 400여 년간 지속된 樂浪郡이 유학수용의 기지였다. 문자를 가진 중국문화는 종래의 우리 토착문화에 비하여 선진이었고 지배층의 권위를 확립함에 유용하였기 때문이다.

이처럼 처음부터 민간을 통하여 우리의 토착사회에 들어온 유학은 우리의 전통윤리와 문화를 승화시키는 데에 기여하였을 것으로 생각한다. 유학의 덕목 중 특히 왕에 대한 충성은 새로운 고대국가의 출현에 따른 덕목으로 국왕으로부터 특히 중시되었다.

유학이 삼국시대에 전래된 것을 확실히 보여주는 자료로는 고구려 小獸林王 2년(372)에 교육기관인 太學의 설치를 들 수 있다.[12] 태학에서 어떤 교재를 가지고 어떻게 교육시켰는지를 알 수 있는 자료는 없다. 그러나 고구려에서 교수된 유학의 자료는 5경과《사기》·《한서》·《후한서》 등의 역사서가 아니었을까 한다. 또한《孝經》과《論語》등도 읽었을 것으로 추정된다.《효경》과《논어》는 漢대의 태학에서도 읽혔고 신라의 神文王대에 설치된 국학에서도 기초적으로 읽혔던 점 등을 고려하면 이러한 추정이 가능하다. 그리고《周書》高麗傳[13]과《舊唐書》고려전에 5경과《사기》·《한서》·《후한서》·《삼국지》, 孫盛의《晉陽秋》등이 고구려에서 애독되었다고 하는데, 이는 태학을 포함한 고구려 지식인층의 독서경향을 말한 것으로 생각된다. 5경은 한대에 박사제도의 확립과 더불어 정비된 유학의 기본경전으로《詩經》·《書

10) 郭信煥, 〈儒敎思想의 展開樣相과 生活世界〉(《韓國思想史大系》 2-古代篇), 394쪽.
11) 《三國志》 권 30, 魏書 30, 東夷, 高句麗.
12) 《三國史記》 권 18, 高句麗本紀 6, 소수림왕 2년.
13) 7세기 중엽에 편찬된《周書》권 49, 東夷 高麗전에 고구려의 "서적에는 五經·3史·三國志·晉陽秋"가 있었다고 기록하고 있다. 이 3史는 사마천의《史記》, 반고의《漢書》, 范曄의《後漢書》를 지칭한다.《晉陽秋》는 晉나라 孫盛이 편찬한 책으로 말과 논리가 바르어 良史로 평가되었으나 손성이 당시의 정치적 상황으로 인하여 두려워서 개작하였다. 진나라 孝武帝代 太元년간(376~396)에 異聞을 널리 구하였는데 이 때 정본을 요동에서 구하여 이를 대조해 보니 상이함이 많아 두 본을 모두 전하였다(《晉書》 권 82, 列傳 52, 孫盛)고 하나 현재는 逸書가 되었다. 이 요동은 고구려를 지칭한 것으로 판단된다.

經》·《周易》·《春秋》·《禮記》를 지칭한다. 한나라에서는 5경박사제도를 두어 경전을 전공하는 학자가 양성되었다.

태학은 중국 한나라의 교육제도를 취해온 것이다. 또한 태학은 중앙의 교육기관으로 이곳에서 고관 귀족 자제들을 교육시켰다.[14] 그리고 이는 중급 이상의 고급단계의 교육을 시키는 교육기관이었다. 그리고《구당서》와《신당서》에는 扃堂이라는 교육제도를 다음과 같이 기술하고 있다.

① (고구려의) 풍속이 서적을 좋아하여, 누추한 집안으로 천역에 종사하는 집에 이르기까지 각각 큰 길가에 큰 집을 지어 扃堂이라 하고 자제들이 결혼하기 전에 이곳에서 책을 읽고 활쏘기를 익혔다. 그 읽는 책에는 五經, 史記, 漢書, 范曄의 後漢書, 孫盛의 晉陽秋, 玉篇, 字通, 字林이 있고 또 文選이 있어 더욱 애지중지하였다(《舊唐書》 권 199上, 列傳 149上, 東夷, 高麗).

② 사람들이 배우기를 좋아하여 궁벽한 마을의 가난한 집의 사람까지도 즐겨 힘썼다. 큰 길가에 모두 큰 집을 지어 이를 경당이라 불렀다. 결혼하지 않은 자제들이 무리지어 모여 경전을 외우고 활쏘기를 익혔다(《新唐書》 권 220, 列傳 145, 東夷, 高麗).

고구려의 경당이 언급된 자료는 ①과 ②뿐이다. 이 중에서도 ①의 자료가 더 자세하므로 이를 주로 인용되고 있다. 자료적인 측면에서는 ②의 자료는 ①의 자료를 가지고 표현을 달리한 것일 뿐 새로운 자료에 근거한 것이 아님을 생각한다면 원 자료는《구당서》①의 자료뿐이라고 할 수 있다.

그런데 이를 흔히 지방의 평민자제들을 교육시킨 사립 교육기관으로 이해하거나 또는 신라의 花郞과 같은 존재로 보는 설이 있다.[15] 이는 누추한 집에서 살며 천역을 하는 사람들의 자제들이 결혼 전에 책을 읽고 활쏘기를 익혔다는 표현에 근거한 것뿐이다. 특히 이 표현 중에 지방이라는 표현은 전혀 찾을 수가 없다. 오히려 사통팔달의 중심가(街衢)에는 큰 집을 지었다는 표현에서 오히려 이는 지방이라기보다는 수도의 중심가인 번화가를 연상케

14) 李文遠,〈儒敎思想과 古代敎育－高句麗 扃堂의 敎育內容－〉(《韓國古代文化와 隣接文化와의 關係》, 韓國精神文化硏究院, 1981), 466~470쪽. 여기서 한대의 태학의 성립과 그 후의 변화에 대하여 소상히 언급하고 있다.

15) 李基白,〈高句麗의 扃堂－韓國古代國家에 있어서의 未成年集會의 一遺制〉(《歷史學報》 35·36합집, 1967), 45~46쪽.

한다.[16] 즉 수도가 아니라면 이런 가구를 상정하기가 어렵다. 따라서 이 경당은 지방이 아니라 중앙의 초급교육기관이라고 보아야 할 것이다. 또한 평민의 자제들이라고 보는 것은 당시의 역사적 실상과 거리가 멀다. 그리고 이에 입학하는 학생들은 수도에 사는 주민들의 청소년 자제들이라고 생각된다. 결혼하기 전의 미성년들이 수학한 곳임을 들어 부족국가시대에 청소년집회의 유제가 경당으로 발전하였다는 것이 지금까지의 통설이다.[17]

①의 사료에서 가장 강조한 점은 일반사람들이 책을 좋아했다는 점이다. 이는 ②의 자료에서는 사람들이 배우기를 좋아했다고 표현하였다. 이는 중국인들이 볼 때에 고구려는 외방인들이면서도 중국의 책을 대단히 소중히 여기고 이를 일찍부터 배워왔음을 특이한 것으로 보고 이를 표현한 것으로 이해된다. 물론 이들 사서에 국립대학인 태학에 대한 언급은 전혀 없다. 그러나 고구려가 민간에서 낙랑을 통하여 또는 중국본토를 통하여 한자문화를 이미 익히고 있었으며, 이런 전제 위에 태학이 설립되었다고 생각한다. 따라서 경당의 존재는 태학 이전의 상태를 말해주는 것이라고 생각할 수도 있다. 특히 한나라의 태학이 15세에서 18세의 학생을 교육시킨 점으로 미루어본다면 고구려의 태학도 결혼 후의 성년들의 고급 교육기관이라 할 수 있다. 이처럼 고구려에서의 태학도 경당에서 결혼전에 교육을 받은 학생 중 우수한 자를 선발하여 고등교육을 시킨 것이 아닐가 한다.

그리고 누추한 집에 살면서 천역에 종사하는 사람들이란 표현은 그들의 신분이라기보다는 가정은 비록 가난하면서도 공부에 열성적인 사람들을 표현한 것이라고 생각된다. 물론 고구려의 최고 지배층을 이렇게 표현하였을리는 없으므로 이를 신분과 무관하다고 할 수는 없다. 그러나 적어도 자제들을 공부시킬 수 있는 신분을 일반 평민이라고 보는 것은 당시의 역사적 실상과 거리가 멀다. 따라서 이들은 적어도 하급 지배층 이상의 자제들이라고 보아야 할 것이다.

---

16) 李基白, 위의 글, 50쪽.

17) 李基白은 이 경당의 설치연대를 長壽王대로 추정하고 정복전쟁으로 지방민이 군사적으로 동원되던 상황하에서 지방의 평민들의 자제라고 규정하였다. 그러나 장수왕대라는 근거는 단지 추정에 불과하다(李基白, 위의 글, 52~53쪽).

①의 자료 중 나열된 책은 문맥으로 보아서는 '이곳(경당)에서 책을 읽고 활쏘기를 익혔다'는 표현 중의 '책'으로 보여진다. 그러나 이를 잘 음미하면 이는 경당에서 교육된 책이라기보다는 첫머리에 나오는 '풍속이 서적을 좋아하여'라는 구절의 '서적'을 말한 것으로 생각할 수도 있다. 즉 ① 자료의 마지막 표현인 '또《文選》이 있어 더욱 애지중지하였다'라는 것에서 이렇게 생각할 수 있다. 다시 말하면 ①의 인용문 첫머리의 '책을 좋아했다'는 표현은 고구려의 습속을 총체적으로 언급한 것으로 이를 반드시 경당에서 읽힌 책이라고만 보기는 어렵다고 할 수 있다.

경당에서 교육된 내용은 활쏘기가 무예의 기초적인 훈련인 점으로 미루어 보아 한문이나 유학교육도《字通》이나《字林》을 통한 문자교육과 유교경전의 초보적인 교육도 행해졌다고 할 수 있다. 또한 중국의 역사에 대한 기초적인 교육도 있었다고 생각된다. 경당에서 초급 또는 중급교육을 마친 사람 중 학문에 출중한 사람이 태학에 입학하였을 것이라는 것 또한 상정하기가 어렵지 않다. 이렇게 본다면 지금까지 학계의 통설로 이해되고 있는 지방의 평민 자제들을 교육시킨 곳이 경당이라는 해석은 재고되어야 할 것이다.

그리고 경당을 화랑제도와 흡사한 전사단체로 규정하여 왔으나 이를 입증할 만한 자료가 너무나 부족하다. 물론 고구려도 신라와 같은 단계의 고대국가이므로 유사한 사회단체로서 청소년집회인 화랑제도와 같은 제도가 있을 수 있다. 신라의 화랑제도가 주로 왕경출신의 자제들이었음을 보더라도 고구려의 경당은 중앙 즉 수도의 청소년들의 초급 또는 중등교육기관이라고 해야 할 것이다. 이런 초급 또는 중등교육을 위해 경당이라는 제도가 성립하게 된 것은 성년식을 치르기 전인 청소년들의 집회의 유산이 한자문화의 전래로 인하여 교육기관으로 발전한 것으로 이해된다. 그리고 여기에서 문무의 교육이 행해졌다고 할 수 있다.

고구려에서 국가적인 태학의 설치나 律令의 반포도 한자문화의 수용을 전제로 가능하였다고 본다. 율령이 실시되려면 이를 이해하는 국민이 다수였음을 전제로 하여야 하기 때문이다. 그러므로 한자문화와 유학은 고구려의 경우 태학 설립보다 훨씬 이전에 수용된 것을 말해준다. 또한 한자문화의 전래는 역사의 기록을 가능하게 하였다고 생각된다. 이 무렵 한자문화의 이해수준을 장수왕 2년(414)에 세워진 〈廣開土大王陵碑〉를 통하여 알 수 있다.

태학에는 오경과 역사서의 박사들이 학생들을 교수하였다고 이해된다. 이는 嬰陽王 때 태학박사 李文眞이 보이고 있음을 통하여 확인할 수 있기 때문이다. 이처럼 고구려에서 유학에 대한 교육이 실시되면서 태학은 얼마만큼의 유학적 소양을 갖춘 관리의 선발이 있었을 것이다. 그러나 단순히 태학에서 성적이 우수하다는 조건만으로 관리에 충원되는 것은 아니었다. 그것은 당시의 사회가 부족장 중심의 귀족사회였기 때문이다. 고구려의 관리 중 실질적으로 태학출신이 임용된 사례를 문헌으로 입증할 수 없다. 그러나 고구려의 관직체계에 「使者」의 명칭이 붙은 관직계열이 있음을 주목할 필요가 있다. 즉 太大使者·大使者·小使者·拔位使者 등은 원래 국왕이 능력있는 사람이나 공이 있는 사람을 임용함에서 유래된 관직으로 이해되고 있다. 이런 유추에 의한다면 초기에는 단순한 능력의 검증이나 공로로 관리에 임용되었겠지만 태학이 설치된 후로는 여기서 발탁되어 임용된 관리가 없었다고 볼 수는 없기 때문이다. 경당에서도 유능한 인물의 발탁이 가능하였다고 할 수 있다. 이는 金大問의 《花郎世紀》에서 '賢佐忠臣'과 '良將勇卒'이 화랑으로부터 나왔다는 표현은[18] 고구려의 경우도 넉넉히 짐작할 수 있다.

그러나 고구려도 세습적 신분제가 강인하게 작용하였다는 점에서 유학이 교육되고 학문적 능력을 쌓은 사람이 있어도 크게 발탁되지 못하였을 것임을 쉽게 상정할 수 있는데, 이는 고대국가에서 유학이 정치이념으로 실현되지 못한 사회적·정치적 배경이며, 고대국가의 공통적 통치력의 한계점이라 할 수 있다. 《삼국사기》 고구려본기 중에서 「仁」·「忠」이란 유학적인 표현이나 문구가 나오고 있으나 이를 유학사상의 실현으로 보는 견해는 그대로 취할 수 없다. 이에는 엄정한 사료비판을 거쳐야 할 것이다. 즉 유학사상이 아니라도 비슷한 사례가 일어날 수 있는 가능성이 있었고, 이를 후대에 유학적 표현으로 바꿔 놓았을 수 있다는 점을 명심할 필요가 있다.

유학이 정치 사상적으로 분명히 나타나는 것은 〈광개토대왕릉비〉에 보이는 '以道輿治'라는 표현이다. 광개토대왕은 그의 시조가 '天帝之子'이고 어

18) 《三國史記》 권 4, 新羅本紀 4, 진흥왕 37년.

머니는 '河伯女郞'이란 표현으로 선조의 출신의 신성함을 강조함이 표출되었으면서도 도로서 세상을 다스린다는 표현을 하고 있다. 그런데 그 도의 구체적인 내용을 싣고 있지 않아 도의 내용이 비록 유학에서 말하는 도와 일치하는 지는 알 수 없으나 유학적인 성향을 보여준다고 할 수 있다.

또한 고구려 鎭墓北壁墨書에서 장지의 선택과 장사날의 선택, 장사지내는 시간을 정함에 주공·공자·무왕의 권위를 빌리려함[19]은 유학적인 소박한 표현이라 할 수 있다. 또한 부모와 남편의 상복제가 중국과 같이 3년복을 입었다는 것[20]은 의식에 있어서 유학적인 영향이 있었다고 할 수 있다. 또한 한 나라에서 정립된 오행사상도 전래 수용되었음이 고분벽화를 통하여 확인할 수 있다.

백제의 유학 : 백제가 국가적 성립을 보기 전에 남한지역에는 馬韓이란 부족연맹체 사회가 있었고 마한에서는 이미 낙랑에 와서 印章(직함)과 관복을 받아간 족장들이 천 여명에 달하였다고 하는데[21] 이는 이미 마한사회에 중국의 한자문화가 전래하였음을 의미한다고 할 수 있다. 고조선의 통치권이 유이민인 衛滿에게 찬탈되자 그 일부가 마한지역으로 남하하였으므로 그들의 문화적 전통을 이어 받았다고 생각된다. 그리고 백제는 마한 54국 중의 하나로 출발하여 마한을 통합하여 간 나라이다. 또한 백제는 고구려의 지배층이 유이하여 토착민을 지배하였다. 따라서 백제에서는 마한의 기층민들의 문화와 새로이 지배층으로 내려온 유이민의 문화적 기반이 합쳐졌다. 그 결과 백제는 이미 상당한 수준의 문화적 전통을 가진 위에 부족적 기반이 고구려나 신라에 비하여 약하였으므로 이후 외래문화의 수용에 있어서 보다 개방적이고 적극적일 수 있었다. 그리고 백제는 낙랑과 대방으로부터 거리상으로도 가까웠고, 해상활동이 활발하여 중국과의 교역도 활발히 이루어졌다. 국가의 건국이 비록 고구려보다 늦게 출발하였으나 한문화에 대한 이해는 비교적 선진적으로 이루어졌다. 백제에서 유학을 교육하는 태학이 언제 설치

19) 천인석, 〈三國時代의 儒學思想〉(《韓國學論集》 21, 啓明大, 1994), 39쪽.
20) 《周書》 권 49, 列傳 41, 異域 上, 高麗.
《隋書》 권 81, 列傳 46, 東夷, 高麗.
21) 《三國志》 권 30, 魏書 30, 東夷, 韓.

되었는지에 대한 기록을 갖고 있지 못하다. 그러나 율령이 반포된 고이왕대에는 이미 한자문화가 상당한 수준으로 이해되었으며, 고구려에서 율령의 반포와 태학의 설치가 때를 같이 하였다는 상황을 고려하면 이 무렵 또는 그 후에 태학이 설치되었다고 생각한다. 백제에서 태학이 설치 운영되었다는 근거는 태학의 교수직인 박사의 명칭이 보이고 있기 때문이다. 《삼국사기》 近肖古王 30년(375)조에 박사 高興의 書記 편찬에 대한 기록이 보인다. 그런데 이 기사가 근초고왕 30년의 것이라고 단정할 수는 없다. 그 왕대의 일이기는 하나 어느 연대인지를 정확히 알 수 없는 경우에 그 왕의 마지막 해에 기록해 두었기 때문이다. 毗有王 24년(450) 송나라에서 《易林》과 《式占》을 들여와 실제생활에 도움이 되는 주역과 점이 중시되었다. 어떻든 이 무렵에는 5경박사제가 설치되고 유학과 한문이 일본에 전해진 것[22] 등은 백제 유교문화의 깊이를 보여주는 것이다. 이처럼 慰禮城에 도읍을 하였던 전기 백제시대에는 실생활 중심의 유학이 발달하였다.

백제가 고구려의 남하정책에 패하여 수도를 웅진으로 옮긴 이후 중국은 남북조시대로 백제는 남조문화의 수용에 적극적이었다. 즉 유려한 문체중심, 불교와 노장학이 가미된 유학이 백제에 수용되었다. 《周書》 백제전에 의하면 풍속이 말타기와 활쏘기를 중히 여기며, 경전과 사서를 좋아하고 자못 한문 글을 지을 줄 알고, 음양오행을 이해하고 송의 원가력을 사용하고 있다고 서술하여 중국과의 교섭을 통하여 중국문화를 활발히 수용하고 있음을 지적하고 있고, 부모와 남편의 상에는 3년복을 입는다고 기록하고 있다. 또한 聖王 12년(534)과 18년에는 백제에서 양나라에 《涅槃經》 등의 經義와 毛詩博士, 工匠과 畵師를 보내줄 것을 청하여 이들을 받았다.[23] 또한 의약에 대한 이해가 깊고 점술에 능하였다고 한다.[24] 武寧王의 묘지석의 기록은 당시 백제의 유

22) 왕인박사가 일본에 《천자문》과 《논어》를 가지고 가서 가르쳐 주었을 뿐만 아니라 《日本書紀》 권 17, 繼體紀 7년조에 백제에서 五經博士 段陽爾를 보냈다는 기록과 3년 후에는 高安茂를 보냈다는 기록이 있으며 권 19, 欽明紀 14년조에 일본에서 醫博士·易博士·曆博士의 파견을 요청한 기록이 보이고 있다. 이에 대하여는 李弘稙, 〈日本에 傳授된 百濟文化〉(《韓國古代史의 硏究》, 1971) 및 李丙燾, 〈百濟의 學術 및 技術의 日本傳播〉(《百濟硏究》 2, 忠南大, 1971) 참조.

23) 《南史》 권 79, 列傳 69, 東夷, 百濟.

24) 《隋書》 권 81, 列傳 46, 東夷, 百濟.

교문화 및 한자문화에 대한 이해의 정도를 가늠할 수 있다. 이는 또한 불교와 노장사상이 가미된 것을 발견할 수 있는 기록이다. 즉 무덤은 연꽃이 장식된 벽돌로 축조되었고 買地券은 노장사상이 가미된 토속신앙을 반영하고 있으며 지석문은 유학적인 성격을 담고 있다. 이 무렵 백제에서는 양나라에 講禮박사를 청하여 이를 받아들였다.[25]

백제 말기에 살았고 백제가 멸망하자 부흥운동을 일으키다가 뒤에 당나라에 귀화하여 중국의 관인이 되었던 黑齒常之의 묘지명에는 그가 어렸을 때부터 《춘추좌전》과 《사기》·《한서》 등을 읽었다고 하는 기록이 보이는데, 이는 백제 관료들의 학문성향의 일단을 이해할 수 있는 자료이다.

신라의 유학 : 신라는 한반도의 귀퉁이에 위치하여 한자문화를 포함하여 중국문화의 전래가 초기 고구려를 통하여 들어왔다. 또한 국가의 성장단계도 고구려와 백제에 비하여 뒤늦게 발전하였음은 주지의 사실이다. 신라는 이처럼 외래문화를 고구려나 백제에 비하여 뒤늦게 받아들였으나 전통사회의 윤리와 습속을 승화시킴으로써 공동체의식을 잃지 않았고 이는 삼국을 통일하는 문화적·사회적 저력이 되었다.

5~6세기에 만들어진 비석이 최근에 발견됨으로써[26] 신라시대 한자문화의 이해 정도를 짐작할 수 있다. 그러나 신라에서 한강유역을 점유한 진흥왕대부터는 중국의 학문을 적극적으로 수용하였다. 이는 비단 유학만이 아니라 불교의 수용에 있어서도 적극적이었다. 불법을 배우러 가는 유학승들에 의하여 초기 유학이 전래되었다고 생각된다. 이는 유학과 전통윤리·불교윤리가 통합된 것을 화랑도가 지켜야할 덕목으로 제시한 圓光의 世俗五戒를 통하여 확인할 수 있다. 즉 事君以忠·事親以孝·交友以信·任戰無退·殺生有擇에서 종래 앞의 세 덕목은 유교적인 것이라 하여 의심하지 않았으나 반드시 그렇게 해석하여야 한다고 생각되지 않는다. 사군이충은 유교적 덕목에서 유래한 것이라 할 수 있다. 물론 사친이효와 교우이신도 표현상으로만 보면 유교덕목이라고 할 수 있지만 이는 전통사회에서 있어온 덕목을 한자로 표현한 것

---

25) 천인석, 앞의 글, 41쪽.

26) 5세기말에 세워진 것으로 이해되는 〈迎日冷水里新羅碑〉와 6세기 초반의 〈蔚珍鳳坪新羅碑〉를 들 수 있다.

일 뿐이고 이를 새로이 생긴 도덕관념이라고 할 수가 없다. 임전무퇴는 당시의 정치사회상으로부터 요구되는 덕목이고, 살생유택은 농업사회의 전통을 반영한 덕목으로 이해되고 있으면서 불교적인 성향이 짙게 깔려 있어 당시의 사회상을 반영해 주고 있다.

신라에서의 국가적인 교육제도가 확립된 것은 삼국통일 후인 신문왕대로 기록되고 있다. 그러나 그 이전에도 유학을 공부하는 분위기는 있었다. 이는 1934년에 발견된 〈壬申誓記石〉의 내용에서 신라인의 유학사상의 일단을 찾아 볼 수 있다. 이 임신년은 眞興王 13년(552), 眞平王 34년(612), 문무왕 12년(672), 聖德王 31년(732)으로 어느 해인지를 확정지을 단서는 없다. 두 화랑이 서로 약속한 내용 중에 “충도를 執持하여 이에 과실이 없기를 하늘에 맹서하며, 이를 어기면 하늘로부터 대죄를 받을 것을 크게 서약하고, 만약 나라가 불안하여 크게 세상이 어려워지면 충성을 바칠 것을 맹서한다”는 것으로 되어 있고 바로 전해(신미년)에 약속한 詩·尙書·禮·傳을 3년 안에 차례로 습득하기로 맹서하였다. 이 내용과 시대상황으로 보아 임신년은 진평왕 34년으로 이해되고 있으며 고졸한 필체가 또한 이 시기의 유물로 이해된다. 이를 통하여 신라에서 화랑들이 유교경전의 습득을 열심히 하였음을 확인할 수 있다. 여기서의 시는 《詩經》, 상서는 《書經》, 예는 《禮記》, 전은 《左氏傳》이나 《公羊傳》·《穀梁傳》의 하나일 것이나 《좌씨전》일 가능성이 높다.

또한 진흥왕 29년(568)에 세워진 진흥왕순수비에는 “이리하여 제왕은 연호를 세우고 자기를 수양함으로써 백성을 편하게 하지 않음이 없었다”는 《論語》에서 인용한 표현과 “兢身自愼 恐違乾道”라는 표현은 유학적 사고방식을 극명하게 보여주는 표현이라고 할 수 있다. 또한 强首는 통일 전에 이미 《孝經》·《爾雅》·《曲禮》·《文選》을 스승으로부터 배웠다는 점[27]에서 신라인들의 유학적 소양을 짐작할 수 있다.

신라인들의 유학에 대한 공부는 眞德王 5년(651)에 있었던 김인문 등이 당나라에 가서 숙위학생으로 국학에 들어가 공부한 것이 遣唐留學生의 시작으로 본격적인 유학을 공부하게 되고 이는 이후 통일신라의 학문의 발전을 가

27) 《三國史記》 권 46, 列傳 6, 强首.

져오게 되는 직접적인 계기가 되었다.

요컨대 삼국시대의 유학은 한문을 이해하기 위한 수단으로 교육되었고 그 내용 중 일부가 당시의 정치와 사회에 수용되었다. 이때의 유학은 전통적인 우리 문화의 저변에서 시행되던 덕목과 관련된 것이 유학적으로 승화 표현되었다. 따라서 아직 유학은 역사의 기록이나 역사관을 규정할 정도로 이념적 가치로는 받아들여지지 않았다고 생각된다.

그러면 삼국시대에 전래한 유학은 어떤 성격의 유학이었을까를 살펴볼 필요가 있다. 삼국에서 우선 한문에 대한 이해와 명문의 외교문서를 쓰기 위하여 유학적 내용에 대한 이해가 필요하였다. 이는 삼국이 영토를 넓혀가는 과정에서 중국세력과 외교관계를 잘 유지함은 국내정치만이 아니라 국제정세를 자국에 유리하게 장악하기 위해서도 필수적인 것이었다. 다음은 영토를 확장하고 새로운 인민을 국민으로 흡수하면서 왕에 대한 국민의 충성심의 고양은 고대국가가 발전함에 무엇보다도 시급한 당면과제였다. 이를 위하여 충과 효를 강조하는 유학이 실질적으로 중요시되었다. 그러면서도 이는 군주가 백성생활을 안정되게 다스려야 한다는 인식을 낳게 하였다. 이는 현실적인 필요성을 띠게 되었다. 아직 유학이 가족윤리를 규제하거나 실생활에 필요한 덕목으로 정착하기에는 더 급하고 긴요한 위와 같은 문제들이 있었다. 유학의 중요한 기능의 하나인 교화는 불교가 담당하고 있었던 고대국가의 상황에서 유학이 사회의 교화사상으로 작용함에는 아직 부족한 상황이었다. 더구나 개인적 인격자를 유학을 통하여 기른다는 것도 그리 크게 작용하지 못하였다고 할 수 있다. 요컨대 고대국가의 유학은 지배층 특히 국왕의 현실적 필요성에서 장려되었다고 할 수 있다.

또한 삼국의 유학은 일본에 전파되어 일본 고대국가를 형성하는 학문적 기반을 이룩하였다. 이는 고구려·백제·신라 삼국을 통하여 학문과 기술이 일본에 전파되었으나 특히 백제의 영향력이 컸음은 주지의 사실이다.[28]

---

28) 李弘稙, 〈日本에 傳授된 百濟文化〉(《韓國思想》 9, 1958 ; 《韓國古代史의 硏究》, 新丘文化社, 1971).
李丙燾, 앞의 글(1971).
金廷鶴, 〈古代의 韓日關係〉(《韓國古代文化와 隣接文化와의 關係》).

4. 역사편찬

역사편찬에서 사건의 기록이 반드시 우선적으로 행해지는 일이다. 그런데 지금까지의 학계에서는 삼국의 역사편찬에 대한 논의에 관심이 집중되었고 사건의 기록을 남김에 대하여는 관심이 소홀하였다고 생각한다.[29]

1) 고구려

삼국 중 가장 먼저 한자문화를 수용하고 선진문화를 이룩한 고구려에서 역사편찬도 제일 먼저 시작하였다는 것은 의심의 여지가 없다. 그러나 이에 대한 문헌기록은 영양왕 11년(628)조에 처음으로 다음과 같이 보이고 있다.

> 太學博士 李文眞에게 명하여 古史를 줄여 新集 5권을 만들게 하였다. 國初에 문자를 처음으로 사용하였을 때에 어느 사람이 일을 기록하였는데 그 양이 100권이었고 그 이름을 留記라 하였다. 이 때에 이르러 줄이고 다듬었다(《三國史記》 권 20, 高句麗本紀 8).

이 기록에 대하여 종래의 학설은 《留記》가 편찬되었다는 전제하에 국초가 언제냐 하는 데에 주로 관심이 두어졌다. 즉 이를 문자 그대로 국초로 보아야 한다는 설[30]과 태학이라는 교육제도가 확립되었고 율령제가 반포되었으

---

29) 삼국의 역사편찬에 대한 종래의 연구에 대한 소개와 정리는 다음의 글들을 참조하기 바란다.
李基東, 〈古代國家의 歷史認識〉(《韓國史論》 6, 國史編纂委員會, 1979).
———, 〈古代의 歷史認識〉(《韓國의 歷史家와 歷史學》 上, 창작과비평사, 1994).
———, 〈古代의 歷史認識〉(《韓國史學史研究》, 于松趙東杰先生停年紀念論叢 1, 1997).
趙仁成, 〈三國 및 統一新羅時代의 歷史敍述〉(《韓國史學史의 硏究》, 韓國史研究會, 1985).
단 이 중 논란이 되고 있는 문제에 대하여는 구체적으로 언급할 것이다.

30) 이는 李佑成의 견해이다(李基白 외, 《한국사를 어떻게 볼 것인가》, 삼성문화문고 88, 1976).

며 불교수용이 이루어진 소수림왕대를 주목한 설[31]이 있다. 앞으로 살펴볼 백제와 신라에서의 역사편찬 분위기를 고려하면 소수림왕대설이 일견 타당한 듯하다.

그러나 위의 글을 문자 그대로 해석하지 않고 중요점을 중심으로 달리 해석되어야 한다는 설이 제기되었다.[32] 즉 100권이라는 거대한 저술이 한 사람에 의하여 이루어진 것으로 볼 수 없다는 점과 '유기'라는 말의 뜻을 고려하여야 한다는 견해이다. 이점을 고려하여 위의 원문을 '국초에 처음 문자를 사용할 때에 어느 사람이 일을 기록하였는 데 (그것이 쌓여) 100권에 이르렀다.'라고 해석하여야 한다고 주장한다. 이처럼 '남겨진 기록'[33]이라는 뜻에서 이를 유기라고 불렀다고 해석할 수도 있다. 또한 유기라는 용어가 새로이 편찬된 역사서의 이름으로는 적당하지 않다는 점[34]을 고려할 때에 더욱 그러하다. 다시 말하면 국초로부터 여러 사람에 의하여 기록되어 쌓인 자료가 100권에 이르렀다고 봄이 합리적이다. 또한 신집을 편찬하면서 새로운 자료를 보충하였다고 기록하지 않고 이를 줄여서 편찬하였다는 표현은 이 책의 편찬 직전까지의 내용을 유기가 담고 있었다고 할 수 있다.

또한 고구려에서 한자를 사용하여 기록을 남긴 것은 태조 46년(A.D. 98)에 왕이 동쪽에 있었던 柵城에 순수하여 흰 사슴을 잡고 군신과 연회를 가진 후 산의 바위에 功을 기록하였다는 기록을 확인할 수 있다.[35] 이 태조의 巡狩紀功碑는 비록 그 내용은 알 수 없지만 후일 신라 진흥왕순수비와 같은 것으로 여겨지며 고구려에서의 한자사용은 이보다 앞선다는 것을 알 수 있다. 따라서 앞에서 언급한 역사기록이 국초부터 있었다는 것은 태조 무렵이 아닐까 추정할 수 있다.

고구려에서의 역사기록이 이처럼 여러 사람에 의하여 체계없이 기록된 것

---

31) 李基白 외, 위의 책, 4쪽.
32) 鄭求福, 〈傳統的 歷史意識과 歷史敍述〉(《韓國學入門》, 學術院, 1983), 82~83쪽.
33) 李佑成은 이를 전승의 축적을 의미하는 것이 아닌가 하는 견해를 이미 피력한 바 있다(李基白 외, 앞의 책, 15쪽).
34) '유기'가 편찬된 역사책의 이름으로서는 타당하지 않다는 설이 高柄翊에 의하여 제기된 바 있는데 이는 경청할 만한 견해라고 생각한다(李基白 외, 위의 책, 14~15쪽).
35) 《三國史記》 권 15, 高句麗本紀 3, 태조대왕 46년.

이고 그 분량이 100권에 이르렀다면 고구려에서는 이런 자료를 가지고 신라나 백제와 같이 역사를 편찬하는 작업이 없었을까를 생각해 볼 수 있다. 그러나 국가에 의하여 계획적인 역사편찬의 기록은 보이지 않는다. 신라의 국사편찬이나 백제의 서기도 이런 유기와 같이 기록을 남긴다는 뜻이 강하였다고 할 수 있다. 이 점을 현재까지의 연구나 저술에서는 소홀히 한 감이 있다. 방대한 자료이고 일정한 체계로 정리되지 않은 유기라는 자료를 태학의 교재로 사용할 수는 없었다. 따라서 태학의 국사교재로 사용하기 위하여 5권의 신집으로 정리하였다고 이해할 수 있다.

고구려의 역사기록은《삼국사기》를 통하여 전래되고 있을 뿐 원래의 기록 자체는 전하지 않는다. 그러나 후대에 발견된 금석문은 그들의 역사기록을 파악할 수 있는 자료가 된다. 대표적인 자료로서는 광개토대왕릉의 비문을 들 수 있다. 이를 통하여 알 수 있는 역사기록의 내용과 고구려의 역사관을 살펴보면 다음과 같다.

첫째 자존성을 들 수 있다. 고구려 역사는 天帝의 후손이 지배하며 항상 하늘님의 후원을 받으며 왕이 죽은 후에는 하늘로 올라갔다고 하였다. 그리고 하늘로부터 받은 은택이 사해에 퍼지고 九夷를 제압하였다는 표현에서 고구려 중심적인 세계를 인식하고 있었음을 확인할 수 있다.[36] 또한 고구려는 신라와 백제·부여 등의 조공을 받는 중화적인 인식을 갖고 있었다. 그리고 독자적인 연호를 세웠고 대왕이라는 칭호를 가졌다. 太王 또는 大王이라 함은「王中王」이라는 뜻으로 비록 황제라는 용어를 취하지는 않았지만 대왕이라는 칭호는 황제라는 칭호와 같은 것이라 할 수 있다. 이러한 자존성은 비록 시기의 선후는 있지만 고구려만이 아니라 백제나 신라·燕·일본까지도 공통적인 고대문화의 특질이라 할 수 있다.

둘째 이 비문을 통하여 당시 국가적으로 가장 중요한 일이 영토를 확장하는 정복전쟁이었음을 광개토대왕이 격파하여 점령한 성과 마을을 상세히 기록한 부분에서 단적으로 알 수 있다. 정복전쟁은 자국의 발전을 위하여

36) 梁起錫, 〈4~5C 高句麗 王者의 天下觀에 對하여〉(《湖西史學》 11, 1983).
盧泰敦, 〈5세기 金石文에 보이는 高句麗人의 天下觀〉(《韓國史論》 19, 서울大, 1988).

필요할 뿐만 아니라 국가의 존속을 위해서도 필수적인 시대적 과업이었다. 이러한 정복전쟁의 승리는 왕권의 강화를 가져왔음은 주지의 사실이다. 이런 대왕의 업적을 왕의 뛰어난 능력 때문이라고 설명하지 않고 시조로부터 물려받은 천손족의 후손이기 때문이라고 강조한 점을 주목할 필요가 있다.

셋째 이 비문에는 守墓人에 대한 규정을 상세히 적고 있다. 수묘인을 고구려 원주민인 舊民과 새로이 포로로 잡아온 新民을 섞어서 편성하면서 구민은 곧 연약해질 것이라고 한 점을 통하여 새로운 활력소로서 새로운 백성을 영입하였다는 점이 주목되어야 할 것이다. 구민이 곧 연약해질 것이라는 내용은 수묘인이 묘를 청소하고 지키는 데에 적절치 않다는 뜻으로 해석될 수도 있지만, 이 내용을 새로운 백성은 근면하고 강하다는 것을 의미한다고 풀이할 수 있다. 이로써 고대국가가 발전하기 위하여 새로이 정복한 자를 적극적으로 자국의 백성화하는 데에 노력하였음을 확인할 수 있다. 이러한 예는 신라 진흥왕순수비에도 보이고 있다.

넷째 이 비문에서 보면 광개토대왕의 묘에 비석을 세울 뿐만 아니라 선대의 모든 왕들의 묘에 묘비를 세우고 이를 지키기 위한 수묘인을 정하는 조처를 취하였다. 이는 先代 왕들의 묘소를 존중하는 것이며, 이들에 대한 제사가 얼마나 중요한 것인가를 간접적으로 보여주고 있다.

다섯째 이 비문은 한문학의 높은 수준을 보여주고 있다. 이러한 수준의 한문 구사는 고구려에서 역사기록을 남길 수 있었음을 충분히 말해주고 있다. 이런 〈광개토대왕릉비〉의 주 내용이 유기 100권 속에 들어 있었던 것이 아닌가 한다.

2) 백 제

백제에서의 역사편찬 기록은 《三國史記》 권 24, 百濟本紀 2, 近肖古王조의 薨年기사 뒤에 다음과 같이 기록되어 있다.

> 古記에 이르기를 "백제는 開國한 이래 일찍이 문자로 일을 기록한 일이 없었는데 이때에 이르러 博士 高興을 얻어 비로소 書記를 갖게 되었다 하였다.

그러나 고흥은 일찍이 다른 책에 보이지 않음으로 그가 어떤 사람인지를 알 수가 없다.

우선 이 기사가 근초고왕의 졸년기사 뒤에 쓰였다는 것은 이 기사의 내용이 근초고왕(346~374) 때 있었던 일이지만 어느 해인지를 분명히 알 수 없었기 때문이다. 그럼에도 불구하고 이를 이용하는 학자들이 종종 근초고왕 30년의 일로 이 기사를 잘못 이해하고 있다.

개국이래 문자로 역사를 기록해 둠이 없었는데 이 때에 와서 박사 고흥이 비로소 《書記》를 만들게 되었다고 하여 역사편찬이 있었음을 보여 주고 있다. '비로소 서기를 갖게 되었다'를 역사편찬으로 보지 않고 이를 역사기록의 시작으로 보는 설도 있으나 대부분의 학자는 역사편찬으로 이해하고 있다.[37] 고흥이라는 사람이 보이는 점으로 이를 단순히 역사기록의 시작으로 볼 수는 없다고 생각한다. 그러나 이 두 가지 견해가 아직까지 국가에서 역사를 기록 편찬한 일이 없었는데 이 때에 와서 자료를 모아 역사를 편찬하고 이후에 역사기록을 남기게 되었다고 종합될 수 있다.

백제의 지배집단은 고구려로부터 갈려 나왔을 뿐만 아니라 낙랑·대방과 밀접한 교류를 한 점으로 보아 백제에서의 한자의 사용은 국초로부터라고 생각된다. 또한 古尒王대에는 율령이 반포되었고 근초고왕 27년(372) 및 28년에는 남쪽의 東晉에 사신을 보내 문물을 교류하였으므로 이 무렵 한문화의 수용은 상당한 수준에 이르렀다고 여겨진다. 즉 이 무렵에는 역사편찬이 이루어질 수 있는 분위기가 성숙하였다 하겠다. 또한 이 기록을 전하고 있는 고기가 무엇인지 정확히 알 수 없으나 이는 《삼국사기》·《삼국유사》 등에 많이 등장하는 고기류의 하나로 생각된다.[38] 앞에서 인용한 《삼국사기》의 기록 중 '고기에 이르기를'이라는 내용은 '비로소 서기를 갖게 되었다'까지로 보아야 할 것이므로 그 이후의 문장은 《삼국사기》 편찬자의 기술일 것으로 생각된다. 고흥을 박사라고 한 것은 오경박사 중의 하나일 것이다.

---

37) 吳恒寧, 〈史官制度의 成立史의 제문제〉(《泰東古典硏究》 14, 1997), 20쪽의 글에서 '未有以文字記事'를 역사를 기록하였다고 해석하여야 함을 상기시키고 있다.
38) 李基東, 앞의 글(1994), 31쪽.

또한《書記》라는 책은 비록《日本書紀》에 인용되지 않았으나 '記'자와 '紀'자는 상통하는 글자이므로《일본서기》라는 명칭도 이에서 유래하였다고 할 수 있다.《일본서기》에 주로 인용된 역사서로는《百濟記》·《百濟新撰》·《百濟本紀》세 가지 사서가 나오고 있다. 이를 국내학자들은 僞書로 인정하는 경향이 강하나 비록《일본서기》를 편찬하는 과정에서 윤색·변형된 부분이 있는 것은 사실이지만 지명과 인명, 백제왕 관계의 기술 등에 있어서 이를 완전히 부정하기는 어려운 형편이다.《백제기》는 神功記로부터 雄略記에까지 인용되어 있고, 다룬 내용은 근초고왕대로부터 개로왕대 즉 한성시대 말기의 백제사가 언급되어 있으나 윤색이 가장 심하게 되어 있다.《백제신찬》은 웅략기에 세번 인용되어 있으며 무령왕의 계보가《삼국사기》와 차이가 있는데,[39] 이는 무령왕릉지석이 발견됨으로써《백제신찬》의 왕실계보가 보다 사실에 가까운 것으로 이해되고 있다. 즉 무령왕은 동성왕이 아들이라는《삼국사기》기록보다는 이복형제라는 설이 타당한 것으로 입증되고 있다.[40]《백제본기》는 繼體記로부터 欽明記에 가장 많이 인용된 자료로서 가야지방을 중심으로 한 백제·가야·신라의 관계가 상세히 언급되어 있으나 임나일본부라는 허위사실이 기록되어 있다.

《일본서기》에 인용된 백제 3서의 내용이 많이 윤색·왜곡되어 기술되어 있고,《일본서기》의 기록 자체가 사료로서의 가치가 극히 빈약한 것이지만 이에 인용된 3서의 내용 가운데에는《삼국사기》를 보완할 수 있는 인명·지명·왕실계보가 기록되어 있다. 그리고 이들 3서의 존재는 백제에서 근초고왕대의 서기 편찬 이후에 역사편찬이 계속적으로 있었음을 반증하여 주는 것이라 할 수 있다.

백제에서는 금석문이 고구려·신라에 비하여 발견된 예가 극히 드물다. 그러나 무령왕릉에서 발견된 왕과 왕비의 誌石과 買地券은 백제의 역사의식을 알려주는 좋은 자료라고 할 수 있다. 왕의 칭호에서 寧東大將軍百濟斯麻王이라 칭한 점에서 중국과의 외교관계를 대단히 중시하고 있었음을 확인

39) 李根雨,《日本書紀에 引用된 百濟三書에 관한 硏究》(韓國精神文化硏究院 博士學位論文, 1994), 17~18쪽 참조.

40) 李道學, 〈漢城末 熊津時代 百濟王系의 檢討〉(《韓國史硏究》45, 1984), 15~19쪽.

할 수 있다. 왕호는 당시의 이름을 그대로 사용하고 있어 당시 우리 나라의 왕호에 대한 관습의 일면을 알 수 있다.[41] 비록 대왕이라는 칭호는 사용하지 않았지만 중국 황제만이 사용하는 「崩」이라는 용어를 사용한 점에서 백제의 자존적인 의식을 짐작할 수 있다. 또 年代을 표시한 경우 干支로 기록하였다. 이는 역사기록에서도 간지로 표현하였음을 보여주는 것이다. 또한 백제의 왕실에서는 假埋葬制와 三年喪制가 실시되고 있었다는 것을 확인할 수 있다. 이는 중국제도의 수용이라기보다는 전통적인 습속이라고 할 수 있다. 그리고 무령왕 자신이 地神으로부터 자기의 자리를 돈을 주고 사는 형식을 취하고 있는 점에서 인간이 죽으면 영혼은 시신과 함께 있는 것으로 생각하였음을 알 수 있다. 이것은 횡혈식 고분의 구조로부터도 유추할 수 있다. 이는 고구려왕실의 관념과 일치하는 것이다.

3) 신 라

신라에서는 진흥왕 6년(545)에 이찬 異斯夫의 건의에 의하여 대아찬 居柒夫로 하여금 문사를 모아 國史를 수찬하게 하였다. 이사부가 건의한 내용은 다음과 같다.

> 伊湌 異斯夫가 아뢰기를 "나라의 역사라는 것은 군주와 신하의 善惡을 기록하여 萬代에 褒貶을 보여주는 것이니 이를 수찬하지 않는다면 후대에 무엇을 보겠습니까" 하였다(《三國史記》 권 4, 新羅本紀 4, 진흥왕 6년).

이사부가 아뢴 국사편찬의 목적은 자못 미화된 듯한 감이 없지 않다. 당시 역사기록에서 포폄이라는 것이 과연 강조되었을까가 의심스럽기 때문이다. 그러나 국사편찬에 대한 건의를 왕이 받아들여 편찬을 곧바로 명하였다고 하나 이는 진흥왕 자신의 결정이라 할 수 없다. 진흥왕은 7살에 즉위하여 왕태후가 섭정하였으며 즉위 12년 즉 開國이라는 연호를 정한 해부터 친정을 한 것으로 여겨진다. 여기서 왕태후는 법흥왕의 비를 의미한다는 견해도

41) 이런 예는 신라에도 보이고 있으니 眞興王巡狩碑에도 眞興太王이라는 표현이 나타나고 있다(황초령순수비 및 마운령순수비 참조).

있으나[42] 진흥왕의 어머니인 법흥왕의 딸로 보는 견해도 있다.[43] 이사부는 법흥왕대의 중신이었고 진흥왕 2년(515)에 병부령으로 군사권을 장악하였던 중신이었다.

이사부의 이 건의에 의하여 대아찬 거칠부에게 이를 편찬토록 한 이유가 무엇인지를 알 수는 없지만 그는 글을 아는 문사를 널리 구하여 편찬을 완료하였고 그 결과로 波珍湌에 승진하게 되었다.[44]

국사편찬을 건의한 이사부가 신라 중시조로 이해되고 있는 내물왕의 4세손이고 그 편찬을 담당한 거칠부는 내물왕의 5세손으로 이런 점을 고려하면 제도문물의 정비에 현재의 김씨왕실의 정통성을 천명하고 나아가 유교적 정치이념에 입각하여 왕자의 위엄을 내외에 과시하려는 성격의 것이었다.[45] 이는 진흥왕 29년(568)에 세워진 순수비에서 태조의 기반을 이어 받았다고 함에서 태조가 내물왕인지 지증왕인지를 정확히 알 수 없지만 김씨왕통을 밝혀 이를 강조하려 하였다는 점은 이를 통하여서도 보완된다고 할 수 있다.

이처럼 진흥대의 국사편찬은 지증왕·법흥왕대의 성공적인 정복전쟁의 승리와 불교공인을 통한 호국의지의 강화, 대왕제의 실시, 독자적인 연호의 사용 등 중요한 정치적 업적을 기술할 목적이 주였다고 할 수 있다.[46] 정복전쟁은 당시 국가의 운명이 걸린 중대한 과업이었고 이에서 생명을 아끼지 않고 용감하게 싸웠던 사람이 칭찬되고 그렇지 못한 사람은 비판되었을 것이다. 위에 인용한 사료에서의 포폄은 이를 주로 뜻한다고 여겨진다.

또한 진흥왕의 순수비에는 영토의 확장, 새로이 편입된 사람을 국민으로 만들려는 의식, 고유한 정치사상이 있음을 보여주고 있다. 진흥왕 12년(551) 경에 세워진 〈丹陽赤城碑〉에서는 국가를 위해 죽은 사람의 포상조처와 이를 신고한 사람에게도 포상하는 규정을 찾을 수 있어 정복전쟁의 기반조성을 위해 치밀한 대응책을 세우고 있음을 확인할 수 있다. 마운령비와 함흥에 세워진 황초령비에는 도교적인 색채도 보이고, 天道 및 鬼神思想 및 외국과의

42) 李丙燾, 《譯註 三國史記》(乙酉文化社, 1987), 56쪽.
43) 鄭求福 외, 《譯註三國史記》 3(한국정신문화연구원, 1997), 112쪽 주 75 참조.
44) 《三國史記》 권 44, 列傳 4, 居柒夫傳에는 좀더 자세한 기록이 보이고 있다.
45) 李基東, 〈古代의 歷史認識〉(《韓國의 歷史家와 歷史學》 上, 1994), 33~35쪽.
46) 申瀅植, 〈新羅人의 歷史認識과 國史編纂〉(《統一新羅史硏究》, 삼지원, 1990), 208쪽.

和平사상도 보이고 있으며, 군주의 修己治人思想도 나타나고 있다. 또한 이에는 〈광개토대왕릉비〉에 보이는 '新古黎庶'라 하여 전부터의 백성은 물론 새로이 편입된 백성에 대한 관심도 보이고 있다. 그리고 국가를 위하여 충성을 바친 사람의 공훈을 포상하겠다는 뜻을 명확히 밝히고 있다. 또한 이들 금석문은 이 무렵의 한문수준을 보여주는 자료라 할 수 있다.

이상에서 살펴본 삼국의 역사, 삼국의 역사책들이 갖는 성격은 개별적으로 다른 점도 있을 것이나 자국의 역사를 기록 편찬함으로써 왕계의 신성성, 왕의 훌륭한 정치적 업적, 신하의 충성 등을 널리 선양하기 위한 것이었다고 할 수 있다. 특히 왕의 정치적 업적으로는 정복전쟁의 승리가 국가의 발전에 지대한 공헌을 하였음을 특별히 강조하였다고 판단된다. 그리고 삼국의 역사에서는 자기의 역사가 지상에서 최고라는 자존의식이 강하였다고 이해된다. 또한 이런 의식의 기초위에 편찬된 역사서는 단순한 자존의식의 표출만이 아니라 자기 문화를 계승하는 기반을 굳건하게 다지는 작업이었다고 할 수 있다.

삼국에서의 역사편찬은 이후 역사기록의 중요성을 인식하게 되어 당대의 기록을 상세히 남기는 史官제도의 발달에 중요한 기반이 되었다고 할 수 있다. 즉 《삼국사기》에 태종무열왕 7년조 기사에서부터는 종전의 월만을 표기하던 것을 날짜까지 표기하는 상세한 기록이 나타나고 있음을 주목할 필요가 있다. 이는 필연적으로 역사를 기록하는 사관의 제도화와 관련이 있지 않았을까 생각된다.

삼국의 역사편찬이 비록 유학의 발달과 반드시 연결되는 것은 아니라 하더라도 유학적 이해가 풍부해지면서 역사편찬이 활발해졌다고 할 수 있다. 왜냐하면 유학에서는 문학과 경전, 그리고 역사를 소중한 학문으로 여기고 있기 때문이다.

〈鄭求福〉

Ⅳ. 문학과 예술

1. 언어와 문학
2. 회　화
3. 서　예
4. 조　각
5. 공　예
6. 건　축
7. 고　분
8. 음　악
9. 무용 · 체육

Ⅳ. 문학과 예술

1. 언어와 문학

1) 언 어

역사시대의 역사가 주로 문자로 기록된 사료에 의거하여 기술되는 것과 같이, 역사시대의 언어사는 그 시대 언어로 기록된 '언어자료'에 의해서만 기술될 수 있다. 또한 일반 역사가 사료의 내용에 따라 취급될 수 있는 주제와 범위가 한정되는 것과 같이, 언어사도 전하는 언어자료의 성격에 따라서 포함될 수 있는 내용이 한정된다.

우리에게 전해진 삼국의 언어자료는 당시 국어의 실상을 소상히 파악할 수 있을 정도로 충분하지 못하다. 온전한 문장의 형태까지 보여주는 자료는 《三國遺事》에 수록된 鄕歌 14수뿐이고, 그 외는 주로 인명·지명·관직명 등 고유명사들에 국한되어 있다. 대부분은 《三國史記》와 《삼국유사》 및 각종 金石文 등 우리 나라의 자료에 등장하는 이름들이지만, 《三國志》·《隋書》·《北史》 등 중국의 역사서, 《日本書記》 등 고대 일본의 기록들에 등장하는 이름들도 적지 않다. 이들 언어자료에 의하여 삼국어 어휘의 일단을 추정할 수 있고, 몇 가지 금석문과 古기록에서 문법적 특징의 일부를 확인할 수 있을 뿐이다.

삼국의 언어자료는 전부가 漢字로 기술된 자료이다. 이것이 삼국 언어의 실상을 추정하는 데 어려움을 더해 준다.[1] 주지하는 바와 같이, 한자는 의미

1) 삼국시대 혹은 그 이전 시대부터 우리 나라에 고유한 문자가 존재하였다는 주장이 이미 조선조 시대에 기록되었고, 현재도 집요하게 주장하는 사람들이 있으나, 그러한 문자로 기술된 '언어자료'가 아직까지 발견된 일이 없어 논의의 대상이 될 수 없다.

를 전달하는 데는 우수한 문자이지만 발음을 표기하는 데는 심히 부적당한 表意音節文字이다. 더욱이 漢字音은 시대에 따라 변하였고 지역에 따라 달랐다. '國'자의 독음이 국어로는 [국], 중국의 북경어로는 [구오], 일본어로는 [코쿠]이다. 본래 동일한 고대 중국어음에서 유래하였지만, 국어·중국어·일본어에서 각각 다르게 변화하여 온 결과이다. 시대와 지역에 따라 讀音이 달랐던 한자로 표기된 삼국어 어휘를 당시의 국어음으로 정확히 복원하기는 영원히 불가능할지도 모른다.

한자는 기본적으로 한 자 한 자가 의미를 표시하는 表意文字이지만, 이미 甲骨文에서부터 의미와 상관없이 다만 독음만 표기하기 위하여 이용된 假借字들이 존재하였다. '來'자의 갑골문자는 원래 곡식 이삭을 象形한 것이었으나, '오다'라는 의미를 가진 同音異意語의 표기에 假借됨으로써 후세에는 오히려 그것이 이 글자가 시현하는 기본 의미가 되었다. 중국에서 한자로 외래어를 표기하는 방법은 일찍부터 가차가 아니면 번역이었다. 예를 들면, 佛陀(부처)·菩薩(보살)·彌勒(미륵)은 가차표기(산스크리트어 Buddha·Bodhisattva·Maitreya)이고, 淨飯王(부처 아버지의 이름)은 번역이다.[2)]

삼국시대 선조들이 한자를 빌어 국어를 표기할 때도 역시 개별 한자의 의미와 독음을 혼용하였다. 예를 들면, 향가에 등장하는 '心音'은 현대국어의 '마음'(중세국어 'ᄆᆞᅀᆞᆷ')에 해당하는 신라어의 표기로서, 첫 글자는 의미, 둘째 글자는 독음을 취한 것이다. 이와 같이, 한자의 의미를 취하여 표기한 것을 釋讀(혹은 訓讀)표기, 독음을 이용한 것을 音讀표기로 부른다. 석독과 음독에 의하여 국어를 표기하는 방식을 전통적으로 吏讀(이두)라고 불렀고, 그 중 국어 문장의 일부가 아닌 전체를 표기한 鄕歌의 표기방식을 鄕札이라 구별하기도 하였다. 근래에 한자를 빌어 국어를 표기하는 방법을 포괄적으로 借字표기로 지칭하기도 한다.[3)]

삼국의 언어자료가 모두 한자로 기술된 것이 삼국어의 실상 파악을 어렵게 하지만, 다행히 《삼국사기》와 《삼국유사》에 한 가지 이름을 석독과 음독

---

2) 정반왕의 산스크리트 이름은 Śuddhodana 로서 '깨끗한 밥의 왕'이란 뜻이다.

3) 安秉禧, 〈韓國語 借字表記法의 形成과 特徵〉(《第3回 國際學術會議論文集》, 韓國精神文化硏究院, 1984), 629~633쪽 참고.

두 가지로 표기한 예들이 있어서, 일부 삼국 어휘의 추정·복원을 가능하게 한다. 예를 들어, "居柒夫 或云荒宗"(《三國史記》 권 44, 열전 4, 거칠부)에서 '居柒'(거칠)과 '荒'이 일치되어 앞의 것은 음독, 뒤의 것은 석독으로 판단되고, 음독표기로부터 중세국어 '거츨(다)'(현대국어 '거칠(다)')과 의미와 음상이 같은 신라어 단어를 추정할 수 있는 것이다. 또 《삼국사기》 권 34~37, 지리지에는 통일신라의 강역 안에 있는 지명들을 수록하면서 옛 지명들을 병기하였다. 그 중에 새 지명과 옛 지명이 석독과 음독의 관계에 있는 것들이 일부 있어서 역시 당시 어형을 추정할 수 있게 한다. 예를 들며, "永同郡 本吉同郡 景德王改名"(《삼국사기》 권 34, 지 3, 지리 1)에서 '永'과 '吉'이 일치되며, 전자는 석독, 후자는 음독표기로, 현대국어 '길(다)'와 같은 신라어 단어를 복원할 수 있다.

우리 민족이 언제부터 한자를 사용하기 시작하였는지 정확히 알 수는 없으나, 삼국이 시작된 기원전 1세기 중·후반에 이미 한자가 알려져 있었을 것으로 추측된다. 당시 中原에는 고도의 문화를 구가하던 漢朝가 흥성하고 있었고, 그 세력은 만주와 한반도의 북부지역까지 뻗치고 있었으니, 즉 기원전 108년에 설치된 漢四郡이다. 한사군이 점유하고 있던 지역 내, 혹은 인접한 지역에서 발흥한 삼국에 漢文化와 더불어 한문과 한자가 소개되었다고 추측하는 것은 무리가 없을 듯하다.

한자로 기술되는 漢文語는 삼국시대 초기부터 公式文語로 채택되었던 듯하다. 현전하는 기록 중에서 가장 오래된 것으로, 357년에 축조된 고구려 美川王陵의 壁書, 414년에 건립된 〈廣開土王陵碑〉 등이 한문어이다. 또한, 한문어와 문법구조가 현격히 다른 국어를 한자로 표기하는 방법도 점진적으로 발달하기 시작하였다. 우선 어순을 한문어의 '(주어+)동사+목적어' 형식을 따르지 않고 국어의 '(주어+)목적어+동사' 형식으로 바뀌진 문장들이 〈광개토왕릉비〉 등에서부터 간간이 보이기 시작한다. 이어서, 대략 6세기경부터 吏讀 표기방식이 공식문어가 아닌 일반인의 상용문으로부터 점차 발전되기 시작한 듯하다.

대략 삼국시대 초기에 이루어진 것으로 추정되는 한문과 한자의 도입은 우리 민족의 언어 및 문자생활, 나아가 문화의 전반적 발전에 영원히 남겨질 영향을 끼쳤다. 현재까지 알려진 자료에 의하면, 한자는 삼국시대에 우리 민족이 사용한 유일한 문자였고, 한문어는 19세기 후반까지 우리 나라에서 공식 문어로 사용되었다. 한자어, 즉 '한문어식 단어'는 이미 삼국 초기의 국어에도 상당히 존재하였던 것으로 추정된다.

(1) 고구려어·백제어·신라어

고구려 700여 년, 백제 670여 년, 신라 930여 년. 삼국의 왕조는 각각 세계 역사에서 그 유례가 드물게 긴 기간 지속되었다. 따라서 세 나라의 언어가 본래 같은 근원에서 유래하였다고 해도, 항상 변화하는 언어의 일반적인 속성에 비추어, 횡적으로는 나라와 나라 사이에, 종적으로는 시대와 시대 사이에 어느 정도이든 차이가 있었다고 인정하는 것이 온당하다. 그러나 지금까지 알려진 제한된 언어 자료에 의거해서는 세 나라의 언어가 어느 정도로 달랐는지 추측할 수가 없고, 한 나라의 언어가 시대적으로 얼마큼 달라졌는지 가늠할 수 없다. 그렇기 때문에, 그것이 언어적 차이든 방언적 차이든, 삼국의 언어 간에 차이가 있었다고 전제하고 편의상 고구려어·백제어·신라어로 구분하여 부른다.

그러나 한편, 한 언어의 시대적 차이는 완전히 무시할 수밖에 없는 것이 우리의 처지이다. 말하자면, 신라 초기 박혁거세 시대의 신라어와 9백여 년이 지난 신라 말의 신라어가 같았다고 상정할 수밖에 없고, 건국 초인 南下 이전 卒本夫餘 시대에 등장하는 이름이나, 5세기 중엽에 새겨진 것으로 보이는 고구려 성벽의 石刻文이나, 12세기 중에 편찬된《삼국사기》地理志에 "본래 고구려의(本高句麗)…"으로 언급된 지명들을 같은 고구려어 자료로 인정할 수밖에 없다.

가. 고구려어

《삼국사기》와《삼국유사》등에 무수히 보이는 고구려의 인명·지명·관직명들은 대략 3가지 종류로 구분할 수 있다(이것은 백제와 신라의 이름들의 경우도 마찬가지이다). 첫째 종류는 東明聖王·太祖王·國內城 등과 같이 구성 한자 하나 하나의 의미가 드러나고 한문의 문법에 맞게 구성되어 있어서, 처음부터 한문식으로 붙인 듯한 이름들이다. 이와 같은 이름들이 당시에는 한자음이 아닌 고유어로 석독되었을 수도 있었을 듯하지만 확인할 방법이 없다. 여하간, 한문식 이름들이 고구려의 초기 인명·지명·관직명 등으로부터 다수 등장하는 사실은 한자어가 상당히 사용되었음을 시사한다고 볼 수 있을 것이다. 특히, 왕의 호칭이 시조로부터 '王'이고 다른 호칭은 알려지지 않은 사실은, 초기에 居西干·次次雄·尼師今과 같은 고유의 호칭을 가졌던 신라나, 單于(선우)·可汗(카간)과 같은 호칭을 가졌던 匈奴·突厥 등 고구려와 인접하였던 북방 민족들과 비교해 볼 때, 고구려어에 한자어의 도입이 일찍부터 이루어졌던 것으로 추측된다.

둘째 종류는 관직명인 莫離支·對盧·褥薩, 인명인 淵蓋蘇文·溫達·乙巴素, 지명인 杜訥·買忽·夫只 등과 같이 구성 한자의 의미와 상관없이 오직 독음에 의하여 고유어 이름을 표기한 듯한 예들이다. 이들은 분명히 고구려어의 근간을 이루었던 고유어 자료이지만, 대부분 어원은 물론이려니와 정확한 音相이나 의미를 추정할 수가 없다. 다만, 舊名 혹은 異名이 석독표기로 병기되어 있는 이름들의 경우 "의미를 알 수 있는 고구려어 고유어 단어"로 추정된다.

셋째는, 이름의 일부는 위 첫째 종류와 같이 석독 한자, 다른 일부는 둘째 종류와 같이 고유어를 표기한 음독 한자인 듯한 이름들이다. 관직명인 大加·相加, 인명인 乙支文德에서 大·相·文德은 글자의 의미에 의하여 선택된 듯하고, 乙支와 加는 고유어를 표기한 것으로 보인다. 고구려 이름에서 이와 같이 석독과 음독이 혼합된 예들은 별로 많지 않다.

의미를 알 수 있는 고구려어 고유어 단어의 주요 출전은《삼국사기》지리지 권 35와 권 37이다. 권 35에는 "水城郡 本高句麗買忽郡 景德王改名 今水州"와 같이 신라통일 후 개명된 지명에 고구려의 원래 지명을 붙였는데, 그 중에 원지명의 음독 한자를 석독 한자로 바꾼 예들이 있어서 고유어 단어를 추정케 한다. 권 37에는 '南川縣 一云南買'와 같이 한 지명 아래 細注로 '一云'에 이어 다른 이름을 제시하였고, 머리 것은 대개 석독, 세주의 것은 대개 음독 한자이기 때문에 의미를 알 수 있는 고구려 단어를 복원할 수 있다.

위와 같은 언어자료에서 파악되는 고구려어 단어들은 약 80개이고, 그 중에서 둘 이상의 지명에서 확인되어 확실성이 높은 것은 약 20개에 지나지 않는다.[4] 몇 가지 예를 들면, 古斯(玉), 今勿(黑), 內·奴·惱(壤, 땅), 內米(池), 旦·呑·頓(谷, 골짜기), 達(山, 高), 買(水, 川), 沙伏(赤), 蘇文(金), 述爾·首泥(峯, 봉우리), 息(土), 於斯(橫), 於乙(泉), 吐(堤, 뚝방), 巴衣·波衣·波兮(巖, 바위), 波(海), 忽(城) 등이다.

현전하는 고구려의 언어자료 중에는 대략 5세기 중엽에 평양성을 축조한 사실을 기록한 石刻文 몇이 포함되어 있다. 이 석각문들에는 국어의 처격조사 '-에'에 해당하는 어휘항이 '-中'으로, 문장의 종결어미 '-다'를 나타내는 듯한 '-之' 등이 借字로 적혀 있어서, 이두표기의 초기 형태를 보여준다.[5]

나. 백제어

백제의 언어자료도 고구려어 자료와 같이 한문식 고유명사와 고유어를 표기한 고유명사가 주종을 이루는데, "의미를 파악할 수 있는 백제어 고유어"로 추정되는 단어의 수효는 고구려어보다 월등히 적다.

백제어에 한자어의 유입은 고구려보다 훨씬 늦었던 듯하다. 《삼국사기》와 《삼국유사》에 기록된 백제왕의 호칭은, 고구려의 경우와 같이, 시조로부터 한문어인 '王'이지만, 중국의 역사서 《周書》 異域傳 百濟條에 "王의 姓은 夫餘氏이고, 號는 於羅瑕이며 백성들은 鞬吉支이다. 두 가지 다 중국어로는 '王'이다. 妻는 於陸이라 부르며, 중국어로 '妃'란 뜻이다"라고 기술되어 있는 것으로 미루어 고유어 호칭도 사용되었음을 알 수 있다. 또한 역대 왕의 이름을 살펴보아도 한자어의 영향이 늦게 시작되었음을 짐작할 수 있다. 시조 溫祚로부터 多婁·己婁·蓋婁·肖古·仇首·沙伴… 등등 21대 蓋鹵王(재위 455~475년)까지의 王名은 고유어인 듯하고, 22대 文周王(재위 475~477년)부터 시작하여 東城王(24대)·武寧王(25대)·成王(26대)… 등은 한문식 시호로 보인

---

4) 李基文, 《韓國語形成史》(三星文化財團, 1981), 72쪽 이하 참고.

5) 丙戌十二月中 漢城 下後卩 小兄文達節 自此西北行涉之 ; 병술 12월에 한성 하후부 소형 문달 감독관(?)[이] 여기서부터 서북방(?)[공사를] 치르다(?).
安秉禧, 〈어학편〉(《韓國學基礎資料選集 古代篇》, 韓國精神文化硏究院, 1987), 1019~1022쪽 참고. 밑줄을 친 어휘들은 비한문식 표현으로 국어의 어미나 특수한 단어의 표기이다. 괄호 안의 의문부는 번역어가 학자간에 일치되지 않음을 나타낸다.

다. 참고로 고구려의 왕명을 보면 東明・瑠璃・大武神・閔中・慕本・太祖・次大… 등으로 2대 瑠璃만 고유어를 음역한 이름으로 추정되고 나머지는 한문식 아니면 개별 한자의 의미를 고려하여 붙여진 이름으로 추정된다.

백제어 고유어로 그 의미까지 파악되는 단어들의 출처도 주로 《삼국사기》 지리지(권 36)이다. 백제의 신・구 지명이 "翰山縣 本百濟大山縣 景德王改名今鴻山縣"과 같은 형식으로 수록되어 있고, 그 중 일부에서 신・구 지명이 하나는 음독표기, 다른 하나는 석독표기로 해석되어, 음독표기를 백제어 고유어로 추정하는 것이다. 위의 인용에서 '翰'이 '大'와 일치되고, 이와 같은 대응은 신라어 자료에서도 '韓'이 '大', 또 15세기로부터 근세국어까지 존재하였던 '한'(大)과 일치되는 것이다. 백제어 고유어로 추정되는 그 밖의 예들은 沙(新 ; 현대국어 '새'), 夫里(平野, 벌 ; 신라어 '伐'), 只(城), 烏(孤, 외), 比(雨), 所比(赤 ; 고구려어 '沙伏・沙非'), 陰(牙 ; 중세국어 '엄', 현대국어 '어금니'), 勿居(淸 ; 현대국어 '맑-'), 馬老(乾, 마르-) 등이다.[6]

다. 신라어

삼국 중에서 신라의 언어자료들이 가장 많이 전해져 왔다. 《삼국사기》와 《삼국유사》를 위시하여 여러 가지 국내외 기록에 등장하는 인명・지명・관직명들은, 고구려나 백제의 경우와 마찬가지로, 신라의 언어자료가 된다. 〈壬申誓記石銘〉・〈南山新城碑銘〉・〈甘山寺彌勒菩薩造像記〉・〈葛項寺石塔記〉 등 등 여러 가지 금석문과 古記錄에서는 전통 한문의 문법에 어긋나고 국어의 문법에 맞는 문장 구조와 이두식 표기가 보인다. 《삼국유사》에 소재하는 향가 14수는 삼국시대 언어자료로는 특이하게 국어 문장의 온전한 모습까지 보여준다.

신라의 언어자료에 보이는 신라어 어휘에도 한자어 혹은 한문식으로 구성된 듯이 보이는 이름들이 초기 자료에서부터 등장한다. 예를 들면, 王妃의 호칭 夫人(閼英夫人・雲帝夫人), 귀족의 호칭 公(瓠公・蘇伐公), 王(葛文王・許婁王), 지방관의 호칭 主(郡主・城主・軍主・鎭主) 등과 같은 한문식 호칭들이 아주 이른 시기에 관한 기록으로부터 나타난다. 그러나, 한자어의 영향은 상당

6) 安秉禧, 위의 글, 1007~1010쪽 참고.

기간 상대적으로 약하였던 듯하다. 6세기초에 등극한 智證王대까지 왕의 호칭이 居西干・次次雄・尼師今・麻立干이고, 그 기간의 王名도 赫居世・南解・儒理・脫解・婆娑・祇摩 등이며, 3대왕 유리니사금(재위 24~57년) 시대에 확립된 관료제도에 포함된 伊伐飡・伊尺飡・波珍飡・阿飡 등등이 모두 非한자어이다.

신라어의 자료에서 추출되는 고유어 혹은 非한자어 단어들 역시 대다수는 의미를 파악할 수 없다. 고구려어와 백제어의 경우와 같이 석독과 음독 표기가 병기된 경우 "의미까지 알 수 있는 신라어의 고유어"가 된다. 《삼국사기》와 《삼국유사》에는 간간이 설명을 붙여 놓은 신라어 단어들이 수록되어 있다. 향가에서는 조사와 어미의 일부를 복원할 수 있다. 그와 같은 자료로부터 추정・복원될 수 있는 신라어 단어가 30여 개 된다. 그 중 다수가 15세기 중세국어 및 현대국어 단어들과 비교되는 것이 고구려어 및 백제어 자료와 다른 특이한 점이다. 삼국이 신라에 의하여 통일되었고, 신라는 고려, 고려는 조선조에 승계된 역사에서 연유하는 자연스러운 현상이라고 볼 수 있을 것이다.

신라어의 고유어로서 의미까지 파악되는 단어들은 다음과 같다.

朴(瓠 박)으로 《삼국사기》(권 1, 신라본기 1 始祖赫居世居西干)에 "辰[韓] 사람들은 瓠를 朴이라 부른다"고 했다. 이것은 중세국어와 현대국어의 '박'과 일치한다. 또한 嘉俳(〈한〉가위)가 있다. 《삼국사기》(권 1, 신라본기 1 儒理尼師今)에는 8월 15일(음력) 전후로 벌어지는 민속놀이 嘉俳를 설명하였는데, 중세국어 'ᄀᆞ비', 현대국어 '(한)가위'와 일치한다. 그밖에도 破珍(海, 바다, 바ᄅᆞᆯ), 韓(大 ; 중세국어 '한'), 那(川 내), 弗矩(赤, 光明, 븕-), 乙(井), 勿(水, 믈), 閼知(小兒, 아지), 吉(永, 길-), 居柒(萊, 荒, 거츨), 異次・異處(厭 ; 중세국어 '잋-'), 密(推, 밀-) 등이 비교적 용이하게 확인되는 신라어 고유어들이다. 향가에서 확인되는 조사로는 주격 伊・是(-이/가), 속격 矣・衣(-의), 처격 中・良中・也中(-에), 대격 乙(-을/를), 조격 留(-으로), 공동격 果(-와/과), 주제지칭사 隱(-은/는) 등이 있다.

(2) 삼국 언어의 상호관계

현전하는 언어자료의 비교에 의해서는 고구려·백제·신라 언어 상호간의 관계를 단정적으로 규정할 수 없다. 우선 삼국의 언어에 공통적으로 나타난다고 쉽게 지적할 수 있는 단어가 거의 존재하지 않는다. 삼국의 언어가 單一語였다고 주장한 논저들 중에서는 삼국 공통의 단어를 많게는 30개 가까이 제시한 것이 있는가 하면, 적게는 삼국 공통어를 발견할 수 없다고 기술한 논저까지 있다.[7] 이 사실은, 현전하는 언어자료에서 삼국 공통의 단어를 지적하는 일이 연구자의 관점에 따라 상당한 차이가 있을 수 있음을 의미하며, 따라서 누구나 쉽게 수긍할 수 있는 공통 단어를 찾을 수 없다는 의미로 이해할 수도 있다. 사실, 삼국 공통어로 제시된 예들은 거의 모두가 쉽게 공감할 수 없는 것들이다.[8]

삼국 공통의 단어뿐만 아니라, 삼국 중 두 나라 언어에 공통적으로 존재하였다고 용이하게 인정할 수 있는 단어도 극소수이다. 이것 역시 논저에 따라 심한 차이를 보인다.[9] 사실, 고구려어 *沙伏*·*沙非*(赤)와 백제어 *所比*(赤),

---

7) 예를 들면, 김수경,《세나라 시기 언어력사에 관한 남조선학계의 견해에 대한 비판적 고찰》(평양·평양출판사, 1989), 45~48쪽에는 류렬의《세나라 시기의 리두에 대한 연구》(평양, 1983)에서 정리·인용한 비교표를 제시하였는데, 여기에는 삼국 공통 '말마디'(단어) 29개가 제시되었다. 반면에, 金芳漢,《韓國語의 系統》(民音社, 1983), 114쪽에는 삼국 공통의 단어가 존재하지 않는다고 언급하고 두 나라 언어의 공통 단어만 몇 개씩 제시하였다.

8) 김수경, 위의 책, 45쪽에서 한 가지만 예로 들어본다. 29개 예들 중에서 맨 처음 것으로, 필시 연구자가 가장 신빙성 있다고 느꼈기 때문에 앞에 두었을 듯하다. 여기서 고구려어 首乙·莫離 / 백제어 毛良(高) / 신라어 首露 (首陵)·麻立 (麻袖)·末(上)을 대응시키고, 이들의 공통적인 독음을 '마라/마리'로, 공통적인 의미를 '머리'로 제시하였다. 고구려어와 신라어의 예에서 보이는 '首'는 석독자(즉, '머리'), 나머지 한자들은 모두 음독자로 해석한 것이다. 음독한 한자들에서 공통적으로 관찰되는 것은, 국어한자음으로 첫째 자의 초성이 'ㅁ'이고, 첫째 자의 종성이나 ('末'자의 경우) 둘째 자의 초성 혹은 종성('乙')에 'ㄹ'음이 존재하는 것뿐이다. 그러한 공통점 때문에 이들이 같은 단어라고 보는 데는 누구나 우선 의문을 가질 것이다.

9) 김수경, 위의 책, 48~54쪽에는 고구려－백제 공통 17, 고구려－신라 공통 37, 백제－신라 공통 10개가 제시되어 있다. 金芳漢, 앞의 책, 114쪽에는 두 나라 언어간의 공통 혹은 유사어를 표로 보였는데, 고구려－백제가 2개, 고구려－신라 6개, 신라－백제는 없다.

백제어 翰(大)과 신라어 韓(大), 백제어 夫里(廣野, 벌)와 신라어 伐(벌) 등과 같은 대응은 인상적이며 신빙성이 높지만, 어떤 결론을 내리기에는 그 수효가 너무 적다. 현전하는 언어자료에서 추출될 수 있는 단어가 삼국 각각 서너 개에 불과하다면, 2~3개의 인상적인 대응일지라도 높은 비중으로 취급해야겠지만, 고유어로 확인될 수 있는 수백 개의 단어 중에서 오직 2~3개의 비교만으로써 두 언어의 친소관계를 논하는 것은 무리하다고 볼 수 있다. 따라서, 순전히 언어자료의 비교에 의해서는 신라어와 백제어가 고구려어 보다 가까웠다고 결론 짓기도 어렵다고 할 수 있다.

현전하는 언어자료에서 신빙성 있게 추출할 수 있는 삼국 공통의 단어가 거의 존재하지 않는 대신, 중세국어 혹은 현대국어 어휘항과 유사한 음상을 시현하는 어휘항들은 다음과 같이 삼국어 각각에서 발견된다.

고구려어 : 巴衣・波衣・波兮(巖, 바회/바위), 忽(城, 골/고을), 述爾・首泥(峯 ; 중세국어 '수늙', 嶺), 首(牛, 쇼/소), 古斯(玉, 구슬)

백 제 어 : 沙(新, 새), 夫里(平野, 벌 ; 신라어 伐), 烏(孤, 외), 比(雨, 비), 險(牙 ; 중세국어 '엄', 현대국어 '어금니'), 勿居(淸, 맑－), 馬老(乾, 마르－)

신 라 어 : 破珍(海, 바ᄅᆞᆯ〉 바다), 韓(大 ; 중세국어 '한'), 那(川, 내), 弗炬(赤, 光明, 붉－), 勿(水, 물), 閼知(小兒, 아지), 吉(永, 길－), 居柒(萊, 荒, 거츨), 異次・異處 (厭 ; 중세국어 '잊－'), 密(推, 밀－) 등.

이와 같이, 현전하는 삼국의 언어자료로부터 중세국어 혹은 현대국어에서 동의의 단어로 음상에 유사성이 있는 단어들이 발견되는 사실을 어떻게 이해하는 것이 가장 온당할까. 첫째는, 삼국의 언어가 단일어였고, 그 단일어가 역시 단일어로 고려를 거쳐 조선, 조선에서 현대국어로 이어져 온 결과라고 볼 수 있을 것이다. 그러나 이 경우, 위에서 언급한 삼국 공통의 단어들이 발견되지 않는 이유를 적절히, 구차스럽지 않게 설명해야하는 부담이 있다. 둘째는, 삼국의 언어가 공통조상 언어에서 분파되어 나온 언어들이었고, 중세국어 단어들과 비교되는 단어들은 바로 공통조어로부터 유래한 것이라고 설명하는 방식이다. 삼국의 언어가 상호 달랐다고 보는 것이 첫째 설명방법과 다르지만, 역시 삼국 공통의 단어가 발견되지 않는 사실이 문제가 된다. 셋째 설명 방법은, 삼국통일 이후 국어가 단일어로 발전되는 과정에서 새로 흡수된 지역의 과거 언어들의 영향을 받은 결과라고 설명하는 것이다. 어쩌면, 이 셋째 설명이 가장 적절할 듯하다. 언어 발전의 일반적인 형태에 대하여 아래 더 기술한다.

지금까지 삼국 언어 상호간의 관계는 대개 언어자료가 아닌 일반 기록과 언어현상에 대한 상식적인 관념에 의거하여 논급되었다.

우리 나라 문헌자료에서는 고구려·백제·신라의 언어가 상호 소통될 수 있었던 같은 언어였는지 여부에 대한 언급을 찾아 볼 수 없다. 어떤 학자들은 이 사실을 삼국의 언어가 같았음을 시사하는 증거로 지적했다. 같은 언어를 사용하였기 때문에, 언어에 대하여 특별히 언급할 필요가 없었다는 것이다. 그러나 이것은 삼국 언어의 동일성을 증명하는 적극적인 증거는 되지 못함은 물론이다. 어느 나라 역사에서나, 분명히 언어가 달랐던 외국과의 접촉 과정에서 발생한 언어문제는 특별한 경우가 아니면 언급되지 않은 사실이 참고될 것이다.

10세기초에 신라를 대신하여 등장한 고려가 고구려의 정통을 계승한다고 '고려'라는 국호를 채택한 사실은, 고려인의 입장에서 고구려인을 동일 민족으로 인정하였다고 해석할 수 있을 것이다. 그리고 '민족'을 규정하는 핵심적 요건이 '언어'였다면, 고려가 승계한 신라와 고려가 정통성을 이어 받았다고 선언한 고구려는 한 민족 한 언어 사용국이었다는 추론이 가능할 듯하다. 그러나 역시 고구려와 신라 언어가 동일하였다는 직접적인 증거는 되지 못한다.

가. 중국 역사서의 기록과 삼국 언어의 상호 관계

삼국 언어의 상호 관계에 대한 견해는 현전하는 언어자료에 의한 것보다는 주로 중국 역사서의 기록의 해석에 근거하여 피력되어 왔다. 기본적인 문제는 삼국 언어의 동일 여부였다. 지금까지 발표된 상이한 견해들은 아래와 같이 몇 가지로 요약될 수 있다.

① 고구려어는 부여계, 신라어·백제어는 韓系 언어로 같은 계통이지만 상당한 차이가 있었던 다른 언어였다.10)

② 고구려어는 南下이전과 이후로 구분되는데, 남하이전의 고구려어는 퉁구스

어계통이고, 남하 이후는 백제·신라와 같은 언어였다.[11]

③ 삼국의 언어는 같은 언어였다. 단 방언적 차이는 있었을 것이다.[12]

④ 고구려는 古아시아(Paleo-Asiatic)종족의 한 派로서, 퉁구스족과 접촉으로 퉁구스化되었던 민족이다.[13]

대략 이상과 같은 견해들의 1차적인 근거는 중국의 正史類 列傳의 일부로, 주로 《後漢書》(권 85, 東夷列傳), 《三國志》(魏書 권 30, 烏丸鮮卑東夷傳), 《梁書》(권 54, 諸夷 東夷), 《魏書》(권 100, 列傳), 《周書》(권 49, 異域傳)의 기록이다. 대략 기원 전후로부터 2~3세기에 걸친 시대에 해당하는 기사 내용들에 공통점이 있는 것으로 미루어 가장 먼저 이루어진 《三國志》(기원 280년부터 편찬)를 다른 역사서의 편찬자들이 참고하고,[14] 후대의 사실이 추가된 것으로 보인다. 관계 기사들을 발췌하여 보이면 아래와 같다.

① 고구려는 부여의 별종으로 언어와 제반사가 부여와 많이 같다(《三國志》·《後漢書》).

② 東沃沮는 언어가 고구려와 대개는 같으나, 간혹 조금씩 다르다(《三國志》).

---

10) 李基文, 앞의 책의 견해로, 1960년대 초 이래 여러 논저에서 피력되었고, 여러 국내학자들이 수용하여 왔다. 일본어를 부여계에서 분파해 간 것으로 추정한다.

11) 金芳漢교수의 소론으로 역시 60년대 후반부터 여러 논저에서 피력되었다. 가장 최근의 저술은 金芳漢, 《韓國語의 系統》(民音社. 1983)이다.

12) 김수경, 앞의 책.

13) 河野六郎 等, 《三國誌に記された東アジアの言語および民族に關する基礎的硏究》(平成 2·3·4年度 科學硏究費補助金 一般硏究(B) 硏究成果報告書. 1993)에서 발표한 견해이다. 그러나 1945년에 발표된 河野의 《朝鮮方言學試攷》에서는 고대 동북아시아의 언어상황을 '남부 : 일본어계'와 '북부 : 부여어계'로 구분하고, 일본어계에 일본어와 韓語(변진·진한·마한 방언, 후에 신라어로 통합), 부여어계에 예맥·옥저·부여어가 통합된 고구려어를 포함시키는 도표를 제시하였다. 그 즈음부터 일본 학계에서 고구려를 퉁구스의 일파로 보는 견해들이 여럿 발표되었다고 한다.

14) 우리 나라 고대사에서 빈번히 언급되는 《三國志》는 西晉의 陳壽(233~297)가 280년에 편찬하기 시작한 魏·蜀(漢)·吳 세 나라의 紀傳體 역사서이다. 〈魏書〉 30권, 〈蜀書〉 15권, 〈吳書〉 20권, 총 65권으로 이루어졌다. 後漢이 멸망하고 三國이 각축하던 기원 220년으로부터 280년까지의 역사를 기록하였다. 《三國志》의 권 30이 〈魏書〉의 마지막 권으로 〈烏丸鮮卑東夷傳〉이다. 우리 나라 학자들이 보통 축약하여 〈魏志東夷傳〉이라고 불러온 것이다. 《삼국지》에 편입된 〈魏書〉 외에 다른 《魏書》가 있기 때문에, 혼동을 피하기 위하여 앞의 것을 흔히 〈魏志〉로 불러왔다.

③ 동옥저는 언어・음식・거처・의복 등이 고구려와 유사하다(《後漢書》).
④ 濊는 언어 법속 등이 고구려와 대개 같다(《三國志》).
⑤ 挹婁는 사람의 모습이 부여와 비슷하지만 언어는 부여・고구려와 같지 않다. 옛날 肅愼씨의 나라이다(《三國志》).
⑥ 읍루는 옛날 숙신의 나라이다. 사람의 모습은 부여와 비슷하지만, 언어는 각각 다르다(《後漢書》).
⑦ 勿吉國은 고구려의 북쪽에 있는 옛날 숙신국이다. 언어가 독특하게 다르다(《魏書》).
⑧ 辰韓은 馬韓의 동쪽에 있다. 그들의 노인들이 대대로 전해 내려오는 말로 옛날 사람들이 秦(始黃帝)의 노역을 피하여 韓國으로 와서 정착하였다고 한다. 마한은 동쪽의 경계 지역을 나누어주었다. 城柵이 있고, 그들의 언어는 마한과 같지 않다. 國(나라)을 邦, 弓(활)을 弧, 賊(도적)을 寇라 하여 진 사람(언어)과 비슷한 점이 있다(《三國志》・《後漢書》).
⑨ 弁辰은 진한과 섞여 살고 있으며, 성곽도 역시 있다. 의복과 거처는 진한과 같고, 언어와 법속도 서로 비슷하다(《三國志》).
⑩ 변진은 진한과 섞여 살며 성곽・복장 등이 모두 같다. 언어와 풍속에 다름이 있다(《後漢書》).
⑪ 백제는 그 선조가 東夷이다. 오늘날 언어와 의복 등이 대략 고구려와 같다(《梁書》).
⑫ 신라는 그 선조가 본래 진한의 종류다. 辰韓은 秦韓이라고도 한다. 전해 내려오는 말로 秦 시대에 사람들이 노역을 피하여 마한에 와서 정착하였고, 마한은 그 동쪽 경계지역을 나누어 살게 하였다. 그들이 秦 사람이기 때문에 秦韓이라고 불렀다. 그들의 언어와 사물 이름은 중국인들과 유사하다. 國(나라)을 邦, 弓(활)을 弧, 賊(도적)을 寇라 하여 마한과 같지 않다. (중략) 진한에는 처음에 여섯 나라가 있었는데, 더 작게 나뉘어 12 나라가 되었고, 신라는 그 중 하나이다. (중략) 신라의 拜禮와 행동거지는 고구려와 같은 종류이다. 문자가 없고 나무에 새겨 信表를 삼았다. 언어는 백제 사람을 중간에 넣고서 통할 수 있다(《梁書》).
⑬ 백제는 그 선대가 대개 마한의 속국이며, 부여의 별종이었다. (중략) 왕의 성은 夫餘氏이고 호는 於羅瑕, 백성들은 鞬吉支라고 불렀는데 중국 말로 둘 다 王이란 뜻이다. 왕비는 於陸이라 부르고 중국말로 妃란 뜻이다(《周書》).

이상 13개항에 발췌된 기사들이 지금까지 삼국 언어를 연구한 논저들에서 대부분 반드시 인용되고 다양하게 해석되었던 중국 역사서 기록을 대개 망라한 것이다.

①~④의 기사는 부여·고구려·동옥저·濊의 언어가 같았다는 근거가 되었고, 이에 대해서는 이견이 별로 없었다. 이 언어들을 흔히 부여계 언어라고 불러왔다. 그러나, 이 부여계 언어가 韓系와 같은 계통인가, 퉁구스어 계통인가에 차이가 있었다.[15]

⑤~⑦은 숙신·읍루·물길(勿吉)이 같은 언어였다는 근거가 되었고, 이들을 숙신계 언어라고 불러왔다. 물길은 앞의 둘 보다 훨씬 후세에 등장하는 族名이다. 이 숙신계 언어를 퉁구스계로 보는 견해와, 古아시아계로 보는 견해가 있다. 여하간에 우리 민족의 언어와는 직결되지 않는 언어로 인정한다.

⑧~⑬이 三韓 지역에 존재하였던 나라(國)들에 관한 기록으로, 선후 문헌에 모순되는 내용도 있고 문면 그대로 이해하기 어려운 부분도 있어서, 다양한 설명과 해석이 이루어졌던 기사들이다.

우선 ⑧과 그것을 참고로 기술한 것이 분명한 ⑫에서, 진한의 언어는 중국의 秦나라에서 유입한 사람들의 언어로 인접한 마한의 언어와 달랐다는 사실을 전하고 있다. 이 기사를 '辰'과 '秦'의 동음성에서 기인한 중국인의 作爲에 의한 것으로 부정하는 견해도 있었지만, 또 실제로 발생하였던 역사적 사실로 인정하는 견해도 있었다.[16] 여하튼, 진한의 원주민이 아니라 중국에서 유입된 사람들의 언어를 지칭한 것이라면, 삼국 언어 상호 관계에 대한 논의에서 큰 문제가 되지 않는다.

⑨에서 변진과 진한의 언어가 비슷하다고 하고, ⑩에서는 다르다고 설명하여 모순이 된다. 이에 대하여 방언적 차이가 있는 두 언어를 차이에 초점을 맞추면 ⑩, 공통성에 초점을 맞추면 ⑨의 설명이 된다는 설명이 있고,[17] ⑩은 ⑨를 참고하고 전재한 것이 분명하기 때문에, 전후 문맥의 비교에 의해서 ⑩의 오류로 이해하는 것이 온당하다는 설명도 있다.[18] 그리하여 ⑨는 변진과

15) 李基文 교수 등이 韓계와 같은 계통으로 보고, 河野六郞 등 주로 일본 학자들이 퉁구스계로 본다.

16) 李基文, 앞의 책, 69쪽에서 이 기사를 '作爲'로 본다. 河野六郞은 이 기사를 역사적 사실의 전승으로 본다. 그에 대해서는 安秉禧, 앞의 글(1987), 999쪽 참고.

17) 李基文, 위의 책, 69쪽 참고.

18) 安秉禧, 앞의 글(1987), 999~1000쪽 참고. 김수경, 앞의 책, 22~23쪽에서는 우선 李基文교수의 견해를 인용하고, "같은 언어에 대한 방언적 차이의 강조 혹은 기록상 착오"로 설명하였다.

진한이 同族이었음을 증명하는 근거로 제시되기도 하였다.[19]

⑪은 백제어가 고구려어와 같았음을 전하는 유일한 기록이다. 이것을 ⑬과 결부하여 고구려어와 백제 지배족 언어에 관한 기술로 추측하기도 하고,[20] 《梁書》의 편찬 시기가 7세기 초반이기 때문에, 이것은 고구려가 한반도 이북 지역으로 남하한 후의 언어를 지칭한 것으로 해석하기도 하고,[21] 기기의 문면 그대로 해석하여 고구려어와 백제어가 같았음을 증명하는 중요한 근거로 이해하기도 한다.[22]

⑫의 끝부분에 보이는 "(신라의) 언어는 백제 사람을 중간에 두고 통할 수 있다"는 기사는 신라어와 백제어의 동일성을 확인시켜주는 근거로 지적되어 왔다.[23] ⑬은 백제의 지배층(부여계) 언어와 피지배층(마한계) 언어가 달랐음을 시사하는 기록으로 언급되어 왔다.[24] 그러나, 이 기사에서 언급한 지배층의 호칭이 고구려어라는 근거가 없고, 같은 언어 내에서도 이러한 종류의 어휘는 지배층과 피지배층간에 다를 수 있다는 등의 이유로 백제어와 고구려어가 달랐다는 근거로 채택하기를 거부하기도 한다.[25]

나. 언어의 일반적 속성과 삼국 언어의 상호 관계

언어는 세월의 흐름과 더불어 항상 변화한다. 몇 년 혹은 몇 십년 동안에 전혀 다른 언어로 변하지는 않지만, 몇 백년 혹은 몇 천년의 기간에는 상당히 다른 모습의 언어로 바뀐다. 60년 전 대중의 인기가 높았던 춘원 이광수의 소설들에는 오늘날의 소설에서 볼 수 없는 단어와 표현방식이 다수 등장

---

19) 河野六郞, 앞의 책, 17쪽 참고.

20) 이기문, 앞의 책, 70쪽 참고.

21) 安秉禧, 앞의 글(1987), 1000쪽에서 金芳漢의 책을 인용하면서 설명하였다.

22) 김수경, 앞의 책, 17~18쪽 참고.

23) 지금까지 이 기사를 인용한 논저에서 대개 같은 견해들이다. 대표로 安秉禧, 앞의 글(1987), 1001쪽 참고. 그러나, 이것은 달리 해석할 수도 있다. 즉, 신라어와 백제어는 달랐지만 백제에는－지리적 여건 때문에－신라어를 아는 사람들이 많아서 중국 사람이 신라인과 통하려면 백제인을 통했다고 해석할 수도 있는 것이다(宋基中, 〈書評 : 金芳漢, 韓國語의 系統〉, 《國語學》 13호, 1984, 273쪽 참고).

24) 원래 河野六郞이 발표한 것을 李基文교수 등 우리 나라 학자들이 수용하여 널리 알려지게 되었다. 李基文, 앞의 책, 70쪽 ; 安秉禧, 앞의 글(1987), 1001쪽 ; 河野六郞, 앞의 책, 29쪽 참고.

25) 金芳漢, 앞의 책 ; 김수경, 앞의 책, 18~21쪽 참고.

하지만, 아직까지는 읽고 이해하기에 과히 어렵지 않다. 그러나 100년 전에 발행된 《독닙신문》은 순한글이지만 쉽게 이해할 수 없고, 400년 전에 창작된 《홍길동뎐》은 더욱 어렵다. 550년 전 훈민정음이 창제된 직후에 간행된 《龍飛御天歌》의 국문시가를 현대인들이 보통 시집을 읽듯이 이해하기는 불가능할 것이다. 이와 같이 오래된 글일수록 이해하기 어려운 까닭은 국어의 변화 정도가 시간에 비례하여 그만큼 컸기 때문이다.

언어는 항상 변하기 때문에 같은 언어라도 계속 접촉하지 않으면 상호 소통되지 못하는 다른 언어로 분화한다. 그렇기 때문에 정치·행정, 혹은 상업, 혹은 종교적 이유로 자주 접촉하는 인간의 집단, 즉 사회는 규모와 지역의 대소에 관계없이 언어의 분화 정도가 낮았던 반면에, 다른 사회와 접촉이 없었던 사회들은 각각 상이한 언어 집단으로 발전하여 언어의 높은 분화를 가져 왔다. 이러한 현상을 극명하게 나타내는 예가 아프리카와 남태평양 제도에 산재하는 수천 개의 언어들로, 고립된 생활을 지속하는 부족들의 언어이다. 이들 언어들의 사용자들은 각각 수백 혹은 수천에 불과하다.[26] 다른 예로 중국은 전세계에서 인구가 가장 많은 나라이고 인도가 그 다음인데, 중국에서는 중국어 방언이라고 지칭하는 언어가 오직 6~7종(소수민족의 언어가 50종) 존재한다. 그와 반면에 인도에서는 적어도 250종의 언어가 사용되고 있고, 공용어만 해도 15종이다. 이 현상은 중국이 역사적으로 중앙집권적 통치체제를 채택하여 온 반면, 인도는 그렇지 않았던 데서 연유하는 것으로 설명되어야 할 것이다.

위에서 요약 소개한 삼국 언어 상호 간의 관계에 대한 상이한 견해들은 모두가 19세기에 유럽에서 발전되었던 역사비교언어학에서 제시되었던 '언어발달의 모형'을 기본 전제로 하고 있다. 이 모형은 다윈의 進化論을 圖示하여 단세포생물로부터 인간에 이르는 과정의 발달과 진화과정을 보여주는 〈種의 進化圖〉와 유사하게 그리며, 系統樹圖라고 부른다.

---

26) 오늘날 세계에는, 정확한 수는 아무도 모르지만 5천 내지 7천 종의 언어들이 사용되고 있고 그중 1백만 이상이 사용하는 언어는 불과 130여 종에 불과하다.

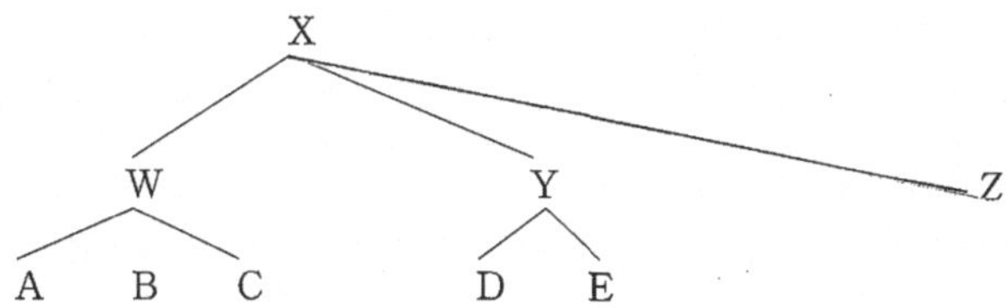

이 계통수도에서는 모든 언어가 單線的으로 발달한 모습만 보여준다. 위 그림에서 보면, A·B·C 언어는 W, D·E 는 Y의 분화에 의하여 형성된 언어라는 개념이다. 따라서, A·B·C와 D·E 는 각각 親族관계에 있는 언어라고 부른다. 이것을 국어에 적용하면, 현대국어의 조상언어는 삼국시대의 언어이고, 삼국의 언어는 단일어 혹은 계통을 달리하는 2~3종의 언어 중에서 어느 하나이지 복수 언어의 영향을 받으며 형성되어 온 언어가 아니라는 전제이다.

이러한 언어 발달의 단선적 모형은 19세기 중엽 등장할 때부터 비판의 대상이 되었었다. 언어는 생물과 같이 독립된 種屬으로 존재하며 자체의 유전인자에 의하여 種性이 유지되는, 즉 생물학적 기능을 가진 개체가 아니라는 점－생물은 일단 분화하면 다른 種과의 접촉에 의한 종성의 변화는 다시는 있을 수 없는데－과 언어는 분화된 후에도 다른 언어와 접촉에 의한 영향으로도 계속 변화한다는 점 등이 지적되었다. 그리하여, 언어의 다면적 접촉에 의한 변화, 가까이 있는 언어로부터는 다수의 영향을 받고, 멀리 있는 언어로부터는 적은 영향을 받으면서 언어가 변한다는 통칭 波狀說이 등장하기도 하였다. 여기서 상세히 설명하지 않는다.

역사적으로 흔히 발생하였던 언어 분화의 양상은 다음과 같이 설명되었다. 어느 시대에 A, B, C, D, E, F, G, H…라는 언어들이 어느 지역에 A－B－C－D－E－F－G－H…과 같이 분포되어 있을 때, 인접한 언어들은 유사성이 많아 상호 통할 수 있는 언어이지만, 멀리 떨어질수록 유사성이 적어져서 불통하는 언어이다. A와 B, B와 C, C와 D…는 상호 통할 수 있는 아주 유사한 언어들이었으나, A와 F, B와 H 등은 현격히 다른 언어였다. 어떤 시점에서 정치적 혹은 경제적 이유로 A－B－C가 A를 사용하는 사람들에 의하여 통합되어 A 언어로 통일되고, E−F−G−H가 G로 통일되었을 때, 본래 점진적으로 차이가 있던 언어군은 현격히 다른 A와 G, 2개의 언어로 통폐합된다.

'언어'와 '방언'은 그 명확한 한계를 긋기가 어렵다. 포르투갈어와 스페인어는 상호간에 어느 정도 소통할 수 있는데 상이한 언어로 취급하고, 북경어와 광동어는 상호 불통인데 같은 중국어의 방언으로 취급한다. 즉, 언어와 방언의 구분은 언어학적 구분보다는 의식적 구분에 의하여 규정되는 면이 강하다.

이상 약술한 언어의 일반적인 속성에 비추어 삼국의 언어상황을 추정해 볼 수 있을 것이다. 우선 삼국이 수립되기 이전에 어떤 중앙집권적 통치체제가 수립되지 않았었다면, 상호 간에 차이가 있는 언어 집단이 다수 존재하였을 것이라고 추정할 수 있고, 그것이 삼국의 출현과 더불어 소수의 언어 집단으로 통합되었으며, 그것이 삼국의 통일로 다시 단일 언어로 통합되는 과정을 거쳤다고 볼 수 있다. 어느 경우에나 언어의 통합은 일시에 일어날 수 없기 때문에, 삼국의 출현과 더불어 언어의 집단이 소수로 통합될 때, 그 이전에 존재하였던 다수 집단 중 어느 집단의 언어를 중심으로 통합되었을 것이지만, 개별 집단의 언어의 영향은 통합 언어에 남았을 것이고, 삼국이 통일되어 다시 언어의 통합이 일어날 때, 이전 삼국 언어의 영향이 통합 언어에 영향을 남겼을 것임은 넉넉히 추측할 수 있다. 삼국 출현 이전의 여러 나라(國)들의 언어나, 삼국통일 이전 고구려·백제·신라의 언어에 어떤 정도이든 차이가 있었던 것은 인정하지 않을 수 없다. 그 차이가 방언적 차이인지, 언어적 차이인지 구분할 수 있는 근거를 우리는 갖고 있지 못한다. 설혹, 충분한 언어자료가 현전한다고 가정해도, 그것이 방언적 차이인지, 언어적 차이인지 따지는 일은 또 다른 문제이다.

삼국의 언어에 대하여 우리가 확실히 말할 수 있는 것은, 현전하는 언어자료에서 삼국 공통의 어휘항들을 발견할 수 없어 삼국 언어 상호 간에 차이가 있었다는 것, 삼국 언어자료에서 확인되는 단어들의 일부가 중세국어 내지 현대국어 단어들과 비교된다는 것뿐이다. 그리고 삼국이 정치적으로 통일됨에 따라 언어의 통합이 이루어졌을 것이라는 것, 그것은 언어의 일반 속성에 부합되는 과정이라는 것이다. 중국 역사서의 단편적 기록에 의하여 삼국 언어의 상황이나 상호 관계를 왈가왈부하는 일은 처음부터 사변적일 수밖에 없었고, 확증적 결론은 누구도 제시한 바 없고, 앞으로도 영원히 제시할 수 없을 것이다.

〈宋基中〉

2) 시 가

(1) 한국시의 생성과 노래의 집단성

어느 민족의 경우나 다를 바 없지만, 한국의 시가가 언제, 어떻게 발생했는가를 밝힌다는 것은 막연하기 이를 데 없는 일이다. 이를 살필 만한 구체적 근거를 찾을 수 없기 때문에 기댈 수 있는 논리조차 시의 일반적 발생론을 벗어나기 힘들어서, 그야말로 막연한 상식론으로 흐르기 십상인 까닭이다. 우리의 경우 흔히 이 문제를《三國志》魏志 東夷傳에 나오는 迎鼓, 舞天, 東盟 등의 祭天儀式에 관한 기록에 근거하여 설명하는 것이 통례로 되어 있다. 이 기록을 詩·歌·舞의 미분화 상태를 말해 주는 전형적인 원시문화단계의 자료로 간주하여, 한국시가의 발생기적 국면을 祭儀와 결합된 원시종합예술(ballad dance)의 논리로서 설명하고 있음이 그것이다.

그러나 이는 자료의 해석에 문제가 있기 때문에 우리시의 발생적 국면을 설명하는 자료로 삼기에는 상당한 무리가 있다. 곧 위지 동이전에 기록된 이들 제천의식의 자료는 시와 음악과 무용이 아직 분화되지 못한 상태의 원시적 예술형태를 기술하고 있는 자료가 아니다. 오히려 기원 전후 무렵의 발전된 사회조직을 배경으로 하여, 당시 북방의 夫餘·高句麗·濊와 남방의 三韓 등에서 연례적으로 거행되던 국가적 규모의 제천행사를 기술하고 있는 자료다. 따라서 이는 예술 발생의 원시적 국면이라기보다 이미 상당한 정도로 예술적 형식의 분화가 이루어진 단계에서 볼 수 있는, 발전된 형태의 종합 예술적 국면이라 해야 할 것이다.

따라서 한국시가의 발생론적 국면을 밝힌다는 것은 이의 입증에 필요한 직접적인 자료가 없으므로 현실적으로 가능한 일이 아니다. 굳이 이를 밝히려 한다고 해도, 결과는 도리어 예술 발생의 일반논리를 한국시에 적용하는 식의 단순논법에 말려들기가 쉽다. 그리하여 발생의 시기를 언제까지 거슬러 올려 잡을 수 있는지, 발생의 문화적 배경을 어떻게 규정할 것인지와 같은 실제적인 문제에 들어가면, 사실상 아무 것도 해명할 수 없는 상황에 빠지고 만다. 그러므로 한국시의 형성문제와 관련하여 주목할 바는 발생론적 과정의 해명보다 차라리 한국시의 생성기적 국면을 역사적으로 재구성해 보는 일일 것이다. 발생의 국면을 복원해 낸다는 것은 불가능하더라도 생성단계의 우리 시가 놓여 있었던 초기적 국면은 어느 정도나마 추정이 가능할 것으로 보이기 때문이다.

이런 점에서 보면 자료로서 가장 먼저 주목해야 할 작품은 〈龜旨歌〉일 것이다. 〈구지가〉가 바로 이러한 생성기 시가의 초기적인 단면을 함축적으로 드러내 보이고 있기 때문이다. 잘 알다시피 〈구지가〉는 《三國遺事》의 駕洛國記에 실려 전하는 首露王 誕降談의 중심부를 차지하고 있는 노래다. 가락국기에 기술된 연대를 믿는다면 이 노래는 기원후 1세기경 제작된 작품이므로 이 역시 직접적인 생성기의 자료인 것은 아니다. 그러나 상고시가 자료로서 〈구지가〉가 중요하다면, 그것은 1세기에 정착된 특정한 노래로서보다 「구지가계 노래」라는 유형적 의미로서 이다. 1세기의 〈구지가〉는 수로왕 탄강담과 더불어 처음으로 나타난 독창적 노래가 아니다. 그 이전부터 이미 호칭+명령-가정+위협의 주술공식구 형태로 전승되고 있었던 구지가계 노래의 한 실현태라고 할 수 있기 때문이다.[1)]

구지가계 노래는 모두가 일정한 규모의 집단적 제의에서 불리는 주술적

---

1) '구지가계 노래'로 이름 붙일 수 있는 호칭+명령-가정+위협의 주술유형은 시간적으로 수천 년이나 전승되고 공간적으로 범세계적 분포를 보이고 위압적 주술의 대표적 유형이다. 우리의 경우 〈구지가〉에 앞서 나타난 주몽의 白鹿呪術에서부터 신라의 〈海歌〉, 조선의 〈석척가〉 근대의 龍呪術에 이르는 지속적인 전승의 전통을 검출할 수 있고, 공간적으로는 이웃의 중국만 아니라 동남아의 셀레베스섬, 남미의 오리토코강 유역에서도 발견할 수 있기 때문이다. 자세한 것은 成基玉, 〈구지가의 작품적 성격과 그 해석(1)〉(《蔚山語文論集》 3, 蔚山大國文科, 1987) 참조.

노래로서, 여럿이서 함께 부르는 집단주술의 형태를 띠고, 그 본래적 기능이 祈雨 혹은 豊饒呪術에 기반을 두고 있으며, 위협의 대상을 주술적 해결의 능력을 지닌 신이 아니라 '신의 매개자'로 설정하는 등의 기본 특성을 지닌다. 이런 사실은 구지가계 노래의 생성 배경과 시기에 관한 보다 구체적인 정보를 제공해 준다는 점에서 주목을 요한다. 첫째로, 이들에서 보이는 제의와 노래의 집단성은 구지가계 노래의 생성이 상당한 규모의 사회공동체 형성과 긴밀히 관련되어 있음을 알려 준다. 둘째로, 이들 고유의 기우 혹은 풍요주술적 기능은 이 노래의 생성이 祈雨나 豊農을 사회집단의 절박한 문제로 인식하기 시작한 정착 농경사회로의 진입과 긴밀히 관련되어 있음을 암시한다. 마지막으로, 이들에 공통적으로 나타나는 위협의 간접화 현상은, 이 노래가 이미 초월자로서의 신을 직접 위협할 수 없을 만큼 상당한 정도의 신관념이 형성된 산물임을 뜻한다.[2)]

결국 이러한 문화단계를 우리에게서 찾는다면, 구지가계 노래는 청동기 문화단계로의 진입과 밀접한 관련 속에 생성된 것으로 결론지을 수 있다. 본격적인 정착농경의 시작과 더불어 혈연집단을 넘어선 보다 큰 규모의 사회공동체로 재편되는 현상이 일어나고, 세계의 현상을 초월적 힘에 의존하여 해결하려는 종교적 신관념이 형성되면서, 종래의 주술-신화적 세계관이 흔들리기 시작하는 시기가 곧 이 때부터라고 할 수 있기 때문이다. 그러므로 구지가계는 우리가 추적할 수 있는 가장 이른 시기의 노래인 동시에, 한국시 형성의 직접적 원류가 되는 생성기 우리시의 중요한 한 단면을 드러내 주는 노래라 할 수 있다.

이런 추론은 위에서 언급한 위지 동이전의 제천의례 자료에 다시 주목할 때 더욱 설득력을 지닐 수 있다. 이들 국가적 제의의 역사적 원천 역시 청동기 문화를 배경으로 한 구지가계 노래의 제의 전통과 동일 선상에 있음을 발견할 수 있기 때문이다. 곧 영고·무천·동맹 등의 國中大會로부터 유추할 수 있는 집단적 제의로서의 공동체적 성격, 풍요제의로서의 주술-종교적 성

2) 成基玉, 〈龜旨歌 생성의 문화기반과 역사적 양상〉(《韓國古代史論叢》 2집, 韓國古代史硏究會, 1991), 169~180쪽.

격, 제의의 과정으로서 연행되는 집단적 가무형태 등은 사실상 구지가계의 제의적 국면과 기본적으로 다를 바 없다. 따라서 이들에서 보이는 종합 예술적 국면 역시 구지가계와 마찬가지로 그 생성기반을 청동기사회의 집단적 제의 전통 속에서 찾을 수 있다. 이런 면에서 구지가계 노래가 불리던 생성기 시가의 초기 국면 또한 전반적인 윤곽을 잡아 낼 수 있을 것이다. 이 시대의 노래는 주로 청동기의 정착 농경사회를 배경으로 한 집단적 제의와 불가분의 관련성 속에서 생성되어, '群聚歌舞'하는 집단적 가무의 형태로 전승되었을 것으로 보인다. 그런 만큼 노래의 성격 또한 주술-종교적 성격을 크게 벗어나지 않았을 것이다.

그러나 청동기 사회가 이미 주술-신화적 세계관의 흔들림과 더불어 시작된다고 할 수 있는 만큼, 이 시대의 노래가 모두 제의의 직접적 상관물로서만 생성된다고 보기에는 무리가 있다. 게다가 청동기 경험의 축적과 더불어 경험적 세계와 초경험적 세계의 분화가 가속화되고, 이에 따라 경험적 현실의 비중이 점차적으로 증대되어 나가는 현상에 비추어, 모든 노래가 계속적으로 제의적 문맥 속에서 산출되리라는 것은 더욱 상상하기 어렵다. 바로 이처럼 노래가 제의의 거룩한 공간으로부터 벗어나 현실의 경험 공간에서 일어나는 인간적 삶의 문제에까지 내려앉기 시작하는, 생성기 시가의 또다른 국면을 보이고 있는 자료가 곧 〈公無渡河歌〉이다.

〈공무도하가〉는 朝鮮津卒 藿里子高가 새벽에 배를 손질하다가 '被髮提壺'한 白首狂夫와 그 아내의 연쇄적인 죽음을 목도하게 된 비극적 이야기의 일부로 전하는 민요이다.[3] 이에서 주목할 바는, 세계에 대한 근원적 물음으로서 중대한 의미를 던지는 '죽음'의 문제가 노래의 중심을 이루고 있다는 사실이다. 거기에는 수수께끼 같은 백수광부의 신비로운 죽음과 지극히 현실적인 아내의 인간적 죽음이라는, 세계관적 인식의 기반을 달리하는 두 개의 대조적인 죽음이 배후에 놓여 있는 것이다.

---

3) 기록과 전승이 모두 중국 중심으로 이어지고 자료 또한 중국의 古樂府 형태로 남아있는 까닭에, 지금까지도 중국노래냐 우리 노래인가로 논란이 분분한 작품이기도 하다. 그러나 고조선 말기에 발생한 우리 민요가 漢四郡 때 중국으로 건너가 악부화된 것으로 보는 데는 큰 문제점이 없을 것이다.

흰머리를 흩뜨리고 술병을 든 채 겁없이 강을 건너는 백수광부의 죽음에는, 삶과 죽음을 경계 지우지 않음으로써 죽음을 죽음으로 인식하지 않는 신화적 인간으로서의 초월적 죽음이 놓여 있다. 반면에 남편을 만류하다가 뒤따라 목숨을 던지는 아내의 죽음에는, 삶과 죽음을 뚜렷이 경계 지움으로써 죽음을 곧 세계의 종말로 받아들이는 현실적 인간으로서의 경험적 죽음이 놓여 있다. 백수광부의 죽음에는 경험과 초경험의 연속성이 여전히 세계 해석의 중심 기반을 이루는 주술-신화적 세계관이 투영되어 있다면, 아내의 죽음에는 경험적 현실이 오히려 세계 이해의 중심 문제로 떠오르는 불연속적 세계관이 강하게 반영되어 있는 것이다. 이는 곧 철기문화의 경험과 더불어 세계의 연속성에 대한 믿음의 흔들림이 마침내 죽음의 문제에까지 확산되어 나가는, 노래 형성층의 이중적인 전환기 의식을 단적으로 반영한 결과라고 할 수 있다.

더욱이 〈공무도하가〉는 이러한 이중적 의식 가운데서도, 죽음을 철저히 경험적 현실의 문제로 받아들이는 아내의 비극적 의식을 표출한 극적 독백체 형태의 민요다. 따라서 이는 생성기의 노래가 구지가계의 거룩한 제의 공간으로부터 벗어나는 과정을 엿볼 수 있는 자료인 동시에, 한국 서정시의 발생이라는 생성기 시가의 또 다른 새 국면을 엿볼 수 있는 자료이기도 하다. 서정시의 본질이라 할 자아의 동일성 상실 문제가 처음으로 우리 문학에서 대두되기 시작하는, 문화적 변동기 정서의 특징적인 한 단면을 이 노래가 보이고 있기 때문이다. 곧 서정민요로서의 〈공무도하가〉에 표출된 동일성의 상실은, 세계의 연속성에 대한 믿음의 상실에서 비롯된 한국 서정시의 출현 문제와 직접 잇닿아 있는 것이다.

(2) 창작적 노래의 출현과 민족의 발견

그러나 구지가계 노래와 〈공무도하가〉에 구현된 세계는 민족의 범위를 넘어 어디서나 있을 법한 범문화적 성격이 강하다. 다시 말해 이들 생성기의 노래는 아직까지 한국시로서의 구체적 개별성을 획득하는 단계에 이른 것으로는 보이지 않는다. 구지가계가 우리만의 노래가 아닌 범세계적 보편 유형이듯이, 〈공무도하가〉의 비극적 국면 역시 범문화적이기는 마찬가지다. 노래의 극적 정황으로 설정된 부부의 연쇄적 죽음은 어느 시대 어느 민족에게서나 있음직한 보편적 제재로서, 그 호소력의 원천 역시 역사적 진실성보다 허구적 진실성에 두고 있기 때문이다. 〈공무도하가〉가 쉽게 중국에 수용되어 악부화될 수 있었던 까닭도 이와 관련이 깊다고 할 수 있다. 그러므로 이들 노래는 아직 한국시가로서의 역사성과 민족문학으로서의 개별성을 획득하기 이전 단계에 향유되었던 우리시의 모습이라 할 수 있다.

이런 면에서 고구려의 〈黃鳥歌〉, 신라의 〈兜率歌〉·〈會蘇曲〉·〈辛熱樂〉, 가락국의 〈구지가〉 등 기원 전후 1세기경에 산출된 일련의 작품들은, 우리시가의 형성 과정상 앞 단계의 생성기와 구별되는 또 다른 국면을 보이는 자료들이다. 이들 기원 전후의 작품에 와서부터 비로소 우리시는 민족문학으로서의 역사성과 개별성을 획득하면서 한국시의 서정적 전통을 마련할 길을 열기 시작했기 때문이다. 물론 이는 기원 전후의 이 시기가 철기문화의 급격한 확산과 더불어 본격적인 민족국가의 출현을 경험하게 되는, 민족적 정체성의 발견 시기와 긴밀히 맞물려 일어나는 현상이기도 하다.

《三國史記》에 漢譯歌의 형태로 남아 전하는 〈황조가〉와 노래의 유래만 전하는 〈도솔가〉는, 현전하는 자료로서는 처음으로 구체적인 역사적 현실과의 긴장 속에서 생성된 창작적인 노래들이라는 점이 우선 주목을 끈다. 〈황조가〉는 고구려의 2대 瑠璃王이 왕비 宋氏가 죽은 후 繼室로 맞아들인 두 왕비—漢族 출신의 禾姬와 鶻川人 출신의 稚姬—의 질투어린 갈등상을 배면에 깔고 읊은 애정의 노래다.[4] 〈도솔가〉는 신라 3대 儒理王이 거리의 부랑민들까지 구휼할 만큼 선정을 베푼 '民俗歡康'의 정치상을 반영한 송축의 노래다.[5] 따라서 이들 노래에서 우리는 한국시가가 자연발생적인 구술전승의 향유 단계를 넘어 창작적 노래의 향유 단계로 확산되는 상황을 어느 정도나마 짐작할 수 있다. 비록 자료가 왕실 중심으로 편중되어 전하는 한계가 있기는 하지만, 이들은 앞 단계의 노래와 달리 역사적 구체성을 띤 특정한 정황의 정치현실과 팽팽한 긴장 관계를 유지하고 있기 때문이다.

---

4) 《三國史記》 권 13, 고구려본기 1, 유리왕 3년.
5) 《三國史記》 권 1, 신라본기 1, 유리니사금 5년.

〈황조가〉는 표면상 치희와의 총애 다툼으로 떠나버린 화희에의 애틋한 미련을 외로움의 정서로 표출한 소박한 사랑의 노래 형태를 띠고 있다. 그러나 일찍부터 선학들이 지적한 바와 같이,[6] 그 이면에는 고구려 건국 초기의 어지러운 정치현실이 놓여 있다는 점에서 단순한 사랑 노래로 보기는 어렵다. 두 계실인 화희와 치희의 갈등은 단순한 총애 다툼이라기보다 이들을 등에 업은 두 정치세력의 팽팽한 권력다툼, 곧 漢人으로 대표되는 외래세력과 골천인으로 대표되는 토착세력간의 정치적 알력으로 해석할 수 있기 때문이다. 〈황조가〉는 곧 이들 정치세력의 견제와 조정을 통해 아직 채 다져지지 못한 왕권을 굳혀 나가려다가 벽에 부딪힌, 유리왕의 강한 정치적 좌절감을 바탕에 깔고 있는 서정적 사랑의 노래인 것이다.

〈도솔가〉의 경우는 그러한 정치현실과의 밀착 관계가 더욱 직접적이다. 비록 작품이 전하지 않아 확실한 내용은 알 수 없지만, 그것이 민속환강의 國泰民安을 구가하는 정치성이 짙으리라는 것은 문맥상 어렵잖게 짐작할 수 있기 때문이다. 더욱이 〈도솔가〉는 왕권의 확립을 통해 건국 초기의 國基를 다져 나가려는 유리왕의 국가체제 정비 시책과 직접 맞물려 제작된 노래이기도 하다. 지배기반으로서의 六村을 정비하고 통치기구로서의 官制를 확립하는 등의 통치체계 구축, 농기구 여[犁]를 제작하고 길쌈을 장려하는 등의 산업기반 조성, 臧氷庫를 짓고 수레를 제작하는 등의 왕실기반 확립 등과 더불어, 왕실음악으로서의 歌樂을 제도화하는 과정에서 제작된 첫 노래가 곧 〈도솔가〉라 할 수 있기 때문이다.[7]

사실 〈황조가〉와 〈도솔가〉가 창작되는 기원 전후 1세기 무렵은 우리 역사상 실질적 의미의 자생적 민족국가들이 출현하기 시작하는 새로운 국면에 접어든 시기라 할 수 있다. 漢四郡의 설치와 철기문화의 보급은 아마도 이러한 국면의 전환을 가져오게 한 가장 직접적인 계기가 되었을 것이다. 문화적 토양을 달리하는 이민족의 외압은 한편으로 다종다양하게 분포된 토착문화 집단들의 자기 정체성을 자극하는 계기가 되고, 다른 한편으로 小國 단계의 민족국가 형성을 주도해 나간 철기문화 집단의 流移民 現象을 촉진하는 계

6) 李明善, 《朝鮮文學史》(朝鮮文學社, 1948), 16쪽.
7) 李明九, 〈兜率歌의 歷史的 性格〉(《成大論文集》 22집, 成均館大, 1976), 19~31쪽.

기가 되었다고 할 수 있기 때문이다. 신라의 六村, 고구려의 五族, 가락국의 九干 등 토착집단의 규합을 통한 소국 형성의 과정이 이를 단적으로 대변해 주고 있다. 그러므로 〈황조가〉나 〈도솔가〉와 같은 창작적 노래의 출현은, 기원 전후 1세기 무렵의 자생적 민족국가 출현이라는 우리의 민족사적 현실과 따로 떼어 생각할 수 없다. 그것은 민족국가 형성의 주동자인 상층부 지배집단을 중심으로, 그네들의 당면한 현실적 고뇌와 과제를 토로하고 해결하는 데서 출발했다고 할 수 있다.

이런 까닭으로 기원 전후의 이들 창작 시가는 그 서정적 성격 역시 특수한 국면을 드러낸다. 〈황조가〉는 단순한 사랑의 노래가 아니므로, 유리왕의 사사로운 감회를 토로하는 개인적 서정시로서의 전형을 보이는 것도 아니다. 거기에는 정치권력의 암투와 이의 틈바구니에서 안정된 국가기반을 다져야 하는 초기 국왕으로서의 심각한 정치적 고뇌가 깔려 있다. 따라서 노래 속에 토로되고 있는 유리왕의 외로움은 개인적이라기보다 차라리 정치적이라 할 수 있고, 사적인 것 못지 않게 사회적 성격이 짙다. 곧 개인적 자기 표백의 형태로 토로되는 고립의 정서는 사회적 문제로서의 정치적 소외감과 직결되어 있기 때문에, 개인적 서정시로서의 내면화 정도 또한 그렇게 강하다고 할 수 있는 것이 아니다.

〈도솔가〉는 백성들의 집단적 감성에 기대어 창작된 정치적 의도의 頌祝歌 형태를 띠고 있는 만큼, 개인적 서정의 국면과는 더욱 거리가 멀다. 오히려 개인적이라기보다는 집단적이고 사적이라기보다는 공적인 성격이 짙기 때문에, 서정시로서는 특수한 위상에 놓여 있는 노래라 할 수 있다. 그러므로 서정시로서의 초기 창작시가는 개인보다는 사회가, 개인의 내면적 우주보다 사회의 경험적 현실이 더 중시되는 사회성을 짙게 드러낸다. 다시 말해 내면적 현실보다는 사회적 현실과의 긴장이, 개인적 상상력보다는 사회적 상상력으로서의 현실성이 오히려 자아의 시적 충동을 자극하는 정서적 동력이었다고 할 수 있다.

그러나 이 무렵 〈황조가〉·〈도솔가〉에서 보이는 이러한 정치현실과의 긴장은, 그것이 단지 창작시가의 국면으로서만 나타난다고 할 수 있는 것은 아니었다. 앞 단계에 출현하여 이 무렵에는 이미 상당한 정도의 폭넓은 향유기반을 확보하고 있었다고 할 수 있는, 구술전승의 노래에서도 비슷한 현상이 발견되기 때문이다. 우선 주술적 계열의 노래 전통 속에 정착된 이 시기 주몽의 白鹿呪術과 가락국의 〈구지가〉가 그러한 사정을 단적으로 드러내 주는 예가 될 것이다. 고구려를 건국한 직후 이웃 沸流國의 松讓王을 굴복시키기 위해 흰 사슴을 위협하여 홍수를 일으키는 주몽의 백록주술[8]은, 구지가계 고유의 기우주술적 기능을 豊農이 아닌 정치적 목적의 영토 확장에 이용하고있다. 가락국의 건국 과정에서 거북을 위협하여 수로왕을 탄강케 하는 〈구지가〉[9]에는 그러한 정치성이 더욱 적극적으로 투영되어 있다. 기우주술을 迎神呪術로 바꾸는 주술적 기능의 변용을 통해, 풍요제의를 정치적 목적의 영신제의로 전치시키는 '주술의 정치화' 현상이 강하게 드러나고 있기 때문이다.[10]

이런 현상은 공무도하가류와 같은 민요적 서정시 계열의 노래 전통에서도 마찬가지로 발견된다. 신라 유리왕 때 6촌 여인들의 길쌈놀이를 배경으로 제작된 〈회소곡〉[11]을 통해 그러한 사정의 일단을 엿볼 수 있다. 곧 6촌의 이 길쌈놀이는 유리왕이 벌인 일련의 국가체제 정비사업과 함께 살필 때 여성 중심의 단순 소박한 민간 유희물로 보기는 어렵다. 길쌈놀이가 6촌의 정비와 긴밀히 맞물려 시행되고 있고, 王女를 위시한 6촌 여인들의 공동체 의식 조성과 깊이 관련되어 있으며, 한 달 이상이나 계속되는 장기간의 생산활동을 배경으로 하고 있다는 등의 사실에 주목한다면, 이는 오히려 상층집단의 결속을 다지고 국가의 기간산업을 장려하기 위해 전래의 민간유희를 정략적으로 차용한 정치성 짙은 놀이로 해석하는 것이 더 온당할 것이다. 따라서 '會蘇會蘇'라는 탄사에 의해 특징 지워지는 〈회소곡〉의 민요적 기반 역시 길쌈놀이의 그러한 사정과 무관하다고 할 수 없다. 이 역시 전래의 집단적 민요

---

8) 李奎報, 〈東明王編〉(《東國李相國集》 권 3).
9) 《三國遺事》 권 2, 紀異篇 駕洛國記.
10) 成基玉, 앞의 글(1991), 180~190쪽.
11) 《三國史記》 권 1, 신라본기 1, 유리왕 9년.
작품이 전하지 않아 구체적 내용은 알 수 없지만, '會蘇會蘇'라는 歎辭가 노래 생성의 중심 동인이 되고 있다는 사실로 미루어, 이 노래가 先後唱으로 불리는 전형적인 후렴구 형식의 민요에 기반을 두고 있음을 짐작케 한다.

가 정치현실과의 긴장 속에서 왕실음악으로 歌樂化되는 구체적 현장의 기록이라 할 수 있겠기 때문이다.[12] 민족국가의 출현과 더불어 분출된 이 시기 상층부 집단의 정치의식은, 이처럼 창작시가만 아니라 〈구지가〉·〈회소곡〉 등 앞 시대의 전통을 이어 받은 구술전승의 노래들에까지 영향을 미칠 만큼 강렬했던 것이다.

기원 전후 1세기 무렵을 한국시가가 실질적으로 형성되기 시작하는 전환기적 국면으로서 주목하는 까닭이 여기에 있다. 이 무렵에 이르러 한국의 시는 한편으로 생성기 시가의 전통을 이어 받고 다른 한편으로 새로운 형태의 창작시를 산출하면서, 비로소 한국시로서의 역사성과 민족문학으로서의 개별성을 획득할 수 있는 기틀을 마련하게 되었기 때문이다. 곧 앞 시대에 이미 마련된 주술적 노래의 전통과 민요적 서정시의 전통이 〈구지가〉와 〈회소곡〉으로 이어지고, 개인적 서정시의 전통과 공리적 서정시의 전통이 〈황조가〉와 〈도솔가〉에 의해 새로이 조성되는 등, 이 시기에 마련된 시적 전통이 민족국가의 출현과 더불어 마침내 한국시의 전통으로 자리 잡는 길을 열기 시작한 것이다.

(3) 삼국의 시가와 한국시의 전통

이른바 삼국시대라 불리는 기원 전후 1세기에서 7세기에 이르는 기간은, 민족공동체로서의 역사적 기반을 구축하고 민족문화로서의 독자적 개성을 확립해 나간 민족사적으로 위대한 시대라 할 수 있다. 정치적으로 이 시대는 민족의 발견과 더불어 소국체제에서 소국 연맹체로, 영역국가로 확대되는 격변을 겪으면서, 마침내 三國으로 통합되어 나가는 실질적인 민족공동체의 확립기에 해당한다. 문화적으로도 이 시대는 漢文化와 佛敎文化로 대표되는 선진적 외래문화의 수용을 통하여, 우리문화의 자생적 기반을 확고히 다진 실질적인 민족문화의 확립기에 해당한다. 그리고 문학적으로 보면, 이 시기는 곧 우리문학이 다른 문학과 다른 한국적 개성을 획득해 나가는 '민족문학의 형성기'라 할 수 있다.

---

12) 《三國史記》 권 32, 樂志에 기록된 유리왕대의 〈會樂〉은 곧 〈회소곡〉이 왕실음악으로 가악화된 후에 붙여진 회소곡의 또 다른 이름일 것이다.

창작시의 출현으로 새로운 국면에 접어든 시가문학은, 바로 이런 위대한 시대에 우리문학의 중심부에 서서 민족문학의 형성을 실질적으로 주도해 나간 주체였던 셈이다. 이 시대에 성취한 한국적 개성의 획득이란 사실상 이 시기 삼국의 시가문학이 성취해 낸 한국시의 전통 확립과 직접 맞물린 형상이었으며, 그러한 개성 획득의 구체적 단면이 바로 7세기에 이미 완성된 모습을 드러내기 시작한 鄕歌의 전통이었다고 할 수 있기 때문이다. 따라서 삼국시대의 시가 현상을 살피는 일은 곧 한국시의 전통이 확립되어 나가는 구체적 과정을 살피는 작업, 나아가 민족문학으로서의 한국문학이 형성되어 나가는 역사적 과정을 살피는 작업과도 직접 맞물린 문제인 것이다.13)

삼국의 시가가 이처럼 민족문학으로서의 한국적 개성을 획득하면서 시로서의 서정적 전통을 확립해 나갈 수 있었던 기반은 물론 기원 전후 1세기에 이미 마련되어 있었다. 앞 항에서 거듭 강조해 온 바와 같이, 기원 전후 1세기는 창작시의 출현과 더불어 한국시로서의 역사성과 개별성 문제가 처음으로 우리 문학사에서 의미를 띠게 되는 시기다. 바꾸어 말해 이 시기에 거두어 낸 한국시 형성의 전환기적 국면은, 자생적인 민족국가의 출현과 더불어 상층부 지배집단이 맞닥뜨린 정치현실과의 강렬한 긴장 속에서 실현될 수 있었던 것이다. 이 시기에 마련된 한국시 형성의 기반은 노래가 정치현실과의 긴장 속에서 생성, 전개되기 시작한 사실과 불가분의 관련 속에 조성될 수 있었던 것이다.

13) 그러나 삼국의 시가를 중심으로 한 1~7세기 한국시의 이런 양상은, 자료적 여건 때문에 사실상 정밀한 세부적 검토가 현실적으로 거의 불가능한 상태에 있다. 이 시기에 전개된 삼국 시가의 실상을 제대로 파악하기에는 남아있는 자료의 양이 너무나 빈약하기 때문이다. 우선 現傳하는 작품이 백제의 〈井邑詞〉와 신라의 〈薯童謠〉·〈風謠〉·〈彗星歌〉 등 겨우 4편에 지나지 않고, 일부 단편적으로 남아있는 不傳歌謠 자료들조차 이름만 전하거나 사료적 신빙성이 의심되는 등의 부정확한 자료가 상당수를 차지하고 있다. 그리고 이들마저도, 자료의 편중현상이 심해서 삼국 시가의 실상을 고루 파악하는 데는 여러 가지 장벽이 가로놓여 있다. 현전 작품을 비롯한 대부분의 자료가 후기(6~7세기)에 편중되어 있어 그 이전의 중간과정을 살피기가 어렵고, 그마저도 신라 쪽에 집중되어 고구려와 백제의 시가는 윤곽조차 잡기 어려운 형편인 것이다. 따라서 삼국시대 시의 현상을 체계화하는 작업 역시 현재의 자료적 여건으로서는 상당 부분을 추론에 의존할 수밖에 없고, 그 조차 큰 흐름만 가닥 잡는 정도의 소략한 접근에 만족할 수밖에 없다.

기원 전후 1세기의 정치상황과 관련하여 이미 상세히 검토한 바 있는 시적 전통의 다변화 현상은, 물론 한국시 형성의 기반으로서 가장 먼저 지목해야 할 시적 성과이다. 곧 이 시기 정치현실과의 긴장으로 말미암아 다변화된 네 계열의 시적 전통-주술적 노래 계열(구지가)과 민요적 서정시 계열(회소곡)로 대표되는 구술적 노래의 전통, 개인적 서정시 계열(황조가)과 공리적 서정시 계열(도솔가)로 대표되는 창작적 노래의 전통-은, 삼국의 시가가 나아갈 구체적 방향을 설정해 준 한국시 전통의 기본 틀이라 할 수 있다. 한국의 시는 이들 네 계열의 시적 전통이 삼국 시가의 전개 과정을 통해 구체화됨으로써, 비로소 독자적 개성을 획득하면서 실질적인 제 모습을 갖추어 나갈 수 있었던 것이다.

그러나 이보다 더 주목해서 검토해야 할 한국시 형성의 기반은 작품 향유의 메커니즘 문제일 것이다. 민족국가의 출현과 더불어 노래가 상층부 지배집단의 정치현실과 불가분의 관련 속에 놓이게 됨에 따라, 이 시기에는 또한 노래를 산출하고 즐기는 향유전통의 다변화 현상이 함께 나타나게 되었다. 곧 구술적 노래와 창작적 노래로 대별되는 네 계열의 시적 전통과 더불어, 이 시기에는 왕실 중심의 歌樂系 노래와 민간 중심의 非歌樂系 노래로 대별되는 두 가닥의 향유전통이 새로이 마련된 것이다. 이는 특히 국가로서의 통치체제를 확립해야 할 필요성이 증대됨에 따라, 왕실의 공식적 의례에 사용할 음악을 새로이 제정하기 시작한 '가악의 제도화' 문제와 맞물려 나타난 현상이었다.

기원 전후 1세기 시의 특징적 현상으로서 주목되는 가악의 제도화는, 거듭 지적하는 바이지만 민족국가의 형성과 더불어 건국 초기의 통치기반을 조성하는 데 필요한 지배체제의 확립과 직결되어 있다. '此歌樂之始也'의 문제로 일찍부터 관심을 끌어 온 〈도솔가〉와 6촌 여인들의 길쌈놀이와 관련된 〈회소곡〉(회악)의 가악화 과정이 곧 그러한 사정을 대변해 준다. 이들 노래의 가악화 과정은 이미 언급한 바 있듯이 신라 유리왕대에 추진된 일련의 국가체제 정비시책과 직접 맞물려 있다. 즉 지배기반으로서의 6촌 정비, 통치기구로서의 관제 확립, 산업기반으로서의 농기구 제작 등에 상응하는, 왕실기반 조성으로서의 가악을 제도화해 나가는 과정이 바로 〈도솔가〉와 〈회소곡〉의

가악화 과정으로 나타난 것이다.

이런 사정은 다소 부정확하나마 고구려 쪽의 자료를 통해서도 짐작해 볼 수 있다. 李奎報의 〈東明王篇〉에 인용된 기록에 의하면 주몽은 고구려를 건국한 직후 음악으로써 왕실의 威儀를 갖추기 위해 이웃 비류국의 악기[鼓角]를 몰래 탈취해 온다.14) 이 역시 백록주사의 경우처럼 비류국과의 세력다툼에 관련된 이야기지만, 이 문맥에서 특히 주목할 바는 '鼓角威儀'로 표현된 음악의 정치적 기능이다. 악기가 없어 비류국의 使者를 왕의 예로 맞을 수 없기 때문에 속임수로 악기를 가로챈다는 이야기는, 음악이 군주의 권능과 통치체제 확립에 얼마나 중요한가를 드러내 주는 단적인 예가 되기 때문이다. 고구려의 이런 사정을 감안한다면, 국가 창업에 따른 가악의 제도화는 신라만 아니라 고구려, 백제, 가야 등 국가단계에 진입한 이 시기 다른 소국들에서도 마찬가지로 실현되고 있었던 것으로 볼 수 있다.15)

향유전통의 다변화가 이 시기에 일어날 수 있었던 배경이 여기에 있다. 가악의 제도화로 왕실 중심의 가악계 노래가 새로이 등장하게 되자, 작품향유의 통로가 두 가닥으로 분화되는 현상이 일어나게 된 것이다. 곧 왕실을 중심으로 새로이 형성된 가악계 노래의 향유전통과, 개인이나 사회집단을 중심으로 이전부터 향유되어 오던 비가악계 노래의 향유전통이 병립하게 되는, 전승 통로의 이원화가 실현될 수 있었던 것이다. 〈도솔가〉와 〈회소곡〉이 새로이 나타난 가악계 노래의 전형적 예라면, 〈황조가〉와 〈구지가〉는 비가악계 노래의 대표적 예가 될 것이다. 기원 전후 1세기에 마련된 이들 두 가닥의 향유전통은 삼국의 시가를 체계적으로 이해하는 데 대단히 중요한 의미를 지닌다. 곧 이들은 삼국의 시가를 통해 구체적 모습을 갖추어 나가게 되는 한국시 형성의 중심 통로였다. 삼국의 시가는 이들 가악계 노래와 비가악계 노래라는 두 가닥의 전승 통로를 따라 전개되면서, 한국시로서의 독자적

---

14) 李奎報, 《東國李相國集》 권 3, 古律詩 東明王篇 挾注.

15) 이런 현상이 중국의 禮樂傳統과 어떤 관련을 맺고 있는지는 이 시기 중국문화 수용의 수준 문제와 직결되어 있기 때문에 쉽게 판단할 수 있는 것은 아니다. 그러나 국가 창업의 일환으로 수행된 이 시기 가악의 제도화가, 그 후 유교적 예악사상의 본격적 수용에 힘입어 궁중악부나 악장의 형태로 한국시의 형성과 전개에 지대한 영향을 미친 것은 익히 아는 바와 같다.

전통을 확립해 나갔다.

가악계 노래는 처음부터 왕실에서 사용할 목적으로 만들어진 창작계 가악과, 원래 민간전승의 노래가 왕실음악으로 상승하여 가악화된 민요계 가악이라는 두개의 큰 흐름을 따라 전개되었다. 창작계 가악은 그 본래의 목적상 治者集團의 정치적 의도성이 강하게 투영된 송축적 성격의 노래를 주축으로 전개되었다면, 민요계 가악은 민요 본래의 성격상 기층민의 일상적 애환을 반영한 향토색 짙은 노래가 주류를 이루며 전개되었다고 할 수 있다. 그리고 이들 두 흐름의 가악적 기반 역시 기원 전후의 삼국 초기에 이미 마련되어 있었다. 〈도솔가〉가 창작계 가악의 첫 장을 연 작품이라면 〈회소곡〉은 민요계 가악의 첫 길을 튼 작품이라 할 수 있기 때문이다.

우선 창작계 가악의 경우 1세기 전반의 〈도솔가〉·〈신열악〉 및 3세기 전후의 〈思內〉와 같은 초기 작품과, 倭에 인질로 잡혀 있던 동생과 재회하는 기쁨을 노래한 5세기초 눌지왕의 〈憂息曲〉, 北漢山州 탈환의 공을 기리기 위해 지은 7세기초의 〈長漢城〉, 태평성대의 경주를 찬양한 연대미상의 〈東京〉 등 신라쪽의 자료가 《三國史記》와 《高麗史》에 전하고 있어 그 전반적 흐름을 대강은 짐작할 수 있다. 다만 고구려는 隋의 高句麗伎에 〈芝栖〉라는 歌曲이 있었다는 기록만 《隋書》에 전하고,[16] 백제 역시 광주 무등산에 성을 쌓아 백성들이 안락을 얻게 되었다는 〈無等山〉만 《고려사》에 전하고 있어 편린만 겨우 엿볼 수 있을 뿐이다. 그러나 고구려 고분벽화와 奏樂圖나 수·당의 고구려기, 百濟樂이 당에 설치되어 있었다는 《通典》의 기록 등에서 보듯, 고구려·백제의 음악적 수준이 신라보다 오히려 높았다고 할 수 있는 만큼 창작계 가악도 신라 못지 않게 널리 향유되었을 것임은 분명하다.

민요계 가악 역시 '郡樂'이라 불리는 신라의 지방음악 자료가 여러 편 《삼국사기》 악지에 전하고 있어, 그 양상을 파악하는 데 중요한 단서를 제공해준다. 즉 日上郡(미상)의 〈內知〉, 押梁郡(지금의 경산군 압량면)의 〈白實〉, 道同

16) 《隋書》 권 15, 志 10, 音樂下. 이 밖에 靜洲의 압록강 가운데 있는 섬에 성을 쌓고 투항해 오는 狄人들을 거두어 살게 한 일을 노래로써 기렸다는 〈來遠城〉도 있으나(《高麗史》 악지), 고구려의 강역으로 보아 압록강변의 정주가 고구려의 邊境일 수 없으므로 이를 고구려 노래로 보기는 어려울 것이다.

伐郡(지금의 영천군 지역)의 〈石南思內〉, 河西郡(지금의 강릉?)의 〈德思內〉, 北隈郡(미상)의 〈祀中〉 등은 모두가 지방의 토착민요가 상승하여 가악화된「군악」으로 해석할 수 있기 때문이다.[17] 이는 가야의 음악사 자료를 담고 있는 于勒의 十二曲으로 더욱 큰 설득력을 지닐 수 있다. 대가야 말기 가실왕 때 우륵이 가악화했다는 〈上加羅都〉·〈下加羅都〉·〈居烈〉 등 12곡 역시 대부분 가야의 지방음악이기 때문이다.[18] 더욱이 우륵의 음악을 전수받은 신라의 제자 法知·階古·萬德이 이들 12곡을 5곡으로 줄였다는 기록은 가야의 민요계 가악이 다시 신라의 가악으로 재편되는 과정까지 함축적으로 보여주고 있다. 따라서 《高麗史》·《樂學軌範》에 전하는 백제의 유일한 현전 작품인 〈井邑〉, 수자리 나간 남편에의 기다림을 노래한 〈禪雲山〉, 왕도 꺾지 못한 정절의 노래 〈智異山〉 등의 작품 역시 이런 과정을 거쳐 문학사에 부상할 수 있었던 백제의 민요계 가악이라 할 수 있다.[19]

다른 한편으로 비가악계 노래는 왕실 밖의 민간사회에서 향유되는 노래를 총칭적으로 범주화한 것이기 때문에 그 성격이나 흐름이 상당히 다양할 것으로 예상된다. 그러나 현재의 자료적 상황을 감안하여 살핀다면 이 역시 비가악계 창작시와 비가악계 구비시가라는 두 개의 큰 흐름을 따라 전개되었던 것으로 집약할 수 있다. 또한 비가악계 창작시가 주로 현실적 경험이나 감성체험을 개인의 내면적 주관 속에서 토로해 내는 서정적 성격의 노래를 중심으로 전개되었다면, 비가악계 구비시가는 기층민의 삶과 애환을 담은 전승민요와 현실적 문제의 주술적 해결을 목적으로 한 주술계 노래가 중심이 되어 전개된 것으로 정리할 수 있다. 그러나 이들은 어느 쪽이나 가악계보다 남아있는 자료가 적기 때문에 접근에 더욱 큰 어려움이 따른다. 특히 고구려·

---

17) 이들은 모두 연대미상의 작품들이어서 삼국통일 이전 자료인지 아닌지가 불분명하다. 그러나 지명이 모두 경덕왕 이전의 옛 이름인 점으로 미루어 통일 전에 이미 가악화되어 있었던, 삼국시대의 자료로 간주하는 데는 별다른 문제점이 없을 것이다.

18) 梁柱東, 《古歌硏究》(박문출판사, 1946), 30~31쪽.

19) 고구려에도 이에 해당하는 민요계 가악으로서 서울 書生과 강릉 처녀의 佳緣을 배경으로 한 〈溟州〉가 《高麗史》에 전하고 있기는 하나, 많은 연구자가 지적하듯이 이는 고구려 노래로 보기 어려운 점이 많다. 일찍이 輿地勝覽에서는 통일신라 때 노래로, 文獻備考에서는 고려 때 노래로 비정한 바 있다.

백제의 경우 비가악계 자료에 대한 기록이 한 편도 전하는 것이 없어, 자료에 의해 삼국시대 비가악계 노래의 전반적 흐름을 짚어 낸다는 것은 현실적으로 거의 불가능한 형편에 있다. 때문에 이의 검토는 전체의 과정을 두 흐름에 따라 의미화하되, 신라를 중심으로 계통을 세우는 선에서 만족할 수밖에 없다.

비가악계 창작시는 물론 그 향유전통의 기반을 멀리 고구려 유리왕의 〈황조가〉에서 찾아야 할 것이다. 개인적 창작시의 첫 장을 연 작품이라는 이유 때문만 아니라, 작품에 나타난 시의 특성이 후대의 흐름을 특징짓는 중요한 관건이 되고 있기 때문이다. 곧 〈황조가〉에 보이는 강한 현실성, 특히 동일성 상실의 아픔이 사회현실과의 강렬한 긴장 속에서 토로되는 시의 서정적 특성은, 이 시대 비가악계 창작시의 특성을 규정짓는 중요한 지표가 되는 것이다. 이는 우선 유일한 중간과정의 자료라 할 3세기초의 〈勿稽子歌〉를 통해 확인 할 수 있다. 〈물계자가〉는 공을 세우고도 정치권력에서 소외당한 勿稽子 자신의 곧은 性癖을 자연 사물에 비겨서 노래한 작품이다.[20] 따라서 이 역시 신라사회가 빚어낸 모순된 정치현실과의 긴장 속에서 촉발되어, 그러한 현실과의 대결적 긴장으로 말미암은 자아의 동일성 상실을 노래하고 있다. 그리고 현실과의 긴장을 내면화하는 정도가 오히려 더 강해진다는 면에서 보면, 문화의 성숙과 더불어 개인 창작시로서의 성격이 후대로 오면서 더욱 분명해지는 현상까지 함께 읽을 수 있을 것이다.

삼국시대 후기, 곧 7세기 무렵의 〈實兮歌〉·〈天冠怨詞〉·〈亥論歌〉·〈陽山歌〉 등 일련의 비가악계 창작시 자료들은, 이런 성격을 기본적으로 유지하면서도 변화의 측면까지 함께 드러내고 있다. 간신배의 농간으로 변방에 밀려난 심경을 장편의 노래에 실어 내보인 實兮의 〈실혜가〉는,[21] 수세기에 걸쳐 내려온 개인 창작시의 전통이 장편으로 확대되는 양상을 보여 주고 있다. 김유신에게 버림받은 원망의 정념을 노래한 天冠의 〈천관원사〉는,[22] 개인 창작시의 향유층이 이미 상층부 지배집단을 넘어 일반의 민간집단에까지 내려앉는

---

20) 《三國遺事》 권 5, 避隱 8, 勿稽子.
21) 《三國史記》 권 48, 열전 8, 實兮.
22) 《新增東國輿地勝覽》 권 21, 慶州府 古蹟.

단면을 보여 준다. 그리고 〈해론가〉와 〈양산가〉는 백제군과의 치열한 싸움에서 전사한 奚論과 金歆運의 영웅적 죽음을 애도하는 노래라는 점에서,[23] 이와는 다소 다른 면이 보이기도 한다. 집단적 감성이 시적 정조의 기반을 이루고, 구비 서사시적 전통도 상당한 정도 영향을 미쳤으리라는 점에서, 개인 창작시로서의 성격이 상대적으로 무디어졌으리라 생각되기 때문이다. 그러나 이 역시 삼국이 각축하는 사회현실과의 긴장 속에서 생성되었고, 영웅의 죽음에 대한 비탄의 정념이 시의 정서적 기반을 이루리라는 점에서는, 비가악계 창작시의 성격을 크게 벗어나는 것은 아니라고 할 수 있다.

비가악계 구비시가의 전통은 그 원류가 멀리 생성기의 구지가계 노래와 〈공무도하가〉에까지 거슬러 올라갈 수 있으므로 가장 오랜 역사를 지닌다. 그러나 입으로만 전승되는 구비시가의 특성상, 정착의 계기가 주어지지 않는 한 남아 전할 수 없기 때문에 이의 자료는 지극히 빈약하다. 전승민요의 경우 정착의 계기는 오직 왕실음악으로 상승하여 가악화되는 길밖에 없었던 실정이므로, 민간사회에서 향유되던 순수한 전승민요 자료는 한 편도 남아 있는 것이 없다. 오직 7세기에 정착된 향가 〈風謠〉가 노동요로서의 방아노래와 무관하지 않다는 기록이 《삼국유사》에 남아 있어, 이 시대 전승민요의 한 일단이나마 짐작하게 해 줄 수 있을 뿐이다.

이에 비한다면 주술계 노래의 자료적 여건은 그래도 좀 나은 편이다. 일찍이 기원 전후의 삼국시대 초기에는 주몽의 백록주사와 가락국의 〈구지가〉가 있었고, 6·7세기에도 辟鬼呪術로서의 〈鼻荊郎詞〉와 避火呪術로서의 〈志鬼詞〉가 《三國遺事》와 《大東韻府群玉》에 남아 있어, 이의 지속적인 향유전통을 확인 할 수 있기 때문이다. 주술유형상 이들은 모두 강제적 명령을 통해 주술적 소망을 실현시키려는 위압적 주술에 속하나, 그렇다고 이를 삼국시대 주술계 노래의 전체상인 것처럼 확대 해석해서는 안될 것이다. 6세기 말 경의 주술계 향가작품인 〈서동요〉와 〈혜성가〉가 선험적 주술의 문학적 변용이라는 점에서, 다른 유형의 주술계 노래들도 함께 전승되고 있었던 것으로 보아야 할 것이기 때문이다.

---

23) 《三國史記》 권 47, 열전 7, 奚論.
《三國史記》 권 48, 열전 8, 金歆運.

그러나 6·7세기에 오면 주술계 노래의 운명은 이미 새로운 사태에 직면하고 있었던 듯하다. 삼국의 시가가 이 시기에 이르러 마침내 한국시로서의 미학적 전통을 확고히 뿌리 내리게 되자, 주술계 노래의 전통이 더 이상 미적 설득력을 얻기 어려운 상황을 맞게 된 것이다. 그리하여 주술적 전통을 완강히 지키려는 쪽은 시의 주변부로 밀려나 문학적 전락의 길을 걷게 되고, 주술적 전통의 미적 변용을 시도하는 쪽은 향가로 수용되어 문학적 승화의 길을 걷게 되는 분화의 현상이 이 무렵부터 나타나기 시작한다. 이 시기 〈비형랑사〉와 〈지귀사〉가 전자의 길로 나아가는 한 과정을 보이는 예라면, 〈서동요〉와 〈혜성가〉는 곧 후자의 길로 나아가는 주술계 향가의 한 단면인 것이다.

가악계 노래와 비가악계 노래로 이원화된 두 가닥의 향유전통에 대한 접근은, 이상의 검토과정에서 드러나듯이 그 자체로서도 삼국시대 시가문학의 역사적 과정을 비교적 효과적으로 드러낼 수 있다 그러나 정작 중요한 것은 이러한 역사적 과정만 아니라 한국시로서의 미학적 전통이 확립되어 나가는 과정까지 함께 드러낼 수 있다는 사실이다. 이미 지적한 주술적 노래 계열, 민요적 서정시 계열, 개인적 서정시 계열, 공리적 서정시 계열 등 네 계열의 시적 전통이 전개되는 역사적 양상은 바로 이들 두 가닥의 향유전통에 대한 접근을 통해서만 제대로 드러날 수 있기 때문이다.

우선 민요적 서정시 계열과 공리적 서정시 계열은 주로 왕실을 중심으로 한 가악계 노래의 향유전통을 따라서 전개되었다. 민요적 서정시 계열이 민간사회에서도 향유되지 않은 바는 아니나, 노래로서의 시적 세련성을 획득하면서 문학사에 부상할 수 있었던 것은 결국 민요계 가악의 향유전통이 있었기 때문에 가능했던 것이다. 공리적 서정시의 형성과 전개가 전적으로 頌祝系 가악의 향유전통 안에서 이루어진다는 것은 더 이상 설명할 필요가 없을 것이다. 다음으로, 주술적 노래 계열과 개인적 서정시 계열은 주로 민간사회를 중심으로 한 비가악계 노래의 향유전통을 따라서 전개되었다. 곧 주술적 노래는 비가악계 구비시가의 향유전통을 따라 전개되고, 개인적 서정시는 비가악계 창작시의 향유전통을 따라 전개되었음이 그것이다.

그러나 비가악계 노래의 향유전통과 관련하여, 나아가 한국시의 독자적 전통 확립과 관련하여 특히 주목해야 할 시기는 6·7세기다. 이 시기 민간사회를 중심으로 전개된 비가악계 노래의 향유전통에는 주목할 만한 변화가 일어나고 있었기 때문이다. 6·7세기는 곧 비가악계 노래가 가악계 노래의 영향력을 압도하면서 시가문학의 실질적 주체로 부상해 나간 시기라고 할 수 있다. 그리고 그것은 비가악계 노래가 이미 상당한 정도의 시적 수준에 이를 만큼 그 자체의 미학적 토대를 독자적으로 구축할 수 있었던 사실과 직접 연결된다. 바로 이 시기에 한국시의 독자적 전통 확립을 웅변적으로 말해 주는 향가가 장르로서의 성격을 확립하게 되었기 때문이다.

향가의 형성은 우선 전승민요의 문학적 부상, 주술계 노래의 분화, 개인 창작시의 다변화 내지 대중화 경향 등, 위에서 살핀 6·7세기 비가악계 노래의 전반적 변화의 흐름과 무관하지 않다. 오히려 이런 일련의 변화에 동승하여, 비가악계 노래의 수준 향상과 향유 폭의 확산을 주도해 나가면서 형성된 장르가 곧 향가라 할 수 있기 때문이다.

먼저 기층민의 소박한 전승민요는 민요계 향가를 통해 미적 세련성을 획득하면서 마침내 시가문학의 전면에 부상할 수 있었다. 이 시기 〈풍요〉와 〈서동요〉로 대표되는 4구체 향가의 출현이 곧 그것이다. 〈풍요〉는 기층민의 노동요인 방아노래를 직접적 모태로 하되, 노동요를 불교적 공덕가로 바꾸는 기능적 전이를 통하여 생성된 노래라 할 수 있다. 〈서동요〉 역시 아이들의 전통적 유희요인 전래동요를 직접적 모태로 하되, 동요를 주술계 노래와 통합하는 기능적 합성(유희기능과 주술기능의 합성)을 통하여 생성된 노래라 할 수 있는 것이다.

비가악계 창작시 역시 사뇌가계 향가를 통해 시적 형상력과 대중성을 동시에 확보하면서 마침내 시가문학의 중심부에 자리할 수 있었다. 이 시기 融天師의 〈혜성가〉로 대표되는 10구체 향가의 출현이 곧 그것이다. 〈혜성가〉는 주술계 노래의 향유전통을 개인 창작시에 수용한 서정적 노래라는 점에 특히 주목할 필요가 있는 작품이다. 개인 창작시에 주술적 기능을 부여한다는 것, 더욱이 그것을 서정적 형상력의 획득을 통해 이루어 낸다는 것은 적어도 두 가지 면에서 중요한 의미를 지니기 때문이다.

첫째 주술적 해결의 기능까지 창작시가 포용한다는 것은, 개인 창작시가

지배집단의 정치현실만 아니라 사회일반의 생활세계까지도 끌어안을 수 있는 대중적 호소력을 확보하게 되었음과 직접 통한다. 둘째 그러한 호소력의 확보가 시의 서정적 형상력 확보와 동시에 이루어진다는 것은, 개인 창작시가 마침내 서정시로서의 미학적 토대를 독자적으로 구축하게 되었음과 직접 통한다. 그리고 바로 여기에 후대에까지 관류하는 향가의 미학적 본질이 숨겨져 있는 것이다.

향가가 비가악계 노래의 향유전통을 이으며 6·7세기에 이르러 마침내 장르로서의 독자적 성격을 확립할 수 있었던 배경에는 물론 가악계 노래의 영향도 배제할 수 없다. 〈도솔가〉에서 비롯되는 詞腦格의 전통이 〈사내〉·〈덕사내〉·〈석남사내〉 등을 통해서 향가의 사뇌가에 잇닿아 있음을 확인할 수 있고, 세련된 가악계 노래의 지속적 영향을 전제하지 않고서는 6·7세기 비가악계 노래가 도달한 시적 수준도 생각할 수 없을 것이기 때문이다. 그리고 이러한 내재적 전통과 더불어 삼국시대 후기의 사회 문화적 배경 또한 무시해서는 안될 것이다. 6·7세기는 정치적으로 강력한 왕권국가의 확립과 함께 본격적으로 삼국체제에 돌입한 시기다. 동시에 문화적으로 중국의 한문화와 불교문화 수용을 통한 민족문화의 자생적 기반이 이미 상당한 정도 구축되어 있던 시기다. 借字表記法의 발달, 화랑제도의 성립, 종교적 세계관의 형성 등은 그러한 가운데서도 향가의 형성과 더욱 직접적인 관련을 지닌 배경들이라고 할 수 있다.

신라의 전통 속에서 형성된 향가가 고구려·백제의 시가와 동질적인지 아닌지의 문제는 한동안 수수께끼로 남겨둘 수밖에 없겠지만, 어떻든 이 시기를 전후한 고구려·백제의 시가 역시 신라의 문학적 상황과 크게 다르지는 않을 것으로 생각된다.

〈成基玉〉

2. 회 화

선사시대와 고대 초기의 회화가 집단의 豊饒와 多産, 안전과 번영을 기원하며 열리던 呪術的 祭儀의 산물임은 잘 알려진 사실이다. 신석기시대 말기부터 제작된 것으로 보이는 蔚州 盤龜臺 巖刻畵나 청동기시대의 유물인 대전 槐亭洞 출토 청동기의 農耕文은 우리 나라에서 찾아볼 수 있는 비교적 이른 시기의 회화 겸 주술표현의 좋은 사례이다(〈그림 1〉). 정치와 종교 등 사회 제분야 및 직업의 분화가 뚜렷해지고 농경·목축경제가 보다 안정화되는 삼국시대에 이르면 회화에 부여되던 주술적 의미는 이전보다 약화된다. 반면 회화에는 실용성, 장식성이 짙게 가미되며, 회화 표현기교의 발달 또한 두드러지게 된다. 삼국시대의 말기에 이르면 이러한 단계에서 한 걸음 더 나아가 회화에 개인의

〈그림 1〉 울주 반구대 암각화 主巖面

독특한 미적 감각이 담겨지게 된다. 이것은 삼국시대에 이르러서는 시대의 흐름 속에서 제반 사회활동이나 생산작업이 점차 마을이나 씨족이 아닌 대가족이나 개별 家戶, 혹은 개인을 단위로 하여 이루어지게 된 때문이다.

삼국시대에 이르러 회화활동 및 작품에 실용성, 더 나아가 감상성이 부여되면서 회화의 표현대상과 기법은 보다 확대되고 세련되어진다. 풍요와 다산을 비는 주술제의와 관련된 상징적 기호나 동·식물이 구체적이고 개성적인 존재로 바뀌며, 진기한 동물과 기이한 화초, 자연풍경과 일상생활, 인물이 회화의 새로운 대상으로 더해진다. 회화의 표현방식도 다양해지고 재료 및 도구 또한 눈에 띄게 발달한다. 회화 속의 동·식물과 인물·가옥·山水는 이전처럼 각기 독립적으로 나열되거나, 정지된 모습으로 표현되는 것이 아니라, 서로가 이어져 하나의 이야기를 이루며, 특정한 상황을 연출하는 존재들로 그려지게 된다. 암벽을 갈거나 쪼아 대상을 간결하게 표현하던 선새김그림은 점차 자취를 감추고 먹과 색안료를 이용하여 돌벽이나 회벽·나무벽·가죽이나 나무판·비단이나 종이 등에 대상의 세부적 특징까지 묘사하는 것이 가능하게 되고 또한 널리 퍼지게 된다.

회화 자체에만 몰두하는 전업화가가 출현하는 것도 삼국시대이다. 씨족의 주술담당자에 의한 呪術畵나 익명의 화가집단에 의한 실용화가 전업화가의 출현에 의해 예술성이 짙은 감상화로 변화해 가는 것도 이 시기에 나타나는 새로운 현상이다. 그러나 회화작품에 화가의 개인적 창의성이나 美感이 두드러지게 나타나기 시작하는 것은 삼국시대 말기에 이르러서이며 삼국시대 회화의 주류는 어디까지나 당대인의 종교관과 내세관, 혹은 일상적 기원을 담은 공예적 그림이었다.

삼국시대의 회화로 오늘날까지 남아 전하는 것은 매우 적다. 그나마 남은 회화작품의 종류와 수량도 삼국 사이에 편차가 심하여 각 나라별로 회화 표현기법 및 방식의 변화와 발전과정을 밝히기는 힘든 형편이다. 그러나 한정된 자료로나마 삼국시대 회화를 살펴보면 나라마다 독특한 개성을 담아 발전시켜나갔음을 알 수 있다. 고구려의 힘과 긴장감, 백제의 여유와 부드러움, 신라의 고요와 엄격성은 이들 나라의 자연환경과 사회조건, 곧 생활풍토와 民의 기질에서 유래하였을 것이다.

1) 고구려의 회화

고구려는 고분벽화의 형태로나마 삼국 가운데 가장 많은 회화를 남겨 놓고 있다. 문헌기록으로 보아 고구려에서는 성립 초기의 小國 단계에 이미 회화활동이 있었음을 짐작할 수 있으나,[1] 오늘날까지 실물로 남아 전하는 것은 고분벽화뿐이다. 화가집단이나 화가 개인에 의해 그려졌던 여러 종류, 여러 형식의 그림 가운데 고분벽화 이외의 그림이 어떠한 것이었는지는 잘 알려져 있지 않다.[2] 지금까지 무덤 칸 안에 벽화를 그려 넣은 것으로 확인된 고구려 벽화고분의 숫자는 90여 基이다. 이 가운데 고구려 전기의 수도이던 桓仁 및 集安지역에서 발견된 것이 24기, 후기의 수도인 平壤과 그 인근에서 확인된 것이 60여 기, 재령강 유역인 安岳지역에서 찾아진 것이 12기 정도이다.[3]

고구려의 고분벽화는 주로 흙무지돌방무덤(封土石室墳)에서 찾아지지만 간혹 돌방무덤에 가까운 돌무지무덤(積石塚)에서 발견되기도 한다. 집안의 禹山下 41호분은 돌무지무덤이지만 무덤칸 벽에 그림이 그려진 벽화고분이다. 이들 고구려의 벽화고분과 벽화는 遼東일대와 대동강변 樂浪지역에서 축조·제작되었던 중국 漢·魏·晋代 벽화고분의 영향을 받아 만들어지기 시작한 것으로 보인다.[4] 그러나 무덤축조 및 벽화제작 방식이 고구려에 수용된 이

---

1) 졸본지역의 지배권을 둘러싼 朱蒙과 松讓王의 쟁투기사에 나오는 다음 구절은 주몽의 남하이전부터 原高句麗지역에서는 이미 일정한 회화활동이 이루어지고 있었음을 알게 한다. "松讓以王累稱天孫 乃自懷疑 欲試其才 乃曰 願與王射矣 以畵鹿置百步內射之 其矢不入鹿臍 猶如倒乎 王使人以玉指環 懸於百步之外射之 破如瓦解 松讓大驚"(李奎報, 《東國李相國集》 東明王篇).

2) 7세기에 일본에서 활동한 曇徵·加西溢·子麻呂 등은 여러 종류의 불교회화를 잘 그렸던 고구려 출신 화가들이다.
李東洲, 《韓國繪畵小史》(瑞文堂, 1972).
安輝濬, 〈韓日繪畵 1500年〉(《韓國繪畵의 傳統》, 文藝出版社, 1988).

3) 지금까지 발견된 고구려 벽화고분의 분포와 벽화의 현황에 대해서는 全虎兌, 《고구려 고분벽화 연구-내세관표현을 중심으로》(서울大 博士學位論文, 1997) 제1장 참조.

4) 金元龍, 〈高句麗古墳壁畵의 起源에 대한 硏究―古墳美術에 끼친 中國美術의 영향―〉(《震檀學報》 21, 1960 ; 《韓國美術史硏究》, 一志社, 1987, 재수록).

후 오래지 않아 무덤 구조나 벽화 구성, 표현 등은 고구려화 한다. 이러한 면은 357년경 제작된 안악 3호분 벽화의 등장 인물들이 전형적인 중국계 복식을 하고 있는 반면, 408년에 그려진 德興里 고분벽화의 인물들은 반세기전에 비해 상당히 고구려화 된 복식을 하고 있는 데에서 잘 드러난다.

고구려 고분벽화의 주제는 크게 생활풍속·장식무늬·四神으로 나누어 볼 수 있다. 각각의 주제는 시기와 지역에 따라 독립적으로 그려지기도 하고, 서로 혼합되기도 한다. 이러한 면은 시기와 지역에 따른 고구려 사회상의 변화나 내세관의 중심줄기를 이해하는 것뿐만 아니라, 고분을 조성하고 벽화를 제작한 시기를 가늠하는 편년기준을 설정하는 데에도 큰 도움이 된다. 고분구조와 벽화주제 등을 함께 고려하면서 고분벽화 제작시기를 가늠하여 보면 크게 세 시기로 나누어 볼 수 있다. 제1기는 3세기말에서 5세기초에 걸치는 시기로 여러방무덤에 생활풍속이 즐겨 그려진다. 이 시기의 고분벽화는 주로 벽면에 회칠을 한 다음, 회가 마르기 전에 밑그림을 그리고 이어 채색을 하는 濕地壁畵法(프레스코법)으로 제작된다. 제2기는 5세기 중엽에서 6세기초에 걸쳐 여러방무덤과 외방무덤에 생활풍속·장식무늬·사신이 독자적으로, 혹은 뒤섞여 그려지는 시기이다. 2기의 고분벽화에는 기존의 습지벽화법에, 회가 마른 다음 畵面에 그림을 그리는 乾地壁畵法(쎄코법)이 부분적으로 더해지기도 한다.[5] 제3기는 6세기 중엽에서 7세기 중엽에 걸친 시기로 외방무덤에 사신이 사실상 유일한 벽화 주제로 등장한다. 제3기의 고분벽화는 무덤칸벽 및 천장부의 석면을 잘 다듬고 그 위에 직접 그림을 그리는 방법으로 제작되는 것이 특징이다. 대부분의 고분벽화는 模本에 따라 墨이나 목탄·먹바늘 등으로 밑그림을 그린 후, 채색하는 방법으로 제작된다. 그러나 밑그림을 따로 그리지 않은 상태로 그려진 경우도 있다. 顔料로는 朱砂·石綠·石青·石黃·白赭石 등 천연광물질이 주로 사용되고, 식물성인 花青·藤黃·胭脂 등과 특수한 성분으로 黃金·白銀·朱粉 등이 함께 쓰인다. 색채는 무덤칸의 분위기를 부드럽고 차분하게 하는 褐色系統이 많이 쓰이며, 흑색·황색·자색·청색·녹색 등이 함께 사용된다.

———, 《韓國壁畵古墳》(一志社, 1981).

5) 장천 1호분 벽화가 그 좋은 사례이다.
全虎兌, 〈고구려 고분벽화 연구론〉(《古文化》 50, 1997).

이미 언급하였듯이 제1기는 3세기말에서 5세기초에 걸치는 시기로 생활풍속이 벽화의 중심 주제로 즐겨 택해진다. 그러나 이 시기의 벽화고분에서는 사신이나 장식무늬가 벽화 주제로 선택된 경우도 종종 발견할 수 있다. 생활풍속이 벽화 주제인 무덤에는 무덤 속의 방이 둘 이상인 여러방무덤이 많은 반면, 사신이나 장식무늬위주의 벽화무덤은 외방무덤인 경우가 일반적이다. 생활풍속이 주제인 벽화고분은 무덤 구조와 벽화 내용이 죽은 자의 생전의 저택 구조를 재현하거나 상징적으로 드러내도록 서로 맞물리는 경우가 많다. 이러한 무덤은 흔히 무덤칸의 벽모서리와 벽의 위 부분에 자주색 안료로 기둥과 들보, 頭栱 등 목조가옥의 골조를 표현하여 무덤 내부가 주택처럼 느껴지게 한다. 목조가옥의 골조 표현은 장식무늬가 주제인 같은 시기의 고분벽화에서도 보인다. 그러나 四神이 주제인 고분벽화에서는 잘 나타나지 않는다. 이것은 고분벽화의 주제로 생활풍속 및 장식무늬가 선택될 때와 사신이 선택될 때, 무덤 내부를 보는 시각이 달랐기 때문일 것이다. 풍속과 무늬로 장식되는 곳은 일상 생활의 공간, 혹은 수평적 來世空間인 반면, 하늘의 28 별자리가 형상화된 사신이 그려지는 곳은 우주적 공간, 혹은 수직적 내세 공간으로 여겨졌을 수 있기 때문이다.

생활풍속은 죽은 자의 생전의 公的 생활 가운데 기념할만한 것과 私的 생활에서 누린 풍요로움을 무덤 안에 그림으로써 내세에도 이와 같은 삶이 재현되기를 바라는 마음에서 택해진 벽화주제이다. 때문에 생활풍속을 주제로 한 고분벽화에서는 무덤주인이 홀로, 혹은 부인과 함께 正坐한 채 남녀 시종들의 시중을 받는 장면, 大行列에 둘러싸여 出行하는 장면, 山野를 질주하며 사냥하는 장면, 연회를 베풀고 歌舞와 놀이를 즐기는 장면 등이 자주 나온다. 벽화 속의 인물들은 흔히 신분과 계급 정도에 따라 다른 사람의 몇 배, 혹은 몇 분의 1 크기로 그려지며, 모자와 머리모양, 입은 옷의 무늬와 빛깔의 다양성, 소매나 가랑이의 너비와 길이 등이 다르게 묘사된다.

생활풍속을 주제로 한 평양 및 안악지역 벽화고분 가운데 대표적인 것으로는 안악 3호분과 덕흥리 벽화고분을 들 수 있다. 두 무덤 모두 벽화 내용이 풍부하고 잘 남아 있으며 무덤 안에 墨書銘이 있어 무덤의 조성 시기와 당시의 생활풍속을 구체적으로 이해하는 데에 큰 도움을 준다. 그러나 안악

3호분은 발견이래 묵서명의 주인공, 곧 336년경 前燕에서 고구려로 망명한 冬壽가 被葬者인지, 아니면 동수는 피장자의 護衛武官에 불과하고 무덤주인공은 고구려왕 즉 美川王이거나 故國原王인지에 대한 논란에 종지부를 찍지 못한 상태이다.[6] 덕흥리 벽화고분 역시 피장자인 鎭이 燕출신의 망명객으로 幽州刺史를 역임한 인물인지, 아니면 원래부터 고구려인으로 광개토왕대에 고구려의 幽州 經略 및 경영과 관계있는 인물인지에 대한 異見이 아직 결말을 보지 못한 문제의 유적이다.[7] 안악 3호분 및 덕흥리 벽화고분 묵서명의 내용은 다음과 같다.[8]

안악 3호분

永和十三年十月戊子朔十六日 □□使持節都督諸軍事 平東將軍護撫夷校尉樂浪□昌黎玄兎帶方太守都 □□幽州遼東平郭 □□鄕敬上里冬壽字 □硏六十九薨官

덕흥리 벽화고분

□□郡信都「縣」都鄕「中」甘里 釋加文佛弟子□□氏鎭仕 位建威將軍「國」小大兄左將軍 龍壤將軍遼東太守使持 節東「夷」校尉幽州刺史鎭 年七十七薨「焉」永樂十八年 太歲在戊申十二月辛酉朔十五日 乙酉成遷移玉柩周公相地 孔子擇日武王「選」時歲使一 良葬送之「後」富及七世子孫 番昌仕宦日遷移至侯王 造藏萬功日煞牛羊酒肉米粲 不可盡「掃」旦食鹽「鼓」食一椋記 「之」「後」世寓寄無疆

안악 3호분은 널길방·앞방과 좌우 곁방·널방·회랑으로 이루어진 여러방무덤으로 천정짜임은 삼각고임이며 무덤 방향은 남향이다. 평면 'T'자형 구조, 돌기둥 여러 개로 구분된 앞방과 널방, 앞방과 널방을 'ㄱ'자형으로 휘돌게 설치된 회랑 등 무덤 구조상의 특징이 중국 한·위·진대에 축조된 요동지역

6) 안악 3호분 주인공문제에 대한 논쟁은 金貞培, 〈安岳 3號墳 被葬者논쟁에 대하여－冬壽墓說과 美川王陵說을 중심으로－〉(《古文化》 16, 1978)과 孔錫龜, 〈安岳 3號墳의 墨書銘에 대한 考察〉(《歷史學報》 121, 1989)에 잘 정리되어 있다.

7) 덕흥리 벽화고분의 주인공과 幽州문제에 대한 근래의 논고로는 손영종, 〈덕흥리벽화무덤의 피장자망명인설에 대한 비판(1),(2)〉(《력사과학》 1991년 1기·2기)과 孔錫龜, 〈德興里 壁畵古墳 被葬者의 國籍問題〉(《韓國上古史學報》 22, 1996)가 있다.

8) 두 고분 묵서명의 판독 및 역주본으로는 韓國古代社會硏究所編, 《譯註 韓國古代金石文》 제1권(1992)가 참조된다.

벽화고분과 脈이 닿는다.[9] 널길방 벽에서 앞방의 입구 쪽 좌우 벽에 걸쳐 의장대와 鼓吹樂隊 그림, 앞방 왼쪽 벽에 手搏戲 장면, 앞방의 오른쪽 곁방 입구 좌우 벽에 護衛文武臣과 7행 68자의 묵서명, 오른쪽 곁방 안벽에는 묘주인도, 오른 벽에는 墓主婦人圖, 왼쪽 곁방 안에는 방아간·용두레우물·마구간·외양간·車庫·肉庫·주방 등 가내시설과 관련 인물들의 모습, 널방 왼 벽에는 舞樂圖, 널방 천정에는 연꽃그림, 회랑에는 10.5m에 걸쳐 250명 이상의 인물이 등장하는 대규모 무덤주인 出行圖 등을 그렸다. 이들 벽화중의 인물과 각종 시설 옆에는 설명 형식의 묵서가 쓰여 있어 내용의 이해에 도움을 주고 있다. 벽화의 배치 내용과 무덤방 구조를 함께 고려하면 안악 3호분은 4세기 고구려 大貴族의 저택을 무덤 속에 재현한 것임을 알 수 있다.

안악 3호분 벽화에 적용된 고대적 회화기법은 앞방 오른쪽 곁방의 무덤주인 夫婦圖와 회랑의 大行列圖에서 잘 드러난다. 회랑의 대행렬도는 행렬의 일부만을 그린 것인 만큼 前列·中列의 규모에 견주어 後列까지 고려에 넣으면, 행렬 전체는 500여 명에 이르는 대규모였을 것으로 추정되는데, 행렬중의 인물을 겹쳐 그림으로써 화면에 空間感을 주려한 점이 눈에 띈다(〈그림 2〉). 대상을 겹쳐 그림으로써 공간적 깊이를 드러내는 기법은 고대 회화에서는 상당히 높은 수준의 표현기법에 속한다. 한편, 인물들의 얼굴은 대부분 3/4側面觀이며 자세나 복장은 각기 다르나 얼굴 표정

〈그림 2〉 안악 3호분 대행렬도 部分

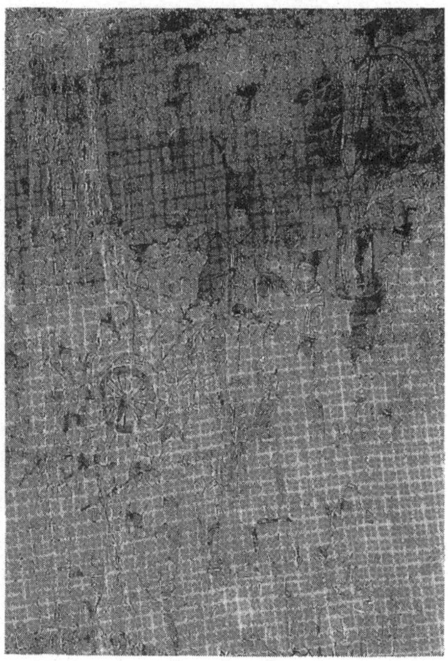

9) 金元龍, 앞의 글(1960).

은 거의 동일하다. 대상의 개성 표현은 회화기법의 발전과도 관련 있지만 대상의 개별성에 대한 인식과도 관련이 깊다. 한 인간을 부족이나 씨족의 구성원으로서가 아니라 한 가문을 대표하는 자로, 혹은 개개의 독립적인 존재로 인식하는 것은 고대사회의 마지막 시기, 혹은 중세사회 초기에 이르러서이다.[10] 따라서 비교적 세련된 표현기법에도 불구하고 벽화중의 인물들이 沒個性的으로 그려진 것은 대상을 인식하는 방식상의 시대적 한계도 일부 작용했기 때문임을 알 수 있다.

오른쪽 곁방의 무덤주인과 그의 부인은 각각 꼭대기의 두 귀퉁이와 한 가운데가 연봉오리 및 반쯤 핀 연꽃으로 장식된 榻蓋 안에 앉아 政事를 보고 있거나 시중을 받고 있다(〈그림 3〉). 정좌한 무덤주인을 중심으로 그 좌우의 인물들은 지위와 거리에 따라 점차 작아져 화면 전체가 삼각형의 구도를 이루게 하고 있는데, 이러한 구도는 무덤주인 쪽을 바라보며 약간 비스듬히 앉은 부인도에서도 거의 동일하게 나타난다. 무덤주인과 侍者들의 얼굴은 몰개성적으로 표현되고 있으나, 무덤주인의 옷주름 표현에는 초보적인 형태로 나

〈그림 3〉 안악 3호분 묘주인도

10) 盧泰敦, 〈羅代의 門客〉(《韓國史硏究》 21·22, 1981)은 이와 관련하여 시사하는 바가 크다.

마 泰西法, 혹은 凹凸法에 비견될 기법이 적용되고 있다.[11] 탑개의 연꽃과 연봉오리는 고구려에 공식적으로 불교가 전래되는 372년 이전, 늦어도 4세기 중엽 경에는 개별적이거나 非公式的인 형태로 소개되고 수용되었음을 시사하는 자료 가운데 하나이다.[12]

덕흥리 벽화고분(408)은 널길, 앞방과 이음길, 널방으로 이루어진 두방무덤으로 천장부는 돔식이며 무덤방향은 남향이다. 무덤방벽과 천장부 하단에 목조가옥의 골조를 그려 넣은 다음 그 안에 생활풍속을 묘사함으로써 무덤방안을 피장자의 집으로 상정하였음을 나타내고 있다. 널길 벽에는 괴물수문장·연꽃·인물을, 앞방 벽에는 무덤주인의 출행도·13郡 太守拜禮圖·무덤주인의 幕府業務圖 등을, 앞방 천장부에는 해와 달·60여 개의 별자리·별자리신앙과 관계된 상상 속의 존재들과 사냥 장면을 그렸다. 이음길 입구 상단에는 묵서로 墓誌銘을 썼다. 이음길 벽에는 무덤주인의 부인이 주인공인 듯한 출행도가 있으며 널방 벽에는 연못과 묘주인의 七寶供養行事圖·馬射戲圖·牛轎車圖·무덤주인정좌도 및 마구간과 외양간·누각과 高床倉庫 등의 가내시설들이, 널방 천장에는 활짝 핀 연꽃과 구름 등이 자리잡았다. 벽과 천장부에 그려진 인물과 시설, 행사장면 옆에는 안악 3호분의 경우에서와 같이 설명형식의 묵서가 쓰여 있다. 벽화의 배치로 보아 5세기초에는 고구려 귀족의 저택이 사랑채와 안채로 나누어졌음을 알 수 있다. 제재의 구성내용으로 볼 때, 사랑채는 바깥주인이 손님을 맡거나 공적업무를 처리하는 장소로 쓰였으며, 안채는 놀이 및 휴식과 사적 행사를 위한 생활공간으로 쓰였음을 알 수 있다[13](〈그림 4〉). 덕흥리 고분벽화에서 주목되는 것은 무덤주인 초상의 표현과 그 위치·인물·동물·산수의 표현양식·불교관계 표현과 묵서묘지명의 내용 등이다. 무덤구조가 고구려식의 두방무덤으로 바뀌면서 무덤주인의 초

---

11) 安輝濬, 〈韓國古代繪畫의 特性과 意義－三國時代 人物畫를 中心으로－〉 上·下(《美術資料》 41·42, 1988).

12) 全虎兌, 〈5세기 高句麗古墳壁畫에 나타난 佛敎的 來世觀〉(《韓國史論》 21, 서울大, 1989).

13) 장상렬, 〈덕흥리벽화무덤에 반영된 건축술에 대하여〉(《덕흥리고구려벽화무덤》, 과학백과사전출판사, 1981 ; 朝鮮畫報社編, 高寬敏日譯, 《德興里高句麗壁畫古墳》, 講談社, 東京, 1986).

〈그림 4〉 덕흥리 벽화고분

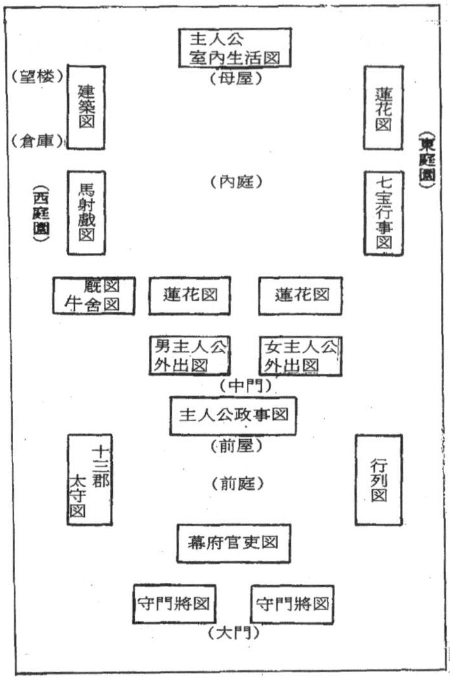

상은 결방에서 앞방 안벽과 널방 안벽으로 옮겨졌다. 무덤주인 초상에 적용되던 화면상의 삼각형 구도는 이전에 비해 약화되는 경향을 보이나, 대상비중법칙에 기초한 신분비례적 인물 표현은 바뀌지 않았을 뿐 아니라 더 엄격해졌다. 13군 태수배례도나 무덤주인 출행도 등에 보이는 인물 표현은 여전히 몰개성적이다. 반면 개별 제재의 표현기법과 수준은 오히려 더 낮아져 인물이나 동물 모두 나란히 펼쳐져 표현됨으로써 화면상의 공간감은 크게 약화되었다. 복식은 안악 3호분벽화의 인물에 비해 고구려화 되었는데, 시녀의 주름치마 등에서 이러한 흐름이 잘 드러난다. 앞방 천장부 아랫부분 사냥도중의 산과 나무는 둥글게 오려 나란히 붙인 판지 위에 유황덩이가 큰 성냥개비를 세워 놓은 듯한 모습으로 그려졌다.[14] 이것은 벽화를 그린 화가가 산수를 제대로 표현할 수 있을만한 회화 수준에 이르지 못한 때문이기도 하겠지만, 산수가 아직은 독자적인 회화 표현의 대상으로 인식되지 못했던 데에 말미암은 면도 있을 것이다.[15] 널길벽부터 나타나는 연꽃과 널방의 연못 및 칠보공양도로 보아 무덤주인 鎭은 생시에 각종 공양을 통해 淨土往生을 기원하던 독실한 불교신자이기도 했겠으나, 묵서 묘지명 중의 "孔子擇日 武王選時…周公相地" 등의 내용으로 볼 때, 중국 전래의 전

14) 安輝濬, 〈韓國山水畵의 發達硏究〉(《美術資料》 26, 1980 ; 《韓國繪畵의 傳統》, 文藝出版社, 1988에 재수록).

15) 李泰浩, 〈韓國古代山水畵의 發生硏究－三國時代 및 統一新羅時代 山岳 및 樹木表現을 中心으로－〉(《美術資料》 38, 1987).

통적인 葬儀觀도 아울러 지니고 있던 인물이었음을 알 수 있다.16)

위의 두 고분벽화 외에도 제1기 평양·안악지역 고분벽화로 널리 알려진 것으로는 遼東城과 그 안의 3층탑이 그려진 遼東城塚, 천장부가 화려한 연꽃무늬로 장식된 안악 1호분, 천장부에 간결하고 짜임새 있는 별자리가 남아 있는 伏獅里 壁畵墳 등이 있다. 생활풍속이 주제인 평양지역 고분벽화의 인물들은 대개의 경우 맞섶이나 오른섶에 소매와 통이 넓은 중국계 복장을 한 모습으로 묘사된다. 이 지역에 彩篋塚과 같은 중국계 덧널무덤(木槨墓)을 남긴 樂浪의 영향 때문일 것이다.

제1기에 속하는 집안지역의 벽화고분으로 생활풍속이 벽화 주제인 무덤 가운데에는 角抵塚과 舞踊塚이 두드러진다. 禹山 남쪽기슭에 나란히 축조된 두 무덤은 똑같이 퇴화형 앞방과 정방형에 가까운 널방을 지닌 두방무덤으로 앞방 천장짜임은 穹窿式, 널방 천장짜임은 變形 8각고임이며 서남향이다. 두 무덤의 내부는 목조건축의 골조그림에 의해 각 벽면과 천장부가 나누어졌으며, 벽면의 개별 화제는 큰 나무로 구분되었다. 무덤 구조 및 벽화 내용으로 보아 각저총과 무용총의 조성 시기는 평양지역의 안악 3호분 및 덕흥리 벽화고분보다 늦은 5세기초에서 중엽 사이였을 것으로 추정된다.17)

각저총은 앞방 네 벽과 널방 앞벽에 커다랗게 그려진 나무들과 커다란 나무 옆에서 노인을 심판으로 삼아 씨름에 열중하는 매부리코의 서아시아계 인물과 고구려인의 그림으로 잘 알려졌다. 또한 두 부인을 거느린 무덤주인의 정좌상이 표현된 널방 안벽그림과 초롱무늬와 해와 달, 별자리들로 장식된 널방 천장부 벽화로도 관심을 모았던 고분이다. 널방 안벽의 무덤주인부부와 시종은 같은 시기 평양지역 생활풍속계 고분벽화에서와는 달리 가내생활중의 여유로운 한 장면을 연출하고 있다(〈그림 5〉). 벽화에 등장하는 인물들은 볼에 군살이 없이 얼굴선이 깔끔하게 내려오는 고구려인 특유의 얼굴을 지녔다. 이들의 얼굴표정은 조금씩 차이가 있다. 벽면의 나무들은 하나같이 가지는 자색으로, 잎은 연녹색으로 채색되었다. 가지와 잎 모두 윤곽선

16) 全虎兌, 〈고구려의 五行信仰과 四神圖〉(《國史館論叢》 48, 國史編纂委員會, 1993).

17) 全虎兌, 〈고구려 각저총벽화 연구〉(《美術資料》 57, 1996).

〈그림 5〉 각저총 묘주부부도

없이 채색한 듯하여 윤곽선이 뚜렷한 인물화와 표현기법상 차이를 보인다.

X자로 교차하며 얽힌 가지, 버섯의 갓모양 덩어리진 잎 등은 표현기법상 중국 漢代 畵像石墓 그림중의 連理樹를 연상시키는 면도 있다. 그러나 집안을 비롯하여 동북아시아의 온대지역에서 자라는 가래추자나무류는 5월경 가지 끝에서 잎이 덩어리지듯이 돋는다. 신록의 계절에 흔히 볼 수 있는 가래추자나무의 이러한 모습과 이를 보면서도 묘사가 따르지 못했던 화가의 회화기교상의 한계가 맞물린 때문에 나타난 현상이 아닐까.[18] 씨름장면의 일부인 커다란 자색나무의 가지 사이에 표현된 검은 새 여러 마리와 나무 밑둥 좌우의 곰과 호랑이는 당시 고구려인의 전통신앙과 관계 있는 동물이다. 이들은 자세와 표정에서, 화면의 다른 제재와 함께 풍속화적 표현의 한 단계를 보여주는 존재이다.[19]

18) 전호태, 위의 글(집안을 비롯한 이 일대에서는 '가래'를 장수와 관련한 약재로 인식하고 복용하는 경향이 있다고 한다).

19) 安輝濬, 앞의 글(1980).

무용총은 널방 왼벽의 歌舞徘送圖, 오른벽의 狩獵圖, 안벽의 墓主接客圖, 천장부의 手搏戱장면과 四神, 彈琴仙人과 乘鶴仙人 등 여러 선인들, 麒麟을 비롯한 여러 가지 상서로운 새와 짐승들, 하늘로 떠오르는 연꽃과 연봉오리, 해와 달, 별자리로 가득한 하늘세계 그림으로 잘 알려진 무덤이다. 널방 왼벽의 가무배송도는 말을 타고 나가는 무덤주인과 그 뒤의 侍童, 무덤주인을 배웅하는 무용수들과 합창대로 이루어졌는데, 5세기 전반 집안지역 화가의 기량을 잘 드러내고 있어 눈길을 끈다(〈그림 6〉). 무용수 가운데 나란히 선 듯한 다섯 사람은 실제로는 비스듬한 선을 이루는 세 사람과 수평선상에 나란히 선 두 사람으로 나뉜다. 이는 앞의 세 사람 가운데 둘째와 셋째 사람의 두루마기 빛깔이 다르게 표현하고, 넷째와 다섯째 사람의 저고리와 바지색이 서로 엇바뀌게 그리며, 합창대로 추정되는 일곱 사람 가운데 셋째 사람을 고개를 돌려 뒤를 돌아보는 모습으로 그리는 등의 방법과 함께 화면에 변화와 생동감을 부여하려는 화가의 의도에 따른 창의적 표현으로 적절한 효과를

〈그림 6〉 무용총 가무배송도 部分

거두고 있다. 반면, 무용수들은 한결 같이 두 팔을 一字로 펴면서 뒤로 제킨 듯한 자세인데, 화면상으로는 두 팔이 한쪽 겨드랑이에서 돋아난 듯이 표현되었다. 화가의 표현기량이 한계를 드러낸 부분이라고 하겠다.

오른 벽의 수렵도에는 사냥자와 짐승들 사이에 형성되는 사냥터 특유의 쫓고 쫓기는 급박한 흐름이 힘있고 간결한 필치로 잘 표현되었다. 놀라 달아나는 호랑이와 사슴들, 말을 질주시키며 정면을 향해, 혹은 몸을 돌려 활시위를 당기려는 騎馬人物의 자세는 굵고 가는 파상선 띠겹침으로 표현된 산줄기에 의해 한층 더 속도감과 긴장감을 부여받고 있다. 사람과 짐승의 자세와 동작이 비교적 정확하면서도 세련되게 표현되었다. 반면, 산줄기는 공간감을 결여하였고 산봉우리의 나무는 고사리순처럼 표현되는 등 산수의 묘사 수준은 초보적이다. 이러한 점은 평양지역 덕흥리 벽화고분중의 수렵도에서와 같으나 화가의 전반적인 표현기량은 이전보다 향상되고 있다. 산줄기를 사이에 둔 사람과 짐승들 사이의 遠近 比例가 무시되거나, 산과 사람, 짐승, 나무 사이에 大小 비례가 맞지 않는 점 등은 화면 전체에 흐르는 강한 운동감에 의해 溶解되어 전혀 어색한 감을 주지 않는다. 가장 가까운 산은 흰색, 그 뒤의 산들은 붉은 색, 먼 산은 노란 색을 바탕색으로 한 것은 보는 사람에게서 멀어짐에 따라 白-赤-黃의 차례로 채색하는 고대 設彩法의 원리에 따른 것이다.[20]

안벽의 墓主接客圖는 무덤주인과 대화하는 두 인물이 승려인지의 여부로 말미암아 논란이 일기도 했지만, 무덤주인이 더 이상 神像과 같이 정좌한 모습으로서가 아니라 특정 장면의 주요 등장인물의 하나로 그려져 내세관의 변화와 관련하여 눈길을 끄는 그림이기도 하다.[21] 천장부의 四神은 제1기로 편년되는 집안지역 벽화고분 가운데 벽화에 처음으로 나타나고 있어 눈에 띈다. 靑龍과 白虎는 각종 동물의 특징이 어색하게 배합된 모습이며, 朱雀은 장닭과 같이 그려졌다.

---

20) 安輝濬, 〈삼국시대 및 통일신라시대의 회화〉(《韓國繪畫史》, 一志社, 1980).

21) 金元龍, 〈高句麗古墳壁畵에 있어서의 佛敎的 要素〉(《白性郁博士頌壽記念佛敎學論文集》, 1959 ; 《韓國美術史硏究》, 一志社, 1987에 재수록).
全虎兌, 앞의 글(1989).

각저총을 비롯한 제2기 집안지역 고분벽화의 인물들은 흔히 고구려 특유의 점무늬가 있는 왼섶 옷을 입은 모습으로 그려진다. 같은 시기 평양지역 고분벽화 인물에게서 흔히 볼 수 있는 무늬 없는 맞섶 내지 오른섶 옷은 거의 보이지 않는다.[22] 왼섶은 북방 유목계 복장의 특징적 요소의 하나이다.

제2기는 5세기 중엽에서 6세기초에 걸치는 시기로 외방이나 두방무덤에 생활풍속과 사신, 혹은 생활풍속과 장식무늬가 공존하는 그림과 장식무늬만을 주제로 한 그림이 많이 그려진다. 생활풍속이 벽화의 주제인 경우는 극히 드물게 발견된다. 평양과 안악지역에서는 생활풍속과 사신이 공동의 벽화주제로 즐겨 택해지는 반면, 집안지역에서는 생활풍속과 장식무늬를 공동주제로 하거나, 장식무늬만을 주제로 삼은 무덤이 흔히 찾아진다. 벽화의 장식무늬로는 同心圓文, '王'字文, 연꽃문 등이 즐겨 선택된다. 이 가운데 연꽃문을 벽화의 유일한 주제로 삼은 벽화고분이 다수 발견되는 것과 5세기에 이르러 고구려에서 불교가 크게 유행하는 것은 상호관련이 깊다. 무덤 안에 그려진 연꽃문은 대개의 경우 죽은 이의 정토왕생을 희구하는 표현으로 해석되기 때문이다.[23]

이 시기의 고분벽화에서 일부 인물묘사는 매우 세련된 수준에 이르나, 산수는 여전히 초보적인 표현수준을 벗어나지 못한다. 장식무늬 가운데 구름무늬나 불꽃무늬류는 점차 단순해지는 반면, 연꽃무늬와 인동당초무늬류는 점차 복잡하고 화려해진다. 사신과 祥禽瑞獸類는 시간이 흐름에 따라 세련되어지는 묘사기법에 의해 상상적 존재 특유의 사실성을 갖추어가기도 한다.

생활풍속과 장식무늬가 벽화 주제로 공존하는 집안지역의 대표적인 벽화고분으로는 長川 1호분을 들 수 있다. 장천 1호분은 전형적인 두방무덤으로 앞방 앞벽 좌우에 守門衛士, 왼벽에 歌舞進饌, 오른벽에 百戱伎樂과 사냥장면, 안벽 좌우에 문지기, 이음길 좌우벽에 시녀, 앞방 천장부에 四神·戰鬪·菩薩·如來坐像과 禮佛供養者·飛天과 伎樂天·연꽃과 蓮花化生 등을 그렸으며, 널방 벽과 천장부에 연꽃, 천정석에 해와 달·북두칠성 등을 그렸다.

---

22) 최원희, 〈고구려 녀자옷에 관한 연구〉(《문화유산》 1962년 2기).
　　劉頌玉, 〈高句麗服飾硏究〉(《成大論文集》 28, 1980).
23) 全虎兌, 〈고구려고분벽화에 나타난 하늘연꽃〉(《美術資料》 46, 1990).

벽화중의 인물표현에서 주목되는 것은 실물 크기로 그려진 문지기 두 사람에게서 풍기는 뚜렷한 개성이다(〈그림 7〉). 둥근 얼굴, 부드러운 눈매, 두 손을 가슴 앞에서 모아 쥔 공손한 자세로 말미암아 文人을 연상시키는 오른벽 인물과 달리, 왼벽 인물은 각진 얼굴, 날카로운 눈매, 두 손을 배앞에 대고 상대를 위압하려는 듯한 자세로 말미암아 武人的 기질을 느끼게 한다. 각저총과 무용총벽화에서 싹튼 인물의 개성 표현이 이 벽화에 이르러 줄기를 뚜렷이 하고 있는 것이다.

대상에 부여한 비중에 따라 크기를 조절하는 고대적인 표현방식 또한 이 시기에 이르면 서서히 拂拭되어간다. 백희기악과 가무진찬 장면에 등장하는 사람과 동물들 사이에 적용된 表現 比例差는 사람보다 몇 배 크게 그려진 흰말 정도를 예외로 하면, 앞 시기의 벽화에 비해 크게 줄어들고 있다.[24]

〈그림 7〉 장천 1호분 守門人圖

24) 全虎兌, 〈高句麗 古墳壁畵 人物圖에 나타난 身分觀－집안지역을 중심으로－〉(《韓國古代의 身分制와 官等制》, 민음사, 1998).

벽화에서 확인되는 인물표현 기량의 발전, 대상비중 표현방식의 止揚은 5세기 전후 고구려의 폭넓고 밀도 있는 대외관계와 관련이 깊은 것으로 보인다.[25] 5세기경의 고구려는 중국의 南北朝 뿐 아니라 스텝지대의 유목국가 및 중앙아시아지역과도 사절을 교환하였으며, 이 과정에 이들 지역에서 번성하던 불교문화 및 이와 관련된 제반요소를 적극적으로 받아들였다. 앞방 천장부의 보살도와 예불공양도 등은 이 시기의 고구려문화가 불교회화와 접촉하면서 새로운 회화기법을 받아들여 익혀가고 있었음을 알게 하는 좋은 사례이다. 천장부 안쪽면 4·5층고임의 한가운데 묘사된 飛天의 正面下降 모습은 앞 시기의 벽화에서는 적용사례가 없던 短縮法으로 그려 기대했던 표현효과를 얻어내고 있다. 반면, 2·3층고임 오른편의 남녀공양자가 행하는 五體投地의 예불모습은 적절한 표현기법을 찾지 못해 제대로 표현해내지 못하고 있다(〈그림 8〉).

〈그림 8〉 장천 1호분 예불공양도

25) 全虎兌, 〈고구려장천1호분벽화의 서역계 인물〉(《蔚山史學》 6, 1993).

한편, 여래와 공양자 사이에 표현 비례차는 거의 나타나지 않고 있으며, 비천과 기악천은 이전에는 볼 수 없던 다양한 자세와 유연하고 힘찬 몸놀림을 보여준다. 모두 고구려문화가 불교회화와 접촉하면서 일어나는 현상들이다.

천장부 안쪽 면 1층고임에 그려진 四神은 무용총벽화의 사신에 비해 일층 세련된 모습을 보여준다. 청룡과 백호의 탄력있게 제킨 목, 뒤로 가며 부드럽게 휘어 올라간 몸통, 逆 'S'字꼴로 뻗어나간 꼬리 등 몸체 각 부분의 굵기와 자세, 얼굴 세부요소 사이의 어울림은 매우 자연스러워 고구려 회화가 앞 시기와는 다른 수준의 표현단계에 이르렀음을 느끼게 한다. 그러나 蓮類식물을 사이에 두고 나래치고 있는 암수주작에는 세련된 묘사와 어색한 표현이 뒤섞여 있다. 비교적 가볍게 위로 치켜진 꼬리깃, 짧고 통통한 새다운 몸통과 지나치게 두터운 부리와 벼슬, 반원꼴로 편 가죽막과 같은 날개를 지닌 암수주작을 청룡·백호와는 달리 未完成의 남방수호신으로 인식하게 한다.[26]

생활풍속과 사신이 함께 나타나는 평양과 안악지역의 생활풍속계열 무덤에서는 초기단계에는 사신이 무덤 돌방의 천장부에 하늘별자리와 함께 그리 높지 않은 비중으로 그려진다. 이어 일정한 시간이 흐르면서 사신은 생활풍속장면과 벽의 위와 아래를 나누어 표현되다가, 마지막에는 벽면에 가득차게 그려진다. 이와 대조적으로 생활풍속 그림의 벽화 내 비중은 점차 낮아지다가 결국 소멸한다. 사신계열의 무덤에서는 생활풍속그림이 일시 함께 그려지는 듯하다가 곧 사신 위주로 바뀐다. 이와 같은 현상은 시간이 흐르면서 고분벽화의 주제로서 생활풍속보다는 사신이 選好되었음을 의미한다. 두 계열 모두에서 무덤의 돌방 천장부 그림의 일부에 불과하여 벽화 내 비중이 낮은 단계의 사신은 문헌상으로 전하는 갖가지 동물의 형상적 특징을 어색하게 합성시킨 모습으로 그려진다. 이에 반해 벽면의 半이상을 차지하는 단계에 이르면 상상동물 특유의 신비성을 갖춘 사실적 형태로 그려진다.[27]

雙楹塚은 벽화중의 사신 비중이 높아지면서 생활풍속의 후퇴가 뚜렷이 진행되던 시기의 생활풍속계열 벽화무덤이다. 널길 좌우 벽에 행렬, 앞방의 입구 좌우 벽에 守門衛士, 앞방 좌우 벽에 청룡과 백호, 안벽 좌우에 문지기를 그렸

26) 全虎兌, 위의 글.
27) 全虎兌, 위의 글.

으며, 앞방과 널방 사이에 세워진 두 개의 8각 돌기둥에는 龍, 널방 앞벽 위 소슬그림 사이에 주작 한 쌍, 왼벽 윗 부분에 귀부인을 주인공으로 한 공양행렬, 안벽에 부부정좌상과 雙玄武를 묘사했다. 이처럼 구성된 벽화에서 특히 눈길을 끄는 것은 인물과 사신의 묘사이다. 널길 벽과 널방 왼벽의 인물들은 앞 시기와는 비교가 안될 정도로 깔끔하고 세련된 필선으로 묘사한 데에 비해, 널방 안벽의 무덤주인부부는 여전히 별 개성이 느껴지지 않는 神像型 인물로 그렸다. 더욱이 그 크기는 앞 시기의 다른 벽화에 비해 작아졌다. 이것은 화가에 의한 인물표현 기량은 앞 시기보다 나아졌으나, 벽화 중에 무덤주인부부를 그려 넣을 필요성은 오히려 낮아졌기 때문일 것이다. 이 시기의 인물묘사 수준은 水山里 고분벽화의 인물도 및 안악 2호분 벽화 중의 비천도에서도 그 세련됨이 거듭 확인이 된다. 사신 역시 앞방의 청룡과 백호는 세련된 모습으로 벽면에 넓게 자리잡고 있으나, 널방의 주작과 현무는 어색한 형태로 벽면 위나 한편에 좁게 자리잡고 있어 대조를 이룬다. 대상에 대한 인식의 깊이와 표현기량의 발달 정도는 상호 비례함을 보여주는 좋은 사례라고 할 수 있다.

德花里 1호분은 널방 앞벽에 주작, 좌우 벽에 청룡과 백호, 안벽 상부에 인물행렬, 하부에 현무, 천장부에 해와 달, 北斗七星과 南斗六星, 천정석에 연꽃이 그려진 생활풍속 소멸 단계의 사신계열 무덤이다. 청룡과 백호는 직선형 몸통과 계단형 꼬리로 대표되는 초기 사신표현의 특징적 요소를 아직 지니고 있으나 얼굴 세부요소 사이의 조화는 이미 상당한 수준에 이르고 있다. 주작 역시 몸의 각 구성요소 사이에 어색함이나 이지러짐이 없고, 현무는 守護神的 존재로서의 모습을 의연히 드러내며 벽면 아래 부분을 가득 메우고 있다. 청룡·백호와 주작·현무 사이에 존재했던 인식과 표현기량의 격차가 극복·해소되고, 사신표현에 상상적 사실성이 담겨지는 단계의 한 예이다.[28)]

제3기는 6세기 중엽에서 7세기 전반에 걸치는 시기로 널방만 있는 외방무덤에 사신도가 즐겨 그려진다. 무덤은 모두 뒤로는 산을 지고, 앞으로는 들을 내다보는 구릉기슭에 남향으로 축조된다. 평양과 안악지역의 제3기 벽화고분으로 대표적인 것은 眞坡里 4호분, 內里 1호분, 江西大墓, 江西中墓 등을

28) 全虎兌, 위의 글.

들 수 있으며, 집안지역의 벽화고분으로는 通溝 四神塚, 五盔墳 5호묘, 五盔墳 4호묘를 꼽을 수 있다. 이 시기 고분벽화의 사신은 널방 벽면 전체를 차지하는 사실상 유일한 제재로 단순히 하늘별자리가 형상화된 방위신 정도가 아니라 죽은 자의 세계를 지켜주는 우주적 수호신이다.

평양지역 고분벽화에서 사신은 6세기 전반 南朝美術의 영향을 짙게 담은 진파리 1호분과 진파리 4호분의 단계를 지나면 배경 표현을 가능한 한 배제한 상태에서 묘사되는 경향을 보인다. 이에 비해 집안지역 고분벽화에서는 사신이 복잡하고 화려한 배경 위에 표현되는 경향을 보여 준다. 사신 자체의 표현도 평양지역이 세부묘사를 과감히 생략하고 색조의 조화와 動勢의 표현을 중시한 반면, 집안지역은 색채의 강렬한 대비와 치밀한 세부묘사에 치중하는 등 두 지역이 똑같이 사신을 벽화의 주제로 삼으면서도 그 표현방식은 서로 차이를 보인다. 5세기말 평양을 중심으로 성립했던 고구려적 보편문화가 6세기 전반 이후 더 이상 확대·발전하지 못하고, 문화의 중심이 다시 평양과 집안으로 二元化되었음을 짐작하게 한다.[29]

제3기의 이른 시기로 편년되는 평양지역의 벽화고분 가운데 진파리 4호분에는 널길 벽에 연못, 널방 네 벽에 사신, 천장고임에 연꽃인동무늬류, 천정석에 금빛 별자리를 그렸다. 진파리 1호분에는 널길 벽에 守門天王, 널방 벽에 사신, 천장고임에 구름무늬와 연꽃인동무늬, 천정석에 해와 달 및 인동무늬를 묘사하였다. 진파리 4호분 벽화에서 눈길을 끄는 것은 널길 벽의 연못 그림이다(〈그림 9〉). 널길 벽에는 중첩한 높은 산과 빽빽이 솟은 소나무에 둘러싸인 연못을 그렸는데, 잔물결이 일고 있는 수면 위의 珊瑚, 연못 한가운데로 뻗어 오른 연줄기와 활짝 핀 연꽃, 그 좌우로 대칭을 이루며 치뻗은 인동잎과 연잎, 연못 위 허공에 떠 바람에 날리는 듯한 수염털 달린 인동연봉오리, 소나무줄기 사이로 빛나는 금빛의 십자꽃잎무늬, 산밑의 암괴 등이 서로 어울리면서 연못에 신비스런 분위기가 감돌게 한다. 이른바 불교에서 말하는 淨土蓮池이다.[30] 산과 나무의 표현에 圖式性이 엿보이기도 하지만 앞 시기와

29) 全虎兌, 〈高句麗 後期 四神系 古墳壁畵에 보이는 仙·佛 混合的 來世觀〉(《蔚山史學》 7, 1997).

30) 李殷昌, 〈高句麗園林史硏究〉(《韓國傳統文化》 2, 1986).

는 달리 선의 굵고 가늘기와 색의 짙고 엷음으로 대상의 부피감을 드러내려 한 흔적이 있으며, 좌우대칭적 구도 속에서도 세부표현에 변화를 주어 공예화라는 느낌을 주지 않으려 하고 있다. 이전과는 다른 수준의 산수표현이다.

〈그림 9〉 진파리 4호분 연지도 모사선화

진파리 1호분 널방 안벽의 玄武는 바람에 휘날리는 구름과 인동연꽃, 수염털 달린 연봉오리들로 가득한 들판 한가운데에 서 있는데, 현무의 좌우에는 각 두 그루씩의 커다란 소나무와 크고 작은 산과 다수의 樹木이 묘사하였다. 濃淡이 가해진 나무 밑의 암산과 암산 너머 먼 산에 線描된 수목은 소박하게나마 이 산수에 공간감을 부여하고 있으며, 바람에 크게 흔들리는 듯한 화면 좌우의 큰 소나무는 沒骨法으로 실재감 있게 그렸다. 6세기 고구려 회화에서는 산수표현 역시 높은 수준에 이르게 됨을 알게 한다.

위의 연못그림 및 현무그림에서 본 것과 같이 좌우에 산과 나무를 배치하고 그 사이 공간에 중심적 제재를 그려 넣는 대칭성 화면구성 방식과 배경에 하늘을 흐르는 구름과 바람에 휘날리는 듯한 인동연꽃 및 수염털 달린 연봉오리를 그려 화면 전체에 생동감을 불어넣는 표현기법은 5~6세기 중국 남조 회화에서 발견되는 특징적 요소이기도 하다.[31] 두 무덤의 벽화는 고구려가 남조미술의 이러한 회화기법을 받아들인 다음, 여기에 특유의 힘과 생명력을 더함으로써 고구려화하던 시기의 작품임을 알 수 있다.

제3기의 늦은 시기로 편년되는 강서대묘와 강서중묘벽화는 고구려회화가 중국 남조미술의 영향에서 벗어나 보편성을 띤 獨自의 세계를 어떻게 만들어나갔는지를 보여준다. 두 무덤 모두에서 사신은 아무런 배경 없이 벽면에 그려졌으나 세련된 필치와 선명한 채색으로 말미암아 상상적 동물임에도 실재하는 존재인 듯이 느껴진다. 사신이 획득한 실재성은 無背景의 벽면에 깊은 공간감을 주어 벽면이 마치 아득한 하늘세계인 듯이 느껴지게 한다. 특히 강서대묘의 현무와 주작, 강서중묘의 청룡과 백호는 각 무덤 널방에 그려진 다른 두 벽의 사신과도 뚜렷이 구별될 만큼 회화적 완성도가 높다. 그러나 이 시기에 이르러서도 특정한 대상이 지닌 부피감은 효과적으로 표현되지 못하는데, 강서대묘의 현무에서 이러한 면이 잘 나타난다(〈그림 10〉). 네 다리로 버티고 선 거북을 힘을 뿜어내며 움직이는 존재로, 거북 몸을 감은 뱀을 탄력과 긴장감으로 가득한 동물로 그려내면서도, 뱀과 거북이 몸이나 목을 뒤트는 부분의 묘사는 평면적인 線처리에만 의존함으로써 부피감을 제대로 나타내는 데에는 실패하고 말았다.

사신도의 이러한 특성과 관련하여 눈길을 끄는 것은 벽화중의 산수도이다. 강서대묘 널방 앞벽 암수주작 아래에 그려진 산악도는 산능선을 따라 엷게 淡彩를 가하여 제한적이나마 산의 부피감을 나타냈다. 뿐만 아니라 가까운 산은 크고 뚜렷하게, 먼 산은 가까운 산과 거리를 두고 작고 희미하게 묘사함으로써 산의 遠近을 알 수 있게 하여 화면 자체에 깊은 공간감을 부여하고 있다. 같은 무덤의 널방 천장고임 제3층 오른쪽면의 산수도에도 대상이 지닌 원근감과 공간감을 나타내는 기법은 동일하게 적용되고 있으며 나아가 산주름을 나타내는 皴法이 시도된 흔적도 있다(〈그림 11〉).[32]

---

31) 吉村怜, 〈南朝天人圖像の北朝及ひ周邊諸國への傳波〉(《佛敎藝術》 159, 1985).
32) 安輝濬, 앞의 글(1980) 및 李泰浩, 앞의 글(1987) 참조.

〈그림 10〉 강서대묘 현무도

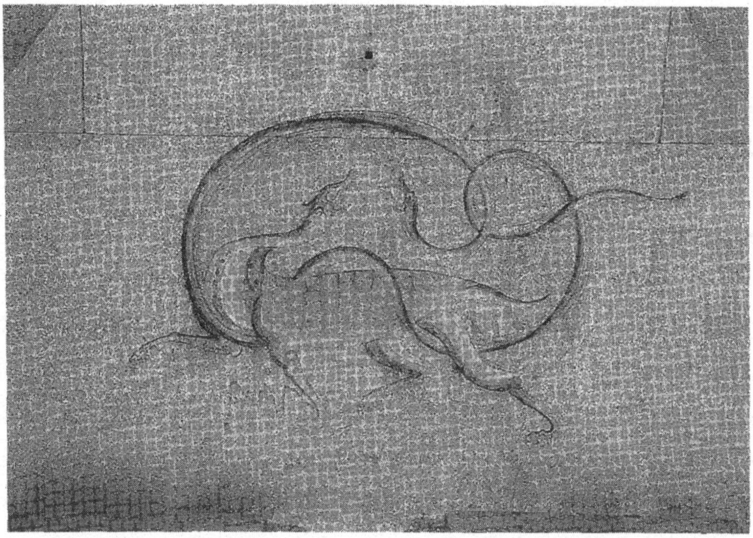

〈그림 11〉 강서대묘 산악도

이 산수도에는 산능선에 나 있는 나무도 묘사되었는데, 간략한 필치에 의한 것이나 제법 사실적이다. 강서중묘 널방 안벽 아래부분의 산악도 역시 산의 능선표현에 농담의 변화가 있고, 산의 내부에는 담채가 가해졌다. 이러한 류의 산수도는 역시 제3기의 벽화고분인 내리 1호분의 널방 천장고임 제1층 동북모서리에도 보이는데, 산능선을 따라 그려진 수목에 원근 및 대소비례 개념이 적용되고 있어 눈길을 끈다.

이처럼 강서대묘와 강서중묘 벽화를 제작할 즈음의 고구려 회화는 원근비례 개념에 입각한 대상의 표현, 화면 안에 거리와 공간을 부여하는 표현기법에 상당히 익숙해 있다. 이 때문에 앞 시기와는 다른 산수표현이 가능했던 것이다. 고분벽화라는 實用畵의 일부로, 사냥장면이나 하늘연못, 사신의 배경으로만 그려지던 산수가 感賞畵의 하나이자 독립된 회화주제가 될 조짐이 이미 고분벽화 안에서 나타나고 있는 것이다. 그러나, 화면에 원근감과 공간감을 부여하는 기법의 하나인 부피감 표현은 아직 초보적인 수준에 머무르고 있다. 화가의 입장에서 볼 때, 산수와 같이 평면상에 정지해 있거나 평면상의 좌우상하의 한 방향으로 움직이는 물체가 지닌 부피감은 어느 정도 묘사해내고 있으나, 현무의 뱀과 거북과 같이 평면상에서 다양한 각도로 운동방향을 바꾸고 있는 상태의 물체가 지닌 부피감은 전혀 그려내지 못하고 있다. 부피감 표현에서의 이 같은 한계는 고구려뿐 아니라 당시의 東아시아회화가 공통적으로 마주치고 있던 회화기법상의 과제중 하나이기도 하였다.

제3기에 속하는 집안지역 고분벽화는 고구려 특유의 힘과 긴장감, 6세기경 집안문화만의 화려하고 세련된 분위기를 함께 담아내고 있어 고구려 후기문화의 지역적 성향과 특징을 이해하는 실마리를 제공한다.[33] 뿐만 아니라 이 시기의 집안벽화에는 같은 시기 평양지역 사신도벽화로는 그 기법과 수준을 알기 어려운 인물화자료가 다수 남아 있다. 눈길을 끄는 부분이다.

이 시기의 고분벽화의 특징은 五盔墳 5호묘와 오회분 4호묘 벽화 널방 벽 및 천장고임그림에 잘 담겨 있는데, 벽과 고임그림에 적용된 구도와 기법에 따라 회화적 효과가 조금씩 다르다. 널방 벽의 사신은 忍冬과 불꽃, 혹은 化

33) 全虎兌, 앞의 글(1997c).

〈그림 12〉 오회분 4호묘 청룡도

生중인 인동 및 인동연꽃 위의 化生天人으로 채워진 화려한 連續變形 龜甲文 위에 세련되고 숙달된 필치로 묘사되었다. 청룡과 백호는 아가리를 크게 벌리고 눈을 부릅뜬 채 상대를 덮쳐 내릴 듯한 자세로 하강하고 있으며, 주작은 크게 나래치고 있고, 현무는 대지 위에 힘있게 버티고 서 있다(〈그림 12〉). 사신의 몸체는 세부까지 세밀하게 묘사되었고, 五色으로 화려하고 선명하게 채색되었다. 그러나 지나치게 선명한 윤곽선과 엄격하게 구분된 채색띠, 규칙적이고 도식적인 세부표현 등은 오히려 神獸로서 사신이 지녀야할 신비성과 사실성을 약화시키고 있다. 나아가 화려한 배경그림은 壁紙와 같은 효과를 가져와 이러한 종류의 화면이 지녀야할 공간감을 약화시킴으로써 결과적으로 사신의 신수적 힘과 운동력을 떨어뜨리고 있다.[34]

오회분 5호묘 널방의 천장고임에는 제1층에 인동당초, 위·아래로 연속마름모와 원점무늬에 둘러싸인 連續蛟龍文, 제2층에 활짝 핀 연꽃, 하늘세계를 받치는 용, 해와 달의 神, 용이나 瑞獸를 탄 天神, 수레바퀴 신, 대장장이 신, 불의 신, 농업의 신 등과 이들 사이의 나무, 제3층에 연속 교룡문, 용을 탄 奏

34) 전호태, 앞의 글(1993a).

樂天人 및 해와 달, 별자리, 흐르는 구름 등을 그렸다. 오회분 4호묘 천장고임의 그림내용도 이와 거의 같다. 이처럼 두 고분 천장고임그림의 제재는 매우 다양하지만 제재 사이에 공간적 여유를 두어 화면구성에 질서를 부여하고 있다. 또한 필요에 따라 제재 사이에 나무나 용, 구름 등을 그려 넣음으로써 화면 전체의 밀도를 조절하여 널방 벽과는 다른 분위기를 연출하고 있다. 각 제재를 그려내는 기법과 기량도 매우 뛰어나다. 2층고임의 神들 사이에 그려진 나무는 잎이 가지 끝에 둥근 부채처럼 모여 있고 각기 색깔이 달라 상상 속에서 변형된 존재임을 알 수 있는데, 잎에 濃淡을 가하여 입체감을 드러내려 하였다. 3층고임의 흐르는 구름에도 陰影이 가해지고 있다. 2층고임의 四肢를 꿋꿋이 세우고 등으로 하늘세계를 떠받치는 용의 탄력있는 자세, 3층고임의 옷자락을 나부끼며 피리와 장고의 연주에 몰두하는 주악천인들의 유연한 몸짓, 2층 및 3층고임 神과 天人들의 길고 갸름한 얼굴 등은 화가의 정확한 관찰력과 뛰어난 묘사력이 전제된 표현들이다. 특히 오회분 4호묘 널방 2층고임의 伏羲·女媧형 해와 달의 神은 그 조형적 연원은 중국에 있는 듯 보이나, 벽화에서는 고구려적인 힘과 분위기를 지닌 존재로 재창조된 모습을 보여준다(〈그림 13〉).[35] 고구려 회화, 그 바탕이 된 고구려 문화의 저력을 실감하게 하는 좋은 사례라고 하겠다.

2) 백제의 회화

백제의 회화는 남아 전하는 양이 적을 뿐 아니라 그나마 熊津(公州)과 泗沘(夫餘)시대에 제작된 것뿐이다. 백제계 화가로 일컫는 因斯羅我의 渡日이 463년으로 기록되었으나 그 회화 傾向은 전하지 않는다.[36] 회화 경향을 짐작할 수 있는 중국 남조 梁에서의 畵師 입국, 화가 白加와 阿佐太子의 도일은 모두 6세기에 이루어졌다.[37] 때문에 현재 전하는 자료로는 漢城시대 백제회

35) 權寧弼, 〈高句麗壁畵의 伏義·女媧圖〉(《空間》 207, 1984).
全虎兌, 〈고구려고분벽화의 해와 달〉(《美術資料》 50, 1992).

36) 《日本書紀》, 雄略記 7年(463) 癸卯.

37) 《梁書》 권 54, 列傳 48, 諸夷 百濟 中大通 6년(534) 및 大同 7년(541). 累遣使獻方物 幷請涅槃等經義 毛詩博士幷工匠畵師等 勅幷給之.

화가 어떤 특성을 지니고 있었는지 알 수 없다.

지금까지 남아 전하는 백제의 회화로는 공주 宋山里 6호분 및 부여 陵山里 벽화고분의 일부 벽화, 武寧王陵 출토 王妃頭枕과 足座의 장식그림 및 扶蘇山寺址 출토 벽화편이 있다. 회화에 準하는 작품으로 무령왕릉 출토 銅托銀盞의 선새김그림 및 부여 外里 절터 출토 山水文塼들의 그림을 들 수 있다. 이들 작품의 제작시기는 6세기초에서 7세기초에 이르는 기간이다.

〈그림 13〉 오회분 4호묘 일월신도

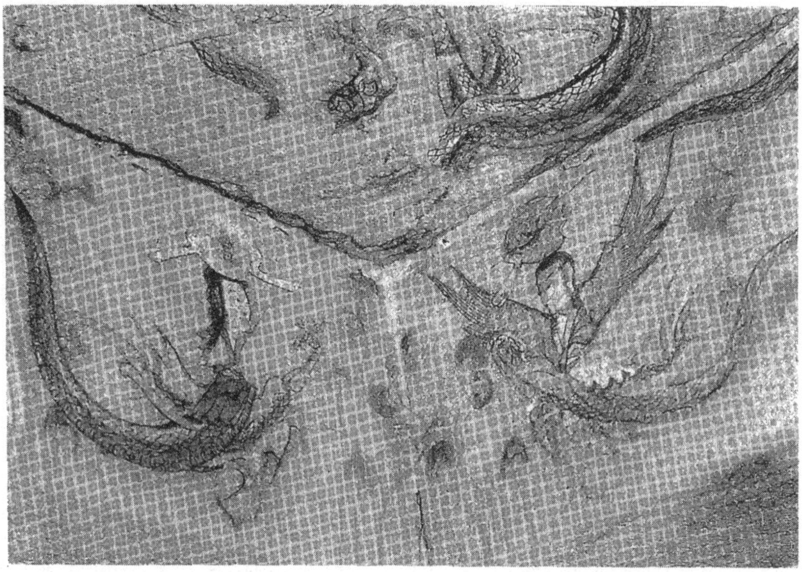

고분벽화의 보존상태는 매우 나빠 공주 송산리 6호분에서는 사신의 흔적만 확인되었으며, 부여 능산리 벽화고분에서는 널방 벽의 사신 중 백호의 머리부분 일부, 천정의 인동연꽃과 흐르는 구름무늬 일부만 식별 가능한 상태로 발견되었다. 중국 南朝式 벽돌무덤(塼築墳)인 송산리 6호분벽화는 두껍게 회를 칠한 일부 벽면 위에 묘사되었으며, 백제식 平天井 돌방무덤(石室墳)인 능산리 고분벽화는 片麻巖 판석 위에 회칠없이 그려졌다. 송산리 6호분벽화

《日本書紀》 崇峻記 원년(588) 戊申 및 推古記 5년(597) 丁巳.

는 흔적으로 보아 화면을 사신만으로 구성한 점에서는 고구려의 영향을, 백호의 머리를 자연계의 호랑이나 표범처럼 그리고, 주작을 널방 문 윗벽에 배치하는 등 사신의 위치와 형태에서는 남조양식의 수용을 보여준다. 한편 능산리 벽화고분의 꽃잎이 넓고 끝이 비교적 부드러우며 원점형 꽃술을 지닌 연꽃에서는 6세기 고구려 평양계열 고분벽화와의 관련이 엿보이며, 흐르는 구름 끝에 가해진 陰影은 남조, 혹은 고구려회화에도 보이는 기법이다. 위에서 보았듯이 백제와 중국 남조 특히 梁과의 문물교류가 매우 긴밀하였음은 유적, 유물상으로 뿐 아니라 문헌기록상으로도 거듭 확인이 된다.[38]

웅진·사비시대에 만들어진 여러 기의 벽돌무덤과 수많은 돌방무덤 가운데 현재까지 발견된 벽화무덤은 2기에 불과하다. 이로 보아 백제에서는 무덤 안에 그림을 그리는 것이 예외적인 행사였으며, 송산리 6호분에 사신이 그려진 것은 웅진시대의 백제 지배층이 중국식 벽돌무덤을 받아들이면서 당시 南北朝 및 고구려에서 크게 유행하던 四神에 의한 死者 보호관념을 수용한 때문이었을 가능성이 높다. 그나마 널방벽에 사신을 그리는 풍습도 사비시대 초기를 고비로 무덤자리를 四勢(四神의 형상을 갖춘 地勢)에 맞게 택하는 相地相墓術에 흡수된 듯하다. 송산리 6호분과 같은 벽화 구성방식을 계승한 벽화고분이 능산리 벽화고분 외에 더 이상 발견되지 않고 있기 때문이다.

525년 봉인된 무령왕능 출토 王妃頭枕 측면에는 瑞鳥·飛天·魚龍·인동연꽃 등이 묘사되었다. 비록 朱漆金箔龜甲文 안에 細筆로 조그맣게 그려진 장식그림이나 간결하면서도 세련된 필치가 눈길을 끈다. 바람에 나부끼는 듯한 수염털연봉오리와 인동연꽃, 연꽃화생에 의해 출연한 듯 모습이 완전치 않은 서조·비천·어룡은 6세기 東아시아 회화에서 공통적으로 발견되는 존재이자 표현기법이다[39](〈그림 14〉). 그러나 인동 잎의 끝이 날카롭게 뻗치지 않고, 飛天의 天衣자락이 부드럽고 여유있게 휘날리며, 서조와 어룡이 하늘을 遊泳하는 듯한 느낌이 들게 하는 것은 백제적 筆線이다. 王妃足座 측면에 회

38) 위의 《梁書》 권 54, 列傳 48, 諸夷 百濟條 기사 참조.

39) 吉村怜, 〈百濟武寧王妃木枕に畵かれた佛敎圖像について〉(《美術史硏究》 14, 1977 ; 《中國佛敎圖像の硏究》, 東方書店, 東京, 1983에 재수록).
——, 앞의 글(1985).

〈그림 14〉 무령왕능 출토 왕비두침문양 部分

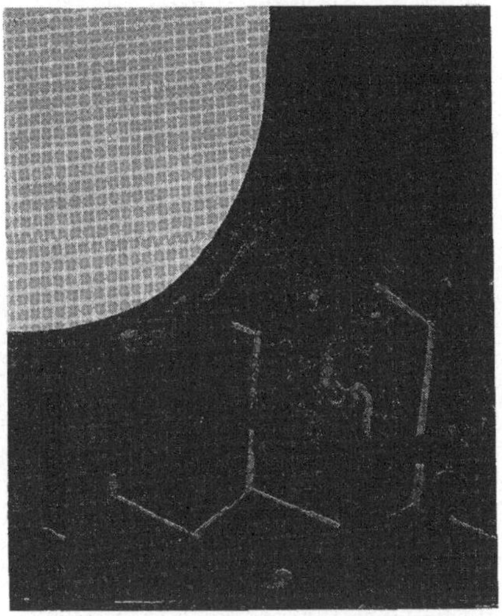

미하게 남아 있는 흐르는 구름과 연꽃 등의 표현기법도 두침의 경우와 크게 다르지 않다.

6~7세기 백제 산수화의 발전과정과 표현수준은 무령왕능 출토 銅托銀盞두껑 및 외리 출토 山水文塼들을 통해 엿볼 수 있다. 은잔두껑 밑둘레에 그려진 三山形의 산능선에는 나무를, 산 사이의 계곡에는 瑞鳥를 선새김하였다. 도식성이 엿보이나 좌우대칭을 이루며 반복되는 짧은 고사리꼴 무늬로 산주름을 나타내고 있으며, 서투르나마 두세 가지 형태로 나무를 묘사하는 등 선새김그림이 지니는 표현상의 제약에도 불구하고 산수 표현의 기본요소를 놓치지 않고 있는 점이 눈에 띤다. 7세기초의 산수문전에 이르러 산수 표현은 은잔두껑그림의 수준에서 한 단계 높아진다. 삼산이 지니는 상징성으로 말미암아 산은 여전히 삼산형으로 그려지나, 안정된 좌우대칭 구도 속에 조금씩 거리를 두면서 삼산형 土山들을 배치하고 화면의 좌우와 近景 및 토산들 사이의 中景 일부에 巖山을 표현함으로써 산 사이에 공간감과 거리감이 느껴지게 하였다. 뿐만 아니라, 산봉우리에 솟은 잎이 무성한 나무들과 산 사이의 크기 비례를 적절히 하여 산다운 분위기를 자아내는 등 6세기초와는 다른 산수 표현수준을 보여준다. 이것이 匠人에 의한 塼무늬임을 고려하면 이 시기 백제화가의 산수화는 상당히 높은 수준에 이르렀음을 짐작할 수 있다.40)

40) 安輝濬, 앞의 글(1980).

3) 신라와 가야의 회화

삼국시대 신라의 회화로는 順興에서 발견된 邑內里 벽화고분과 於宿知述干墓의 벽화 및 읍내리 벽화고분 출토 棺臺殘片그림, 경주 155호분 출토 馬具裝飾그림, 경주 98호분 출토 漆器殘片 그림 등이 현재까지 남아 전하는 것의 거의 전부이다. 5~6세기로 편년되는 이들 작품의 표현수준은 그리 높지 않으나 후에 善德女王으로 즉위하는 德曼公主의 일화로 보아 신라의 회화는 늦어도 6세기말에 이르면 唐의 궁정회화에 대한 感賞眼을 성립시킬 정도로 높은 수준에 이른 듯하다.[41] 651년에는 회화관계 업무의 관장기구로 추정되는 彩典이 설치되는데,[42] 이는 점차 활발해지는 회화활동을 국가적으로 뒷받침하기 위한 조치로 이해된다.

흙무지돌방무덤인 읍내리 벽화고분은 남향의 외방무덤으로 널방 앞벽의 '己未中墓像人名□□'이라는 묵서로 말미암아 己未中墓 벽화고분으로도 불린다. 479년 또는 539년에 축조된 것으로 믿어지며 널방문과 네 벽에 석회를 바르고 그 위에 그림을 그렸다.[43] 널방 문 좌우에는 뱀을 든 채 눈을 부릅뜨고 널길 쪽을 향해 달리는 자세의 力士와 눈이 크고 코가 높은 역사를, 널방 왼벽에는 산악과 원안에 그려진 새를, 널방 앞벽에는 鮮形旗를 든 인물을 그렸으며 인물 위에는 묵서명을 썼다. 오른벽에는 담에 둘러싸인 가옥과 버드나무를, 안벽에는 왼벽에서 이어지는 산악과 연꽃·서조를 묘사하였다. 천장에는 아무 것도 그리지 않았다. 널방에서 발견된 棺臺의 앞면 상부에는 博山文의 일종이, 하부에는 산수도가 표현되었다. 산악과 인물, 장식무늬의 표현수준은 덕흥리 벽화고분을 비롯한 5세기초 고구려 고분벽화의 수준을 넘어

---

41) 善德王立…德曼性寬仁明敏(中略)前王時 得自唐來牧丹花圖幷花子 以示德曼 德曼曰 此花□□□□定無香氣 王笑曰 爾何以知之 對曰 畵花而無蝶 故知之…此花絶艶而圖畵又無蜂蝶 是必無香花 種植之 果如所言 其先識如此(《三國史記》신라본기 선덕왕 즉위년).

42)《三國史記》권 38, 雜誌 7, 職官 上. 彩典 … 眞德王五年(651)置 位自舍知至奈麻爲之 史三人 一云四人.

43) 묵서명의 干支를 '己亥'로 읽고 무덤축조 연대를 579년으로 추정하는 견해도 있다(東 潮, 〈新羅於宿知述干壁畵墳に關する一考察〉,《東アシアの考古と歷史》上, 1985).

서지 못하고 있다. 구체적인 생활풍속장면이 보이지 않고, 왼벽과 안벽에 연이어 산악을 그려 넣는 등의 벽화배치는 順興을 중심으로 이루어진 벽화구성상의 지방화 때문인 듯하다. 역시 남향의 외방돌방무덤인 어숙지술간묘는 널방의 돌문 안쪽면에 '乙卯年於宿知述干'이라는 刻銘이 있고 於宿이라는 인물이 문헌기록에도 보이고 있어 축조시기는 595년으로 추정된다.[44] 석회면 위에 그려졌던 벽화는 대부분 탈락하여 널길 천정의 연꽃과 돌문 바깥 면에 그려졌던 세 인물의 그림만 일부 남은 상태로 발견되었다. 지름만 60cm에 이르는 대형연꽃들은 꽃술이 죽순형으로 표현되는 등 고구려나 백제계통의 연꽃과는 다른 신라화된 것이다. 그러나 주름진 넓은 치마를 걸친 두 귀부인과 바지를 입은 귀부인 1/4크기의 시녀로 이루어진 듯한 세 인물상은 고구려 쌍영총벽화중의 귀부인 공양행렬을 연상시킨다. 이들 두 벽화고분은 신라와 고구려의 접경지이던 순흥에서 발견된 점, 벽화에 고구려적 요소가 짙게 담겨 있는 점 등으로 볼 때, 고구려의 영향을 받아 출현한 것으로 보인다.

경주 155호분 출토 天馬圖는 자작나무껍질로 만든 馬具위에 그린 장식그림으로 필선(筆線)은 활달한 편이나 묘사력은 그리 높지 못하다(〈그림 15〉). 네 변을 인동당초문띠로 두르고 그 안에 앞으로 내닫고 있는 흰말과 유사한 짐승을 그렸다. 짐승의 갈기와 꼬리털은 뒤로 날카롭고 힘있게 뒤로 뻗어 나간 반면, 네 다리는 유영하듯 부드럽게 엇갈리며 앞뒤로 구부러지고 있어 속도감을 나타내는 표현 사이에 어긋남이 있다. 사슴을 연상시키는 머리, 몸체의 반달무늬, 네 다리 사이의 갈고리무늬, 입에서 뿜어 나오는 신성한 기운 등이 전설상의 麒麟을 연상시키기도 한다.[45] 고리형의 자작나무껍질테 위에 반복하여 그려진 瑞鳥와 기마인물 역시 세련미는 부족하나 소박하고 사실적인 묘사가 눈에 띈다. 경주 98호분 출토 칠기잔편의 牛馬圖는 검은칠 바탕에 빨간색 線描로 소와 말의 움직임을 나타냈다. 천천히 걷는 소와 말의 움직임 표현이 좋을 뿐아니라 서로간의 거리도 적절하여 이 그림을 그린 장인의 관찰력, 묘사력, 화면구성력 등이 상당한 수준이었음을 보여준다.

---

44) 秦弘燮, 〈新羅於宿述干墓發見의 意義〉(《梨大學報》 447, 1971. 10 ; 《三國時代의 美術文化》, 同和出版公社, 1976에 재수록).
東 潮, 앞의 글(1985).

45) 李在重, 〈三國時代 古墳美術의 麒麟像〉(《美術史學研究》 203, 1994).

〈그림 15〉 경주 155호분 출토 천마도

가야의 회화자료로는 高靈 古衙洞 벽화고분에서 발견된 벽화 일부가 유일하다. 고아동 벽화고분은 남향의 외방돌방무덤이면서도 구조는 백제 웅진시대의 벽돌무덤을 따르고 있다. 6세기 중엽 백제의 후원을 받으며 신라의 압박에 대항하던 大伽倻의 입장을 반영하는 듯하다. 벽화는 회칠 위에 그려졌으나 현재는 널길 천정과 널방벽 상부에 연꽃문과 구름무늬 일부가 남아 있을 뿐이다. 연꽃문의 넓고 둥근 꽃잎, 물방울모양의 꽃술 등은 백제 연꽃문의 일반적 특징 가운데 하나이다. 무덤구조뿐 아니라 벽화내용과 표현기법도 백제로부터 영향받았을 가능성이 높다.[46]

〈全虎兌〉

46) 全虎兌, 〈加倻古墳壁畵에 관한 일고찰〉(《韓國古代史論叢》 4, 1992).

3. 서 예

우리 나라의 書藝史는 삼국시대로부터 시작된다. 물론 고조선시대로부터 중국과의 문화교섭을 통해 문자가 전래되었지만, 이를 확인시켜주는 유물은 전하지 않는다. 현존하는 유물은 고구려·백제·신라 등의 고대국가가 형성되었던 삼국시대 이후의 것인데 아직까지 原삼국시대의 것으로서 두드러진 예는 발견되지 않았다. 그러나 당시의 유적에서 명문이 있는 秦·漢代의 청동기가 발견되었고 경남 창원의 茶戶里古墳(B.C. 1세기 후반)에서 글씨를 쓰기 위한 것으로 여겨지는 毛筆이 출토되는 등 문자를 이해하고 사용했음을 짐작하게 하는 자료들은 전하고 있다.

한편 경상남도 남해군에는 연대미상의 古刻石이 전하는데, 이에 대해서는 19세기말 淸나라 금석학자들에 의해 "徐市起禮日出" 등으로 해독되어 우리나라 최고의 문자로 여겨지기도 했다. 그러나 이 각석은 여러 면에서 볼 때 문자라기보다 岩刻畵의 일종으로 판단되고 있어 서예사료로서 다루기 어렵다. 또한 경남 창녕의 校洞古墳에서 출토된 鐵製環頭大刀에는 금으로 상감된 명문이 몇 글자 있는데, 삼국시대 鐵劍銘으로서 희귀한 예이지만 서예사료로서의 가치를 논하기는 어렵다고 본다.

삼국시대의 서예사 자료는 石碑 등을 비롯하여 刻石·墓誌·造像記 등의 금석문으로 전한다. 이들은 고대사의 사료로서 중요할 뿐만 아니라 글씨에 나타난 書風을 통해 당시의 문화적 성향과 수준을 짐작할 수 있는 귀중한 자료가 된다.

1) 고구려의 서예

고구려는 일찍부터 중국과의 문화교섭을 통해 독자적 문화를 형성하였다. 특히 고조선이 멸망한 뒤 한반도 서북부에 설치되었던 漢四郡(B.C. 108~A.D. 313)을 멸망시키고 그 문화를 흡수하면서 강력한 국가로 성장하였다. 이러한 역사적 사실을 전해주는 금석문 가운데 414년 고구려의 옛 도읍이던 국내성

(中國 吉林省 集安)에 세워진 廣開土大王碑가 단연 대표적이다. 이 비는 고구려의 영토를 크게 넓혔던 광개토대왕(재위 391~412년)의 공적을 찬양하기 위해 세워진 기념비로서 우리 나라에서 가장 크고 오래되었다. 淸 光緖年間을 즈음하여 세상에 알려진 이래 고구려의 건국신화, 광개토대왕의 행력 및 고구려의 대외관계에 관한 귀중한 사료로서 금석학과 역사학 분야에서 많은 관심을 받아왔다. 높이 6.4m에 달하는 巨碑로서 빗돌(碑身)은 회록색 凝灰岩을 네모진 기둥 형태로 대략 가공한 것이다. 비문은 빗돌 4면에 모두 1,775자가 새겨져 있는데 비 표면의 마멸로 인해 140여 글자는 식별되지 않는다.

〈그림 1〉 광개토대왕비(414)

국립중앙박물관 소장.

광개토대왕비의 서체는 漢代의 隸書에 기본을 두었는데 자형에 있어 漢隸의 납작한 경향과는 달리 정방형에 가까운 편이다. 획법에 있어서는 篆書의 필의를 가미하고 파책(波磔)을 억제한 점이 특징적이다. 또한 부분적으로는 당시 통용되었던 楷書와 行書 및 草書의 자형이나 획법을 가미한 예도 보인다. 짜임의 변화가 매우 천연스럽고 획이 질박하고 웅혼하여 고구려인의 기상이 잘 나타나있는 듯하다(〈그림 1〉).[1] 이와 관련하여 太王陵·千秋塚·大石塚 등 集安 지역의 고분에서 출토된 磚의 명문이나 경상북도 경주의 壺杅塚에서 출토된 靑銅壺杅의 명문도 광개토대왕비의 서풍과 유사한 경향을 보이는 예들이다.

1) 광개토왕비에 대한 종합적 연구자료는 다음과 같다.
林基中 편, 《廣開土王碑原石初期拓本集成》(東國大 出版部, 1995).
國立文化財硏究所 편, 《廣開土大王陵碑拓本圖錄(國內所藏)》(1996).

또한 1979년 충북 중원군에서 발견된 中原高句麗碑(5세기 후반)는 長壽王(재위 413~491) 때의 남하정책에 의해 새로 편입된 지역에 세워진 拓境碑이다. 높이 2m 정도의 화강암제 빗돌은 광개토대왕비처럼 네모진 기둥 형태인데 표면이 좀더 판판하게 정비되었다. 서체는 예서의 기미가 조금 남아 있는 해서로서 당시 중국 남북조시대의 서풍과 같다는 점에서 당시 통용되었던 글씨체를 살펴볼 수 있다.[2]

한편 고구려의 도읍이었던 집안과 평양 일대에 산재한 80여 기의 벽화고분 가운데에는 墨書가 써있는 예가 몇몇 전한다. 그 중에서도 황해도 안악군 安岳 3호분(357)과 평안남도 대동군 德興里 고분(408)의 묵서는 중국의 東晉時代에 해당되는 보기 드문 진적이다. 특히 안악 3호분의 묘주인공에 대해서는 고구려에 귀화한 중국인 또는 고구려의 왕이라는 설로 나뉘고 있지만, 그것이 어떻든 고구려 지역에 조성된 고분이라는 점에서 4세기 후반의 행서풍을 살필 수 있는 귀중한 자료임에 틀림없다. 또한 광개토대왕 때 大使者를 지냈던 牟頭婁의 무덤(5세기, 集安 소재)에 묵서되어 있는 墓誌는 당시 예서에서 해서로 넘어가는 서체의 時代性을 잘 보여주는 예로서 자연스러운 운필과 생동하는 필치가 매우 돋보이는 명품이다(〈그림 2〉).

이 밖에 고구려가 평양으로 천도한 뒤인 6세기 후반경 都城을 쌓았을 때 축성을 맡아본 책임자들이 성벽에 새긴 刻石이 몇 점 전한다. 남북조시대의 해서에 바탕하여 행서의 기미를 더한 것으로 격식에 얽매이지 않은 졸박한 서풍에서 고구려인의 활달한 기백을 엿볼 수 있다(〈그림 3〉). 또 소형의 금동불상의 光背에 새겨진 造像記가 몇 점 전하고 있어 당시의 불교신앙과 함께 대중적인 글씨체를 살필 수 있다.

이와 같이 고구려의 서예는 중국 남북조시대의 통용서풍과 유사한 경향을 보이면서도 서풍에 있어서는 웅건하고 활달한 특성을 이루었다고 할 수 있다. 특히 광개토대왕비는 중국의 북방에서 五胡十六國이 흥망을 거듭하던 시기에 해당되는 귀중한 예로서 당시 통용되던 해서체를 사용하지 않고 漢代의 고풍스런 예서체로 쓰였다는 점에서 이 시기의 금석문 가운데 특이한 위치를 차지한다.

---

2) 《史學志－中原高句麗碑 特輯－》 13(檀國大, 1979) 참조.

〈그림 2〉 牟頭婁墓誌(5세기)

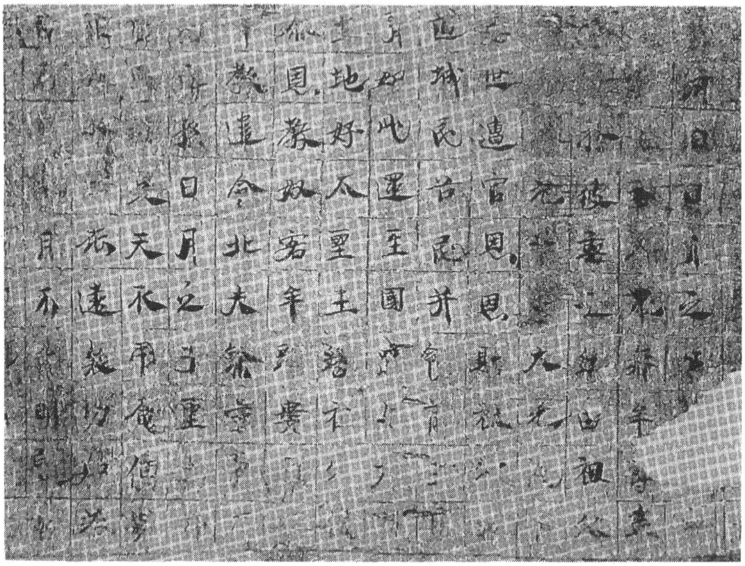

중국 吉林省 集安市 牟頭婁塚 소재.

〈그림 3〉 평양 古城 刻字(589)

이화여자대학교 박물관 소장.

2) 백제의 서예

백제는 고구려 문화를 바탕으로 토착의 농경문화와 중국 남북조시대의 문화를 가미하여 優美한 미술양식을 이루었다. 백제는 초기부터 五經博士와 각종 전문박사 제도를 두었으며 근초고왕 때에는 박사 高興이 《書記》라는 역사책을 편찬하는 등 文翰과 기술이 상당한 수준으로 발달했다. 이는 《南史》 권 42, 蕭子雲傳에도 쓰여있듯이 일찍이 漢城時代(B.C. 18~A.D. 475)부터 중국의 東晉과 교섭하여 그곳의 선진문화를 적극 수용했기 때문이며, 또 熊津시대(475~538)에는 梁과 밀접하게 교통하였고 泗沘시대(538~660)에는 陳과 北齊 및 隋와 외교적 친선을 유지하는 등 南北朝의 문화를 폭넓게 수용했기 때문일 것이다.

백제의 서예사료로서 한성시대에 해당되는 뚜렷한 금석문은 아직까지 발견되지 않았다. 현재 일본의 石上神宮에 전래하는 七支刀에는 4세기경 백제의 왕세자가 倭王을 위해 만들었다는 명문이 금으로 상감되어 있다. 그런데 이 칠지도의 제작연대와 명문해독 등에 관해서는 아직까지 논란이 계속되고 있으므로 확실한 서예사료로서 다루기는 어렵다. 이에 비하여 웅진시대와 사비시대에는 백제 서예의 높은 수준을 보여주는 몇몇 石文이 전한다. 백제의 도읍이던 공주와 부여에서 각각 출토된 武寧王陵誌石과 砂宅智積堂塔碑가 이것들인데, 모두 남북조시대의 해서체를 따랐으면서도 각각 독특한 서풍을 지니고 있다. 전자는 남조의 梁나라와 활발하게 교류했던 武寧王(501~523)의 무덤에서 출토된 왕·왕비의 지석으로 사료로서는 물론 서예연구에 있어서도 매우 귀중한 자료이다. 특히 부드럽고 유려한 필치는 당시 중국의 금석문에서도 쉽게 찾아볼 수 없는 뛰어난 명품이다(〈그림 4〉). 후자는 의자왕 때 大佐平을 지냈던 奈祇城의 사택지적이 佛堂과 佛塔을 건립한 것을 기념한 비로서 엄정하면서도 溫厚한 필치를 보여 북조의 해서풍에 상당히 근접하고 있다.[3] 명문에 보이는 '甲寅'이란 간지는 의자왕 2년(642) 정변으로 유력귀족 수십 명이 추방될 때 사택지적도 나지성으로 은퇴했으므로 그 후의 첫 번째

---

3) 佐竹保子, 〈百濟武寧王誌石の字跡と中國刻石文字との比較〉(《朝鮮學報》 111, 朝鮮學會, 1984), 118~187쪽.

〈그림 4〉 무령왕릉지석(525)

국립공주박물관 소장.

갑인년인 654년에 해당된다고 여겨진다(〈그림 5〉). 또한 1995년 부여 陵山里寺址의 목탑 자리에서 발견된 石製舍利龕의 앞면에는 위덕왕(昌王)의 누이가 567년 사리를 공양한다는 명문이 새겨져 있는데, 글씨는 무령왕릉지석에 가까우나 짜임이 좀 평정한 편이다.

한편 무령왕릉에서 출토된 王妃頭枕의 좌우 윗면을 자외선으로 촬영한 결과 '甲'·'乙'이란 묵서가 발견되었다. 이 묵서는 두침의 좌우를 표시하기 위한 것으로 여겨지는데, 백제시대 유일의 진적으로 무령왕릉지석과 같이 유려한 필치이다. 이 밖에 무령왕릉 출토의 銀製釧銘(520)이라든지, 몇몇 小型金銅佛像의 造像記, 그리고 공주·부여 일대의 고분이나 절터에서 출토된 瓦塼銘文에서도 당시 통용되던 해서·행서·초서의 편린들을 살펴볼 수 있다.

〈그림 5〉 砂宅智積堂塔碑(654)

국립부여박물관 소장.

이상과 같이 백제는 중국 南北朝와의 문화교류를 통해 그곳의 서예를 받아들인 것으로 여겨진다. 특히 남조의 서예를 적극 받아들여 이를 백제 특유의 부드럽고 유려한 필치로 더욱 발전시켜 갔던 것으로 여겨진다.

3) 신라의 서예

신라는 한반도 남부의 동편에 위치하여 고구려나 백제에 비해 중국문화와의 접촉이 상대적으로 늦은 편이다. 그러나 경주를 중심으로 한 부족국가시대를 거쳐 6세기 중엽 낙동강 중·하류의 伽耶(A.D. 전후~562)를 병합하고, 나아가 백제·고구려의 영토였던 한강의 중·하류를 합쳐 그 영역을 넓혀가면서 고대국가로서의 기틀을 확고하게 다져갔다.

이러한 신라의 성장과정을 보여주는 刻石·碑 등의 石文이 비교적 다수 전하고 있다. 그 중에서 초기의 것들은 대부분 자연석을 거칠게 가공하여 글자를 새겼는데, 자형은 남북조시대의 해서체에 가까우며 짜임이나 필치는 여유롭고 소박한 경향을 보인다. 예를 들어 경북 영일의 冷水里碑(503)와 경남 울진의 鳳坪碑(524)를 비롯하여(〈그림 6〉) 경북 영천의 菁堤碑(536), 경북 울주의 川前里 岩刻書(6세기 전반), 경주의 明活山城 作城碑(551 또는 611), 대구의 塢作碑(578), 경주의 南山 新城碑(591) 등에서 그러한 특

〈그림 6〉 울진 봉평신라비(524)

경북 울진군 죽변면 봉평리 소재.

징을 살펴볼 수 있다. 이 밖에 1934년 경북 월성군 石杖寺址에서 출토된 壬申誓記石(국립경주박물관 소장)은 소년들이 장차 공부할 것을 맹세한 것으로 글씨는 치졸한 편이다.

한편 眞興王(재위 540~576) 때에 새로 점령한 지역에 세운 拓境碑나 점령 후 각지를 돌아보면서 세운 巡狩碑에서는 보다 정비된 석비 형식과 글씨 수준을 보인다. 척경비의 성격을 지닌 예로서 남한강 중류의 요충지를 얻고 세운 충북 단양의 赤城碑(545~550)와 가야를 병합하고 세운 경남 창녕의 昌寧碑(561)가 있다. 이들 비는 넓적한 자연석의 한 면을 깎아서 명문을 새긴 것으로 碑라기보다 刻石에 가까운데, 그 중에서도 적성비는 비면이 매우 판판하고 行間과 字間을 정연하게 썼으며 뿐만 아니라 글씨의 수준도 상당히 진전되어 있다(〈그림 7〉).[4] 또한 순수비로서 서울의 北漢山碑(555 또는 561~568)와 함경남도 함흥의 黃草嶺碑(568) 및 이원의 磨雲嶺碑(568)는 척경비에 비해 보다 진보된 양상을 보여준다(〈그림 8〉). 직육면체의 빗돌 네 면을 판판하게 가공했는데 상단에는 덮개돌(蓋石)을 끼워넣는 촉이 있어 본격적인 석비 형식을 갖추고 있다. 뿐만 아니라 글씨에 있어서도 세로로 긴 장방형의 字型에 단정한 필치를 보이고 있다. 이와 같이 정비된 서풍이 나타나게 된 데에는 이들 석비가 국가적 차원에서 건립되었기 때문이기도 하겠지만, 한편으로 신라가 영토 확장과 함께 고구려·백제지역에서 통용되었던 선진적인 글씨를 흡수했기 때문인 것으로 여겨진다.

---

4) 《史學志-丹陽新羅赤城碑 特輯-》 12(1978) 참조.

〈그림 7〉 단양 신라적성비
(545~550)

충북 단양군 단양읍 하방리 소재.

〈그림 8〉 황초령 진흥왕순수비
(568)

함남 함흥시 소재.

이상과 같이 신라시대 금석문에서는 대략 초기에는 졸박한 서풍을 보여 삼국의 다른 지역에 비해 상대적으로 수준이 다소 떨어지는 경향을 보인다. 또한 한자의 사용에 있어서도 우리말의 借音 표기방식인 吏讀가 빈번하게 사용되었다는 점에서 이 시기의 문화적 수준을 짐작하게 한다. 그러다가 진흥왕시대의 영토확장에 따라 북한산과 황초령·마운령에 세워졌던 순수비에 이르면 석비 형식의 발전과 함께 보다 정비된 양상을 보인다. 또한 문장의 형식에 있어서도 전형적인 한문투로 점차 전환되고 있어 이 시기를 즈음하여 신라의 서예가 삼국의 보편적 수준에 이르렀음을 짐작할 수 있다.

〈李 完 雨〉

4. 조 각

1) 청동기시대의 조각

한국의 조각미술은 불교조각이 등장하기 이전인 선사시대 후기의 청동기 시대 유물에서부터 발견된다. 青銅器시대의 유물은 대체로 무기류나 의식용 도구 또는 장신구가 많은데 그 중에서 칼의 손잡이 끝을 장식하거나 허리띠 고리(帶鉤) 끝에 달린 동물 형태에서 조각적인 형상을 찾아볼 수 있다. 허리띠 고리 중에는 말 또는 호랑이 모양이 조각된 것이 있는데 특히 경상북도 永川 漁隱洞에서 출토된 청동띠고리의 말 조각이 대표적이다(〈그림 1〉). 비록 말의 옆모습만 둥근 부조로 조각되었으나 몸과 머리의 비례가 알맞고, 몸체의 굴곡이 뚜렷하고 자연스러우며 엉덩이의 입체감이 강조되어 말의 특징이 생동감 있게 잘 표현되어 있다. 호랑이형 띠고리는 긴 꼬리를 위로 치켜

〈그림 1〉 영천 어은동 출토 청동마형띠고리(청동기시대)

국립중앙박물관소장.

올리고 입을 벌리고 있어 맹수임을 알려준다. 청동제 칼손잡이 끝을 장식한 한 쌍의 오리조각들 또는 긴 대 위에 꽂았던 새의 형상 등은 작지만 다양한 형태로 표현되어 있다. 또 조그만 말 형상이나 뿔이 달린 사슴머리의 독립된 조각도 있는데 어떤 도구의 일부로 조각되었을 것이다.

청동제 동물조각의 목둘레나 몸체에 기하학적 무늬의 장식띠가 둘려진 것은 바로 한국 청동기의 대표적 예인 多紐細文鏡이나 기타 다른 청동기에도 공통적으로 보이는 문양으로 그 기원은 북방계 유목민족의 청동기문화와 연결되고 있다. 기원전 흑해 연안과 카스피해 근처에 있던 스키타이계 유목민족은 동쪽으로 이동하면서 시베리아 남부와 중국 북방의 塞族·突厥族·匈奴族 등과 접촉하여 바로 만리장성 북쪽 내몽고 지방에 중국계 스키타이문화인 오르도스(Ordos) 청동기문화를 이룩하였다. 이 문화는 다시 동쪽으로 전파되어 요동반도를 거쳐 한반도의 古朝鮮 또는 三韓文化의 기반을 형성한 것이다.[1] 이 북방계의 청동기문화는 중국 中原지방의 청동기문화와도 접촉이 있었으나 우리 나라에 전해지는 漢代이전의 중국의 영향은 주로 北方루트로 전해진 청동기문화가 주류였던 것으로 이해되고 있다. 그리고 청동기 유물에 보이는 새의 형상이나 사슴문양은 북방 유목민 사이에 유행했던 원시 무속신앙과도 연관이 있을 것이다.[2]

청동기시대의 조각미술 중에는 암벽에 새긴 조각도 있다. 암벽을 쪼아내거나 선각을 하거나 또는 도드라지게 하여 표현한 동물·물고기·인물 등은 당시의 수렵생활이나 농경생활을 나타내며, 또 여러 형태의 기하학적인 문양들은 자연숭배 등 원시신앙의 한 형태를 보여준다. 이러한 의식과 관련하여 만들어진 암벽조각이 경상북도 울진군 川前里의 太和江 상류의 계곡 옆에 있는 높고 편편한 암벽에서 발견된다. 線刻으로 표현한 同心圓이나 네모형·소용돌이·물결무늬의 여러 기하학적인 문양은 아마도 태양이나 별자리 같은 형태를 나타낸 것으로, 이곳은 자연숭배 의식을 행한 장소로 이용된 것

1) 金元龍, 〈考古學에서 본 韓國 民族의 文化系統〉(《한국사》 23 총설, 국사편찬위원회, 1978), 29~47쪽.

2) 金暘玉, 〈韓半島 靑銅器時代 文樣의 硏究－새와 사슴모양을 중심으로－〉(《韓國考古學報》 10·11, 한국고고학연구회, 1981), 25~29쪽.

같다. 비슷한 기하학적인 형태의 암벽조각이 경상남도 高靈의 良田洞 마을에서도 발견되는데 아직도 그 정확한 의미는 해명되지 않고 있다.

울진군의 川前里에서 얼마 떨어지지 않은 大谷里의 盤龜臺에는 좀 더 큰 규모의 岩刻조각이 있다.[3] 여러 마리의 크고 작은 고래가 금속 창에 맞은 모습, 새끼 고래를 업고 있는(혹은 물고기를 삼켰다고도 볼 수 있는) 모습으로 보이며, 또 그물에 걸린 물고기들, 배를 탄 사람들 등이 다양하게 나타난다. 또 사슴·산양·멧돼지·호랑이 등의 동물들을 암벽을 낮게 떼어내거나 선각으로 표현하여 선사시대 동물 표현 미술의 중요한 예로 남아있다. 그 표현 효과는 회화적인 성격을 띠고 있으나 표현기법으로 보면 선을 파거나 면을 떼어낸 원시 조각기술을 보여주는 것으로 일반적으로 암각화로 알려졌으나 암벽조각이라 부르는 것이 옳다고 생각된다.

이 암벽조각의 내용 중에는 고래사냥에 청동제 화살촉을 사용한 것을 볼 수 있으며, 동물을 울타리 속에 가두어 둔 표현에서는 정착하면서 농경생활을 하였을 것이라는 추측도 가능하다. 이와 비슷한 암벽조각이 북부 유라시아, 시베리아 아무르강 유역의 바위조각에서도 발견된다고 하여 우리 나라 先史人들의 이주 배경을 알려주기도 한다. 또한 이 암벽조각이 있는 울주면 대곡리나 천전리의 주변환경은 깊은 산속에 수려한 풍경과 넓은 암반이 있는 곳으로 선사인들의 신앙의 장소가 어떠한 곳이었나 하는 점도 짐작하게 해준다.

2) 삼국시대의 조각

(1) 일반 조각

삼국시대의 유물 중에서 일반 조각이라고 할 수 있는 예는 토기 뚜껑이나 항아리 어깨 위에 붙여진 동물 또는 인물조각의 土偶들이 있으며 대부분 死後세계에서도 생전과 같은 삶을 누리게 하기 위하여 무덤에 넣은 부장품 중에서 발견된다. 또 그릇 자체가 조각형태를 한 象形토기도 있다. 토우들은

---

3) 黃壽永·文明大, 《盤龜臺》(동국대학교 출판부, 1984).
黃龍渾, 《동북아시아의 岩刻畵》(민음사, 1987).

가야와 신라고분에서 대부분 출토되며 손으로 간단하게 빚어서 만든 토기 중에 高杯의 뚜껑이나 항아리의 어깨 위에 얹어 놓은 것이 많다. 대부분 주변생활과 관련되는 인물·동물 등을 표현하고 있으며 그 자세나 얼굴표정에 유모어 감각과 생동감이 넘친다(〈그림 2〉). 특히 미추왕릉 구역에서 출토된 목이 긴 항아리의 어깨 위로 돌아가며 붙어 있는 토우들은 개구리·뱀·새

〈그림 2〉 신라 土偶

등의 동물과 가야금 같은 악기를 뜯는 인물 또는 남녀의 性戱장면 등을 꾸밈없이 보여준다. 현재 전하는 많은 토우들은 원래의 토기에서 떨어져서 남아 있는데 인물의 이목구비와 신체 표현이 별로 세련되지는 않았으나, 남녀의 性적인 특징을 강조하고 있거나 뱀이 개구리를 잡아먹는 생생한 모습 또는 악기를 타는 인물의 율동적인 자세 등은 당시 고대인들의 생활상과 미적 감각을 보여준다.[4]

가야나 신라고분 출토의 土製 부장품 중에 인물 또는 동물모습의 象形 토기류를 흔히 異形 토기라고 부르는데 이 중에서도 조각적인 형상이 다양하게 발견된다. 특히 잘 알려진 예가 경주 금령총 출토의 기마인물형 토기나 미추왕릉지구 출토의 神龜形 토기 등으로 신라인의 사실적인 표현력과 뛰어난 상상력을 보여준다. 기마인물형 토기는 여러 종류가 있는데 당시의 馬具 종류나 그 용도 또는 인물의 복식형태를 알 수 있으며 신라시대의 말 문화와 관련된 생활상을 알려준다. 환상적인 신구형 토기는 거북이보다는 오히려 龍形에 가까우며 고대인들의 사후세계 사상과 연관되는 瑞像에 대한 인식을 알 수 있다. 이 외에도 갑옷을 입은 기마인물상, 노를 젓는 인물과 배, 기름 등잔, 가옥, 오리 등의 모습으로 만든 토기들도 있다.

토우 형태가 아닌 독립된 조각 중에는 백제의 두번째 도읍인 공주의 송산리에 있는 무령왕릉에서 출토된 鎭墓獸가 있다(〈그림 3〉). 무덤 주위를 수호하기 위하여 동물조각을 배치하는 습관은 중국의 秦·漢代부터 유행하였고 특히 南朝지역의 도읍이었던 南京의 옛 왕능묘 주변에는 지금도 사자처럼 생긴 큰 石獸들이 남아 있다. 그러나 무령왕의 진묘수는 墓室내에서 玄室로 들어가는 입구의 묘지석 앞에 놓여 있었고 크기가 47.3cm 정도의 비교적 작은 형태이다. 머리에는 뿔을 금속으로 만들어 꽂았고 날개의 형태는 도드라지게 생겼는데, 실존동물이라기보다는 상상적인 瑞獸인 麒麟 또는 神鹿을 나타내었을 것이다. 동물의 형상에는 별로 생동감이 없고 몸체의 굴곡이 사실

---

4) 李蘭英, 《新羅의 土偶》(교양국사총서 22, 세종대왕기념사업회, 1976).
———, 《土偶》(대원사, 1991).
國立慶州博物館, 《新羅土偶－新羅人의 삶, 그 永遠한 現在－》(1997년도 특별기획전).

〈그림 3〉 무령왕릉 鎭墓獸(525)

적이지는 못하나, 위엄있고 묵직한 자세는 무덤을 수호하는 석수로서의 역할을 잘 나타내 준다. 무령왕릉에서 또한 조그만 석조 인물상이 출토되었는데 두 손을 앞에 모으고 있는 童子形 조각으로 단순한 조형성이 특징적이다. 매끈한 조각 솜씨나 균형 잡힌 比例面에서 독립된 인물상으로는 뛰어난 예라 할 수 있다.[5)]

(2) 불교조각

우리 나라에 불교가 처음 수용되는 것은 4세기 후반이다. 불교의 수용은 한국 미술의 여러 분야에 매우 큰 영향을 미쳤는데, 특히 예배상인 불상의 조성은 조각미술의 발전에 크게 기여하였다. 중국으로부터 불교가 전래된 삼국시대 4세기말에 이미 절이 지어졌다는 기록으로 보아 예배 대상인 불상도 그 때에 모셔졌다고 생각된다. 그러나 현재 남아있는 유물로 보면 대부분이

5) 文化財管理局, 《武寧王陵發掘調查報告書》 (三和出版社, 1974).

6세기 이후의 금동이나 석조 불상들이다. 흙이나 나무로 만든 상도 있었을 것이나 현재 조선시대 이전으로 올라가는 목조상은 거의 없고 소조상은 한두 예가 남아있다.

불교조각은 근본적으로 神格의 예배상이므로 초인간적인 특징을 갖춘 인물형태를 이상적으로 표현하게 된다. 불교의 근원지인 인도에서 시작된 불상형은 몸의 자세, 손의 모습, 옷을 걸쳐 입는 기본방식이 일정한 圖像에 따라 만들어지고 이 도상은 인도나 중국 또는 한국 불상에 공통되게 나타난다. 그러나 각 나라 불상의 얼굴 표현에는 은연중에 그 민족이 생각하는 이상적인 불상형이 반영되고 옷이나 장식의 표현에도 각 지역의 풍속에 따른 독특한 요소가 보인다. 또 표현 방법에는 그 민족 또는 시대의 흐름에 따라 변하는 미적 감성이 반영되고 조각 기법에도 변화를 주어 인도나 중국과는 또 다른 한국의 불상형이 발달하게 된다.

4세기말 불교신앙의 전래는 삼국시대 문화발전에 커다란 영향을 미쳤다. 중국 5胡16國의 하나였던 前秦의 符堅이 372년 고구려에 불상과 경전을 전함으로써 북방의 胡族을 통해서 들어오는 불교를 처음으로 수용하게 되었다. 3년 후인 375년에 수도 평양에는 省門寺와 伊佛蘭寺가 지어지고 광개토왕 2년(392)에는 평양에 9개의 절이 세워졌다고 하므로 각 절에는 불상이 모셔졌을 것이고 승려를 통한 예배의식도 있었을 것이다. 황해도 安岳의 2호 고분과 357년 명문이 있는 3호고분 묘실의 천정 중앙에 연꽃이 그려져 있는 것이나 평양 근처의 德興里고분 벽에 쓰여진 기록에 고구려 永樂 18年(408) 釋迦文佛弟子였던 주인공이 죽자 유교에 따라 택일하여 묘를 지었다는 내용은 새로운 불교의 수용과 전통적인 葬法이 같이 병행하고 있었음을 알려준다.

백제의 불교는 384년 東晋에서 온 胡僧 마라난타에 의해서 전해졌는데 이는 중국 南朝와 교류가 빈번했던 백제문화의 성격을 뒷받침한다. 불교가 전해진 다음해인 385년에 백제의 첫번 도읍지인 漢城(지금의 서울)에 절이 세워지고 10인의 승려가 있었다는 기록으로 보면 각 절마다 불상이 있었고 불교의식이 행해졌을 것으로 짐작된다. 그리고 또 이 불상들은 중국에 나타나는 초기 불상의 모습을 반영하였을 것이다. 그러나 현재 삼국시대 초기 불교유적이나 조각물이 남아 있는 예가 적고 또 문헌기록이나 명문이 있는 예가 한정되어 있기 때문에 그 당시 불교 조각의 실상을 파악하는 것은 매우 어렵다.

명문이나 출토지가 알려진 불상들이나 또는 암벽에 조각된 중요한 마애불상들을 중심으로 삼국시대 불상의 도상과 양식의 연구가 어느 정도 가능하다. 그리고 한국 불상에 영향을 준 중국 불상들과의 비교 연구 및 그 원류가 되는 인도와 서역의 불상과의 비교는 한국 불상의 흐름과 변천을 파악하는데 도움을 준다. 한편 백제는 일본에 불교를 전하였고 또한 고구려·신라와 함께 일본의 초기 불교문화 발전에 큰 영향을 주었다. 따라서 백제와 일본의 불상, 또 백제와 고구려 및 신라 불상과의 상호 연관성 그리고 삼국의 불상과 중국 및 일본의 불상과의 비교 연구는 한국의 불상이 圖像的으로나 양식적으로 어떻게 국제적인 보편성을 따르면서 한국적인 특징을 발전시켰는가를 알려준다.

가. 5세기의 불상

4세기말 우리 나라에 불교가 전해졌던 당시에 만들어졌을 불상의 모습에 참고가 되는 중요한 상은 서울의 뚝섬에서 출토된 5cm정도 크기의 금동여래좌상이다(〈그림 4〉). 두 손을 포개어 禪定印을 하고 앉아 있는 이 금동여래좌상은 두 어깨를 덮는 通肩의 법의를 입었고 옷주름은 몇 줄의 U형 주름으로 늘어져 있으며 네모난 대좌의 양쪽에는 두 마리의 사자가 정면으로 앉아 있다. 이러한 형식의 불좌상은 중국에서는 東晋 말에서 北魏 초기인 4세기말~5세기초에 유행하며 이 무렵에 고구려나 백제에 전해진 불상도 이와 비슷한 모습이었을 것이다.

이 뚝섬불상이 출토된 한강 유역은 지역적으로 보면 옛 백제의 땅에 속하나 불상 양식으로 보면 5세기초의 北魏 불상과 비슷하다. 예를 들어 동경예술대학교 자료관에 있는 북위의 금동불좌상이나 大阪市立美術館의 大夏勝光二年(429)銘의 금동불좌상과 비교가 된다. 이로 보아서도 이 뚝섬상은 중국 북방의 나라와 관련이 깊었던 고구려의 상이었을 가능성도 있고 혹은 중국에서 가져온 상일 것이라는 의견도 있다. 어느 경우이든지 불교 수용 초기 4세기 말 내지 5세기의 고구려와 백제 불상의 모습은 이와 비슷한 형상이었

〈그림 4〉 뚝섬출토 금동여래좌상(400년경)

국립중앙박물관소장.

을 것이다.

이 뚝섬불상과 같은 禪定印의 불좌상 형식이 불교수용 초기 고구려에서 유행했을 것이라는 추측은 또 만주 集安의 長川 1호고분의 前室 동측 천정 고임돌에 그려진 예불공양도에서도 뒷받침된다.

1981년에 처음 중국 학술지에 소개된 이 고구려 고분벽화에는 높은 수미단의 대좌 양쪽에 긴 꼬리의 흰 사자가 있고 그 위에 앉아 있는 禪定印의 불좌상이 있는데 이것은 바로 뚝섬의 상과 같이 通肩의 法衣에 U形의 옷주름을 보여주고 있다.[6] 그런데 이러한 불좌상 형식은 5세기 중국의 金銅佛 뿐 아니라 敦煌이나 雲崗石窟 또는 더 서쪽의 투르판지역 출토의 塑造나 木造 불좌상에도 보이는 형식임을 알 수 있다.

또 이 장천 1호분의 천장 고임돌 남벽과 북벽면에는 각기 4구의 보살입상이 그려져 있는데 머리 양쪽에서 늘어진 띠장식이나 가슴에 걸쳐진 구슬장식이

6) 吉林省文物工作院·集安縣文物保管所, 〈集安長川1號壁畵墓〉(《東北考古與歷史》 1, 1982), 154~173쪽.

역시 중국 5세기 후반에 나타난 보살상 양식을 반영하고 있다.[7]

장천 1호고분의 예불공양도에서 불상 좌우에서 엎드려 절하는 공양인들의 표현은 당시 고구려에서 행해진 불교신앙의 모습을 알려주며, 또 천정 고임돌 여러 곳에 그려진 蓮花위에 남녀 두 인물의 머리가 보이는 것은 佛國淨土에 태어나는 불교의 환생신앙을 표현한 것으로 생각된다. 그러나 한편 이 천정벽화는 일반 대중의 예배장소가 아닌 특정 개인의 墓宅벽화인 점이나 동양의 전통적인 장례풍습에 따라서 축조된 분묘임을 참고할 때에 사후에 혼이 天上으로 올라간다는 동양의 전통적인 내세관이 불교의 윤회사상과 서로 혼합된 것으로 이해된다. 불교에 대한 지식이 쌓이고 교리에 대한 이해가 깊어짐에 따라 불상의 표현은 고분벽화에서 사라지게 되고 蓮花나 飛天 또는 火焰文 등 불교미술의 장식적인 요소만이 장엄의 효과로 남아있게 된다.

나. 6세기의 불상

현존하는 불상 중에 중국의 5세기 초기 불상 양식을 반영하는 예가 있기는 하나 명문을 동반하지 않았기 때문에 상이 만들어진 소속국을 밝히기가 어렵다. 또한 크기가 작은 불상들은 이동되기가 수월하여 상이 발견된 곳이 그 상을 제작한 나라가 아닌 경우도 있다.

6세기에 들어와서 만들어진 불상 중에는 광배에 명문이 쓰여진 금동불의 예가 몇 있으며 그 내용을 통해서 제작국이나 상의 명칭 또는 신앙의 성격을 어느 정도 알 수 있다. 특히 干支銘이 있는 경우에는 양식 고찰을 통하여 대략의 시대 추정도 가능하다. 국보 119호인 延嘉 7년 己未年銘 금동여래입상은 그 대표적인 예다. 이 상은 명문에 의해 6세기의 고구려 상으로 판명되나 실제의 발견지가 경남 宜寧이므로 명문이 없었다면 신라의 상으로 분류되었을 것이다. 이 상의 광배 뒷면에 있는 '…延嘉七年歲在己未高麗國樂良東寺…'이란 명문의 내용으로 延嘉 7년인 己未年에 고구려의 수도인 평양(옛 낙랑지역)에 있던 東寺라는 절에서 주지스님과 제자와 師徒들이 1000佛을 造像하여 유포한 것 중 제 29번째의 佛인 因現義佛로 만들었다고 한다(〈그림 5〉).

7) 金理那, 〈高句麗 佛敎彫刻 樣式의 展開와 中國 佛敎彫刻〉(《高句麗 美術의 對外交涉》, 도서출판 예경, 1996), 75~126쪽.

〈그림 5〉 연가 7년 기미년명 금동여래입상(539)

국립중앙박물관소장.

이 연가 7년명 불상은 광배와 불상과 대좌가 하나로 주조된 상으로 본존상은 오른손을 들어 두려움이 없음을 보여주는 施無畏印과 왼손을 내려 소원을 받아들이는 의미의 與願印을 하고 있다. 법의는 가슴이 많이 벌어지고 한쪽 옷자락 끝이 가슴 앞을 가로질러 왼쪽 팔 위로 걸쳐지고 있는데 이러한 大衣 형식은 중국의 5세기말 운강석굴이나 6세기 초 北魏 불상에서 인도의 영향으로부터 벗어나 중국적으로 변화하는 과정에서 나타나는 것이다. 명문에 있는 延嘉라는 고구려 연호는 역사기록에는 나타나지 않으나 상의 양식이 6세기초의 중국 불상과 비교되어서 기미년은 539년으로 추측하고 있다.[8] 이 상은 현존하는 삼국시대의 불상 중에서 명문에 의해서 연대 추정이 가능한 가장 이른 예가 되는 셈이다.

백제의 초기 불상 중에도 이 연가 7년명 불상과 비슷한 형식의 금동불입상이 충청남도 서산군 운산면에 있는 普願寺址에서 출토되었다. 광배나 대좌는 없으나 그 기본 형식은 연가 7년명 불상과 같이 갸름한 얼굴에 手印과 大衣를 걸쳐 입은 모습이 비슷하다. 그러나 대의의 옷주름은 오른쪽으로 약간 치우쳐 늘어지고 가슴의 內衣가 y形의 반대모양으로 여며진 점이 다르다. 이러한 형식은 후에 부여 佳塔里 출토의 금동불입상형으로 발전하는데 보원사지 출토 상보다는 입체감이 강조되었고 옷자락 주름이 몸체에 차분히 붙어서 늘어진다. 이러한 새로운 요소는 인도 굽타양식의 영향이 강하게 보이는 四川省 萬佛寺 절터 출토의 梁代 석불입상이나 6세기 후반 北齊 시기에 유행하는 불입상의 특징과 유사하여 백제 불상 양식의 발달에 반영되는 남조 불상의 영향을 알려준다.[9]

불상의 양쪽에 보살상이 등장하는 것을 삼존불형식이라고 하는데 부처를 도와서 중생을 구제하는 보살의 역할이 강조된 것이다. 하나의 큰 광배에 삼존불이 붙어 있는 一光三尊佛像은 삼국시대 6세기 후반경에 유행한다. 불상의 광배에는 화염문양을 표현하여 성스러운 부처의 몸에서 빛이 난다는

---

8) 그러나 이 해가 고구려 安原王 9년이 되므로 7년이라는 숫자와는 부합되지는 않는 모순이 따른다.

9) 金春實, 〈三國時代 如來立像 樣式의 展開－6世紀 末~7世紀 初를 중심으로－〉(《美術資料》55, 1995), 10~41쪽.

의미를 상징하는데 서울 澗松미술관에 있는 일광삼존불의 광배 화염문은 연가 7년명 불상 광배의 문양보다 더 정돈되었다. 광배의 뒷면에는 "癸未年에 돌아가신 아버지를 위하여 寶華가 만들었다"는 명문이 있는데 이 계미년은 상의 양식으로 보아 563년으로 추정되고 있다(〈그림 6〉). 그러나 제작국은 확실히 알기 어려우며, 광배의 화염문 형태는 평양의 평천리에서 출토되어 현재 평양 박물관에 있는 永康 7年銘 광배와 유사하다. 이 광배는 밑부분이 파손되었고 본존불은 남아있지 않으나 뒷면 명문에 "돌아가신 어머니를 위해 彌勒尊像을 만들어 훗날 미륵불이 내려와 세 번의 법회를 할 때에 듣기를 원한다"는 내용이 있어 고구려에서 유행한 미륵하생신앙의 구체적인 예로 볼 수 있다.

고구려의 일광삼존불상 중에서 또 다른 중요한 예는 황해도 谷山 출토의 景(?) 4년 辛卯年銘 금동삼존불입상이다. 상의 명문에는 "무량수상을 만들어 돌아가신 부모와 함께 미륵불이 있는 곳에 태어나 法을 같이 듣기를 바란다"는 내용이 있어 교리에 대한 정확한 이해보다는 사후의 정토왕생에 대한 관심이 반영되고 있음을 알 수 있다. 이 신묘년 삼존불상은 연가 7년명 여래입상보다는 얼굴이나 몸체의 표현에 입체감이 있으며 광배의 火焰 문양형태도 더 정돈되고 세련미가 보인다. 또 본존불을 보좌하는 좌우협시상이 등장하였을 뿐 아니라 광배면에 三化佛이 등장한 점은 과거·현재·미래 三世佛 개념의 반영으로 보인다. 이 불상의 연대를 추정하게 해주는 신묘년은 양식으로 보아 6세기 후반인 571년으로 보고 있으나 명문에 있는 景(?) 4년이 현재 알려진 어느 고구려의 연호와도 연결되지 않는 문제가 남아 있다.

이 신묘년 일광삼존불상의 본존불 표현의 특징은 법의 주름의 처리방식이 北魏佛을 따라서 연가 7년명상이나 계미년명불과 같이 옷자락이 허리를 가로질러 왼쪽 팔뚝에 걸쳐진 모습이 아니고 몸 앞에서 둥글게 자연스럽게 늘어지고 어깨 뒤로 걸쳐진 점이다. 이와 비슷한 형식은 이미 백제의 가탑리 상에서도 보았고 중국에서는 北齊·隋代에 유행하는 인도식의 착의법으로 새로운 형식의 불상이 6세기 후반에 우리 나라에도 나타나고 있음을 알 수 있다.

〈그림 6〉 계미명 금동삼존불입상(563)

간송미술관소장.

이외에 알려진 일광삼존불의 광배중에 충북 中原郡 老隱面에서 출토한 建興 五年 丙辰銘 光背는 596년으로 추정되며 명문에 釋迦文像을 제작하였다고 하나 현재 상은 없어졌다. 또 현재 일본의 동경국립박물관에 있으나 원래는 法隆寺(호류지) 보물로 있었던 御物48體佛중에 제193호인 甲寅年 王延孫銘 光背도 우리 나라에서 전래된 것으로 뒷면의 명문에 현세 부모를 위해 석가문상을 만들었다는 내용이 있다. 이 갑인년은 594년으로 추정되며 광배 주위의 飛天이나 7化佛의 표현은 매우 발달된 광배형식으로 화염문양이 섬세하고 정교하게 주조되었다. 그러나 발원자 왕씨가 고구려계인지 백제계인지에 대해서는 학계에 논란으로 남아 있다.[10)]

〈그림 7〉 금동보살입상(6세기)

국립중앙박물관소장.

6세기에 제작된 불상 중에 보살상의 표현은 일광삼존불의 협시보살상에서도 보았듯이 대개 꽃잎 모양의 보관을 쓰고 넓적하고 밑이 뾰족한 목걸이를 하고 있으며 두 어깨 위에는 천의를 고정하는 둥근 장식이 있고 늘어진 천의는 무릎부분에서 교차하는 특징을 보여준다. 이러한 특징의 보살상은 평양 서북방 平原郡 德山面 元五里절터에서 출토된 흙으로 구운 泥造보살입상에서도 보인다. 이 泥像들의 파편들을 보면 같은 틀로 찍어서 대량 생산하였던 것을 알 수 있으며 비교적 두툼하고 부드러운 조형감을 보여준다. 이와

10) 熊谷宣夫, 〈甲寅銘考〉(《美術硏究》 209, 1960), 223~224쪽.
吉村怜, 〈法隆寺獻納御物王延孫光背考〉(《佛敎藝術》 190, 1990), 11~24쪽.

비슷한 금동보살입상이 국립중앙박물관에 있는데 광배와 대좌는 없어졌다(〈그림 7〉). 미소 띤 갸름한 얼굴과 세 갈래로 갈라진 머리장식 그리고 어깨에 둥근 장식으로 고정시킨 천의가 흘러내려 무릎부분에서 교차되고 일부는 몸 양쪽에 지느러미처럼 늘어진 모습은 바로 삼국시대 초기에 많이 보이는 보살형이다. 시무외·여원인의 손을 유난히 크게 하여 보살의 자비심을 상징적으로 강조하며 옷주름의 표현이 자연스럽고 얼굴표정에 생동감이 보인다. 조형적으로는 북위 불상의 영향을 받은 고구려의 상으로 분류되고 있다.

부여 軍守里절터에서 출토된 금동보살입상 역시 기본적으로는 위에 설명한 삼국시대 초기 보살상의 圖像을 따르고 있으나 치마 주름이 부드럽게 정리되고 天衣가 몸 양쪽으로 규칙적으로 흘러내리고 있는 표현, 그리고 부드러운 얼굴의 표정 등은 백제의 특징으로 볼 수 있다. 이와 비슷한 부여 窺岩面 新里 출토의 금동보살상은 넓적한 연판 대좌 등에서 역시 백제 상에 보이는 부드러운 조형성이 보인다.

대체로 고구려와 백제가 불교를 먼저 수용하여 불상 제작에 앞서 가고 있을 때 신라는 뒤늦게 528년에 불교를 공인하였고 공식적으로 처음 세워지는 절이 544년에 완성된 興輪寺이다. 따라서 이 때에 불상도 절에 모셨을 것이나 현재는 절터만이 알려져 있을 뿐이다. 이보다 후인 566년에 왕실사찰로 완성된 경주의 황룡사 절터에는 지금도 금당지에 574년에 완성되었다는 丈六의 금동3존불상의 커다란 석조대좌가 있어서 상의 크기를 짐작할 수 있게 한다. 이 장육존상의 원형이 인도에서 보내졌다는 《삼국유사》의 내용을 참고한다면 아마도 5~6세기에 유행한 인도의 굽타불상 양식을 반영하였을 것으로 짐작이 가며 한편 다른 삼국의 불상과 연계를 짓는다면 부여 가탑리 출토의 불상 양식이나 신묘년명 불상의 본존과 유사한 형태의 불상이었을 것으로 생각된다.[11]

최근 山東반도 諸城에서 발견된 일광삼존불상중에 도상이나 표현양식이 우리 나라 6세기의 일광삼존불상들과 매우 유사한 예를 포함하고 있어서 산

11) 金理那, 〈皇龍寺의 丈六尊像과 新羅의 阿育王像系 佛像〉(《震檀學報》 46·47, 1979), 195~215쪽.

동지역 불교와의 연계성을 알려준다. 특히 산동성 諸城博物館에 있는 금동일광삼존불은 그 광배의 형태나 화염문 또는 3化佛의 등장까지도 유사하다.[12] 이 산동지역은 중국 남조나 북조 불교미술의 요소가 합쳐지는 지역이고 우리 나라 백제와는 해상교류로 이어졌던 곳이어서 앞으로 두 지역의 교류관계에 좀 더 많은 연구가 필요하다고 본다.

삼국초기의 불상표현은 여원인과 시무외인을 한 금동의 여래입상들 이외에도 이미 언급했던 5세기의 뚝섬불좌상이나 장천 1호분의 천정 그림에서 보았던 선정인의 여래좌상형이 좀 더 새로운 형식으로 발전하였다. 그 중 고구려의 예 중에는 이미 앞의 보살상 소개에서 언급한 평양 元五里절터에서 나온 泥造佛像들 중에 옷자락이 밑으로 늘어진 연화대좌에 앉아있는 禪定印의 불좌상이 있다. 머리가 떨어져나간 파편들이 많으나 같은 틀로 찍어 대량으로 구워서 그 위에 흰색과 붉은 칠을 한 상들이다. 두툼한 법의는 목둘레에서 자연스럽게 늘어지고 그 끝단이 양쪽 손 밑에 좌우대칭으로 접혀져 있다. 이와 같이 선정인의 불좌상이 고구려 초기 불상형으로 유행하였다는 것은 평양 土城里寺址에서 출토된 陶范에서 찍어낸 불좌상으로도 알 수 있으며 또 북위의 불상에서도 보이듯이 불상의 옷주름이 늘어져서 대좌 위를 덮는 裳懸座가 등장하는 것을 볼 수 있다.

백제의 선정인 불좌상으로 가장 대표적이고 또 완전하게 보존되어 있는 예는 부여 군수리 절터에서 나온 납석제 불좌상이다(〈그림 8〉). 통통하면서도 긴장이 풀린 자세가 특징적이며 부드럽고 자연스럽게 늘어진 옷주름이 네모난 대좌를 덮어 상현좌를 이루고 있다. 고구려의 토성리 불좌상 보다는 주름이 간략해지고 정돈되어 부드러운 느낌을 주는 것은 기본적인 도상은 같아도 조형적인 감각에서 차이를 보여주는 것이다.

부처의 裳衣가 대좌를 덮는 상현좌의 불상은 5세기말에 중국에 등장하기 시작하여 운강석굴 후기에도 나타나며 四川省 출토 南齊의 484년 석좌상에서도 보이는데 인도로부터 전해진 불상형이 중국식으로 변모해 가는 과정중의 한 특징으로 볼 수 있다. 특히 남경 棲霞寺의 석굴에 남아있는 南齊의 大佛은 비록

12) 金理那, 앞의 글(1996), 100쪽 〈그림 23〉 참조.

〈그림 8〉 군수리사지출토 蠟石製如來坐像(6세기)

국립중앙박물관소장.

보수를 하였다 하더라도 그 규모나 상현좌의 모습에서 과연 당시 남조불상을 대표하는 예임을 알 수 있다. 특히 이러한 남조문화의 영향도 받았던 북위불상은 물론이고 고구려나 백제의 상현좌 불상의 원류를 보는 것 같다. 옛 백제의 영토였던 충청북도 靑陽에서 발견된 대형 陶製 상현대좌 역시 군수리상과 같은 백제 초기 불좌상의 형식을 지니고 있다고 생각된다.

이동이 쉬운 불상들은 출토지가 제작국이 아닐 수도 있으나 암벽에 조각된 마애불상이나 커다란 바위에 새겨진 석조불상은 그 지역을 다스렸던 나라에 속하는 것이 당연하다. 이런 점에서 보면 고구려의 마애불은 알려진 예가 없고 백제나 신라 지역에는 중요한 삼국시대 초기 마애불상들이 남아있다. 그 중에서도 가장 이른 예는 충청남도 예산 花田里에서 발견된 장방형 石柱에 새겨진 四面石佛이다[13](〈그림 9〉).

---

13) 朴永福・趙由典, 〈禮山 百濟四面石佛 調査 및 發掘報告〉(《文化財》 16, 1983), 1~50쪽.

文明大, 〈百濟 四方佛의 起源과 禮山 石柱四方佛像의 硏究〉(《韓國佛敎美術史論》, 民族社, 1987), 37~71쪽.

〈그림 9〉 예산 화전리 4면석불(6세기 후반)

大西修也, 〈百濟佛再考－新發見の百濟石佛と偏衫を着用した服制をめぐって－〉(《佛教藝術》149, 1983), 11～26쪽.

가장 넓은 면에 새겨진 불좌상이 正面像이고 그 옆과 뒷면에는 높은 浮彫로 조각된 佛立像이 있다. 모두 머리가 떨어져 나가긴 했으나 여러 겹의 U형으로 길게 늘어진 法衣의 표현은 입체적이고 보존상태도 좋은 편이다. 정면 불좌상의 偏衫을 입은 着衣 형식이나 넓적한 연판으로 둘려진 頭光에 깊고 뚜렷하게 조각된 화염문과 중앙의 寶珠紋은 백제 불상의 특징을 잘 보여준다. 특히 다른 면에 있는 불입상은 옷주름이 목에서 부터 둥글게 연속적으로 늘어진 형식인데 앞에서 언급한 가탑리 불입상의 옷주름과 연결되며 그 원형은 역시 인도의 굽타시대 불상에서 발전한 것이다.

암벽에 조각된 백제의 마애불상 중에서 가장 이른 예가 충청남도 서산군 태안에 있는 마애삼존불이다(〈그림 10〉). 허리 밑부분이 오랫동안 흙에 묻혀 있던 이 삼존불은 1995년 여름에 발굴되어 정연하게 조각된 연화대좌가 드러났으며 불상들의 균형잡힌 비례와 옷주름 처리의 완전한 모습을 볼 수 있게 되었다. 寶珠를 두 손에 마주잡은 奉寶珠菩薩立像을 본존으로 하고 좌우에 불입상이 서 있는데 그 중 왼쪽 불상은 뚜껑이 달린 약함을 들고 있어 藥師如來로 추정된다. 이 태안의 불상은 두 어깨에 걸쳐져서 자연스럽게 늘어진 옷자락이 연속된 반원형의 옷주름을 형성하고 있는데 이는 부여 가탑리 금동불상이나 예산 4면석불의 불입상들의 착의형식에서 이미 보았던 것이다.

보주를 두 손으로 받들고 있는 봉보주형의 보살입상은 백제에서 특히 유행했던 형식이다. 태안의 봉보주형 보살상은 세개의 연속된 산처럼 생긴 높은 보관을 쓰고 그 밑에 띠로 두른 冠帶가 머리 양쪽에서 귀밑으로 늘어졌다. 양쪽 어깨에서 내려온 천의가 무릎 위에서 교차하는 형식은 삼국 초기에 유행한 보살상형을 따르고 있다. 불상 전체가 많이 훼손되어 보관의 형태가 자세히 보이지는 않으나 백제에서 불교와 불상을 전해 받은 일본의 飛鳥(아스카)시대 초기 불상 중에서 法隆寺 寶藏殿의 금동봉보주보살입상이나 止利(도리)佛師의 대표작인 법륭사 金堂 석가삼존상의 협시보살상의 寶冠과 유사한 것을 알 수 있어 초기 일본 불상에 반영되는 백제의 영향이 확인된다. 이와 같이 일본에 남아있는 초기 불상을 참고하면 그 원류가 되었으나 현재는 불완전하게 남아있는 백제불상이나 다른 삼국시대 불상의 모습을 복원시키는 데 도움을 주는 경우가 많다.

〈그림 10〉 태안 마애삼존불(6세기말)

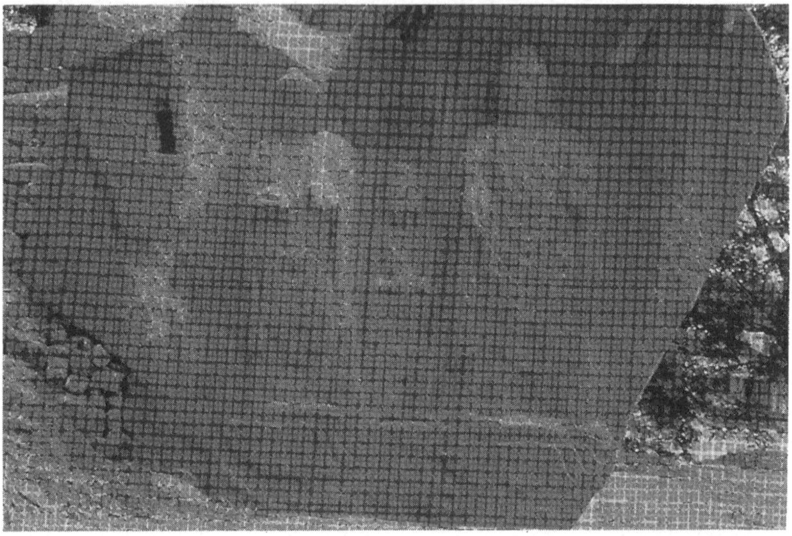

태안 마애불의 봉보주보살상과 비슷한 예는 부여 규암면 新里 출토의 금동보살상 중에서도 발견된다. 이 금동상은 보존 상태가 나빠서 자세히 보이지는 않으나 높은 보관 밑에 띠로 둘러져서 그 끝이 양쪽에서 늘어지고 天衣가 다리부분에서 교차하는 모습이 바로 태안의 상과 같은 것임을 알 수 있다. 또 부여 定林寺 절터에서 발굴된 허리부분만의 소조상 파편도 두 손으로 보주를 마주 잡고 있는 부분인 것을 알 수 있고 같은 절터에서 발견된 납석제 삼존불입상도 왼쪽 협시 보살상의 약간 파손된 두 손이 허리 부분의 천의 위로 모아진 것으로 보아 봉보주를 한 자세였던 것으로 추측된다. 이 정림사 출토의 상들은 백제의 부여 천도 얼마 후인 6세기 후반의 상으로 생각된다. 백제의 봉보주형보살상 중에는 명문으로 상의 명칭이 확인되는 예는 없으나 일본 법륭사의 御物48체불 중에 보관에 화불이 있는 봉보주보살상이 있는 것으로 보아 관음보살상의 도상으로 짐작된다.

삼국 중에서 불교를 늦게 받아들인 신라는 6세기 후반부터는 국가적인 차원에서 황룡사를 세우고 장육존상을 모시는 등 활발하게 불교문화를 발전시

〈그림 11〉 단석산 신선사 마애석불군 (7세기 전반)

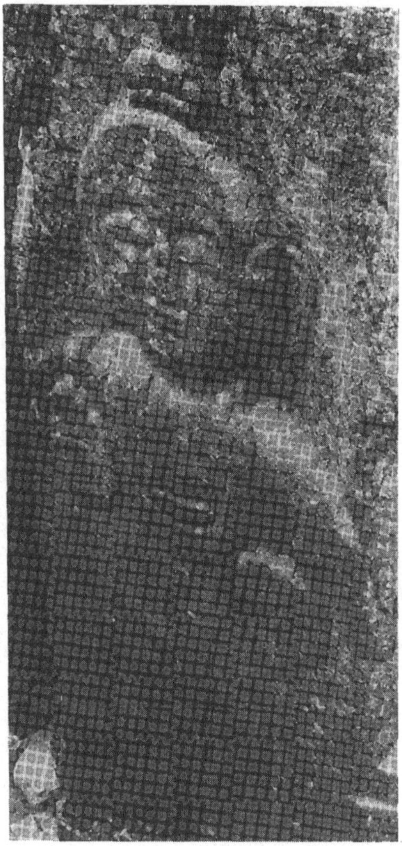

켜 나갔으며 수도 경주의 南山에는 많은 절터와 마애불상이 남아 있어서 신라 불교 미술의 융성을 알려준다. 그 중에 비교적 이른 시기의 불상으로는 산의 동쪽에 위치한 탑곡의 상으로 암벽에 불상, 탑, 비천, 승려, 동물 등 다양한 내용의 불상군이 조각되어 있다. 조각 수법이 그다지 세련되지 않으며 세부 표현도 뚜렷이 보이지는 않으나 큰 암벽을 돌아가면서 부조된 것이 불국토를 상징하는 듯하다. 혹 이 상들이 사방불 정토를 나타낸다고 해석하는 견해도 있으나[14] 뚜렷하게 사방불로 구분되어 있지도 않고 상들의 배치에도 일정한 체계가 보이지 않는다. 또 시기적으로나 불교 교리의 발달로 보아 아직 신라의 미술에 사방불정토의 개념이 표현되기는 이르다고 생각된다.

탑곡의 불상군보다 내용면에서 좀 더 해석이 가능한 또 다른 중요한 신라의 마애상으로 경주의 서쪽 乾川에 있는 단석산 마애석불군이 있다. 산을 한 시간쯤 오르면 세 면의 높은 암벽을 석굴처럼 구성하고 입구 오른쪽 벽에 여원인·시무외인의 수인을 한 8m의 큰 불상이 부조로 조각되어 있다. 그 안쪽의 암벽 위에는 오른손을 뺨에 대고 사색하는 자세의 반가사유보살상과 이 보살상을 향해 서 있는 4구의 불상과 보살상이 보인다(〈그림 11〉).

14) 文明大, 〈新羅 四方佛의 起源과 神印寺(南山塔谷磨崖佛)의 四方佛〉(《韓國史硏究》 18, 1977), 70~74쪽.

이 단석산 神仙寺는 김유신의 수도장으로 알려져 있고 석불의 맞은편 벽에서 미륵이라는 명문이 발견되어 입구 쪽에 있는 불입상이 미래에 이 세상에 내려와 설법하실 미륵불임을 알 수 있다. 또 그 옆 암벽위의 반가사유보살상은 앞으로 중생을 구제하기로 기약된 미륵보살로 추정된다. 따라서 이곳은 도솔천에서 태어나 미륵보살을 만나기를 기원하는 미륵상생 신앙과 56억 7천만년 후에 성불하여 이 세상에 내려와 용화수 밑에서 三會의 설법을 하실 미륵불을 만나기를 원하는 미륵하생 신앙이 합쳐진 미륵신앙의 도량으로 이해되고 있다.

이 단석산의 마애상들은 조각 솜씨가 그다지 뛰어나지는 않으나 신라시대에 유행한 불상 중에 연속된 U형의 옷주름을 가진 불입상 뿐 아니라 반가사유상, 편단우견의 불입상과 같은 새로운 불상 형식의 등장을 보여준다. 그리고 석벽 밑 부분에 향로와 나뭇가지를 들고 있는 두 사람의 공양자상 표현은 고대 신라인의 복식 연구에도 중요한 자료를 제공한다.

한편 삼국시대에는 많은 반가사유상이 만들어졌는데 현존하는 반가사유형 보살상 중에서 평양 平川里에서 출토된 금동반가사유상이 현재 알려진 유일한 고구려의 반가사유상이다. 보관의 형태나 몸체의 조각 그리고 대좌 위의 옷주름 표현이 중국의 東魏－北齊系의 반가사유상 양식을 반영하므로 그 제작시기는 6세기말 정도로 볼 수 있을 것 같다. 경주 단석산의 반가사유상도 자세한 세부는 보이지 않으나 기본적으로는 같은 형식의 상이다. 특히 신라에서는 젊은 귀족으로 구성된 화랑의 집단이 정치 사회적으로 중요한 역할을 담당하였고 이들을 미륵의 화신으로 이해하는 신라적인 특수성이 있었다.

백제 반가사유상의 초기 예 중에는 부여 부소산에서 출토되었다는 하반부만 있는 납석제 반가상이 있는데 다리 밑으로 길쭉하게 늘어진 옷주름 표현이 특징적이다. 이와 유사한 옷주름 형식을 보여주는 예가 일본 對馬島의 淨林寺에서 전해오는 금동반가사유상으로 백제에서 전래된 불상으로 소개되고 있다.

삼국시대 불상의 원류를 찾아가면 물론 멀리는 인도의 불상과 연결이 되고 가장 가깝게는 중국의 상과 도상 및 양식적으로 비교가 된다. 그리고 더 중요한 것은 이미 여러 상의 비교 고찰에서 알 수 있듯이 한국 불상 양식이 다시 바다 건너 일본으로 전파된 사실이다. 백제의 성왕 때인 538년(혹은

552년)에 일본에 불상과 경전이 전해졌다는 기록으로 보아 대략 6세기 후반부터는 일본의 불교 미술과 삼국의 불교 미술과의 관련성을 기대할 수 있다. 일본 飛鳥(아스카)시대에 불교를 적극 수용하는 데 큰 영향을 끼친 귀족 蘇我(소가)씨의 후원으로 세워진 飛鳥寺(아스카데라)는 588년 백제에서 寺工, 瓦工 등 200명이 넘는 기술자들이 日本에 건너가서 지은 것으로 당시 백제의 역할을 짐작하게 한다.

한편 이 절의 가람구조가 고구려 清岩里 절터와 비슷하게 一塔을 三金堂이 둘러싼 구조인 점이나, 또 절이 완성된 후에 백제의 惠總과 고구려의 慧慈스님이 절에 머물렀고, 특히 후자는 불교의 후원자인 성덕태자의 스승이었다는 사실 등은 당시 일본의 초기 불교 미술에 끼친 고구려의 영향도 짐작하게 한다.

일본에 남아있는 한국계 상으로는 일본의 초기 불교 미술의 寶庫인 법륭사에 전해져오다 현재는 東京國立博物館에 있는 御物48體佛 중에 몇 예가 있다. 그 중에 제193호인 갑인년 王延孫銘 광배가 백제나 고구려에서 전해진 상이라는 점에 대해서는 이미 언급하였다.

143호인 금동삼존불상도 백제계의 상으로 추정될 뿐 아니라 백제에서 왔다는 전설적인 善光寺 阿彌陀三尊佛 형식의 가장 이른 예로 중요시되고 있다. 한국의 전래품으로 추측되는 상들은 양식적인 고찰에서 뿐 아니라 도금의 색이라던가 주조 때에 기포가 특히 많이 생기는 특징 등이 언급되는데 제158호의 반가사유상도 그 중에 하나이며, 제 151호 또는 192호 불입상들도 한국의 전래품으로 추정되고 있다.[15)]

일본의 초기 불상과 삼국시대 불상과의 비교 연구는 비교적 많이 남아 있는 일본 자료를 통해서 한국 불상이 끼친 영향을 밝혀줄 뿐 아니라 이미 한국에서는 사라졌거나 또는 태안의 마애봉보주보살상처럼 마멸이 되어 잘 안 보이는 경우에는 거꾸로 일본에 남아 있는 상을 참고하여 그 원형이 되었을 삼국시대의 상을 복원하는 데에도 큰 참고가 된다.

---

15) 金理那, 〈百濟彫刻과 日本彫刻〉(《百濟의 彫刻과 美術》, 公州大學校博物館, 1992), 129~169쪽.

다. 7세기의 불상

신라가 삼국을 통일하는 668년을 하한으로 하면 7세기의 삼국시대는 7세기 전반과 중엽까지를 포함한다. 고구려와 백제가 대륙으로부터 불교를 먼저 수용하여 불교문화를 발달시켰으나 7세기에는 그 중심이 신라로 차차 옮겨지기 시작한다. 고구려의 普德和尙이, 고구려 왕실이 도교를 믿어 불교를 소홀히 하므로 전라도 完山州(지금의 全州)로 가서 열반종을 시작했다는 기록이나 고구려의 고분벽화에 그려진 주요 내용이 일상생활의 표현에서 도교적인 四神으로 바뀌는 것 등은 그러한 변화의 일면을 보여주는 것이다.

반면 신라는 陳에 유학을 갔던 圓光스님이 600년에 귀국하여 활약한 것이나 僧 智明이 602년에, 僧 曇育이 605년에 중국에서 귀국하는 점 등으로 보아 새로운 불교 문화 수용에 적극적이었던 것을 알 수 있다. 또 安含이라는 스님이 7세기초 인도스님 3명과 함께 귀국하여 황룡사에 머물면서 譯經사업을 폈다는 기록은 신라의 불교가 중국 뿐 아니라 인도 불교사회와도 직접 또는 간접적인 교류가 있었음을 알려준다. 황룡사 장육존상의 원형이 멀리 인도의 아쇼카왕이 보낸 상이라는 전설적인 내용도 이미 예로부터 신라가 불교의 근원지인 인도와의 인연이 깊었음을 믿었던 신라인의 신앙과 불교사회의 국제적 성격을 말해 준다. 자장법사가 중국에 유학하고 귀국한 후 643년에 왕실 사찰인 황룡사의 9층탑 건립을 발원하여서 주변 국가의 침입을 불교의 힘으로 막고자 한 것은 신라의 불교가 왕실 후원의 호국 불교로 발전하고 있었음을 알려준다. 그리고 황룡사의 탑이 백제의 기술자인 아비지를 초청하여 645년에 완성되었다는 점은 백제의 불교 문화가 신라보다 이미 앞서 있었음도 알려준다.

7세기의 불상 중에서 명문에 의해 고구려의 상으로 확인되는 상은 없으나 출토지로 보아 경기도 楊平과 강원도 橫城에서 출토된 금동불입상은 그 가능성이 있다고도 볼 수 있다. 대략 이 시대 불상의 표현이 중국 隋의 양식 또는 그 이전의 北齊·北周 양식을 이어주는 것으로 본다면 양평불상에서 보이는 연속된 U형의 주름처리나 단순화되면서 몸체의 양감이 강조된 점은 캐나다 토론토시 온타리오박물관의 중국 수대의 대리석 아미타불입상과 양식적으로 비교된다. 그러나 엄숙한 중국 불상과는 달리 양평의 불상이 보여주는 여유 있는 자세나 거리감 없는 얼굴 표정은 대체로 한국의 불상에서 공통되게

〈그림 12〉 양평출토 금동여래입상 (7세기 전반)

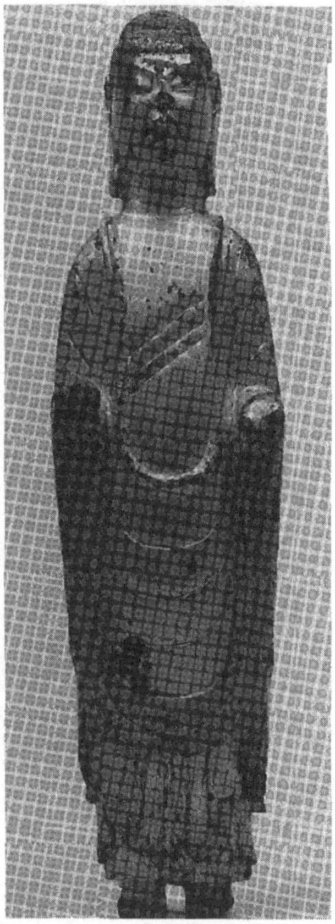

국립중앙박물관소장.

느끼는 표현이다(〈그림 12〉). 일반적으로 7세기에 유행한 삼국의 불입상형은 이 양평 불입상과 비슷한 계통이 많으며 그 대표적인 石造像으로 충청남도 서산 雲山面의 마애삼존불과 경주 남산 서편 拜洞 삼존불의 본존불상을 들 수 있다.

충청남도 서산군 운산의 마애삼존불은 지리적인 위치로 보아 백제 불상의 대표적인 예로 본존과 두 협시보살상의 온화하게 웃는 얼굴 표정은 백제 불상에서 흔히 보이는 인간적이고 친근한 얼굴모습이다(〈그림 13〉). 여원인 시무외인의 手印을 한 본존불은 두 어깨를 덮은 大衣를 입었고 몇 개의 둥근 옷주름이 자연스럽게 늘어졌으며 가슴에는 대각선으로 입혀진 內衣가 보인다. 불상의 오른편에는 두 손을 모아 寶珠를 들고 있는 봉보주 협시보살 입상이 본존불과 같이 부드러운 미소를 띠고 있으며, 이 봉보주보살상은 일본의 법륭사 御物48체불상 중 제 165호인 辛亥年 관음보살입상이나 166호 상과 보관 형태가 비슷한 것을 알 수 있다. 특히 신해년명은 寶冠에 阿彌陀化佛이 있어서 이 봉보주형 보살상 형식이 관음보살로 신앙되었던 것을 알려준다. 흔히 삼존불은 양쪽에 같은 형식의 보살상이 표현되나 이 경우에는 반대편에 반가사유형 보살상이 협시로 된 특이한 구성을 보이며 이들은 당시 백제에서 널리 신앙되었던 두 형식의 보살상으로 생각된다. 반가사유형 보살상을 현재 도솔천에 있으면서 미래에 이 세상에 내려와서 설법하실 미륵보살로, 봉보주보살은 관음으로 추정하며 本尊은 현세의 부처 석가불로 인식하는 것이 일반적인 해석이다.

〈그림 13〉 서산 마애삼존불(7세기초)

이 서산 마애불의 본존불은 앞에서 언급한 양평 출토나 횡성 출토 금동불 입상과 같은 계통에 놓을 수 있는 백제 불상으로 늘어진 옷주름의 수가 간략해지고 입체감 있는 몸체 표현에 좀 더 비중을 두었다. 그리고 보주를 든

보살상도 이미 태안 마애삼존불상에서 보았던 봉보주보살상보다 그 보관 형태나 天衣 표현이 새로우며 얼굴 표정도 자연스럽고 몸체 표현에 입체감이 있어 양식적으로 보아 태안 마애불보다는 늦은 7세기초의 상으로 추정된다.

경주 남산에 남아있는 많은 석조불상 중에 古新羅시대의 상으로 생각되는 대표적인 예가 남산 서쪽편 포석정 옆 골짜기 입구에 있는 拜洞의 石造三尊佛立像이다(〈그림 14〉). 이 삼존상은 양쪽협시보살의 형식이 동일하지 않아 원래부터 같은 삼존 형식을 이루었는지는 확실하지 않으나 표현 양식으로 보아서는 중국의 6세기 후반 北齊·周에서 隋代에 걸쳐 유행하는 양식을 따르는 7세기 전반의 신라상으로 추측된다. 그리고 본존불은 바로 양평금동불입상, 서산마애불 본존상과 같은 계보에 넣을 수 있는 U형의 둥근 옷주름의 불상 형식을 따르고 있다. 만일 574년에 완성했다는 황룡사의 장육존상이 인도 불상의 요소를 어느 정도 지녔다면, 그리고 중국 四川省 萬佛寺 절터에서 나온 北周의 '造阿育王造像…'명의 상과 같이 굽타 불상 양식이 중국식으로 변화한 모습과 유사한 형식이었다면 바로 경주 남산의 배동 삼존상의 본존

〈그림 14〉 경주 배동 석조삼존불상(7세기 중엽)

은 황룡사의 장육존상의 전통을 이어주는 7세기의 신라 상으로 생각된다. 즉 동북아시아의 불상 발전의 큰 흐름을 따르는 국제적 양식과 7세기의 신라상의 특징을 보여주는 대표적인 예이다.

〈그림 15〉 인왕동출토 석조여래좌상
(7세기 전반)

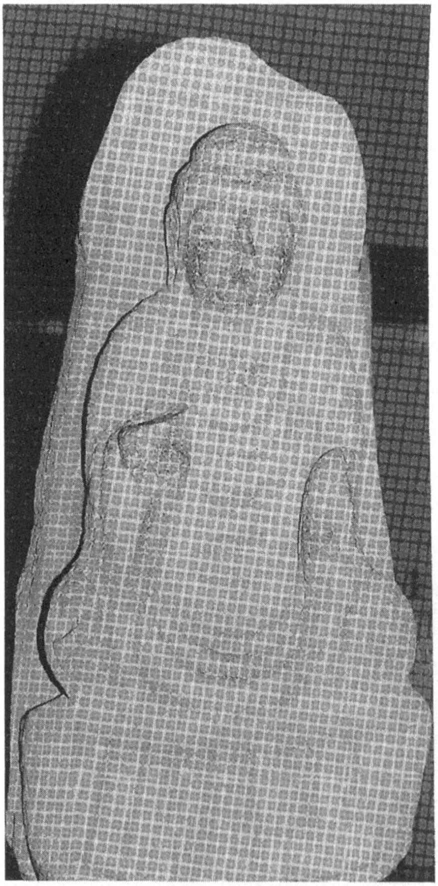

국립경주박물관소장.

7세기 신라에서 예배된 불상 중에서 또 새로운 형식을 보여주는 예는 경주 인왕동에서 출토된 석불좌상이다(〈그림 15〉). 보존상태가 매우 양호하며 정면성 위주의 높은 浮彫의 상으로 은은한 미소를 띤 얼굴표정이 경주 배동 삼존불과도 비슷하여 신라 불상의 얼굴 모습을 보여주며 서산 마애불상의 백제적인 표정과는 다른 느낌을 준다. 與願印·施無畏印의 手印은 禪定印佛像 이후에 백제나 고구려에서 유행한 불좌상의 한 형식이다. 우리 나라에는 경상북도 봉화에 있는 거대한 마애불좌상과 충청북도 중원군 봉황리에 있는 파손된 불좌상 외에는 이와 같은 형식의 상이 별로 남아있지 않으나 중국에서는 이미 5세기 말경에 나타나서 6세기 전반에 크게 유행을 한 형식이다. 또 일본에는 법륭사 석가삼존불상을 비롯하여 飛鳥시대의 불좌상 중에 이와 같은 형식의 불상이 많이 남아 있는 점을 참고한다면 일본에 불교를 전해준 백제를 비롯하여 신라에도 같은 형식의 상이 좀 더 많이 있었으리라고 생각된다.

특히 전라남도 익산 蓮洞里에 있는 거대한 석불좌상은 비록 머리와 손이 없어졌지만 바로 이 계통의 불상형으로 생각되는 7세기의 중요한 백제 석상이다. 이 익산불상의 거대한 광배에 보이는 化佛과 화염문 표현이 일본 법륭사 석가 삼존불과 매우 유사하다는 것은 널리 알려져 있다.16)

경주 남산에서 박물관으로 옮겨온 불상 중에 《삼국유사》에 있는 기록과 연결 지을 수 있는 중요한 상이 삼화령에서 출토된 미륵삼존불상이다(〈그림 16〉). 이 불상의 본존은 두 다리를 밑으로 내려뜨리고 앉은 倚坐像으로 이러한 형식의 불상이 중국에서는 隋代부터 7세기 唐조각에 많이 나타나고 명문이 있는 것 중에는 미륵으로 불리는 예도 있다.

〈그림 16〉 경주 남산 삼화령출토 석조삼존불상(7세기 중엽)

국립경주박물관소장.

이 삼화령 삼존석상은《三國遺事》권 3 〈生義寺石彌勒〉條에 있는 善德王 때에 生義라는 스님이 남산 꼭대기 삼화령에 미륵을 모셔 644년에 절을 짓고 후에 生義寺라고 불렀다는 내력과, 忠談스님이 매년 3월 3일과 9월 9일에

16) 大西修也, 〈百濟 石佛坐像－益山 蓮洞里石造如來坐像をめぐって－〉(《佛敎藝術》 107, 1976), 23~41쪽.

차를 공양하였다는 기록과도 연결시키는 불상이다.[17] 상의 자세로 보아도 당시 유행하던 미륵불의 표현일 수도 있고 또 불상이나 그 양쪽 협시의 표현 양식에서도 7세기 중엽의 상일 가능성이 크므로 신라 말기를 대표하는 중요한 불상이다. 보살상의 얼굴 표정이 귀여운 童顔이고 아직 머리가 몸체에 비해 큰 점은 특히 석상에 남아있는 삼국시대 불상의 보수적인 조형성을 보여준다. 이와 같이 倚坐형식의 불상은 경상북도 문경에서 출토되었다는 금동의좌불상 외에는 별로 알려진 예가 없고 법주사 입구 암벽에 마애불상이 있으나 시대가 고려로 내려간다.

〈그림 17〉 황룡사지출토 금동약사여래입상 (7세기 전반)

국립경주박물관소장.

한편 삼국시대의 불상 중에서 많이 발견되는 형식 중에 大衣를 왼쪽 어깨에만 걸치고 오른쪽 어깨를 드러낸 偏袒右肩의 불입상들이 있다. 이러한 예는 이미 단석산의 마애불상군중 반가사유상을 향해 서 있는 불상 중에 두 예가 발견되었고 또 같은 암벽 밑쪽에 조각된 공양자상 옆에도 편단우견의 불상이 표현되어 있다.

금동불의 예 중에는 경주 황룡사 절터와 경상북도 영주의 숙수사 절터에서 출토된 예가 있는 것으로 보아 신라지역에서 특히 유행한 불상 형식으로 생각된다(〈그림 17〉).

편단우견의 불상은 한쪽 어깨에만 옷을 걸치고 있는 특징 뿐 아니라 손에 보주를 들고 있는 경우가 많다. 보주라는 것은 불교신앙에서 모든 소원

17) 黃壽永, 〈新羅 南山三花嶺 彌勒世尊〉(《金載元博士回甲紀念論叢》, 乙酉文化社, 1969, 909~944쪽 ; 《韓國의 佛像》, 文藝出版社, 1989, 309~339쪽 再收錄).

을 들어 줄 수 있는 신통력이 있음을 상징하며 보주를 든 불상을 초기 형태의 약사여래로 이해할 수 있을 것이다.[18] 이 편단우견 불상의 또 다른 특징은 그 자세가 똑바로 서 있는 것이 아니라 한 쪽 다리의 힘을 빼고 셔서 한쪽 엉덩이가 치켜올려진 인도 굽타불상의 三屈자세와 유사한 점이다. 대의가 주름이 별로 없이 몸체에 착 달라붙었고 몸매의 매끈함과 신체의 굴곡이 강조된 점은 당시 삼국시대의 불상표현으로는 다분히 이국적이다.

이러한 특징 있는 불상 양식은 인도에서도 특히 남부지방이나 동남아시아 지역의 불상에 많이 보이고 중국에서는 별로 유행을 하지 않았다. 아마도 인도의 승려나 또는 인도와 연계가 있는 경로를 통해서 전래된 불상임에는 틀림없고 《海東高僧傳》에 安含이 인도 승려 3人을 데리고 와서 황룡사에 머물렀다는 기록이 혹시 이러한 새로운 상의 등장 배경을 설명해 줄 수도 있을 것이다.

삼국시대의 불상 중에서 반가사유형 보살상은 초기부터 등장하여 특히 7세기에 많이 만들어졌다. 중국에서는 처음에 태자사유상으로 불리던 이 반가사유형 보살상이 신달타 태자가 중생을 구제하기 위해 사색하는 자세의 보살로, 또는 미래에 부처가 되어 용화수 밑에서 세 번의 법회를 하실 것이며 현재에는 도솔천에 계신 미륵보살로서 인식되었으며 관음보살상과 함께 삼국시대에 가장 유행되었던 예배상이다.

이미 고구려의 평양 평천리에서 출토된 금동반가사유상이 알려져 있고 백제의 서산 마애삼존불에서는 협시보살상으로 나타났으며 경주의 단석산 신선사 암벽의 불상군은 彌勒上生의 반가사유보살상과 下生신앙의 미륵불이 결합된 미륵의 도량으로 이해되고 있다는 것은 이미 언급한 바 있다.

이 미륵불사상이 신라사회에서는 특히 화랑도와도 연결되어 청년 집단의 대표인 화랑을 미륵의 화신으로 믿었다고 한다. 미륵불이 56억 7천만년 후에 이 세상에 내려와 龍華樹 밑에서 세 번의 설법을 할 것이라는 믿음과 화랑을 따르는 무리들을 龍花香徒라고 부르는 것은 모두 이러한 믿음과 연

18) 金春實, 〈三國時代의 金銅藥師如來立像 研究〉(《美術資料》 36, 1985), 1~24쪽.

관이 있다고 보며 이 반가사유상이 신라지역에서 특히 유행하여 절에 본존으로 모셔졌을 것이라는 추측이 가능하다고 본다.[19]

신라지역에서 출토된 금동반가사유상 중에는 경상북도 안동 玉洞이나 경상남도 梁山에서 출토된 예가 있는데 옷주름의 처리가 서로 비슷하다. 경주 송화산 기슭 출토의 머리가 없는 석조 반가사유상과 경상북도 奉化郡 勿野面 北枝里 출토의 석조 반가사유상도 서로 다른 형식의 도상을 모델로 하고 있어 다양한 반가보살형이 신라 지역에서 제작되었음을 알 수 있다(〈그림 18〉). 특히 이 봉화의 반가사유석상은 지금 남아있는 허리 밑부분만도 1.5m나 되는 큰 상으로 옷주름 처리나 연판의 형태가 삼국시대의 금동반가사유상 중 가장 걸작품의 하나인 93.5cm 크기의 국보 제83호 보살상과 가장 유사하다(〈그림 19〉). 따라서 이 금동반가사유상 역시 신라계통의 상일 가능성이 크다. 특히 이 상은 일본 쿄토의 廣隆寺(고류지)에 있는 소나무로 제작된 반가사유상과 매우 유사한 점은 이미 널리 알려져 있으며 赤松의 목재도 한국산으로 보고 있다. 또 이 절의 창건과 관련된 신라 불교 사회와의 연관성은 국보 제83호 금동반가사유상이 신라 제작일 가능성을 보여준다.

그리고 또 다른 대표적인 상인 국보 제78호 금동반가사유상은 머리에 복잡한 장식의 보관을 쓰고 끝이 뾰족한 목걸이에 팔찌가 장식적이다. 天衣는 두 어깨 위에 날개처럼 뻗치고 몸 앞으로 늘어져서 교차하면서 걸쳐졌다. 이 반가상의 원류를 중국에서 찾아보면 東魏의 보살상과 비교되며 국보 제83호의 반가상이 北齊의 상들과 연관되는 점에서 본다면 더 古式을 따르고 있다. 그러나 뛰어난 주조기술이나 섬세한 조각표현, 그리고 종교적인 심오함을 조각적 표현으로 승화시킨 예술성으로 본다면 국보 제83호의 반가사유상과 더불어 삼국시대 금동불상의 최대 걸작품으로 꼽힌다(〈그림 20〉).

7세기 불상들의 조각 양식은 그 이전 시기의 상들보다 몸체의 비례도 알맞고 입체감이 강조되면서 옷주름의 표현도 부드러워지는 변화가 나타난다. 이와 더불어 보살입상들도 보관이나 영락이 화려하게 장식되면서 그 형식이 다

---

19) 田村圓澄, 〈半跏思惟像の諸問題〉(田村圓澄・黃壽永 編, 《半跏思惟像の硏究》, 吉川弘文館, 1985), 1~44쪽.

양해지고 자비로운 보살형의 아름다운 자태로 표현되어 예배되었다. 7세기 보살상중에 금동으로 제작된 비교적 소형의 입상들이 여럿 남아 있는데 그 중 출토지가 확실한 예 중에 공주 儀堂面 송정리 출토의 보살입상과 부여 규암리 출토의 보살상 2구는 모두 백제의 상으로 분류된다. 이 상들은 모두 6세기 보살상과 달리 새롭게 보관의 중앙에 화불이 표현되어 도상적으로 관음보

〈그림 18〉 봉화 북지리출토 석조반가사유상
(7세기 중엽)

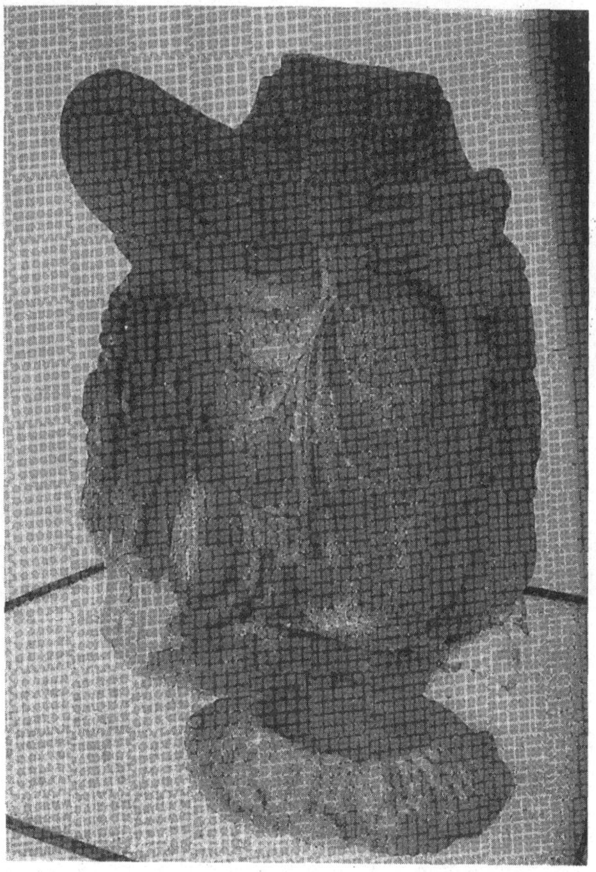

경북대학교박물관소장.

〈그림 19〉 금동반가사유상 (7세기)

국보 83호, 국립중앙박물관소장.

〈그림 20〉 금동반가사유상 (6세기말~7세기초)

국보 78호, 국립중앙박물관소장.

살상임을 알려주고 있으며 따라서 관음이 보좌하는 아미타불 신앙의 유행을 알려준다. 이러한 새로운 도상의 유행이나 예배 대상의 등장에는 당시에 전래되는 새로운 경전의 내용과 관계가 깊으며 교리의 깊은 이해에 따라 만들어지는 다양한 상의 종류와 이들을 예배하는 신앙의 성격을 알 수 있다.

공주 송정리 출토의 관음보살상은 오른손은 연봉오리를 치켜들고 왼손은 내려서 정병을 든 자세로 서 있다. 두 어깨 위에 걸쳐진 천의는 무릎 위에서 교차하면서 그 끝이 다시 두 팔뚝 위에 걸쳐졌고 둥근 목걸이에서 늘어진 영락은 허리 부분에서 갈라져서 뒤로 돌려졌는데 앞의 영락장식과 똑같은 장식이 뒤에도 표현되었다. 천의가 몸 뒤에서 길게 U형으로 늘어진 것은 백제 초기에 유행하는 봉보주형 보살상의 뒷면에서 보이는 천의 표현과 같다. 이 송정리 보살상의 넓적한 얼굴에 여유 있는 미소나 자연스럽게 늘어진 옷주름의 처리는 백제상의 특징을 따른 것으로 특히 7세기 후반 일본 白鳳(하쿠호)시대의 보살상 중 법륭사에 있는 7세기말 木造六觀音像과 그 도상과 양식 면에서 비교된다.

백제 말기의 보살상 중에서 대표적인 예는 부여 규암리 출토의 관음보살상 2구로 그 중의 하나는 국립중앙박물관에 있고 또 다른 하나는 일본으로 건너가서 오랫동안 오사카의 이케다(市田次郎)씨의 소장으로 있었으나 지금은 소장처가 확실하지 않다.

국립박물관에 있는 규암리 금동보살상은 머리를 높게 틀어 올리고 삼면으로 된 보관을 썼는데 그 정면에 아미타좌상의 화불이 있다(〈그림 21〉). 몸체가 길쭉하며 머리와의 비례도 균형이 잡혔고 얼굴은 통통하다. 어깨에서 늘어진 영락장식은 허리에서 꽃모양고리 장식을 중심으로 교차되었으며 비슷한 장식이 몸 뒤에도 있고 천의는 부드럽게 늘어져 있다. 오른손은 보주를 높이 들고 왼손은 자연스럽게 내렸는데 팔뚝이 둥글며 몸체에서 떨어져 조각되어 입체감이 강조된다.

한편 이케다씨 소장이었던 또 다른 규암리 출토의 금동관음보살입상은 목걸이 장식이나 천의를 걸친 형태가 앞에 설명한 상 보다 더 장식적이고 세부 표현에 대한 관심이 두드러지고 조각 솜씨도 뛰어나다. 三面寶冠에는 역시 化佛이 있어 관음보살임을 알 수 있는데 이와 같이 관음보살상이 도상적으로 확인되는 것은 관련된 경전의 전래와 함께 관음신앙이 널리 보급되었음을 알려주는 것이다.

〈그림 21〉 규암면 출토 금동관음보살입상 (7세기)

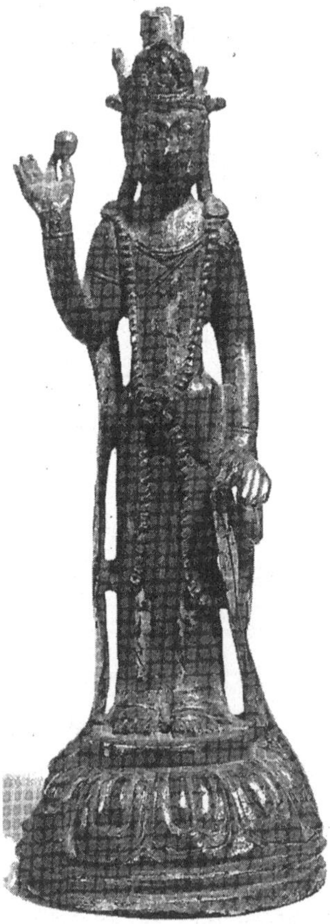

국립중앙박물관소장.

〈그림 22〉 삼양동 출토 금동관음보살입상 (7세기)

국립중앙박물관소장.

서울 삼양동에서 출토된 금동관음보살입상 역시 7세기의 삼국시대 보살상 중에 중요한 예로 보관에 화불이 있다(〈그림 22〉). 천의를 몸에 두 번 가로질러 걸쳐 입은 점은 앞서 본 경주 삼화령의 석조삼존불의 협시보살상과도 같은 형식이나 석조상보다는 알맞은 몸체 비례에 균형이 잡혀 있다. 얼굴의 이

목구비는 별로 뚜렷하지 않고 늘어진 목걸이 장식도 크기가 고르지 않으며 천의의 표현 수법이 투박한 점 등은 주조 기술이 세련되지 못한 결과인지 아니면 세부 표현을 소홀히 하는 경향의 한국적인 조형 감각의 결과인지 생각해 보게 한다. 세부의 생략과 기술적으로 미숙해 보이는 조형성은 한편 꾸밈이 없고 자연스런 느낌을 주며 전체적으로는 생동감을 느끼게 해준다. 이 삼양동 보살상이 나온 곳은 특별한 寺址로 알려진 곳이 아니고 명문도 없어서 삼국 중에 어느 나라의 상인지 확정하기는 어렵다.

남아 있는 삼국시대의 금동보살입상 중에서 가장 화려하고 세련된 주조기술을 보여주는 예는 경상북도 善山에서 출토된 2구의 금동관음보살입상이다. 이 두 보살상은 크기나 그 표현 형식이 서로 다르고 또 같이 출토되었던 불상과도 별도의 상으로 생각되고 있으며 발견 장소는 예로부터 있었던 절터가 아닌 것으로 밝혀졌다. 그 중의 한 보살상은 몸체가 길고 목걸이와 연결되어 늘어진 영락장식이 허리 위에서 교차되는 모습은 국립박물관에 있는 부여 규암리의 백제 보살상과 유사한 형식을 보인다(〈그림 23〉). 여유있게 웃는 얼굴 표정과 통통하고 유연한 몸체 표현 그리고 굵고 화려한 영락장식과 접혀진 裳衣 표현의 뛰어난 조각 수법은 이 상이 삼국 말기의 걸작품임을 말해 준다. 보관의 형태가 三面冠과는 다르게 중앙 부분이 높게 올라온 형태나 어깨 뒤로 늘어진 보발이 더 구체적으로 자연스럽고, 굴곡진 몸체가 입체감 있게 표현된 것은 기본적으로 隋代 말 唐시대 초기의 양식을 따르면서 한국적인 상으로 발전된 신라 말기의 상으로 생각된다.

선산에서 같이 출토된 또 다른 금동보살입상은 영락장식이 훨씬 더 화려하고 장식적이며 얼굴 표정은 앞의 상보다는 좀 더 엄숙하고 곧게 선 자세는 묵직한 조형감을 준다(〈그림 24〉). 보관에는 화불이 있는 관음보살상으로 복잡한 영락장식의 표현은 隋代 말의 長安派 보살상이라고 부르는 보살상 형식을 따르고 있으며 이러한 전통은 후에 석굴암의 십일면관음보살상의 도상으로 이어진다. 상의 뒷머리의 구불거리는 머리카락 처리, 두 어깨를 덮다시피한 천의나 치마단과 허리띠 장식 등의 세부표현이 정교하고 구체적이다. 이 보살상 역시 보존상태가 양호하고 주조기술이 뛰어나며 삼국시대 말기 금동보살입상을 대표한다.

〈그림 23〉 선산출토 금동관음보살입상 (7세기)

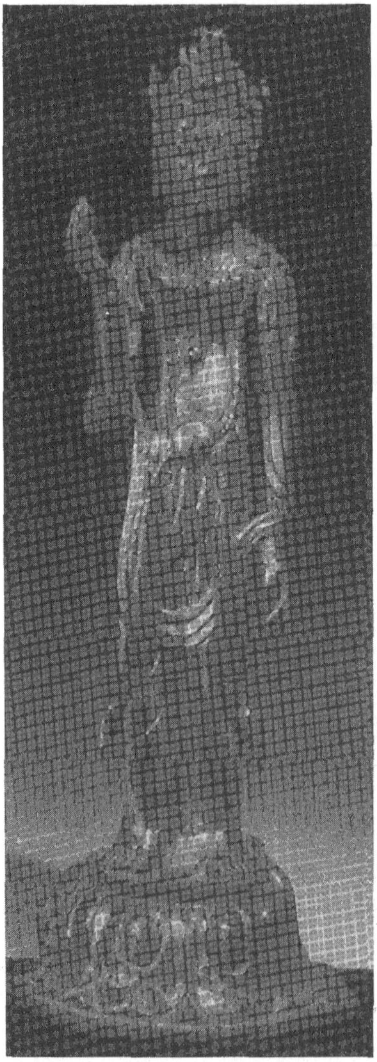

국립중앙박물관소장.

〈그림 24〉 선산출토 금동관음보살입상 (7세기)

국립중앙박물관소장.

삼국시대 말기에 속하는 불상들은 대부분 신라지역에 남아 있으며 양식으로 보면 중국의 수와 당 초기의 불상과 비교가 된다. 그러나 세부표현이 생략되고 주조기법이 미숙해 보이기는 하나 전체적으로 보면 오히려 생동감이 있다. 특히 한국의 불상에서 느껴지는 부드럽고 거리감 없는 친근성과 권위적이지 않은 불상의 자세와 여유있게 미소 띤 얼굴 표정은 고대 한국인이 편안하게 느꼈던 이상적인 불상의 표현이었을 것이다.

7세기 삼국시대의 불상은 또한 일본의 飛鳥시대 말기와 7세기 후반인 奈良시대 전반기의 소위 白鳳조각 양식의 형성에도 큰 영향을 주었다. 앞서 6세기 백제로부터 전해진 불교문화의 영향은 이미 御物48체불이나 廣隆寺의 반가사유상에서 확인한 바 있으며 新瀉縣의 關山神社(세키야마 진자)의 금동 봉보주보살상이나 長野의 觀松院(칸소인)에 있는 금동 반가사유상도 한국에서 전해진 상으로 생각되고 있다.[20] 법륭사에 있는 목조 백제관음상의 아름다운 자태와 미소 띤 얼굴, 섬세하고 정교한 조각솜씨를 보면 옛 백제에서 제작되었을 보살상의 분신을 보는 듯하다. 비록 백제관음상이 일본산 楠木으로 조각되었고 원래 어디로부터 온 상인지 기록은 없으나 같은 절에 있는 전형적인 止利(도리)양식의 목조 夢殿觀音像의 좀 더 엄격한 표정이나 각진 조각솜씨와 비교하면 그 표현의 차이를 느낄 수 있다. 또한 신라가 삼국을 통일을 한 뒤에 백제와 고구려의 많은 유민들이 일본에 건너가서 활약을 하였으며 새로이 중국에서 전해지는 唐 초기의 양식과 더불어 白鳳조각 양식의 성립에 큰 공헌을 하였다. 남아있는 역사 자료나 불상 유물이 적은 삼국시대 불상의 연구에 일본의 불상과 불교문화의 연구는 우리 불교미술의 발달과 국제적인 위상을 찾아주는 데에도 큰 도움이 된다고 본다.

〈金理那〉

20) 鄭永鎬, 〈日本 觀松院所藏 百濟金銅半跏像－百濟 金銅佛 渡日의 一例－〉(《金三龍博士華甲論文集》, 圓光大學校, 1976), 173~193쪽.

5. 공 예

삼국시대에 들어오면 고구려·백제·신라와 가야의 여러 나라들은 금속공예·도자공예·목칠공예·유리공예 등이 각 분야별로 크게 발달하여 두드러진 개성을 지니게 되었다. 우선 청동기시대 이래로 금속공예는 여러 분야에서 널리 사용되었으며, 토기 역시 三韓時代(原三國時代)를 거치면서 陶器의 출현을 보게 되고 이들은 각기 삼국의 특성을 잘 나타내면서 급진적으로 발전하였다. 한편 실크로드와 중국 대륙을 통한 외래문물의 유입으로 유리공예에서도 다양한 모습을 보이고 있는데 특히 신라에서 뛰어난 솜씨를 보이고 있다. 이 유물들은 잘 남아 있는데 수입품과 자체 생산품의 두 종류를 볼 수 있다. 또 유적의 성격상 잘 남아 있지는 않지만 목칠공예도 그 양상을 짐작케 한다.

1) 금속공예

(1) 금속공예의 종류

금속은 일찍부터 그 색채나 광택을 이용하여 각종의 장신구나 裝飾金具가 만들어지고, 종교·신앙관계 供養具나 法要器들이 제작되었으며, 硬度와 재생이 가능한 점을 이용하여 甲冑·무기·利器 등이 제작되었다. 열에 대한 耐性과 傳導性을 이용한 각종의 加熱 용기가 제작되었으며, 소리의 울림을 활용하여 鍾이나 방울이 만들어졌다. 용해하는 성질을 이용하여 鑄造의 기법이 응용되고 合金도 자유롭게 하였다. 또 늘어나는 성질로 鍛造技法이 응용되었으며, 외면의 장식에는 線彫·透彫·象嵌기법이 쓰여지고 鍍金·鍍銀기법도 활용되었다.

삼국시대의 금속 공예품을 보면 장신구로서는 금관·冠飾 허리띠 및 腰佩·귀걸이·목걸이·팔찌·반지·방울 등이 있으며, 각종의 그릇·거울(銅鏡)·거울걸이(鏡架)·바늘통(針筒)이나 바늘·자물쇠 등이 있다. 또 불상·사리장엄구·經板·梵鍾 등 불교 공예품이 있으며 장식금구로는 무기나 利器의 장식, 의복의 장식, 棺장식, 생활용품과 그 장식 등이 성행하기 시작하였다. 그 양이나 기법은 광범위하여 재생하여 활용한 것을 감안한다면 현재 남아 전하는 유물로 추산하더라도 그 양은 방대할 것이다.

특히 신라·백제에서 금제품의 출토 예가 두드러지고 있는데 기록에도 金製 공예에 관한 부분이 보이고 있다.《三國史記》에 백제·고구려·신라 모두에게 일본에서 황금을 진상했다는 기사가 보이고, 遣唐使가 금제의 문물을 가져갔다는 기사가 보인다. 또 百濟本紀 古爾王 28년(261)條에는 복식을 설명하면서 烏羅冠을 金花로 장식한다고 하였는데, 무령왕릉 출토 금제관식으로 그것이 입증되었다.

신라에서는 왕의 하사품에 황금과 金銀器를 쓰고 있으며, 逸聖尼師今條에는 민간에서의 금은 珠玉의 제작·사용을 금한다는 기사도 보인다. 황룡사의 丈六佛 주조에 도금용으로 금을 1만1백9십8푼을 썼다는 기사도 나온다. 또《三國遺事》의 塔像條의 舍利 관계 기사를 보면 사리함에는 순금을 썼다든지, 신분에 따라 사용하는 금은을 제한 또는 금했다는 기사가 있는 것을 보면 상당히 즐겨 사용한 것을 짐작할 수 있다.

출토 유물 가운데 대표적인 고구려의 유물로는 大同郡에서 출토된 금제 귀걸이, 大城山 고분군에서 출토된 귀걸이, 深貴里 고분 출토의 귀걸이 등이 알려져 있다. 藥水里 고분에서 출토한 細環耳飾이 가야계 형식과 비슷하고, 대동군의 평양출토 太環耳飾은 신라계 형식과 비슷하다. 동명왕릉 부근의 유적에서도 각종의 花形 금제장식 금구가 출토되고 있다. 한편 도금기술은 매우 발달하여 馬具·飾履·棺 장식·冠飾·불상 등에서 뛰어난 솜씨를 보이고 있다.

백제의 유물로는 공주 무령왕릉 출토 일괄유물의 관식·태환이식·세환이식·뒤꽂이·목걸이·팔찌·곡옥의 장식모(冠帽)·의복이나 棺 장식 등이 있다. 관식이나 장식 금구는 金板을 透刻하여 步搖를 매달고, 귀걸이에는 정교한 누금세공기법이 보인다. 또 금제 뒤꽂이는 打出기법의 전형적인 예에 속한다. 그 밖에도 곡옥을 감싼 金帽 장식에 細線과 細粒으로 누금하였고, 팔찌·목걸이 등은 7마디 혹은 9마디로 엮어서 세련되고 현대적인 감각을 보여 준다.

한편 일본 石上(이소노가미)神宮에 보관 중인 백제 七支刀는 백제왕이 倭王에게 보낸 것으로 鐵劍 양면에 금으로 상감한 명문이 새겨져 금의 이용과 당시의 상감기법을 잘 대변하고 있다.

가야의 유물에서도 목걸이·팔찌·반지 등에 금이 이용된다. 신라의 유물처럼 화려하지는 않으나 단순 간결하면서도 세련된 모습을 보여주는 유물들이며, 馬具·器皿 등에서는 뛰어난 도금기법도 짐작케 한다.

신라의 유물은 금제품으로 대표될 만큼 금제의 유물이 많은 종류에 걸쳐 보이고 있다. 寶冠·冠飾·귀걸이(太環耳飾, 細環耳飾)·銙帶·腰佩·팔찌·반지·방울·장식 寶劍 이외에도 장식 금구나 금제의 용기가 다양하게 나타나고 있다.

(2) 금속공예의 기법과 공예품

금속공예품을 成形하는 데에는 鑄造·鍛造·板金加工 등에 의해 이루어지고, 그 다음으로는 彫金技法·打出기법·鏤金細工·鍍金·透彫기법 등에 의하여 장식 마무리된다. 이 가운데 시대적인 흐름을 가장 알아보기 쉬운 것은 조금기법이라 할 수 있다.

조금기법은 금속기의 표면에 여러 가지의 기법으로 장식 효과를 내는 강철제 끌(鏨)의 출현으로 가능하게 되었으며, 철이 청동기를 지배하게 되었다고도 표현한다. 따라서 장식이 평면화하고 透彫·鍛金(打出)·鑄物에 의한 금속공예품의 표면 장식이 조금기법에 의해 다양하게 施文된다. 구체적으로는 象嵌기법, 魚子文기법, 線彫기법(毛彫기법·蹴彫기법·点線彫기법) 등으로 세분 할 수 있다. 여기서 보이는 점선조기법이란 특히 운풍정으로 점을 찍어서 선을 나타내는 기법을 말한다. 이 기법은 앞면에서 눌러 찍은 경우(刺点文)와 뒷면에서 앞쪽으로 튀어나오게 찍은 경우(錐点文)로 구분할 수가 있다.

이러한 기법을 중심으로 각 왕조의 금공제 장신구를 살펴본다.

먼저 고구려의 유물로 淸岩里土城 출토 金銅製 透彫裝飾品은 투조한 다음 전면에 작은 점선문으로 장식하였고, 万寶汀 78호분 출토품 역시 투조한 다음 점선조기법으로 장식하였다. 禹山 41호분 출토 鎏金銅 菱形飾片은 화문의 가장자리를 '刺刻錐点'하였고, 通溝河를 끼고 万寶汀 古墳群의 건너편에 있는 山城子山城下의 출토품은 금동제 帶金具와 鳥形飾에 '刺点文', '錐点文'으로 장식하고, 垂下飾은 毛彫의 기법으로 시문하였다.

백제의 유물인 무령왕릉 출토 금관식은 전혀 線彫의 加飾이 없으나 금동 요패와 투각한 금구 등에는 점선조의 기법으로, 은제 요패에는 투조·점선조·毛彫의 기법이 보인다. 羅州 甕棺墓 출토 금동관은 전형적인 점선조기법(刺点文)으로 外冠의 忍冬文 장식, 內冠의 화문, 帶輪의 윤곽을 이 기법으로 시문하고 있다.

특히 주목할 것은 무령왕릉 출토의 은제 팔찌이다. 왕비의 왼팔에 끼었던 것으로 두 마리의 용이 머리를 돌리고 꼬리를 서로 포개서 얽힌 모습으로 팔찌의 외면을 양각하고, 팔찌의 안쪽에는 점각으로 경계를 나타내고, 안쪽에는 "庚子年二月多利作大夫人分二百州主耳"라는 명문이 음각되어 있다. 경자년 2월은 520년으로 왕비 사망 6년 전, 多利라는 장인이 왕비를 위하여 만들었다고 밝히고 있어 당시의 공장들이 갖춘 격을 짐작케 한다. 또 이 多利는 일본 奈良(나라)의 法隆寺(호류지)에 전하는 삼존불의 작자로 알려진 止利(도리)와 같은 가계로 해석되고 있다.

가야의 유물인 고령 지산동 32호분 출토 금동관은 중앙의 장식과 양옆으로 꺾여져 나온 ㄴ자형 장식에 2개의 평행선대가 있고 그 안에는 파상문이 시문되어 있는데 이들은 蹴彫기법과 점선조기법으로, 파상문 사이는 강하게 점선조기법으로 점선을 찍고 있다.

일본의 東京國立博物館에 보관 중인 小倉(오구라)蒐集品 가운데 창녕지방 출토로 알려진 금동제 透彫冠飾, 湖巖美術館 소장 고령 출토 금관의 대류에 보이는 草花形 장식은 곡옥과 瓔珞을 매달고 바탕의 윤곽에는 2개의 띠가 있고 그 사이에는 능형문을 점선조기법으로 시문하고 있다.

그리고 신라의 유물인 천마총·금관총·서봉총·금령총·황남대총 등에서 출토된 금관들은 출자형 立飾과 사슴뿔형의 입식을 띠(帶輪)에 세우고, 그리고 그 입식들은 각기 투각하고 그 가장자리를 점선조기법으로 시문하였다. 皇龍寺 心礎石 아래의 유물 가운데 金銅透彫板佛은 투조와 점선조기법으로, 銀製唐草文盒의 毛彫한 당초문 사이도 역시 점선조기법으로 시문하였다. 그

밖에도 九黃里 舍利外函도 점선조기법으로 99基의 불탑을 나타내고, 뚜껑 안쪽에 18행 344자의 銘文을 線刻하였는데 이 글로 보아 이것의 제작 년도가 성덕왕 5년(706)임이 분명해 졌다. 분황사 석탑 사리장엄구도 장식 금구에 점선조기법이 많이 보인다.

(3) 금속제 그릇들

삼국시대의 유물 가운데에는 금제·금동제·철제의 그릇(器皿)들이 두드러지게 보이고 있다. 고구려의 고분에서는 시루(甑)·솥(鼎)·鐎斗·壺杅(盒)·銅洗 등 다양한 銅製그릇들이 출토되고 있다. 그 가운데에는 형태나 기법에서 중국의 영향을 많이 받은 것도 있으며, 한편으로는 壺杅塚 출토 壺杅와 같이 다시 백제나 신라에게도 많은 영향을 끼치고 있다. 고구려에서 가져 온 호우의 바닥에 "乙卯年國岡上廣開土地好太王壺杅十"이라는 명문이 陽鑄되어 있어 이것이 고구려 廣開土大王과 관련이 있는 기명이며 신라의 무덤에서 출토됨으로서 당시 고구려와 신라의 관계를 대변하는 유물이라 하겠다. 그리고 신라에 들어온 이후 이것을 본 떠 많은 양의 金銅 盒이 만들어지고 있었다. 또한 금관총을 비롯한 다른 많은 고분에서 초두·角杯 등이 보이고 있으며 특히 신라에서는 금제의 완(鋺)이나 高杯가 많이 출토하고 있고 이들은 단조기법에 의한 유물이라는 점에서 주목할 만하다. 무령왕릉을 비롯한 백제의 고분에서도 금속제 기명이 보이고 있으며 특히 무령왕릉의 동제 鋺이나 수저 등은 매우 주목할 만하다.

가. 고구려의 금속제 기명

중국 通溝河의 서쪽에 있는 集安縣 七星山 산록의 고분군 가운데 96호분에서 금동제 마구와 帶金具 등이 출토되었다. 철기도 보고되고 있으며 조사 이전에 20kg 크기의 대형 銅盤이 나왔다고 전하고 있으며 銅器로서는 솥·銅盒·초두 등이 있다. 이 중에 솥은 꼭대기에 손잡이가 달린 뚜껑이 있으며, 동물형의 발이 3개 달리고, 어깨에는 귀가 붙어 있다. 동합은 十字鈕가 붙은 뚜껑이 있는데 기형은 호우명이 있는 호우와 같은 형식이다. 또 초두는 平底에 동물형의 세발이 있는 형식이며, 손잡이 끝에 용머리가 장식되어 있는데 밥을 짓는 데(炊飯), 또는 溫酒用으로 사용되고 때로는 두들겨서 소리를 내 경고용으로 쓰였다고도 전한다. 풍납리, 경주 식리총 등에서 출토되었는데 특히 칠성산 출토 초두는 식리총 출토 초두와 같은 형식이다.

禹山里 68호 적석분은 통구하의 북쪽에 집중되어 있는 墓區의 가운데 있는 고분으로 여기서 출토된 솥은 손잡이를 가진 뚜껑이 있고, 뚜껑의 꼭대기에는 '妻'자가 陰刻되었다. 동물형의 세발과 어깨에는 귀가 붙어 있다. 또 圈足이 있는 솥 위에 바닥에 5개의 구멍이 달린 시루가 위에 얹혀있는 것도 보인다. 솥은 直立한 위로 꼬다리가 달리고 양어깨에는 역시 둥근 손잡이가 붙는다. 특히 주목할 것은 銅洗가 있는데 얕고 큼직한 그릇에 세발이 달리며 平椽 형식의 것이다.

나. 백제의 금속제 기명

무령왕릉에서 출토된 銅托銀盞·청동발·수저 등을 들 수 있다. 특히 銅托銀盞은 왕비의 목침 가까이에서 출토되었는데 잔과 뚜껑 그리고 잔탁으로 구성되어 있으며, 잔은 은제이며 동제의 잔탁은 가운데에 잔 받침이 높게 자리하고 은제잔의 낮은 굽을 잔탁의 받침 안에 들어맞게 되어있다. 뚜껑은 삿갓형식의 꼭대기에 연봉오리형(蓮蕾形) 손잡이가 달리고 손잡이 주위에는 8판의 蓮花座를 금제로 장식하였다. 잔의 외면과 뚜껑 위에는 용·사슴·새·연꽃 등을 선각하였다. 그밖에 수저 등도 보이고 있다. 수저는 靑銅鉢 안에 들어 있는 채 발견되었다. 이 수저는 중국 河北定縣의 北魏 석함에서도 같은 형식이 보이고 있는데, 이 석함에는 太和 5년(481)의 명문이 있어서 역시 무령왕릉과의 연관성을 말해 주고 있다.

또한 1993년 우리를 놀라게 한 金銅大香爐는 백제 羅城과 고분군 사이에 위치한 부여 능산리의 寺址에서 발굴되었으며, 여기서는 이외에도 金銅光背片·금동장식금구 그리고 토기와 구슬들이 출토되었다. 이 향로는 높이 64cm의 백제 유물 가운데는 보기 드물게 당당한 대작으로 몸체와 뚜껑 그리고 받침의 세부분으로 구성되었다. 머리를 들어올린 한 마리의 용이 爐臺를 대신하며 용의 입으로 仰蓮 모양의 爐身을 물고 있다. 뚜껑에는 여러 겹의 산봉우리가 솟아 있고 각 산기슭과 사이사이에는 인물상·동물상·연화문 등이 양주되었다. 향로의 꼭대기에는 날개를 활짝 피고 꼬리를 힘껏 치켜올린 봉황새가 보주를 딛고 서 있으며 턱 아래로 작은 보주를 끼우고 있다. 바로 발 아래에는 5인의 주악상이 각기 다른 악기를 연주하고 있다. 그런데 무엇보다도 주목할 점은 초기 단계의 어자문기법을 보여주고 있다는 점이다. 癸未銘三尊佛에 보이는 예와 더불어 어자문기법의 백제 전래를 대변하고 있다. 게다가 이 향로의 연대는 伴出된 昌王銘의 사리감에서 보이는 연대와 큰 차이가 없는 것으로 인정된다. 昌王銘舍利佛龕은 향로가 출토된 능산리 사지의 목탑지에서 1995년에 조사되었는데 "百濟昌王十三季太歲在 丁亥妹兄公主供養舍利"란 명문이 있어 567년에 조성되었음을 말해 주고 있으며 이 향로도 사리감과 직접 관련이 있을 것으로 보인다.

다. 신라의 금속제 기명

金製 鋺은 금관총 출토의 금제 완(6개), 서봉총 출토의 금제 완(2개), 그밖에 다른 고분들에서 보이고 있는데, 이들은 鍛造의 기법으로 器形을 만들고 口緣部는 말아서 마무리하고 있다. 황남대총 출토품의 경우는 고배 형식이며 구연부에 心葉形 瓔珞을 金絲로 매달고 있다. 경주 시내 월성로 13호 고분에서 출토된 금완과 은완의 加盤은 여러 개의 은완을 포개고 한 가운데에 금완을 포갠 것이 2組 출토되었다. 현재 은완의 부식이 심하여 몇 겹인지는 확실하지 않으나 금완은 두께 0. 04cm로 口緣部는 구부려 말아서 처리하였다. 이 加盤은 유목민족이 즐겨 사용하던 그릇의 형식으로 포개면 부피가 작아져 이동에 편리한 용기인데, 중국에서 출토된 사례가 이미 알려져 있고 후대의 통일신라시대가 되면 각 지역의 유적에서 출토되고 있다. 또한 신라에서 제작된 加盤들이 日本에 다량으로 유출되어 奈良의 東大寺 正倉院에 적지 않은 수량이 보관돼 오고 있다.

또 다른 신라의 금속제 기명으로는 청동제 합이 있다. 경주 壺杅塚에서 출토된 호우형식의 청동합은 많은 고분에서 출토되고 있는데 뚜껑의 손잡이가 아주 다양하여 宝珠形·十字形·새모양(鳥形) 등으로 변화를 보이고 있다. 아마도 고구려의 壺杅에서 영향을 받아 즐겨 만들었던 것으로 해석된다.

그리고 신라 금속제 기명으로 四耳壺을 꼽을 수 있다. 경주 금관총에서 출토된 金銅製 四耳壺(蓋付)은 고구려의 고분에서 출토되고 있는 黃釉四耳壺와 흡사한 형식이나 胴徑의 크기가 거의 10㎝ 가량이나 작아진다. 형태는 풍만한 동체에서 바로 뻗어 목이 나팔꽃처럼 벌어진다. 드물게 뚜껑이 달린다. 그밖에 각배와 이상한 형식의 容器들도 보이고 있는데, 이 용기는 희랍의 「Askos」라는 기름넣는 용기와 흡사하다고 알려져 있고, 각배는 유목민족의 유풍으로 해석하기도 한다.

이렇듯 삼국시대의 금속제기명은 주조기법이 뛰어난 사례들을 많이 발견할 수 있다. 호우는 중국에서도 찾아 볼 수 없는 형식이며, 기형에서 영향을 받았으리라 짐작되는 銅洗도 중국과는 세부적인 면에서 약간씩 변화를 보이고 있다. 鐎斗 역시 고구려에 들어와 중국제 보다 약간 작은 것이 만들어져 성행한 것으로 보인다. 따라서 호우나 초두는 모두 고구려에서 만들기 시작하였으며, 신라에서도 고구려의 영향을 받아 널리 만들어 쓰인 것으로 해석된다. 특히 신라에서는 수없이 많은 양의 호우가 풍부한 변화를 주어 가면서 만들어지고 있으며 고구려에서 출토되는 황유사이호 보다 금관총의 금속제 사이호가 훨씬 작게 만들어져 있는 것과, 好太王銘의 호우가 신라에 들어 온 후 신라에서는 그것을 모델로 하여 자그마하게 만들었던 점도 주의해야 할 것이다. 또 고구려의 황유사이호에서는 뚜껑이 보이지 않는데, 금관총의 사이호는 뚜껑까지 갖추고 있다. 그리고 이 뚜껑의 寶珠鈕는 신라에서 즐겨 만드는 靑銅盒에서 가장 많이 볼 수 있는 형식의 하나라는 점도 가볍게 넘길 수 없다고 생각한다.

끝으로 延壽在銘盒과의 문제이다. 연대와 제작지에 대하여 몇 가지 학설이 있는데, 아직 고구려에서는 알려지지 않고 있었던 단조기법에 의한 합이라는 점에서, 또는 針刻한 명문에 비추어 고구려의 것으로 보기보다는 신라에서 제작된 것이라고 생각한다.

(4) 삼국시대의 동경

銅鏡이란 동판의 표면을 잘 다듬어 문질러 얼굴이 비치게 하는 거울이다. 그런데 그 背面이 각종 무늬나 吉祥語로 장식되어 있어 거울로서의 기능을 상실한 뒤에도 이 배면의 형식이나 무늬는 당시의 工藝意匠을 이해하는 매우 중요한 자료로 이용되어 왔다.

그러나 같은 시기인 일본의 古墳時代에는 거울로서의 기능보다 신성한 儀器로서의 의미가 강하였으며, 고분이나 神社에서 다량의 동경이 출토되고 있는데 비해 삼국에서는 손꼽을 정도의 수량에 그치고 있다. 그나마 삼국의 독특한 의장 작품이 아니라 중국 동경의 倣製나 그것을 되부어 낸(再鑄) 것들이 대부분이다.

백제의 동경으로는 무령왕릉에서 출토된 3면의 동경이 연대가 확실한 유물이다. 方格規矩神獸鏡은 원래의 동경에서 다시 새로이 神獸文을 半肉彫한 것으로 이 인물상은 고구려 벽화(角抵塚)의 인물과 매우 흡사하다. 神獸鏡 2점 중 宜子孫獸帶鏡은 일본의 群馬縣에 있는 간논즈카(觀音塚)古墳의 출토 경과 同笵鏡이라는 점에서 매우 귀중한 자료이며, 그밖에 전남 해남군 송지면 월곡리, 전남 담양군 봉산면 재월리 등에서 乳文鏡系가 출토된 사례가 보고되고 있다.

신라의 동경으로는 금령총 출토의 소형 百乳鏡, 진주지방 출토의 變形神獸鏡, 양산지방 출토의 變形七乳鏡, 경주 황남리 발견의 變形綫形文鏡 등이 알려진 것들이다. 이들은 모두 중국경을 방제한 것들이다.

고구려의 동경는 아직 알려진 바 없고, 백제나 신라의 경우도 중국경의 倣製鏡으로 특징적인 것이 보이지 않으나 다만 백제 무령왕릉의 동경은 방제를 하되 새로운 의장을 가한 것이 특징이라 할 것이다.

2) 유리공예

유리는 상온에서 응고하는 무기질의 액체로 硅石을 원료로 하여 알카리·석회·硼砂·酸化鉛－丹 등을 가해 섭씨 1,000도 이상의 가마에서 용해하여 만든다. 착색은 각종의 金屬酸化物을 첨가하여 한다.

우리 나라의 고대 유리는 중국의 영향을 받은 것으로 생각되는데 중국에서는 戰國時代(기원전 3세기)에 서방에서 기법이 도입되어 연유리·璧·상감유리 등이 만들어지고, 前漢시대에는 유리 碗이 보이고 있다. 六朝시대에는

Roman Glass의 기법이 유입되어 銅鏡의 뒷면 등에 사용되었다. 6세기 전반에는 Sasan朝 Persia의 Glass 완과 Roman Glass 杯가 함께 출토된 경우가 있고, 山西省 大同市의 北魏墓에서도 Cut Glass 완이 출토되고 있다. 이러한 중국의 유리가 우리 나라에도 영향을 미쳤을 것으로 생각되는데, 고구려에서는 아직 유리가 출토된 경우가 확실하지 않으며 백제에서는 무령왕릉에 유리로 된 작은 童子像이 출토된 것으로 알려지고 있다.

신라에서는 가장 대표적인 것이 초기의 고분에서 보이는 유리옥들과 서봉총의 유리팔찌, 유리잔, 그리고 황남대총의 Cut Glass 완과 Roman Glass의 완, 盤, 鳳首形瓶 등을 들 수 있다.

3) 도자공예

토기와 도자기는 胎土의 강도에 따라 토기(clay ware－600~700도), 陶器(earthen ware－토기보다 좀 굳은 것), 炻器(stone ware－1,200도), 磁器(porcelain－1,300도)로 구분하여 볼 수 있다. 삼국시대는 아직 자기의 제작에는 이르지 않았던 것으로 보이나 독특하고 뛰어난 토기와 도기들을 만들어 내었다. 고구려는 黃釉의 도기로 대표되며, 백제는 회색토기로, 신라와 가야는 경질의 청회색토기가 그 대표적인 유물로 알려져 왔다. 이것들은 시기적으로 지역적으로 많은 변천을 거쳤으며 따라서 여러 형태의 토기, 도기 그리고 瓦塼 등이 제작되고 있었다.

(1) 고구려의 토기와 도기

고구려의 토기는 유약을 입히지(施釉) 않은 계통의 토기와, 유약을 씌운 황록색·황갈색의 陶器로 크게 나눌 수 있다. 시유하지 않은 토기는 낙랑의 회색토기 영향을 받은 것으로 볼 수 있는데 흑색의 토기나 회백색의 瓦質 토기 등도 보이고 있다. 器形은 壺, 고배, 원통형의 렴(奩) 등이 있다.

黃釉를 씌운 도기는 그 수량도 많고 특히 몇 가지의 전형적인 기형을 갖추고 있어서 이들과 금속기와의 관계도 짐작케 하는 바 있다. 이 가운데에는 四耳壺와 盤, 그리고 뚜껑이 있는 호우 형식 등을 볼 수가 있다. 이 사이호나 호우는 신라의 고분에서 출토된 경우가 있어서 두 나라 사이의 관련을 짐작케 한다. 특히 황유사이호나 盤이 뛰어난 유물도 전하는데, 集安縣 七星山 96호분에서 출토된 黃釉陶灌·黃釉陶壺 등이 그것이다. 그밖에도 일본의 京都大學 소장 황유사이호와 황유반이 일찍부터 알려져 왔으며, 大同郡 土浦里 大墓에서 출토된 黃釉長頸四耳壺와 그 밖의 곳에서 출토된 황유의 뚜껑도 있다. 또한 刻文이 있는 뚜껑, 彩色으로 8판의 蓮花文을 그린 뚜껑, 三脚의 陶盤(陶硯)도 출토되었다. 集安 麻線溝 1호 벽화묘에서는 황유사이호와 黃釉盤이, 집안 禹山下 41호분에서는 마구·무구와 함께 역시 황유사이호가 출토된 것으로 보고되고 있다. 또 長川 2호분에서도 황유사이호·부뚜막·철기·마구 등이 출토되고, 통구지방에서도 많은 예가 알려지고 있는데 麻線溝 M117 출토 사이호, 三室墓 출토 사이호, 山城下墓區 M332 출토 철제품과 사이호, 河口遺址 출토 사이호, 禹山墓區 M2325 출토 사이호, 万寶汀 78호의 사이호 파편, 평양 大聖山城 高山洞 우물 출토품 등이 있다. 이들은 금속기와의 영향, 신라나 백제 그리고 중국과의 교류를 짐작케 하기도 한다.

고구려의 瓦塼은 궁궐·사원·관아·산성 등에 사용된 것으로 보이는데, 중국과의 접촉으로 삼국 중 가장 먼저 기와를 제작 사용하여 通溝의 城內와 山城子山城 등지에서 중국 계통의 암·수기와가 발견된다. 불교 전래 이후(4세기 후반)에는 연꽃무늬 장식 수막새가 알려지고, 6세기 이후에는 보상화문·인동문·기하학문 등 다양한 기와가 보이고 있다. 특히 鬼面瓦는 그 조형적인 면에서 매우 주목받고 있는 유물이다. 또 고구려의 전돌은 無文塼과 銘文塼이 알려 진 바 있는데 대부분 塼築墳에 쓰인 것으로 짐작된다.

(2) 백제의 토기

백제의 토기는 수도의 위치나 시대에 따라 약간의 차이를 찾아 볼 수가 있다. 초기에는 적갈색의 연질토기로 平底의 鉢이나 호·병·장경호 등이 출토되었는데, 이들은 원삼국시대의 전통을 이은 것으로 해석된다. 회청색의 경질토기도 보이는데 중국 灰陶의 영향을 받은 것으로 해석하고 있으며 작은 호, 球形壺, 원저호, 병, 고배 등이 있고 약간의 흑색마연토기도 있다. 백제 중기, 즉 웅진으로 도읍을 옮긴 이후로는 회색경질토기가 다양해지고 새로운 器種도 보이고 있다. 그 중에서도 백제 토기의 기형으로 대표되는 원저호, 삼족배, 器臺 이외에 고배, 등잔 등이 보인다. 후기에 오면 종래의 토기와 함께 중국 南朝의 영향이 보이는 장경병·虎子 등이 나타나기 시작하며, 특히 부여지방에서 벼루와 虎子가 출토되고 있는데 그 중에는 청동기의 기형에서 유래하는 형식들이 보인다.

한편 시유한 陶器로서 녹색의 釉藥을 씌운 예가 보인다. 器臺·鉢·長頸瓶 등이 있는데 小倉(오구라)수집품 중의 장경병은 기형에서도 매우 주목할 만한 유물이다. 그밖에 백제 토기의 특징 가운데 하나는 매우 정돈된 臟骨器와 陶硯의 출토이다. 장골기는 백제의 말기로, 또는 그 보다 더 후대의 것으로 해석하는 견해도 있으나 어쨌든 단정하고 뒤틀림이 없는 백제계통의 토기이며 금속기의 영향을 잘 나타내고 있는 유물이다.

백제의 瓦塼은 초기 한성시대에는 고구려의 영향을 많이 받았으나 그 유물은 매우 단편적으로 알려져 있어 그 모습을 짐작하기 곤란하다. 기록으로는 불교가 전래된 침류왕 2년(385) 이듬해에 기와에 대한 기록이 《三國史記》에 보이고 있으나 얼마나 보급되었는지는 확실치 않다. 웅진시기에는 南朝의 영향을 보이고 있으나 역시 정확한 출토나 발굴 조사가 되어 있지 않은 상태인데 연꽃무늬의 수막새가 공산성에서 알려지고 있다. 전돌(塼)은 송산리 6호분의 "梁官瓦爲師矣"라는 명문에서 보는 바와 같이 중국 남조의 영향을 받아 전축분에 쓰인 것으로 보인다. 후기인 사비시대에 이르면 본격적인 기와 제작이 시작되어 연화문·巴文·인동문 등이 보이며 일본에까지 큰 영향을 끼치고 있다. 암·수기와, 수막새, 서까래기와, 마루기와 등 각종의 기와가 출토되고 있다. 이 시기의 규암리 출토 문양전은 조형적인 면에서도 뛰어난 자료라 할 수 있다. 백제의 窯址로는 부여 亭巖里 및 청양군 청남면 왕진리 등이 조사된 바 있다.

(3) 신라의 토기

신라의 토기는 원삼국시대의 연질토기로 분류되는 토기제작 과정을 거쳐 기원후 300년경 본격적으로 제작되기 시작하여 신라토기라는 하나의 장르를 이루게 되었다. 신라 토기는 청회색과 회색의 토기로 1,000도 이상의 고열에 구워낸 것으로 표면에는 파상문을 돌리거나 기하학무늬를 음각하기도 하였다. 기형이 매우 다양하며 특히 고배와 목긴 항아리(長頸壺), 그리고 손잡이가 달린 잔 등이 많이 보인다.

그밖에 象形土器와 土俑, 그리고 작은 토우를 장식한 용기들이 있다. 이들 상형토기나 토용, 장식용 토우들은 각종의 인물·동물·器物·家屋 등을 본떠 만들어 내고 있는데 상형토기는 속이 빈 형식으로 액체를 담을 수 있게 되어 있어 淨水나 술을 담아 의식에 쓴 것으로 해석된다. 오리형토기가 많은 것은 물과의 관계, 즉 祈雨祭 등에 쓰이지 않았을까 짐작케 하며 말이나 배·수레 등 운반 수단으로 쓰이는 것들이 많은 것은 저 세상으로 죽은 이를 실어다 준다는 의미도 포함된 것으로 해석되어 부장용의 토기임이 확실하다. 그밖에 토용은 사람의 형상을 본 떠 만들어 진 것이 대부분인데 性器를 과장하는 등 주술적인 의미를 지닌 것으로 해석된다. 따라서 상형토기나 토용 등은 儀式이나 제례용으로 쓰였을 것이라 생각되는데 특히 작은 토우를 장식한 용기들은 고배의 뚜껑이나 항아리의 어깨, 器臺의 주변 등에 다양한 모습과 표정을 나타낸 인물상과 갖가지의 동물, 뱀과 개구리, 물고기 그리고 생활용품 등이 만들어져 토기에 부착된다. 이들은 사냥이나 歌舞 등의 일정한 얘기가 담긴 동작을 나타내며 뱀은 반드시 개구리를 물고 있는 등 풍요와 辟邪의 뜻을 담아 특수하고 소중한 것, 즉 예를 들면 의식용 술이나 물, 또는 씨앗을 보관하던 것이 아닌가 한다.

신라의 기와(瓦塼)는 그 시작이 언제부터인지는 불분명하나 3세기경 金城·月城의 궁궐에 제작 사용했으리라 짐작되며, 불교 공인 이후에는 興輪寺址·皇龍寺址·영묘사 등 절터와 명활산성·반월성 주변에서 다량으로 출토 발견되고 있다. 이들은 경주 부근에서 가장 많이 출토되고 가마터도 알려지기 시작하였으며 신라에서도 백제에서와 같이 암·수기와, 막새기와, 사래기와,

귀면기와, 마루기와 등이 고루 제작되고 소형의 막새기와도 보인다. 이들은 회흑색이 주류를 이루며 무늬도 單瓣·複瓣·重瓣 등의 여러가지 양식을 응용한 蓮花文이 두드러진 양상을 보이고 있는데 그밖에 圓圈文·人面文·鬼面文 등도 보인다. 대체로 수막새에서 고구려의 영향을, 막새기와에서 백제와의 관련을 짐작케 하는 意匠이 보인다.

통일신라시대에 들어오면 瓦塼의 전환기라 할만큼 종류와 무늬가 다양해진다. 예를 들면 重瓣樣式의 蓮花文·寶相華文·忍冬文·초화당초문·봉황문·기린문·사자문·迦陵頻迦文·瑞鳥文·双鳥双動物文 등이 만들어지고, 암막새는 통일신라 이후의 것이 발견되고 있는데 寶相唐草文·인동당초문·포도당초문·飛天文·雲文 그리고 銘文 있는 기와와 전돌이 나타난다. 안압지 출토의「鳳儀4年銘」기와는 매우 귀중한 자료라 할 수 있다.

삼국시대 신라의 窯址는 월성군 안강읍 육통리, 현곡면 다경들녘 , 통일신라시대의 요지는 월성군 현곡면 금장3리에서 알려진 바 있다.

4) 목칠공예

삼국시대 신라의 고분에서는 木心의 漆器가 알려져 있기는 하나 상태가 매우 나빠서 원형을 알아보기 어려운 경우가 대부분이다.

백제의 무령왕릉에서 출토된 왕과 왕비의 頭枕과 足座는 상태도 비교적 양호하고 특히 왕비의 두침에서는 주칠에 그려진 그림과 함께 가느다란 금박을 오려 부친 龜甲文은 한국 고대의 截金(切金)기법을 대변하고 있다.

금령총이나 금관총에서 목칠기의 출토가 보고되고 있으며, 천마총에서는 칠기로 된 새 모양의 술잔이, 황남대총에서는 朱漆을 한 잔이 보이고 있다. 그릇 이외에도 彩花한 漆 파편이 보이고 있으나 원형을 짐작하기 어렵다. 또 天馬塚의 자작나무 껍질을 이용한 말다래도 주목할 만하다. 이들은 고구려나 백제에서의 예가 알려져 있지 못하여 의문도 남기고 있다.

〈李蘭英〉

6. 건 축

1) 사원건축

삼국시대 사원건축은 고구려·백제·신라 모두 불교가 공전되거나 공인된 후 본격적으로 건립되기 시작하였다. 이 시대 사원건축은 뒤에서 언급할 궁실을 이룩한 목조건축과 별 다를 바 없는 여러 채의 목조건축이 일정한 배치형식을 갖는 伽藍을 형성하여 성립되었다. 그 형식은 지금까지 밝혀진 바에 의하면 삼국이 각기 다른 형식을 갖고 있었다. 대개의 경우 사원은 그 중심부에 가장 격식이 높고 화려하게 건립된 석가여래의 묘를 상징하는 고층건물로 된 탑과, 그 사원의 本尊佛을 안치한 金堂이 앞뒤에 배치되고 금당 뒤에는 經典이나 교리를 공부하는 講堂이 배치되고, 탑 앞에는 仁王像을 안치한 중문이 있고, 중문 좌우에서 강당 부근까지 廻廊이 돌려졌다. 이 사원 중심부의 건물 배치형식이 나라와 시기에 따라 변화하기는 하나 일정한 형식을 갖는 부분이며 이것을 가람배치형식이라고 한다. 이 밖에도 사원에는 중문 앞에 사원 입구이며 정문인 남문이 있고, 남문 좌우에는 담장이 설치되어 사역 전체를 둘러싼다. 회랑과 담장 사이에는 승방을 비롯하여 식당·창고 등의 사원의 부속적인 건물이나 시설들이 배치된다. 이 시대 말기에는 이들 사원건물 가운데 탑을 석조건물로 만들기 시작하고 통일신라시대 이후 석탑이 성행한다.

(1) 고구려

목조건물 : 고구려 사원건축을 형성한 목조건물은 선사시대의 원시적인 구조·기법으로 된 초가집이 아니고, 石造基壇 위에 질서 있게 배치된 초석에 민흘림 또는 배흘림을 갖는 기둥을 세우고, 보나 도리 등 架構材를 이음과 맞춤으로 서로 짜 올리고, 지붕에는 기와를 잇고, 단청으로 장식한 발달된 새로운 건물로 형성되었다. 이와 같이 발달된 새로운 건물은 삼국시대 이전에 통일국가적인 체제를 갖추기 시작한 扶餘國에 이미 있었던 것으로[1] 고구려에서는 건국 당초부터 궁궐이나 귀족주택에 채택되었던 것이다.[2]

고구려의 목조건물은 고구려벽화고분에 그려진 각종 건물도와 기둥과 도리 등의 그림 그리고 묘실을 구성한 石柱 등의 모습과 몇몇 건물터 발굴에 의해 알게 된 기단의 모습 등으로 어느 정도 짐작할 수 있다. 이에 의하면 건물 지붕은 우진각지붕이 많았고 작은 건물에는 맞배지붕이 채택되고, 기와는 수막새기와가 있었다. 기둥은 圓柱가 많았으나 벽가에 세우는 기둥에는 사각기둥이 사용되기도 했다. 기둥 위에는 枓拱을 올렸는데, 두공에는 二出目 두공도 있었다. 두공의 柱枓와 小累에는 굽받침이 있는 것이 많았으나 없는 것도 있었고 簷遮 끝은 밑을 경사지게 자른 것이 많았고 弧形으로 마무리한 것도 있었다(〈그림 1〉). 두공이 없는 건물의 경우에는 기둥 위에 주두만을 올린 형식, 기둥 위에 단장혀(短長舌)을 올린 형식 또는 기둥머리에 草栱을 끼워서 상부 가구재를 받치게 한 형식 등이 있었다. 기둥과 기둥 사이 昌枋 위에는 人字形臺工이나 童子柱를 세워서 상부 가구재를 받쳤다. 건물은 석재로 화장한 기단 위에 세워지며 중요하거나 격이 높은 건물은 이중기단 위에 세워지기도 했다. 이중기단의 경우는 초기에는 하층기단 삼면에 초석을 배치하여 건물에 장치된 遮陽의 기둥을 받치기도 했다.[3]

〈그림 1〉 고구려 벽화고분 柱形圖

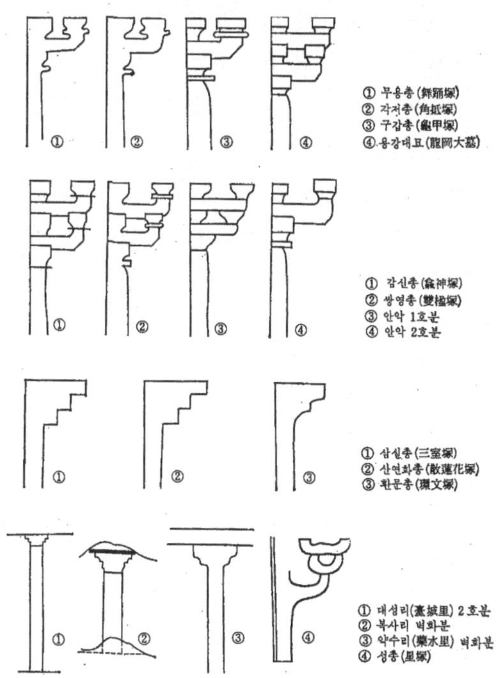

---

1) 《後漢書》 권 85, 東夷列傳 75, 扶餘國.
2) 《三國志》 권 30, 魏書 30, 東夷, 高句麗.
3) 金正基, 〈三國時代의 木造建築〉(《考古美術》 150, 韓國美術史學會, 1981), 3~18쪽.

이와 같은 목조건물의 모습은 중국의 後漢代 華北지방의 건물과 그 뒤 北魏 건물의 영향을 받아서 발전한 것으로 보이며, 극히 드물게 곡선적인 두공을 그린 기둥 그림이 있는 것으로 보아 중국 南朝 건물의 영향도 전혀 없었던 것은 아닌 것 같다. 그러나 벽화고분에 나타난 목조건물의 요소들을 보아서는 北齊 이후의 건물 영향을 나타내는 요소들은 찾을 수 없었다.[4]

석탑 : 《三國遺事》에 의하면 靈塔寺 八角七層石塔이 세워졌던 것으로 기록되고 있으나[5] 지금은 그 위치나 탑의 형식을 알 수 없다. 그러나 고려시대에 들어서 平壤 부근을 중심으로 평면이 6각 또는 8각이며 5층 이상의 層級을 갖는 석탑이 건립되었으며 그들 석탑의 형식에는 서로 공통되는 점이 있는 것으로 보아 이들 석탑의 祖形이 靈塔寺塔이었을 것이라고 믿어진다.[6] 그러나 고구려에서는 이 탑 이후에 석탑이 건립된 흔적을 찾을 수 없는 것으로 보아 이 탑이 건립된 시기는 고구려 멸망 직전의 시기로 따라서 후속 석탑이 건립될 시기적인 여유가 없었던 것으로 보인다.

가람배치 : 고구려 사원의 가람배치형식은 1937년부터 39년에 걸쳐 大同郡 上五里寺址와 평양 淸岩里寺址에서 실시된 발굴조사에서 밝혀졌고, 광복 후에 실시된 평양의 定陵寺址와 鳳山郡 土城里寺址에서 역시 같은 형식임이 확인되었다.[7] 이에 의해 고구려의 기본적인 가람배치형식이 소위 一塔三金堂式임이 밝혀졌다.

청암리사지는 평양 시가 남쪽 大同江을 바라보는 언덕 위에 있었다. 가람은 평면 팔각의 탑기단을 중심으로 동·서·북쪽에 탑을 향한 세 금당기단이 있고, 탑 남쪽에는 중문터로 보이는 건물터와 그 좌우에 전개되는 회랑의 흔적이 있었다(〈그림 2〉). 상오리사지에서는 유적 중앙부에 역시 평면 팔각의 탑기단과 탑 동·서에 동·서금당기단의 흔적이 확인되어 청암리사지와 같은 형식의 가람배치였음을 알게 되었다.

---

4) 金正基, 위의 글, 17쪽.

5) 《三國遺事》 권 4, 塔像 4, 高麗靈塔寺.

6) 金正基, 〈韓國石塔樣式의 系列考〉(《三佛金元龍敎授停年退任紀念論叢》 Ⅱ, 一志社, 1987), 428~432쪽.

7) 《東明王陵과 그 부근의 高句麗遺蹟》(第3章 건물지, 1976, 평양), 109~216쪽.
남일용, 〈黃海北道鳳山郡土城里高句麗궐터에 대하여〉(《조선고고연구》 1987, 4기호), 8~13쪽.

〈그림 2〉 청암리 절터 배치도

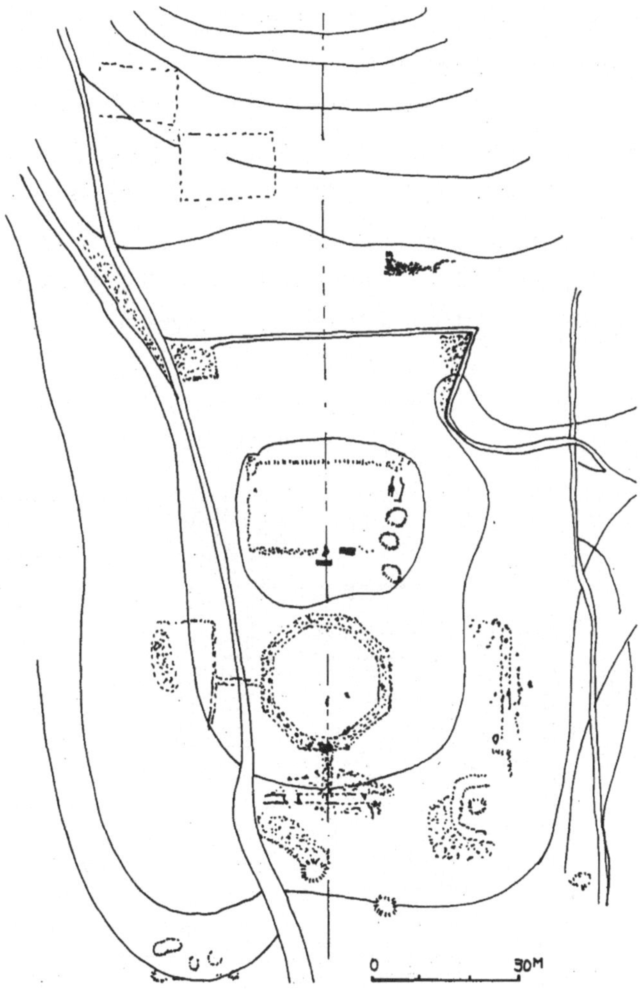

定陵寺는 輯安에서 평양으로 이장한 동명왕릉 앞에 건립된 사원으로서 그 터에 대한 발굴조사 결과 사원은 동서로 나란히 배치된 다섯 가람으로 이루어졌고, 그 중앙 가람이 사원의 중심가람이었다. 이 중심가람의 배치형식은

후대에 증·개축한 건물이 많았던 것으로 보였으나[8] 원래의 가람은 청암리 사지와 같은 형식이었을 것으로 생각되고 있다. 토성리사지 역시 평면 팔각의 탑과 중금당·동금당기단의 흔적이 확인되어 일탑삼금당식의 가람형식으로 된 사찰이었음이 밝혀졌다(〈그림 3〉·〈그림 4〉).

고구려사원의 기본적 가람배치형식인 일탑삼금당식은 앞에서 본 바와 같이 가람 중심에 평면 팔각의 목탑을 두고 그 북쪽에 남향한 중금당·탑의 좌·우에는 탑을 향한 동금당과 서금당을 배치하며 중금당 북쪽에 역시 남향한 강당을 두고, 탑 남쪽에는 중문을 배치하며 중문 좌우에서 동서로 뻗은 회람이 북쪽으로 꺾어져서 강당 부근에 닿았을 것으로 생각되나, 아직 이들 회랑과 강당과의 배치관계는 확실하게 밝혀지지 않았다.

〈그림 3〉 정릉사지 가람배치도

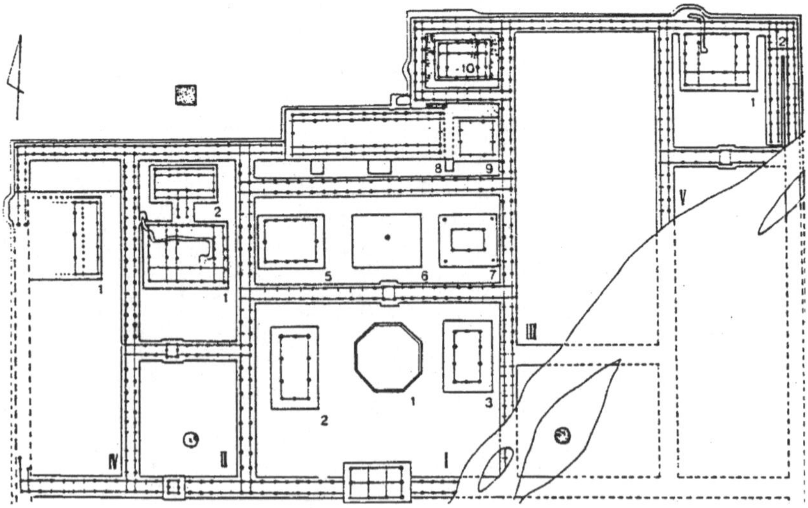

8) 金正基, 〈高句麗定陵寺址 및 土城里寺址 發掘報告概要와 考察〉(《佛敎美術》 10, 東國大 博物館, 1991), 19~20쪽.

〈그림 4〉 토성리사지 도면

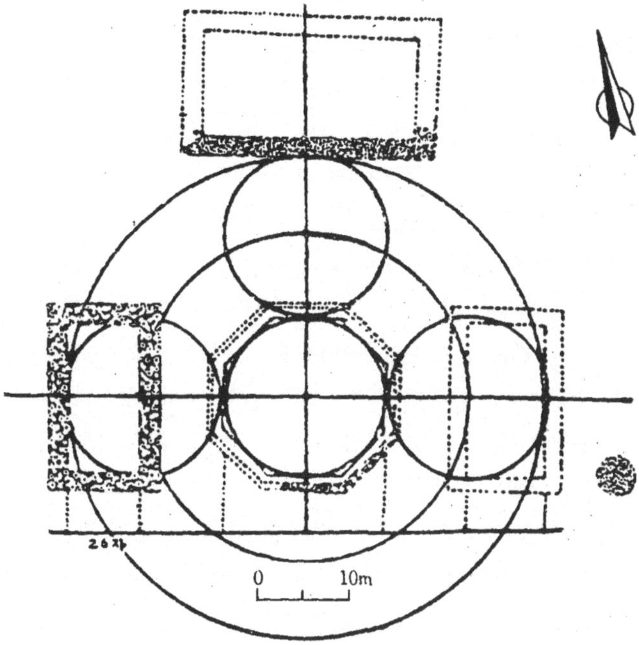

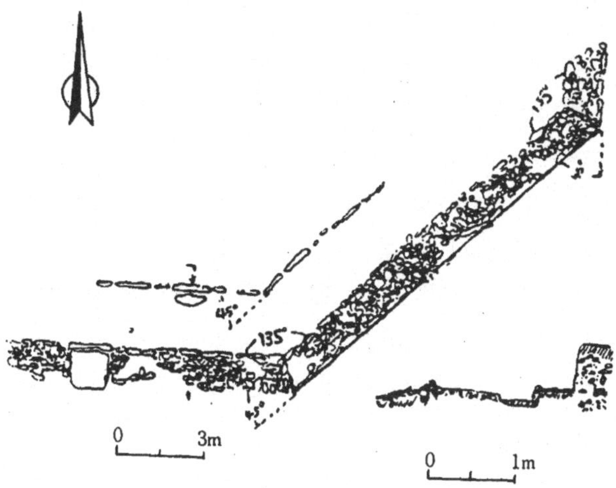

(2) 백 제

목조건물 : 백제사원도 발달된 새로운 건물군으로 형성되었다. 그것은 백제가 고구려계의 한 부족에 의해 건국되었다는 점으로 미루어 역시 건국 당초부터 새로운 건물을 갖고 있었다고 믿어지며 그 건물의 모습은 초기에는 고구려와 꼭 같은 것이었다고 생각된다. 그러나 점차 중국 남조와의 교류를 통해 얼마간 남조 건축의 영향을 받아서 고구려와는 다른 백제의 특성이 나타난 건물로 변화 발전되었을 것으로 믿어진다. 그러나 그 건물이 어떤 것이었는지 구체적으로 알 수 없고, 다만 우리 나라 기술자에 의해 건립되었다는 日本의 法隆寺의 건물이나 우리 나라에서 건너간 것으로 믿어지는 불감인 玉蟲廚子의 건물양식을 참작하여 추측할 수밖에 없다. 이러한 상황에서 백제 목조건물을 추측한다면 그 가구기법이나 구조는 고구려 건물과 기본적인 차이는 없고, 다만 세부 양식에 있어서는 남조계 양식이 도입 또는 혼용되어 어느 정도의 변화와 발전이 있었을 것으로 생각되고 그러한 변화의 하나가 법륭사 금당이나 탑에서 볼 수 있는 雲形 첨자일 수 있고, 지붕 형식에서의 팔각지붕의 출현 등을 들 수 있을 것이다.[9] 이와 같은 추측을 뒷받침 할 수 있는 것은 법륭사 금당의 여러 가지 건축적 요소를 중국과 고구려의 건물의 요소들과 비교 검토한 일본학자가 "法隆寺 금당의 건축양식이 고구려 직계인 것인지 혹은 고구려계를 바탕으로 한 백제 양식인지는 당장 판단하기 어렵다"[10]라고 한 것으로도 짐작된다.

건물의 기단에 대해서는 그간에 실시된 건물터 발굴에 의해 얼마간 알려져 있다. 기단 축조방법이 掘壙版築으로 된 것은 金剛寺址의 기단 하부에서도 확인되었고, 軍守里寺址의 탑기단 역시 心礎가 지하에 매설된 것으로 보아 굴광판축으로 된 기단인 것으로 판단된다. 기단 형식에 있어서 이중기단으로 만들어진 것은 정림사지의 금당과 미륵사지의 세 탑과 세 금당이었다. 정림사 금당의 경우에는 하층기단 상면에 차양의 기둥을 받치는 초석이 있

---

9) 金正基, 앞의 글(1981), 18~31쪽.

10) 關口欣也·金正基 譯, 〈朝鮮三國時代建築と法隆寺金堂の様式的系統〉(《日本建築の特質》, 中央公論美術出版, 1976), 79쪽.

어 고구려의 청암리사지의 세 금당과 탑의 기단 형식과 같은 고식형이었다. 백제의 석조기단에서 그 外裝형식이 자세히 밝혀진 것은 미륵사지의 건물 기단뿐이다. 미륵사지의 탑과 금당 기단은 하층기단이 지대석과 면석의 구분이 없는 장대석을 돌리고 그 위에 판석상의 갑석을 올렸고, 상층기단은 지대석·면석·갑석을 갖춘 기단이었고, 탑에서는 4면에, 금당에서는 전후면 중앙에 석조계단을 설치하고 있다. 강당기단은 지대석·면석·갑석을 갖춘 단층기단이며 전면 세 곳에 석조계단이 있었다. 중문과 회랑의 기단은 탑이나 금당의 하층기단과 같은 형식의 매우 간략화 된 단층기단이었다. 군수리사지의 탑기단은 塼築의 단층기단이었으며 금당과 강당 기단은 단층의 瓦積기단이었으나 각기 기와를 쌓는 방법이 달랐다. 이와 같은 전축기단이나 와적기단은 아직 고구려와 신라에서는 확인되지 않는 기단의 외장형식으로서 어쩌면 백제에서 시도된 기단형식일지도 모른다.

석탑 : 백제 석탑은 현재 두 기가 남아 있다. 그 하나는 반파된 모습으로 남은 彌勒寺址石塔이고 또 하나는 거의 완전한 모습으로 남아 있는 定林寺址五層石塔이다.

미륵사지석탑은 武王代(600~641)에 건립된 것이며, 사지에 대한 발굴에 의해 중원을 사이로 하여 東院과 西院이 나란히 병립된 미륵사의 서원 석탑이며, 중원은 목탑, 동원은 서원과 꼭 같은 규모 형식으로 된 9층석탑이었음이 밝혀졌다.[11] 석탑은 이중기단 위에 세워졌고, 초층탑신은 사방 삼칸으로서 기둥은 위가 가늘고 밑이 굵은 각주를 사용했다. 기둥머리 사이에는 창방 모양의 석재를 끼우고, 이들 위에 평방 모양의 장대석을 돌리고, 그 위에 包壁 모양의 낮은 벽을 쳤다. 포벽 위에는 다시 평방 모양의 석재를 돌리고 그 위에 2단의 역계단식 옥개받침을 올려 마치 3단의 역계단식으로 보인다. 옥개받침 위에는 비교적 얇고 넓적한 네 귀가 가볍게 반전된 옥개석을 올렸다. 옥개석 위에는 두툼한 각재로 된 탑신괴임을 돌리고 2층탑신을 받쳤다. 2층 이상의 탑신은 높이가 매우 낮고, 초층탑신에 있던 포벽이 없어진 것 이외에는 모두 같은 형식으로서 단지 위로 갈수록 각 부분

11) 《益山彌勒寺址 東塔址 및 西塔調査報告書》(圓光大 馬韓·百濟文化硏究所, 1974) 참조.

의 크기를 줄이고 있다. 탑신은 현재 6층 일부까지 남았으나 원래 9층이었고, 6층까지는 사방 3칸, 7·8층은 두칸, 9층은 한칸으로 복원되고, 9층 옥개석 위에는 중앙에 擦柱가 꼽히는 관통된 구멍이 있는 露盤을 올렸다. 노반위의 相輪部는 그 형태를 알 수 있는 자료가 발견되지 않아 정확한 복원은 불가능했다. 이 석탑 내부는 중심에 큰 방형의 대석을 쌓아올려 마치 목탑의 心柱와 같은 모습으로 9층탑신까지 올렸고, 그 상부에는 역시 찰주가 꼽히는 구멍이 있었다.

미륵사지석탑은 종래 우리 나라 석탑의 시원적인 탑으로서 그 조성은 목탑을 바탕으로 탑 부재를 석재로 바꾸어 만들어진 탑이라고 알려져 있다. 발굴에 의해 밝혀진 탑의 원래 모습으로 보아도 그 견해가 타당하며, 현존 서원탑이 먼저 만들어지고 동원탑은 그 뒤에 만들어진 것으로 추정되고 있다. 그것은 서원탑은 모든 탑 구성부재를 각각 별개의 석재로 만들어진데 반해 동원탑은 상부 탑신 석재에 기둥과 벽체를 한 돌에서 깎아내는 수법상의 발전이 보이기 때문이다.

정림사지오층석탑은 미륵사지석탑을 바탕으로 그 규모를 작게 만든 백제의 조형감각을 잘 나타낸 석탑이다. 탑은 이단의 基石 위에 지대석·면석·갑석과 撑柱를 갖춘 단층기단 위에 세워졌다. 초층답신은 네 隅柱 사이에 벽석을 끼운 사방 한 칸이다. 탑신 위의 옥개받침은 평방 모습의 각재 위에 상반부가 수직, 하반부가 경사로 처리된 석재로 이루어졌고, 옥개석은 비교적 얇고 넓으며, 내릿마루를 깎아내고, 처마는 네 귀에서 가볍게 반전했다. 이층 이상의 탑신은 매우 낮고 옥개받침과 옥개석은 초층의 것과 같은 형식으로 만들어지며 체감율이 적어 고준한 느낌을 준다. 5층 옥개석 위에는 노반과 覆鉢을 하나의 돌로 만들어 올렸으나 그 위 상륜부는 남아 있지 않다.

정림사지오층석탑은 정림사 창건시에 건립된 것으로서 미륵사지석탑에 앞서는 것이라는 견해가 있으나,[12] 탑의 구성이나 기단 밑의 넓은 굴광판축 등으로 보아 원래 이 곳에 목탑이 있었던 것이 뒤에 석탑으로 바꾸어진 것이라고 생각된다[13](〈그림 5〉).

12) 《定林寺》(忠南大 博物館·忠淸南道廳, 1981), 68쪽.

13) 金正基, 〈彌勒寺塔과 定林寺塔〉(《考古美術》 164, 1984), 2~8쪽.

〈그림 5〉 정림사 발굴실측도

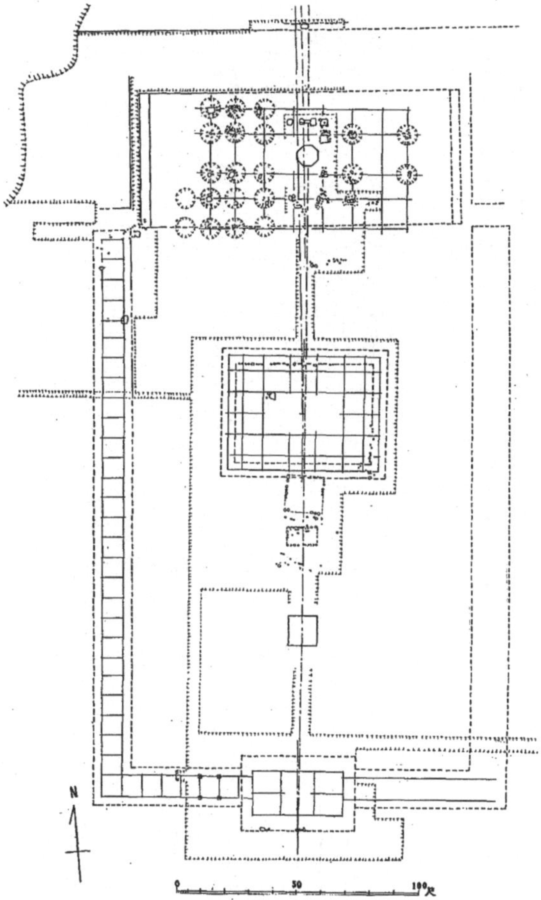

가람배치 : 백제의 가람배치는 백제가 扶餘에 도읍을 옮긴 후 건립된 것으로 보이는 몇몇 사원터에서 밝혀졌고, 그 이전의 실태는 아직 알 수 없다. 사원터 발굴에서 그 가람 배치형식이 구체적으로 밝혀진 것은 정림사지와 軍守里寺址·東南里寺址·金剛寺址 및 미륵사지이다. 이에 의해 밝혀진 이 시기의 기본적인 가람배치는 一塔式 즉, 중문·탑·금당·강당을 가람 중심축 선상에 배치하고 중문 좌·우에서 나온 회랑이 동서로 뻗어 북절하여 강당 좌우 부근에서 마무리되는 형식이다. 그것은 정림사·軍守里廢寺·金剛寺가 그러했고, 그밖에 臨江寺址·西腹寺址에서도 그 흔적이 발견되었다. 그러나 이 시기 초의 정림사와 군수리폐사에서는 강당 좌·우에 별도의 독립된 작은 건물 앞쪽에 회랑이 접근한 형식이었고, 7세기초에 건립된 것으로 보이는 금강사에서 북회랑이 나타나서 강당기단 측면 앞쪽에 닿는 형식으로 변한 것을 알 수 있었다(〈그림 6〉·〈그림 7〉·〈그림 8〉·〈그림 9〉).

〈그림 6〉 군수리사지 발굴실측도

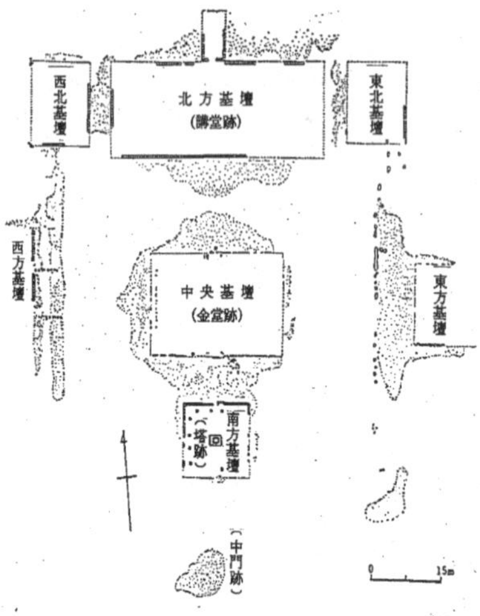

〈그림 7〉 동남리사지 가람배치도

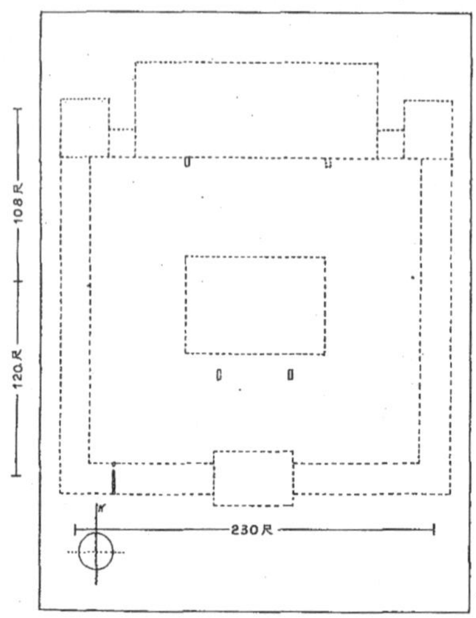

〈그림 8〉 금강사 가람복원도

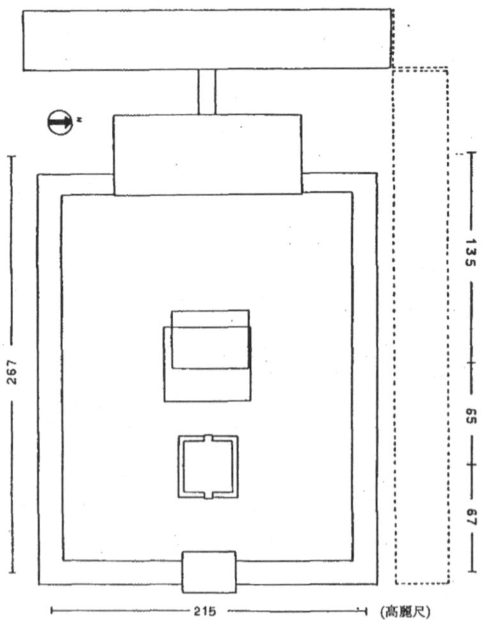

동남리폐사는 탑을 건립하지 않았던 특이한 사원이었으나 아직 북회랑이 나타나지 않은 시기에 건립된 것이며 미륵사의 가람은 분명히 북회랑이 나타난 형식에서의 변형 가람이라고 볼 수 있다. 미륵사는 강당을 제외한 일탑식가람을 동서로 세개 배치하고 그 뒷쪽에 강당을 두어 하나의 사원으로 만든 것으로 역시 일탑식가람의 변형형식이라고 할 수 있다. 강당이 없는 일탑식가람을 셋 병치한 것은《삼국유사》에 보이는 미륵사창건연기설화의 "…彌勒三尊出現池中…"(《三國遺事》 권 2, 武王)이라는 말이 삼구의 미륵이 출현한 것을 말한 것이며, 이들 세 미륵을 위하여 세 가람을 병치하여 한 사원을 만든 것이라고 이해하게 되었다.

〈그림 9〉 미륵사지 가람배치도

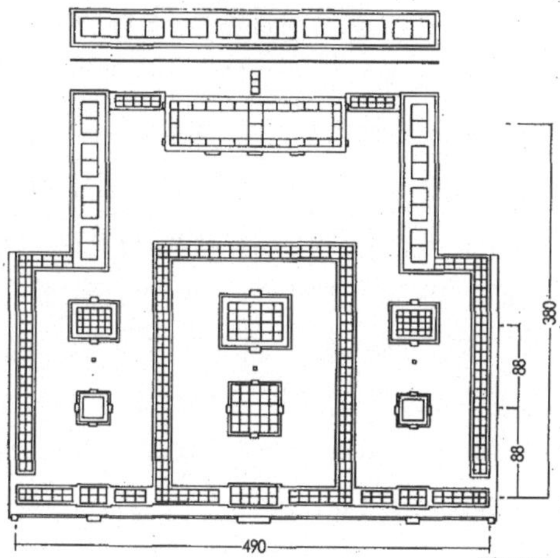

(3) 신 라

목조건축 : 신라에서의 발달된 새로운 건물은 늦어도 5세기 초 고구려를 통해서 전해진 것으로 생각된다. 이와 같은 사실은 天馬塚 발굴과 皇龍寺址 발굴에서 眞平王 6년(584) 금당을 중건하여 善德王 12년(643) 목탑을 건립할 즈음 일단락 된 것으로 보이는 중건가람의 건물 유구들에서 짐작하게 되었다. 천마총의 목곽 짜임새와 副葬品 收藏櫃의 가공기법에 새로운 건축기법이 보였고, 황룡사 중건가람의 배치형식이 고구려 가람의 변형형식이며, 세 금당의 기단형식이 고구려 청암리사지의 탑과 세 금당의 기단과 같았고, 동금당 초석 밑의 기단 보강을 위한 여러 층으로 된 円形積心이나 강당 밑과 그 좌우에 전개된 연속 ㅁ자형 敷石 등도 고구려 유적에서 볼 수 있었기 때문에

짐작할 수 있었다.[14] 따라서 목조건물의 모습도 지금 그것을 확실하게 입증할 구체적인 자료는 없으나 고구려의 목조건물을 바탕으로 시작하였을 것이고, 점차 신라적으로 변형·정착되었을 것으로 생각된다. 또 백제와의 친교를 통해 백제 건물의 영향도 9층목탑 건립 경위 등으로 보아 전혀 없었던 것은 아닌 듯 하다.

신라 목조건물의 기단 형식을 구체적으로 알 수 있었던 것은 황룡사지에서 조사된 이 시기의 건물 유구들 뿐이었다. 기단 구축방법이 굴광판축으로 된 것은 세 금당기단이었으며, 탑기단은 굴광하여 그 속에 직경 20㎝ 내외의 냇돌을 한 겹 깔고 그 위에 진흙을 덮어서 다지고 다시 냇돌을 까는 일을 여러 번 되풀이하여 기단을 구축하는 굴광판축기법의 변형방법으로 만들고 있었다. 또 세 금당은 낮은 하층기단 위에 비교적 높은 상층기단을 쌓은 이중기단이며, 하층기단 상면에는 차양의 기둥을 받치는 초석을 배치한 것으로 고구려 청암리사지와 백제 정림사지에서 볼 수 있었던 형식과 같은 것이었다. 기단 외장은 하층기단에서는 지대석·면석·갑석의 구분이 없는 장대석을 돌리고, 그 상면에 전돌을 깔고 있었다. 상층기단은 지대석과 면석·갑석을 갖춘 석조기단이며 지대석의 상면 외각과 갑석 하면 외각에 한 단의 깎임이 있는 형식이었다. 기단 전면 세 곳과 후면 한 곳에 석조계단을 설치하였고, 이 계단 側石은 지대석과 직각삼각형의 면석, 그리고 갑석이 각기 별석으로 만들어졌다. 탑기단은 지대석·면석·갑석을 갖춘 단층기단이며, 기단 전면의 세 곳, 양 측면과 후면 중앙에 각각 석조계단이 설치되어 있었고, 기단 주위에는 폭 1m, 높이의 차 20㎝ 정도의 이중으로 돌린 塔區가 있었다. 탑구는 갓돌을 돌린 안쪽에 전돌을 깔고 있었다. 이와 같은 탑구는 고구려나 백제에서는 볼 수 없었던 것이며, 통일신라시대 초기에 건립된 석탑기단에서 종종 볼 수 있는 것으로 이중기단인 금당에 대하여 격식이 한 급 더 높은 삼중기단을 상징하는 시설인 듯 하다. 강당과 그 좌우의 건물, 그리고 회랑들의 기단은 지대석·면석·갑석의 구별이 없는 장대석을 돌린 형식이며 기단 상면에는 전돌을 깔고 있었다.

---

14) 輯安東抬子유적의 규모가 큰 주택건물 유구에서 초석 밑 보강 부석과 벽선 밑 보강 부석이 확인되고 있다.

석탑 : 신라의 석탑은 芬皇寺石塔이 유일한 것이다. 이 탑은 석재를 전돌 모양으로 잘라서 쌓아올린 전탑 모습으로 만들어졌다. 탑은 분황사가 건립된 선덕왕 3년(634) 경에 만들어진 것으로 생각되며 현재 3층으로 되어 있으나 원래는 9층탑이라고도 하며 확실치 않다. 현존 탑은 1915년에 해체수리 된 것이나 초층탑신 4면에 만들어진 감실 입구 좌우의 仁王像은 이 탑 건립시의 것이다.

고구려나 백제에서는 그 말기에 본격적인 석탑이 건립된 데 반해 신라에서는 비록 석재로 만들어지기는 하였으나 전탑형식의 탑을 만들었다는 점이 매우 주목된다. 이 탑의 옥개와 옥개받침 형식은 그 뒤 통일신라에서 나타난 석탑형식에 영향을 미친 것으로 보고 있다.

가람배치 : 고신라대에 건립된 사원 가운데 興輪寺 · 永興寺 · 靈妙寺 등의 옛터로 전하는 곳이 발굴된 바 있으나 이 시기의 가람배치 형식을 짐작할 만한 자료를 얻지 못했다. 다만 사역 전역을 발굴한 황룡사지와 현존하는 건물 사이를 발굴한 분황사에서는 이 시기의 가람배치형식을 확인할 수 있었다.

황룡사 창건 가람은 고대 가람형식으로는 특이한 것이었다. 동서 180m, 남북 140m의 장방형 구역을 중앙에 좀 넓은 세 구역으로 나누어, 그 동 · 서변에 승방으로 보이는 건물을 배치하고 남변과 중앙구역 동 · 서 경계에 회랑을 돌리고, 남변 중앙에 중문을 두고, 북변에는 강당과 승방의 구별이 되지 않는 건물을 배치하고 있었다. 탑과 금당의 위치는 확인되지 않았으나 그것은 중건가람의 탑과 금당의 굴광기단에 의해 흔적이 없어진 것으로 보였다(〈그림 10〉).

〈그림 10〉 황룡사 창건 가람 추정도

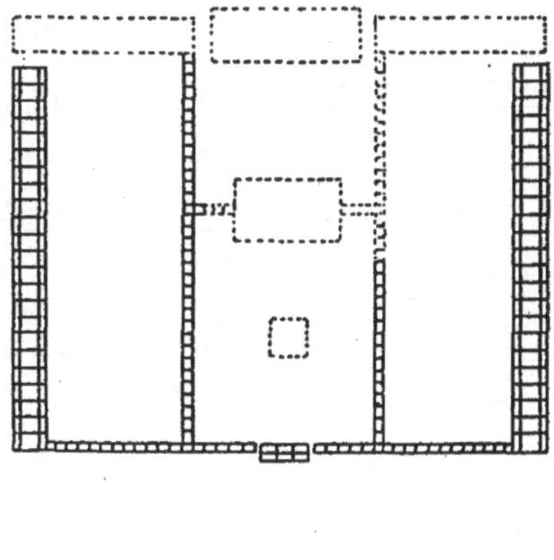

황룡사는 진흥왕 35년(574)에 丈六尊像을 주조하고 진평왕 6년(584)에 새로 금당을 건립하게 되는데, 이때 비로소 본격적인 가람이 계획된 것으로 보인다.

〈그림 11〉 황룡사 중건 가람계획도(推定)

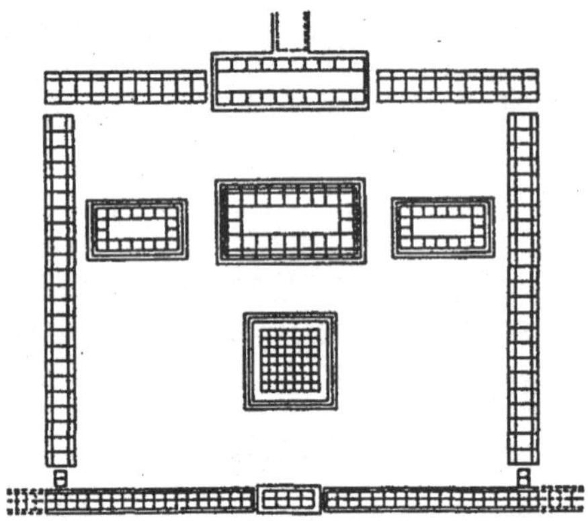

이 계획에 따라 새로 건립된 중문을 창건중문보다 6m정도 남쪽으로 옮기고, 회랑을 複廊으로 중금당 좌우에 동·서금당을, 강당과 그 좌우에 승방으로 보이는 건물을 배치하고, 선덕왕 14년에 중금당 남쪽에 구층목탑을 완공함으로써 중건가람이 일단락되었다. 그러나 이때 아직 동·서 회랑은 복랑으로 만들지 못하고 창건가람의 동·서 승방을 개조하여 회랑으로 사용했다. 이와 같은 가람배치형식은 고구려의 일탑삼금당식 가람 탑 좌우에서 탑을 향했던 동·서금당을 중금당 좌우로 옮겨 남향시키는 변화를 보인 가람으로 이해할 수 있고 신라적 일탑삼금당식 가람이라고 할 수 있는 것이다. 이 가람은 통일기에 들어서 다시 탑 앞 좌우에 鐘樓와 經樓가 배치되는 변화를 보이게 된다[15](〈그림 11〉).

분황사 가람은 1975년에 금당지 일부를 발굴하여 굴광판축기단을 확인한 바 있었고, 1990년에서 92년까지 3차에 걸쳐서 분황사 동쪽 담장 부근과 사역내 공지를 발굴하여 창건가람 중심부의 모습을 확인했다. 이에 의하면 현 석탑 북쪽에 중금당을 두고, 탑과 중금당 사이 동서에 남향한 동·서금당을 배치한 형식이었다.[16]

이와 같은 배치형식은 단순한 비교로는 황룡사 가람보다 고구려 가람에 더 가까운 형식으로 보이며 황룡사에 선행하는 것으로 보이기 쉽다. 그러나 분황사 창건시기로 보아 이와 같은 생각은 불합리하고 사역의 폭이 좁아 황룡사와 같이 동·서금당을 중금당 좌우에 배치하기 어려워서 이를 앞으로

15) 《皇龍寺》(文化財管理局·文化財硏究所, 1984), 371~398쪽.
16) 文明大, 〈芬皇寺發掘調査略報告〉(《考古美術》 112, 1979).
　　───, 〈분황사발굴조사〉(《年報》 3, 경주문화재연구소, 1992), 158~173쪽.

옮겨 사역의 동서 폭을 줄이려고 한데서 나타난 현상이라고 생각된다. 어떻든 신라의 두 가람이 약간의 형식적인 차이는 있으나 일탑삼금당식이었던 점은 매우 주목되는 사실이다(〈그림 12〉).

〈그림 12〉 분황사 법당 변천도

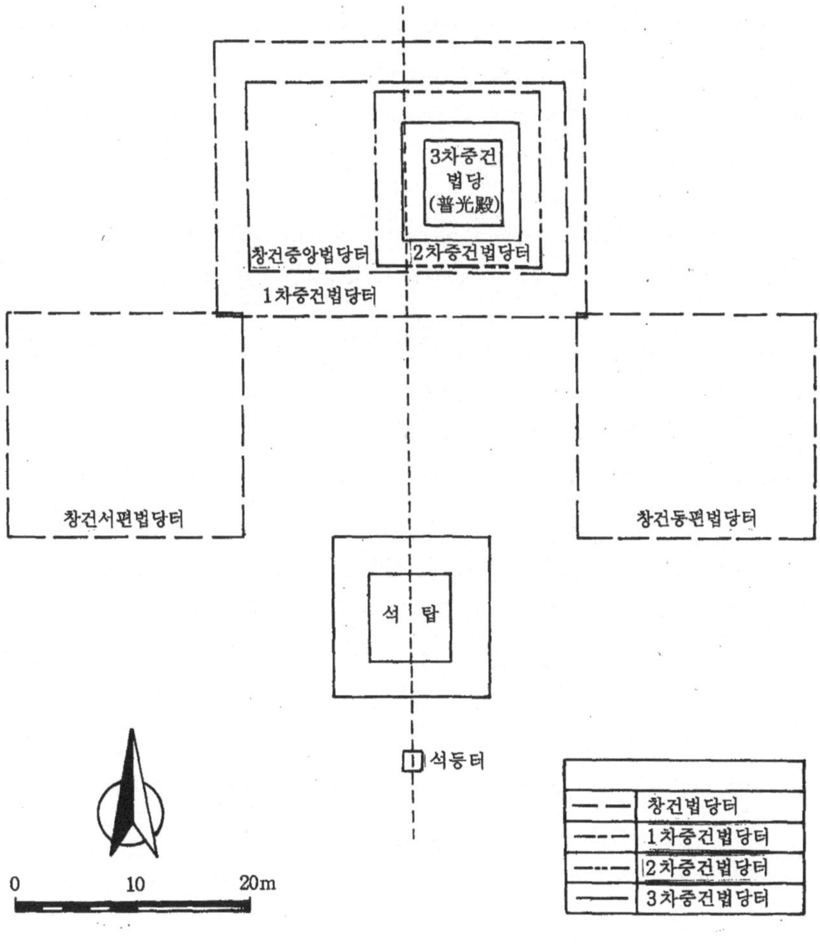

2) 궁실・연못

(1) 궁 실

宮室이란 용어는 우리 나라나 중국의 고대 문헌에서 자주 볼 수 있는 말이다. 이들 문헌에 나타난「궁실」의 뜻은 쉽게 궁궐 또는 궁전이란 뜻으로 이해할 수 있다. 그런데《三國志》高句麗條에는 고구려에 불교문화가 전해지기 이전의 상태를 다음과 같이 말하고 있으며, 이 글 가운데 '궁실'은 궁궐이나 궁전이라고 이해하기 어렵다.

> 그 풍속은 음식을 절약하고 즐겨 궁실을 다스리며 거처하는 곳 좌우에 대옥을 세워 귀신과 영정 사직을 제사한다(《三國志》東夷傳 高句麗).

여기에서의 궁실은 궁전건물을 포함한 당시 귀족의 주택건물을 총칭한 것인 듯 하다. 그리고 이 건물은 기와로 있고, 단청한 발달된 새로운 건축기법으로 된 화려한 건물이었을 것이다. 이와 같은 새로운 건물 모습에 관해서는 이미 앞에서 언급한 바 있기 때문에 여기서는 고구려・백제・신라의 궁궐에 대해서만 말하기로 하겠다.

고구려 : 고구려 건국시의 도읍은 沸流江 유역의 卒本지역으로 전하며 유리왕대(B.C. 19~18)에 압록강 북쪽 通溝의 國內城으로 옮겼고, 山上王 13년(209)에는 丸都에 천도하고, 長壽王 15년(427)에 平壤으로 도읍을 옮겼다고 한다. 그러나 이들의 소재지는 확실하지 않고 현재 통구에는 國內城址라고 전하는 유적이 있다. 유적에는 성벽을 비롯한 문지와 角樓・稚城 등이 남아 있으나 궁궐터는 확실치 않고 건물들의 배치 상황도 전혀 알 수 없다.

평양에 천도하고는 大城山 남쪽 기슭에 安鶴宮을 건립하여 정궁으로 삼았고, 平壤城을 축조하여 그 안에 牧丹台・萬壽台 등의 遺址들이 남아있다(〈그림 1〉). 그러나 이들 궁궐지 가운데 발굴되어 건물의 배치 등 궁궐의 모습을 알게된 것은 安鶴宮址뿐이다.[17]

---

17) 《조선고고학개요》(과학・백과사전출판사, 1977), 216~220쪽.

〈그림 1〉 대성산 주변 고구려 유적분포

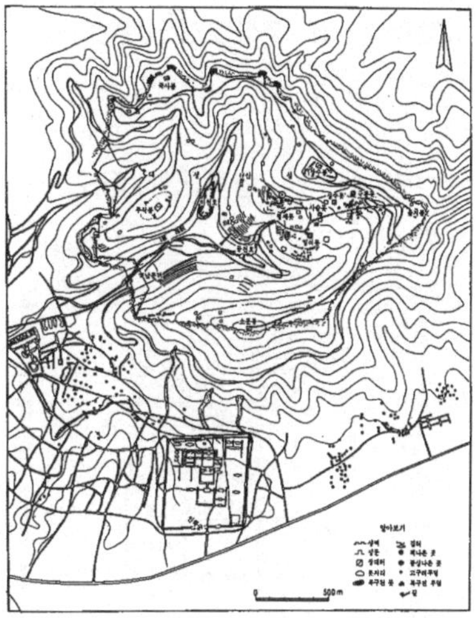

안학궁은 외곽 성벽의 일변이 약 610m의 마름모꼴 비슷한 평면이며, 그 속에 총 건평 31,500㎡ 가까운 58동의 건물터가 있다. 성벽은 밑이 약 9m로서 흙과 돌은 섞어서 쌓았고, 내외면 하부에는 일정한 높이의 석축이 있었다. 성곽의 남벽 중앙과 그 좌우, 그리고 동·서·북벽 중앙에 성문이 있었다.

궁궐의 중요건물들은 남문을 통과하는 중심축상에 기본적으로 좌우대칭이 되도록 배치하고 있으나 궁궐 중앙부 이외에는 지형에 따라 적절히 건물을 배치하고 있었다. 건물은 남문 북쪽에 남궁과 중궁·북궁이 일직선상에 놓이고, 이들 궁은 서로 궁에 따른 건물과 복랑의 회랑과 문에 의해 서로 연결되고 있었다. 궁궐 안 서북 모서리와 동변 중앙부에는 각각 좌우에 翼舍가 붙은 두 동의 건물이 있고, 이들 건물에는 문이나 회랑이 없었다.

남궁의 동서 길이는 280m나 되고 그 제1궁전은 정면 11칸, 측면 5칸의 건물로써 안학궁의 가장 큰 건물이고 그 좌우에는 翼廊이 달려 있었다. 제1궁전의 회랑은 남북 114.5m, 동서 85m의 복랑이며 남회랑 중앙에 전면 5칸, 측면 2칸의 문이 설치되었다. 제1궁 서쪽에는 회랑으로 연결되어 남향한 건물이 있고, 건물 앞에는 造山과 연못이 있는 정원이 있었다. 제1궁 동쪽에도 남궁 동휘랑을 공용하여 그 동쪽으로 평면이 日자형의 회랑으로 둘러 쌓인 일군의 건물이 있었고 이 남회랑 중앙에 문이 있고, 중앙회랑 중심에는 좀 작은 건물, 그리고 북회랑 중앙에는 좀 큰 건물이 있었다. 이 남궁은 왕의 공식 업무를 위한 궁전이었을 것으로 추측되었다.

중궁과 북궁은 남궁에 비해 규모가 작으며, 북궁은 서궁과 한 덩어리가 되어 남북으로 긴 여러 채의 행랑 사이에 남향한 크고 작은 건물들이 배치되었다. 북궁 북단과 북문 사이에도 조산을 만든 정원터가 있었다. 왕의 사적인 정원 즉, 禁苑인 듯 했다. 동궁은 성곽 안 동북쪽 모서리인 좀 낮은 지대에 있었다. 궁궐 중심에서 동쪽으로 떨어진 곳에 있는 것으로 보아 동궁 즉, 태자를 위한 궁으로 보이며, 성곽 동남 모서리에는 장방형의 연못터가 있었다.

〈그림 2〉 안학궁 배치도

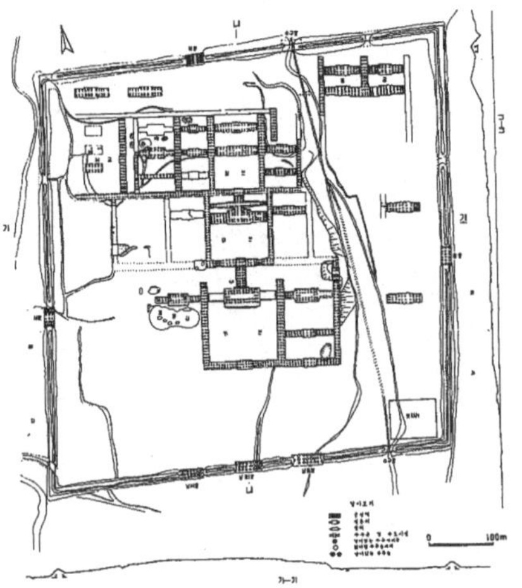

이와 같은 안학궁의 건물 배치로 보아 고구려 궁궐은 주위에 성벽을 쌓아 궁성을 형성하여 그 내부 중앙부에 주된 궁전건물을 질서 있게 배치하고 그 좌우 북쪽에 사적인 궁전이나 부속시설 등을 배치하며 정원도 만든 어느 정도의 규칙적 배치방법이 정착되고 있었던 사실을 알 수 있었다(〈그림 2〉).

백제 : 백제 도읍은 건국당초 한강 연안의 慰禮城에 정했으나 近肖古王 26년(371)에 漢山下에 도읍을 옮겼다고 한다.18) 그러나 위례성이나 漢山城의 위치에 대해서는 여러 의견이 분분하여 통일된 견해는 없다. 다만 석촌동이나 방이동의 고분군에 주목하여 그 부근의 어느 곳이 도읍지였을 것이라는 견해가 많으며, 이들 고분군에서 멀지 않은 곳에 위치한 몽촌토성이나 풍납동 토성을 도성으로 비정하는 견해도 있다.19) 그러나 이들 유적에서도 당시의 확실한 궁궐터로 보이는 유구가 발견되지 않았다. 이 밖에도 廣州郡의 二聖山城을 발굴하여 여러 건물터가 발견되어 도성으로 추정하기도 했으나 확실한 것이 못되었다.

文周王 원년(475)에 고구려에 의해 한산성이 함락되자 도읍을 공주로 옮겼고 그때의 도성이 公山城이라 생각되고 있다. 이 공산성 내부 건물터의 발굴에서 여러 건물 유구가 발견되었으나 대부분이 후대의 건물터였고, 성내 서

18) 《三國史記》 권 24, 百濟本紀 2, 근초고왕 26년.
19) 金元龍, 〈風納里包含層調査報告〉(《서울대학교 考古人類學叢刊》 3, 1967), 9쪽.

남쪽의 臨流閣터로 추정되는 곳에서 백제 숫막새 1점이 출토되어 이 곳이 公州期의 궁궐터라는 의견도 있으나[20] 이론도 많다. 종래 이 시기의 궁궐은 이 산성 남쪽기슭에 있었던 것으로 전해졌으나 그에 대한 발굴이 실시되지 않아 아직 단정할 수는 없는 상태다.

聖王 16년(538)에는 도읍을 공주 남쪽 白馬江의 부여로 옮겨, 義慈王 20년(660) 나당연합군에 의해 멸망할 때까지의 도읍이 되었다. 부여도성은 종래의 백제도성과는 달리 중국 고대도성의 제도에 따라 扶蘇山城을 후진으로 그 남쪽과 백마강 서안 일대를 둘러싼 羅城을 축조하고 그 안에 五部五巷의 구획을 만들어 그 속에 일만 여 호를 넣어 관아와 사원 등을 배치한 條坊制를 실시했다. 그러나 현재 조방제 흔적은 찾을 수 없고 궁궐의 위치가 부소산 남쪽 기슭으로 전해질뿐이다. 최근 이 부근에 궁궐에 속하는 시설의 일부로 생각되어지는 유구들이 발견되기도 하였으나 그 실태는 아직 밝혀지지 않았다.

이와 같이 백제 궁궐의 유적으로 확실하게 밝혀진 것은 없으나, 《삼국사기》의 기록에 의해 초기의 궁궐은 검소하고 소박한 것이었으나[21] 후에는 못을 파고 조산하여 진기한 짐승과 화초를 기르는 정원도 꾸미고,[22] 泗沘宮에서도 그 말기에 들어서는 화려한 원지를 궁남에 파기도 하고,[23] 호화로운 태자궁을 짓는 등 호화롭고 사치스러운 궁궐을 경영하였다.

신라 : 신라의 도읍은 건국에서 멸망할 때까지의 근 천년 동안 경주에서 움직이지 않았다. 이것은 어느 나라에서도 보기 어려운 것이었다. 그것은 경주가 동쪽에 明活山, 북쪽에 金剛山(北岳), 서쪽에는 玉女峰과 仙挑山(西岳) 그리고 남쪽에 金鰲山(南山)에 둘러싸인 분지로서 천연적 요새를 이루고 있으며, 이들 산악에는 각기 견고한 산성이 축조되어 도성 방어에 유리하였기 때문이다.

신라 궁궐에 관해서는 赫居世가 처음에 南山 서록 高虛村에 왕궁을 마련

20) 《公山城百濟推定王宮址發掘調査報告書》(公州師範大 博物館, 1987).
21) 《三國史記》 권 23, 百濟本紀 1, 온조왕 15년.
22) 《三國史記》 권 25, 百濟本紀 3, 진사왕 7년.
23) 《三國史記》 권 27, 百濟本紀 5, 무왕.

했고,[24] 그 뒤 21년(B.C. 37)에 토성인 金城을 축조하고 26년에는 그 속에 왕궁을 건립했다고 한다.[25] 금성의 위치는 《東京雜記》에 '府東四里'라고 되어 있고, 일설에는 閼川 유역에 있었으나 하천의 범람으로 유구가 유실된 것이 아닌가 하고 혹은 시가지 동쪽의 南古壘를 그것으로 비정하기도 한다.

신라 도성의 대표적인 것은 月城이다. 월성은 금성 동남에 婆娑王 22년(101)에 축조하였고[26] 그 후로는 왕궁이 月城 안에 있었던 것으로 생각되고 있다. 월성은 경주 남쪽을 흐르는 南川의 망곡부 북안을 남변으로 한 구릉지에 반월형으로 축조된 토성으로 토성 정상에 女墻처럼 굵은 냇돌로 담장을 쌓았고 밖에는 인공으로 만든 垓字가 있고 북변에는 습지를 이용한 자연해자가 있었다. 토성의 길이는 약 2㎞이고 내부 넓이는 20만㎡정도로서 궁궐의 궁성으로는 작은 규모이다. 따라서 성내에는 궁궐의 주요 건물들이 있었고, 그 밖의 시설은 성밖에 있었던 것으로 보인다. 《삼국사기》 등에 의하면 성내에는 남문과 서문(歸正門) 북문이 있고, 정사를 집행하는 남당(都堂)과 궁궐을 관장하는 內省과 중요한 의식을 거행하는 朝元堂, 시각을 알리는 鼓樓들이 있다고 했고, 그 밖에도 많은 건물이 있었던 것으로 믿어지나 그 유지들은 전혀 알 수 없다.

신라 왕경은 조방제에 의해 계획되었고 월성을 서남 끝으로 그 동북쪽에 전개되었으며, 황룡사가 그 중심부에 놓인 것으로 보인다. 지금도 그 조방의 흔적이 남았고, 일부 당시의 도로들이 발굴에 의해 확인되고 있다.

(2) 연 못

삼국시대의 연못 특히 궁궐 안이나 그 부근에 굴착 축조된 연못에 관한 고대의 기록은 그다지 많지 않다. 그러나 근래에 이 시대 유적 발굴에 의해 당시의 연못 유구들이 성터나 궁궐 또는 사찰터 등에서 얼마간 발견되어 당시 연못 모습이 서서히 밝혀지기 시작하였다. 여기서는 발굴에 의해 알게 된 연못 유구에 대해 살펴보도록 하겠다.

---

24) 《三國遺事》 권 1, 紀異 2, 赫居世.
25) 《三國史記》 권 1, 新羅本紀 1, 혁거세 21・26년.
26) 《三國史記》 권 34, 志 3, 地理 1.

고구려 : 고구려의 원지에 관한 기록은 거의 없고, 고구려가 평양으로 도읍을 옮기면서 건립한 궁궐인 安鶴宮과 그 후진인 大城山城 안에서 몇몇 연못이 조사되었고, 평양으로 이장한 東明王陵 서쪽 약 800m 떨어진 저습지에서 속칭 眞珠 못이 조사된 바 있다.

大城山城 안에는 원래 99개의 연못이 있었다고 전하며,[27] 현재 지표관찰에 의해서도 백 수십 곳의 연못자리를 찾을 수 있고 그 가운데 몇 곳은 발굴되어 복원되기로 했다.[28] 대성산성은 그 동북변 중앙에 위치한 장수봉을 최고봉으로 동서 2,300m, 남북 1,600m 정도의 부정마름모꼴이며 동북변과 서북변은 험준한 절벽과 급경사지이며 서남쪽을 제외한 삼면이 산악 능선에 둘러싸여 자연적인 요새로서 성내 중앙부 평지에는 이천호와 동천호가 있다. 발굴된 연못은 장수봉과 그 서쪽의 을지봉의 두 능선 사이와 성벽 남변 중앙의 소문봉 동쪽 능선에 만들어진 군사용 연못으로 보이는 못들이다. 장수봉과 을지봉 사이 중간에서 좀 남쪽에 있는 구룡못을 시작으로 장수못·사슴못·형제못·잉어못들이 서남쪽으로 내려오면서 만들어졌으며, 이들 끝 평지에 동천호가 있다.

발굴된 연못은 을지봉 서쪽의 5개와 소문봉 서쪽의 2개였다. 을지봉 서쪽에는 잉어못(1호 못)과 장수못 서쪽 30m 떨어진 2호 못, 그리고 형제못(3호 못)과 그 밑의 4호 못, 4호 못 서북쪽 50m 떨어진 5호 못이며, 소문봉 서쪽의 6호와 7호 못이다. 이들의 평면은 모가 둥근 방형 또는 장방형이며 그 크기는 잉어못이 동서 37m, 남북 34m로 가장 컸고, 2호 못은 일변 18m, 형제못은 동서 25m, 남북 20m이고, 4·5호 못은 이와 비슷했다. 6호 못은 동서 42.25m, 남북 10m의 긴 못이었고, 7호 못은 동서 15m, 남북 8m로서 가장 작았다.

대부분의 못은 길이 80㎝, 넓이 50㎝, 두께 30㎝ 내외의 비교적 큰 돌을 진흙과 막돌을 섞어 굳게 다져서 계단식으로 쌓았고, 바닥에는 진흙과 잔돌을 섞어서 다진 위에 자연석을 깔고 있었다. 이들 연못의 호안을 계단식으로 쌓

27) 《新增東國輿地勝覽》 권 41, 平壤府 山川.
28) 전제현, 〈대성산못발굴중간보고〉(《고고민족》 3, 1964), 46~51쪽.

〈그림 3〉 제3호 못

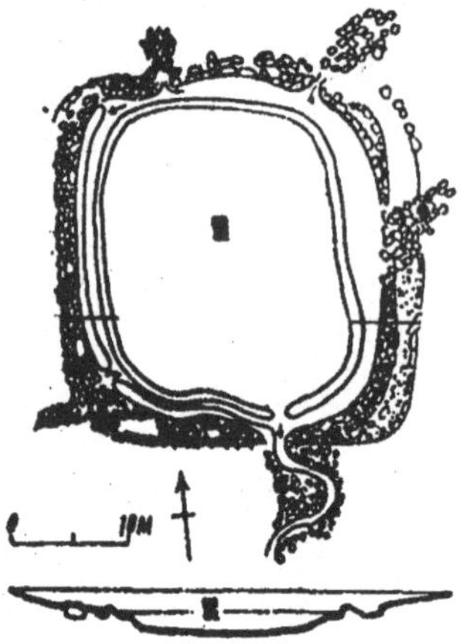

은 것은 못 수위에 따라 항상 물을 쓸 수 있도록 한 것으로 보인다[29](〈그림 3〉).

안학궁에서는 서궁 남쪽의 정원에 조산을 파고 들어간 괴석을 배치한 표주박 모양의 연못이 있었던 것 같으나, 확실한 보고가 없고, 궁성 동남 모서리에는 장변이 70m정도의 장방형 연못이 있었다. 그러나 이 못이 정원의 못인지 또는 수구문 가까이에 있는 것으로 보아 集水池인지 확실치 않다.

진주못은 그 평면이 사다리꼴로, 토축한 남쪽 뚝은 높이 2.4m, 폭 15m이며 북쪽 뚝은 논두렁 정도로 남았고, 동쪽은 그대로 산으로 이어지고 서쪽변은 밭과 길이 되어 그 윤곽이 뚜렷하지 못하고 못 깊이는 4m가 넘었다. 못 안에 네개의 섬이 있고, 그 높이는 4m가 넘는 것에서 2m정도의 것이며, 섬의 직경은 16m에서 12m정도였다. 그러나 이 못의 원형을 밝히는 조사가 이루어지지 않았기 때문에 원형을 정확히 알 수는 없었다(〈그림 4〉).

백제 : 백제는 《삼국사기》에 의하면 진사왕 7년(391)에 궁궐을 중수하고 못을 파고 조산하여 진기한 새와 화초를 길렀다고 했고,[30] 무왕 35년(634)에는 궁 남에 못을 파고 20여 리에서 물을 끌어들여 못 가에 버드나무를 심고 못 안에 方丈仙山을 모방한 섬을 만들었다고 하였다.[31] 여기서 말하는 못은 속칭 宮南池라고 하며 부여읍 東南里 논에 지금도 그 못 호안석축으로 보이는 유구가 남아있다. 현재 복원된 궁남지는 원래의 못과는 직접적인 관계없이 만들어진 것이다.

---

29) 《三國遺事》 권 2, 紀異 2, 武王.
30) 《三國史記》 권 25, 百濟本紀 3, 진사왕 7년.
31) 《三國史記》 권 27, 百濟本紀 5, 무왕 35년.

〈그림 4〉 진주지의 실측도

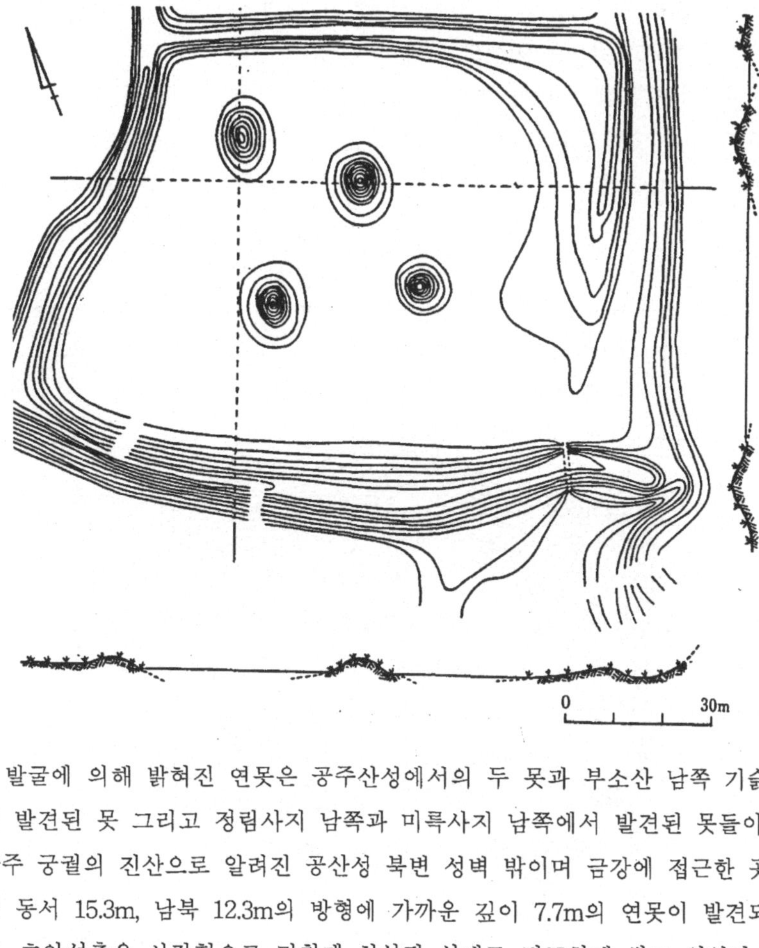

발굴에 의해 밝혀진 연못은 공주산성에서의 두 못과 부소산 남쪽 기슭에서 발견된 못 그리고 정림사지 남쪽과 미륵사지 남쪽에서 발견된 못들이다. 공주 궁궐의 진산으로 알려진 공산성 북변 성벽 밖이며 금강에 접근한 곳에서 동서 15.3m, 남북 12.3m의 방형에 가까운 깊이 7.7m의 연못이 발견되었다. 호안석축은 사각형으로 거칠게 치석된 석재로 정교하게 쌓고 있었다. 이 못은 서변과 동벽은 못 밑으로 내려갈 수 있게 계단식으로 쌓았고, 남벽과 북벽은 견고하게 약간 경사지게 쌓았으며, 바닥에는 돌을 깔고 있었다. 또 공산성 정상부인 雙樹亭 앞 광장 남쪽에서는 현 지표아래 1.3m정도에서 상부 석재가 나타나 못의 크기는 직경 7.3m, 바닥 직경 4.8m, 깊이 3m의 원형 深鉢形 연못이 발견되었다. 호안석축은 부정형의 할석으로 17~20단정도로 쌓았고, 바닥에는 일변 40~50m, 두게 7~10㎝의 비교적 큰 할석을 깔고 있었다. 이 연못 부근에는 크고 작은 건물터가 발견되어 조사자는 이 곳이 왕궁터로 추정하고 있으나 이설도 많다[32](〈그림 5〉).

부여에서는 扶蘇山 남쪽 기슭인 舊부여박물관 정문 앞에서 현 지표아래 1m에서 못의 호안석축이 나타나 남북 6.25m, 동서 폭이 6m정도까지 확인되고 더 이상 발굴되지 못한 연못이 발굴되었다. 호안석축은 잡석의 면을 안으

〈그림 5〉 공주산성 연못 평면도

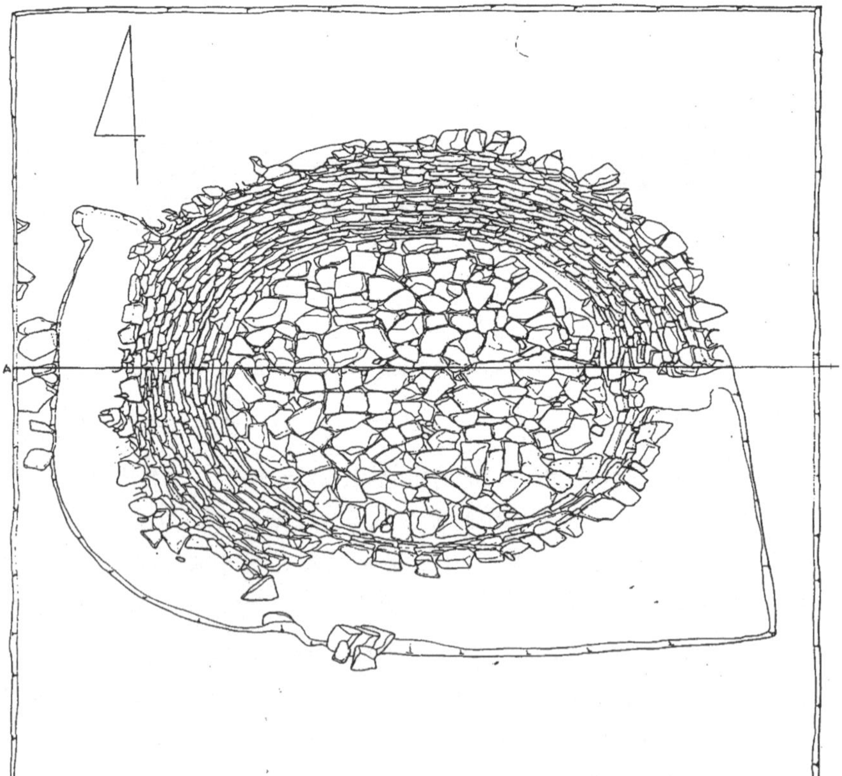

32) 《公山城百濟推定王宮址發掘調査報告》(公州師範大 博物館. 1987). 52~53쪽.

로 고루어져 4~5단으로 높이 90m정도이고 바닥에서는 백제 시대의 기와와 금도금된 은제 귀거리 1점, 木簡 2점 開元通寶 2점이 발견되었다. 이 부근은 당시의 궁궐터로 지목된 곳으로, 출토유물 등으로 보아 궁궐내에 있었던 연못의 일부로 보고 있다[33](〈그림 6〉).

〈그림 6〉 扶蘇山南麓蓮池

1980년에 발굴된 정림사 중문터 앞 광장에서 사원에 진입하는 도로에 의해 동·서로 갈라진 방형의 연못이 발견되었다. 못은 중문터 남쪽 10여 m에 있던 추정 남문터 바로 앞에 있었다. 동쪽 못은 동서 15.3m, 남북 11m의 장방형이며 서쪽 못은 일변 11m정도의 방형이었다. 못의 깊이는 모두 40~50㎝로 얕았다. 못은 서안과 북안에는 30~40㎝의 잡석을 2~3단 쌓았고, 동안과 남안은 땅을 판 그대로를 못 기슭으로 삼았다. 연못 바닥에서는 백제의 와당과 문양전편을 비롯하여 토기편이 출토되었고, 토기편 속에는 후대에 속하는 것도 많았다[34](〈그림 7〉).

1980년부터 시작된 彌勒寺址 발굴에서 미륵사 남문터 앞 좀 떨어진 곳에서 거대한 연못 북변 호안석이 나타났다. 호안 동서 폭은 150m이고, 못 바닥은 지표하 2m에 깊은 곳은 4m나 되었고 호안은 작은 돌을 깔고 완만한 경

---

33) 《扶餘宮北里百濟遺蹟發掘調查報告(1)》(忠南大 博物館·忠淸南道廳, 1985), 9~10쪽.

34) 《扶餘定林寺址蓮池遺蹟發掘報告》(忠南大 博物館, 1987).

사로 만들어졌다. 못 안에서는 백제와 통일신라의 기와들과 토기들이 발견되었다. 미륵사 창건연기설화에 있는 큰 못을 메우고 절터를 만들었다는[35) 그 못의 일부인지 아직은 알 수 없으나 그의 동쪽과 남쪽의 호안선은 확인되지 않았고, 남쪽에서 중원 남문으로 통하는 폭 약 50m의 진입로 좌우에 장방형의 연못은 통일신라시대에 들어서 만들어진 것이 확인되었다.[36)

〈그림 7〉 정림사지 앞 東·西蓮池 평면 실측도

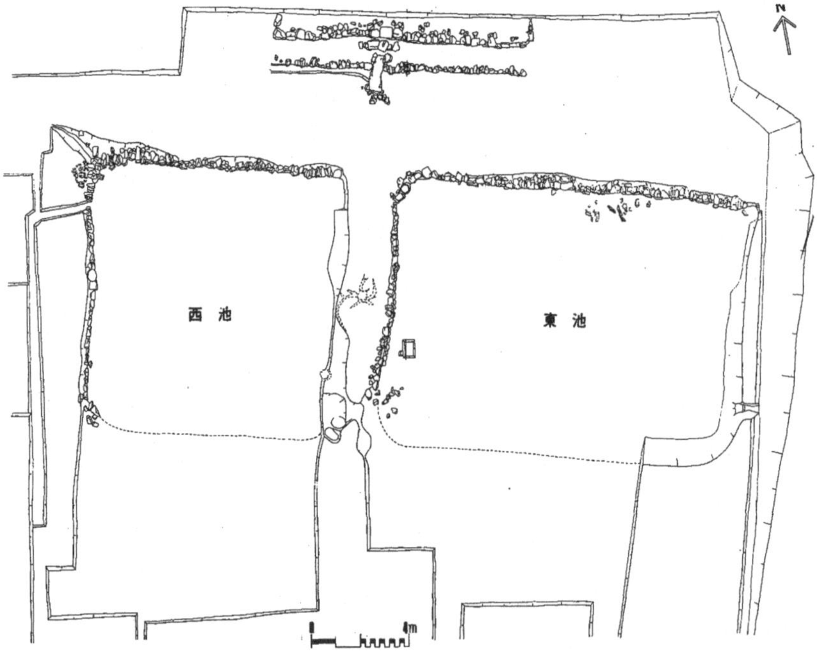

신라 : 고신라 궁궐에 관련된 연못의 기록은 찾을 수 없고, 유적으로 발견조사된 연못도 없다. 다만 月城의 토성 동변에서 북변에는 垓子가 있었고, 그 가운데 동변 해자는 인공적으로 축조된 것이고 북변의 것은 습지를 이용한 자연 해자였다. 이 동변의 해자는 臨海殿을 건립하고 이곳과 月城 안 궁

35) 《三國遺事》 권 2, 紀異 2, 武王.
36) 《彌勒寺》Ⅱ(국립문화재연구소, 1996), 158~173쪽.

궐과를 연결하는 통로를 위해 해자 동안 한 곳을 개축하여 서쪽으로 밀어내어 해자의 폭을 좁혀서 서안과의 사이에 장대석을 건너놓은 작은 돌다리가 있었다. 따라서 원래 해자는 임해전 건립 이전에 축조된 것임이 확실하고, 어쩌면 월성 축조 당시에 만들어진 가능성도 있다. 해자는 성곽에 따라 방위시설의 하나이기는 하나 그 축조방법은 당시의 연못 축조방법과 비슷한 것으로 생각할 수 있다. 해자는 안쪽 즉, 토성 바깥 밑부분은 토축된 성벽 뿌리에 큼직한 괴석으로 5~6단을 쌓은 석축이 있었고, 동안은 장방형으로 거칠게 치석한 석재를 4~5단 쌓아 올리고 있었다.

〈金正基〉

3) 성 곽

城市의 출현은 인류가 문명국가 시대로 진입하는 중요한 계기가 되었다고 한다.[1] 우리 나라의 초기 국가들도 세계 모든 민족들과 마찬가지로 처음에는 城을 근거지로 하는 城邑國家 혹은 城市國家로 불리는 국가 형태로 출발했으리라고 짐작이 간다.

나라 國자는 城墻을 의미하는 '口'자와 무기를 의미하는 '戈'자로 이루어져 있으며, 작은 입 口자는 人口를 의미하고 있다. 즉, 창과 방패를 들고 성장안에 있는 戶口를 보호한다고 하는 의미를 가지고 있는 것이 '國'자의 뜻이다. 《左傳》에서는 '國'자의 뜻이 國君이 거주하고 있는 도성을 의미하고 있으므로 '國'은 곧 '城'으로 해석하고 있다.[2] 따라서 국가의 기원과 성곽의 기원은 밀접한 관계를 가지고 있다. 城郭史的 입장에서 본다면 성곽의 발생이 곧 국가의 발생 시기로 보고 있다.

'城郭'이라 함은 왕이 거주하는 '內城'과 국민들이 거주하는 '外城'을 의미하

1) Morgan, L. H., *Ancient Society*, New York ; Henry Holt, 1877.
Childe, V. G., *Man Makes Himself*, New American Library, 1936.

2) 杜正勝, 〈野城과 山城〉(《百濟硏究》 13, 1988), 77쪽.
———, 〈城桓發展與國家性質的轉變〉(《古代社會與國家》, 允晨文化, 1992), 546~547쪽.

는 것인데, 본고에서는 도성의 성곽이나 전투용인 산성 모두를 성곽으로 통용하였다. 아울러 고고학적 자료에 근거를 두고 서술하였으므로 문헌자료에서 제시하고 있는 건국 연대와는 일치하지 않은 점도 있다.

(1) 고구려 성곽

《三國史記》 고구려본기에 나오는 도성 축조 기사와 관련된 자료는 다음과 같다.

왕 명	년 도	내 용
東明聖王	즉위(B.C. 37) 이전	朱蒙이 卒本川(魏書에는 紇升骨城)에 이르렀다. 그곳은 토양이 비옥하고 山河가 험하므로 거기에 都邑을 정하려 하였는데, 宮室은 지을 겨를이 없어 沸流水가에 집을 짓고 거기에 居하며 나라 이름을 高句麗라 하고 高로서 성씨를 삼았다.
琉 璃 王	22년(A.D. 3)	王이 國都를 國內에 옮기고 尉那巖城을 쌓았다.
山 上 王	2년(198)	丸都城을 쌓았다.
〃	13년(209)	王이 都邑을 丸都로 옮겼다.
故國原王	4년(334)	平壤城을 증축하였다.
〃	12년(342)	丸都城을 修葺하고 또 國內城을 쌓았다.
〃	13년(343)	平壤東黃城에 移居하니 城은 지금 西京 동편 木覓山中에 있다.
長 壽 王	15년(427)	平壤에 천도하였다.
陽 原 王	8년(552)	長安城을 쌓았다.
平 原 王	28년(586)	都邑을 長安城으로 옮겼다.

가. 초기 성곽

고구려를 건국했다고 전해지는 朱蒙집단이 卒本川 부근에 이르러 정착한 곳은 지금의 遼寧省 桓仁縣城 동북쪽 8.5㎞ 떨어진 곳에 위치하고 있는 五女山城으로 알려져 있다. 오녀산성은 표고 800m의 험준한 산 위에 축조한 石築山城이다. 남북 길이 약 1,000m, 동서 너비 약 300m의 長方形의 산성인데 3면이 험준한 산으로 막혀 있고 동쪽만이 트여져 있으며 渾江이 동쪽에서 남쪽으로 흐르고 있다. 동 · 서 · 남 3곳에 문지가 남아 있고, 성안에는 '天池'라고 불리우는 연못과 '點將臺' 등의 지명이 남아 있다. 성안에서는 石器 · 陶

磁器·鐵器 등 유물이 출토되었으며, 산성 남쪽 5㎞ 떨어진 곳에 고구려 초기의 무덤이 있어서 이 산성이 고구려 초기의 성터임을 입증해 주고 있다.[3)]

그리고 환인현성 서쪽 4㎞ 떨어진 혼강 맞은편에 下古城子古城이 있다. 동쪽 성벽은 강물에 씻겨 내려가 없어지고 말았으나 서·남·북 3면의 성벽은 비교적 잘 남아 있다. 그 길이는 약 600m의 版築土城이다. 성안에서는 고구려 초기의 鬼面紋瓦當이 출토된 바 있으며, 근년에는 石矛·石斧·石鏃·鐵鏃·陶器片 등이 출토되었다. 이곳 유적에서는 청동기시대부터 고구려시대와 遼·金시대의 유물이 출토되어 청동기시대 주거지역에 고구려가 축성한 것으로 판단되며, 遼·金시대까지 사용해 내려온 것으로 생각된다. 이 성지 부근에도 오녀산성과 마찬가지로 고구려 초기의 고분군이 있어 고구려 초기 성터로 판단하고 있다. 즉, 朱蒙이 紇升骨城에 거주했다고 하는 곳이 이곳이 아닌가 하는 견해이다. 평지에 있는 이 성은 산 위에 축조한 오녀산성과 깊은 관련이 있는 성터로 보고 있다.[4)]

나. 전기 성곽

《삼국사기》에는 琉璃王 22년(3)에 도읍을 國內城으로 옮기고 尉那巖城을 축조했다고 기록되어 있다. 이 국내성은 현재 吉林省 集安縣 경내에 있는 성터로 비정되고 있으며, 위나암성은 집안현 서북쪽 2.5㎞ 떨어진 丸都山 위에 있는 山城子山城(일명 丸都城)으로 비정되고 있다. 이 두 성은 우리 나라 역사상 축성 연대가 확실한 최초의 성곽이다.

국내성의 성벽은 동면 554.7m, 서면 664.6m, 남면 751.5m, 북면 715.2m로 전체 성벽의 길이는 2,686m이며, 동서가 남북에 비해서 약간 긴 편이다. 동

---

3) 魏存成, 〈高句麗初·中期的都城〉(《北方文物》, 北方文物雜志社, 1985), 28~29쪽.
李殿福·孫玉良, 〈高句麗的都城〉(《博物館硏究》 1期, 吉林省博物館, 1990), 36~38쪽.
———, 《中國內의 高句麗遺蹟》(車勇杰·金仁經 譯, 學硏文化社, 1994), 19~24쪽.
東潮·田中俊明, 《高句麗の歷史と遺跡》(中央公論社, 1995), 82~83쪽.
東潮, 《高句麗考古學硏究》(吉川弘文館, 1997), 417쪽.

4) 주 4)의 논문 및 다음의 글들이 참고된다.
成周鐸, 〈韓·中 古代城郭築造에 관한 比較史的 考察〉(《中國都城發達史》, 學硏文化社, 1993), 235~239쪽.
———, 〈韓國의 古代都城〉(《東洋 都市史속의 서울》, 서울시정개발연구원, 1994), 38~39쪽.

서로 통하는 4개의 문지와 남북으로 통하는 2개의 문지가 있었던 것으로 알려져 있는데 북문지가 비교적 잘 남아 있으며, 그 기저부의 폭은 7~8m, 높이는 1.7~2m 정도이다. 4면에 일정한 간격으로 14개소의 雉城(馬面)을 부설하고 있다. 1975~77년 발굴 당시 석축 성벽 하부에서 土築 부분이 확인되어 漢代에 축조된 縣治所의 土城址에 석축한 것으로 알려져 있으며, 석축은 2차에 걸쳐서 수축이 있었음이 확인되었다. 동문지 밖에 건물터에서 '太寧太歲'라고 새겨진 기와조각이 수습되었는데 이는 美川王 26년(325)에 해당된다. 고구려는 유리왕때 이 성으로 천도해 온 이후 長壽王때 平壤으로 천도할 때까지 424년 동안(유리왕 21년~장수왕 15년) 이곳을 근거지로 해서 국력을 신장해 왔으며, 廣開土王碑에 나오는 通溝城이 바로 이 國內城이라고 하는 것이 학계의 공통된 의견이다.[5]

위나암성은 표고 676m의 3면이 산으로 둘러 싸여 있고, 남쪽만이 트여 있는데 이곳에는 甕城門이 부설되어 있으며, 그 앞으로 通溝河가 흐르고 있고 국내성이 환히 내려다보인다. 성벽의 둘레는 약 7㎞, 동쪽 성벽의 높이는 6m 정도의 석축산성이다. 성문은 5개소이며, 성벽의 위쪽으로 通道가 있고 왼쪽으로는 보조 성벽이 부설되어 있다.[6] 성안에는 '점장대'와 '飮馬池'로 불리는 연못 등이 전해져 내려오고 있다. 이 성의 축조방법은 乾打壘式 축조방법으로 국내성의 단순 석축 축조방법과는 다르다. 이곳에서 수습된 숫막새기와를 통해서 얻어진 자료를 가지고 이 기와사용의 중심 연대를 4세기 후반 초까지 보는 한편 상한선을 3세기초, 하한선을 5세기초까지 보는 견해도 있다.[7] 평지의 국내성이 적의 공격을 받을 경우 이 산성에 들어와서 농성 대적했던 것으로 생각된다. 평지성과 산성이 한 세트를 이루는 城制를 고구려는 초기부터 채택하고 있다(〈그림 1〉).

---

5) 魏存成, 앞의 글, 32~33쪽.
6) 魏存成, 앞의 글, 32~33쪽.
成周鐸, 앞의 글(1994), 40~42쪽.
杉山信三・小笠原好彦, 《高句麗の都城遺蹟と古墳》(同朋舍, 1992), 11~13쪽.
李殿福, 앞의 책, 24~35쪽.
東潮・田申俊明, 앞의 책, 91~99쪽.
7) 服部敬史・千田剛道・寺內威太郎・林直樹, 〈高句麗都城と山城〉(《靑丘學術論集》 第 5集, 韓國文化硏究振興財團, 1994), 35~37쪽.

〈그림 1〉 국내성과 위나암성(환도성) 위치도

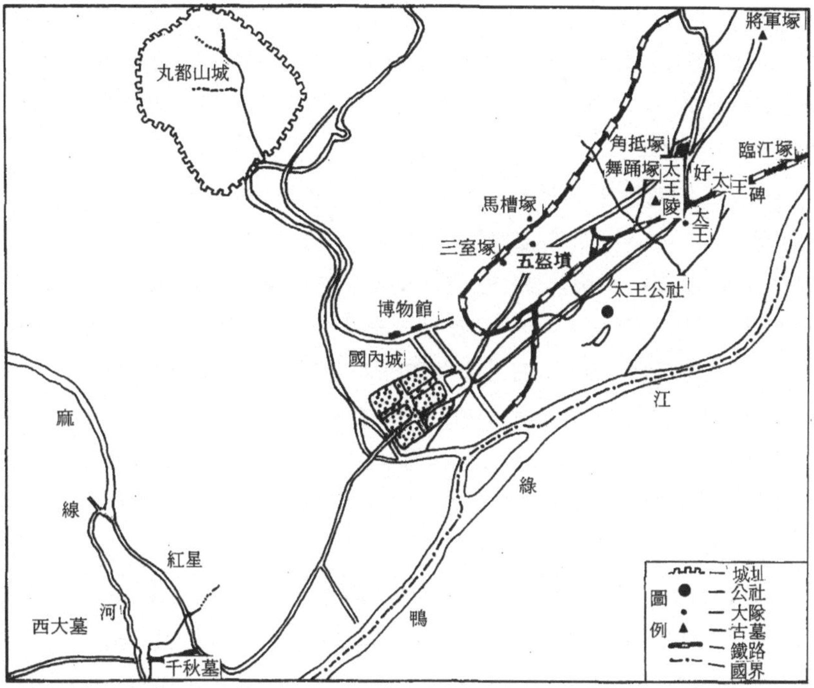

다. 중기 성곽(전기 평양성)

《삼국사기》에 기록된, 장수왕 15년(427) 천도하였다고 알려진 도성지는 安鶴宮 城址와 大城山城·淸岩里土城 등이 위치하고 있는 前期 平壤城이라고 하는 것이 학계의 공통된 의견이다.

안학궁성지는 평양 북동쪽 약 12㎞ 떨어진 평양시 大城區 安鶴洞 대성산성 남쪽 기슭에 위치하고 있다. 1958년부터 발굴 조사된 안학궁성은 일면의 성벽이 약 622m의 方形 토성으로 성의 둘레는 약 2,480m[8]이며, 면적은 30여 만㎡이다. 발굴자료를 복원하면 성벽의 하 폭은 평균 4~8.8m, 높이는 8

8) 魏存成, 앞의 글, 33~34쪽.
閔德植, 〈高句麗 平壤城의 築城過程에 관한 硏究〉(《國史館論叢》 39, 國史編纂委員會, 1992), 13쪽에는 2,488m로 상호 8m의 차이가 있다.

~10m이며, 상 폭은 4.4m 정도이다. 성문은 동·서·북쪽에 각 1개소, 남문은 3개소, 도합 6개소이다. 성안에는 52채의 집자리 가운데 궁전터가 5채이며, 5개의 건축군으로 분리되고 있다. 중심선상의 남쪽 건축군은 南宮, 가운데 것을 中宮, 북쪽 것은 北宮, 동쪽 것은 東宮, 서쪽 것을 西宮이라 부르고 있다.[9]

대성산성은 평양시 대성구 대성동에 위치하고 있으며, 성의 남문을 나서면 안학궁 성지가 있다. 성의 둘레는 7,218m,[10] 면적은 약 2,723㎢로 위나암성과 거의 같은 규모의 석축산성이다. 성안에는 20개소의 문지가 있는 것으로 알려져 있지만 공식적으로 확인된 것은 남문지 뿐인데, 문의 기단 길이는 20m, 폭은 14m, 높이는 1.5m 정도이다. 성안에는 건물 터, 창고 터, 장대지, 연못, 雉 등이 있는 것으로 알려져 있다.[11] 이 산성의 축조 연대는 4세기말에서 5세기초[12]로 보고, 427년에 천도한 평양성은 바로 이 대성산성이며, 고구려가 멸망하던 7세기 중엽까지 평양지방의 방어진지로서의 역할을 했던 산성으로 알려져 있다.

淸岩里土城은 현재 평양시 대성구 淸岩洞에 위치하고 있다. 성의 둘레는 3,675m, 면적은 523,030㎡(158,217평)[13]의 토성이다. 북·동·서 3문이 부설되어 있으며, 성안에서 八角形塔을 중심으로 한 一塔三金堂式伽藍이 발굴 조사되었고 투각화염문 금동관이 출토된 바 있으며, 고식의 瓦當과 國內城에서 발견된 礎石과 같은 양식의 초석이 발견되었다. 이것을 근거로 해서 427년

---

9) 成周鐸, 앞의 글(1994), 240쪽.
杉山信三·小笠原好彦, 앞의 책, 18~26쪽.
閔德植, 위의 글, 43쪽.
그런데 필자가 1995년 9월 학술발표차 奈良에 갔을 때, 이곳의 조사보고서를 낸 바 있는 千田剛道는 안학궁지에서 출토된 숫막새기와는 고려시대 것이 분명하므로 이 건물지는 고려시대 건물지라고 주장했다. 앞으로의 복구사업과 조사를 기대한다.

10) 成周鐸·閔德植·杉山信三·小笠原好彦의 앞의 글에서는 7,076m로 기록하고 있으나, 魏存成은 앞의 글에서 7,216m로 기록하고 있어 차이가 있다.

11) 杉山信三·小笠原好彦, 앞의 책, 37~39쪽.

12) 채희국, 〈대성산 일대의 고구려 유적에 관한 연구〉(《유적발굴보고》 9, 사회과학출판사, 1964), 52~56쪽.

13) 閔德植, 앞의 글, 7쪽.

장수왕 때 천도한 平壤城이 바로 이 청암동토성이라고 주장하고, 대성산성과 짝을 이룬 성지로 판단하여 청암리토성지를 前期 平壤城으로 보고 있는 견해가 있다.[14] 한편 안학궁성에서 출토된 토기와 와당들이 4세기 말 5세기 초까지 올라감을 근거로 해서 이곳이 전기 평양성의 근거지며, 대성산성이 세트를 이루고 있다는 주장이 있다[15](〈그림 2〉).

〈그림 2〉 평양지방 고대성곽 분포도

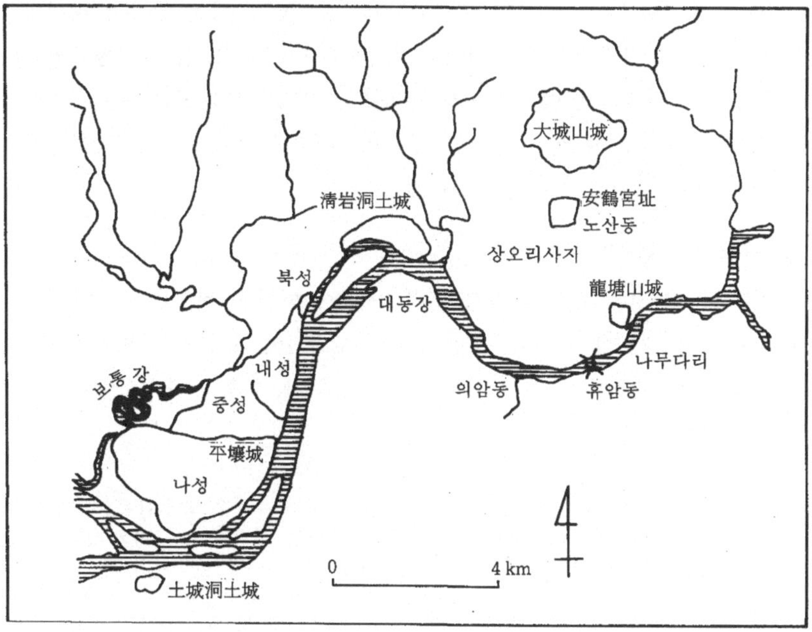

---

14) 이같이 주장하는 대표적인 사람이 日人 關野貞이며, 이 후 千田剛道·田村晃一·田中俊明 등은 청암리 토성지를 前期平壤城으로 보고 있다
杉山信三·小笠原好彦, 앞의 책, 26~28쪽.

15) 북한학자 崔羲林·채희국 등의 주장으로, 이 의견에 閔德植도 따르고 있으며 魏存成도 같은 의견이다
閔德植, 앞의 글, 30쪽.

라. 후기 성곽(후기 평양성 = 장안성)

《삼국사기》에 나와 있는 平原王 28년(586) 長安城으로 천도했다고 하는 도성은 현재 평양 시가를 둘러싸고 있는 平壤城으로 지목하는 데는 학계의 의견이 일치하고 있다.

후기 평양성 즉, 장안성의 둘레는 23㎞, 면적은 1,185,000㎡의 석축 성곽이며, 北城·內城·中城·外城으로 구획되고 있다. 이 도성의 특징은 羅城에 해당하는 외성의 존재와 坊條制의 格字網式 城市를 이룩했었다고 하는 점이다. 그러나 王宮址가 만수대 남쪽 양지바른 지대라고 하는 주장과 내성의 중앙지대에 있는 만수대의 건물터라고 하는 주장, 그리고 산성내 靈明寺 부근이라고 하는 견해가 있다. 또한 성벽 축조의 구조상 내외성은 동일시기의 것으로 보고 성을 3구분하는 견해도 있으며, 방조제의 실시는 후기 평양성 이전 것으로 보는 견해도 있다(〈그림 3〉).[16]

마. 고구려 산성

고구려의 산성은 중국 요령성 관내에 100여 개소를 비롯하여 압록강 북쪽 지역에 수백 개소의 산성이 있는 것으로 추정되며, 압록강 이남의 북한지역에도 약 30여 개소가 있는 것으로 알려져 있는데, 이들은 모두 包谷式山城이라고 알려져 있다.[17]

---

16) 王宮址가 만수대 남쪽 양지바른 지대라고 하는 주장은 최희림이, 내성의 중앙지대에 있는 만수대의 건물터라고 하는 주장은 채희국이, 그리고 산성내 靈明寺 부근이라는 주장은 關野貞의 견해이다. 또한 성벽 축조의 구조상 내외성은 동일 시기의 것으로 보고 성을 3구분하는 견해, 방조제의 실시는 후기 평양성 이전 것으로 보는 견해는 杉山信三·小笠原好彦(앞의 책, 32쪽)의 경우이다.

17) 蔡熙國은 압록강 이북에 있는 산성 위치를 보고한 바 있으며, 三上次男·田村晃一은 고구려의 新城으로 알려져 있는 北關山城을 조사 보고한 바 있다. 국내에서는 한·중국교가 수립된 후, 1992년에 앞서 인용한 閔德植 논문을 효시로 車勇杰·李圭泰·申瀅植 등이 遼寧地方에 있는 고구려 城址를 답사 조사한 후 학계에 소개한 바 있으며, 다음해는 高句麗城에 대한 도록이 서길수에 의하여 발간된 바 있으나, 본격적인 조사와 보고는 아직 충분하지 못한 단계이다. 중국에 있어서는 魏存成을 비롯하여 梁志龍·辛占山·王綿厚 등에 의해서 고구려 산성이 조사 보고 된 바 있고, 李殿福은 吉林省內 고구려 산성 16개소와 遼寧省內 고구려 산성 11개소를 조사하여 보고한 바 있고, 일본에서는 三上次男·田林晃一·千田剛道 외에 東潮·田中俊明 등이 고구려 산성에 대해서 학술적으로 소개한 바 있다.

〈그림 3〉 평양성 평면도

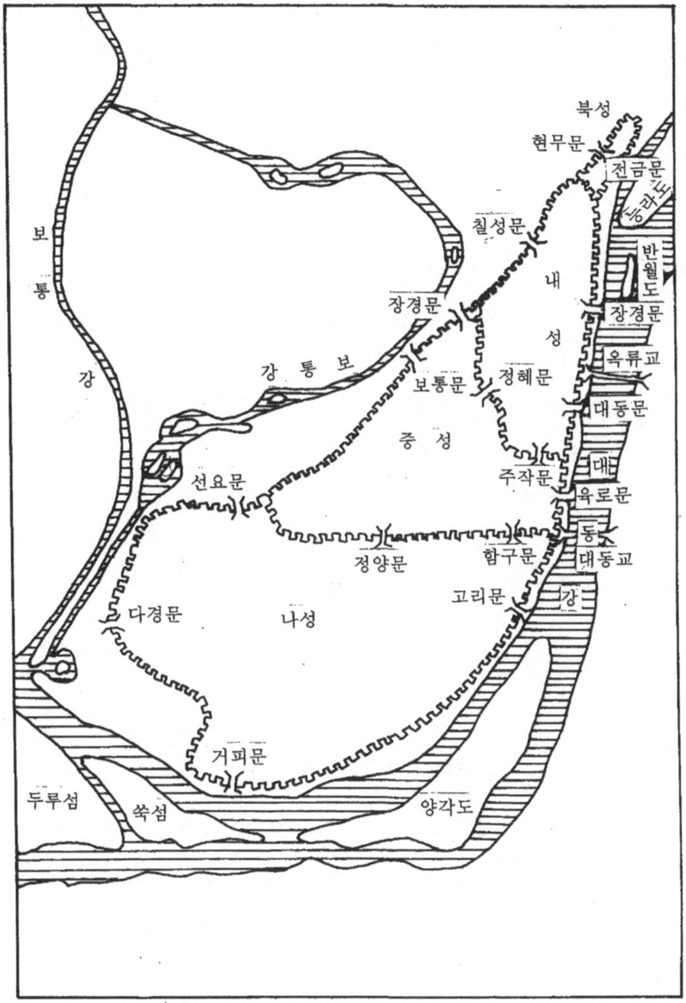

蔡熙國, 〈高句麗城의 특징〉(《東アジアと日本》 考古・美術編, 田村圓澄先生 古稀記念會編, 吉川弘文館, 1987).

三上次男・田林晃一, 《北關山城》(日本中央公論美術社, 1993).

이들 가운데 高句麗新城은 遼寧省 撫順市 북쪽 高爾山에 위치하고 있어 山名을 따서 高爾山城이라 부르기도 하고, 산밑에 있는 마을 이름을 따서 北關山城이라 부르기도 한다. 고구려 西川王代부터 《삼국사기》에 나오는 新城을 이 산성에 비정하고 있다. 고구려 원정군의 총사령관을 맡았던 李勣이 新城은 고구려의 요새지이므로 이를 먼저 빼앗지 않고서는 다른 城들을 공략할 수 없다고 말했듯이[18] 전략적 요충지에 위치하고 있는 중요한 산성이다.

新城은 표고 230m의 將軍峰을 중심으로 몇 개의 봉우리를 둘러싸고 있는데, 東城과 西城으로 구성되어 있다. 성벽 높이는 2~5m, 둘레는 약 4㎞이며 동·서·남·북 4개소의 문지가 남아 있다. 동·남쪽으로는 三重으로 분리되어 있는 子城이 있어 복잡한 평면 구조를 형성하고 있다. 이 가운데 東城이 고구려 때 축조된 성지로 판단되고 있다. 東城의 남문지는 높이 10m의 판축토성이며, 서쪽으로 높이 5m의 판축토성이 남아 있다. 아마도 甕城일 가능성이 있다고 판단된다. 남문지 옆으로 水溝가 있는데, 큰돌들이 남아 있는 상태로 보아서 水口가 있었을 것으로 판단하고 있다. 이 산성은 출토유물로 보아서 遼·金代까지 사용했던 산성으로 알려져 있다.[19]

車勇杰, 〈고구려 옛 도읍 답사기〉(《조선일보》 1992년 1월 29일).
李圭泰, 〈安市城〉〈白巖城〉〈寧遠城〉(《조선일보》 1993년 1월 28일·3월 18일·7월 22일).
申瀅植, 〈安市城〉〈建安城〉(《조선일보》 1993년 12월 28·29일).
서길수, 《高句麗城》(한국방송공사, 1994).
梁志龍, 〈桓仁地方高句麗地方的 概述〉(《博物館研究》, 吉林省博物館, 1992-1), 64~69쪽.
辛占山, 〈遼寧境內高句麗城址的 考察〉(《遼海文物學刊》, 遼寧省考古博物館學會, 1994-2).
王綿厚, 〈鴨綠江右岸高句麗山城的研究〉(《遼海文物學刊》, 遼寧省考古博物館學會, 1994).
東潮·田中俊明, 앞의 책.
李殿福, 앞의 책.

18) 《舊唐書》 高麗傳.

19) 三上次男·田林晃一, 앞의 책, 66쪽.
李殿福, 앞의 책, 76~78쪽.
東潮·田中俊明, 앞의 책, 339~342쪽.

(2) 백제 성곽

가. 초기 성곽

《삼국사기》 백제본기 始祖 溫祚王조에 의하면 고구려계인 沸流·溫祚 집단들이 河南慰禮城에 정착했음을 전하고 있다. 이 하남위례성은 북쪽으로는 漢水가 있고, 동쪽으로는 높은 산이 있으며, 남쪽에는 비옥한 들판이 바라다 보이고, 서쪽에는 큰 바다로 막혀 있는 위치라고 설명하고 있다. 그러므로 하남위례성은 한수 즉, 한강 유역에 있는 성터일 것이라고 하는 추정을 낳게 한다. 한강 유역의 유적은 1975년에 江東區 石村洞 3·4·5호분에 대한 조사가 이루어졌고, 1984년에는 석촌동 3·4호분의 재조사, 1984년부터 89년까지 夢村土城의 발굴 조사를 통해 한성시대 백제의 중심지가 이 지역을 벗어날 수 없을 것이라는 결론에 이르고 있다. 이 지역에는 峨嵯山城·風納洞土城·몽촌토성·二聖山城·南漢山城·不岩山城·北漢山城들이 있는데, 이 가운데 몽촌토성과 풍납동토성이 가장 많이 조사되어서 학계에 알려진 바 있으며, 이곳이 하남위례성에 비정될 수 있다고 하는 의견으로 집약되고 있다.

가) 몽촌토성

몽촌토성은 표고 44.8m의 낮은 구릉의 자연지세를 이용해서 주로 판축으로 축조한 토성이다. 성은 남·북의 길이 730cm, 동·서의 폭 540m, 전체 성의 둘레는 2,285m이다. 성의 외벽은 구릉의 경사면을 깎아내어 급경사의 段을 만들고 두 번째 단에 木柵을 설치했는데, 이 급경사의 단은 성벽 정상부에서 基底部까지 2~3회 되풀이되다가 垓字로 연결된다. 동북쪽으로 270m 뻗어나가게 부설된 외성은 그 높이가 11~38m로서 최초 축조 당시는 지금보다 3~4m 더 높았던 것으로 추측되며 북측 경사면에는 本城과 같이 人工을 가했고, 정상부에는 목책을 설치했다. 5차에 걸친 발굴 조사로 집자리 13기, 저장공 29기 등의 백제시대 유구와 벼루·와당·馬具·말뼈 등이 출토되었으며, 西晉時代(265~316)의 灰釉錢文陶器片 등이 출토되어 이 城이 3세기말까지 올라갈 수 있으며 중심 연대는 3~5세기경으로 추정하고 있다[20](〈그림 4〉).

---

20) 成周鐸, 〈百濟初期城址〉(《百濟城址研究》, 東國大, 1984).
———, 《漢江流域百濟初期城址 再齣》(忠南大, 1995).

〈그림 4〉 몽촌토성 및 주변 성곽 분포도

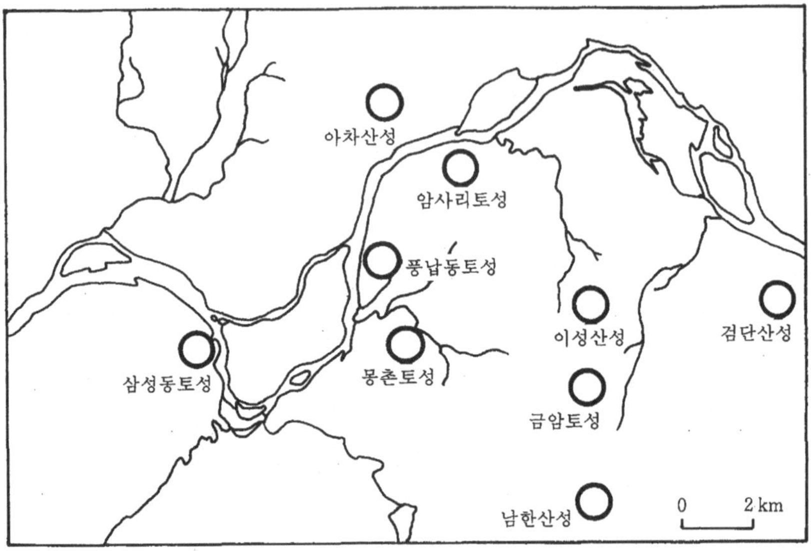

나) 풍납동토성

풍납동토성은 몽촌토성 동북쪽 약 2㎞ 떨어진 서울 송파구 풍납동에 위치하고 있다. 성의 둘레는 약 3.5㎞에 달하는 바 한강 유역 백제 城址 가운데 가장 규모가 큰 토성이다.

1966년 이곳을 조사한 보고에 의하면, 이 성은 내부에서 나오는 토기편의 양이나 기타 건축관계 유물의 성격으로 미루어 보아 방어용 성이라고는 하지만 평시에는 많은 일반민이 살고 있었던 半民半軍的 邑城이었다고 생각된다. 이 토성의 정확한 최초 축조 연대는 알 수 없지만 위례성과 거의 동시에 축조된 초기 것임은 틀림없다고 보고 있다.

비교적 원형을 보존하고 있다고 생각되는 북벽의 경우 정상에서 약 2m 내려간 위치에서 1단의 넓은 단을 만들었고, 거기서부터는 경사를 죽여서 基部를 만들고 있으며, 성벽 기부에서의 폭은 30m 가량이나 되고 있다. 그리고 단면에서 보면 돌은 거의 없고 고운 모래뿐인데, 그것을 엷은 층으로 한층 한층 다져서 쌓아 올라가고 있다.[21] 최근에 風納洞土城의 둘레는

3,470m이며, 백제 초기 왕성으로 보아서 무리가 없다고 하는 견해가 제시되고 있다.[22)]

나. 중기 성곽

《삼국사기》 백제본기 文周王조에 의하면 고구려 장수왕의 침공으로 성이 함락되고 蓋鹵王이 살해되자 아들 文周가 서울을 熊津城으로 옮겼다고 한다(475). 그리하여 泗沘(扶餘)로 천도할 때까지 4代 63년 동안 백제의 중흥을 도모했던 곳이 되었다. 이 성은 현재 公州市 山城洞 표고 110m의 구릉에 있다.

성의 둘레는 2,660m[23)]인 包谷式 산성으로 남향을 하고 있다. 성은 토성이 735m, 石城이 1,925m이다. 〈그림 5〉의 평면도에서 보는 바와 같이 테뫼式 토성과 석축의 포곡식 산성이 결합한 복합식 산성으로 되어 있다. 초축 당시에는 토성이었던 것을 석축으로 개축할 때에 축소해서 이와 같은 양식으로 변한 것인지는 현재까지의 조사 결과로서는 알 수 없다.

웅진성안에 있는 유적 중에서 挽阿樓址와 臨流閣址·將台址·蓮池 등이 발굴되었다. 《公山城 百濟推定王宮址調查報告》에 의하면 이곳에서 정면 6間, 측면 4간의 남향을 하고 있는 제1건물지와 정면 5간, 측면 2간의 서향을 하고 있는 제2건물지를 확인한 바 있는데, 瓦家는 아니었던 것으로 추정되고 있다. 또한 3.1×1.45×0.6m의 本槨庫와 上面徑 7.3m, 底邊徑 4.78m, 높이 3m의 연못도 조사된 바 있다. 이곳을 백제시대 왕궁지로 추정하고 있는 의견이 있다.[24)]

---

21) 金元龍, 《風納里土城內包含層調查報告》(考古人類學叢書 제3책, 서울大, 1967), 6~7쪽.
崔夢龍·沈正輔, 〈漢城時代 百濟의 都邑地와 領域〉(《百濟史의 理解》, 1991, 學研文化社), 80쪽.

22) 李亨求, 《서울 風納洞土城〔百濟王城〕實測調查研究》(百濟文化開發研究院, 1997).

23) 安承周, 《公山城》(公州大 百濟文化研究所, 1982)에서는 2,660m로 보고하고 있음.

24) 安承周·李南奭, 《公山城 百濟推定王宮址調查報告》(公州大 博物館, 1987).
이 의견에 兪元載(〈百濟熊津城研究〉, 《國史館論叢》 45, 國史編纂委員會, 1993, 88쪽)도 찬동하고 있으나 필자는 熊津城 앞에 王宮址가 있었을 것으로 추정보고 한 바 있다(成周鐸, 〈百濟都城築造의 發展過程에 對한 考察〉, 《百濟研究》 19, 忠南大 百濟研究所, 1988, 65쪽). 그 구체적인 예로 정면 6間, 측면 4間의 남

웅진성 동쪽 언덕에는 800m의 테뫼식 보조산성이 있는데, 성안에서는 백제토기편만이 출토되고 있다. 웅진성 서쪽 언덕 위에는 약 360m의 토성이 있는 것으로 조사되었다. 성안에서는 역시 백제토기편을 용이하게 수습할 수 있었으며, 1978년 지표조사 때에는 三足土器 1점을 수습한 바 있다. 그러나 土城址에 대한 부정적인 견해도 있어 앞으로의 정밀조사를 기대한다. 웅진성의 배후에는 錦江이 동으로부터 서쪽으로 흘러 내려가고 있어 자연적인 방어선을 형성하고 있다(〈그림 5〉).

〈그림 5〉 웅진성 평면도

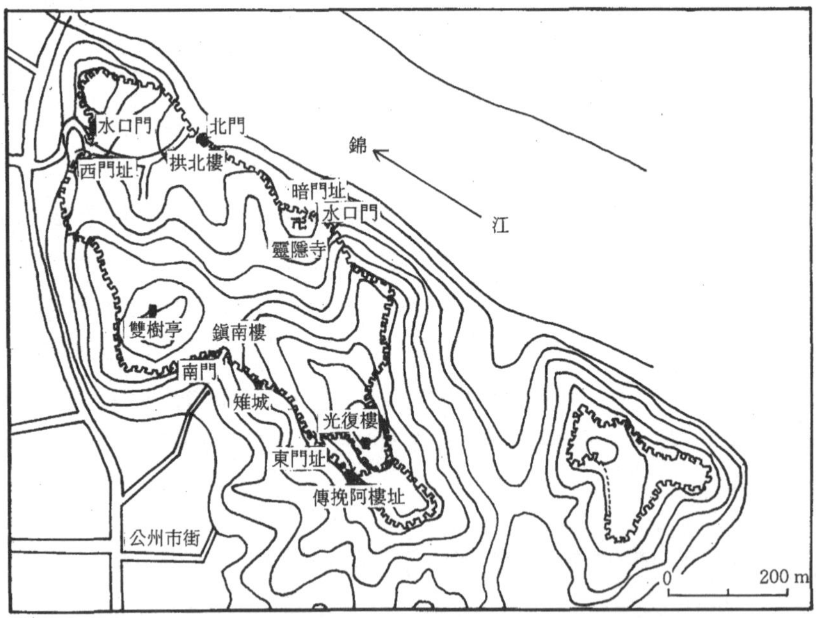

향한 제1 건물지와 서향한 제2 건물지만으로는 왕과 왕비, 왕자 등이 거주할 內殿이나 6部 대신들이 출입하는 政廳 등이 없어 이 건물지는 宮苑址였을 가능성이 높음을 지적하고 왕궁지는 城址앞에 위치하였을 가능성이 있음을 필자는 다시 지적한 바 있다(成周鐸, 〈百濟熊津城硏究 再齣〉, 《百濟의 中央과 地方》, 百濟硏究論叢 第5輯, 忠南大 百濟硏究所, 1997, 299쪽).

웅진성(公州)을 중심으로 해서 사방 중요 통로에 배치되어 있는 산성을 살펴보면 다음과 같다.[25]

公州－長岐－宗村－조치원 통로 : 松亭里山城, 坪基里山城, 隱龍里山城, 眞儀里山城, 唐山城
公州－正安－車嶺－조치원 통로 : 栗亭里山城, 茂盛山城(燕城), 廣亭里山城
公州－鷄龍－敬天－連山
└論山 통로 : 中壯里山城(1) (2), 陽化山城, 魯城山城
公州－錦江－扶餘의 통로 : 熊津洞山城, 萬壽里山城
公州－利仁－扶餘의 통로 : 龍城里山城, 利仁山城
公州－牛城－新豊－西海의 통로 : 丹芝里山城, 新豊山城, 鷄峯山城
└─靑陽─┘

또한 백제와 신라의 접경 지역으로 알려져 있는 대전 동쪽에는 鷄足山城·迭峴城·陵城·葛峴城·三丁洞山城·炭峴·鷄峴城 등 신라에 대비해서 一字形의 방어진지를 구축하고 있다.[26]

다. 후기 성곽(사비도성)

《삼국사기》 백제본기 聖王 16년조에 의하면 왕은 泗沘(所夫里)로 서울을 옮기고 국호를 南扶餘라 하였다고 한다. 이것이 지금 부여읍을 중심으로 한 城址들이다. 백제 泗沘都城은 왕이 거주하던 王宮址(內城)와 거주민을 보호하기 위해서 축조된 羅城(外廓), 그리고 동쪽 나성과 연결된 靑山城, 왕궁 배후에 축조된 扶蘇山城 및 나성밖에 위치하고 있는 靑馬山城으로 구성되어 있다(〈그림 6〉).

가) 왕궁지

도성에서 가장 중요한 곳은 권력의 중심부라고 할 수 있는 왕궁일 것이다. 그런데 백제 사비시대의 정확한 왕궁지는 아직까지 밝혀내지 못하고 있다.

---

25) 兪元載, 위의 글, 86~88쪽.

26) 成周鐸, 〈大田附近古代城址考〉(《百濟硏究》 5, 忠南大 百濟硏究所, 1974).
최근에 발굴 조사된 《鷄足山城》 略報告에서는 鷄足山城은 출토 유물로 보아 6세기 중·후반경의 신라 城일 것이라고 하는 새 의견을 제시하고 있다(《鷄足山城》 略報告, 忠南大 박물관, 1998).

〈그림 6〉 사비도성과 나성 및 청마산성

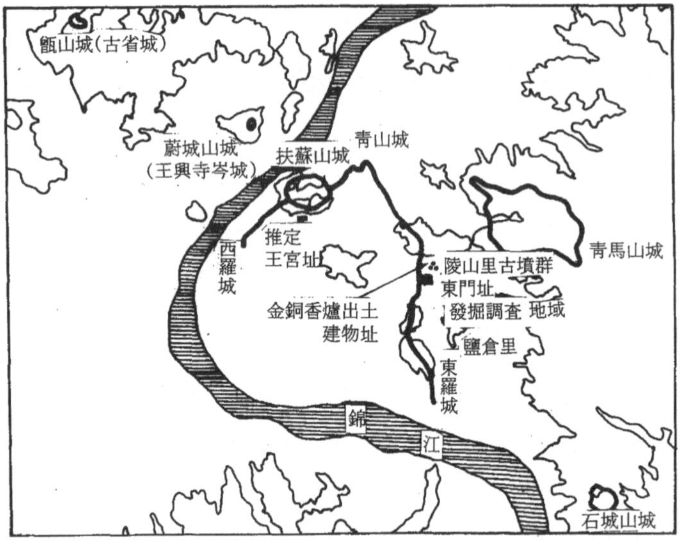

그 동안의 조사 결과로 부소산성 南門址 바로 앞에 위치한 전 부여박물관 부근일 것이라 추정하고 있을 뿐이다. 충남대학교 박물관의 발굴조사 결과 전 부여박물관 앞 광장에서 백제시대의 瓦製排水口와 깊이 1.2m의 석축 연못을 확인했고, 백제 유물도 다수 수습한 바 있다. 1987년에서 1990년도에 이르는 조사에서는 동서 25m, 폭 9~10m의 교차하는 백제시대 도로와 우물터, 石築排水路, 축대, 건물토의 기단부분이 발굴 조사되어서 사비도성 내의 시설물 가운데 가장 중요한 지역임을 확인하게 되었다.

《周書》百濟傳에 의하면 도성은 上部·前部·中部·下部·後部의 五方制로 통치했다고 하며,《隋書》百濟傳에는 畿內에 五部가 있었고, 部에는 五巷이 있어서 士人들이 이곳에 살았다고 한다. 이를 뒷받침해 주는 자료로서 左卩·中卩·上卩乙瓦를 비롯해서 '前部'銘의 표석이 출토된 바 있다. 이 五方制가 자연부락 단위로 형성되었는지 條坊制로 이루어졌었는지는 현재로서는 알 수가 없다.[27]

27) 成周鐸,〈百濟 泗沘都城 三齣〉(《百濟研究》28, 忠南大 百濟研究所, 1998).

나) 나 성

백제 사비도성의 외곽을 이루고 있는 토성이 백제시대 羅城이다. 나성은 부소산성의 동쪽에 있는 東門址 북쪽편에서 시작하여 동쪽으로 둘레 약 500m의 靑山城을 지나 石木里를 통과하고 있다. 이곳에는 부여에서 公州로 통하는 도로가 나 있는데, 이 부근에 北門이 있었을 것으로 추정되고 있다. 나성은 石木·陵山里의 구릉지대를 거쳐 鹽倉里의 금강까지 이어지고 있다. 능산리는 백제 고분군이 밀집되어 있는 지역으로 그 아래에는 부여에서 論山으로 통하는 국도가 있다. 최근 나성과 백제 고분군 사이에 있는 논에서 백제 예술의 극치라고 할 수 있는 금동향로와 "百濟昌王十三年太歲在丁亥妹兄公主供養寺利"가 새겨진 舍利龕이 수습되어 이곳이 舍刹 혹은 陵寺로 추정되는 건물지이며, 그 시기는 '567년'이라고 하는 절대연대를 얻게 되었다. 이 출토물의 연대는 나성 축조연대와도 관련이 있다고 보는 견해가 있다.[28] 나성이 잘 남아 있는 곳은 상변 4m, 높이 5.2m, 저변 13m 정도인데, 토성은 단순히 盛土技法에 의존해서 축조한 부분과 판축기법에 의존해서 축조한 부분도 있으며 炭火木層도 확인된 바 있다.

서쪽 나성은 부소산성 서문지에서 시작해서 官北里·舊校里·東南里·軍守里·城末里까지 이르고 있다. 서쪽 나성은 일부를 제외하고는 거의 파괴되어 없다. 성의 둘레는 약 8㎞이다. 남쪽 나성만 있다면 圓形에 가까운 형태이다. 나성 안에는 사방에 연못이 있어서 성안에서 배출하는 流水를 일단 貯水시킨 후 강으로 흘러 들어가게 처리하고 있다. 이것은 유수를 저수해서 濠의 역할을 기대했던 것으로 판단되며 그 대표적인 것이 宮南池라고 할 수 있는데, 궁남지는 武王 35년(634)에 축조되었다고 《삼국사기》는 전한다.[29]

다) 부소산성

부여읍 배후에는 표고 110m의 부소산이 있는데, 이곳에는 백제시대 축조한 산성이 있다. 이 산성은 현지 지명을 따라서 扶蘇山城이라 부르고 있다.

---

28) 《화강석재 사리감》(국립부여박물관, 1995).
朴淳發, 〈百濟都城의 變遷과 特徵〉(《韓國史의 理解》, 重山鄭德基博士華甲紀念韓國史學論叢刊行委員會, 1996), 128쪽.

29) 成周鐸, 앞의 글(1998) 참조.

부소산성의 남쪽 토루는 표고 70~80m의 능선을 따라서 축성하였고, 북쪽은 북문지와 水口가 있었을 것으로 추정되는 표고 10m의 지점까지 쌓았는데 그 둘레는 2,495.60m이다. 따라서 지세는 남쪽이 높고 북쪽이 낮아 공주 웅진성과 같은 지형이다.

부소산성에는 세칭 軍倉址가 있는데 군창지를 중심에 두고 남쪽은 표고 70m, 북쪽은 표고 80~90m의 등고선을 따라서 테뫼式 산성을 형성하고 있으며, 그 둘레는 1,400m이다. 또 하나의 테뫼식 산성은 서쪽에 있는 泗沘樓를 둘러싼 테뫼식 산성으로 그 둘레는 약 800m이다.

성의 남쪽과 서쪽에 있는 두개의 테뫼식 산성 외곽을 연결해서 조성된 것이 포곡식 산성이다. 테뫼식 산성에 포곡식 산성을 증축해서 복합식 산성이 된 것으로 알려져 왔다. 그 동안에는 두개의 테뫼식 산성이 선행해서 축조되고 후에 포곡식 산성이 증축되어 복합식 산성이 형성되었다고 하는 견해를 내 놓은 바 있으나, 군창지 소재 테뫼형 산성의 내측 성벽과 사비루 소재 테뫼형 산성의 내측 성벽은 통일신라시대에 축조된 것으로 판명되어 포곡식 산성만이 백제시대 축조된 것으로 밝혀졌고, 군창지 소재 테뫼형 산성 중앙에 남북으로 축조되어 있는 196m의 토루는 조선시대에 축조된 것으로 밝혀졌다. 따라서 산성이 축조된 시기는 포곡식 산성이 백제시대에 축조되고, 내측 성벽은 통일신라시대에 축조되었으며, 196m의 토루는 조선시대에 축조된 것으로 밝혀져, 이제까지 알려진 반대의 순으로 축조되었음이 확인되었다. 조성 시기는 추정 동문지 조사 때 '大通(527~528)' 印刻銘瓦가 출토되어 백제가 서울을 웅진으로부터 사비로 천도하기 이전에 조성된 것으로 밝혀졌다.

1981년 2차에 걸쳐서 군창지 소재 테뫼형 산성 안에 있는 건물지를 발굴조사한 결과 북쪽의 건물터에서는 炭化麥이 출토되고 남쪽 건물터에서는 팥, 동쪽 건물터에서는 철제열쇠와 토기 등이 출토되어 이들 4개소의 건물터는 창고지였을 것으로 보고 있다.[30)]

---

30) 成周鐸, 위의 글.
尹武炳, 〈百濟王都泗沘城硏究〉(《學術院論文集》 人文社會學編 33, 1994).
朴淳發, 〈百濟都城의 變遷과 特徵〉(《韓國史의 理解》, 重山鄭德基博士華甲紀念韓國史學論叢刊行委員會, 1996).

라) 청마산성

青馬山城은 扶餘邑 陵山里에 위치하고 있다. 이 산성은 동쪽 나성에 인접해서 축조된 백제시대 가장 큰 석축 포곡식 산성이며, 성의 둘레는 6.5㎞, 면적은 2,581.504㎡이다. 서쪽의 성벽 일부는 높이 4~5m, 폭 3~4m 정도이다. 이 성 안에는 濠가 있고, 성벽은 기초 부분에 가까워질수록 잡석을 많이 넣고 축조하였다. 지형이 서쪽만 낮기 때문에 수구와 성문이 이 부근에 배치되어 있을 것으로 추정될 뿐이다. 이 산성은 백제 사비도성과 밀접한 관계가 있는 것으로 판단된다. 아마도 유사시에 官·軍·民이 성에 들어와 대적할 목적으로 축조된 산성으로 판단된다. 이제까지 정밀 조사가 이루어지지 않은 산성이다.[31)]

마) 사비도성의 주변 산성

백제는 서울인 사비도성을 수호하기 위해서 많은 산성을 축조하고 있다. 충남지역에만 약 220여 개소의 산성이 있는 것으로 알려져 있는데, 이들 산성들은 대부분 백제시대에 축조된 산성이다.

사비도성인 부여를 중심으로 해서 서쪽 금강을 건너면 浮山城과 蔚山城 등 조그만 터뫼식 산성이 있고, 그 외곽으로 남쪽에는 石城山城이 있다. 이 산성은 둘레 약 1.5㎞의 복합식 산성으로 알려져 있는데, 수도 서울의 최후 방비선으로 알려져 있다.[32)]

聖興山城은 扶餘郡 林川面에 있는데, 일명 '加林城'으로 알려져 있다. 성의 둘레는 약 600m이며, 대부분이 토축이고 일부 석축이 남아 있다. 백제 부흥운동의 근거지 터로 알려져 있다.

聖興山城에 대한 東門址 조사가 최근 이루어져서 조사 보고된 바 있으며, 성의 둘레는 800~1,200m까지 보고자마다 다르다.[33)]

沈正輔, 〈百濟泗沘都城에 築造時期에 대한 一考察〉(《東北아시아 古代都城》, 東亞大 박물관, 1996).
國立扶餘文化財硏究所, 《扶蘇山城》 硏究叢書 第14輯, 1997.

31) 成周鐸, 위의 글.

32) 《文化財大觀(史蹟篇)》 下(文化公報部 文化財管理局, 1976), 82·126·180쪽.
成周鐸, 〈百濟山城硏究〉(《百濟硏究》 6, 忠南大 百濟硏究所, 1975), 100쪽.

33) 위의 《文化財大觀》, 62쪽.
《聖興山城》(忠南發展硏究院·忠淸南道, 1996).

甑山城은 부여 북쪽 약 4㎞ 떨어진 곳에 있는 테뫼형 산성이다. 성의 둘레는 약 5~600m인 것으로 알려져 있다.[34] 이 세 城은 서로 연결되는 외곽성이다. 扶餘 동쪽 약 20㎞ 떨어진 連山面 황산벌은 백제 최후의 격전지였다. 이 전적지 동·남쪽에는 산의 능선을 따라 黃嶺山城·山直里山城, 新興里山城과 중간에는 2개소의 보루를 배치하고 있다. 앞서 대전 동쪽에 배열해서 축조한 線의 산성 배치와 같은 양식이라고 볼 수 있다.

(3) 신라 성곽

신라는 경주에 도읍을 정한 뒤 천년동안을 한 곳에서 유지하고 있었다. 따라서 가장 정비된 도성체제를 갖추고 있어 이제까지의 연구에 의해서 도성제에 관한 많은 것이 밝혀지기도 했다. 그러나 정비된 도성제가 갖추어져 있었음에도 불구하고 도성을 둘러싼 성곽의 존재는 확인되지 않고 있다. 반면에 나성의 역할을 한 것으로 보여지는 대형의 산성들이 존재하고 있다.

이제까지 신라의 城址로 알려진 것은 대략 160여 개소 정도이다.[35]

가. 왕 성

가) 금 성

史書에 나오는 최초의 궁성은 '金城'이다. 《삼국사기》 赫居世 21년조에 "궁성을 축조하여 금성이라 불렀다"고 하여 그 축조 연대가 B.C. 37년임을 알 수 있다. 기록에 의하면 그 규모는 1,023步라고 하므로 매우 작았던 것으로 추측된다. 현재 금성의 존재에 대해서는 많은 견해가 제시되고 있다. 첫째, 《삼국사기》 및 《東京雜記》의 기록[36]에 근거하여 月城의 서북쪽 내지는 閼川부근으로 보는 견해[37]이다. 둘째, 금성은 왕의 거처에 대하여 사용된 보통 명사적인 명칭이거나 월성을 의미하는 것으로 보는 견해[38]이며, 셋째는 경주평

---

34) 위의 《文化財大觀》, 180쪽.

35) 朴方龍, 〈都城·城址〉(《韓國史論》 15, 國史編纂委員會, 1985), 337쪽.

36) 《東京雜記》 권 1, 城郭條.

37) 金秉模, 〈都市計劃〉(《歷史都市慶州》, 悅話堂, 1984), 128쪽.
李元根, 《三國時代 城郭硏究》(檀國大 博士學位論文, 1980), 350~351쪽.

38) 尹武炳, 〈역사의 도시 경주의 보존에 대한 조사〉(《文化財의 科學的 保存에 관한 硏究》 1, 科學技術處, 1972), 127~128쪽.

야의 남쪽 현 校洞근처로 비정하는 견해[39] 등이다. 이와 같은 문제는 앞으로의 고고학적인 연구성과에 의하여 밝혀질 수 있을 것으로 기대한다.

그러나 문헌자료에 근거를 둔다면 월성과는 다른 금성의 존재를 살펴 볼 수 있다. 금성 내에는 逸聖尼師今 5년(138)에 설치한 政事堂이 있어 정치의 중심이 되었으며 사방에는 성문이 갖추어져 있었다고 한다. 성벽은 흙으로 축조되었을 것으로 생각되지만 구체적인 것은 알 수 없다.

나) 월 성

금성이 축조된 후 130년이 경과한 婆娑尼師今 22년(101)에 月城이 축조되었다고 한다.[40] 월성이 위치하고 있는 곳은 행정구획상 慶州市 仁旺洞에 위치하고 있으며 사적 16호로 지정되어 있다. 지리적으로는 인왕동과 校洞을 흐르는 蚊川 북안의 자연구릉에 積心土築으로 축조하였다. 그 형태가 半月形을 하고 있어 '半月城'이라고 불려지고도 있으며, 또한 '在城'으로도 불려졌다.[41] 규모는 동·서 너비 900m, 남·북 길이 260m 정도이며, 성벽의 길이는 1,841m이고, 성안의 면적은 183,600㎡(55,600평)[42]이다. 현재 성안에는 石氷庫와 慶州昔氏 시조를 모시는 崇信殿이 있다.

월성은 1915년부터 수 차례에 걸쳐 단면이 조사되었는데, 이곳에서 토기편·鐵滓·骨製具 등이 출토[43]되었다. 그리고 동북문지 동편 성벽의 45㎝ 아래 횡단면에서는 자연석렬이 산재하고 있어 축성시에 보강재로 자연 석괴

朴方龍, 앞의 글, 341~342쪽.

39) 藤島亥治郎, 〈朝鮮建築史論〉 其一(《建築雜誌》 44-530, 1930), 12쪽.
李鍾旭, 《新羅上代王位繼承硏究》(一潮閣, 1980), 57~59쪽.

40) 《三國史記》 권 1, 新羅本紀 1, 파사니사금 22년.
그런데 성벽 서남부 아래층에서 3세기의 것으로 추정되는 토기류가 출토되어 월성의 축조를 그 이후로 보는 견해도 있다(東潮·田中俊明, 《韓國の古代遺蹟》 1, 新羅篇, 中央公論社, 1988, 235~237쪽).

41) 월성에서 '在城'銘 와당이 출토되었다(《朝鮮古蹟圖譜》 5, 朝鮮總督府, 652쪽).
최근 월성 조사 때 7세기 전반으로 추정되는 「第八巷……」 명문 목간이 출토된 바 있다(金昌鎬, 〈古新羅의 都城문제〉, 《新羅王京硏究》, 신라문화선양회, 1995, 94~95쪽).

42) 閔德植, 〈新羅의 慶州 月城考〉(《東方學志》 66, 延世大, 1990), 3~4쪽.

43) 有光敎一, 〈慶州月城·大邱達城の城壁下遺蹟について〉(《朝鮮學報》 14, 1953), 490~497쪽.

를 사용하였음을 알 수 있다.[44] 그리고 1985년도에는 월성 주변의 발굴을 통하여 추정 동문지와 안압지 사이에 축석에 의한 垓字 시설이 있었음이 확인[45]되었다. 성안의 시설물로는 門址들을 비롯해서 宮殿址·橋梁址·연못터 등이 확인되었다(〈그림 7〉).

〈그림 7〉 월성 평면도

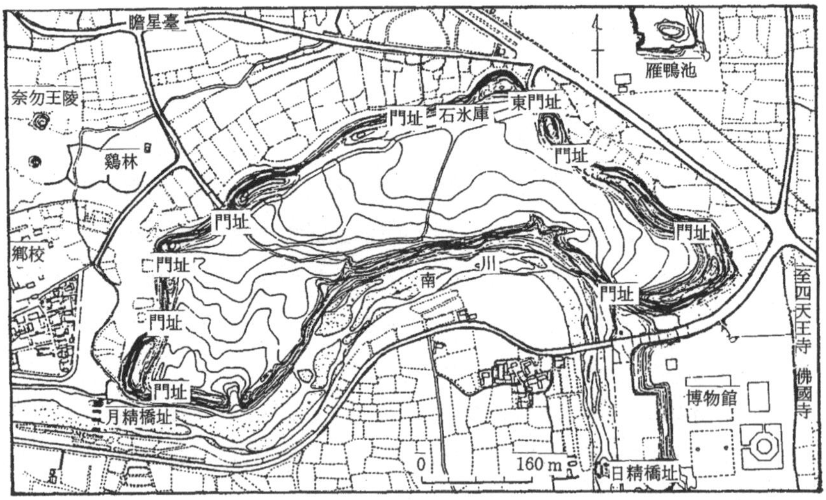

다) 조방제

신라에는 도시를 둘러싼 성곽은 존재하지 않았지만 王城을 중심으로 條坊制가 실시되고 있었다. 즉,《삼국사기》자비마립간 12년(469)조에 보면 "京都의 坊里名을 정하였다"고 기록하고 있다. 이것은 늦어도 자비마립간 12년에는 조방제가 실시되고 있었음을 알 수 있다.

이러한 점은 소지마립간 9년(487)에 취해진 郵驛의 설치, 官道의 수리와 같은 왕도의 정비에서도 확인할 수 있다. 신라의 왕도는 소지마립간 10년(488) 월성으로의 移居를 전후하여 1차적으로 정비되었음을 살펴볼 수 있다.

44) 張慶浩,〈統一新羅時代의 宮殿建築〉(《考古美術》162·163, 1984), 42~43쪽.
45) 文化財硏究所,《月城垓字試掘調査報告書》, 1985.

이와 같은 왕도의 정비는 360坊, 35里(55里)라고 하는 조방제로 완비[46]되었다. 조방은 시가지를 종횡으로 관통하는 도로로 구획되었으며, 1개의 규모는 동·서 약 160m, 남·북 약 140m(또는 160m)의 方眼形[47]을 이루고 있었다고 한다(〈그림 8〉).

〈그림 8〉 신라 왕경 35방 복원도

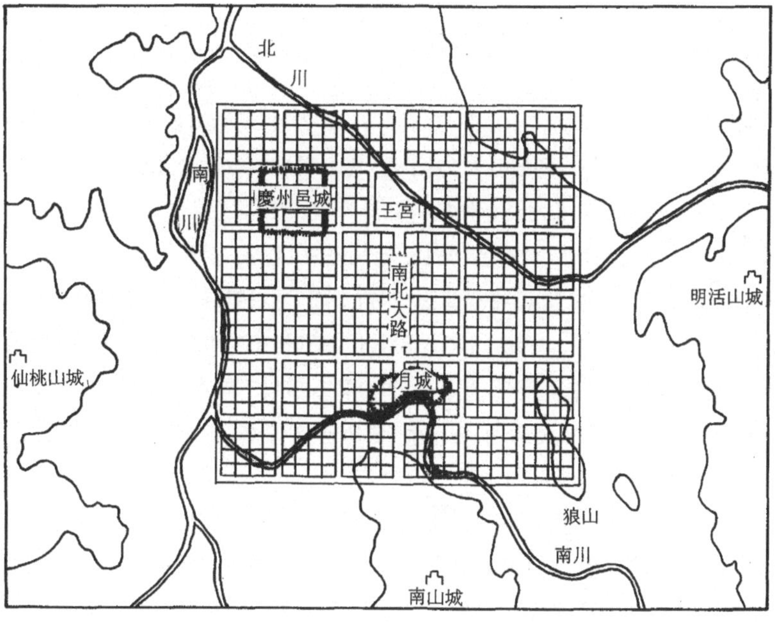

46) 《三國史記》 권 34, 志 3, 지리 1 및 《三國遺事》 권 1, 紀異 2, 진한.
이와 관련하여 1360坊 55里를 인정하는 견해(藤島亥治郎, 앞의 글, 91~106쪽 ; 閔德植, 〈新羅王京의 都市設計와 運營에 관한 考察〉, 《白山學報》 33, 1986, 15~16쪽)와 왕도의 지역 구분을 坊, 王畿지역의 행정구획이 里라고 하는 견해(李鍾旭, 〈新羅下代의 骨品制와 王京人의 住居〉, 《新羅文化》 7, 東國大 新羅文化硏究所, 1990, 177~179쪽) 등이 있어서 앞으로의 진전된 연구를 기대한다.

47) 尹武炳, 〈新羅王京의 坊制〉(《斗溪 李丙燾博士 九旬紀念韓國史學論叢》, 知識產業社, 1987).
成周鐸, 앞의 글(1994) 54~58쪽.

나. 산 성

신라 왕도에 외곽성인 羅城의 축조가 없었던 것은 지형상 하천과 주위에 산이 둘러싸여 있어 천연의 요새를 이루고 있고, 주위에 山城을 축조하여 나성의 역할을 대신하였기 때문이다. 신라에서의 구체적인 축성 기록은《삼국사기》에 파사니사금 8년(87)조의 加召·馬頭 2성의 축조를 시작으로 계속해서 보이고 있다. 그러나 무엇보다도 중요한 것은 王都를 수호하기 위하여 왕도 주위에 축조한 산성들이다.

가) 명활산성

明活山城은 普門洞과 千軍洞에 위치하고 있는 明活山을 둘러싸고 있는 산성이다. 주로 동해로 침입하는 왜구를 방어하기 위해 축조된 것이다. 이 산성은 토성과 석성의 2개로 구성된 복합식 산성이다. 토성의 성벽 길이는 자세하게 알 수 없지만, 석성은 4.5㎞ 정도라고 한다. 석성 안에는 문지·수구지·건물지 등이 있으며, 유물로는 신라시대 기와편과 토기편들이 발견되고 있다. 이 명활산성은 자비마립간 18년(475)부터 소지마립간 10년(488)까지 13년 동안 왕의 居城으로서의 역할을 한 바도 있다. 특히 이곳에서는 明活山城作成碑[48]가 발견되어 신라사 연구에 중요한 자료를 제공해 주고 있다.

나) 남산신성

南山新城은 왕궁이 월성으로 옮겨지면서 가장 중요한 역할을 하였을 것이다. 이 성이 위치한 南山(표고 468m)은 경주시 남쪽에 위치하고 있으며, 佛國淨土로 불려질 정도로 신라시대의 佛蹟이 밀집되어 있는 곳이기도 하다. 성벽은 돌로 쌓았으며, 둘레는 3.7㎞이다. 기록에 의하면 진평왕 13년(591)에 처음으로 축조하였으며, 문무왕 19년(679)에 크게 수축하였다고 한다. 시설물로는 문지·망대지·수구지 등을 비롯하여 성안에는 큰 창고지 3개소가 남아 있다.

이곳에서 南山新城碑가 8기 발견되었다. 이 비문의 내용은 성을 축조함에 있어서 3년 이내에 파손될 경우 공사 담당자들이 벌을 받을 것을 서약하고 관직·인명·출신부명·담당한 성벽길이 등을 기록[49]하고 있다.

---

48) 朴方龍, 〈明活山城作成碑의 檢討〉(《美術資料》 41, 1988).

49) 秦弘燮, 〈南山新城碑의 綜合的 考察〉(《歷史學報》 26, 1964).

다) 서형산성

西兄山城은 경주시 西岳洞 仙桃山(표고 380m)에 위치한 석축산성이며, 둘레는 2.9㎞에 달하는 테뫼식 산성이다. 《삼국사기》 진평왕 15년(539)조에 의하면, 명활산성과 함께 개축하였다고 되어 있어 그 이전에 이미 축조되었음을 알 수 있다. 축성 목적은 서쪽으로부터의 외적을 방어하기 위한 것이며, 주로 백제와의 관계에서 축조된 것으로 생각된다. 현재 성내에는 별다른 시설물 유적이 없다.

라) 북형산성

北兄山城은 경주에서 포항으로 국도를 따라 가면 北兄山에 이르게 되는데 행정구역으로는 경주군 江東里에 위치하고 있다. 성의 축조가 문무왕 13년(673)[50] 羅·唐戰爭이 치열했던 시기이므로 당과의 전쟁에 대비해서 축조된 것으로 알려져 있으나 삼국시대 기와편들이 출토되고 있어 문무왕 13년 이전부터 사용되고 있었을 가능성이 있다.

시설물로는 문지·건물지·연못터 등이 있다. 특히 북형산은 中祀를 지내던 곳이기도 하였으며,[51] 현재 玉蓮寺가 있다.

마) 부산성

富山城은 경주군 乾川邑에서 서편에 표고 729.5m의 富山(五臺山)에 축조한 둘레 약 7.5㎞, 성내 면적 약 100만 평에 달하는 석재로 夾築한 포곡식 산성이다. 성벽은 대부분 파괴되었는데, 시설물로는 문지 4개소, 건물터 6개소, 우물·연못터·암문지·雉城 등이 있다.

문무왕 3년(663)에 축조되었다고 하며, 유물로는 신라시대 기와편과 토기편을 비롯해서 고려·조선시대의 유물들도 출토되고 있다. 또한 부산성은 《三國遺事》 효소왕대의 竹旨郞조에 의하면 得烏(谷)가 倉直으로 부역하였던 곳이다.[52]

50) 《三國史記》 권 7, 신라본기 7, 문무왕 13년 9월조에 風原城·北兄山城·召文城·耳山城 등을 축조한 기록이 있다.
51) 《三國史記》 권 32, 雜誌 1, 祭祀.
52) 《三國遺事》 권 2, 紀異 2, 효소왕대 죽지랑.

바) 삼년산성

三年山城은 報恩邑에서 동쪽으로 약 2㎞ 떨어진 漁巖里와 城舟里 사이에 위치하고 있는 표고 325m의 烏頂山 위에 석재로 축조한 포곡식 산성이다. 《삼국사기》에 의하면 자비마립간 13년(470) 축조하였다고 하며 3년 동안 공사를 하였다고 해서 삼년산성이라는 명칭이 붙여졌다고 한다. 축성 연대가 정확하게 알려진 산성으로 유명한 성 가운데 하나이다. 성의 둘레는 1,680m, 성벽의 높이는 10∼20m, 폭은 5∼8m로 內外夾築의 석축산성[53]이다. 내부의 시설물로는 수구지・문지・突出部(치성 역할)・장대지・건물터・우물터 등이 남아있다.[54]

유물로는 신라시대의 기와편・토기편, 고려・조선시대의 자기편 등이 출토되고 있다. 백제의 침략을 저지하고 나아가서 적극적인 공격을 감행하기 위해서 축조한 신라의 전초기지라고 할 수 있다.

사) 달 성

達城은 대구시내에 위치하고 있으며, 현재는 달성공원으로 이용되고 있다. 규모는 동・서 약 380m, 남북 470m이고, 성벽의 둘레는 1,300m이다. 성벽은 일부 자연 지형을 이용한 곳도 있으나 土・石混築을 하고 있다. 성벽 하부에서는 金海期의 포함층이 발견되기도 하였는데,[55] 이때의 성곽시설은 '喙國'의 왕성으로 사용되었을 것으로 추측되고 있다.[56] 그러나 《삼국사기》에 의하면 점해니사금 15년(261)에 "達伐城을 축조하여 奈麻克宗으로 城主를 삼았다"[57] 라고 하여 신라가 이 지역을 통치하기 위한 행정의 중심지로 사용하였음을 알 수 있다.

53) 成周鐸, 〈新羅三年山城硏究〉(《百濟硏究》 7, 忠南大 百濟硏究所, 1976).

54) 이 산성의 西門址는 1980년도 발굴 조사되어 보고된 바 있다(報恩郡, 《三年山城西門址調査概報》, 1980).

55) 有光敎一, 앞의 글, 498∼502쪽.

56) 尹武炳, 〈山城・王城・泗沘都城〉(《百濟硏究》 21, 忠南大 百濟硏究所, 1990), 8쪽.

57) 成周鐸, 앞의 글(1994), 56∼58쪽.

(4) 가야 성곽

《三國志》 魏書 東夷傳에 "辰韓에는 城柵이 있으며, … 弁辰 또한 城郭이 있다"고 기록하고 있다.58) 이것으로 미루어 보아 가야지역 전신이었다고 알려진 '변진'에 일찍부터 성곽이 존재하고 있었음을 알 수 있다. 그런데 변진 지역의 후신인 가야는 멸망할 때까지 고대국가의 성립을 이루지 못하고 小國의 연합단계에서 신라에게 병합되고 말았다(532~562). 따라서 가야의 도성을 중심으로 한 성곽은 그 유적은 찾아보기가 어려운 실정이나 가야시대 왕성과 관련이 있는 것으로 알려진 산성이 몇 개소가 있다.

가. 왕궁지

현재 가야시대의 왕성이나 都城址로 조사 보고된 유적은 없고, 가야소국들의 王宮址로 전해지고 있는 곳이 있을 뿐이다. 먼저 金海의 鳳凰洞宮址 및 駕洛古都宮址로 알려진 곳을 비롯해서 후기 가야소국 가운데 하나인 安羅國의 왕궁이 위치하였다고 전해지는 傳安羅王宮址가 지금 咸安郡 伽倻面 沙內里에 전해지고 있는데, 그 遺址는 찾아 볼 수 없다. 다만 이 지역의 주변에 門岩山城·城山山城·冬只山城·蓬山山城 등이 있는 것으로 알려져 있다.59)

나. 성산산성

城山山城은 咸安邑 서북쪽에 있는 城山에 위치하고 있으며, 성의 둘레 1,400m의 석축 산성이다. 시설물로는 문지 및 건물지만이 남아 있으며, 성 아래 구릉에는 가야시대의 것으로 추정되는 고분들이 있다. 傳安羅王宮址와 관련된 산성으로 추정되고 있다. 이 밖에도 주변에 봉산산성·문암산성·동지산성·咸站山城 등이 있다.60)

---

58) 《三國志》 魏書 東夷傳, 辰韓·弁韓.

59) 《古蹟調査報告》(朝鮮總督府, 1917), 300~305쪽.
《文化遺蹟總覽》(文化財管理局, 1977), 487쪽.

60) 《文化財遺蹟總攬》(문화공보부 문화재관리국, 1977), 122쪽.
東潮·田中俊明, 〈咸安の山城〉(《韓國の古代遺蹟》 2, 百濟伽倻篇, 中央公論社, 1989), 289쪽.
〈咸安 城山山城 發掘調査槪報(第1次)〉(《韓國上古史學報》 10, 1992).

다. 주산성

主山城(耳山山城)은 高靈邑 서쪽의 표고 311.8m의 主山에 위치하고 있다. 산성은 2개의 산성과 1개의 外城으로 구성된 복합식 산성의 성격을 가지고 있다.[61] 성벽은 토축과 석축이 부분적으로 혼합되어 있으며, 외성의 성벽 길이는 700m 정도이다. 제1내성과 외성 사이에는 古瓦片들이 있는데 가야시대 것으로 추정되고 있다.[62] 이 산성은 고령에 도읍한 대가야의 중심 근거지였을 것으로 생각된다. 시설물로는 우물터·건물터 등이 있다.

라. 운라산성

雲羅山城은 함안의 봉산산성, 고령의 주산산성과 함께 2內城, 1外城의 형식을 가지고 있는 산성이다. 이 산성은 고령의 북쪽 표고 266.5m의 雲羅山에 있다. 성벽은 주로 석축으로 되어 있으며, 시설물은 발견되지 않고 있다.[63]

마. 분산성

盆山城은 金海 漁防洞 盆山에 위치하고 있다. 성의 둘레는 약 900m, 석성의 높이 약 3~4m의 테뫼식 석축 산성이다. 駕洛國의 중심 근거지로 알려진 산성이다.[64]

(5) 삼국 및 가야 성곽의 성격

이상 고구려·백제·신라 및 가야의 성곽을 살펴보면서 다음과 같은 점을 생각할 수 있다.

---

61) 2 內城, 1 外城으로 구성되어 있는 主山城은 2개의 테뫼식 산성을 1개의 포곡식 산성으로 연결한 것이다. 이러한 형식을 가야의 독자적인 것으로 보아 가야식 산성으로 부르고 있기도 하나, 이것도 결국 복합식 산성과 같은 부류로 볼 수 있다(今西龍, 《古蹟調査報告》, 朝鮮總督府, 1917, 448쪽).
高正龍, 〈伽倻末期山城政策에 대한 一考察〉(上)(《伽倻通信》 15·16, 釜山大 博物館, 1986), 12쪽.

62) 藤島亥治郎, 〈朝鮮三國時代の都市と城〉(《日本古代史講座》 4, 學生社, 1980), 238쪽.

63) 《文化財遺蹟總攬》(문화공보부 문화재관리국, 1977), 122쪽.
成周鐸, 앞의 글(1994), 58~60쪽.

64) 위와 같음.

첫째, 고구려 초기 성곽인 五女山城과 下古城子古城이 고구려 건국 초기의 근거지로 제시하고 있다. 두 성의 거리가 약 10㎞ 떨어져 있는데, 평지성과 산성이 한 세트를 이루는 서로 관련이 있는 성곽으로 인정받자고 하면 좀더 정밀 조사가 필요하다.

둘째, 고구려 전기 성곽인 國內城과 尉那巖城(丸都城, 山城子山城)은 평지성과 산성을 결합한 성곽으로 의견의 통일을 보고 있다. 국내성의 경우 漢代縣治所의 土城址에 석재로 개축한 것으로 알려져 있다. 국내성과 위나암성은《삼국사기》의 기록과 일치해서 축성 연대가 확실한 최초의 도성지라고 할 수 있다. 고구려는 이곳에서 평양성으로 천도할 때까지 약 424년 동안 정도하고 있었다.

셋째, 고구려 중기 성곽인 평양성(전기 평양성)은 安鶴宮址를 근거로 해서 대성산성이 한 세트를 이루고 있다고 하는 견해와 청암리토성과 대성산성이 한 組를 이루고 있는 성곽이라고 주장하는 의견이 대립되어 내려오고 있다. 조사를 통해서 성의 규모와 유적 등이 많이 밝혀진 편이나 아직까지 단정을 내릴 단계까지는 이르지 못하고 있다.

넷째, 고구려 후기 성곽인 평양성(후기 평양성 = 장안성)은 비교적 조사가 잘 이루어져 북성·내성·중성·외성 등의 확인과 아울러 축성 구조로 보아 내·외성을 동일 시기 것으로 판단 3구분하는 의견도 있다. 아직도 왕궁지의 위치문제, 坊條制 문제 등의 이견이 남아 있다.

다섯째, 고구려의 산성은 압록강 이북과 이남에 수백여 개소 이상 분포되있는 것으로 알려져 있으나 구체적인 조사는 많이 진행되지 못하고 있는 단계이다. 이들 산성들은 규모가 크고 포곡식 산성이다. 앞으로의 조사에 기대할 수 밖에 없다.

여섯째, 백제 초기 한성시대의 근거지로 알려진 성곽은 현 단계로서는 몽촌토성과 풍납동토성으로 집약할 수 있다. 몽촌토성의 경우 비교적 잘 조사되어서 3세기경까지 상회하는 자료를 확보하기까지는 했으나 왕궁지의 위치가 성안에 있었는지 성박에 있었는지 아직도 묘연한 상태이다. 풍납동토성지는 실측조사 결과 동서가 길고 남북이 짧은 장방형 토성이다. 규모와 출토

유물의 격이 높은 점으로 보아 왕성일 가능성이 있다고 한다. 그러나 동・서가 길고, 남・북이 짧은 도성은 거의 없으므로 그 의견에 동의할 수 없는 점도 있다. 성안에서 왕궁지는 찾아내지 못하였다. 백제 초기의 도성지가 하남위례성이므로 한강 유역을 떠나서 그 근거지를 찾아볼 수 없는 것은 사실이며, 이 성들과 인접한 石村洞일대에는 백제 고분군이 있어 이들 성 가운데 한 곳이 백제 초기 한성시대에 왕성일 가능성이 높다.

일곱째, 백제 중기 성곽인 웅진성의 경우 발굴을 통해서 많은 사실이 밝혀지고 있다. 그러나 왕궁지가 성안에 있었는지 성밖에 있었는지 또 복합식 산성인지 아닌지 아직까지 확정할만한 자료를 마련하지 못하고 있다. 토성 735m는 백제시대 축조한 것이 분명하나 석성 1,925m는 조선시대에 축조한 것이므로 석성 축조에 앞서 백제시대에 선행해서 축조되었는지는 현단계로서는 알 수 없다. 성안에서 발굴 조사된 2동의 건물지만으로서는 왕과 왕비, 세자, 궁녀 등이 거주할 공간과 政廳으로서는 그 규모가 너무 협소해서 성밖에서 왕궁지를 찾아보아야 할 것이라고 하는 주장이 있다.

여덟째, 백제 후기의 사비도성은 부소산성과 나성 및 왕궁지를 찾기 위한 조사에서 많은 사실을 밝히고 있다. 즉, 부소산성은 백제가 사비로 천도하기 전에 축조한 산성이며, 백제시대에는 포곡식 산성이 축조되고, 군창지산성과 사비루산성의 내성은 통일신라시대에 축조되었으며, 군창지산성을 동・서 2구로 구분하는 196m의 토성은 조선시대에 축조되었음이 밝혀졌다. 왕궁지는 산성 앞의 구 부여박물관 자리 부근일 것이라고 하는 사실, 계획된 도로망을 일부 갖추고 있었다고 하는 사실 및 동문지의 확인을 가져오는 성과를 거두기도 하였다. 그러나 왕궁지의 정확한 위치, 5部制의 구획문제, 羅城 축조의 절대연대를 확인할 만한 조사와 청마산성의 조사 및 주변산성의 조사문제 등 많은 문제가 남아있어 역시 앞으로의 조사에 기대를 한다.

아홉째, 신라는 현재 경주에서 900여 년 동안 한자리에 정도하고 있었으므로, 그 구조가 복잡해서 진상을 밝히기가 더욱 어려운 실정이다. 금성과 월성 및 조방제 문제 등 아직까지 명쾌한 해답을 줄만한 조사가 이루어지지 못하고 있다. 조방제의 실시 연대도 문헌에 근거를 두고 연대를 제시하고 있는 실정이다. 조방은 360坊 35里(55리)로 추정 복원하고 있는 것이 통설로 되어 있으나 역시 결정적인 고고학적 단서는 밝혀지지 않고 있다. 나성격인 명활산성·남산신성·서형산성·북형산성·부산성 등은 신라의 서울인 경주를 수호하는 외곽성임이 분명하나 정밀 조사는 이루어지지 못하고 있다. 축성비문의 수습이 단편적이나마 축성의 사실을 뒷받침해 주고 있다. 신라의 전초기지 가운데 삼년산성은 축성 연대가 확실한 산성이며 지표 조사와 문지 조사를 통해서 일부 밝혀지고 있다. 백제가 성을 線의 조직으로 국방에 임했다고 하면, 신라는 성을 點의 조직으로 공격적인 성 배열을 하고 있는 것이 특징이다.

열째, 가야시대의 왕궁지와 산성에 대해서는 삼국시대 도성지 조사에 비해서 더욱 미진한 상태에 있다. 6가야 모두 정확한 왕궁지의 위치조차 확인되지 못하고 있다. 다만 성산산성·주산산성·분산성 등이 지표 조사를 통해서 알려졌을 뿐이다. 분산성의 복합식 산성은 가야의 독특한 성제이며, 백제산성과는 어떤 관련이 있는지 앞으로의 과제로 미루어둔다. 가야는 고구려·백제와 마찬가지로 왕궁 배후에 산성을 배치하는 공통점이 있는 것으로 생각된다. 즉, 평지성과 산성이 결합한 성제를 채택하고 있는 공통점이 있다. 신라는 지역의 특징상 평지성만을 고수해 내려오다가 5세기 후반에 산성을 축조하기 시작 6세기경에 이르러서야 주변에 본격적으로 산성을 축조하여 외곽성 역할을 하게 하고 있다.

현재까지의 연구 및 조사 성과로서는 성곽과 국가의 기원 관계를 명확하게 밝혀주는 데까지 이르지 못하고 있다. 이들 과제를 비롯해서 삼국의 성곽 및 가야의 성곽 발달과정에 대해서는 이제 초보적인 조사 단계에 있으므로 앞으로의 연구와 조사 성과에 기대를 한다.

〈成周鐸〉

7. 고 분

삼국시대 고분에는 積石塚·積石木槨墳·石槨墓·石室墳·土壙墓·土壙木棺墓·土壙木槨墓·周溝土壙墓·土築墓·甕棺墓·火葬墓 등 각양각색의 고분이 존재한다. 이들 대부분은 전대로부터 계승되어 내려온 토착의 전통 묘제이지만, 적석목곽분과 토축묘 그리고 석실분만은 삼국시대에 와서 출현한 신묘제이다. 전통적인 묘제 가운데 순수 토광묘와 석곽묘처럼 청동기시대 또는 신석기시대까지 소급하여 그 기원을 확실히 파악할 수 없는 형식도 있지만, 적석총·토광목관묘·토광목곽묘처럼 청동기시대에 유입되어 일찍 토착화된 것들도 있다. 이것들은 민족이나 종족이 이동할 때 함께 들어온 것도 있지만, 이와는 별도로 문화만 전래된 것도 있다. 아무튼 묘제는 그 기원과 계통상으로 보면, 토광목관묘·토광목곽묘·토축묘·옹관묘·화장묘·석실분들은 중국지역에서, 적석총은 몽고와 시베리아지방에서, 그리고 적석목곽분만은 경주지방에서 적석총 요소와 토광목곽묘 요소가 합성되어 발생한 것으로 알려지고 있다.

새로운 묘제가 발생한다거나 외부로부터 전래 유입되는 경우, 국내 사회의 자체적인 변화와 발전의 분위기 속에서 신문물과 함께 동반 유입되어 역사 발전상 새로운 전기를 마련하는 경우가 허다하다. 삼국시대의 묘제의 변천은 각국의 사회 발전과 동아시아의 국제 정세와의 관련하에 이루어지는 것이다. 다음에 각국의 주류를 이루었던 묘제를 중심으로 설명해 나가기로 한다.

1) 고구려 고분

고구려 고분에는 고분을 축조한 재료면에서 본다면, 돌로 축조한 積石塚과 흙으로 분구를 축조하고 내부에 석실을 축조한 封土墳의 2종류로 나누어진다. 이 2종류의 고분은 서로 계기적으로 출현하여 고구려 묘제의 주류를 이루어 발전하였다. 이외에 토광묘 종류와 토축묘·화장묘는 남부지방의 다른 나라와는 달리 아직 알려지지 않고 있는데, 이 점은 이 지역의 주류인 적석총과 석실분에만 조사 연구가 치중되어 왔기 때문이 아닌가 생각된다. 적석총과 석실분은 재료와 구조면에서 차이가 있을 뿐 아니라, 유행한 시기와 분포 구역에서도 차이가 있고, 또 기원과 계통에서도 상이하다.

(1) 적석총

가. 분포

고구려의 적석총은 압록강 유역의 集安과 烏牙里 등지, 압록강 지류인 長慈江과 慈城江 유역의 深貴里·魯南里와 松岩里 등지, 富爾江(冬佳江) 유역의 高力墓子村, 楡林河 유역의 大高力墓子村 등지에 수십 基 또는 수백 기씩 무리를 지은 고분군의 형태로서 분포하고 있다. 그리고 대동강 유역의 평양지방에는 소수의 적석총이 분포되어 있을 뿐이다.

고분군은 산중턱으로부터 시작하여 산록과 평지로 내려오면서 시기를 달리하여 분포된 경우도 있고, 또 강의 流水 가까운 언덕(강턱)으로부터 안쪽의 편평한 충적대지로 전개되는 형태로 분포하고 있는 경우 등이 있다. 강턱에 자리잡은 고분은 높은 위치에 있기 때문에 강물을 내려다 볼 수 있고, 아래서 올려다보면 크고 훌륭한 모습을 보이기도 한다.

나. 구조와 형식

적석총을 축조하는 방식은 초기의 소형인 경우는 먼저 지면의 부토층을 걷어내고 고르게 정지한 후 냇돌을 사용하여 기초가 되는 墓壇(墓臺)을 만들고, 그 위에 槨室을 만든 후 그 주위와 위에 적석의 분구를 축조한다. 적석총은 주로 압록강 유역의 고구려 지역에서 유행하였다.

적석의 분구는 일정하지 않으나 초기의 것들은 단순한 돌무지처럼 되었고, 다음 단계에는 피라밋형에 그 머리를 잘라 낸 것과 같은 方臺形(截切頭方錐形)의 돌무지형태를 이루며, 중기 이후로 내려가면 분구는 定型을 이루며 계단형으로 변한다. 규모는 방대형의 一邊이 대략 13~15m 정도이다. 계단식의 경우, 돌도 治石하여 長臺形의 돌을 사용하였다. 계단은 3단이 일반적이고 通口의 장군총과 같이 7단을 이룬 것도 있다.1)

내부 시설로는 석곽과 석실이 있는데, 석곽의 경우는 묘단 위에 설치하며 장방형이다. 석실의 경우는 將軍塚에서 보는 바와 같이 橫穴式으로서 羨道와 玄室로 이루어진 것도 있다. 이 경우는 봉토분의 횡혈식 석실이 출현한 후에 축조된 것으로 볼 수 있다.

압록강 유역에 분포하고 있는 적석총 중에는 두 종류의 異形 분구가 있다. 한 종류는 四隅突出形 고분이고, 다른 한 종류는 前方後圓形 고분이다. 전자는 慈江道 楚山郡 蓮舞里에서 발견되었는데, 분구는 無基壇 적석총으로 깬돌로 축조한 묘곽이 있고, 분구의 네 모서리에 일정한 면적의 돌을 깔아서 돌출시킨 부분이 발견되었다. 후자는 자강도 초산군 雲坪里 6호분과 慈城郡 松岩里 고분군의 33호분·88호분·106호분 등이 전방후원형 고분으로 밝혀졌다. 무기단 적석총인 이들 고분은 圓丘 앞에 方壇이 부설된 형식을 하고 있다. 앞의 異形 고분들은 특히 일본 고분의 원류로서 주목되고 있다.[2)]

위와 같은 구조로 된 적석총은 일반적인 형식이라고 할 수 있는데, 분구와 내부 시설의 구조 형식의 차이에 기준을 두고 적석총의 형식을 분류한다. 이에 대해서 鄭栢雲[3)]·鄭燦永[4)]·朱榮憲[5)]·李殿福[6)]·姜仁求·田村晃一[7)]·魏存成[8)] 등 비교적 많은 연구자들의 형식 분류가 제출되어 있다.

다. 형식 분류

① 純粹積石塚 : 深貴里 75호·78호·92호

② 無基壇式 槨積石塚 : 심귀리 73호

③ 基壇式 槨積石塚 : 良民 73호

④ 基壇階段式 槨積石塚 : 高力墓子村 15호

---

1) 姜仁求, 〈平壤學界의 高句麗古墳 調査硏究의 成果分析〉(《北韓의 韓國學 硏究成果 分析》(역사예술편), 韓國精神文化硏究院 1991).
2) 위와 같음.
3) 정백운, 〈조선고대 무덤에 관한 연구〉2 (《문화유산》 1957-2, 과학원 고고학 및 민속학연구소).
4) 정찬영, 〈고구려적석총에 관하여〉(《문화유산》 1961-5).
5) 주영헌, 〈고구려 적석 무덤에 관한 연구〉(《문화유산》 1962-2).
6) 李殿福, 〈集安高句麗墓硏究〉(《考古學報》 1980-2).
7) 田村晃一, 《高句麗の東アジアの考古學》(東京六興出版, 1990).
8) 魏存成, 〈高句麗積石墓的類型和演變〉(《考古學報》 1987-3).

⑤ 基壇階段式 石室積石塚 : 고력묘자촌 11호 · 將軍塚
⑥ 封石石室塚 : 楡樹林 대고력묘자고분군 43호 적석총류 중에서는 후기에 출현한 것으로 봉토석실분의 봉토 대신에 규모가 작은 자갈 등으로 분구를 형성한 것이다.[9]

①, ② 형식은 외관이 그저 단순한 돌무지처럼 보이고 내부의 매장 주체시설이 분명하지 않은 구조이다. 당초부터 槨과 같은 시설이 없었는지 그렇지 않으면 발굴시 돌을 하나씩 들어 낼 때 명확한 구분을 지을 수 없었는지에 관하여서는 알 수 없다.

라. 기원과 편년

고구려 적석총의 기원에 관하여는 일제시대부터 논의되기 시작하였는데, 석관묘 기원설 · 지석묘 기원설 · 원시 돌각담무덤 기원설 등이 있다. 1973년에 와서 고구려의 적석총은 고조선시기인 요동의 老鐵山 · 將軍山의 돌각담무덤이 崗上 · 樓上 · 双陀子의 돌각담무덤으로 이어지고, 이것은 다시 長慈江유역의 돌각담무덤으로 계승된다고 하여 앞의 기원설을 부정하였다.[10]

또 이와는 달리 田村晃一은 集安의 五道嶺 溝門, 寬甸縣의 太平哨公社 泡子沿大隊 · 長甸公社 四平街大隊, 鳳城縣의 弟兄山公社 三家子大隊 등지에서 청동유물이 나온 적석총이 고구려 적석총의 기원이라고 주장한 바 있다. 이처럼 적석총에서 細形銅劍이 출토되고 있어서 종래 기원 전후시기로 보려던 견해는 수정하지 않으면 안되게 되었다. 그리고 적석총은 3세기 이후 封土墳의 출현과 더불어 공존하다가 5세기 초 장군총을 끝으로 봉토분과 대체되었다.

여기서 중요한 문제는 적석총의 기원과 고구려의 건국 시기에 관한 문제이다. 학계에서는 고구려의 건국 시기에 대하여 《三國史記》 등의 기사를 근거로 하여 기원 전후시기로 보아왔던 것이 통설이었으나, 근년에 李基白이 《三國志》 東夷傳 東沃沮傳의 압록강 유역에 있던 제일 玄菟郡이 기원전 75

9) 강인구, 앞의 글, 65쪽.
10) 정찬영, 〈기원 4세기까지의 고구려 묘제에 관한 연구〉(《고고민속논문집》 5, 사회과학출판사, 1973), 48~51쪽.

년에 蘇子河 유역으로 옮겨간 기사를 근거로 하여 이미 고구려의 존재는 기원전 75년이나 그 이전인 기원전 107년까지 올라가야 된다고 주장하였다.[11] 필자도 이 견해에 찬동하는 바이며, 앞의 압록강 유역의 집안에서 丹東까지 청동기를 출토하는 적석총은 바로 고구려의 근거지라고 믿어지고, 현도군의 首縣인 고구려현은 한무제가 관할하에 두고자 하였던 고구려의 성읍국가 단계라고 믿어지기 때문이다.

집안의 五道嶺 溝門 적석총의 연대는 기원전 3세기까지 올려 볼 수 있는 초기의 적석총임이 이미 밝혀졌다. 그러므로 압록강 유역에 분포하고 있는 적석총의 시기는 이 시기 이후부터 편년될 수 있다.

(2) 봉토석실분

封土墳은 내부의 구조와 형식에 따라 여러 종류로 분류되고 있으며, 그 중 봉토석실분은 고구려의 전시대를 통하여 주류를 이루고 있는 가장 중요한 종류이다.

가. 분 포

봉토분은 앞에서 말한 적석총과 함께 고구려 묘제의 대종을 이루고 있는 형식이다. 적석총이 압록강 유역에만 주로 분포하고 있는 데 비해, 봉토분은 압록강 유역과 대동강 유역 모두에 다량으로 분포하고 있다. 압록강 유역에서는 강턱에 적석총이 있고, 그 뒤쪽 평야지대 쪽에 봉토분이 분포하고 있다. 대동강 유역에서는 산의 중턱이나 산록의 南斜面에 다수 분포하고, 후기에 와서는 보다 평지로 내려온다. 그리고 대체로 무리를 이루고 나타나는데, 압록강 유역에서는 집안의 통구평야와 산록, 자강도 초산군의 深貴里·魯南里·豊淸里 등지의 고분군, 자성군 송암리 고분군, 桓仁縣 고력묘자촌의 고분군, 楡林河의 大高力墓子村의 고분군 등이 유명하다. 통구에서는 분포하고 있는 지형에 따라 6구의 고분군으로 나눌 수 있는데, 전체적으로 약 15,000기의 고분이 분포하고 있다. 대동강 유역에서는 평양지방의 龍山里·戊進里·

---

11) 李基白, 〈고구려의 국가형성문제〉(《한국 고대의 국가와 사회》, 역사학회편, 一潮閣, 1990), 81쪽.

高山里·土浦里·內里·伏獅里와 그 외 江西 安岳 등지에 수기 또는 수십 기의 고분군이 형성되어 있다.[12]

나. 구조와 형식

봉토분으로 분류되는 고분은 구조상 분구는 봉토로 이루어지고, 내부시설은 횡혈식석실을 갖춘 고분을 통틀어 이르는 말이다. 따라서 구조에 관한 논의는 분구와 석실의 양면에서 이루어져야 한다. 분구의 형상은 方臺形(截頭方錐形)과 圓形墳의 2가지로 나누어진다. 그리고 분구를 형성한 재료면에서 보면 순수한 봉토로 이루어진 것이 일반적이지만, 평양지방의 소수의 분구에는 그 하단에 切石(治石한 長臺石)으로 기단을 돌린 기단식 봉토분이 있다.

석실은 대개 割石을 재료로 하여 연도와 玄室을 기본구조로 축조하나, 여기에 側室이나 龕室이 더 시설된 것도 있고, 또 前室과 後室 2실로 이루어진 것도 있다. 그리고 천정의 형식도 다양하여 平天井(벽상에서 판석 수매만을 연결하여 덮은 것)·折天井(판석으로 4면벽상에서 접어 올린 것)·穹窿狀天井(할석으로 4면 벽 상에서 둥근 곡면으로 올리고 최상부에 1매의 판석으로 마무리 한 것)·고임천정(4면 벽 상에서 장대석으로 가로 올려놓는 것과 네귀퉁이에서 가로질러 올려놓아 천장 면적을 좁히면서 올리고 최후에 판석으로 마무리 한 것)등 여러 구조가 나타나고 있다. 羨道의 위치도 3종이나 있는데, 남벽의 중앙에, 남벽의 우측에, 남벽의 좌측에 부설되기도 한다. 연대상으로 보면 향전 좌측의 경우가 가장 오래된 방식이다.

바닥은 판상석을 잇대어 전면을 깐 경우도 있고, 또 棺臺를 만들어서 그 위에 관을 올려놓게 하는 것 등이 있다. 앞에서 말한 바와 같이 벽과 천정은 대개 할석으로 축조하나 경우에 따라서는 판석을 잘 치석하여 사용하는 경우도 있는데, 전자의 경우는 표면에 회를 두껍게 발라서 고르게 整面하고, 그 위에 벽화를 그리기도 한다.

봉토석실분은 대체로 3세기-7세기까지 적석총에 이어서 고구려 묘제의 주류를 이룬 고분 형식일 뿐만 아니라 고구려 영역은 말할 것도 없고, 남쪽의 백제·신라·가야와 倭에까지 영향을 미쳤기 때문에 그만큼 구조가 부분적

12) 姜仁求, 〈高句麗 封土石室墳의 재검토〉(《韓國考古學報》 25, 1990), 62쪽.

으로 변화하여 복잡하고 형식도 다양하다. 그러나 형식 분류에 대한 연구는 매우 드문 편이다. 근자에 시도된 형식 분류를 소개하면 다음과 같다.[13)]

제1형 기단봉토석실분
　　A식 : 單室墓 a유형 : 平天井單室墓(1Aa식)
제2형 봉토석실분(무기단의 봉토석실분)
　　A식 : 단실묘 a유형 : 평천정단실묘(2Aa식)
　　　　　　　　b유형 : 절천정단실묘(2Ab식)
　　　　　　　　c유형 : 궁륭천정단실묘(2Ac식)
　　　　　　　　d유형 : 고임천정단실묘(2Ad식)
　　B식 : 龕側室墓(2B식)
　　C식 : 二室墓(2C식)

다. 기원과 편년

봉토석실분의 기원은 벽화고분의 기원과 함께 밝혀지고 있다. 그것은 기원을 밝힐 수 있는 자료가 벽화고분에서 많이 구할 수 있기 때문이다. 벽화고분의 기원문제는 두 가지의 문제를 내포하고 있다. 하나는 횡혈식 석실분의 기원이고, 다른 하나는 벽화고분의 기원이다. 전자는 가족 合葬을 실현하기 위한 묘실의 확장과 관계가 있고, 묘실 확장을 위하여서는 묘실의 天井架構 기술의 발전이 수반되어야 하는데, 이 기술이 중국의 漢代에 발전되었다. 따라서 고구려에는 요동지방에 들어와 있던 漢의 전축분 구조에서 영향을 받았다고 보여진다. 이 시기가 대체로 3세기경으로 추정되고 있다.[14)] 후자에 대하여서는 집안의 萬寶汀 1,368호가 발견되기까지는 375년의 묵서명이 있는 安岳 3호분이 始原 양식으로 추정되어 왔으나,[15)] 현재는 대체로 3세기경의 만보정 1,368호분의 벽화가 가장 오래된 벽화로 추정되고 있다. 이 고분은 'ㄱ'자형의 단실묘로서 천정구조가 궁륭식 또는 四阿式으로 塼築墳을 모방한 데다가 벽화 내용에 목조건물의 간단한 枓栱 양식과 石製 부뚜막 등이 초기의 양식이란 점에서 고구려 최고의 벽화로 추정되고 있다.

---

13) 姜仁求, 위의 글, 49쪽.
14) 李殿福, 앞의 글, 176쪽.
15) 金元龍, 〈高句麗 壁畵古墳의 起源에 대한 硏究〉(《震檀學報》 21, 1960).

라. 벽화고분

고구려의 석실분에서 가장 두드러진 특징은 벽화고분이 많이 축조되었다는 점이다. 현재까지 발견되어 보고된 벽화고분은 약 90여 基에 달한다고 전한다. 벽화는 석실의 벽면과 천정에 주로 그리는데, 灰壁에 그리는 경우는 회가 마르기 전에 그림을 그려서 회가 마르면서 속으로 깊이 스며들게 하는 후레스코기법을 채용한 예가 있으며, 墨線으로 먼저 윤곽을 그리고 채색하였다.[16] 벽화의 내용은 주제별로 보면 인물도·인물풍속도·四神圖 등으로 나누어진다. 유명한 벽화고분으로서는 통구지방의 舞踊塚·角抵塚·通溝四神塚·五盔墳 5호·牟頭婁塚, 평양지방의 眞坡里 1호분·藥水里 벽화분·江西大墓·江西中墓·水山里 벽화분·龕神塚·雙楹塚·遼東城塚·安岳 3호분·德興里 벽화분 등이 잘 알려져 있다. 이중 모두루총·안악 3호분·덕흥리 고분은 墨書銘이 있어 벽화고분 편년에 좋은 자료가 되고 있다.

마. 고분의 피장자

고구려의 고분은 규모면에서나 벽화면에서 단연 탁월함에도 불구하고, 被葬者가 알려져 있는 고분은 매우 드물다. 통구지방의 모두루총이나 평양지방의 안악 3호분과 덕흥리 고분은 묵서명에 의하여 각각 '牟頭婁' '冬壽' '□鎭'이라는 피장자의 이름이 밝혀져 있다. 그러나 이중 안악 3호분은 고분의 규모, 벽화의 호화로움과 다양함, 묵서명의 위치, 동수라는 지방관의 지위와 묵서명의 내용 등의 이유로 美川王陵 또는 故國原王陵으로 수정·추정되고 있다.[17]

이외에 중요 고분에 대하여는 그 나름의 피장자가 추정되고 있다. 집안의 장군총은 광개토대왕릉 또는 장수왕릉으로, 태왕릉은 광개토대왕릉으로[18], 평양 眞坡里 10호분은 東明王陵으로[19], 平成 慶新里 1호분(漢王墓)은 장수왕

---

16) 金元龍, 《韓國美術史》(汎文社, 1968), 59쪽.
17) 姜仁求, 앞의 글(1991). 97~99쪽.
18) 方起東, 〈千秋塚太王陵將軍塚〉(《好太王碑と高句麗遺蹟》, 讀賣新聞社, 1992), 230~252쪽.
19) 최택선, 〈고구려 벽화무덤의 피장자에 관한 연구〉(《고고민속논문집》 11, 1988), 49쪽.

릉으로, 평양 土浦里 大塚은 文咨王陵 또는 安藏王陵으로, 평양 湖南里 四神塚은 安原王陵 또는 陽原王陵으로[20], 江西大墓는 嬰陽王陵으로[21], 江西中墓는 陽原王陵 또는 平原王陵[22] 등으로 각각 추정되고 있다.

2) 백제 고분

백제 고분은 고구려 고분에 비해 종류가 다양하다. 土壙墓·周溝土壙墓·土築墓·석곽묘·적석총·석실분·전축분·甕棺墓·火葬墓 등의 종류가 있다. 백제의 묘제가 이렇게 다양한 이유는 백제의 발흥지인 한강 유역이 한반도의 중간에 위치하여 선사이래 북에서 남으로 내려오는 선진문화를 계승하여 토착화한 후 다시 남부지방으로 전달하는 소위 문화의 漸移地帶이었고, 또 백제 후기의 중심지인 금강 유역은 해안을 통하여 한반도의 남북지방과 황해를 건너 중국에서 여러 문화를 개방적으로 수용할 수 있었기 때문이라고 생각한다.

(1) 토광묘

토광묘에는 시체를 바로 매장한 순수토광묘와 토광에 木棺을 안치한 토광목관묘, 그리고 토광에 목관과 목곽을 안치한 토광목곽묘가 있다. 이 외에 매장주체부는 위의 토광묘들과 다를 바 없으나 토광의 주위에 방형 또는 원형의 도랑(周溝)을 돌린 형태의 주구토광묘가[23] 최근 발견되고 있다. 석촌동·가락동 토광묘의 경우를 보면 淺壙에 한 두개의 부장 유물과 함께 목관을 사용하여 시체를 매장하였다. 석촌동 3호분의 동쪽 A지역의 경우 5기의 토광묘가 확인되었는데, 토광의 평면형은 장방형으로, 모서리는 圓方形으로 처리하고, 長軸은 5기 중 4기는 대략 동서 방향이며, 頭向을 동으로 두었다. 규모는 가장 큰 1호분의 경우 길이 2.26m, 너비 1.04m, 깊이 0.3m이고, 목관은

---

20) 姜仁求, 앞의 글(1990), 69쪽.
21) 최택선, 앞의 글.
22) 姜仁求, 앞의 글(1990), 69쪽.
23) 姜仁求, 〈周溝土壙墓에 관한 몇 가지 問題〉(《정신문화연구》 17-3, 1994).

길이 1.81m, 너비 0.6m, 높이 0.2m의 규모인데, 각 면에 1매의 큰 판자를 사용하여 조립한 형식이다. 부장품으로는 소형 도자 1개 短頸壺 1개가 출토되었을 뿐이다. 이들 토광묘는 평면상으로는 서로 2~3m의 거리를 두고 밀집상태로 분포되어 있고, 층위도 3층으로 되어 있어서, 필자는 이것들이 하나의 큰 분구 안에 포장된 것으로 본 바 있다[24].

한강 유역에서 토광묘가 발견된 예는 극히 드물다. 그 외 지방에서는 서산·부여·천안·진천·청주 등지에서 발견된 일이 있으나, 서산·부여만 순수토광묘이고 그 외 지방은 모두 주구토광묘이다. 瑞山郡 大山面 明智里의 토광묘는 야산의 南斜面에 분포하고, 소형의 천광묘이다.[25] 부여에서는 草村面 素沙里[26]와 窺岩面 新里[27]에서 발견되었는데, 야산의 남사면에 분포되어 있다.

이러한 구조와 형식의 토광묘는 대동강 유역과 압록강 유역에서는 뚜렷하게 조사 보고된 일이 없지만 遼河 유역과 송화강 유역에서는 더러 알려져 있다. 예를 들면 遼寧省 西岔溝 유적과 吉林省 榆樹縣 老河深 유적이 그것이다. 이 유적들과 직접 연결을 시키기에는 거리가 좀 멀기는 하여도, 장차 대동강 유역과 압록강 유역의 유적이 알려질 것이란 예상하에 관련을 지어 본다.

(2) 토축묘

土築墓는 종래의 토광묘에서 분리하여 새로 부여된 명칭이다. 학계에서는 일반적으로 石槨이나 석실처럼, 돌을 사용하지 않은 구조의 매장시설에 대하여는 무조건 토광묘로 분류하여 왔다. 그러나 토광묘라고 하는 것은, 중국에서 소형은 특별히 土坑墓라고 부르고 있듯이, 지면을 파서 壙을 마련하고, 시체를 안장하고, 다시 그 위에 塡土와 封土를 덮는 구조를 말하는 것으로, 인류가 고안한 최초의 매장시설인 것이다. 그런데 토축묘라고 하는 것은, 매장시설을 지면 아래에 마련하는 것이 아니고 지면 위 분구 중에 축

24) 姜仁求, 〈漢江流域 百濟古墳의 再檢討〉(《韓國考古學報》 22, 1989).
25) 金永培·韓炳三, 〈瑞山郡大山面 百濟土壙墓 發掘報告〉(《考古學》 2, 1969).
26) 安承周·朴秉國, 〈百濟古墳文化의 硏究-扶餘郡草村面素沙里 百濟土壙墓를 中心으로-〉(《百濟文化》 5, 1971).
27) 姜仁求, 〈扶餘新里의 百濟土壙墓〉(《考古美術》 126, 한국미술사학회, 1975).

조하는 土葬으로, 여기서는 土壙이 존재하지 않는다. 구조만 이렇게 차이가 있는 것이 아니라, 葬法에 있어서도 큰 차이가 있다. 즉 토광묘의 경우는 1墳 1穴 1人 매장으로 單葬을 원칙으로 하고 있는 데 반하여, 토축묘의 경우는 1墳 2人 이상을 매장하여 多葬을 원칙으로 한다. 또 토광묘는 순수토광묘 외에 葬具로 목관과 목곽이 들어가지만, 토축묘의 경우는 목재든 석재든 槨시설은 일체 용납하지 않고, 대신 분구의 한 부분을 고르고, 그 위에 바로 시체를 놓는 토장, 판자만을 깔고 시체를 올려놓는 敷板葬, 자갈 등 작은 돌만을 한 겹 정도로 깔고 시체를 올려놓는 敷石葬, 숯을 얇게 깔고 시체를 올려놓는 敷炭葬, 이것들과는 달리 甕棺에 시체를 넣는 옹관장도 있다.

토축묘의 대표 유적으로서는 토분의 경우 가락동 2호분을 들수 있다. 이 고분은 모두 4기의 매장시설이 한 분구 안에 들어 있는데, 토장・부판장・부석장・옹관장 등이 층위를 이루고 수용되어 있으며, 분구는 방대형으로 표토에는 葺石도 시설하였다. 석촌동 破壞墳 등도 같은 종류에 속하는 토축묘이다. 石墳에 속하는 토축묘로서는 석촌동 A호분・석촌동 1호분・석촌동 4호분[28] 등이 있다.

석촌동 4호분은 백제 古墳路를 사이에 두고 석촌동 3호분과 마주 바라보는 위치에 있고, 복원되어 三段築의 고구려식 적석총의 외관을 나타내고 있다. 구조는 羨道가 달린 割石造 橫穴式 石室形의 내부를 점토로 충진한 것과 비슷하다. 그리고 版築한 점토층 안에는 3기의 埋葬穴을 만들었는데, 이 시설들이 모두 지상 분구 중에 있어 粘土槨으로 판단된다. 이 고분의 당초의 구조는 점토를 版築하여 분구를 올린 토축묘인데, 후대에 積石을 올려서 고구려식의 적석총으로 만든 것으로 생각된다. 그렇지 않다면, 고구려식 적석총의 내부에 점토판축은 도저히 이해하기 어려운 구조인 것이다. 따라서 이 형식은 한강 유역에서 토착의 토축묘에 고구려식 적석총이 가미된 새로운 형식의 積石土築墓 또는 石村洞式 적석총(한강 유역 지방식)으로 명명하여도 좋을 것이다.[29]

---

28) 서울大 박물관・고고학과, 《石村洞積石塚發掘調査報告》(1975).

29) 姜仁求, 〈初期 百濟古墳의 檢討〉(《考古學으로 본 韓國古代史》, 學硏文化社, 1997), 237~238쪽.

석분 계통의 토축에는 각기 특징이 있다. 즉 A호분은 부석장한 봉토분에 적석총이 후축된 형식이고, 1호분의 南墳은 부석장의 소형 분구에 적석총이 후축된 형식이며, 北墳은 토장(토광)의 봉토분에 적석총이 후축된 형식으로 되어 있다.[30)]

다음으로 토광묘와 토축묘의 연대를 살펴보면 다음과 같다.

각 고분의 형식에 대한 상대적 편년을 시도하여 보면 다음과 같다. 석촌동 고분군에서 축조 순서를 가릴 수 있게 된 것은, 고분들이 파괴 교란되었음에도 불구하고, 석촌동 3호분 동쪽지역에 대한 발굴 조사가 행하여지고, 거기서 확실한 층위가 밝혀졌기 때문이다. 구체적으로 말하면, 이 지역은 좁은 면적에 밀집되어 있는 적석총·토광묘·토광적석묘·옹관묘·석곽옹관묘 등의 여러 매장시설들이 상하의 층위를 나타내고 있다. 즉 최하층으로부터 보면, 대형 토광묘와 토광묘 1호분·2호분은 생토층을 파고 광을 만들었으며, 그 위 중간층의 분구 중에 토광묘 3호분·4호분·5호분 등이 있다. 그것들과 같은 층위에는 역시 토광묘 6호분·7호분·8호분·9호분이 석곽옹관묘·옹관묘와 함께 평행으로 있고, 이 중간층 위에 다시 토광묘 10호와 토광적석묘·옹관묘 3호분·4호분·5호분이 있다. 그리고 현 지표인 그 위에 적석총 3호분·적석총 破壞墳·석곽묘 등이 있다. 그러므로 여기의 遺構들은 각기 다른 4개의 층위를 이루고 있으며, 이것은 바로 이들 매장시설의 상대 편년이 되는 것이다.[31)]

이것을 기초로 한다면, 대형 적석총인 3호분과 4호분은 가장 늦은 시기에 축조된 것이다. 그리고 연대가 가장 올라가는 것은 토광묘이고 그 다음이 토장과 부석장들이 된다. 그런데 석촌동 A호분·1호분·5호분·4호분 등은 일단 토축묘로 형성된 뒤에 적석총으로 변조한 것이므로, 그것들의 최후의 연대는 적석총이 들어와서 영향을 미친 후의 시기가 되는 것이다. 여기에 적석총의 연대가 필요하게 되는 것이다.[32)]

그런데, 4호분의 연대는, 구조에서 보는 것과 같이 羨道가 부설된 石室形

30) 위와 같음.
31) 서울대학교박물관, 《石村洞3號墳東쪽 古墳群整理調査報告》(1986).
32) 위와 같음.

이라는 점에서 이 지방 횡혈식석실분의 상한 연대를 넘을 수 없으므로, 결국 4~5세기로 추정된다.

석촌동 1호분의 경우는 상부에 있는 부석장(석곽묘)에서 나온 회백색 연질토기가 늦어도 4세기초 이후로는 내려가지 않으므로, 결국 그 하층 위에 있는 1호분은 3세기의 후반기가 될 것으로 추정되고 있다.

한편 토축묘의 전형적인 유적으로 볼 수 있는 가락동 2호분은 黑色磨硏土器壺 등으로 미루어 2~3세기대로 추정한 바 있다.[33]

이상은 불확실한 요소가 있고, 또 대략적인 연대 추정이라고 생각되지만, 가락동・석촌동의 고분은 대략 2~5세기 사이에 축조된 것이라는 것만은 틀림없는 것이다.

토축묘는 영산강 유역에서 다수가 발견된 것 이외에는 대동강과 압록강 유역, 요령성 지방과 中原의 황하 유역에서도 알려져 있지 않다. 그러나 양자강 유역에서는 土墩墓라는 유적으로 다수 분포되어 있으며, 太湖부근과 寧鎭산맥 부근에서는 신석기시대 후기로부터 戰國시기까지 오랜 기간 전승된, 이 지방 특유의 매장 형식인 것이다.

대표적인 유적으로 江蘇省의 句容유적을 예로 들어 그 특징을 열거하면 다음과 같다. 묘지를 하천과 호수변의 구릉상 또는 평지에 택하고, 매장시설은 지상에 축조하며, 多葬이며, 葬法은 토장을 원칙으로 하고, 간혹 옹관이나 자갈바닥・목판바닥을 만들기도 하나, 특징적인 것은 木質의 관곽을 전혀 사용하지 않는 점이다. 그리고 追加葬할 때마다 분구를 확대하고, 부장품은 토기가 주종을 이루고 생산 공구나 장신구가 없는 간루한 편이다.[34]

(3) 주구토광묘

周溝土壙墓는 토광의 주위에 周溝(도랑)를 돌린 형태인데, 한반도내에서 처음 알려지는 고분이며, 현재는 錦江水系와 그 부근 지방인 天安 淸堂洞[35]・

---

33) 尹世英, 〈可樂洞百濟古墳第一第二號墳發掘調査略報〉(《考古學》 3, 1974), 139쪽. 姜仁求, 앞의 글(1997), 263쪽.

34) 姜仁求, 《三國時代墳丘墓硏究》(嶺南大 出版部, 1984), 9~40쪽.

35) 국립중앙박물관, 《淸堂洞》(1993).

鎭川 松斗里[36]·淸州 松節洞[37]·公州 下鳳里[38] 등지에서 발견되고 있다. 유적의 명칭에 대하여 각 보고서에서는 '原三國時代 墳墓' '原三國時代 木棺墓' '周溝를 갖춘 墳墓' 등의 명칭을 사용하고 있고, 일본학계에서는 같은 구조형식의 고분을 '方形(圓形)周溝墓'라고 하는 등 통일되어 있지 않다. 필자는 이 형식의 고분이 앞으로 점차 많이 출토될 것으로 보고, '주구토광묘'라는 새로운 명칭을 제안한 바 있다.[39]

주구의 형상에는 一面溝(一字형), 二面溝(ㄱ자형과 ㄴ자형), 三面溝(ㄷ자형), 四面溝(ㅁ자형), 圓形溝(◎자형) 등 다섯 종류가 있으며, 위치는 일면구와 이면구의 경우 토광의 위쪽에 주로 있다. 주구의 기능은 流水로부터 토광을 보호하는 防水의 기능이 가장 기본이고, 그 외에 묘역의 구획과 토광의 覆土用 흙의 채취 등의 기능과 용도가 있었을 것으로 추측된다.

매장 주체시설인 토광 내에는 목관과 목곽이 설치되어 있는데, 그것의 結構에 'ㅐ'자형 'ㅠ'자형 등의 방식이 보이고, 목관 내부에 구획을 설치하거나 공간을 연장하여 유물의 부장칸으로 사용하는 등 종래 일반적인 목관이나 목곽형과는 차이가 발견된다. 이와 같은 형식의 목관이나 목곽은 중국의 新疆 長城地帶·遼寧省지방 등지의 羌族·匈奴族 등 북방민족의 고분에서 발견되는 木框시설과 흡사하다.

출토유물 중에는 토기와 靑銅帶具가 가장 중요한데, 대구의 다량 출토는 특징적이다. 종래 馬形帶鉤는 漢문화의 영향으로 간주되어 왔으나, 실제로 중국에서 출토된 대구 270여 개 중 마형대구는 1개도 포함되어 있지 않으며, 동물 전신을 표현한 문양과 간결한 조각 수법으로 미루어 볼 때 북방계 문화의 영향으로 추측된다.

주구토광묘의 조영 시기는 대략 2~4세기로 추정되며, 분포구역·주구의 존재·토광묘의 구조 형식·출토 유물의 형식 차이 등으로 볼 때, 한강 유역의 초기 백제의 문화와는 구별된다. 주구토광묘의 분포지역은 후기 마한의

---

36) 忠北大 박물관, 《鎭川松斗里遺蹟發掘報告書》, 1991.
37) 忠北大 박물관, 〈학술조사보고 5〉(《年報》 2, 1993).
38) 이한상, 〈公州下鳳里遺蹟發掘調査報告〉(《박물관신문》 275, 국립중앙박물관, 1994).
39) 姜仁求, 앞의 글(1994).

중심지역으로 추정된다. 따라서 백제는 아직 지금의 경기도 구역에 머물러 있고, 4세기 중엽까지의 백제 영역은 安城川을 南限 경계선으로 하고 있었으며, 후기 마한도 끝내 영산강 유역까지는 미치지 못한 것으로 추정된다. 이 시기의 마한의 영역은 현재의 충남 및 충북의 서부, 전북, 전남의 북부지역이었을 것으로 생각된다.

주구토광묘의 기원에 관하여 현재로서는 확언하기 어렵다. 한반도 내에서는 금강수계 유역과 그 부근 지방에서만 발견되고 있기 때문이다. 그러나 대동강 유역의 台城里에서의 가능성을 찾을 수 있고, 중국의 산서성에서 B.C. 4~3세기에 속하는 주구토광묘의 실례가 발견되었으며, 주구토광묘의 木框과 馬形帶鉤 등이 장성지대와 요령성 지방과 관련이 있을 것으로 판단되어 주구토광묘의 기원은 중국의 북부지방에 있고, 그것이 대동강 유역으로 들어왔을 것으로 추측된다.[40]

(4) 적석총

석촌동・가락동에 현재 남아 있는 순수 積石塚(고구려식)은 석촌동 3호분이 유일하다. 이 고분은 基壇式 석곽적석총이며, 集安에서 많이 보이는 형식으로 밑변의 길이가 약 55.5m, 높이는 4.5m나 되는 대형 고분이다. 1974년 조사 이후 약 10년의 시간을 들여서 복원하였으나, 원형을 찾기에는 시기가 늦었던 것으로 보인다. 분구 上面과 내부는 민가의 건축과 철거시 이미 상당히 파괴되어 외형과 내부구조의 조사는 충분하게 이루어지지 못하였다.

석곽은 분구 상면 서북부에 치우쳐서 길이 200cm, 너비 150cm, 깊이 80cm의 과히 크지 않은 장방형 석곽이 발견되었으며[41], 내부는 4호분에서와 같은 土層으로 된 시설이었고, 봉토의 원형은 없고, 전부 돌로 채워졌다. 구조상으로만 볼 때, 집안의 太王陵・千秋塚과 같은 전형적인 고구려식 적석총임에 틀림없다. 따라서 석촌동 3호분과 같은 순수적석총과 석촌동 4호분과

---

40) 姜仁求, 위의 글, 122쪽.

41) 金元龍・李熙濬, 〈서울 石村洞 3號墳의 年代〉(《斗溪李丙燾博士 九旬紀念韓國史學論叢》, 지식산업사, 1987).

같은 변형된 석촌동식 적석총, 즉 적석토축묘의 적석부는 압록강중류 지역의 고구려식 적석총이 남하하여 이루어진 것임에 틀림없다.

석촌동 3호분의 연대는 분구의 형상이나 석곽의 구조 및 출토된 토기와 靑磁盤口壺 등을 근거로 할 때 4세기 전반으로 추정할 수 있다.[42]

(5) 석곽묘

石槨墓는 토광묘와 함께 선사 이래의 전통있는 토착 묘제 중의 하나이다. 한강 유역에서는 석촌동의 적석총 4호분과 그 남쪽의 5호분 사이에서 발견된 고분과, 석촌동 3호분의 동쪽에서 발견된 고분이 있을 뿐이다. 금강 유역에서도 재래식의 묘제로서 간간이 발견되고 있다.

구조를 보면 지면에 토광을 파고, 토광벽에 기대어 괴석으로 네 개의 벽을 쌓고 상면에 板狀石 여러 개로 蓋石을 덮고, 그 위에 과히 크지 않은 봉토를 올린 형식이다. 그러나 석촌동의 적석총 1호분과 2호분의 내부에서 발견된 것들의 구조는 淺壙을 파고 圍石墓와 같이 간단하게 돌을 돌리고 시체를 묻고 낮은 봉토를 올린 것으로 규모도 소형이므로[43], 석곽묘와 구별하여 토축묘 내의 부석장이라고 수정 명명하고 있다.[44] 석곽묘는, 내부구조는 청동기시대의 석곽묘(원시 석실묘)와 별 차이가 없으나, 다만 토광(청동기 석관묘의 경우)을 지하깊이 파고 축조하는 점이 다르다.[45]

---

42) 姜仁求, 〈漢江流域의 土築墓社會〉(《考古學으로 본 韓國古代史》, 學硏文化社, 1997), 260쪽.
김원용은 4세기 후반에서 5세기 초로 추정하였다(註 41 참조). 그러나 석촌동 3호분의 분구형식도 기단식 석곽적석총으로 집안에서는 4세기 전반에 유행하고, 흑색마연토기는 가락동 2호분에서 완전한 것이 나온 일이 있는데 3세기까지도 가능하며, 청자반구호도 녹색기가 있는 황색의 유약은 소위 원시청자라고 하여 서진과 동진에서 많이 제조되었다. 따라서 이러한 여러 측면에서 볼때 석촌동 3호분의 연대는 늦어도 4세기 중엽 아래로는 내려가지 않는다고 보여진다. 최근에 이 고분의 연대를 4세기 후반으로 추정하고, 被葬者를 近肖古王으로 보는 견해가 제출된 일이 있는데, 이에 대하여는 재고할 필요가 있다고 생각된다.

43) 서울大 박물관, 앞의 보고서.

44) 姜仁求, 앞의 글(1989), 32쪽.

45) 姜仁求, 위의 글, 287~291쪽.

(6) 옹관묘

甕棺墓는 옹관만으로 독립 묘제로 존재하는 경우와 다른 묘제의 副從的인 묘로서 존재하는 두 가지 경우가 있다. 전자는 대단히 희귀하고, 보통은 후자의 경우이다.

한강 유역에서의 옹관은 가락동 2호분의 분구 내의 하나의 매장시설로서 3기의 다른 형식의 매장시설과 함께 들어있는 형식이다. 일반적으로 옹관의 형식에는 옹의 입을 어떻게 막았느냐에 따라 合蓋式과 合口式으로 분류하고, 옹을 몇 개 사용하였는가에 따라 單甕式·二甕式·三甕式으로 분류하기도 하며, 또 옹을 어떤 형태로 매장하였느냐에 따라 直立式·斜立式·横臥式 등으로 분류한다. 금강 유역에서 발견되는 옹관묘도 구체적으로 들어가면 여러 종류로 분류된다.

부여와의 경계지점인 공주 南山里에서는 길이 1.8m, 너비 90cm, 깊이 40cm의 토광 속에 器高 31cm의 廣口平底壺 2개를 합구하여 관을 형성하였는데, 토기는 瓦質土器로 3세기경으로 추정된다.[46)]

부여 鹽倉里에서는 지표 아래 30cm 깊이에 길이 1.5m, 폭 1.1m, 깊이 1.2m의 U자형 토광 안에 기고 97cm의 大形壺를 横臥시키고 구부에는 廣口壺를 합개한 형식이 조사되었다. 호안에서는 금동이식 1쌍, 구슬 2개, 여성치아 20여 개가 발견되었다. 이 옹관묘는 북쪽으로 3m 떨어진 곳에서 발견된 평사천정식의 판석조석실분과 같은 분구 안에 매장되었던 것으로 보인다. 석실에는 夫, 옹관에는 婦를 각각 매장한 것으로 생각된다.[47)]

능산리에서는 대형호에 대형의 器臺를 蓋로 사용한 형식도 발견되었다.[48)]

공주 熊津洞 두리봉의 남사면에서 발견된 옹관묘 1호는 석비례층을 길이 1.5m, 폭 38cm, 깊이 1.1m의 토광을 파고, 남측벽만 석벽을 쌓은 후, 壙속에 小形甕 3개를 직립 안치시켰다. 옹관묘 9호는 평면 방형의 소형 석곽안에 1개의 甕만을 매장하여 蓋石을 덮고, 봉토를 덮은 형식도 발견되었다.[49)]

---

46) 《서울신문》 1971년 3월 8일자. 유물은 부여박물관에 소장되어 있음.
姜仁求, 《百濟古墳研究》(一志社, 1976), 141~143쪽.

47) 姜仁求, 위의 책, 147~148쪽.

48) 姜仁求, 위의 책, 149쪽.

이상의 여러 형식의 옹관에 사용된 토기는 일상생활용의 甕 또는 壺를 관으로 전용한 것들이다. 壺를 주로 사용한 棺과 墓用 甕을 사용한 옹관을 구분하기 위하여 壺棺墓라는 명칭을 사용하기도 한다.[50]

삼국시대 옹관묘 중에서 가장 특기할 만한 것은 영산강 하류지방의 옹관토축묘의 존재이다.[51] 羅州郡 潘南面과 靈岩郡 始終面일대에 다수 분포되어 있는 이들 묘는 거대한 분구 속에 대형옹관 여러 基·토장·부석장·부탄장 등이 함께 多葬으로 형성된 특이한 분묘이다. 연대는 3~6세기로 추정된다.[52] 이들 옹관토축묘의 조영 집단은 삼국시대의 백제나 또 그 전대의 마한과는 다른 문화 집단으로 보여진다[53].

(7) 화장묘

삼국시대의 火葬墓는 석관묘나 無紋土器文化期의 화장묘와는 달리 대부분 불교의 영향으로 이루어진 것들이다. 소형의 球形壺에 火葬骨灰를 담아 지하에 매장하는 것이다. 骨壺만을 매장하는 경우, 석관이나 석곽 내에 골호를 매장하는 경우, 통일신라시대처럼 석실 내에 골호를 매장하는 경우 등 여러 방식이 있다.

위치상으로 보면 寺址나 고분 부근이나, 산의 정상 등지에서 발견되는데, 전자의 경우는 軍守里사지·雙北里 건물지 부근, 후자의 경우는 上錦里·中井里 등지가 있다.

구조형식상으로 보면 ① 單壺式-球形身 항아리 1개만을 소형 구덩이에 묻은 것 ② 單碗式-碗 1개를 묻은 것 ③ 重層碗式-완을 二重으로 겹쳐서 묻은 것 ④ 心壺多碗式-중앙에 소형 호 1개를 놓고 그 주위에 소형 완을 돌려놓은 것 ⑤ 倒甕式-화장한 骨灰를 놓고 그 위에 소형 독을 엎어서 덮은 것 ⑥ 二重壺式-소형 호에 골회를 담은 후, 그 호를 다시 좀더 큰 호 안에 넣고 묻은 것 등이 있다.[54]

---

49) 安承周, 《公州熊津洞古墳群》(公州師範大 백제문화연구소, 1981).
50) 姜仁求, 앞의 책(1976), 139~167쪽.
51) 姜仁求, 앞의 책(1984), 41~105쪽.
52) 成洛俊, 〈榮山江流域의 甕棺墓硏究〉(《百濟文化》 15, 1983).
53) 姜仁求, 앞의 글(1994), 120쪽.

(8) 석실분

가. 수혈식 석실분

華城 白谷里의 석실분은 서해안 가까운 지점의 산 정상부(해발 100여 m) 부근에 위치하며, 석실은 평면이 장방형이나 한쪽 短壁線만은 半圓形으로 처리한 竪穴式 석실분이다. 구조는 바닥을 판상석으로 먼저 깔고 그 위에 벽체를 축조하고, 천정은 벽 상단에서 긴 돌을 안으로 빼면서 내경하면서 축상한 후 개석을 덮은, 일종의 平斜天井式을 구성하였다. 유물에는 와질토기와 경질토기가 함께 나오며 短甲의 존재도 인정된다.

석실평면의 일변을 반원형으로 처리한 구조 형식은 한반도에서는 아직 보고된 일이 없는 새로운 형식으로 그 계통이 주목되며, 연대는 대략 4세기대로 추정된다. 이외에도 수혈식 석실분은 금강 유역의 공주·부여지방을 중심으로 상당수 분포되어 있다. 소형은 석곽묘로 분류되고, 규모가 약간 큰 장방형석실 정도의 것은 수가 그리 많은 편은 아니다. 부여지방의 경우 석곽묘와 비교하여 깊이가 약간 깊고, 재료에 있어서 괴석보다는 할석을 많이 사용한 점이 다르다.

나. 횡혈식석실분

백제의 橫穴式 석실분은 다음의 3종으로 나눌 수 있다. 먼저 한강 유역의 중곡동·능동에서 발견된 장방형의 橫口式이 있으며, 둘째로 석촌동·가락동·방이동 등지에서 발견된 횡혈식의 궁륭상천정식 등 전기의 석실분이 있다. 그리고 셋째로 금강 유역의 공주와 부여, 만경강 유역의 전주지방, 영산강 유역의 나주 해남 등지에서 발견된 판석조 횡혈식 등이 있다. 이 중 연대가 올라가는 것은 중곡동 乙墳·가락동 4호분·5호분·6호분 등인데, 중곡동 을분은 장방형의 묘실에 평천정 형식으로 연도가 짧은 횡혈식으로 보이지만 오히려 橫口式 석실로 분류하여야 할 것 같으며 고식을 지니고 있다.[55)]

---

54) 姜仁求, 앞의 책(1976), 105~138쪽.

55) 姜仁求, 〈新羅の墓制變遷と紀年問題〉(《古文化談叢 第30集 小田富士雄 代表還曆紀念論集》 1, 九州古文化硏究所, 1993), 291쪽.

가락동 4호분은 묘실의 평면이 矩形으로 연도가 동벽과 남벽의 隅角에 설치되어 일반에서 벗어 난 형식을 하고, 천정은 평천정식을 따르고 있다. 5호분은 묘실의 평면이 방형에 가까운 장방형이고, 연도를 남벽 중앙에, 천정은 평천정식이며, 벽체는 얇은 괴석으로 쌓았는데, 전체적으로 南井里 119호분과 많이 닮아 있다. 연대는 4호분은 백제 초기로, 5호분은 4세기대로 각각 추정하고 있다.[56] 그러나 5호분과 6호분은 남정리 119호분과 흡사한 양상을 보이고 있어, 늦어도 4세기대 위로 올라갈 가능성이 있다. 또한 한강 유역에서는 이들 석실분보다 연대가 올라가는 初傳의 미숙한 형태의 석실분이 만들어졌을 것으로도 추측된다. 가락동의 초기의 석실분은 대방군 지역에서 영향받았을 가능성이 가장 높다. 왜냐하면 3세기 후반 고이왕 이후 4세기 중엽 근초고왕대까지 백제는 낙랑·고구려와는 늘 전쟁상태에 머물러 있으나 대방군과는 혼인을 하는(책계왕) 등 화평과 협조가 지속되고 있어서, 이때 대방군의 선진문물이 백제로 많이 흘러 들어왔을 것으로 추측된다.[57]

화성 백곡리 석실분은 한강 유역의 석실분과는 달리 서해안 가까운 해발 100여 m의 山 정상 부근에 위치하며, 석실은 평면이 장방형이나 한쪽 단벽은 반원형으로 처리한 수혈식 석실분이다. 대략 4세기대 축조로 보이는 이들 석실분은 바닥을 판상석으로 먼저 깔고 그 위에 벽체를 축조하고 천정은 벽 상단에서 긴 돌을 안으로 빼면서 내경하여 일종의 평사식 천정을 구성하였다. 유물에는 와질토기와 경질토기가 함께 나오며 단갑의 존재도 인정된다. 석실평면의 일변을 반원형으로 처리한 구조형식은 아직 한반도에서는 보고된 일이 없는 새로운 형식으로 그 계통이 주목된다

板石造 석실분인 금강 유역의 고분은 공주의 錦洞과 柿木洞에서 발견되었는데, 잘 다듬은 판석으로 4벽과 천정을 구성하고, 천정은 판석 2매를 양쪽에서 내경시켜 상단이 맞닿게 한 형식으로 단면이 "△"자형으로 아직까지 볼 수 없었던 斜天井式(맞배식)이다. 그리고 대체로 남벽의 중앙에 짧은 연도

56) 小田富士雄, 〈橫穴式石室の導入とその源流〉(《朝鮮三國と倭國》, 學生社, 1980), 287~291쪽.

57) 姜仁求, 〈考古學측면에서 본 三國時代 時期區分問題〉(《韓國史學》 16, 韓國精神文化硏究院, 1995), 104쪽.

를 설치하였다. 이 형식은 後漢代에서 유행한 바 있고,[58] 고구려의 평양 高山里 10호분에서도 약간 보인 적이 있다[59]. 그러나 고구려에서 크게 유행한 일이 없으므로 공주의 것은 중국에서 유입된 것으로 보여진다.

泗沘시대로 넘어오면 공주에서 보였던 전축분이라든가 사천정식 석실분은 사라지고, 오직 판석조 석실분 중 평사천정식 석실분만이 유일한 형식으로서 유행하게 되었다. 평사천정식은 평면과 연도 재료는 앞의 사천정식 석실과 같으나 천정형식만이 상이하다. 벽체의 상면에서 長臺石이나 판석으로 내경하고 그 위에 다시 판석을 올려 덮어서 천정을 완성하는 형식이다. 따라서 천정의 단면이 ⌒형으로 되었다. 이 형식의 석실은 논산·익산·전주·정주 지방을 거쳐 영산강 유역으로 확산되어 갔는데, 연대는 대략 6세기 후반 이후로 추정된다.

사비시기의 왕릉군은 부여 陵山里 고분군이 대표적이다. 1호분(東下塚)은 여러 측면에서 특별한 고분이다. 우선 구조면에서 현실의 평면은 장방형이고 벽체와 천정은 대형 판석을 물갈이하여 1매만으로 한 벽과 천정에 사용하였으며, 천정은 완전한 平天井式이다. 羨道는 평양에서 볼 수 있는 것처럼 길고 내외 二重 구역의 연도로 구성하였다. 외연도의 벽은 판석이 아니라 模塼石으로 쌓고, 그 위에 두껍게 白灰발이를 하였다. 관대도 모전석으로 처음에는 1인용으로 하였다가 후대에 2인용으로 확장한 흔적이 보인다. 棺臺下로부터 배수로를 길게 고분의 전면까지 뽑았는데, 단면을 V자형으로 파고 그 안에 모래와 잔자갈을 채우고, 상면은 모전석으로 덮었다. 이러한 배수로는 평사천정식 구조의 석실에서는 일반적인데, 그것은 이들 형식의 석실이 완전히 지하에 축조되는 지하식이기 때문인 것으로 생각된다. 이 고분의 또 하나의 특색은 4면 벽과 천정에 벽화가 그려져 있는 것이다. 동벽에 青龍, 서벽에 白虎, 북벽에 玄武, 남벽에 朱雀, 그리고 천정에 流雲文과 蓮花文을 각각 배치하고 유려한 필치로 그렸다. 공주 송산리 6호분의 四神圖와 함께 고구려의

---

58) 평사천정식은 漢代의 塼室墓에서 유행하였다.
河南省文化局文物工作隊, 〈一九五五年洛陽澗西區小型漢墓發掘報告〉(《考古學報》 1959-2).

59) 김원용, 《한국의 고분》(세종대왕기념사업회, 1974), 107쪽.

영향으로 추측된다.

능산리 제2호분(中下塚)은 판석 대신에 잘 다듬은 장대석으로 묘실을 축조하였다. 구조는 현실의 평면은 장방형이고, 연도는 남벽 중앙에 부설하였다. 현실의 천정형식은 터널(아취형)형식이고, 연도부의 천정은 평천정식으로 하였다. 이 형식의 천정은 능산리의 遞馬所大塚에서도 한 예를 볼 수 있었는데, 여기서는 대강 다듬은 장대석을 사용하고, 짧은 연도가 동벽에 치우쳐 부설된 점이 다르다. 이들 두 고분 외에는 부여지방뿐만 아니라 다른 석실분 밀집지역에서도 발견되지 않은 형식인데, 송산리의 6호분이나 무령왕릉의 터널식 천정과 같은 형식의 계통으로 보인다. 부여 천도 직후에 축조되어 아직 송산리의 형식이 남아 있었던 것으로 판단된다. 능산리 고분군중에서 위에서 설명한 1호분 2호분을 제외한 다른 고분들은 모두 천정형식에서만 차이를 보이는데, 판석조의 평사천정형식으로 되어 있다. 이 평사천정식의 석실분은 부여의 전지역과 논산·익산 이남의 호남지역에서 판석조와 할석조·괴석조 등 재료에 관계없이 거의 전 석실분에서 나타나는데, 백제의 후기인 사비시대에 주 묘제의 형식으로서 크게 유행한 듯 하다.60)

백제의 횡혈식 석실분이 유입되어 유행하여 가던 기간은 3세기 후반으로부터 4세기 중엽에 해당된다. 이 기간은 한마디로 고대국가가 완성되는 기간이라고 할 수 있는데, 3세기 중엽 이후 古爾王시대(234~285)에는 官制를 정비하고 법령을 제정하여 국가의 기틀을 튼튼히 하고, 西晋에 사신을 보내어 최초로 중국과 교통을 열었다. 責稽王(286~294)은 帶方郡王의 女를 취하여 왕비로 삼는 등 적극적으로 대방과 친교정책을 펴는 한편, 낙랑군과는 전쟁에 준하는 불화가 계속되었는데, 백제는 이 기간에 대방군을 통하여 중국의 선진문물을 직접 흡수하여 문화가 발달하여 가는 계기가 마련된 듯하다. 汾西王에서 比流王과 契王을 거쳐 근초고왕에 이르는 약 50여 년간은 낙랑군과는 긴장이 계속되나 신라와는 화평을 이룩하게 되었다. 근초고왕시

60) 능산리 고분군에 대하여는 일제시대의 조사보고서에 실려 있다.
朝鮮總督府, 《昭和二年度朝鮮古蹟調査報告》 第二冊(《昭和十二年度朝鮮古蹟調査報告》).
姜仁求, 앞의 책(1976).

대(346~374)에는 대외적으로는 대고구려 전쟁을 주도적으로 유리하게 이끌고, 晋과의 친교를 두터이 하고, 신라와도 계속 화평을 유지하였다. 대내적으로는 대고구려전을 좀더 유리하게 수행하기 위하여 前進的으로 漢山으로 천도하고, 高興의 《書記》 편찬 사업 등이 있어 백제역사상 가장 위대한 시기를 맞이하였다. 역시 백제에서도 고이왕 이후 관제정비를 계기로 꾸준히 성장한 귀족관료층이 대방군을 통하여 흡수한 선진문화의 토대 위에 새로운 국가의 기운이 일어나는 분위기 속에서 원시적이고 多岐的인 묘제를 경제적이고 발전적인 묘제인 횡혈식 석실로 묘제형식을 통일하여 보급해 나간 듯 보인다.[61]

(9) 전축분

塼築墳은 기원 후 2~3세기경 대동강 유역에서 유행한 후, 5세기 후반경 공주에서 다시 나타났는데, 이곳의 전축분은 대동강 유역의 그것과는 달리 중국의 南朝 揚子江 유역의 영향으로 이루어진 새로운 묘제이다.

송산리 고분군은 왕릉군일 뿐만 아니라 웅진시기의 고분군을 대표하는 유적이다. 우선 묘지 선택부터 한강 유역의 고분과는 상이하다. 강변 야산의 南斜面 중턱에 묘지를 마련하고, 고분을 橫列로 배치한 것은 풍수지리 원리를 적극적으로 활용한 결과이다. 분구는 원형봉토분인데, 규모가 작고, 塼으로 축조되어 터널식 천정으로 된 매장주체 시설은 벽체가 지하로 내려 간 半지하식이다. 현재 완전하게 남아 있는 전축분은 송산리 6호분과 무령왕릉의 단 2기뿐이지만, 당시에는 여러 고분이 축조되었을 것으로 추측되고, 해방 전에는 교촌리에도 일부가 잔존하고 있었다.[62]

송산리 6호분을 보면, 장방형 현실에 남벽 중앙에 연도를 부설하였는데, 천정형식은 터널형식으로 하였다. 그리고 1인용 관대를 현실의 동벽 가까이에 설치하였다. 동서남북 사면 벽에는 벽돌 위에 진흙을 바르고 그 위에 사신도를 그렸는데, 고구려 후기 평양지방에서 유행한 양식을 보이고 있어 홍

61) 姜仁求, 앞의 글(1995), 104쪽.
62) 輕部慈恩, 〈公州における百濟の古墳1－8〉(《考古學雜誌》 23－7・23－9・24－3・24－5・24－6・24－9・26－3・26－4, 1933~1936).

미롭다.[63)]

1970년에 발견 조사된 무령왕릉은 장방형 현실에 남벽 중앙에 연도를 부설한 형식으로서, 全面 棺臺를 설치하고, 천정은 6호분과 같이 터널형식으로 하였다. 벽체는 벽돌을 四平一立을 1단으로 하여 7단을 쌓고, 그 위는 曲面으로 하여 아치형을 만들었다. 그리고 벽체의 상단에 壁龕을 장벽에 2개, 북쪽 단벽에는 1개를 각각 만들고 등잔을 놓았다. 유물은, 왕과 왕비의 관을 중심으로 금제 관식·금제 이식·환두 대도·동경·동제 다리미·은제 탁잔·청자 광구 호 등 모두 2,600여 개의 많은 유물이 부장되었는데, 가장 특징적인 것은 買地券과 鎭墓獸이다. 매지권으로 피장자와 매장 경위 등을 알 수 있는 유일한 삼국시대 고분이 되었다. 이 능의 발견으로 백제의 역사와 문화는 말할 것도 없고, 동시대의 신라·고구려·가야·倭의 문화연구에도 좋은 기준이 되었다.

송산리 고분군에서 특징적으로 나타나는 풍수지리형국의 묘지 선정·塼築式·전면관대·매지권·진묘수의 부장 등은 모두 중국의 南朝에서 크게 성행한 형식이 영향을 미친 것으로 생각된다.[64)]

3) 신라 고분

(1) 토광묘

신라지역의 土壙墓는 백제지역과는 달리 청동기시대 후기로부터의 전통을 갖고 있다. 九政洞·入室里·竹東里 등지의 세형동검출토 토광묘들이 바로 신라토광묘의 직접적인 祖型이 된다. 1980년대에 들어와서 알려지기 시작한 朝陽洞·隍城洞 등지의 고분은 斯盧國단계의 근거가 된다.[65)]

---

63) 金元龍, 앞의 글, 186쪽.
64) 姜仁求, 〈百濟의 歷史와 思想〉(《考古學으로 본 韓國古代史》, 學硏文化社, 1997), 302~310쪽.
金元龍, 《韓國考古學概說》(一志社, 1986), 186쪽.
姜仁求, 〈中國墓制가 武寧王陵에 미친 影響〉(《百濟硏究》 10, 1979), 106쪽.
65) 姜仁求, 〈斯盧六村과 國家의 成立段階試考〉(《韓國史學》 16, 韓國精神文化硏究院, 1995), 30쪽.

조양동의 토광묘는 산록의 낮은 평지성 구릉에 위치하였으며, 목관토광묘와 목곽토광묘의 두 종류가 있다. 목관토광묘는 Ⅰ형과 Ⅱ형으로 분류되는데, Ⅰ형 묘는 토광의 길이 2m, 너비 0.75m, 깊이 2m이며, 평면은 장타원형이고 후기의 무문토기가 출토되었다. Ⅱ형 묘는 토광의 길이 2.5~3m, 너비 1~1.5m, 깊이 1~1.5m로 평면은 세장의 장방형이며, 후기 무문토기·瓦質土器·약간의 청동기·漢鏡·철기·유리제식옥 등이 출토되었다. Ⅰ형 묘는 남부지방 무문토기의 下限 연대인 B.C. 1세기 후반으로, Ⅱ형 묘는 38호묘에서 출토된 前漢鏡과 무문토기 종말기의 黑色磨硏長頸壺 등으로 A.D. 1세기후반으로 각각 추정하고 있다. 목곽토광묘인 Ⅲ형 묘는 길이 4m, 너비 1.2m, 깊이 0.6m의 토광 안에 목곽을 설치하였으며, 다량의 철기와 와질토기가 출토되었는데, 철촉의 형식으로 보아 3세기대로 추정되고 있다. 여기서 주목하여야할 것은 Ⅱ형 묘에 속하는 5호분에서 지면 위에 두 겹 정도의 적석이 있고, 또 토광에 타락한 돌들이 있었다고 하는데,[66] 이것은 적석목곽분의 적석부와 관계가 있는 것으로 추측되고 있다.[67] Ⅰ형 묘는 구조와 무문토기의 출토로 보아 재래식으로 보이고, Ⅱ형 묘와 Ⅲ형 묘는 전한경과 흑도 등이 출토되는 점으로 미루어 보아 대동강 유역으로부터 後來한 형식으로 보인다.

황성동에서 발견된 토광은 목곽토광묘이며 와질토기가 출토되었다.[68]

(2) 석곽묘

石槨墓는 고구려·백제·신라·가야 등 삼국시대 각 지역에서 자주 발견되는 간단한 구조의 묘이다. 지하에 壙을 파고 그 안에 막돌(塊石)이나 깬돌(割石)로 소규모의 槨을 만든 것인데, 청동기시대부터 내려오는 토착적인 묘의 일종이다. 일반적으로 신분이 낮은 계층에서 사용한 副次的인 묘제이다. 경주에서는 인왕동 지역에서 다수 발견된 바 있다.[69)]

---

66) 崔鍾圭, 〈慶州市朝陽洞遺蹟發掘調査概要とその成果〉(《古代文化》35-8, 1983).
67) 姜仁求, 〈新羅古墳硏究에 있어서의 몇 가지 補正〉(《先史와 古代》1, 1991), 96쪽.
68) 이건무·김홍주, 〈경주황성동유적발굴조사보고〉(《국립박물관고적조사보고》17, 1985).
69) 慶熙大 박물관, 《慶州仁旺洞古墳發掘報告》(1974).

(3) 적석목곽분

가. 구조와 형식

積石木槨墳은 경주의 신라시대 묘에서 주류를 이루었던 중심 묘제이며, 원형봉토분이다. 분포지역은 우선 경주분지를 중심으로 한 부근 일대에 한정적으로 분포하고, 창녕·삼척 등지에서도 약간 발견된 일이 있다. 이 구조형식의 묘에는 규모 면에서 본다면, 대형·중형·소형의 종류가 있는데, 이 중 적석목곽분의 특징을 가장 잘 나타내 주는 것은 대형분이고, 다음은 중형의 묘이다. 분구가 크고 높을 뿐만 아니라 매장주체도 지상 분구 중에 축조되었다. 중형의 일부와 소형(群集된 多墳 포함)은 분구가 낮고 작으며 매장주체부도 지면 밑에 토광을 파고 축조하였다. 따라서 이들 소형분은 계통과 기원에서 대형분과는 구별하여야 한다고 생각된다. 대형분에는 金冠塚·金鈴塚·瑞鳳塚·天馬塚(60m)·皇南大塚(120m)·鳳凰臺고분(270尺) 등이 있는데, 이 중 최대형은 황남대총이다. 대형분은 대개 단독 墳으로 존재하고, 대형과 중형분에는 분구 2기가 연접된 雙墳(瓢形墳)이 있는데, 황남대총·壺杅塚과 銀鈴塚·普門里 夫婦塚·皇南洞 151호분 등이 여기에 속한다. 多墳(群集墳)은 傳未鄒王陵 일대에서 쉽게 볼 수 있다.70)

대형 적석목곽분은 지면을 整地하고, 그 위에 목곽을 설치한 다음 상당한 두께의 적석으로 목곽을 둘러싸고, 다시 봉토를 상당한 높이로 축조하고, 봉토의 자락에는 냇돌로 1m 미만의 土留石(護石)을 시설한다. 돌 재료는 모두 北川과 西川에서 구할 수 있는 人頭大의 냇돌(川原石)을 사용하였다.

그러므로 다음과 같이 2종류의 유형과 형식으로 분류할 수 있다. ① 墳型에 의한 분류에는 대형 분·중형 분·소형 분이 있는데, 대형 분과 중형 분에는 單墳과 雙墳이 있고, 소형 분에는 단분과 쌍분 외에 군집분(다분)의 형태가 하나 더 있다. ② 묘곽에 의한 분류에는 묘곽의 위치에 따라서 지상식·반지상식·지하식 등의 3종류로 분류할 수 있고, 또 지상식에는 單槨의 목곽적석식과 幷槨의 목곽적석식 그리고 多槨式이 있다. 반지상식에는 순수적석식과 목곽적석식이 있는데, 그 중에는 단곽·병곽 그리고 다

---

70) 姜仁求, 앞의 글(1991b), 72쪽.

곽식이 포함된다. 지하식에도 반지상식과 같은 형식들이 들어 있다. 이상의 유형과 형식은 적석목곽분의 구조와 계통을 이해하기 쉽도록 설명한 것이다.[71]

중형과 소형에 속하는 적석목곽분은 처음 축조시 단을 만들지 않고 장방형의 토광을 파고, 그 토광 안에 목곽과 적석을 쌓아 올리고 나서 봉토를 덮는다. 적석목곽분은 1穴 1人葬을 원칙으로 하며, 유물을 부장하기 위한 副槨을 主槨의 머리맡 또는 발치에 설치하기도 하고, 경우에 따라서는 주곽의 옆에 설치하기도 한다. 대형 분과 중형 분에서는 一墳一葬의 원칙을 고수하나 중형의 일부와 소형 분에서는 一墳幷葬(同墳異穴合葬) 또는 一墳多葬(同墳異多穴合葬)을 하는 경우도 있다. 그래서 부부합장이나 가족합장을 위하여 신라 특유의 쌍분(瓢形墳)이 발생하였고, 다장을 위하여서는 다분 다장이 존재하였다. 葬式은 仰臥伸展直肢葬을 원칙으로 한 듯하다.[72]

나. 부장유물

신라 적석목곽분의 가장 큰 특징 중의 하나는 부장유물이 다른 종류의 묘제보다 상대적으로 많은, 厚葬이라는 데 있다. 구조상으로 부장유물만을 위한 부곽을 시설하고, 경우에 따라서는 副葬櫃를 설치하는 데에서도 알 수 있다. 종류도 다양하여 금관을 비롯한 이식·과대·신발·頸飾·釧 등의 장신구류, 환두대도를 비롯한 대도·소도·도자 등의 도검류, 철모·철창·철촉·단갑·규갑·有刺利器 등의 무구류, 고배·장경호·단경호·광구호·대호 등의 토기류, 철부·보습·철겸 등의 농구류, 障泥·馬鞍具·재갈·행엽·운주·등자 등의 마구류, 동합·동완·철부 등의 식기류, 이외에 鐵鋌(중간재 및 교환가치 단위로 사용)·유리제완·金製寶劍 등등 유물이 다양하고 풍부하여 일상생활에 필요한 거의 모든 도구와 용품을 부장한 듯하다.[73]

이들 유물들은 고구려·백제·가야가 대개 비슷하나, 신라의 금관만은 형식과 양식이 특이하다. 금관은 순금제·은제·금동제가 있다. 얇은 금판을

---

71) 姜仁求, 〈신라 積石封土墳의 構造와 系統〉(《韓國史論》 7, 서울大, 1981).

72) 姜仁求, 앞의 글(1991b), 72쪽.

73) 국립경주박물관, 《菊隱 李養璿 蒐集文化財》(1987).
《국립경주박물관도록》(통천문화사, 1988).

원형으로 하고, 그 위에 장식을 세우는데, 전면과 양측 면에는 主幹에 맞가지형을 圖案化한 出(山)字형 立飾을 세우고, 후면은 鹿角형의 입식을 세우며, 측면에는 曲玉과 鏤金細工한 장식을 아래로 늘인다. 이 금관의 형식은 시베리아 샤만의 관에서 유래하였다는 견해가 있다.[74] 금관이 출토된 고분은 금관총·금령총·서봉총·천마총·황남대총북분·교동고분 등이 알려져 있다.[75] 그리고 유리제완과 금제보검도 중동지방에서 그 형식과 제법이 전래되었다고 보고 있다.[76]

다. 기원과 편년

적석목곽분은 신라지역 외에서는 발견되지 않고 있을 뿐 아니라, 그 祖型과 조형으로부터 발전해 가는 과정을 보여주는 자료도 아직 발견되지 않고 있고, 정형화된 典型 고분만이 알려져 있기 때문에, 기원을 밝히기가 대단히 어렵다. 따라서 기원을 구명하기 위해서는 고분을 구성한 요소별로 분석하여 추구하는 방법을 택할 수밖에 없다. 적석목곽분 특히 대형에 속하는 고분은 목곽부·적석부·봉토부·호석부 등 4개의 중요한 요소로 형성되었다. 이 4요소 중 기원을 따질 수 있는 것은 목곽부와 적석부이다. 목곽은 이미 세형동검을 출토하는 토광묘와 前漢鏡·黑陶를 출토하는 목곽토광묘에서 설치·사용한 바가 있는데, 이 목곽에서 온 것으로 추측된다. 적석부는, 고분에서 봉토를 제하면 대략 14~15m의 방형적석부만이 남는데, 이 형상과 규모는 압록강 유역의 고구려 적석총과 대단히 흡사하여 그 영향을 받은 것으로 보인다. 경주 조양동의 목곽토광묘 5호분에서는 목곽의 상위부분에 두 겹의 적석이 있었고, 또 토광 내의 陷沒部에서도 약간의 돌이 발견된 일이 있어서[77] 이것이 양은 적지만 초기의 적석부와 관계가 있을 것으로 추정된다.[78] 그리고 경주 入室里에서 가까운 蔚山郡 農所面 中山里의 적석목곽분은 연대가 올라가는 고식인데 이미 적석부가 완전하게 갖추어져 있었다.[79] 경주 적석목

---

74) 金元龍, 〈新羅金冠의 系統〉(《曉城 趙明基博士華甲紀念佛敎史學論叢》, 1964).
75) 金元龍, 앞의 책(1986), 233쪽.
76) 이인숙, 《한국의 古代 유리》(도서출판 創文, 1993), 101쪽.
77) 崔鍾圭, 앞의 글.
78) 姜仁求, 앞의 글(1991b), 96쪽.

곽분의 출현시기는 고구려 적석총이 신라의 경주에 영향을 미친 시기, 즉 기원 후 2~3세기로 추정된다.[80]

(4) 횡혈식 석실분

가. 구조와 형식

① 횡구식 석실분은 출입시설의 구조 차이에 따라 2종으로 나누어진다. 하나는 출입할 때마다 벽을 헐었다 쌓았다 하는 閉塞式과, 출입할 수 있는 시설을 먼저 마련하여 두고 출입하는 出入口式이 있다. 폐새식은 황남동 151호분[81]을 대표 유적으로 들 수 있는데, 완전 지하식으로 묘실의 평면은 장방형이며, 동서 2장벽과 북 단벽을 쌓고 개석을 올린 후, 남쪽을 통하여 시체를 격납하고 退室한 다음 밖에서 남 단벽을 쌓고 분구를 축조한 것인데, 追加葬시에는 남벽을 헐고 매장한다. 여기에는 3인을 추가장하여 모두

---

79) 昌原大 박물관, 〈울산중산리유적 2차발굴조사성과〉 보도자료, 1993.

80) 그러나 필자의 〈적석목곽분 고구려 적석총 기원설〉에 대하여 崔秉鉉은 〈적석목곽분 시베리아 기원설〉을 주장하고 있다. 이 설은 다음과 같이 몇 가지의 납득할 수 없는 모순을 안고 있다. ①구조상 큰 차이가 있다. 시베리아 목곽분은 지하에 토광을 깊이(지하 6~7m)파고, 그 안에 대형 목곽을 설치한다. 목곽 위는 지표면 가까이까지 原木을 높게 쌓고, 그 위에 봉토를 올리고 최종으로 적석을 얇게 덮어서 분구를 완성한다. 이에 비해 경주의 적석목곽분은 대형분의 경우, 지면 위에 목곽을 설치하고 그 위에 바로 적석을 올리고 최종으로 봉토를 축조한다. 그러므로 시베리아의 목곽분은 그야말로 목곽분의 구조이고, 적석은 단지 葺石형태로 덮기 때문에 근본적으로 구조적 차이가 있는 것이다. ②연대상 큰 차이가 있다. 시베리아의 목곽분은 대략 기원전 9~4세기가 일반적인데 비해, 경주의 적석목곽분의 연대는 崔說에 의하여도 기원후 4세기 정도밖에 올라가지 못하기 때문에, 연대 폭은 1,000년~1,500년이다. 설사 구조형식이 동일할 경우라고 가정하여도 이만한 연대 폭이 있다면 상호 영향관계는 성립할 수 없을 것이다. ③남부 시베리아의 파지리크와 경주사이는 너무 거리가 멀다. 비행기가 없던 시대에서는 불가능한 거리이다. 그리고 중간지대인 長城地帶·遼寧省지방·한반도의 서북부지방·중부지방에서 시베리아의 목곽묘와 경주의 적석목곽분과 동일한 형식이 아직 발견되지 않고 있다. 만일 남부 시베리아의 영향을 받았다면 두 지역 사이 경로에 유사한 형식의 흔적이 반드시 유존하게 되기 때문이다.
이 설은 김원룡, 《한국의 고분》(세종대왕기념사업회, 1974, 52~54쪽)에서 처음으로 내놓았는데, 그 후 이은창도 지지한 바 있다.
姜仁求, 앞의 글(1991b), 96쪽 및 앞의 글(1993).
崔秉鉉, 《新羅古墳硏究》(一志社, 1993).

81) 문화재관리국, 《慶州皇吾里第一三三號 第一五一號古墳發掘調査報告》(1969).

4인을 매장하였다. 천정은 몇 개의 판상석으로 이루어진 평천정식이며, 벽체는 할석을 성글게 쌓았다. 출입구식은 보문동 부부총의 婦塚[82]에서 볼 수 있다. 묘실의 평면은 장방형이고, 서쪽 단벽의 폭을 약간 좁히고 묘실 바닥보다 약간 높게 함으로써 그 벽이 출입구임을 표시하고 있다. 천정은 평천정식이고, 벽체는 괴석과 할석을 섞어서 성글게 쌓았으나 벽면은 整面하였다.

② 횡혈식 석실분은 3종으로 나누어진다. 첫째는 順興己未銘壁畵墳 형식이다.[83] 묘실의 평면이 장방형으로 되고, 연도는 장벽의 한쪽 끝에 붙여서 설치하였다. 천정은 평천정식으로 하고 벽면과 함께 전면에 두터운 白灰발이를 한 다음 그 위에 벽화를 그렸다. 구조도 그렇고 벽화의 내용에서도 고구려의 양식이 보여 일단 고구려가 5세기경 남하하였을 당시의 영향으로 추측하고 있다. 둘째는 雙床塚[84]이나 傳神德王陵[85]에서 볼 수 있는 것과 같은 형식으로 묘실의 평면은 방형이고, 연도는 남벽의 중앙 또는 한쪽에 편재하여 설치하였으며, 천정은 돔식으로 하였으되 굴뚝처럼 높게 축조한 형식이다. 이런 형식은 集安의 萬寶汀 1,368호분에서도 볼 수 있는 것으로 신라에서의 유행은 대략 6세기경으로 추측된다. 축조시 穹窿狀天井을 목표로 하였으나 천정을 曲面으로 축조할 기술이 미발달하였기 때문에 높이 올리게 된 것으로 추측된다. 세째는 忠孝洞 고분군에서 다수 보는 것과 같은 형식인데, 묘실의 평면은 방형이고, 연도는 중앙과 편재가 골고루 섞여 있으며, 천정은 완전한 궁륭상 천정식으로 되었다. 이런 형식은 한반도에서 경주에만 특징적으로 분포되어 있는데, 횡혈식 석실분의 완성형이라고 할 수 있다. 신라가 수·당과의 빈번한 교통 속에서 유입된 北朝式의 석실형인 것이다. 연대는 대략 6세기 후반에서 7세기경에 유행하고, 통일 후에도 성행하고 내부에 火葬骨壺를 격납하는 것이 보통이며, 불교와의 관계가 깊다.[86]

---

82) 朝鮮總督府, 《朝鮮古蹟圖譜》 3(1916).
83) 문화재연구소, 《順興邑內里壁畵古墳》(1986).
84) 國立博物館, 《雙床塚馬塚一三八號 調査報告》(1955).
85) 朴日薰, 〈慶州三陵石室古墳－傳新羅神德王陵－〉(《美術資料》 8, 國立博物館, 1963).
86) 姜仁求, 앞의 글(1993), 294~295쪽.

나. 출현 배경

신라에 횡구식 석실이 출현하여 보급되고, 이어 횡혈식 석실분이 출현·유행하던 5세기대에서 6세기대에는 고대국가를 완성하고 삼국통일로 전진하는 기간이었다. 奈勿王 이후 實聖王(402~416), 訥祗王(417~457), 慈悲王(458~478), 炤知王(479~499), 智證王(500~513)을 거쳐 法興王에 이르는 약 100년간은 고대왕국으로서 체제를 완비하고 정복국가로서 도약해 가는 준비기간이라고 할 수 있다.

법흥왕시대(514~539)에는 관제를 정비하고 법령을 제정하였으며, 建元이라는 신라 최초의 독자적인 연호를 제정 사용하였다. 이미 퍼져나가고 있던 불교를 공인하여 정신적 지주로 활용하였으며, 밖으로는 金官國을 병합하여 낙동강 유역을 확보하였다.

진흥왕시대(540~575)에는 前 왕대에 이어 정복사업을 활발하게 추진하여 한강 유역과 원산만까지 국토를 넓히고, 화랑제도를 시행하였으며, 國史를 편찬하는 등 문운도 일었다. 궁륭상천정식의 횡혈식석실이 성기를 이룬 6세기 후반의 진평왕대에는 다시 관제를 중국식으로 개편하고, 수·당과의 친교를 두터이 하였으며, 불교도 크게 진흥하였다. 결국 이 시기에 횡혈식 석실분으로 묘제를 통일한 세력들이 나아가 삼국통일을 이룩하였다고 보여진다.

4) 가야고분

(1) 토광묘

가. 토광목관묘

土壙木棺墓는 낙동강하류지방인 김해지방에서 주로 조사되었다. 義昌郡 東面 茶戶里에서 27기, 金海郡 酒村面 良洞里에서 17기, 金海市 大成洞에서 27기 등 총 65기 정도가 조사·보고되었다.

① 다호리의 토광목관묘는 野山(해발 20m정도)의 지맥 구릉의 자락 40m×150m 범위 내에 밀집 분포되어 있었다. 토광은 장축을 동서로 하고 東枕으

로 매장되었다. 토광의 평면은 圓方形(抹角장방형)으로 묘광벽은 垂直이며, 광저 중간에 腰坑이 있는 것도 있다. I형은 묘광의 규모가 크고, 요갱이 있는 것으로 길이 240~290cm, 너비 86~136cm, 현 깊이 75~205cm이다. II형은 묘광의 규모가 전자보다 약간 작고 요갱이 없으며, 묘광의 길이 200~270cm, 너비 80~160cm, 현 깊이 43~170cm이다. III형은 묘광의 규모도 작고 요갱이 없는 것으로, 묘광의 길이 160~210cm, 너비 55~80cm, 현 깊이 20~80cm이다. 목관은 원목을 절개하고 속을 파낸 구유형으로 확인되었다.

출토 유물은 다양한 편인데, 토기・철기・청동기・장신구・칠기 등이 포함되어 있다. 토기에는 무문토기와 와질토기가 있다. 철기에는 鑄造의 梯形鐵斧와 鍛造의 환두도자・검・矛・과・촉・有肩철부・板狀철부・棒狀철부 등이 주요한 품목을 차지한다. 청동기에는 모・細形銅劍・劍附屬金具・劍把頭飾 등이 있다. 그리고 星雲鏡과 帶鉤가 있다. 칠기로는 붓・활・부채・豆・杯・鉢이 출토되었다. 연대는 대체로 기원전후한 시기로 추정되고 있다.[87]

② 양동리의 토광목관묘는 야산(해발 90m)의 남사면과 서사면에 정상으로부터 산자락까지 밀집 분포되었다. 2호분을 예로 보면, 묘광의 평면은 원방형이며, 장축은 동서로 하였다. 규모는 길이 310cm, 너비 125cm, 깊이 157cm인데, 분구는 削平되었으나 陷沒土로 관찰하면 낮은 분구의 존재를 추측할 수 있다. 출토유물로는 와질계의 우각형파수부호・단경호・주머니호 등이 있고, 주조와 단조의 철부・철겸・도자 등이 소량 발견되었다. 연대는 기원전 2~1세기로 추정되고 있다.[88]

③ 대성동의 토광목관묘는 김해평야의 중심지에 솟은 구릉의 자락과 주변 평지에 분포되어 있고, 구릉의 정상부에는 토광목곽묘가 분포되어 있다. 묘광의 평면은 원방형이고 규모는 길이 215~270cm, 너비 62~120cm, 현 깊이 30~110cm이다. 분구는 확인되지 않았으나 묘광에 함몰된 퇴적토로 미루어

---

87) 李健茂 외, 〈義昌茶戶里遺蹟發掘進展報告〉(《考古學誌》 1, 1989).
姜仁求, 〈前方後圓墳 起源에 關한 一檢討－楯築墳丘墓를 中心으로－〉(《古代韓日文化交流硏究》, 韓國精神文化硏究院, 1990).
林孝澤, 《洛東江下流域 加耶의 土壙木棺墓 硏究》(漢陽大 博士學位論文, 1993).

88) 林孝澤, 위의 책.

볼 때 낮은 분구의 존재가 추정된다. 묘광 내에서는 板材로 된 목관의 흔적이 확인되었다. 출토유물도 묘광의 형상과 같이 대략 다호리나 양동리와 흡사하게 나타났다. 연대는 기원전 1세기에서 기원후 2세기 전반 정도로 추정되고 있다.[89]

나. 토광목곽묘

土壙木槨墓는 앞에서 본 토광목관묘와 같은 다호리·양동리·대성동의 고분군에서와 같은 장소에 분포되어 있다. 그러나 다호리 고분군에서는 토광목관묘가 主이고, 양동리 고분군에서는 토광목관묘가 17기, 토광목곽묘가 287기로 목곽묘가 주다. 대성동에서는 구역을 달리하여 토광목곽묘는 구릉의 정상부에 수기가 분포되어 있었다.

양동리 토광목곽묘의 구조는, 235호의 경우 묘광의 길이 760cm, 너비 390cm, 현 깊이 116cm, 목곽의 길이 540cm, 너비 320cm, 높이 73cm이다. 장축을 남북으로 취하고 南枕하였다. 출토유물로는 와질토기의 단경호·고배·유개대부장경호 등이 있고, 판상철부 30개·대형 철모(길이 227cm)·철부 환두대도·銅鍑·유리 구슬 등이다. 이 무덤은 규모나 출토 유물면에서 보아 首長墓로 추측되며, 연대는 기원 후 2세기말~3세기초로 추정된다. 이들 유물은 漢의 낙랑계 유물이라기보다는 부여 등 북방계 유물이라는 점이 주목되는데, 낙랑·대방의 멸망 등 한반도 서북지방의 정세변화와 관계가 있을 것으로 추측된다.[90] 그리고 162호 토광목곽묘에서는 다량의 철기와 함께 2면의 한경과 8면의 倣製鏡이 출토되기도 하였다.[91]

대성동 토광목곽묘는, 13호분의 경우 주곽과 부곽이 구비된 토광묘인데, 주곽은 길이 595cm, 너비 390cm, 부곽의 길이 370cm, 너비 400cm이다. 목곽의 바닥 전면에는 朱漆을 하였으며, 출토 유물로는 大形巴形銅器 6개, 璧玉製석촉, 철촉 50개, 대도 2개 등 많은 유물이 출토되었으며, 3인분 이상의 인골이 확인되었다. 이 고분은 규모의 거대함, 출토유물의 탁월함, 殉葬 등의

89) 林孝澤, 위의 책.

90) 東義大 박물관, 《김해 양동리 제235호 토광목곽묘 발굴조사개요》(1992).

91) 東義大 박물관, 《김해 양동리 제162호 토광목곽묘 발굴조사개요》(1991).

양상으로 미루어 적어도 王墓가 아닌가 추측되고 있다. 파형동기와 석제품이 일부에서 추측하고 있듯이 倭제품이라고 한다면 당시 금관가야와 왜와의 교통을 짐작하게 하는 것으로 주목된다.92)

다. 토광묘의 성격

낙동강하류 지방에 분포되어 있는 이들 토광묘는 축조 연대상으로 볼 때, 가장 이른 시기의 것으로 추정되는 양동리 70호분은 가야의 전단계로서 초기철기시대로, 다음의 다호리와 양동리의 대부분의 토광목관묘는 早期 가야단계로, 대성동의 대형 목곽묘는 3세기 후반~4세기 중엽대의 가야 전기의 묘제로 판단된다. 그러므로 기원직후에 이미 가야국을 형성되었을 것으로 추측된다. 출토 유물상으로 본다면, 조기가야단계에 한경과 그 방제품이 섞여 있는 점으로 미루어 낙랑·대방 등 漢系세력과 무역 등의 교류가 이루어졌음을 짐작하게 한다.93)

(2) 석곽묘

가야지역에서의 석곽묘는 토광묘(목관묘와 목곽묘)의 다음 단계에 주류를 이룬 묘제로서 수량면에서 동시대의 여타 국에 비해 특별한 위치에 있다. 분포지역으로서는 낙동강 유역 전역에 걸쳐서 골고루 분포되어 있다. 주요한 지역은 양동리·華明洞·禮安里·福泉洞·蓮山洞의 고분군이다.

이들 석곽묘는 竪穴式이라는 점을 강조하여 竪穴式石室墓라고도 한다.94) 그러나 다음 단계에 출현하여 유행하는 細長形石室보다는 작다. 이들 석곽묘는 고분군으로 밀집분포 상태에서 단독 분으로 존재하나, 高靈 池山洞 44호분의 경우는 하나의 분구 내에 중앙에 主 석실을 배치하고 그 주위에 석곽묘 32기를 배치한 형태도 있다.95) 묘지로서는 산 또는 구릉의 남사면을 주로 이용하였다. 구조를 보면 지면을 파서 壙을 만들고, 그 벽에 기대어 塊石이나 割石을 사용하여 4벽을 축조하고 그 상단에 판상석 수매로 蓋石으로 덮

92) 慶星大博物館 발굴조사단, 《김해 대성동 제13호분 발굴조사의 성과》(1991).
93) 林孝澤, 앞의 책.
94) 林孝澤, 위의 책.
95) 尹容鎭·金鍾徹, 《大伽耶古墳發掘調査報告書》(高靈郡, 1979).

는다. 분구는 낮은 覆土보다는 높고 크나 본격적인 석실분의 高塚 분구보다는 낮은 형상이다. 바닥은 판상석·할석·굴껍질 등을 깐 것들이 있다. 석곽의 규모는 길이 2~4m, 너비 1~1.5m, 깊이 1~1.5m 내외가 보통이다.

석곽묘의 계통은 낙동강 유역의 지석묘의 하부구조에서 왔다는 견해가 있으나,[96] 그것보다는 고구려지역의 적석총의 내부구조인 석곽에서 왔다고 보는 것이 타당할 것이다.[97]

(3) 석실분

가야지역의 석실분에는 竪穴式 석실분과 횡구식 석실분, 그리고 횡혈식 석실분의 세 종류가 있다. 이것들은 각기 가야의 후기와 말기에 繼起的으로 출현하여 묘제의 주류를 이루기도 하고, 또는 횡혈식석실분처럼 주로 가야멸망 후 유행을 보는 것도 있다.

가. 수혈식 석실분

수혈식 석실분은 낙동강 유역에 널리 분포되어 있는데, 부산·김해·대구·창녕·합천·안동·고령 등지에 다수 분포되어 있다. 묘지는 구릉 또는 산능선의 정상부에 입지하며 분구도 거대하게 축조하여 장엄한 외관을 자랑한다. 석실은 반지상식 또는 지상식이 많으며, 석실의 형태는 細長形과 장방형의 두 종류가 있다. 석실의 존재 형태상으로 볼 때, 하나의 분구 내에 하나의 석실만을 배치한 것, 하나의 분구 내에 두 기의 석실을 T자형 또는 Ⅱ자형으로 배치한 것, 하나의 분구 내에 세장형 석실과 횡혈식 석실을 함께 배치한 것 등이 있고, 또 主室의 장축 방향으로 副室을 조영한 것 등이 있다. 석실은 괴석이나 할석으로 4벽을 수직으로 축조하고 그 상단에 수매의 판상석을 덮어 평천정식을 이루었다. 그러나 부산 복천동의 경우는 부실을 주실과는 달리 토광목곽의 형태로 한 것도 있다.

대구 內唐洞 51호분은 하나의 분구 내에 주석실과 부석실을 T자형으로 배치한 형식인데, 지상식이다.[98] 부산 福泉洞 11호분은 주석실과 土壙副室로

96) 金元龍, 앞의 책(1986), 220쪽.
97) 姜仁求, 앞의 글(1991b), 68쪽.

형성된 석실분이다. 주실의 크기는 길이 430cm, 너비 150cm, 깊이 220~320cm이고, 부실은 길이 600cm, 너비 350cm, 깊이 150~200cm의 수직토광으로 되었다. 大邱 不老洞 古墳(解顔面 1호분)은 석실의 길이 805cm, 너비 120cm, 깊이 220cm인데, 석실의 중간에 界壁을 설치하여 주·부실을 구성하였다.[99] 高靈 池山洞 44호분의 제1주석실은 길이 940cm, 너비 175cm, 높이 210cm이며, 옆에는 제2·제3석실과 주위에 32기의 석곽을 배치하였다.[100]

장방형 석실의 기원은 석곽묘와 같이 고구려 적석총의 곽실에서 영향을 받은 것으로 추정된다. 일부에서는 지석묘의 하부구조라든가 선사시대의 석곽묘의 석곽이 크게 자라서 이루어졌다고 보는 견해도 있으나, 고분의 구조는 편의에 따라 커지기도 하고 작아지기도 하는 것이 아니라 그 때 그 때 선진지역으로부터 새로운 양식·형식이 들어와 정착하는 것이라고 생각된다. 그러나 중국의 황하 유역으로부터 遼河와 요동반도를 거쳐 한반도에 이르기까지 낙동강 유역의 세장형 석실은 발견되지 않는다. 중국지역에서는 오로지 양자강 유역에 특정적으로 분포하는 石室土墩墓의 석실에서 유사한 형식을 발견할 수 있다. 석실의 길이 대 너비의 比가 낙동강 유역의 세장형과 같아 역시 土葬土墩墓와 함께 한반도에 영향을 미친 것으로 생각된다.[101]

나. 횡구식석실분

횡구식석실은 이미 경주의 신라 석실분에서 언급한 바 있다. 경주의 보문리 부부총과 같이 장방형이면서 짧은 연도형의 출입구 시설이 있는 梁山 부부총이나 禮安里의 方形 석실분과 같은 형식도 섞여 있지만[102], 일반적으로 낙동강 유역의 횡구식석실은 경주의 그것과 몇 가지 점에서 차이가 있다. 그 차이점만 열거하면, ① 구릉이나 산정상부에 묘지를 선정한 것 ② 석실이 더 긴 세장형인 것 ③ 석실의 벽체가 반 이상 지면 위로 올라오는 것이 일반적

98) 小泉顯夫·野守健, 〈慶尙北道達城郡達西面古墳調查報告〉(《大正十二年度 朝鮮古蹟調查報告》).
99) 齋藤忠, 〈大邱市附近に於いて古墳の調査〉(《昭和十三年度 朝鮮古蹟調查報告》).
100) 尹容鎭·金鍾澈, 앞의 보고서.
101) 姜仁求, 〈長方形石室의 系統에 관한 試論〉(《淸溪史學》 4. 1987), 281~282쪽.
102) 金廷鶴, 〈金海禮安里古墳群發掘調查豫報〉(《韓國考古學報》 2, 1977), 9쪽.

인 것 등이다. 횡구식 석실로 가장 잘 알려진 고분은 咸安의 末伊山 고분군이다. 말이산 34호분(4호)은, 석실의 길이 32척, 너비 5척7촌, 높이 5척5촌인데, 동서 長壁에 각각 2개, 後壁에 1개씩의 龕室을 설치하였다. 유물은 토기류와 다량의 철기류·마기류가 있으며, 특히 일본에서 자주 볼 수 있는 鹿角刀劍裝具가 있어 주목을 끈다. 또 같은 말이산의 33호(신8호)분은 구조와 형식은 34호분과 유사한데, 모두 6인의 유해를 매장한 것으로 확인되었다. 석실의 길이 11m, 너비 185cm, 깊이 190cm로 국내 최대형의 세장형석실이다. 유물 중에는 馬冑 短甲 등이 포함되어 있다. 이들 세장형의 횡구식 석실분은 5세기 후반경으로 추정되며, 이 지역 阿羅가야의 首長 墓로 추측하고 있다. 기원은 현단계로서는 앞의 수혈식 석실과 함께 양자강 하류지방의 석실토돈묘의 영향으로 추측한다.

다. 횡혈식 석실분

낙동강 유역에서 횡혈식 석실 그것도 궁륭상천정으로 된 고분은 동시대의 고구려·백제·신라에 비하여 유행시기도 늦고 수량면에서도 적다. 잘 알려진 고분으로서는 高靈 古衙洞 壁畵墳과 陜川 三嘉面에서 약간이 발견 조사되었다. 고아동의 석실은 평면이 거의 방형에 가깝고 동벽의 연장선상에 2段의 긴 연도가 부설되었으며, 현실 내에는 2개의 棺臺를 바닥보다 약간 높게 하여 장축방향으로 시설하였다. 천정은 아직 미숙한 궁륭상을 보이고 있고, 천정에 연화문을 그린 벽화가 약간 남아 있는데, 가야지역에서는 유일한 벽화분이다. 긴 연도와 함께 陵山里 벽화분의 분위기를 느끼게 한다. 삼가의 석실은 평면이 거의 방형에 가까운 장방형으로 종래의 장방형석실보다 너비가 상당히 넓어져서 궁륭상천정의 구조가 아니면 판상석으로 된 평천정으로는 거의 불가능한 형식이다. 여기서 연도는 동벽의 연장선상에 짧게 부설되었고, 관대는 대개 장축과 직각 방향으로 2~4개 설치하였다.[103] 연대는 6세기대로 추정된다.

103) 金元龍, 앞의 책(1986), 225쪽.

5) 원방형분

우리 나라에서 圓方形墳(前方後圓墳)에 관한 본격적인 조사 연구는 1983년부터 비롯되었다. 그 이전에는 일본열도에서만 성행한 일본 고유의 묘제로 인식되어 왔다.

한쪽에 圓丘, 또 한쪽에 方壇이 연접되어 하나의 분구를 형성하고 있다. 묘지는 하천이나 해변, 가까운 구릉의 정상부나 능선의 突端部를 선정하여 축조하는 것이 일반적이다. 매장주체 시설은 세장형의 수혈식 석실과 횡혈식 석실이 가장 보편적이고, 그 외에 토장·토광·석관 등이 있으나 시기와 지역에 따라 변화되었다.

분포는 固城의 舞妓山고분[104]·海南의 方山里 長鼓山고분·龍頭里 말무덤고분[105]·靈岩 泰澗里 자라봉고분[106]·咸平 長鼓山고분·神德고분[107]·광주의 明花洞고분[108]·月桂洞고분[109] 등이 정밀 실측조사가 이루어졌고, 자라봉고분과 신덕고분·명화동고분·월계동고분은 발굴 조사되었다. 그러나 이외에도 서울의 석촌동 6호·7호분·芳荑洞 1호·2호분을 비롯하여 낙동강 유역의 고령 本館洞 고분군·함안 말이산 고분군·義城 塔里고분·榮山江 유역의 羅州 潘南面 新村里 6호분·德山里 2호분[110] 등 더 많은 전방후원형 고분이 전국적으로 분포되어 있다. 또 최근에는 압록강 유역의 慈江道 楚山郡 雲坪里와 慈城郡 松岩里 등지에서도 발견 보고된 바 있는데, 한수 이남의 고분과는 달리 모두 적석총으로 되어 있다.[111]

---

104) 姜仁求, 앞의 책(1984), 203~210쪽.
105) 姜仁求, 《舞妓山과 長鼓山》(韓國精神文化硏究院, 1987).
106) 姜仁求, 《자라봉古墳》(韓國精神文化硏究院, 1992).
107) 成洛俊, 〈咸平禮德里新德古墳緊急收拾調査略報〉(《제35회 전국역사학대회 논문 및 발표요지》, 1992).
108) 국립광주박물관, 《光州明花洞古墳發掘調査資料》(1994).
109) 전남대학교박물관, 《光州尖端科學産業團地 發掘調査現況》(1993).
이들 고분은 일본의 전형적인 전방후원분과 꼭 같다고 일본학계에서 인정하는 것들이다..
110) 姜仁求, 앞의 책(1984), 58·276쪽.
111) 조선유적유물도감편찬위원회, 《조선유적유물도감》(고구려편 2, 1990).

한반도의 원방형분은 기원후 2세기경부터 출현하기 시작하여 4~5세기경에 많이 축조되다가 삼국이 정복국가로 성장하면서(분구 형상이 원형분으로 통일) 일단 중단되었다가 6세기 후반에서 7세기경에 신덕고분·명화동고분·월계동고분에서 보는 바와 같이 영산강 유역에서만 다시 재개된 것으로 추측된다.

원방형분의 분구는 한반도와 일본 외에도 중국의 打虎亭고분, 外蒙古의 NOIN-ULA고분 등이 알려져 있어 그 기원은 더 다양한 것으로 추정된다.[112] 한반도의 경우는 입지 조건·분구 형상·매장주체 시설·장법 등의 면에서 양자강 유역의 土墩墓에서 제요소가 들어와 형성되었을 가능성이 높은 것으로 보인다. 한편 일본의 전방후원분은 기원후 3세기 후반부터 그 原形이 한반도에서 건너갔을 것으로 추측되고 있다. 일본에서 彌生 墳丘墓가 국내외 여러 사회적 요인에 따라 갑자기 확대되어 전방후원분이 이루어졌다는 '日本列島自生說'은 재고되어야 할 것이다. 왜냐하면 야요이시대의 方形周溝墓·四隅突出墓·臺狀墓 등은 분구 규모가 10m여로서 그 일부분이 갑자기 확대 성장한다 하여도 당시의 일본의 사회적·문화적 여건은 100m 이상의 거대한 고분을 만들어 낼 수 없는 환경이었기 때문이다.

그리고 발생기의 전방후원분이라고 하는 纏向石塚고분(90m 이상)이라든가 箸墓고분(284m)은 그 분형이 이미 완성되어 정형화된 분구를 하고 있어 발달과정상의 분구형이 여실히 보이지 않는 이상 그것은 다른 곳에서 정형화된 분구가 들어 와서 영향을 미친 것으로 볼 수밖에 없기 때문이다. 그 原鄕이 한반도라고 판단된다.[113] 앞으로 원방형분의 출현 배경에 대하여는 좀 더 추구되어야 할 것이다.

〈姜仁求〉

이들 고분은 일본학계와는 달리 입지조건 분구의 형상 등을 고찰하여 전방후원분으로 추정하는 것들이다.

112) 姜仁求, 〈동아시아에 있어서의 전방후원형분구의 분포에 대하여〉(《擇窩許善道先生停年紀念 韓國史學論叢》, 一潮閣, 1992), 969쪽.

113) 姜仁求, 위의 글, 982쪽.

8. 음 악

1) 향악의 기원과 상고사회의 음악문화

오늘날 한반도에서 벌어지는 음악문화는 크게 두 갈래로 구분될 수 있으니, 하나는 예로부터 전승되는 전통음악이고, 다른 하나는 개화기 이후부터 소개된 서양음악이다. 한국의 전통음악은 흔히 國樂으로 알려졌고, 서양음악은 洋樂이라는 말 대신에 그냥 음악으로 알려져 있다. 그런데 근대화과정에서 서양음악이 아직도 이 땅에 자주적으로 수용되었다고 보기 어려운 상태이므로, 한국음악사의 서술에서 전통음악만을 주제로 삼을 수밖에 없다. 이제 한국전통음악의 뿌리를 찾는 마당에서 그 음악의 주체인 한민족의 기원에 대하여 알아보는 것이 순서이다.

(1) 한민족의 기원문제와 향악

우리 나라의 독특한 음악양식(musical style)으로 이루어진 한민족의 음악문화, 곧 전통음악을 20세기에 들어와서는 「국악」이라고 부르기 시작했고, 요즈음에는 흔히 「한국음악」이라고 한다. 이런 한민족의 전통음악을 20세기 이전에는 鄕樂이라고 불렀다. 따라서 현행 전통음악의 뿌리는 향악에서 찾아져야 마땅하고, 향악의 기원문제는 그 음악의 주체인 한민족이 어디에서 기원했는가라는 문제에 당면한다.

사람들이 거친 주먹도끼와 같은 석기로 짐승을 사냥하던 한반도의 구석기시대에 노래와 춤이 있었는지에 대하여 아직 아무런 단서도 알려지지 않았거니와, 강가나 해변에 움막을 짓고 무늬가 있는 토기와 다듬은 석기를 사용하던 신석기시대에도 음악과 관련된 자료가 하나도 알려지지 않았다. 그러므로 향악의 기원을 한반도의 구석기시대나 신석기시대에서 찾기가 어려운 형편이다. 그러나 청동기시대에 이르면서 한반도의 문화양상이 앞 시대와는 많이 달라지게 되었다.

고아시아족(Paleo-Asiatic tribe)으로 알려진 신석기인들이 청동기인들에 의해서 기원전 10세기 무렵부터 정복되기 시작함으로써, 청동기문화가 남만주와 한반도에서 시작되었다. 한민족의 뿌리로 알려진 청동기인들이 사용했던 말은 알타이(Altai)어 계통에 든다고 하는데, 한반도의 청동기인들은 支石墓와 石棺墓를 후세에 남겨 주었고, 농기구를 사용하여 벼농사를 짓는 농경문화를 발전시키기 시작하였다.

알타이어를 사용하던 청동기인들의 농경사회에서 노래와 춤 곧 歌舞가 시작되었고, 그런 음악문화가 후대의 馬韓사회에 전승되었다. 기원 전후의 상고사회 마한에서 씨를 뿌리고 난 후 그리고 곡식을 걷고 난 후에 노래와 춤을 추었다는 기록이 중국문헌에 전하는데, 마한의 그런 전통이 역사적으로 청동기인들의 농경문화에서 유래되었던 것이다. 따라서 향악의 기원은 한반도에서 전개된 청동기인들의 농경문화에서 찾아져야 한다.

(2) 상고사회의 음악문화

중국의 《三國志》에 의하면 한민족은 東夷族으로 기록됐는데, 한반도 북쪽의 夫餘와 高句麗나 濊, 그리고 남쪽의 韓이라는 상고사회에서 벌어진 음악문화에 대하여 아래와 같이 전한다.

> ① 부여 … 정월 하늘에 제사를 지내는 국중대회에서 며칠동안 음식을 먹고 노래부르고 춤을 추었는데, 그런 의식을 迎鼓라고 한다(《三國志》 권 30, 魏書 30, 東夷, 夫餘).
> ② 고구려 … 백성들은 노래와 춤을 즐겼으므로, 나라의 고을과 마을에서 밤에 남녀가 서로 어울려 노래와 유희를 했다. …10월 하늘에 제사지내는 국중대회를 東盟이라고 한다(《三國志》 권 30, 魏書 30, 東夷, 高句麗).
> ③ 예 … 10월마다 하늘에 제사를 지내고 하루종일 술을 마시며 노래와 춤을 추었는데, 그런 의식을 舞天이라고 한다(《三國志》 권 30, 魏書 30, 東夷, 濊).

부여의 迎鼓나 고구려의 東盟 및 예의 舞天은 한반도의 북쪽지방에서 농사나 목축 같은 생업을 잘되게 해달라고 하늘에 비는 큰 규모의 굿판과 같은 종교의식임이 분명하고, 그런 종교의식에서 노래와 춤이 중요한 구실을 담당했음을 알 수 있다. 고대사회의 종교의식에서 연주된 이런 종류의 가무가 향악의 뿌리라고 보아도 무방하다. 상고사회의 이런 가무전통은 한반도의 남쪽지방에서도 찾아볼 수가 있다.

④ 한 … 5월에 씨를 뿌리고 나면 신에게 제사를 지내는데, 사람이 무리를 지어 노래부르고 춤추며 술을 마시면서 밤낮을 쉬지 않았다. …10월에 농사가 끝나면, 5월의 행사와 같이 한다(《三國志》 권 30, 魏書 30, 東夷, 韓).

⑤ 변진 … 풍속은 노래부르기와 춤추기를 좋아하고 술마시기를 즐겨했다. 슬이 있는데, 그 모양은 축과 비슷하고, 그 악기로 타는 악곡이 있었다(《三國志》 권 30, 魏書 30, 東夷, 弁辰).

한반도 남쪽 韓과 弁辰의 고대 농경사회에서도 봄·가을에 행한 가무는 필수적이었음이 ④에서 확인된다. ⑤에 의하면 변진사회에서는 중국의 瑟과 비슷한 현악기가 연주되고 있었는데, 그 현악기가 훗날 거문고나 가야금의 원형이었을 것이다. 이렇듯 한민족은 예로부터 노래와 춤과 밀접한 관계를 맺고 살아온 민족이었으며, 또 가야금의 원형으로 보이는 고대 현악기도 변진의 상고사회에서 사용되었다. 상고사회의 이런 음악문화가 향악의 뿌리를 형성하였고, 이 향악이 후에 삼국의 음악문화로 전승됐던 것이다.

2) 삼국시대의 음악문화

중앙집권적 국가체제를 형성하기 이전에는 삼국이 서로 비슷한 음악문화를 이루고 있었는데, 전형적인 농경사회와 관련된 종교적 제천의식에서 공연된 가무전통이 대표적인 음악문화의 한 형태였다. 고대사회의 제천의식 및 농경사회의 가무전통이 건국 초기 삼국사회에 거의 비슷하게 이어져왔다. 그러나 중앙집권적 체제를 갖춘 이후의 삼국은 서로 약간씩 다른 음악문화를 형성하면서 발전되었다.

(1) 고구려

대륙과 인접했던 고구려는 삼국 중에서 가장 일찍 한민족의 음악문화를 발전시킨 나라였다. 고구려가 백제나 신라보다도 일찍 음악문화를 꽃피운 이

유는 대륙과의 밀접한 문화교류에 힘입었기 때문이었다. 수나라와 당나라 때 중국대륙에서 음악으로 국위를 선양한 나라가 고구려였지만, 신라에 의해서 멸망됨으로써, 고구려의 음악문화에 관한 기록은 중국문헌에 나타날 뿐이고, 또 화려했던 음악문화의 일부분이 수많은 고분벽화에서 확인될 뿐이다. 고구려의 음악문화에 관해서는《隋書》·《舊唐書》·《新唐書》의 음악지와 동이전에 전하고, 악기의 그림을 전하는 고고학자료로 안악 3호분·집안 17호분·무용총·삼실총·장천 1호분 등이 있다.

고구려의 악기는 역사적 유래에 따라서 크게 세 갈래로 나눌 수 있으니, 첫째는 국내에서 창제된 것으로 보이는 거문고이고, 둘째는 西域에서 기원된 피리·횡적·오현비파이다. 셋째는 문헌과 고고학자료에 나타난 고구려의 악기들이다. 이제 문헌기록 및 고고학자료에 의거하여 고구려악기의 내력에 대하여 살펴보도록 할텐데, 다음은 거문고의 유래에 관한 기록이다.

> ⑥ 新羅古記에는 "처음 晋나라 사람이 七絃琴을 高句麗에 보냈는데, 高句麗에서 그것이 樂器인 줄은 알았지만, 그 聲音과 치(타)는 법을 몰랐다. 國人 중에서 능히 그 音律을 알아서 탈 수 있는 사람을 (널리) 구하여 후히 상을 주게 하였다. 이때 第二相인 王山岳이 그 본모양을 보존하면서 자못 그 제도를 고쳐 만들고, 겸하여 백여 곡을 지어 연주하였다. 그 때에 玄鶴이 와서 춤을 추었으므로 드디어 玄鶴琴이라고 하였는데, 후에 와서는 단지 玄琴이라고 하였다(《三國史記》 권 32, 志 1, 樂).

중국의 七絃琴을 보냈다는 晋나라를 東晋(316~419)으로 해석할 경우, 거문고와 王山岳의 연대는 대략 4세기경으로 추정될 수 있다. 왕산악이 개량했다는 고구려의 현악기는 ⑤에 언급된 변진의 瑟 모양의 고대 현악기와 관련되었을지도 모른다. 고고학자료에 나타난 거문고의 원형으로 보이는 고대 현악기가 안악 3호분(357)·무용총·장천 1호분(5세기경) 등에서 발견되는데,[1] 모두가 長方形의 몸통을 가졌다는 점 및 악기를 무릎 위에 올려 놓고서 연주한다는 점에서 서로 공통적이다.

---

1) 宋芳松,《韓國音樂通史》(一潮閣, 1984), 사진 2-가(安岳 3號墳)·사진 4(長川 1號墳)·사진 5(舞踊塚) 참조.

舞踊塚의 그림에 의하면,[2] 거문고의 원형은 첫째 줄이 4현이라는 점, 둘째 4현이 모두 괘 위에 놓인 점, 셋째 열여섯 개가 아닌 열네 개의 棵가 몸통에 박힌 점에서 지금의 거문고와 서로 구분된다. 이런 형태의 거문고 원형이 언제부터 지금의 거문고와 같이 6현과 16괘의 현악기로 발전됐는지는 확실하지 않지만, 대략 통일신라시대에 文絃과 武絃이 추가된 것으로 추정되고 있다.[3] 중국문헌에서는 琴으로 그리고 일본문헌에서는 箽篌로 알려진 고구려의 거문고는 백제에 소개되어 일본에까지 군후라는 명칭으로 전했고, 삼국통일 이후에는 신라사회에 수용되어 가야금·향비파와 함께 三絃의 하나로서 중요한 향악기였다.

고구려사회에 불교가 유입된 이후 고구려는 더욱 중국 北朝와 빈번하게 문화를 교류하였고, 따라서 西域樂器의 수입은 필수적이었다. 4세기 이후 북조를 통해서 유입된 대표적인 서역악기가 피리·횡적·五絃琵琶인데, 이 세 종류는 모두 5세기 무렵의 장천 1호분에서 확인되었다.[4] 중국문헌에 오현·오현비파·直頸琵琶로 기록된 다섯줄 짜리의 비파가 《樂學軌範》에서는 鄕琵琶로 알려졌다.[5] 고구려의 오현비파는 삼국통일 이후 신라사회에 수용되어 거문고와 함께 삼현의 하나로 향악연주에 사용되었다.

고구려의 피리가 중국문헌에서 篳篥 또는 觱篥로 기록되었고, 橫笛은 橫吹 또는 笛으로 불리었는데, 이 둘 모두가 서역에서 유래된 관악기라는 점에서 공통적이다. 두 관악기가 장천 1호분의 벽화에 나타나는 점으로 미루어[6] 5세기에는 고려사회에 수용되었다고 추정하고 있다. 이 고구려의 피리와 횡적은 현재와 마찬가지로 관현합주에서 주요 선율을 담당했을 것이므로, 그런 관악기에 의한 5세기 고구려의 음악문화가 그 이전보다 음향적으로 크게 발전되었다. 고구려의 횡적은 백제에 전래되었고, 그것이 백제 음악인들에 의해서 일본에 전래됨으로써 高麗笛(고마부에)으로 불렸으며, 멸망 이후에는 신

2) 宋芳松, 위의 책, 사진 5－나(舞踊塚) 참조.
3) 李惠求·張師勛·成慶麟, 《國樂史》(韓國國樂學會, 1965), 3쪽.
4) 宋芳松, 〈長川1號墳의 音樂史學的 點檢〉(《韓國學報》 35, 1984, 2~36쪽 ; 《韓國古代音樂史硏究》, 一志社, 1985, 2~38쪽).
5) 《樂學軌範》 권 7, 鄕琵琶.
6) 宋芳松, 앞의 책(1985), 사진 1·사진 3(長川 1號墳) 참조.

라사회에 수용됨으로써 三竹의 모태가 되었다.

거문고·피리·횡적·오현 이외 고구려 악기로 북(鼓 또는 腰鼓)·簫·阮咸·뿔피리(角) 등이 있는데, 모두가 중국문헌이나 고구려 고분벽화에서 확인되는 악기들이다. 장고처럼 허리가 잘룩한 腰鼓는[7] 고구려의 대표적인 타악기로서 중국문헌에서는 鼓로 기록되었다. 소는 작은 관을 가지런히 묶어서 세로 세워서 부는 관악기의 일종인데, 흔히 排簫라고 불렸다. 이 관악기가 중국문헌에서는 소로 기록되었고 삼국시대 백제에 소개되었다. 서역의 밴죠(banjo)처럼 둥근 몸통에 긴 목을 지닌 완함은 안악 3호분 및 삼실총 등 여러 고분벽화에 나타나므로[8] 4세기경부터 고려사회에서 널리 연주된 현악기였고, 후에 백제에 소개되었으며, 후대에 내려와서는 月琴으로 알려졌다.[9] 角은 무용총·집안 17호분 등의 여러 고분벽화에 나타나므로,[10] 고구려사회에서 널리 사용된 관악기의 하나였다.

고구려의 노래로 來遠城·延陽·溟州가《高麗史》악지에 전하는데,[11] 모두가 그 지방사람의 희로애락을 담은 민요의 일종으로 추정되고 있다. 왜냐하면 이런 고구려의 노래들이 백제의 無等山이나 井邑 또는 신라의 東京이나 利見臺처럼 어느 특정한 지방의 민요와 관련된 성악곡으로 생각되기 때문이다.

요컨대 고구려는 삼국 중에서 가장 빠르게 거문고와 같은 독창적인 현악기를 바탕으로 대륙의 음악문화를 자주적으로 수용함으로써 백제나 신라보다 일찌기 음악문화의 꽃을 피웠다. 중국 북조음악의 영향을 많이 받은 고구려의 음악문화가 국내적으로는 백제에 큰 영향을 미쳤고, 국외적으로는 고구려 음악인들이 일본과 중국에 파견됨으로써 해외 음악활동을 통해서 국위를

---

7) 宋芳松, 위의 책, 사진 17(輯安 17號墳)·사진 18(집안 4호분) 참조.

8) 宋芳松, 앞의 책(1984), 사진 2－가(安岳 3號墳)·사진 6(三室塚).
———, 앞의 책(1985), 사진 7－다(輯安 17號墳)·사진 9(江西大墓)·사진 16(八淸里 古墳) 참조.

9)《樂學軌範》권 7, 月琴.

10) 宋芳松, 앞의 책(1984), 사진 5－다(舞踊塚)·사진 7－가(輯安 17號墳).
———, 앞의 책(1985), 사진 8(平壤驛前 古墳)·사진 14(大安里 1號墳)·사진 16(八淸里 古墳)·사진 19(江西大墓).

11)《高麗史》권 71, 志 25, 樂 2, 三國俗樂, 高句麗.

선양하였다. 특히 고구려 음악인들이 중국 수나라와 당나라의 궁중에서 또 고려악사와 고려악생들이 일본궁중에 머물면서 오랜동안 국위를 선양했는데, 뒤에서 상세하게 거론될 것이다.

(2) 백 제

馬韓의 한 작은 국가로 출발한 백제는 중앙집권적 국가체제를 갖춘 4세기 무렵까지 마한사회의 농경문화와 관련된 가무전통을 거의 그대로 전승하지 않을 수 없었다. 따라서 백제 초기의 음악문화는 마한에서 봄·가을에 풍성한 농사일을 위해 하늘에 빌던 제천의식에서의 노래와 춤이 주류를 이루었다. 그러나 4세기 무렵부터 왕권확립에 따른 국가체제 및 인접국가와의 문화교류에 의해서 백제의 음악문화는 새 발전단계에 이르게 되었으니, 그것은 중국문헌과 고고학자료에 의해서 확인되는 바이다.

《隋書》와 《北史》에 보이는 백제악기와 癸酉銘阿彌陀佛三尊石像 및 金銅龍鳳蓬萊山香爐에 나타나는 백제악기들이 왕권 중심의 귀족사회와 백제사회에서 전개된 음악문화를 입증해주고 있다. 다음은 《수서》 및 《북사》에 전하는 기록이다.

> ⑦ 백제 … 鼓·角·箜篌·箏·竽·篪·笛 같은 악기들이 있다(《隋書》 권 81, 列傳 46, 東夷, 百濟 및 《北史》 권 94, 列傳 82, 百濟).

6세기 무렵에 사용되었을 ⑦의 일곱 가지 백제악기 중에서 공후·쟁·지·적 이상 4종은 중국 남북조시대의 남조음악을 대표하는 수나라 九部伎 중 淸商樂의 악기들과 일치한다.[12] 청상악은 宋의 武帝(420~422)가 關中을 평정한 후에 얻은 남조음악이므로, 고구려가 북조의 영향을 받았듯이 백제음악은 남조음악의 영향을 많이 받았다. 그러나 남조음악의 영향을 받은 ⑦의 백제악기들은 주로 궁중음악의 연주에서 사용되었을 뿐이고, 궁중 밖의 백제사회에서 널리 사용되지는 않았다. 왜냐하면 《북사》나 《수서》에 전하는 백제악기들이 고고학자료에서 발견되지 않기 때문이다.

---

12). 《隋書》 권 15, 志 10, 音樂 下, 淸樂.

백제사회에서 널리 사용되었으리라고 추정되는 악기들은 阮咸·거문고(玄琴)·長簫·북(鼓)·排簫가 있는데,[13] 이러한 백제악기들은 1993년말 부여 능산리에서 출토된 백제향로(7세기경)에 나타난다. 이 5종의 백제악기 중에서 완함·거문고·장소는 모두가 연대적으로 앞선 고구려의 고분벽화에서 확인되므로, 고구려에서 백제로 전래된 악기로 해석되며, 따라서 그 고고학자료는 삼국시대의 백제음악이 고구려음악의 영향을 받았음을 입증해주는 증거의 하나이다.

이 5종의 백제악기 이외에 비파가 碑巖寺의 石像에서 발견된 점으로 미루어,[14] 완함은 백제사회에서 더 이상 연주되지 않았고 나중에 琵琶로 대치되었던 듯하다. 고구려 고분벽화에 보이는 거문고의 원형과 비슷한 백제의 거문고는 후에 일본에 군후라는 명칭으로 알려졌지만, 끝까지 전승되지 못했다. 지금의 洞簫처럼 생긴 장소와 팬파이프(panpipe) 모양의 배소는 모두 비암사의 석상에도 보이는 점으로 보아서 백제사회에서 널리 연주된 관악기였다. 백제향로의 북은 땅바닥에 놓고 연주하는 특이한 연주형태의 타악기인데, 그 북은 완함·거문고·장소·배소로 구성된 관현합주의 리듬을 제공했을 것이다.

《고려사》 악지에 전하는 禪雲山·無等山·方等山·井邑·智異山은 모두 백제속악의 명칭 아래 소개됐는데,[15] 신라의 東京이나 長漢城 및 고구려의 來遠城이나 延陽처럼 모두가 백제인의 희로애락을 담은 그 지역 민요의 일종으로 생각된다.

요컨대 마한의 전통을 이은 백제는 고구려 다음으로 음악문화를 한반도에서 꽃피웠다. 백제의 음악문화는 크게 보아 두 갈래로부터 영향을 받아서 성장됐는데, 하나는 중국 남조음악의 영향이었고, 다른 하나는 고구려 음악문화의 영향이었다. 백제인들은 마한의 음악전통을 근거로 외래음악을 자주적

---

13) 백제악기에 대한 상론은 《서울신문》 1994년 1월 28일자 〈百濟를 다시 본다 : 5人 奏樂像은 《日本後紀》 기록과 일치〉 참조.

14) 李弘稙, 〈韓國 古代樂器 圖像 過眼錄〉(《李惠求博士頌壽記念 音樂學論叢》, 韓國國樂學會, 1969), 169~202쪽 도판 23(癸酉銘阿彌陀佛三尊石像).
宋芳松, 앞의 책(1985), 사진 33(碑巖寺 石像).

15) 《高麗史》 권 71, 志 25, 樂 2, 三國俗樂, 百濟.

으로 수용했기 때문에 독특한 백제악을 일본궁중에 전해줄 수 있었는데, 이 점은 뒤에서 상론될 것이다.

(3) 가야와 신라

가. 가야의 가야금과 우륵의 12곡명

지리적으로 대륙에서 가장 멀리 떨어진 신라는 삼국 중 가장 늦게 국가체제를 갖추었고, 따라서 음악문화도 고구려와 백제에 비하여 상대적으로 빈곤할 수밖에 없었다. 다행히 신라와 이웃한 가야의 가야금을 수용함으로써 신라가 새 음악문화를 발전시킬 수 있는 기반을 확보했으므로, 먼저 가야금의 내력에 대한《삼국사기》악지의 기록을 제시하는 것이 순리적이다.

> ⑧ 加耶國 嘉實王이 唐나라 樂器를 보고 만들었는데, 王이 '여러 나라의 方言이 각기 다르니 聲音을 어찌 일정하게 할 것이냐' 하며 省熱縣人인 樂師 于勒에게 명하여 十二曲을 짓게 하였다. 그 후 우륵이 그 나라가 어지럽게 되므로 樂器를 가지고 新羅 眞興王에게로 歸化하니, 王이 받아들여 國原에 편안히 거처하게 하고, 大奈麻 注(法)知・階古와 大舍 萬德을 보내어 그 業을 傳受하게 하였다(《三國史記》권 32, 志 1, 樂).

흔히 가야고라고 부르던 가야금은 ⑤에서 제시했듯이 변진의 瑟처럼 생긴 고대 현악기를 嘉實王이 조금 고쳐서 만들었던 것으로 추정된다. 왜냐하면 낙동강 주변의 변한 땅에서 건국된 가야는 틀림없이 변진의 고대 현악기를 전승했을 것이기 때문이다. 가실왕이 개조했다는 가야금은 신라 토우 및 正倉院에 보관된 新羅琴에서 볼 수 있듯이 羊耳頭의 장방형으로 만든 현행 法琴 또는 풍류가야금처럼 생겼을지도 모른다. 이렇게 만들어진 가야금을 위해서 가실왕이 于勒에게 새로운 악곡을 짓도록 명령했고, 그 결과는 아래와 같이《삼국사기》악지에 기술되었다.

> ⑨ 于勒이 지은 十二曲은, 一은 下加羅都, 二는 上加羅都, 三은 寶伎, 四는 達己, 五는 思勿, 六은 勿慧, 七은 下奇物, 八은 師子伎, 九는 居烈, 十은 沙八兮, 十一은 爾赦, 十二는 上奇物이라 한다. 泥文이 지은 三曲은, 一은 烏, 二는 鼠, 三은 鶉이다(《三國史記》권 32, 志 1, 樂).

우륵의 12곡명 중에서 下加羅都는 경남 咸安지방의 이름으로 밝혀졌고, 上加羅都는 경북 高靈지방의 이름으로, 達己는 경북 예천군 多仁지방명으로, 思勿은 경남 泗川지방명으로, 勿慧는 경남 함안군 利安지방명으로, 下奇物과 上奇物은 경북 금릉군 開寧지방명으로, 居烈은 경남 居昌지방명으로, 沙八兮는 경남 합천군 草溪지방명으로 각각 밝혀졌다.[16] 樂師 우륵이 지었다는 12곡명은 현재의 경상도 낙동강 지역의 함안·다인·개령·고령·초계·이안지방의 옛 지명으로 밝혀졌으므로, 12곡들은 향토색이 짙은 그 지방의 민요를 가야금반주의 성악곡으로 편곡한 악곡으로 풀이되고 있다.

신라에 투항한 우륵이 지금의 충주지방인 國原에 머물면서 階古에게는 가야금을, 法知에게는 노래를, 그리고 萬德에게는 춤을 각각 가르쳤다는 사실[17]에 의거하면, 우륵은 가야금으로 노래와 춤을 반주하는 소위 樂·歌·舞의 총체적인 공연활동에 능통했음이 확실하다. 노래와 춤 곧 가무는 신라의 고대사회 여러 지방에서 연주되던 토속적인 음악이었고, 우륵이 그런 가무에 가야금 반주를 곁드려서 새로운 차원의 음악으로 발전시켰던 것이다.

가야의 멸망 이후 가야금이 이렇게 우륵에 의해서 신라사회에 수용됨으로써, 신라음악사는 새로운 방향으로 발전의 계기를 마련하게 되었다. 신라사회에서의 가야금 수용은 음악사적 관점에서 중요한 의미를 갖는데, 그 이유는 대략 세 가지로 요약될 수 있다. 만약 가야금이 신라땅에 수용되지 못했다면, 첫째로 삼국통일 이후 향악의 중요한 三絃이 성립될 수 없었을 것이고, 둘째로 신라악사와 악생들이 일본에서 新羅琴(시라기고토)이라는 이름으로 국위를 선양하지 못했을 것이며, 셋째로 오늘날까지 대표적인 전통 현악기의 하나가 역사무대에서 영원히 사라졌지도 모르기 때문이다.

나. 신라의 가무전통

가야금이 신라땅에 수용되기 이전부터 신라는 고구려나 백제처럼 굳건한 가무전통을 가지고 있었는데, 신라의 가무는 대체로 지방의 백성들이 즐기던 향토색이 짙은 노래와 춤이었다. 신라 가무에 대한《삼국사기》악지의 기록은 다음과 같다.

---

16) 梁柱東,《古歌硏究》(一潮閣, 1965), 30~31쪽·597~598쪽 참조.
17)《三國史記》권 4, 新羅本紀 4, 진흥왕 13년.

⑩ 會樂과 辛熱樂은 儒理王 때 지은 것이요, 突阿樂은 脫解王 때 지은 것이요, 枝兒樂은 婆娑王 때 지은 것이요, 思內樂은 奈解王 때 지은 것이요, 笳舞는 奈密王 때 지은 것이요, 憂息樂은 訥祗王 때 지은 것이다. 碓樂 慈悲王 때 사람인 百結先生이 지은 것이요, 竿引은 智大路王 때 사람인 川上郁皆子가 지은 것이다. 美知樂은 法興王 때에 지은 것이요, …內知는 日上郡의 음악이요, 白實은 押梁郡의 음악이요, 德思內는 河西郡의 음악이요, 石南思內는 道同伐郡의 음악이요, 祀中은 北隈郡의 음악인데, 이들은 모두 우리 鄕人들이 기쁘고 즐거워서 지었던 것이다. 聲樂器의 수효와 歌舞하는 모습은 후세에 전하여지지 않는다(《三國史記》 권 32, 志 1, 樂).

儒理王(24~57) 때 만들었다는 會樂은 팔월 한가위날 길쌈을 하면서 여자들이 춤추며 노래불렀다는 會蘇曲이고, 訥祗王(417~457) 때의 憂息樂은 일본에 인질로 잡혀갔던 내물왕의 아들 未斯欣이 박제상의 공로로 무사히 귀국한 것을 기뻐서 노래한 우식곡으로 드러났다. 法興王(514~550) 때의 美知樂은 경북 의성군 丹密지방의 음악이고, 신열악의 辛熱이나 思內라는 명칭은 지방을 뜻하는 鄕의 옛날 우리말이므로[18] 향토색 짙은 지방음악이라는 뜻이다.

慈悲王(458~478) 때 경주 낭산 기슭에 살았던 百結先生이 琴이라는 현악기로 떡방아소리를 냈다는 碓樂은 기악곡일 가능성이 크다. 그런데 백결선생의 금은 가야금이 신라에 수용된 眞興王(540~575)보다 1세기 이전에 있었던 것이므로 가야금으로 보기 어렵고, 그렇다고 거문고라고 단정하기도 힘들다. 그러므로 백결선생의 금은 가야금의 원형으로 보이는 사료 ⑤ 변진의 고대 현악기 瑟의 일종이 5세기 무렵 신라 땅에서도 연주됐을지도 모른다.[19]

白實은 지금의 경북 경산군 押梁지방의 음악이었고, 德思內는 경남 울주군 河西지방의 음악이었으며, 石南思內는 경북 영천지방의 음악이었음이 《삼국사기》 지리지에 의해서 밝혀졌으므로,[20] 이러한 맥락에서 생각건대 祀中이나 內知도 경상도의 어느 지방음악이었을 것이다. 삼국시대 그러한 신라의 지방음악은 대체로 기악반주가 없는 노래와 춤으로 구성된 향토색 짙은 가무였는데, 그런 가무가 6세기 가야금의 수용 이후에 기악반주에 의한 새 음악문

18) 梁柱東, 앞의 책, 33~49쪽.
19) 宋芳松, 앞의 책(1984), 71쪽.
20) 宋芳松, 《韓國音樂史硏究》(嶺南大出版部, 1982), 272쪽 주 94~96 참조.

화 곧 樂·歌·舞로 발전되었다. 이제 기악반주에 의한 악·가·무의 실례를 아래의《삼국사기》악지에서 찾아보려고 한다.

⑪ 다만 古記에 이르기를, 政明王 九年에, 新村에 거동하여 잔치를 베풀고 음악을 연주케 하였는데, 笳舞에는 監이 六人이요, 笳尺이 二人, 舞尺이 一人이며, 下辛熱舞에는 監이 四人, 琴尺이 一人, 舞尺이 二人, 歌尺이 三人이며, …新羅 때에는 樂工을 모두 尺이라고 하였다(《三國史記》권 32, 志 1, 樂).

삼국통일 신라사회에서 노래나 춤을 연주하던 樂工들은 尺으로 불리었는데, 노래부르는 악공은 歌尺이였고, 춤추는 악공은 舞尺이었으며, 가야금을 연주하는 악공은 琴尺이었다. 笳尺에서는 笳를 연주하는 악공과 춤추는 악공만이 연주했지만, 下辛熱舞는 가야금연주자 1명과 춤추는 악공 2명 그리고 노래하는 악공 3명에 의한 악·가·무의 종합공연예술이었다. 삼국통일 직후의 이러한 악·가·무는 신라의 가무전통 위에 가야금을 적극 수용함으로써 형성된 새로운 음악문화였다.

《고려사》악지에 의하면, 신라 속악이라는 제목 아래 東京·木州·余那山·長漢城·利見臺의 곡명이 전하는데,[21] 이러한 곡명은 그 지방의 민요를 바탕으로 예술화시킨 성악곡으로 추정된다. 왜냐하면 신라의 곡명들이 백제의 井邑이나 無等山 또는 고구려의 來遠城이나 溟州 처럼 백성들의 희로애락을 담은 노래의 일종임이 분명하기 때문이다.

이러한 통일신라의 음악문화를 관장하던 왕립음악기관이 바로 音聲署였다. 신라 음성서가 언제 설립됐는지는 알 수 없지만, 眞德王 5년(651)에 음성서에 大舍를 둔 기록이 있으므로,[22] 7세기에는 설립되었다.[23] 음성서는 景德王(742~764) 때 大樂監으로 개칭됐다가 惠恭王(765~729) 때 다시 음성서로 복원되었다. 음성서의 관원으로 長 2명·大舍 2명·史 4명이 있었는데, 이들은 樂

21) 《高麗史》권 71, 志 25, 樂 2, 三國俗樂, 新羅.

22) 《三國史記》권 38, 志 7, 職官 上, 音聲署.

23) 于勒에게서 노래·춤·가야금을 배웠던 法知·階古·萬德이 그 당시의 王立音樂機關에 소속됐던 行政官吏 또는 樂師였다면, 音聲署는 眞興王(540~576) 때 이미 설립되었다고 볼 수 있다. 그러나 그런 추정을 뒷받침할 문헌적 증거가 현재는 없다.

師 출신이 아닌 행정관리들로서 악·가·무의 공연활동을 행정적으로 지도 감독했다.

요컨대 신라는 고구려나 백제에 비하여 늦게 국가체제를 갖추었기 때문에, 6세기 가야금이 신라사회에 소개되기 전까지의 음악문화는 향토색이 짙은 각 지방의 가무가 주류를 이루었다. 그러나 6세기 후반에 가야금이 우륵에 의해서 신라사회에 수용됨으로써, 가야금반주에 의한 악·가·무의 종합공연예술이 신라음악사의 새로운 지평을 열었고, 더 나아가 신라는 삼국통일 이후에 고구려와 백제의 음악문화를 수용할 수 있는 문화역량을 갖추도록 발전되었다.

3) 삼국시대의 해외음악활동

삼국이 중앙집권적 국가체제로 정립되자, 각 나라는 자국의 전통음악을 전승하고 외래음악을 자주적으로 수용하여 새로운 차원의 음악문화를 발전시켰고, 그 결과로 삼국의 음악인들이 이웃 나라에 파견되어 국위를 선양하기에 이르렀다. 삼국 중에서 고구려는 일찍부터 수나라 궁중에 음악인을 파견하였고, 백제는 일본 궁중에 백제악사를 파견함으로써, 삼국시대 음악인들의 해외음악활동은 절정에 달하였다.

(1) 중국에서의 고려악

중국의 남북조시대 난립되었던 여러 왕조가 隋나라에 의해 통일되자, 수나라 文帝가 이웃 나라의 음악인들을 불러모아 궁중에 상주시키면서 음악활동을 전개시켰으니, 그것이 바로 開皇(581~600) 때 설립된 七部樂이다. 《수서》 악지에 의하면, 칠부악에 참여했던 고구려의 음악연주단을 高麗伎라고 불렀는데, 고려기는 國伎, 중국 속악의 淸商伎, 인도의 天竺伎, 북하라(Bukhara)의 安國伎, 천산북로의 龜玆伎, 晉나라 假面伎의 文康伎와 함께 수나라 궁중에서 연주활동을 전개하였다.[24)]

---

24) 《隋書》 권 15, 志 10, 音樂 下.

고려기는 수나라 煬帝의 大業(605~616) 때 확대된 九部樂의 하나로 존속하였고,[25] 수의 멸망 이후 당나라 太宗의 貞觀(627~649) 때 보강된 十部伎의 하나로 계속 존속하였다. 수나라 당시의 백제악과 신라악은 중앙아시아의 疎勒(Kashgar)이나 康國(Samarkand), 倭國처럼 雜伎의 하나로 분류되었다. 그러나 백제악의 경우 고려기처럼 七部伎나 九部伎에 끼지는 못했지만, 당나라 궁중에서 오래도록 존속했다.[26] 《구당서》 예악지에 의하면, 고구려의 음악인과 무용수에 대하여 아래와 같이 기록해 놓았다.

⑫ 고구려음악. 악공들은 새깃으로 꾸민 자색의 비단모자를 쓰고, 큰 소매의 황색 두루마기에 자색 비단띠를 띠고, 넓은 바지에 붉은 가죽신을 신었는데, 오색으로 만들 끈으로 맸다. 무용수 네명은 머리카락을 뒤로 틀고, 붉은 마래기로 이마에 동이고 금귀고리로 장식했다. …음악에 쓰인 악기는 彈箏 1·搊箏 1·臥箜篌 1·竪箜篌 1·琵琶 1·義嘴笛 1·笙 1·簫 1·小篳篥 1·大篳篥 1·桃皮篳篥 1·腰鼓 1·齊鼓 1·檐鼓 1·貝 1이었다(《舊唐書》 권 29, 志 9, 音樂 2).

위의 인용문에서 볼 수 있듯이, 7세기초 당나라 십부기의 하나로 파견됐던 고구려의 악공들은 매우 화려한 복장을 했었고, 15종의 악기로 편성된 관현악단의 합주활동을 전개했음이 확실하다. 고구려의 무용수 역시 금귀고리를 달았으니, 화려함의 극치를 보는 듯하다. 고구려의 이러한 악공과 무용수들이 본국의 왕립음악기관에서 파견되었음을 상기할 때, 본국의 음악문화가 7세기초에는 절정에 이르렀음을 상상하기 어렵지 않다. 고구려춤은 당나라의 멸망 이후 송나라초까지 高麗舞라는 이름으로 전승되었다.[27]

고구려의 악기 15종 중에서 탄쟁·추쟁·와공후·수공후·비파·생·소·소피리·패·요고·제고·담고 이상 12종이 西凉伎의 악기와 같고, 오직 대피리·도피피리·의취적만이 다를 뿐이다. 서량기가 黃河 상류의 河西지방의

25) 《隋書》 권 15, 志 10, 音樂 下.

26) 李惠求, 〈高句麗와 百濟音樂의 國際性〉(《韓國思想史大系》 2, 韓國精神文化硏究院, 1991), 774~776쪽.

27) 陳暘, 《樂書》 권 174, 高麗舞(《韓國音樂學資料叢書》 10, 國立國樂院, 1982, 168쪽) 참조.

음악문화이므로, 고구려 악기가 서역의 영향을 많이 받은 서량악기와 밀접한 관계를 맺고 있었다.[28] 고구려 악기 중에서 비파·공후·적·피리 등은 중앙아시아 지역의 구자악·소륵악·안국악에서도 사용되고 있으므로, 서역 악기와도 역사적으로 관련되었다.

고구려 음악인들에 의해서 전개된 중국에서의 해외음악활동은 음악사적 관점에서 큰 의미를 갖는다. 왜냐하면 첫째로 새로운 음악문화를 만들기 위하여 고구려인들이 자국의 鄕樂을 뿌리로 삼고 외래음악을 능동적으로 수용함으로써 외래음악에 대한 자주적 수용능력을 보여주었기 때문이고, 둘째로 외래음악의 자주적 수용능력은 결국 중국에서 국위선양의 밑거름이 되었기 때문이다. 아무튼 자국의 향토음악을 바탕으로 삼고 그 위에 서역 악기를 적극 수용함으로써 고구려인들이 새로운 음악문화를 발전시켰고, 따라서 그 결과로 고구려가 중국대륙에 음악인을 파견하여 국위를 선양할 수 있었다는 사실은 음악사적 중요한 의미를 갖는다.

(2) 일본조정에서의 삼국악

중앙집권체제의 삼국은 자국의 향토음악을 바탕으로 외래음악을 수용하여 각 나라마다 새 음악문화를 발전시켰다. 고구려·신라·백제의 음악인들이 일본궁중에 파견되었으므로, 삼국악인들 모두가 일본의 궁중음악 곧 雅樂(가가쿠)의 형성과정에서 크게 이바지했다. 정치적으로 특히 백제는 신라나 고구려보다 일본과 매우 밀접한 관계를 맺고 있었기 때문에, 백제음악인들이 일본조정에 많이 파견되었고, 따라서 백제악사와 백제악생들이 가장 활발하게 음악활동을 전개하였다.

가. 백제악과 백제악사

일본에서 百濟樂(구다라가쿠)이 공식적으로 《日本書紀》에 기록된 때는 다음에 제시했듯이 欽明天皇 15년(554)이다.

---

28) 李惠求, 《韓國音樂硏究》(國民音樂硏究會, 1957), 192~224쪽.
李惠求, 앞의 글(1991), 768쪽.

⑬ 欽明天皇 15년 2월 백제는 음악인 施德 三斤·季德 己麻次·계덕 進奴·對德 進陀를 파견했는데, 모두가 대치시켜 달라는 요청에 의거한 것이다(《日本書紀》 권 19).

백제 본국의 왕립음악기관으로부터 일본에 파견된 악사들은 일정한 기간의 파견근무를 마친 후에 귀국했는데, 흠명천왕 15년의 네 백제악사들도 귀국을 요청했음이 ⑬에서 확인되는 바이다. 일본에 파견됐던 삼근·기마차·진로·진타가 백제의 16관등 중 8관등(施德)·10관등(季德)·11관등(對德)의 관직을 지니고 있었으므로, 백제악사의 사회적 지위가 그리 낮지 않았다.[29]

일본에 파견된 백제악사 4명은 横笛·箜篌·莫目·춤(舞)의 선생이었다. 횡적을 글자의 뜻대로 연주자가 가로 잡고 부는 관악기의 일종임이 분명한데, 이 백제의 횡적은 나중에 百濟笛(구다라부에) 또는 高麗笛(고마부에)이라고 불리었다. 가야금이 신라인에 의해서 연주되므로 新羅琴(시라기고토)이라 불렀듯이, 백제적이라는 명칭도 일본에 파견된 백제악사와 백제악생에 의해서 오래 연주되다보니 그런 이름이 붙여졌다. 백제적은 본국의 笛에서 유래되었다.

《日本後紀》 권 17에 기록된 군후는 일본음악학자에 의해서 공후의 일종으로 추정됐지만,[30] 최근에 한국음악학자에 의해서 공후가 아닌 거문고(玄琴)로 밝혀졌다.[31] 군후가 백제악사와 백제악생들에 의해서 연주됐기 때문에 百濟琴(구다라고토)이라는 별칭을 갖게 되었다. 이 백제금의 원형은 무용총의 거문고 원형처럼 생긴 백제향로의 거문고에서 볼 수 있듯이 4현짜리로 생각되고,[32] 그것은 본국의 거문고에서 유래되었음이 확실하다.

막목(마쿠모)이 어떤 종류의 악기인지는 아직 확실하지 않다. 막목이 오현·篪·향피리 중의 하나로 추정됐는가 하면, 관악기의 일종으로 추정되기도 했고, 서역지방에 있는 원시형태의 피리 맘(mam)일 것이라는 설도 있다.[33] 현재 舞樂(부가쿠)의 무용반주악기로 고려적과 篳篥(히찌리키)가 사용되는 점

29) 李基白, 《韓國史新論》 新修版(一潮閣, 1990), 69쪽.
30) 吉川英史, 《日本音樂の歷史》(大阪 : 創元社, 1965), 35쪽.
31) 李惠求, 《韓國音樂論叢》(秀文堂, 1976), 162쪽.
32) 주 13) 참조.
33) 李惠求, 앞의 책(1976), 162쪽.
吉川英史, 앞의 책, 35쪽.

으로 미루어 막목은 피리의 일종일 가능성이 높다.[34]

백제적의 횡적과 백제금의 군후 그리고 피리의 일종인 막목에 의해서 연주된 음악은 백제악이었을 텐데, 그런 백제악을 風俗樂이라 했고, 백제악생들이 춘 춤을 風俗舞라고 기록하였다. 풍속악과 풍속무라고 명명한 이유는 아마도 향토색이 짙은 백제지방의 음악과 무용이기 때문이고, 그런 가무가 궁중잔치에 쓰인 연향악의 일종일 것이라고 추정된 바 있다.[35] 아무튼 백제악사와 악생들이 보여준 춤과 음악은 본국의 樂·歌·舞에서 유래됐음에 의심의 여지가 없다.

음악과 춤 이외에 백제사람 味摩之는 推古天皇 20년(612) 탈춤의 일종인 伎樂(기가쿠)을 중국 吳나라에서 배워 일본에 전해주었다. 미마지가 일본에 귀화하여 櫻井(사쿠라이)에서 소년들에게 가르쳤을 때 사용한 기악의 仮面이 아직까지 일본의 東大寺(도다이지)에 보존되고 있다. 미마지가 전한 중국의 기악이 우리 나라의 양주산대놀이의 가면극과 비슷한 점으로 미루어, 백제에도 기악 계통의 탈춤이 소개됐을 것으로 추정된 바 있다.[36]

나. 신라악과 고려악

일본 역사서에 의하면 신라악이 최초로 기록된 때가 允恭天皇 42년(453)이다. 다음은 《일본서기》에 전하는 신라악 관련의 기사이다.

> ⑭ 신라왕이 천황이 죽었다는 소식을 듣고서 놀라서 슬퍼하면서 조공으로 배 80척과 여러 음악인 80명을 보냈다. …難波津(나니와)에서 하루를 묵으면서 모두가 소복을 하고서는 모든 공물을 받들고, 또한 여러 종류의 악기들을 벌려 놓았으며, 난파진에서 왕도에 이르기까지 소리내어 울기도 했고, 혹은 노래하고 춤추기도 했으며, 마침내는 빈궁에 참배했다(《日本書紀》 권 13, 允恭天皇 42년 춘정월 을해삭 무자).

위의 ⑭에서 언급된 음악인 80명 및 여러 악기는 과장된 상징적 숫자나 악기수로 보아야 옳을 듯싶다. 왜냐하면 윤공천황 42년(453)이 눌지왕 37년이고 가야금이 신라사회에 수용되기 1세기 전이고, 이즈음에는 향토색 짙은 지

34) 宋芳松, 앞의 책(1984), 79쪽.
35) 李惠求, 앞의 책(1976), 180~181쪽.
36) 李惠求, 〈山臺劇과 伎樂〉(앞의 책, 1957), 226~236쪽.

방의 가무가 신라음악사의 주류를 이루던 시절이기 때문이다. 위문사절단과 함께 보낸 신라악기는 아마도 가무에서 반주악기로 사용되던 북 종류의 타악기와 뿔피리(角) 정도의 관악기였으리라고 추정된다.

欽明天皇 22년(561)에 신라사신이 머물던 新羅館이 있었던 사실로 미루어 그곳에서 신라악이 연주됐으리라 추정됐지만,[37] 신라악이 최초로 언급된 때는 天武天皇 12년(684)의 기록 "고려·백제·신라 삼국악이 궁전 뜰 가운데 있었다"[38]라는 것이 최초의 기록이다. 천무천황 12년은 삼국통일 이후의 일이기는 하지만, 신라악은 고려악 및 백제악과 더불어 三國樂의 하나로 일본 궁중에서 연주되었고, 가야금이 신라의 대표적인 악기였다. 그러나 신라악사와 신라악생들이 연주한 악곡이 어떤 종류의 음악인지는 알 수 없다.

일본을 방문하던 고구려의 사신이 머물던 영빈관이 相樂館이었는데, 일본 천황이 상락관에서 고구려사신을 위해서 베푼 잔치에서 고려악이 연주되는 것이 상례였다. 고구려사신의 영빈관이었던 상락관이 흠명천황 31년(570)에 건립됐으므로, 고려악은 늦어도 흠명천황 31년부터 연주되었다고 보아야 한다는 견해가 있다.[39] 그러나 고려악이 최초로 언급된 기록은 《일본서기》 권 19에서 발견되지만, 고려악사와 고려악생들이 무슨 악기로 어떤 악곡을 연주했는지는 전혀 언급되지 않았다.

〈宋芳松〉

9. 무용·체육

1) 무 용

고구려·백제·신라의 삼국 형성 이전부터 부여에는 迎鼓가, 예에는 舞天 등의 제천행사가 있어 사람들이 무리를 지어 노래하고 춤추었다고 하는 기

37) 李惠求, 앞의 책(1976), 168쪽.
38) 《日本書紀》 권 19, 天武天皇 12년 정월 乙未.
39) 李惠求, 앞의 책(1976), 166쪽.

사가 陳壽의 《三國志》에 실려 있다. 馬韓의 鐸舞, 《三國遺事》 駕洛國記에 보이는 蹈舞 등의 전통은 삼국시대까지도 그대로 전해져 내려왔으리라 짐작되나 그 춤의 형태나 내용은 알려진 것이 없다. 다만 이들 歌舞가 제사와 불가분의 관계에 있었음을 알 수 있게 할 뿐이다.

당시의 춤의 형태를 직접적으로 보여주는 것으로는 고구려의 고분벽화가 있다. 다음 〈그림 1〉은 4세기경의 舞踊塚의 벽화로 당시의 무용 내용과 형태가 상세하게 묘사되어 있다.

〈그림 1〉 무용총의 춤

야외에 7명이 한 줄로 서 있는 남녀 가수의 노래 속에 긴소매가 달린 웃옷과 통이 큰 바지를 입은 4명의 남자와 긴소매가 달린 옷깃치마 입은 2명의 여자가 娑婆舞를 추고 있다.[1] 남자 3명의 중간에 여자가 끼어서 전후로 일행을 이루고 좌측 전방은 일단의 거리를 두고 있으며, 다른 한 남자는 대

1) 方起東(崔茂藏 역), 〈集安高句麗古墳壁畵中의 舞踊〉(《韓國考古學報》 9, 1980), 71쪽.

열을 마주보며 춤을 추는데, 마치 그 무용의 선두자처럼 보이기도 하고 시범을 보여주는 것 같기도 하다. 모든 사람의 동작이 같아 팔을 앞뒤로 뻗치고 긴소매가 축 늘어진 채로 앞으로 나아가고 있다. 획일적으로 정렬되어 아름다운 춤의 모습은 질서정연히 날르는 기러기 떼와 같고 거기에 무용의 음율감이 첨가되어 훈련 잘 된 한 떼의 무용수를 연상시켜 준다.

이들 무용수의 바로 위에는 벽면에 바른 석회가 떨어져 나가서 사람의 형체는 없으나 한 사람의 두 발이 보인다. 최초의 보고에 의하면 이 사람은 阮咸 연주가라 한다. 이런 것으로 판단하건대 군무의 주요한 음향은 노래였다는 것이다.

무용수들의 복장은 고구려 사람들이 실제로 생활 중에 입는 것으로 남자는 꽃무늬가 있는 짧은 상의와 통이 큰 바지를 입었고 여자는 옷깃을 여민 긴 치마를 입고 있다. 여자 무용수는 머리를 곱게 빗었으며 남자는 대부분이 산뜻하고 깨끗하게 머리털을 풀어헤쳤는데 그 중 3명은 고구려 사람이 흔히 쓰는 折風을 쓰고 있다.

14명이 연출하는 무용에 관람자는 단 한 사람이다. 행렬의 전면에 개를 앞세우고 대단히 거만한 모습으로 말을 타고 있는 사람이 바로 이 고분의 주인일 것이다.

고구려 무용에는 群舞 이외에 혼자서 추는 獨舞와 두 사람이 함께 추는 二人舞도 있다.

〈그림 2〉의 두 사람은 모두 幘冠을 쓰고 긴소매가 달린 상의의 옷깃을 여며 입고 한 사람은 녹색바지 또 한 사람은 붉은 바탕에 검은 점의 꽃무늬 바지를 입고 있다. 이들 두 사람의 춤은 서로 다른 무용자세로 호응하는 것이 독특하다.

〈그림 3〉의 윗 부분에서는 왼편에 1남1녀가 대칭되게 서 있다. 남자는 오른손을 내리고 왼손에 하나의 연봉오리를 들었으며 여자는 두 손을 모으고 있는데 좌우로 각각 한 송이 연꽃의 줄기가 가슴 앞에 매여져 있다. 그녀의 뒤에 다른 여자가 거문고를 들고 서 있다. 화면의 전체 구도로 보아 이 세 사람은 독무의 완료를 기다리는 다음 순서의 2인무를 출 무용수로 보인다.

〈그림 2〉 남자 2인무 (麻線溝 1호고분)

〈그림 3〉 남자독무와 대기중의 남녀무자(長川 1호고분)

〈그림 3〉의 아래 부분 그림은 한 여자가 거문고를 타서 반주하는 남자의 독무이다. 무용수는 짧은 상의와 통이 큰 바지를 입고 왼쪽 다리를 가볍게 들고 오른쪽 어깨를 펴고 왼팔을 쳐들어 손을 가슴 위에 올려 놓고 있는데 이 모습은 옷소매의 형태로 보아 손바닥이 밖을 향하고 있다. 이것은 일종의 태연자약한 편안한 자세를 나타내주고 있다.[2)]

고구려에서는 이미 4~5세기에 군무 · 2인무 · 독무 등의 무용형식이 정비되어 있었으며 귀족의 관람을 위한 직업무용단이 존재하고 있었다고 판단된다. 고구려의 춤에 관해 문헌자료를 찾아보면《三國史記》樂志에 그 일단이 피력되어 있다.[3)]

신라에서는 8월 15일에 하늘에 제사를 지내고 음악과 춤을 즐겼는데 이때의 음악이 會蘇曲이다. 중앙관서에는 음악 · 노래 · 춤을 관장하는 音聲署가 설치되어 六頭品 출신의 長이 이를 관장하고 있었다.[4)] 당시의 춤으로는 내물왕 때에 만든 笳舞가 있었으며 가야금에 맞추어서 추는 춤으로는 韓伎舞 · 美知舞 · 碓琴舞 등이 있었다.[5)] 그러나 당시의 춤의 내용이나 그 형태는

2) 方起東, 위의 글, 74~75쪽.
3)《三國史記》권 32, 志 1, 樂.
4) 宋芳松,《韓國古代音樂史硏究》(一志社, 1985), 203쪽.
5)《三國史記》권 32, 志 1, 樂.

후세에 전해지지 않고 있다.

백제의 춤으로는 현재 그 이름조차 남아 있는 것이 없는 실정이다. 현재 남아 있는 기록은 백제 멸망 이후 唐나라에서 외롭게 백제악의 전통을 이어갔던 백제인들의 춤을 묘사한 다음의 구절뿐이다.

> 춤추는 사람은 두 사람인데 큰 소매 달리 붉은 저고리와 치마를 입고 章甫冠을 썼으며 가죽신을 신었다(《三國史記》 권 32, 志 1, 樂)

삼국시대의 무용은 악기·춤·노래가 혼합된 종합공연예술의 성격이 강하며 국가의 체제가 정비됨에 따라서 전문무용소가 등장할 수 있는 기틀을 마련하게 된다.

2) 체 육

(1) 무 예

삼국시대는 삼국이 서로 전쟁하던 시기이니만치 兵制가 상당히 발달하여 고구려·백제에서는 국민개병제, 신라에서는 징병제를 채택하고 있었다. 따라서 각종 무기가 발달되고 이 무기를 효율적으로 사용하기 위한 기술 즉 무예가 체계화되었을 것이다.

당시의 무예 중에서 현재의 체육개념－교육으로서의 신체운동－에 가장 유사한 것으로 弓術이 있었다. 궁술에는 말을 타고 하는 騎射와 서서 쏘는 步射가 있는데 삼국은 두 가지 모두를 중시하였다. 고구려에서는 扃堂에서 청소년들에게 궁술을 가르쳤으며,[6] 신라의 화랑 官昌은 기사에 능했기 때문에 부장으로 발탁되었다.[7] 백제에서는 일반인들까지도 모아서 활쏘기 연습을 시켰다.[8]

〈그림 4〉는 삼국시대의 활의 유물이다.

6) 《舊唐書》 권 199上, 列傳 149上, 東夷, 高麗.
7) 《三國史記》 권 47, 列傳 7, 官昌.
8) 《三國史記》 권 24, 百濟本紀 2, 아신왕 7년 9월.

〈그림 4〉 삼국시대의 활 유물

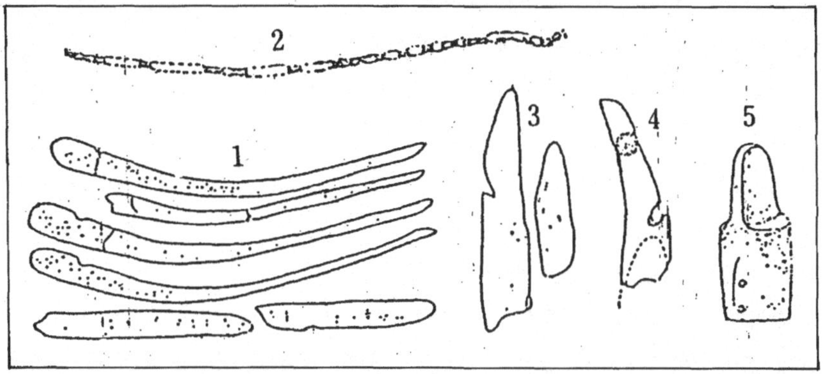

1. 평양 永和 9년명 전축분 출토 활채(고구려) 2. 羅州 新村里 9호분 옹관 출토 활채(백제) 3. 金冠塚 출토 활고자(신라) 4. 咸安 고분 출토 활꽂이(가야) 5. 高靈 池山洞 39호분 출토 금동 활꽂이(가야)
* 金基雄,《무기와 화약》(세종대왕기념사업회, 1977), 99쪽에서 전재.

삼국시대의 활은 그 형태로 보아 彎弓－활체가 굽어져 있고 활고자가 활체의 반대방향으로 굽어진 활－이었으며 제작기법은 복잡하나 성능이 우수한 활이었다. 이 같은 한국활의 좋은 점은 중국에까지 널리 알려져 저들은 우리 활을 石弓·檀弓·角弓 등으로 부르고 好弓으로 높이 평가하였다. 활의 길이가 짧고 힘이 강한 만궁은 騎射에 특히 유용하다. 고구려를 비롯한 삼국이 모두 기사를 중시하였다는 기록을 보면, 모두 말타고 활쏘기를 많이 하였던 듯하다. 그것은 고구려의 벽화, 신라와 가야의 고분에서 발굴되는 馬具에 의해서도 명백하다.

기사란 말을 다루는 馬術과 활을 쏘는 弓術이 함께 복합된 신체운동으로 상당히 고난도의 기술이 요구되는 운동이다. 중국인들이 고구려의 무사들을 騎寇라 하여 대단히 두려워 한 것도 이들의 기사 실력이 탁월했기 때문이다.

고구려의 벽화에서 우리는 각궁으로 鳴鏑을 말 위에서 쏘는 장면을 볼 수 있다. 활을 쏘는 무사의 자세가 통일된 형태를 나타내고 있는데 그것은 騎射法이 통일되고 체계화되었음을 나타내는 것이다. 활쏘는 사람이 달리는 말

위에서 상체를 뒤로 틀어 올리고 활시위를 힘껏 귀밑에까지 당겨 짐승을 노려 바야흐로 화살을 쏠 태세를 취하고 있다. 이 자세는 신라의 경주에서 발견된 狩獵文塼에서도 보이는데, 두 마리의 사슴을 쫓는 무사의 모습을 묘사한 것이다. 말은 질주하면서 활을 당기는 기사의 자세가 사실적으로 묘사되어 있다. 이 같은 射法은 기원전의 페르시아지방에 번영한 파르티안제국의 무사들로부터 연유한다 하여 파르티안 矢(Parthian Shot)이라 부른다. 이와 같은 자세는 특별한 훈련이 없이는 도저히 불가능한 것으로 騎射에 관한 특별한 훈련이 행해지고 있었음을 말해준다.

德興里 고구려 고분벽화에는 기사경기에 관한 그림이 묘사되어 있다.[9] 4명의 경기자와 2명의 심판원 1명의 기록원이 보인다. 경기는 긴 5개의 말뚝 위에 네모난 표적을 5개 세워 놓고 쏘아 맞히는 것이다. 4명의 경기자들 가운데에서 한 사람은 말을 달리며 활을 힘껏 당겨 쏘는 자세를 취하고 있다. 또 한 사람은 파르티안 사법의 완전한 자세를 취하고 있다. 5개의 과녁 중에 2개는 두 동강이 나서 땅에 떨어져 있다.

〈그림 5〉 기사경기도(덕흥리 고분벽화)

9) 金基雄, 《고구려고분벽화》(서문당, 1989), 16쪽.

이 벽화는 射戲라는 벽화 속의 문자로 알 수 있듯이 승패를 가리는 경기희의 성격을 갖는다. 고구려는 언제나 3월 3일이 되면 낙랑의 언덕에서 모여 대규모의 수렵대회를 개최하였다.[10] 이 수렵대회에서 말타고 활쏘는 기사의 실력이 발휘되고 좋은 성적을 거둔 사람은 발탁되어 등용되기도 하였다. 수렵대회장이 그대로 인재등용의 시험장으로 되었던 것이니, 고구려에서 활쏘기는 당시의 민중생활과도 밀접히 관련되어 있음을 알게 한다.

활쏘기를 인재등용의 한 방법으로 채택한 나라는 비단 고구려뿐만은 아니다. 신라에서도 8세기에 讀書三品科가 생기기 이전에는 弓箭術로 인재를 뽑아 썼던 것이다.[11]

7세기까지의 한국은 삼국이 정립하고 있었던 시기이며 서로 전쟁상태에 있었기 때문에 삼국이 모두 武를 숭상하고 있었다. 당시의 상황에서 보아 무예에 뛰어난 사람이 인재등용의 최선단에 서 있었을 것임은 틀림없다. 특히 그 선발방법을 활쏘기로 한 것이 한국적 특색이 될 것이다.

(2) 놀 이

한국어의 '놀이'가 갖는 의미는 영어의 play·game·sport가 갖는 개념을 모두 포함하는 광범한 것이다. 놀이 속에는 바둑·윷·쌍륙 등도 포함되나 여기에서는 신체의 力量에 의해 그 승부가 결정되는 스포츠의 개념에 더욱 가까운 蹴鞠·씨름·매사냥 등에 관해 언급하기로 한다.

중국의 사서인《新唐書》東夷傳에는 "풍속에 바둑·投壺·축국을 즐겼다"라고 보이며,《後漢書》에는 "고구려인은 바둑·투호의 놀이를 좋아하고 축국에 능하다"라고 보인다.《隋書》에는 "백제의 풍속에 투호·바둑·樗蒲·握槊弄珠의 놀이가 행해졌다"고 보인다.

이들 중국의 역사서에 보이는 놀이 가운데 투호놀이는 고려·조선왕조에까지 계속된 듯하나 삼국시대의 문헌에는 보이지 않고 있어 그 자세한 것을 알 수 없다.

10)《三國史記》권 45, 列傳 5, 溫達.
11)《三國史記》권 10, 新羅本紀 10, 원성왕 4년 春.

가. 축 국

축국은 가죽주머니로 공을 만들거나 털 또는 공기를 넣어 발로 차는 오늘날의 축구와 유사한 놀이이다.[12] 《三國遺事》에는 다음과 같이 보인다.

> 유신이 춘추공과 함께 午忌日에 유신의 집 앞에서 축국을 하였는데 일부러 춘추공의 옷을 밟아 그 소매를 찢었다(《三國遺事》 권 1, 紀異 2, 太宗春秋公).

이와 비슷한 기사가 《三國史記》 김유신전에도 실려 있어 삼국시대에 이미 축국이 행해지고 있었음을 알게 한다.

그러나 이러한 기록만으로는 당시의 축국이 어떤 방법으로 어떤 공을 차고 놀았는지 전혀 알 길이 없다. 축국하는 장소로 '유신의 집 앞'이라 하였으니 따로이 축국을 위한 운동장의 시설이 없었던 것 같다. 축국은 중국에서 전래되었으며 한국을 거쳐 일본에까지 전파된다. 일본에서는 축국의 공을 '마리'라고 부르는데 이 말은 한국어의 머리(頭)가 전화된 것이다.

일본에서의 축국은 7세기 중엽에 이미 그 기록이 보이는데, 그 방법은 공을 4~8명이 땅에 떨어뜨리지 않고 오래 차는 것이었다. 이것은 오늘날의 제기차기와 흡사하다.

앞에서 예를 든 중국의 역사서에서 조차 당시의 한반도에 사는 사람들이 축국에 능하다고 한 기록들로 보아 그 때 이미 축국은 사회체육으로서의 기능을 다하고 있었다고 짐작된다.

나. 씨 름

씨름의 기원을 농경시대부터의 제례행사의 하나로 보는 견해가 있으나,[13] 확실하지는 않다. 이 시대의 씨름에 관한 자료로는 고구려의 角抵塚 현실의 벽화를 들 수 있다.

〈그림 6〉은 큰 나무 아래에서 살바만을 걸친 두 선수가 머리를 마주하고 힘을 쓰고 있는 그림이다. 한 사람은 어깨에 힘을 잔뜩 넣고 아래를 내려다보고 있으며 상대편은 위로 향해 입을 약간 벌려 거친 숨을 내뱉고 있는 듯

---

12) 羅絢成, 《韓國遊戲史研究》(百祥文化社, 1977), 26쪽.

13) 申采浩, 《朝鮮思想史》(鐘路書院, 1947), 54쪽.

하다. 웅장한 체구의 두 선수의 모습이 약동하는 듯 사실적으로 묘사되어 있다. 두 선수 옆에 지팡이에 몸을 의지하고 두 사람을 주시하고 있는 백발수염의 노인은 심판관인 듯하다.

〈그림 6〉 씨름도(각저총 현실 벽화)

벽화고분의 이 자료 이외에 삼국시대의 씨름을 언급한 문헌자료는 아직 발견되지 않고 있다. 그러나 씨름은 삼국시대로부터 오늘날까지 우리 민족이 즐겨하는 전통스포츠로 면면히 이어져 내려오고 있다.

다. 매사냥

매사냥은 사나운 매(鷹)를 길러 이것으로 꿩이나 기타의 鳥類 등을 사냥하는 것인데 이를 放鷹이라 부른다. 방응이란 용어는 《삼국유사》의 靈鷲寺조에 다음과 같이 보인다.

> 갑자기 어떤 사람이 放鷹而逐雉(매를 놓아 꿩을 잡는데) … 매 방울소리를 따라 찾아가니…(《三國遺事》 권 3, 塔像 4, 靈鷲寺).

매를 잃어버리지 않기 위해 매에게 방울을 달아 날렸음을 알게 한다.

백제의 기록으로는 阿莘王이 "매와 말을 좋아했다"라고 보인다.14) 고구려의 매사냥에 관한 것으로는 安岳 제1호 고분의 玄室 서쪽 벽에 그려져 있는 수렵도, 三室塚의 벽화를 들 수 있다. 안악고분의 벽화는 산너머로 날아가는 꿩을 쫓는 매를 기마무사가 햇볕을 손으로 막으며 쳐다보고 있는 그림이고 삼실총의 그림은 한 사람의 기마무사가 손에 매를 받쳐들고 있는 모습이다.

고구려의 매는 중국 唐나라의 궁전에서도 매사냥용으로 사육되었으며,[15] 4세기경 일본인에게 처음으로 매사냥을 가르친 사람은 백제의 酒君이었다.[16] 이 같은 사실을 추찰해 보면 한국에서는 고대로부터 매사냥이 유행하고 있었음을 알겠다. 이 같은 전통은 고려왕조로 들어서면 鷹坊의 설치로까지 이어지게 된다.

라. 곡 예

통치기구가 정비됨에 따라 사회가 피지배계급과 지배계급으로 분화되는 과정에서 생산활동과 직접 관계가 없는 전문가가 탄생된다. 曲藝란 특별한 훈련으로 몸에 체득한 뛰어난 기술을 사람들에게 보여줌으로써 생계를 유지하는 인간과 대가를 지불하고 이것을 즐기는 구경꾼의 존재에 의해 성립되는 놀이를 말한다.

삼국시대의 곡예는 동물을 이용한 馬戱와 사람이 직접 여러 가지 용구를 이용하여 행하는 재주부림이 있었다. 마희에 관한 기록은 《삼국사기》 居道傳에 다음과 같이 보인다.

> 매년 한 차례씩 張吐의 들판에 말을 모아 놓고 군사들로 하여금 타고 달리게 하여 놀고 즐기게 하였다. 그 때의 사람들이 이를 馬叔이라 불렀다(《三國史記》 권 44, 列傳 4, 居道).

이 馬叔이 같은 곳에 수록된 異斯夫傳에는 "馬戱로써 加耶를 속여 취하였다"라고 되어 있다. 이 마숙은 말과 사람이 함께 행하는 즐거운 놀이이며 구경꺼리가 될 수 있는 일종의 쇼스포츠(show sports)라고 볼 수 있다. 于尸山

14) 《三國史記》 권 25, 百濟本紀 3, 아신왕.
15) 金基雄, 《朝鮮半島の壁畫古墳》(東京 : 六興出版, 1980), 55쪽.
16) 今村嘉雄, 《體育史資料年表》(東京 : 不昧堂, 1967), 1쪽.

國과 居柒山國의 국민들이 이 놀이를 구경하느라 전혀 방비가 없어 나라가 멸망할 정도로 구경에 몰두하였다는 사실로 보아 마숙이 사람의 시선을 끄는 曲馬였을 가능성이 높다. 이 마숙이 뒤에 마희라는 명칭으로 불렸을 때에는 아마 더욱 체계화된 곡마가 되었을 것이지만 그 곡마의 상세한 내용은 알 수 없다.

사람이 직접 행하는 곡예의 자료로는 고구려의 八清里 고분벽화, 藥水里 고분벽화, 修山里 고분벽화 등을 들 수 있다. 팔청리의 곡예도는 전방에 배치되어 있는 鼓吹樂隊의 반주에 맞추어 곡예를 연출하는 그림이다. 곡예사 4명은 구경하고 있는 주인공을 향해 재주를 부리고 있다. 주인공 앞에는 긴 나무다리(竹馬) 위에서 춤추는 곡예사가 있으며 그 뒤의 발 밑에서는 비파를 뜯고 있는 악사가 있다. 바로 그 뒤에 3개의 짧은 木棒과 5개의 고리를 교대로 던져 올리고 있는 곡예사가 보인다. 그 윗쪽에는 오른손에 장검을 들고 허리를 낮추어 擊劍의 자세를 한 곡예사가 있다. 곡예사들은 얼굴에 둥글게 연지를 칠하고 있다. 얼굴에 연지를 찍은 것은 고분벽화에 보이는 무용수들에서도 볼 수 있다.

〈그림 7〉의 행렬도는 약수리 고분벽화의 하나이다. 행렬도는 주인공이 탄 마차를 중심으로 3개의 집단으로 나눌 수 있다. 주인공의 바로 앞에서 3명의 곡예사가 재주를 부리고 있다.

〈그림 7〉 행렬도(약수리 고분벽화)

수산리 고분벽화에 보이는 곡예도는 주인공 부부가 시종을 이끌고 곡예를 관람하고 있는 모습을 그린 것이다. 길다란 죽마 위에서 재주를 피우는 곡예사, 그 밑에서 5개의 고리와 3개의 단봉을 두 손으로 던져 올리고 있는 곡예사, 허리를 약간 앞으로 굽힌 채 두 손으로 마차바퀴 모양의 고리를 높이 던져 올리고 있는 곡예사의 모습이 보인다.

이들 화면에서 볼 수 있는 손과 발의 곡예는 다양한 고구려 곡예의 일단을 묘사한 것으로 짐작된다. 기발하고도 낙천적인 고구려인들의 생활감정을 잘 반영하고 있다.

동물을 이용하지 않고 손과 발로 행하는 곡예는 실크로드를 통하여 서역으로부터 전파되어 이미 기원전 1000년쯤에는 중국에서 雜戲 혹은 百戲로 불려지고 있었다. 이 곡예 중에는 줄타기·竹馬·弄丸·倒立 등이 있었다. 일찍부터 중국의 문물을 받아들였던 고구려인들에게 곡예는 지배계층의 구경거리로, 피지배계층의 경제수단으로서의 의미로 전파되었을 것이다.

삼국시대의 체육은 무예를 중심으로 한 국방체육이 그 중심을 이루고 있었으며 활쏘기는 청소년들이 교육을 위한 중요과목으로 실시되고 있었다. 각종의 민속놀이가 체계화되어 실시되고 있었다.

〈李鎭洙〉

V. 과학기술

V. 과학기술

1. 한국 과학기술의 형성

기원전 1천년경 한반도 지역에 청동기 문화가 출현했다. 그것은 매우 세련된 비파모양 청동검을 돌거푸집으로 부어만드는 수준 높은 기술과, 표면을 잘 갈아서 반들반들하게 한 갈색 계통의 민무늬토기를 구어 만드는 기술을 바탕으로 이루어진 새로운 기술 문화였다. 비파모양 청동검은 지금의 중국 동북지방 요녕지역을 비롯하여 한반도의 여러 지역에서 만들어진 한국 고유의 청동기로, 중국의 청동기와는 확실히 구별된다. 중국과는 다른 기술의 흐름을 담은 것이다. 우리는 그것이 중국의 과학문명과는 다른 북방계 문화의 영향에 의하여 발전한 비교적 수준이 높은 기술에 의한 것이라고 생각하고 있다. 그 토착기술의 전통 위에 한국인은 중국의 과학과 기술을 받아들였다. 그리고 한국인은 중국의 그것을 언제나 한국적인 것으로 변용하고 개량하려는 노력을 기울여 더욱 새로운 한국의 기술 모델을 만들어 내려고 시도했다.

비파모양 청동검들과 함께 출토되는 여러 청동기들은 이러한 사실을 말해주고 있다. 청동검과 청동거울로 대표되는 한국 모델의 청동기들은 중국의 청동기와는 다른 계통의 기술에 의해서 만들어진 것이다. 비파모양 청동검에 이어서 출현한 한국형 청동검, 2개의 꼭지가 달린 굵은 줄무늬 청동거울과 가는 줄무늬 청동거울은 한국의 독특한 청동기이다. 중국에서는 거의 찾아볼 수 없는 이 독특한 형식의 청동검과 청동거울은 한국의 청동기 기술자들이 뛰어난 디자인 감각과 세련된 제작기술을 가지고 있었음을 말하는 것이다. 그 청동기들은 청동기시대 지배자들의 권력의 상징물로서 또 종교적인 의식에 쓰는 儀器로서 손색이 없는 작품이었다. 그리고 그것들은 단번에 중국의 청동기 기술과 같은 수준으로 뛰어 오른 기술혁신의 소산이었다. 이것들은 청동방울과 함께 일본에 건너가서 그 기술이 이식되었고, 神器로서 종교적 상징물로 존중되었다.

청동기 기술에서 한국의 청동기시대의 기술자들이 개발한 것이 2가지 있다. 하나는 돌거푸집의 기술이고 다른 하나는 청동 합금기술이다. 한국의 청동기시대 유적에서는 많은 돌거푸집들이 출토되고 있다. 그것들은 활석과 사암으로 만든 것이 대부분이고 진흙거푸집은 지금까지 거의 발견되지 않고 있다. 돌거푸집에 의한 주조기술이 주류를 이루고 있는 것이다. 돌거푸집의 재료는 거의 모두가 활석(곱돌)으로 만든 것이었는데, 그것은 가장 이상적인 돌거푸집이다. 중국에서 많이 사용된 진흙거푸집은 한국에서는 비교적 적게 사용된 것 같다.

한국의 청동기술이 중국의 그것과 다른 계통의 기술이라는 또 다른 사실은 청동기의 합금 성분에서도 나타나고 있다. 중국 청동기의 주성분은 구리·주석·납이다. 그런데 한국인이 만든 청동기에는 초기의 것부터 구리·주석·납으로 된 청동기와 함께 아연-청동 합금으로 된 것들이 나타나고 있다. 장식용이나 의식용으로 쓰는 청동기를 황금빛으로 빛나게 하기 위해서 구리·주석·납에 아연을 섞는 기술을 개발한 것이다. 아연-청동 합금으로 된 청동기는 중국에서는 한나라 때에 이르기까지 발견되고 있지 않다. 기술적인 어려움 때문에 중국에서는 개발되지 않았던 합금기술을 한국의 청동기 기술자들은 그들의 필요에 따라서 발전시키고 있었다.[1] 한국의 과학기술이 형성되고 있었던 것이다.

한국의 청동기 기술은 기원전 4세기경에 최고의 수준에 도달하고 있었다. 한반도의 여러 곳에서 발견되고 있는 많은 잔줄무늬 청동거울은 그 기술이 믿기 어려울 정도에까지 이르고 있었음을 보여주는 제품들이다. 그 중의 하나, 지금 숭실대학교 박물관에 보존되어 있는 잔줄무늬 청동거울은 특히 주목할만한 뛰어난 작품이다.

직경 21㎝의 이 청동거울에는 0.3㎜ 간격의 가는 평행선이 1만3천 개가 그려져 있는데, 그 선들은 수많은 동심원과 그 원들을 등분하여 생긴 직4각

1) 全相運, 〈韓國古代金屬技術의 科學史的 硏究〉(《傳統科學》 1-1, 1983), 9~27쪽.

형과 정4각형, 그리고 3각형들이 정확하게 제도되어 있다. 이와 비슷한 잔줄무늬 청동거울은 한국에는 많이 남아 있지만, 일본을 제외한 다른 지역에서는 발견된 일이 없다. 이 청동거울은 또 그러한 기막히게 정교하고 멋있는 디자인을 거푸집으로 부어내는 고도의 기술에 도달하고 있었다는 사실에서 우리의 주목을 끌기에 충분하다.

돌거푸집에 의한 주조기술은 기원전 3세기경에 전개된 한국의 독자적 모델의 무쇠도끼 주조기술로 이어지고 있다. 이 시기에 한반도 지역에서는 많은 무쇠도끼들이 같은 크기의 돌거푸집을 써서 대량으로 주조되었다. 한국의 제철 주조기술은 돌거푸집에 의한 청동기 주조기술과 이어진다. 한국의 제철 기술자들은 거기에 중국의 선진 제철기술을 수용하여 한국인의 철기기술을 개발해 나갔다. 돌거푸집으로 부어만든 규격화된 한국의 무쇠도끼들과 강철에 가까운 큰 칼들, 그리고 대량 생산된 철제 농기구들의 출현은 한국인의 제철기술이 훌륭히 전개되고 있었음을 보여주는 것이다.

한국의 제철기술은 초기 철기시대부터 시우쇠와 무쇠, 그리고 강철의 세 가지 철을 다 만들 수 있는 기술 수준에 도달하고 있었다. 이것이 지금까지의 기술고고학적 연구로 정리할 수 있는 우리의 생각이다. 그런데 한국의 철기시대는 기원전 5~4세기에 중국의 철기문화가 들어오면서 형성되었다는 것이 일반적인 설이다. 그러나 다른 한편, 금속기술사적 입장에서 볼 때 한국의 제철기술은 고도로 앞선 수준에 도달하고 있었던 한국의 청동기술이 그대로 이어져서 현지의 원료를 가지고 이루어질 수 있었다고 해도 별로 무리가 없을 것이다. 초기 철기시대의 유물들이 출토되는 유적들이 철광석의 산지이거나 조선 초기 지리지에 나오는 철의 산지와 같은 지역이라는 사실은 그러한 가능성과 연결되는 기술적 배경이다.[2]

이러한 기술적 바탕이 다져지고 있던 한국의 철기기술에 중국의 철기문화가 유입되었다. 한국인은 그 새로운 금속문화를 수용하여 한국인의 제철기술

---

2) 이 문제는 앞으로 고고화학적 분석과 기술고고학적 연구에 의해서 구명되어야 할 과제이다. 지금까지의 관련 연구는 전상운 · 윤동석 · 이남규 · 奥野正男(오꾸노)과 북한 학자들 등의 논저들이 있으나, 분명한 결론에 도달할 만치 충분한 자료들이 나와있지 않다. 한국의 사철과 갈철광에 대한 기술고고학적 분석 연구가 더 축적되고 진전되어야 할 것이다.

을 발전시키고, 한국의 철기문화를 재창조해냈다. 원삼국시대의 발달된 제철기술과 철기문화는 그렇게 해서 형성된 것이다. 그리고 이 금속기술은 고구려·백제·가야 그리고 신라에 그대로 계승되어 그 기술이 높은 수준에서 전개될 수 있게 했다.

2. 고구려의 과학과 기술

1) 하늘의 과학

(1) 천문도를 만들다

조선시대 태조 4년(1395)에 만들어 오석에 새긴 천문도인 「天象列次分野之圖」에는 그것을 만들게 된 유래를 쓴 글이 있다. 權近이 쓴 이 글에 의하면, 이 천문도는 고구려 천문도를 바탕으로 해서 제작된 것이다.[3]

고구려에는 천문도 석본이 있었는데, 그것이 고구려가 망할 때, 전란을 겪으면서 대동강물에 빠져 버렸다는 것이다. 天象列次分野地圖는 그 인본 한 장이 남아서 전해진 것을 가지고 별자리의 위치를 교정하여 만들었다고 했다. 이 기록에 의하면 태조 4년 천문도의 별자리 그림은, 세차에 의한 오차를 새로운 관측에 따라 교정하였을 뿐이므로 고구려 때 작성한 별자리 그림을 사실상 그대로 보여주는 것이다. 여기에는 290개의 별자리에 1,467개의 별이 그 밝기에 따라 크기가 다르게 그려져 있다. 북극을 중심으로 한 天球에 별자리들이 제 위치에 정확하게 표시되어 있고, 赤道圓·黃道圓·北極圓과 함께 經度線도 명시되어 있고 은하계도 그려져 있다.

이 별자리 그림이 고구려의 독자적인 관측에 의한 것이었는지를 알 수 있

---

3) 덕수궁 궁중 유물 전시관에 보존된 天象列次分野之圖(가로 122.7㎝, 세로 211㎝)에 권근이 쓴 명문이 새겨져 있다. 이 천문도에 대해서는 지금까지 몇 학자의 연구논문이 있다. 최근에 나일성 교수가 발표한 논문은 그것들을 종합한 것이다(나일성, 〈「天象列次分野之圖」와 각석 600주년 기념 복원〉, 《東方學志》 93, 1996, 41~132쪽).

는 자료는 아직 없다. 그런데 이 별자리 그림은 중국 삼국(222~238)의 三家星圖에 나타난 283자리 1,465개의 별과 그 수가 거의 일치한다. 아마도 그것과 관련이 있을 것 같다. 그리고 중국에서 陳卓이 삼가성도에 의해서 처음으로 천문도를 만든 것이 310년이므로, 고구려의 천문도와 이들 중국 천문도와 관련을 짓는다면, 4세기 후반까지에는 진탁의 천문도가 고구려에 전해졌으리라고 생각할 수 있다.

물론 고구려의 독자적인 관측에 의한 별자리의 그림이나 별에 대한 천문학적 지식이 있었다고 생각하는 것은 매우 자연스럽다. 그래서 진탁의 천문도와 같은 중국의 최신 천문학 지식이 더 쉽고 정확하게 고구려 천문학자들에게 받아들여질 수 있었을 것이다.

고구려가 天象列次分野地圖에서 보는 것 같은 규격화된 천문도의 원형을 가진 시기는, 진탁의 천문도가 나타난 이후, 그러니까 4세기 후반경이라고 생각된다. 그렇지만 이 별자리 그림의 성립 시기에 대해서는 몇 가지 다른 견해가 있다.[4] 3세기경으로 그 관측 연대를 추정하기도 하고, 5세기말에서 6세기 초, 또는 6세기로 보기도 한다. 이 시기에 고구려에서 육안으로 보이는 거의 모든 별들이 망라된 정확한 별자리 그림을 제작했다는 사실은 고구려 천문학의 수준을 가늠하는 데 중요한 자료가 된다.

고구려 천문학의 별자리에 대한 또 다른 확실한 지식은 고구려의 여러 고분에 벽화로 남아있는 그림들 속의 해와 달, 그리고 별을 사실적으로 그린 이른바 日月星辰圖에 의해서도 확인할 수 있다. 춤추는 여인들의 그림으로 유명한 무용총 주실 천정의 해와 달, 그리고 별자리 그림은 그 좋은 보기의 하나이다. 여기에는 별들을 원으로 그리고, 그 원들을 3줄의 선으로 이어서 별자리를 그려 놓고 있다. 별자리를 그린 이러한 수법은 별들을 이어놓은 선이 3줄이라는 것이 다를 뿐, 천상열차분야지도의 별자리 그림과 기본적으로

---

4) 천상열차분야지도의 도설에 씌어 있는 내용을 가지고 계산한 결과는 대체로 4세기보다 앞선 시기로 추정되고 있다. 북한학자들은 춘추분점의 위치를 가지고 세차를 보정하여 3세기경으로 관측 연대를 추정하고 있다. 또 최근의 한 연구 결과는 도설에 나와 있는 춘추분점 이외에 28수 거극도, 28수 적도수도 등을 세차와 고유운동을 보전하여 그 관측 연대를 B.C.1세기~A.D.1세기로 계산하기도 했다.

같은 것이다.

무용총 천정에 그려진 별자리 그림은 28수 중의 주요한 7개의 별자리를 상당히 충실히 나타냈다.[5] 또 眞坡里 1호분에는 금으로 그려 넣은 90개의 별이 그려져 있는데, 그 화려한 별자리 그림은 우리의 눈길을 끈다. 이와 거의 같은 별자리 그림은 각저총 주실 천정에서도 찾아볼 수 있다. 또 해방 후에 발견된 여러 고구려 고분과, 일본에서 발견된 高松塚 고분의 별자리 그림에서 우리는 그 별자리 그림들이 매우 정확한 천체 관측에 의해서 작성된 별자리 그림을 바탕으로 해서 그려지고 있었음을 확신하게 된다.

(2) 천문관측제도와 활동

《삼국사기》와 《삼국유사》에는 단편적이고 부분적이기는 하지만, 고구려의 천문 관측 기록들이 남아 있다. 11회의 일식 기록과, 10회의 혜성 기록, 그리고 11회에 이르는 그 밖의 천체 현상들의 기록이 그것이다. 이 천체 관측 기록들은 고구려의 기록들에서 옮긴 것으로 생각되고 있다.[6] 고구려의 천체 관측 기관과 관측제도가 어떠했는지 알 수 있는 기록은 없다. 그런데 고구려의 관측 기록 중에는 영류왕 23년(640) 9월 "해에 빛발이 없다가 3일이 지나서야 다시 밝았다"는 태양 흑점이라고도 여겨지는 태양 표면의 이변과, 양원왕 11년(555) 11월 30일 "태백성이 낮에 보였다"는 기사와 같이 고구려의 독자적 관측 기록의 존재가 분명한 주목할 만 한 것이 나타나고 있다.[7] 그러

5) 예컨대, 中村淸兄, 〈高句麗時代の古墳について－その星象壁畵の考察を中心として〉(《考古學論叢》, 東京, 1937)은 고구려 고분의 별자리 그림에 대해서 잘 분석해 놓았다.

6) 지금까지 몇 사람의 일본 학자들은 고구려의 천체 관측 기록들이 《삼국사기》를 편찬하면서 김부식이 중국의 기록에서 옮겨 넣었을 것이라고 주장하고 있다. 예컨대 飯島忠夫가 1926년에 《東洋學報》에 쓴 논문 〈三國時代の日食記事について〉와 齋藤國治가 1990년에 쓴 《古天文學の道》의 12장 〈新羅・百濟・高句麗の天文記錄〉 등이 그렇다. 이러한 주장에 대해서 박성래는 1980년에 《傳統科學》 제1집에 쓴 논문 〈韓國의 災異와 災異觀〉에서 그 잘못을 지적하고 반론을 제기했다.

7) 《三國史記》 권 20, 고구려본기 8, 영류왕 23년 9월.
齋藤은 위의 책, 214쪽에서 금성의 관측 조건을 들어 고구려의 독자적 관측기록의 존재를 인정하고 주목할만한 것이라고 했다.

한 독자적인 관측 기록의 존재는, 고구려에 국가적인 천체 관측 기관과 시설이 있었고 거기 소속된 천문 관리가 활동하고 있었기 때문이다. 日者라는 관직명은 천문 관측과 관련된 관리중의 하나였을 것이다.[8)]

천체 관측 활동은 천문대를 중심으로 행해졌다. 고구려 천문대의 유적이나 유물은 남아 있지 않으나, 조선 초의 두 지리지는 그 때까지 그 유적이 있었음을 말해주고 있다. 《세종실록》의 지리지에는 평양부에 첨성대가 있다고 기록하고 있고, 《동국여지승람》에는 "첨성대의 유적이 평양부의 남쪽 3리에 있다"고 기록하고 있다.[9)] 평양에 천문대를 세운 것은 5세기쯤이었을 것이다.[10)] 돌을 쌓고 위에 난간을 두른 관측대였을 것이라고 생각된다.

고구려의 역법은 중국의 천문 역법의 영향을 받아서 이루어졌을 것이다. 영류왕 7년(624)에 당에 曆書를 구한 일이 있다는 기록은[11)] 고구려의 역법이 중국의 그것과 같았으리라는 강력한 시사를 준다. 그 역서는 당에서 쓰인 傅仁均의 戊寅曆이었을 것이다.[12)] 고구려는 1년의 길이를 중국에서와 같이 365 1/4 일로 계산했을 것이고, 1년을 24절기 12개월로 나누었다. 그리고 時制는 중국의 그것과 같은 12시 100각의 제도였다. 시간의 측정에는 해시계와 물시계가 사용되었을 것이지만, 그 기록이나 유물은 남아 있지 않다.

(3) 기상 관측

천체 관측과 함께 기상 관측도 꾸준히 계속되었다. 《삼국사기》의 기록은 그 중에서 특별히 큰 사건이라고 생각된 것들만이 남아있는 것이지만, 원래의 기록은 조금 더 많았을 것이다. 《삼국사기》의 기록들은 災異나 異變에 속

8) 洪以燮, 《朝鮮科學史》(正音社, 1946), 42쪽.
9) 《世宗實錄》 권 154, 평안도 평양부.
《東國輿地勝覽》 권 51, 평안도 평양부, 고적.
10) 全相運, 〈高句麗의 科學과 技術, 그 硏究現況과 課題〉(《東方學志》 49집, 1985), 274쪽.
11) 《三國史記》 권 20, 고구려본기 8, 영류왕 7년.
12) 물론 역법의 도입이나 역서를 중국 것을 그대로 썼다는 말과 반드시 같은 것은 아니다. 그러나 현재로서는 그 시기에 고구려가 독자적인 역법을 썼다고 생각하기는 어렵고, 다만 그 뒤 어느 시기에 고구려에서 독자적인 역서를 만들어 썼을지도 모른다.

하는 것들이다. 여기서 보면 고구려의 천문관측자들은 강우와 강설현상, 바람의 강도와 방향, 구름, 기온, 지진, 해와 달의 무리, 안개, 서리, 무지개 등에 대한 관측을 하고, 그 중 특이한 것은 기록으로 남겼다. 그 기록들은 고구려시대의 한국 기후 환경을 이해하는 데 매우 중요한 자료로 평가된다.

2) 산업기술 및 생활과학

(1) 고구려척과 축조기술

7세기경에 일본에서 쓰인 자(尺) 중에 고마척(高麗尺)이라는 것이 있다. 35㎝~36.3㎝크기로 환산되고 있는 이 자는 각종 건축에 많이 쓰인 자로서 고마(高麗), 즉 고구려에서 건너간 고구려자이다.[13] 그러나 한국의 문헌이나 자료에서는 高句麗尺이라는 자는 아직 알려진 것이 없다. 고구려의 기술자가 고대 일본에 가지고 가서 건축이나 그 밖의 길이를 잴 때 쓰게 되면서 정착한 것이 아닌가 추측된다.

그런데 이 사실은 매우 중요한 의미를 가진다. 고구려가 중국과는 다른 독자적인 자를 가졌다는 것이 되기 때문이다. 도량형 제도와 그 기본이 되는 길이의 단위로서의 척도는 국가의 표준기기로서 제정되는 것이다. 고구려 자의 존재는 고구려 도량형 제도가 나름대로 잡혀 있었다는 사실을 확인하게 하는 중요한 실마리가 된다.

이 고구려척이 일본에 건너가서 고대 일본의 건축 및 축조물 조성의 척도로 널리 사용되었다. 고구려의 건축 기술자가 가지고 간 것이었으리라고 생각된다. 일본의 고대 가람 배치와 건축의 기본형식에서 고구려적인 것이 발견되는 사실과 고구려척과는 기술적으로 바로 이어지고, 그것은 고구려 기술의 중요한 단면을 기록 이상으로 우리에게 전해주고 있다.

고구려의 건축 및 축조기술은 궁궐과 성곽 및 무덤 등에서 그 양상을 가늠할 수 있다. 유적과 유물에서 미루어 볼 때, 우리는 그 설계와 시공이 높

---

13) 全相運, 앞의 글(1985), 277~279쪽.
尹張燮, 《韓國의 建築》(1996), 71쪽 참조.

은 기술 수준에 있었음을 알 수 있다. 특히 장안성과 국내성, 장군총과 같은 유물에서 볼 수 있는 고구려의 축조기술은 훌륭했다. 또 궁전과 사찰의 건축기술은 거대한 규모의 집터들과 여러 고분의 벽화에 그려진 건물의 그림들, 유적들에서 발견되는 벽돌과 기와들과 석재들, 그리고 그 밖의 건축자재들에서 그 발전된 모습을 짐작할 수 있다.

고구려의 성곽 축조기술은 중국 성곽의 축석 양식과 다른 축조법을 발전시켰다. 돌을 대강 다듬어, 큼직큼직한 석재는 아래에 놓고 위로 올라가면서 크기를 줄이고 조금씩 뒤로 물려가면서 쌓아 부드러운 곡선이 되게 하는 축석기법이었다. 그것은 견고하고 축조하기 쉽고 자연미가 있으며 성곽으로서의 기능이 떨어지지 않는 설계 시공기술이었다. 그 기술은 백제로 계승되고, 고려와 조선으로 이어져 한국 성곽의 주류가 되었다.

(2) 금속기술

고구려의 금속기술은 청동기와 철기시대 금속기술자들의 첨단기술을 이어받아 일찍부터 높은 수준으로 전개되고 있었다. 고구려의 여러 유적에서 출토되는 청동기와 철기, 그리고 정교한 금 장식품들과 화려한 금도금 마구들은 그것을 말해주는 것이다.

금제품의 제작기술은 특히 우수하여 북방 다른 민족의 수준을 능가했다고 평가되고 있다.[14] 6세기 중국의 유명한 박물학서인 《本草經集注》에는 고구려의 금은 잘 정련되어 복용할 수 있다고 적혀 있다. 고구려 금 정련기술의 우수함을 확인해주는 귀절이다.

철의 생산은 동아시아의 강대국 중의 하나였던 고구려에서는 매우 중요한 국가적 산업이었다. 고구려에는 비교적 풍부한 철광석의 산지들이 많았다. 그래서 일찍부터 철의 기술이 발달했다. 출토된 철제품들 중에서 튼튼한 무기·갑옷·마구·생산 도구 등은 그 질이 매우 우수하다. 고구려의 무덤에 그려진 장수와 병사들이 사용한 여러 가지 무기들, 칼과 창, 활과 화살촉, 갑옷과 투구, 그리고 철제 마차 장식은 철의 생산과 그 기술과 연결된다. 특히

---

14) 최무장, 《고구려 고고학》(민음사, 1995), 784~785쪽.

오회분 4호 및 5호묘에 그려진 철을 단련하는 기술자의 그림과 수레바퀴를 제작하는 기술자의 그림은 첨단기술 제품을 생산하는 창조적 활동의 중요성을 상징하는 것으로 주목할 만하다. 창조적 생산기술의 현장을 생생하게 전하는 귀중한 자료이다.

고구려 무덤 벽화의 그림은 한국 과학기술의 역사에서 둘도 없는 현장 그림으로, 그 역동적이고도 화려한 색채와 섬세한 내용은 문헌으로 전해지지 않는 고구려 과학기술의 모습을 정확하게 증언하고 있다. 이와 관련하여 최무장은 "금속제품은 冶鐵・冶銅・연금・도금술・무기제조가 포함된다. 그리고 공구 제조와 금・은기 제조도 상당한 부분을 차지하였다"고 말하면서, "고구려가 자체적인 야금술과 금속제조업을 가지고 있었다는 것을 충분히 설명해 준다"고 했다.[15] 철을 단련하는 기술자의 모습과 수레바퀴를 제작하는 기술자의 모습이 매우 사실적으로 그려진 것은, 고구려에서 이 두 첨단기술이 얼마나 중요시되었는가를 말해주는 자료가 되는 것이다.

철의 생산과 질이 좋은 철제품의 제조는, 고구려의 튼튼한 무기・갑옷・마구・생산도구 등에서 나타나듯이, 고구려의 국력이 바탕이 된다는 점에서 국가적으로 힘을 기울인 사업이었다. 철제 무기들과 마구는 특히 발달하였는데, 고구려의 마구는 백제・신라・가야에 큰 영향을 끼쳤고, 그 제조기술은 철의 기술과도 이어졌을 것이다. 쇠붙이로 된 많은 마구와 금도금 마구 장식들은 고구려의 금속기술에서 매우 주목할 만한 제품들이다. 그리고 그 기술은 일본에도 영향을 주었다.

고구려 금속기술자들은 또 하나 중요한 기술을 개발했다. 아말감 도금법의 개발이 그것이다. 고구려의 유적에서는 많은 금도금 제품들이 출토되고 있다. 금도금은 아말감 도금법으로 처리된 것이 많은데,[16] 그 기술이 성립된 시기는 출토된 무덤들의 조성 연대로 보아 대체로 3~4세기 무렵이었을 것으로 생각된다.

금속기술에서 또 하나, 광물성 안료의 제조기술이 있다. 고구려의 벽화 무덤들에는 화려하고 대담한 스케일의 그림들이 그려져 있다. 그 그림 물감의

15) 최무장, 위의 책, 784~786쪽.
16) 최무장, 위의 책, 887쪽.

재료는 정제된 광물성 안료이다. 최소한 10종류가 넘는 그 안료들은 양과 질에서 매우 뛰어난 제조기술로 만들어진 것이다. 막대한 양의 광물성 안료와 잘 정제된 원료들을 고구려 금속기술자들은 고도의 화학기술로 추출해 냈다. 4세기까지 고구려는 다양한 광물성 그림 물감들을 개발해 낸 것이다.

(3) 연단술

고구려의 煉丹術은 5세기에 도교와 함께 들어온 불로장생의 약을 만들려는 노력에서부터 시작되었다.[17] 고구려 무덤의 하나인 우현리 대묘의 현실에는 그 화려하고 숙달된 색채와 아름다운 선을 구사한 벽화로 유명한 날으는 선녀의 모습을 그린 그림이 있다. 선녀는 왼손에 약 그릇을 들고 오른손으로 불로장생의 靈芝를 채취하고 있다. 이 그림은 흔히 연단술의 신선사상을 상징하는 것으로 알려지고 있다. 우현리 대묘가 6세기말에서 7세기초에 만들어졌다고 보고 있으니까, 이 무덤의 벽화는 그 시기의 고구려에 신선사상 또는 仙道 등으로 표현되는 불로장생의 術, 또는 연단술이 있었음을 잘 나타내고 있는 것이다.

사실 고구려의 연단술은 일찍부터 중국에 잘 알려져 있었다. 중국의 연단술과 융합된 약물학적 지식을 담은 대표적인 本草書의 하나인 陶弘景의《神農本草經集註》에는 11종의 고구려산 의약재가 소개되어 있다. 그 중에서 특히 인삼과 금가루는 연단술과 관련되어 주목할 만하다. 도홍경은 금가루는 유독하여 정련되지 않은 것을 먹으면 죽지만, 고구려의 금가루는 잘 정련되어 먹을 수 있다고 했다. 인삼과 금가루에 대한 이 기록은 6세기 이전의 고구려 연단술의 한 측면을 보여주는 중요한 자료이다. 인삼과 금가루는 고구려에서 찾아낸 불로장생의 선약이었다. 고구려의 연단술과 선약은 처음부터 인삼과 관련되어 있었던 것 같다. 우현리 대묘의 선녀가 영약을 채취하고 약다리는 그릇을 가진 모습의 그림에서 영약은 인삼을 상징하고 있는 것 같다.

고구려의 금가루가 잘 정련되어 먹을 수 있다는 도홍경의 평가는 6세기초

17) 고구려의 연단술은 5세기 이전에 이미 존재하던 민간 신앙이나 사상 속에서도 전개되고 있었을지도 모른다.《삼국유사》나《삼국사기》에 나타난 몇 가지 설화는 한민족에 옛부터 내려오는 신선 사상과도 관련된 것이라는 견해가 있다.

의 고구려 연단술의 수준을 말하는 중요한 자료이다. 6세기 이후 도교의 사상적 영향은 점차로 확대되었다. 624년과 643년에는 당에서 道士가 직접와서 道經을 전파하였다. 이 시기에 葛洪의《肘後備集方》과 陶弘景의《神農本草經集註》가 고구려에 들어왔으리라고 믿어진다. 또 갈홍의《抱朴子》가 미친 영향도 컸으리라고 짐작된다. 이 무렵 고구려의 여러 무덤에 그려진 달을 상징하는 두꺼비의 그림은 달에 대한 不死의 관념을 나타낸 것으로서 죽은 자의 영생을 축원하는 불로장생 사상의 영향일 것이다.[18)]

(4) 도구와 기계장치

7세기 初, 고구려는 비교적 규모가 큰 연자맷돌을 쓰고 있었다. 잘 알려진 것처럼 曇徵이라는 중이 610년에 일본에 건너가서 碾磑 즉 연자맷돌을 만들었다는《日本書紀》의 기사로 확인된다. 그것이 물레바퀴로 움직이는 장치인지 畜力으로 움직이는 연자매인지는 확실하지 않으나, 고구려에서는 물레바퀴를 동력으로 하는 연자매와 연자방아가 대체로 5~6세기경에는 쓰이고 있었을 것이다. 4세기 중엽의 안악 제3호분의 방앗간 그림과 5세기경의 무덤들에 그려진 수레의 그림은 그 기술 수준을 보여주고 있다. 고구려에서는 쌀보다 조와 밀이 많이 경작되고 있었으므로 탈곡 제분용 방아와 연자매의 동력으로서 물레바퀴가 보급되었으리라고 생각된다.

고구려는 그 넓은 땅을 주로 육로를 이용해야 했기 때문에 일찍부터 교통운송 수단으로 수레가 이용되었다. 우차와 마차가 제작된 것이다. 견고하고 경쾌하며 넉넉한 짐을 실을 수 있는 수레의 제작과 힘센 가축이 끌기에 알맞는 수레장치의 개량은 중요한 기술의 영역이었다.

여러 무덤에서 발굴된 수레의 부품들과 4세기 후반에서 5세기 전반의 무덤들에 그려진 수레의 그림들과 수레바퀴 제조기술자의 그림은 그 시기 고구려의 수레 제작기술이 높은 수준에 있었음을 나타내고 있다. 가장 완전한 옛 수레의 모습은 무용총 벽화에 그려진 소가 끄는 수레와 오회분 5호분 벽화에 그려진 수레바퀴에서 볼 수 있다. 이 아름다운 그림은 5세기경의 고구

---

18) 金斗鍾,《韓國醫學史》(탐구당, 1966), 34쪽.

려 수레가 훌륭하게 사실적으로 묘사되어 있어, 우리에게 그 시기의 수레와 멍에를 생생하게 보여주고 있다. 그리고 수레바퀴는 철판을 테두리에 씌운 이른바 쇠바퀴가 등장하고 있었음을 나타내고 있다.

고구려 사람들은 옷감을 어떻게 짰으며 원료가 무엇인가, 물감은 어떻게 만들었는가. 고구려 무덤의 벽화에는 많은 사람들이 등장하고, 그들이 입은 옷은 색깔과 모양이 다양하다. 문헌에 의하면, 고구려에서는 오색 비단과 푸른색·붉은 색 및 흰색의 모직물 등의 고급직물이 생산되었다. 고구려 사람들의 옷감은 비단·명주·삼베·가죽 등이었다. 대안리 1호분에 그려져 있는 베짜는 여인의 그림은 유명하지만, 너무 간결해서 그것으로 고구려의 직조기나 그 기술을 헤아리기는 어렵다.19)

안악 제3호분에는 고구려 사람들의 생활 과학의 모습을 보여주는 훌륭한 그림들이 그려져 있다. 외양간·차고·방앗간·부엌·우물 등 4세기 중엽의 고구려인의 일상생활과 주거시설을 생생하게 그려 놓았다. 그것은 어떤 기록에 못지 않는 정확한 살아 있는 고구려 생활과학의 자료로서 아주 중요하다. 우물가의 정경에서는 우물의 모양과 옆에 놓인 물항아리들, 그리고 특히 우물에서 물을 길어 올리는 지레장치가 주목을 끈다. 이런 장치는 조선시대에도 널리 쓰인 드레의 원형이다. 똑같은 지레장치는 곡식을 탈곡하는 데 쓰인 발방아에서도 찾아볼 수 있다. 碓라고 씌어 있는 그림에서 두 사람이 발방아로 작업을 하고 있는 장면은 조선시대의 그것과 똑같다. 4세기에 이미 이러한 장치들이 쓰이고 있었던 것이다.

이 시기 고구려 상류층의 주거 설비는 매우 기능적이고 효율적으로 배치되고 있었다. 실림살이 공간과 응접실에서 침실에 이르기까지의 여러 방들과 음식을 마련하는 데 필요한 공간들이 근접해 있었고, 수레와 수레를 끄는 소와 말이 있는 공간들이 중요시되고 있었다. 부엌시설도 훌륭하다. 화덕에 걸린 솥, 시루의 사용이 확인된다. 가축이 사육되었고, 육고에는 고기가 많이 걸려 있어 음식물이 잘 조리되고 있음을 알 수 있다.

물을 담거나 저장용으로 큰 토기 항아리와 독이 쓰였고, 유약 질그릇 식

---

19) 朱榮憲, 《高句麗の壁畫古墳》(東京 ; 學生社, 1972), 83~109쪽.
全相運, 앞의 글(1985), 282쪽.

기들이 사용되었다. 3세기 초 이전에 생겨난 유약을 바른 질그릇 제조기술은 4~5세기경에는 매우 높은 수준에 이르게 되었다. 알칼리질 유약을 입힌 경질토기가 만들어지게 되었고, 대량생산이 가능해졌다. 그래서 5세기경부터는 일반 평민들도 유약 질그릇을 널리 사용할 수 있게 되었다.[20] 고구려 경질토기 제조기술이 그만큼 발달한 것이다.

3) 의약학

중국의 대표적인 本草學書의 하나인《神農本草經集註》에는 11종의 고구려산 의약재가 소개되어 있다. 이 책에는 또 고구려 인삼의 효능과 식물학적 생태에 대해서도 잘 기술하고 있다. 그리고 고구려의 금가루는 잘 정련되어 먹을 수 있다고 한 것은, 그것이 약을 짓는 데도 적합하다는 것을 말한 것이다. 고구려 의약에 대한 이러한 기술은 이 시기에 정리되어 있던 고구려의 의약학 지식의 내용을 엿보게 한다. 또 752년에 완성된 당의 의약서인《外台秘要方》에는 고구려의 처방인 〈高麗老師方〉이 인용되고 있다. 이것은 고구려 명의의 처방을 뜻하는 것으로, 중국에까지 잘 알려진 고구려의 유명한 의약 처방 또는 의서가 있었음을 확인하게 한다.[21]

그 당시 고구려에는 명의가 많았다. 일본 사료에는 일본에 건너간 고구려 의사들의 이름이 나타나 있다. 장수왕 47년(459)에 일본으로 간 德來는 難波藥師라는 칭호를 얻게 되고 자손대대로 의업에 종사하여 의사의 문벌을 이루었다고 한다. 또 650년의《日本書紀》기사에는 고구려의 侍醫 毛治가 궁중의식에 참여한 사람들의 이름 가운데 나타나 있고,[22] 645년의 기사에는 고구려의 학문승에게 침술을 배운 사실이 기술되어 있어 그 당시 고구려에 진보된 침술이 존재하고 있었음을 말해주는 것으로 해석되고 있다.[23]

---

20) 최무장, 앞의 책, 829~833쪽.
21) 三木榮,《朝鮮醫學史及疾病史》(大阪 ; 출판사 불명, 1962), 7~8쪽.
22) 金斗鐘, 앞의 책, 56쪽.
23) 三木榮, 앞의 책, 8쪽.

4) 지도의 제작

고구려의 지리학과 지도제작의 지식을 전해주는 기록은 거의 없다. 그렇지만 4세기에서 5세기에 이르는 사이의 고구려 천문학의 수준은 우리에게 고구려의 지리학과 지도제작이 적어도 그와 비슷한 수준에서 전개되고 있었으리라는 생각을 갖게 한다. 고구려의 무덤 벽화 중에서 요동성의 성곽도, 약수리 벽화고분 성곽도, 그리고 용강대묘 성곽도에서 볼 수 있는 도시 지도는 4~5세기 고구려 지도의 모습을 우리에게 보여주는 것이다. 또 628년에는 고구려 사신이 封域圖라는 고구려 지도를 당에 바쳤다고 한다.

무덤들에 그려진 城市들의 지도는, 성내외의 지형, 성시의 구조와 시설, 도로, 성벽과 그 시설, 그리고 누각과 기와집·민가와 같은 건물들이 그려져 있고, 하천과 개울, 산과 도로 등이 적·청·보라·백색 등의 안료를 써서 회화적 수법으로 묘사되고[24] 그 수법은 조선시대의 여러 성시들의 회화적 지도와 매우 비슷하여 이런 지도의 초보적인 제작 수법과 형식이 4세기경에 이미 나타나고 있었음을 보여주고 있다. 영류왕 11년(628)의 고구려 전도도 이러한 지도제작 수법으로 그려졌을 것이다. 이 도시 지도들의 제작법은, 3세기 중국의 유명한 지도 제작자인 裵秀가 제시한 지도제작의 6가지 원리가 고구려에도 많은 영향을 주었으리라는 생각을 갖게 한다.

요동성도에는 성곽의 테두리가 정확하게 그려져 있고, 내성과 외성, 그 안의 주요 시설들이 그 상대적 위치가 크기 등과 함께 비교적 성실하게 묘사되어 있다. 그리고 하천과 개울이 어떤 방향으로 어떻게 흐르는지, 그 상대적 크기는 어떤지가 나타나 있고, 성안의 통로와 건물들이 크기와 유형에 따라 묘사되어 있다. 이와 비슷한 수법으로 그려진 성곽도는 약수리 벽화무덤에서도 찾아볼 수 있어서 고구려의 지도제작 수법이 비슷하게 도식화되어 있었던 것으로 보인다. 그러나 이 성시들의 지도만으로는 裵秀의 지도제작의 원리가 실제로 어느 정도로 반영되었는지를 가늠하기는 어렵다.

---

24) 全相運, 《韓國科學技術史》(正音社, 1976), 298~299쪽.
도성 건축의 측면에서는 尹張燮, 앞의 책, 72~73쪽 참조.

3. 백제의 과학과 기술

1) 천문학과 역산학

별자리에 관한 백제인의 지식은 고구려인에 비견할 만한 수준이었으리라고 생각된다. 그러나 우리는 아직 그러한 사실을 뒷받침할 만한 기록이나 자료를 찾아내지 못하고 있다. 백제의 천문학과 역산학에 관한 기록은 일본에 남아있는 사서인《日本書紀》에 전해지고 있는 것이 거의 전부라 해도 크게 잘못이 없다. 천문학과 역산학의 전문학자들과 거기에 밝은 학승들이 관련 서적을 가지고 일본에 건너가서 하늘의 과학을 가르쳤다는 사실이 기록된 것이다. 백제 위덕왕 원년(554)에 曆博士 固德 王保孫이 일본에 파견되었고, 그 뒤 무왕 3년(602)에 중 觀勒이 曆書와 天文書를 가지고 일본에 건너갔다는 기록이다.[25] 또 백제의 천문학자들은 분명히 671년에 설치된 일본 최초의 거대한 물시계의 제작과 시각제도의 제정과 시행에 직접 관여하였고, 675년에 일본에 세워진 천문대인 占星台의 설립에도 직접 관여하였다.

일본의 천문학과 역산학에 기여한 백제 천문학자들의 역할은 매우 컸던 것으로 알려져 있다.[26] 690년에 일본에서 처음으로 시행하게 된 曆法인 元嘉曆과 儀鳳曆에 의한 일본 역서의 제정은 백제의 천문·역산학자들의 전수에 의한 것이었다. 그 시기 일본의 과학과 기술 발전에 백제의 과학자와 기술자들이 정기적으로 파견되어 활동하고 있었던 사실과 일본 천문·역법의 전개에서 나타나는 양상은 거의 일본의 史書들에 의하여 알려지고 있을 뿐이다. 백제의 曆博士 이외에 易博士와 醫博士, 그리고 기술 관련 박사들이 건너간 사실들은 모두 일본의 사서들에 기록되어 있는 것이다.[27] 백제는 5세기 이후

---

25)《日本書紀》권 19, 22쪽.
S. Nakayama, *Japanese Astronomy, Chinese Background and Western Impact*, Cambridge, Mass., 1969, p.9.

26) Nakayama, 위의 책, pp.9~10.

27) 吉田光邦,《日本科學史》(東京 ; 敎學硏究社, 1987), 72~74쪽.

중국의 원가력을 받아들여 시행하고 있었다고 전해지고 있다.[28] 또 백제 무령왕릉의 묘지명에 나타난 간지와 월일은 백제의 역법의 한 부분을 알 수 있는 매우 드문 자료의 하나이다. 그 간지와 월일의 계산에 근거해서 백제는 원가력을 썼다는 것이 확인되었다.

백제에서의 천문기상 관측은 《삼국사기》의 관측 기록에 의하여 그 대강을 알 수 있다. 물론 그것들은 백제인들이 관측한 일부가 남아 있는 것이다. 《삼국사기》와 《삼국유사》를 편찬할 때 바탕이 된 관측 기록은 더 자세하고 많은 내용을 담고 있었을 것이다. 백제 천문학자의 직접적인 영향하에서 675년에 세워진 일본의 占星台는 백제에서의 천문기상 관측활동의 중심으로서의 백제 천문대의 존재를 밑받침해 주는 것이므로, 늦어도 7세기에는 천문기상 관측이 제도적으로 이루어지고 있었을 것이다. 남아 있는 기록들도 그러한 가능성을 말해준다. 백제는 B.C.14년 7월에서 592년 7월의 606년간에 26회의 일식 기록을 《삼국사기》에는 남기고 있다. 백제 천문학자들은 또 16회의 혜성 관측기록을 비롯하여 16회의 天象의 이변을 관측한 것으로 《삼국사기》는 기록하고 있다. 이 기록들 중에는 백제의 독자적 관측에 의한 것으로 확인된 것들이 많이 포함되어 있다. 이 관측기록들이 《삼국사기》를 편찬할 때 중국의 사서에서 베껴서 끼어 넣은 것이 많다는 일본학자들의 견해들은[29] 더 검증되어야 할 것이다. 그리고 《삼국사기》와 《삼국유사》의 천상이변의 기사들은 백제 천문학자들이 실제로 관측한 것 보다 적은 것이라고 생각되고 있다.

백제의 日官部라는 관청에는 천문관측을 맡은 전문직 관료학자들이 소속되어 있었을 것이다. 천문대에는 기본적인 관측기기가 설치되어 있었을 것이고, 시간 측정을 위한 물시계와 해시계가 제작 사용되었을 것이다. 그 제도는 중국의 천문기기들의 모델과 거의 같은 것이었으리라고 생각된다.

2) 지리학과 의약학

백제의 지리학과 지도제작에 관한 자료는 알려진 것이 거의 없다. 다만

28) 洪以燮, 앞의 책, 54쪽.
29) 예컨대, 齊藤國治, 《古天文學の道》(東京, 1990), 195~214쪽.

《삼국사기》와 《삼국유사》에 기술된 지리학 관계 기록들에서 그 내용을 찾아볼 수 있을 뿐이다. 백제의 지리지와 지도가 있었을 것이지만, 지금까지 전해지는 것은 아무것도 없다. 다만 《日本書紀》에는, 602년에 중 관륵이 天文地理書를 가지고 일본에 건너와서 書生 24명을 선발하여 가르쳤다는 기사가 나오므로, 그 지리서 중에는 그 당시 중국의 유명한 지리 관련 서적들이 포함되어 있었을 것 같다. 그것들이 백제에서 백제 지리학의 이론을 형성하는 데 크게 영향을 주었을 것이다. 지리적 이론은 지도의 제작과, 도시의 조성 계획 설계, 토지 측량 및 정비 등과도 연결된다. 7~8세기 일본의 도성 경영에 나타난 정연한 도시계획은 백제에서 건너간 기술 과학자들의 지도로 조성되었다. 그것은 백제 지리학과 지도제작 이론의 수준을 보여주는 중요한 자료로 평가되는 것이다. 그리고 이러한 도시 조성 계획과 설계를 밑받침하는 실제적인 지리 이론이 백제의 지리학자에 의해서 체계적으로 정리되었을 가능성이 인정된다. 그러나 그러한 백제 학자들의 지리서는 어떤 형태로도 전해지는 것이 없다.

백제의 의약학 수준은 일찍부터 중국의 여러 史書에서 높이 평가되고 있었다. 6세기의 중국 사서에 의하면 백제에는 藥部라는 의료기관이 있었고, 《日本書紀》에 의하면 554년에 백제의 醫博士와 採藥師가 일본에 건너왔다고 했다. 백제의 약부에는 의박사·채약사와 같은 관직을 가진 의약 전문 관료가 소속되어 있었다고 생각된다.[30] 10세기 일본의 유명한 의학서인 《醫心方》에는 《百濟新集方》에서 인용한 2가지 처방이 수록되어 있다. 백제에는 《百濟新集方》이라는 의약서가 존재하고 있었음을 말하는 것이다. 알려진 것은 불과 두 처방뿐이지만 몇 가지 약초의 복합처방으로 나타나 있고 3가지 병명이 적혀 있어, 비록 그것이 민간 요법과도 비슷한 점은 있으나 그 보다는 한발 앞선 백제의 새 처방집임에 틀림없다. 백제의 의사들이 6~7세기 일본에 파견되어 건너가서 일본 의약학을 주도하고 의료제도를 세우는 데 결정적인 역할을 했다. 일본에 전해진 백제 의약학은 아스까(飛鳥)시대 일본 의약학의 형성과 발전에 커다란 영향을 미쳤다.[31]

---

30) 三木榮, 앞의 책, 9~10쪽. 여기에는 《周書》 異域傳, 《隋書》 百濟傳, 《北史》 東夷傳, 《日本書紀》 권 19 등을 인용하여 해설하고 있다.

중국과 일본의 여러 의약서와 문헌들은 훌륭한 약재로 여러 가지 백제산 의약제가 그 효능이 좋다는 사실을 전하고 있다. 중국의 의사들과 의약학자들이 백제의 의약제의 효능을 잘 알고 있었다는 사실은 백제 의약학의 수준을 평가하고 있었음을 의미하는 것이다. 일본에서는 백제의 처방들을 중심으로 한 이른바 「韓醫方」과 약재가 일본 의약학의 바탕이 되었다. 백제의 의약학은 중국 의약학의 영향을 받아 전개되었으나, 백제산 약재를 충분히 활용하여 그들 나름의 경험적 의약처방들을 모아 체계화한 의약학을 발전시키고 있었던 것이다. 인삼과 우황은 그 중에서도 특히 최고의 약재로 중국과 일본에서 존중되었다. 8세기의 일본 本草學의 주류를 이룬 학자들은 대부분 백제에서 건너간 과학기술자들의 후손이었다는 사실에도 유의할 필요가 있다.

3) 산업기술

(1) 농업기술의 혁신

4세기에서 5세기에 이르는 동안에 백제의 농업기술은 고대의 농업 혁명이라고 할 수 있을 정도로 획기적으로 발달하였다. 백제 사람들은 그들 나름의 벼농사 기술을 전개한 것이다. 그들은 중국 華南지방의 앞선 벼농사법에서 머무르지 않고, 華北지방의 발달된 밭농사의 농업기술을 화남지방의 벼농사법에 도입하여 한반도 서남부의 논(水田)농사를 발전시켰다. 벼농사의 전천후화를 위해서 백제 기술자들은 저수·수리시설을 개발하고, 철제 농기구를 개량 보급했다.

백제의 기술자들은 벼농사의 전천후화와 경작지를 확대하기 위하여 둑을 쌓아 물을 가두고 도랑을 파서 그 물을 필요할 때 논에 대는 공사를 벌였다. 《삼국사기》에 의하면 비류왕 27년(330)에 김제 땅에 碧骨池가 만들어졌는데 그 둘레가 1천8백보라고 했다. 그러니까 둑의 둘레가 2.2km나 되는 큰 인공호수를 만든 것이다. 이러한 저수지나 수리시설은 습지를 이용해서 논을 만

31) 三木榮, 위의 책, 22쪽.
金斗鐘, 앞의 책, 43쪽.

들어 벼농사를 짓게 했다는 다루왕 6년(33)의 기사와 제방을 수리하게 했다는 구수왕 9년(222)의 《삼국사기》 기사로 보아[32] 상당히 오랜 역사를 가지고 있는 것으로 생각된다.

이렇게 해서 백제의 농업은 식량의 주식 곡물이 발곡식에서 쌀을 위주로 하는 벼농사가 주류를 이루는 혁신적인 전환이 이루어지게 되었다. 논에서의 쌀 경작을 확대하기 위하여 여름 3달에 편중되어 있는 강수량 문제를 극복하는 가장 현실적이고 효율적인 방법이 저수시설과 관개 수리시설을 갖추는 것이라는 가장 중요한 기술적 문제를 정확하게 해결해 낸 것이다.

그리고 백제의 기술자들은 또 하나의 혁신적인 농업기술의 개발에 성공했다. 뛰어난 금속기술을 바탕으로 큰 철제 농기구를 만든 것이다. 호미와 괭이를 주로 쓰던 농업에서 소가 끄는 쟁기를 써서 논밭을 가는 기술로의 획기적인 전환을 이루어냈다. 백제의 기술자들은 쇠로 만든 쟁기의 보습 모양을 백제 땅에 알맞는 보다 효율적인 보습으로 만들어낸 것이다. 호미와 낫 그리고 쇠스랑도 자기네 것을 쇠로 대량 생산하게 되었다. 이렇게 새로운 개량 철제 농기구들이 개발되고 대량으로 보급되면서 백제의 농업생산량은 크게 늘어나게 되었다. 그것은 백제의 농업 기술 혁신이었다.

(2) 토목기술

벼농사를 위한 저수지와 관개 수리시설 기술의 발달은 백제의 토목기술과 맞물리는 것이다. 땅을 파고 높은 둑을 쌓아 많은 물을 가두고 그 물을 물길을 만들어 유수량을 조절하면서 흘러나가게 하여 논에 물을 대는 시설을 설계하고 영조하는 일은 고도의 기술적 문제들이 따르는 사업이었다. 벽골지의 대공사는 그래서 백제의 토목기술을 보여주는 대표적인 사례로 꼽힌다. 백제 기술자들에 의하여 일본에 건설된 저수지들과 제방들도 빼놓을 수 없다. 백제의 토목 기술자들은 수리시설과 연결하여 논의 면적을 크게 확대하는 공사를 벌였다. 최근에 있었던 부여 궁남지 導水路 발굴조사에서 그 기술 수준이 확인되었다.

---

32) 《三國史記》 권 23, 백제본기 1, 다루왕 및 권 24, 백제본기 2, 구수왕.

백제 산성의 성벽 축조와 교량가설, 대규모의 궁궐과 사찰 영조를 위한 토목공사, 그리고 거대한 미륵사탑과 황룡사 9층탑으로 대표되는 축조 토목공사에서 그 기술 수준이 당시 동아시아 최고의 수준이었음을 보여주고 있다. 특히 6세기 일본에 파견된 백제 기술자들에 의하여 奈良지역에 건설된 대규모의 불교 사원들과 도시 건설 공사의 정연한 구획과 계획성은 높이 평가되고 있다. 藤原京 이후 백제 기술자의 후예들에 의하여 708년에서 710년에 걸쳐 조영된 平城京은 도시 계획의 완성을 보여주는 것으로, 그 정연한 구획과 계획성은 唐의 長安이나 洛陽의 도성에서도 볼 수 없었던 최고의 기술이었다.[33]

(3) 금속기술

백제의 금속 공예기술은 일찍부터 주목되어왔다. 백제가 성장한 한강 유역에서 한반도의 서남부에 이르는 지역에서 출토된 청동기와 철기들은 기술적으로 우수한 제품들이다. 백제의 금속기술은 그것을 바탕으로 발전한 것이다. 이 지역에서 출토된 청동기와 그 돌거푸집들, 그리고 철제 농기구들은 백제의 우수한 금속 합금기술과 주조기술, 단련 및 세공기술 전통의 원류가 된 것이었다. 4세기에 들어서면서 백제의 금·은·구리·철 등의 제련, 주조 및 세공기술이 기술적으로 거의 정점에 이르게 되었다. 그 시기의 유물과 기록들은 그러한 사실을 잘 보여주고 있다.

《日本書紀》에 의하면 백제의 근초고왕이 일본 사신에게 鐵鋌 40매를 주었다고 한다. 이 덩이쇠는 최근까지 가야의 유적과 일본 큐슈 북부지방의 고대 유적에서 적지 않게 출토되고 있는데, 그것은 철제품을 만드는 원료가 되는 철재로서 비축하기 위하여 만들어 낸 것이라고 생각되고 있다. 그래서 덩이쇠는 일본에 철기의 원료 철재로 대량 수출되어 일본의 철기 문화를 전개하는 바탕이 되었다.

백제의 금속기술을 실증하는 매우 중요한 유물로 七支刀가 있다. 근초고왕 24년(369)에 제조된 것으로 알려진 칠지도는 지금 일본 天理의 이소노가

33) 吉田光邦, 앞의 책, 108쪽. 吉田는 "大陸系의 工人에 의하여 지도되었다"고 말하고 있는데, 대륙계의 공인이란 백제 기술자를 말하는 것이다.

미(石上) 신궁에 보존되어 있다. 75㎝길이의 이 철검은 그 뛰어난 철의 단조기술과 61자의 금상감으로 새겨 넣은 명문, 그리고 사슴뿔을 형상화한 듯한 특이한 디자인 등으로 4세기초의 백제 금속기술의 우수함을 잘 보여주고 있다. 명문에 씌어 있는 것처럼 칠지도는 '百鍊의 鐵', 즉 鋼鐵과도 같은 쇠로 만들었다. 글자 그대로 철을 백번 이상 숯불에 달구었다 연단하는 과정을 거쳐 탄소가 조금씩 고루 쇠속으로 스며들게 하는 공법으로 만든 매우 단단한 쇠를 말하는 것이다. 실제로 이런 高炭素鋼과도 같은 쇠붙이는 백제의 몇군데 유적에서 출토된 쇠도끼와 화살촉과 칼과 같은 날카로운 철기들의 화학분석 결과로 입증되고 있다. 덩이쇠와 칠지도는 그 당시 국가의 富와 첨단기술을 상징하는 철의 생산과 철의 기술을 나타낸다는 점에서 《日本書紀》의 기록과 함께 귀중한 기술 자료이다.34)

6세기에서 7세기에 이르는 사이에 백제의 금속기술은 더욱 더 크게 발전하였다. 최근에 발굴된 6세기의 백제 향로는 백제 금속 공예기술을 압권한 대표적 작품으로 평가되고 있다. 그 뛰어난 기술은 중국의 기술을 능가하는 것이라고 말한다. 그것은 칠지도의 제조기술의 전통을 잇는 것이다. 金銅龍鳳蓬萊山香爐라고 이름지어진 높이 64㎝, 무게 11.8kg의 금도금 청동향로는 백제 금속기술의 결정이며 금속기술자들이 만들어 낸 최대의 걸작이다.

하늘을 향해 막 날아오르려는 큰 용과 연꽃봉우리, 봉래산의 74개 봉우리와 그 정상에 서서 날개짓하는 봉황의 리얼한 표현을 그대로 청동으로 부어낸 고도의 주조기술과 솜씨는 백제의 美를 창조적 기술로 구현한 것이다. 이 향로는 밀랍 거푸집으로 부어만들었고, 금도금은 아말감 수은법으로 고르게 잘 입히고 있어서 이 시기 백제의 금속 주조기술과 도금기술의 뛰어난 솜씨를 잘 보여주고 있다.

이 향로의 뛰어난 금속기술은 7세기의 백제 불상인 금동미륵보살반가상(국보 78호)의 제작기술과 맥을 같이한다. 높이 80㎝의 이 불상은 머리 부분과 몸체 부분을 따로 주조한 후에 연결 용접하는, 기술적으로 훌륭한 방법을 썼

---

34) 칠지도의 명문에 그것이 '百鍊의 鐵'로 만들어졌다는 것과, "백제국의 서쪽에 谷那 철산이 있다. 그 철산의 철을 캐서 계속 보내겠다"고 했다는 《日本書紀》의 기사는 철의 기술과 관련된 매우 중요한 자료이다.

다. 코발트 60 방사선에 의한 투과 촬영 조사로 그 주조 솜씨가 고도로 발달된 기술이었음을 확인할 수 있었다. 이 불상에서도 볼 수 있는 밀랍 거푸집에 의한 주조기술은 6세기에 일본에 건너가서 불상 주조기술을 지도한 백제의 주조기술자들에 의하여 전수된 그것과 같은 기법이었을 것이다.[35] 일본 奈良 東大寺의 거대한 청동불상은 백제의 기술자들이 전수한 기술로 그 후손에 의하여 주조된 것이다. 그것은 밀랍 거푸집으로 약 490톤의 청동을 써서 주조된 것으로, 수은 아말감을 이용한 금도금법을 써서 완성한 8세기 최고의 금속기술이 결집된 최대의 불상이었다.[36]

이러한 금속기술은 백제의 전문 관료기술자 집단에 의하여 개발되고 발전된 고도의 창조적 공예기법에 의하여 이루어진 것이다. 백제에는 최고의 전문기술 교수직을 가진 名匠 제도가 확립되어 있었던 것으로 생각된다. 위덕왕 35년(588)에 일본에 파견된 전문기술자들 중에 鑪盤博士라는 불탑의 상륜을 주조하는 전문기술 교수가 포함되어 있는 것은,[37] 다른 여러 가지 금속기술을 전문으로 하는 기술 교수가 또 있었다고 보아도 무리가 없을 것이다.[38]

백제의 금속기술에서 또 하나 귀금속 공예기술을 빼놓을 수 없다. 무령왕릉이 발견되면서 백제의 귀금속 공예기술은 새로운 조명을 받게 되었다. 백제 특유의 부드럽고 세련된 디자인이 특히 돋보이는 가공기술과 세공기술이 뛰어난 백제의 아름다움과 기술의 전통을 창조해냈다는 사실이 크게 부각된 것이다. 장식품을 주류로 하는 이 공예품들을 볼 때, 백제의 기술자들은 필요에 의하여 만들어내려는 제품은 어떤 것이라도 훌륭하게 제작할 수 있는 기술 수준에 도달하고 있었다. 금속기술의 첨단 노하우를 가지고 있었던 것이다. 그들은 중국과 고구려의 첨단 금속기술을 도입하고 소화할 수 있는 자기의 기술을 가지고 있어서, 그것들을 적절히 받아들였다. 금속제품은 장식

35) 小林行雄,《古代の技術》(東京, 1962), 207~208쪽.
36) 吉田光邦, 앞의 책, 97~100쪽. 이 청동불상은 백제의 청동기술이 결집된 작품이다.
37)《日本書紀》권 21, 崇峻天皇.
38) 聖德大王神鐘에는 그 명문에 鑄鐘博士라는 직책이 새겨져 있다. 종을 주조하는 전문 기술 교수가 있었던 것이다.
강헌규 외,《백제의 역사》(공주, 1995), 67~70쪽 및 302~316쪽.

품 이외에 생활용품과 그릇들이 있고, 불교 사찰용 제품들도 적지 않게 제작되었다. 이들 금속제품들은 적어도 출토된 것으로 볼 때, 기술 수준이 처지는 제품은 눈에 띠지 않는다.

(4) 요업기술

요업기술도 금속기술의 창조적인 발전과 함께 높은 수준에 도달하고 있었다. 흙과 불의 과학이 빚어내는 기술의 흐름이 함께 전개되었기 때문이었을 것이다. 청동과 철의 생산을 바탕으로 한 금속기술과 얽히고 조화된 기술과 고구려의 경질토기의 기술이 한반도 서남지역에서 산출되는 질이 좋은 흙으로 빚어 구어 내던 토기의 기술과 상승하여 백제토기가 만들어진 것이다. 백제토기는, 고구려 토기도 그랬지만, 그 단단함과 그릇의 질감이 토기의 단계를 벗어나 굳은 질그릇(陶器)으로 발전하고 있었다. 4~5세기에 높은 온도에서 그릇을 구어낼 수 있는 터널식 언덕가마(登窯)를 짓는 기술이 개발되면서 백제의 질그릇은 한 단계 높은 수준에 도달하게 된 것이다.

백제의 질그릇 제조기술은 기술 그 자체에서는 고구려와 신라의 그것과 별로 다른 것이 없다. 다만 무령왕릉으로 대표되는 벽돌과 전돌이 보여주는 요업기술은 그것이 6세기초의 제품이라고 생각하기 어려울 정도로 높은 기술수준에 도달하고 있다는 사실이다. 그토록 우아하고 세련된 아름다운 무늬를 벽돌과 전돌에 찍어 구어 내는 기술 또한 매우 훌륭하다. 또 백제의 유적에서 수없이 출토되는 기와의 제조기술도 높은 수준에 도달하고 있다. 수막새 기와들의 아름다운 연꽃무늬의 디자인을 멋있게 살려낸 기와제조 장인들의 솜씨와 기술은 일품이다. 588년에 일본에 건너간 瓦博士가 그 시기 일본의 궁전과 사원들의 장대한 건물·기와·지붕을 영조할 수 있게 한 기술 이전의 파급은 획기적인 것이었다. 飛鳥와 奈良의 궁전과 사원에 이전된 백제의 기술은 우리 나라에는 남아있지 않는 우수한 백제 건축기술을 실증하는 자료이다.[39] 거기서 볼 수 있는 거대한 기와들은 백제 요업기술의 유산으로 주목되는 것이다. 전돌 중에서 또 하나 속이 비어 있는 블럭과 같은 직사각

39) 吉田光邦, 앞의 책, 80~84쪽 참조.

형의 두꺼운 전(塼)이 만들어졌다. 아마도 벽체를 쌓기 위해서 제조되었을 것으로 생각되는 이 블럭형 전은 뛰어난 기술적 아이디어가 매우 돋보이는 기술 개발의 산물이다.

제철기술과 요업기술이 이어진 흙과 불의 과학을 전개하면서 백제의 기술자들은 유리를 만드는 기술도 개발했다. 백제 고분에서 많이 발견된 여러 가지 유리구슬(관옥)은 백제의 기술자들이 만든 것이다. 최근에 진천 석장리에서 유리구슬과 함께 출토된 유리구슬 거푸집의 발견은 여러 가지 유리구슬이 백제에서 만들어졌다는 사실을 입증하는 것이다. 35㎜×27㎜크기에 두께가 5~8㎜의 이 진흙거푸집 조각에는 지름 7㎜ 정도의 녹은 유리구슬을 성형할 수 있는 9개의 구멍이 있다. 유리구슬은 서남지역의 초기 철기시대 유적인 부여 합송리, 당진 소소리, 공주 봉안리 등에서 주조된 쇠도끼와 함께 출토되어, 기원전 2~3세기에는 유리가 만들어지고 있었다고 생각되고 있다.

그런데 1995년에 보령 평라리 청동기시대 유적에서 출토된 유리구슬이 기원전 5세기에 한반도에서 만들어진 납유리임이 밝혀지면서,[40] 백제 유리기술의 원류는 상당히 이른 시기부터 찾아볼 수 있게 되었다. 그리고 그 기술이 토착기술로 한반도에서 자생했을 가능성이 크다는 생각을 가질 수 있게 했다. 그러나 그 후, 유리기술의 전개과정을 알 수 있는 유적이나 유물이 매우 단편적으로 나타나고 있을 뿐이다. 그리고 기원전 2~3세기로 건너뛰고 또 그 다음 백제시대에 그 기술이 어떻게 이어지고 발전했는지 정리할 수 있는 자료도 아직 없다.

백제 유리기술의 걸작은 6세기 중엽에 이르러 무령왕릉에서 홀쩍 나타난다. 왕비의 허리 부분에서 한 쌍의 유리 童子像이 발견된 것이다. 높이 2.5㎝의 이 동자상은 초록색의 알칼리 유리로, 비슷한 시기의 유물로 한국에서만 발견되는 유리곡옥과 아주 비슷한 재질이다.[41] 이 동자상은 한 눈에 그것이 한국인의 모습을 연상하게 한다. 선을 그어 소박하게 조각한 얼굴 모습, 다소곳한 손과 발의 자세와 몸체의 전체적인 인상이 매우 부드럽다. 백제 유리

40) 최주·이용조·정동찬 외, 〈기원전 5세기의 保寧郡 平羅里 출토의 유리구슬에 대하여〉(《한국전통과학기술학회지》 3 : 1, 1996), 15~32쪽.

41) 李仁淑, 《한국의 古代유리》(1993), 48쪽.

工匠의 따뜻한 조각 솜씨를 보여주는 오직 하나밖에 없는 귀중한 작품이다. 6세기의 백제 유리 공장들은 이런 유리제품을 만들어낼 수 있는 기술을 가지고 있었던 것이다.

백제 고분에서 발견되는 珠玉의 재료로는 유리가 많이 쓰이고 있고 그 질도 우수하지만, 백제의 유적에서는 유리그릇이 거의 발견되지 않는다. 백제 사람들이 유리그릇을 만드는 일을 별로 하지 않았는지 잘 알 수가 없다. 다양한 색깔의 아름다운 구슬류의 유리제품은 주로 목걸이와 같은 장신구로 쓰였다. 천연석과 함께 유리구슬은 보석의 일종으로 생각되었고, 금 장식품에 박아 넣어 장식효과를 더하는 데도 쓰였다. 무령왕릉에서 출토된 여러 가지 색깔의 유리구슬들은 알칼리 소다유리 계통의 유리로 만들어진 것으로 보고되어 있다.[42] 유리곡옥들은 특히 주목할 만한 것이다. 그것은 진흙 거푸집으로 만든 것이고, 곡옥은 우리 나라에서 만들어진 것을 확인해주는 유물이기 때문이다.

4. 신라의 과학과 기술

1) 하늘의 과학

(1) 첨성대를 세우다

신라는 선덕여왕때에 瞻星臺를 세웠다. 《삼국유사》는 선덕여왕대(632~647)라고 했고, 《세종실록》 지리지는 선덕여왕 2년(633)이라고 기록하고 있으나, 일반적으로 《동국여지승람》과 《증보문헌비고》에 따라 선덕여왕 16년에 세워진 것으로 알려져 있다.[43] 선덕여왕때에 설립된 것은 틀림없을 것이다. 첨성

42) 金元龍·安輝濬, 《韓國美術史》(서울大 出版部, 1993), 93쪽.
李仁淑, 위의 책, 50쪽 및 79~80쪽.
무령왕릉에서 나온 유리구슬 중에서 주황색 구슬과 같은 특이한 것은 인도에서 인도네시아·타일랜드 등 동남아시아 지역의 유리구슬과 이어질 수 있어서 주목된다.

43) 《三國遺事》 권 1, 紀異 1 및 《東國興地勝覽》 권 21에는 선덕여왕 때라고만 했다.

대는 지금 경주 반월성의 동북쪽에 우아한 모습 그대로 서있다. 높이가 9.1m, 밑지름이 4.93m, 윗지름이 2.85m, 기단석으로부터 높이 약 4.16m 되는 곳에 거의 정남쪽으로 1변의 길이가 약 1m의 정4각형의 창문이 나 있는 아름다운 석축 천문대이다. 지금 완전한 모습으로 남아 있는 것으로는 세계에서 가장 오래된 천문대이고, 신라 천문관측의 중심이었다. 신라의 천문학은 첨성대로 상징된다. 7세기 신라의 천체 관측활동은 그 만큼 활발했다.

첨성대가 어떤 기능의 천문대였는지는 초기의 기록에는 설명이 없다. 천문대로서의 첨성대에 대한 설명은 조선시대 초의 문헌에서 비로소 찾아볼 수 있다. 《세종실록》 지리지의 간결하면서도 명확한 기사가 그것이다. 그 기사는 첨성대의 위치와 설립 연대, 재질과 크기를 말하고, "그 안이 통해 있어서 사람이 아래위로 오르내리며 천문을 관측한다"라고 설명하고 있다.[44] 이 설명문은 그 후의 조선시대 문헌들이 거의 그대로 따르고 있어서 세종때 편찬된 지리지의 기사를 인용하고 있음을 알 수 있다. 지리지는 세종때 국가적 과제로 오랜 조사 끝에 편찬된 문헌이므로, 그 당시 사람들이 알고 있었던 첨성대를 제대로 기술하고 있다고 보아도 좋을 것이다.

첨성대에 대해서는 몇 가지 서로 다른 견해가 있다.[45] 그러나 첨성대가

---

44) 《世宗實錄》 권 150, 지리지, 경주부.
《新增東國輿地勝覽》 권 21, 경주.

45) 《韓國學基礎資料選集》 古代篇(韓國精神文化硏究院, 1987), 科學技術篇 485쪽에 박성래는 다음과 같이 요약하고 있다.
첨성대에 대해서는 몇 가지 서로 다른 해석이 있다. 첫째는 현대적인 天文臺와 비슷한 것으로 보는 의견이 있다. 이에 의하면 《세종실록》 또는 《동국여지승람》의 기록처럼 가운데 구멍을 통해 천문관이 꼭대기까지 오르내리며 꼭대기 井字石 위에 渾天儀 등을 설치하고 天文을 관측했으리라는 짐작이다. 그러나 첨성대의 내부가 너무 다듬어 지지 않고 좁아서 南向의 창문을 통해 위에까지 오르내렸다고 상상하기 어렵게 해준다. 따라서 이 주장은 타당성이 적다는 비판을 받는다. 따라서 오늘날의 天文臺와는 달리 첨성대는 신라의 표준 해시계와 방향표지 시설을 겸한 것이었으리라는 주장도 있다. 또 그 모양이 佛敎의 이상인 須彌山을 본 뜬 것이라면서 첨성대는 곧 佛敎 信仰의 상징물이었고, 그래서 金富軾의 《삼국사기》에는 제외되었다고 해석할 수도 있다. 또한 첨성대의 건립 위치가 신라의 靈星祭가 실시되던 곳이었을 가능성이 있고 보면 그것은 당시의 農業神인 靈星 숭배와도 관련이 있을 것 같다. 그런데 현재로서 첨성대가 천문대라는 《세종실록》의 〈지리지〉 기사를 잘못된 것이라고 단정할 수 있는 기록이나 설득력이 강한 견해는 아직 나타나지 않고 있다.

천문대였다는 사실은 분명하다. 그 위에서 천문을 관측한 것이다. 그 관측활동이 매일 이루어졌는지는 확실하지 않다. 아마도 천상의 이변이 있을 때, 혼천의와 같은 천문 관측기기를 가지고 또는 육안으로 천체를 관측했을 것이다. 정상의 정4각형의 틀로 둘러싸인 공간은 2~3사람의 관측자가 활동하기에 알맞은 크기이다. 그러나 첨성대의 구조는 관측자가 수시로 오르내리기에는 아무래도 불편하다. 천변이 있을 때, 그리고 필요에 따라서 관측이 행해지는 것이 고대 천문대이므로, 첨성대의 기능도 그렇게 생각할 수 있다.

첨성대는 신라 천문관측 활동의 중심으로서의 상징적인 시설이기도 했다. 어느 방향에서나 똑같은 안정되고 우아한 모양으로 해서, 계절과 태양의 위치에 관계없이 해그림자를 측정할 수 있어 시각과 절기를 확정하는 데 매우 유용했을 것이다. 정상의 정4각형의 틀은 8방위를 거의 정확하게 가리키고 있다. 거의 정남으로 열린 창문은 사람이 사다리를 걸쳐놓고 오르내리는 데 쓰였지만, 춘분과 추분에 태양이 남중할 때 이 창문을 통하여 태양 광선이 바로 대 안의 밑바닥까지 완전히 비칠 수 있는 위치에 열려 있다. 그러니까 동지와 하지에는 창문 아래 부분에서 광선이 완전히 사라지게 되므로, 분점과 지점을 아주 쉽게 알 수 있도록 설계되어 있다. 첨성대는 이렇게 여러 가지 기능을 가진 다목적의 매우 훌륭한 고대 천문대였다.[46]

첨성대의 건립은 신라 천문학 발전을 상징한다. 그것은 신라 천문학의 상징으로서, 그리고 확실한 기록은 남아있지 않지만 신라 천문학을 관장하는 국가 천문기관의 중심적 시설로서 중요한 위치를 차지했을 것이다. 문무왕 14년(674)에 대내마 德福이 唐에서 曆學을 배우고 돌아와, 새 역법으로 바꿔 쓰게 되었다는 《삼국사기》의 기사[47]는 역산학의 전문가와 역서를 다루는 국가기관이 있었다는 것을 말해 준다. 그렇지만 그 기구는 아직 백제의 제도와 같이 규모를 갖추고 자리가 잡힌 전문적인 기관으로까지 성장하고 있지 못했을지도 모른다. 천문박사·누각박사와 같은 전문직의 이름이 기록에 나타나는 것은 통일신라에 이르러서이기 때문이다.

---

46) 全相運, 〈三國 및 統一新羅의 天文儀器〉(《古文化》 3, 1964), 18~22쪽.
47) 《三國史記》 권 7, 신라본기 7, 문무왕 下.

(2) 천문기상 관측

신라에서도 고구려와 백제에서와 같이 천상의 이변에 특히 주목하여 천문 관측이 이루어졌다. 일식과 혜성의 관측이 제일 많이 기록으로 남아 있는 것도 다른 두 나라와 비슷하다. 일식은 《삼국사기》에 기원전 54년 4월에서부터 256년 10월까지 19회의 기록이 나타나고 있는데, 이상하게도 그 후 787년 8월의 기사가 나타나기까지 무려 530년 동안 아무런 기록이 없다. 첨성대가 세워진 이후에도 일식기사가 없다는 것은 《삼국사기》를 편찬할 때 빠졌다고 생각할 수밖에 없다. 그리고 혜성의 기사는 기원전 49년 3월에서부터 668년 4월까지 19회의 기록이 나타나 있다. 이 밖의 천변의 관측도 꾸준히 이루어졌다. 그 기사들은 신라의 천문관측도 고구려와 백제에서와 같이 독자적으로 이루어졌음을 말해주고 있다.

《삼국사기》와 《삼국유사》의 천문기록들은 그것을 편찬할 때 천문관청의 기록이 완전하게 옮겨지지 않아서 불완전하지만, 신라의 천문관측자들이 남겨놓은 귀중한 자료이다.

신라의 천문관측자들은 기상관측도 꾸준히 하고 있었다. 농업과 밀접한 관련이 있었기 때문이다. 《삼국사기》와 《삼국유사》에 보이는 기상의 이변 기사는 그 관측기록 중의 일부이다. 비와 눈, 바람, 그리고 흰무지개가 해와 달에 걸리는 白虹貫日月, 햇무리와 달무리, 지진, 기온 등이 특히 주의깊게 관측되었다. 두 사서에 기록된 관측기사만 해도 결코 적은 분량이 아닌 것을 보면, 신라의 관측자들은 기상 현상에 대해서도 전반적인 관측제도를 세워놓고 규칙적으로 관측하고 기록했을 것으로 생각된다.

2) 의약학

7세기 이전의 신라 의약학은 그것이 어떻게 전개되었는지를 가늠할 수 있는 자료가 거의 없다는 사실을 정리하는 데서 시작할 수밖에 없다. 《日本書紀》와 《古事記》에 의하면, 414년에 신라의 의사 金武가 일본에 건너가서 일본왕의 병을 고쳤다고 한다.[48] 아마도 이 때 신라의 명의 한사람이 일본에 의약과 의서를 가지고 갔을 것이다. 그는 중국 의학을 학문적으로 그리고 경험적으로 배운 의학자이기도 했을 것이다. 그러나 그 시기 신라에 중국의 의약학이 어떤 영향을 주었는지를 알 수 있는 자료를 아직은 찾을 수 없다.

7세기경까지 신라의 의약학은 중국 의약학과 신라의 전통 의약학, 그리고 도교와 함께 들어온 불로장생의 연단술과 관련된 의약 처방 등이 혼합된 또는 융합된 형태로 전개되고 있었을 것이다. 10세기 일본의 유명한 의약서인 《醫心方》에 인용된 〈新羅法師方〉은 신라의 옛 의약 처방의 원형일 수 있을 것이다. 진흥왕(540~575)은 신선을 많이 숭상했다고 알려져 있는데, 그것은 신라에서의 도교의 사상적 영향과 불로장생과 관련된 연단술의 전개를 생각할 수 있게 하는 것이다.

3) 산업기술

(1) 농업기술

가야의 우수한 철제 농기구 제작기술을 이어받은 신라의 농업은 3~4세기부터 벼농사가 많이 보급되는 단계에 이르고 있었다. 그리고 4~5세기까지 보리를 주작물로 하는 밭농사도 계속 확대되어 갔다. 조와 콩도 많이 재배되었다. 소를 농사짓는 데 쓰도록 국가가 정책적으로 권장한 것도 이 시기였다. 실제보다 늦은 기록이지만, 438년에 우차를 만들어 쓰는 방법을 가르쳤고, 502년에 밭갈이에 소를 이용하기 시작했다는 《삼국사기》의 기사들은 이 사실을 뒷받침하는 것이다.[49] 이 때 만든 우차는 쇠를 부품으로 쓰게 한 것으로 질이 좋은 얇은 쇠판을 바퀴에 씌우고 바퀴축에도 쇠를 이용하는 개량된 구조였을 것이다. 밭갈이에 쇠로 만든 큰 쟁기를 소가 끌게 하는 경작 방식은 노동력과 생산성을 크게 향상시킨 획기적인 발전이었다. 대규모의 수리 공사도 정책적으로 추진되었다. 농업을 국가가 정책적으로 장려하고 철제 농기구의 보급에 힘써 농업기술의 새로운 발전을 이룩할 수 있는 발판을 마련하였다.

---

48) 金斗鐘, 앞의 책, 50쪽.
三木榮, 앞의 책, 25쪽 참조.

49) 李春寧, 《韓國農業史》(民音社, 1989), 38~42쪽 참조.

(2) 금속기술

신라의 금속기술은 철의 기술을 바탕으로 한 가야의 앞선 금속기술이 이어져 전개되었다. 가야의 제철기술은 덩이쇠로 상징된다. 그것은 철기시대의 권력과 부를 나타내는 첨단기술을 집약한 제품으로 한국의 독특한 유물이다.

가야문화는 철기의 생산과 새로운 경질토기의 생산으로 특징지어진다. 그것은 중국과는 조금 다른 기술문화였다. 금으로 만든 장식품들은 미적 감각이 풍부하고 세련된 디자인과 정교한 제작 기법이 특히 두드러진 훌륭한 작품이다. 소박하고 간결하면서도 우아한 가야의 금관은, 금·은·청동의 장신구들과 함께 가야문화의 높은 금속기술 수준을 나타내는 것이다. 그리고 튼튼하면서도 호화로운 철제 갑옷과 투구는 제철기술의 압권이었다. 가야의 금속기술은 그 시기 동아시아의 선진 첨단기술이었다.

이 가야의 선진 첨단기술은 신라의 기술자들에 의해서 잘 계승되었다. 신라의 금속기술은 화려한 금·은 제품과 아름다운 청동그릇으로 대표된다. 신라 고분에서 출토된 많은 금속제품들은 신라의 조형미와 높은 기술의 조화가 이루어낸 것이다. 특히 순금제품은 가장 주목을 끈다. 고분에서 출토된 여러 금관들은 순금으로 만든 것과 청동에 금도금한 것이 있는데, 고구려나 백제와는 형식이 다른 독특한 모양이 돋보인다. 그것은 신라문화가 가지는 북방적 요소를 뚜렷하게 느끼게 한다.[50] 청동그릇은 5~6세기의 고분과 유적에서 여러 가지가 출토되었는데, 그 중에서 합과 대접은 중요한 유물이다. 가야지역의 출토품 중에서도 비슷한 것이 보이고, 가야와 신라 토기 그릇에도 비슷한 그릇모양이 있는 것으로 보아 이러한 그릇은 그 시기 한국인의 식기로 많이 쓰인 것 같다. 청동제 합과 대접은 통일신라시대에 이르면서 차츰 대량으로 만들어져서 한국인의 식기로 자리를 잡게 되었다. 놋그릇 또는 鍮器로 조선시대 한국인의 대표적 식기로 발전한 이 청동그릇은 구리와 주석, 납을 주성분으로 하는 동아시아의 일반적 청동합금이 아닌 구리와 주석만의 청동합금으로 만들어진 것이 그 특징이다. 조선시대에 놋이라고 불리운 이 청동그릇은 페르시아의 청동그릇과 같은 유형이라는 점에서 신라 문화에

50) 金元龍·安輝濬, 앞의 책, 123쪽.

나타나는 북방적 요소와 함께 우리의 주목을 끄는 것이다. 놋대접과 놋합은 물레를 써서 질그릇을 성형하는 가공기술을 청동기에 응용하여 정교하게 주조하고 깎아서 만들어낸 금속그릇이었다.

가야에서 발전하여 신라로 이어진 첨단 금속기술 중에 또 하나 철의 단조기술이 있다. 신라의 금속기술자들은 농기구를 대량 생산하는 데서 그치지 않고 우수한 철제 공구를 만드는 한 차원 높은 기술을 개발했다. 도끼와 칼에서 망치와 끌과 대패, 그리고 톱의 제작이 그것이었다. 강하고 예리한 철제 공구의 제작은 신라의 토목 건축 기술에 혁신적인 변화를 가져왔다. 6세기 후반부터 시작된 신라의 대사찰과 석탑의 건립은 우수한 철제 공구의 개발 제작으로 가능해진 것이다.

(3) 요업기술

가야에서 크게 발전한 우수한 질그릇 제조기술은 신라로 이어져 더욱 발전하였다. 3~4세기에 이르면서 가야와 신라의 질그릇은 경질토기로의 기술 혁신을 하게 된 것이다.[51] 가야토기와 신라토기는 정선된 흙으로 빚어 1,000°c 이상의 고온에서 구어내고 물레로 성형한, 기술적으로 완성된 질그릇이다. 유약은 바르지 않았으나 태토 중의 유리질이 녹아 나오거나 가마 안에서 재가 날아 붙어 잿물을 뿌린 것 같이 되는, 말하자면 자연유가 부분적으로 입혀지는 경우가 많다. 그것은 토기라기 보다는 잿물을 제대로 입히면 그대로 자기가 될 수 있는 그런 그릇이다. 그래서 가야토기와 신라토기는 토기로서는 더 이상 새로운 기술이 나올 것이 없었고, 4세기에서 5세기를 지나면서 그릇 모양이 달라지고 새로워지는 조형기술의 발전이 있었다.

질그릇 제조기술의 발전은 기와와 전돌의 제조기술로 이어졌다. 기와의 기술은 6세기부터 7세기 전반에 이르기까지 백제의 기술적 영향을 크게 받았다. 6세기 후반부터 시작된 대규모의 사찰 건조는 신라의 기와 제조기술의 발전과 연결된다. 이 시기의 유적에서 발견되는 기와들은 회백색의 소성 온도가 높은 우수한 품질이다. 이렇게 6세기에서 7세기에 이르면서 신라의 요

51) 金元龍·安輝濬, 위의 책, 130~134쪽 註에서 인용한 저서와 논문들은 토기에 관한 대표적인 연구들이다.

업기술은 최고의 기술수준에까지 이르게 되었다. 황룡사터에서 발견된 높이 180㎝가 넘는 거대한 망새는 그 압권이다.

신라에서 특히 발달한 요업기술의 산물에서 유리를 빼놓을 수 없다. 유리구슬이 대량으로 만들어졌는데, 4세기 이후의 무덤들에서는 유리 곱은옥도 적지 않게 출토되고 있다. 이러한 유리구슬과 곱은옥은 목걸이로 가장 많이 쓰였고, 귀걸이나 금관의 장식으로도 쓰였다. 유리구슬과 곱은옥은 비취나 수정 · 마뇌 · 호박과 같은 옥류와는 또 다른 다양한 색깔과 유리의 질감으로 고대인의 장식품으로서 매우 귀중한 것이었다. 신라의 유리기술자들은 유리 곱은옥을 만들어내는 그들 나름의 유리 공예기술을 개발한 것 같다. 금관총에서만도 130여 개의 유리 곱은옥이 발굴된 것은 5세기 후반 경에는 그 제조기술이 완숙했음을 말하는 것이다.

많은 유리 곱은옥을 만드는 유리 공예기술이 축적되면서, 숙련된 신라의 유리기술자들은 유리그릇을 만들어내는 공예기술에서 부드러운 아름다움을 낼 수 있는 단계에까지 이르게 되었다. 서역에서 들어온 아름다운 유리그릇에 자극되어 그들의 축적된 유리 공예기술을 가지고 만들어 낸 유리그릇들이 5~6세기의 신라 왕족의 무덤들에서 발굴되고 있다. 4세기 후반에서 5세기말까지의 신라의 큰 무덤에서만 발견되는 서역의 화려한 유리제품들이 어떤 경로로 신라까지 들어오게 되었는지를 밝히는 것과 함께 신라의 유리기술은 그 기술 문화의 성격을 해명하는 데 중요한 과제로 남아 있는 것이다. 신라의 고분에서 출토된 유리그릇이 그 시기의 동아시아의 여러 나라들 중에서 중국과 일본보다도 더 많이 그리고 더 훌륭한 것들이라는 사실에 유의할 필요가 있다.

신라의 유리공예 기술자들은 서역에서 들어 온 유리그릇을 보고, 그들이 축적한 유리기술의 노하우를 가지고 신라의 유리그릇을 만들어 냈다. 4세기 후반 무렵부터 5세기초에는 구경이 10㎝가 넘는 비교적 큰 유리그릇도 만들 수 있게 되었다. 98호 고분 남분과 북분에서 발견된 감색 유리대접과 담록색 유리잔은 신라의 유리기술자들이 만든 대표적 유리그릇이다. 그 한국적인 그릇 모양과 장식을 하지 않은 단순한 디자인이 돋보이는 멋있는 작품이다. 비슷한 유리잔은 5~6세기 무렵의 안계리 4호분에서도 발견되었다. 이러한 유리그릇들은 납유리로 만들어졌으리라고 생각된다.[52] 그리고 신라에서는 칼륨 유리와 알칼리 소다 유리구슬도 만들었다.

(4) 그 밖의 기술

신라에서는 겨울에 얼음을 채취하여 저장하였다가 여름철에 그 얼음을 활용하였다. 식품을 저장하고 음식을 차게 하는 데, 그리고 더위를 식히거나 체온을 내리게 하는 데 얼음은 매우 유용하게 쓰였다. 지증왕 6년(505)에 처음으로 얼음을 저장하여 쓰게 하였다고 하는데,[53] 얼음을 저장하기 위해서 氷庫를 축조했고, 얼음에 관한 일을 관장하는 기관으로 氷庫典이 있었다.

5세기말에서 6세기초에는 경주에 시장이 개설되었다. 시장에서는 각종 공산품과 농산물이 교환되었을 것이다. 시장은 산업기술 제품의 생산을 자극하고 생산된 제품의 유통에 기여했을 것이다.

〈全相運〉

52) 李仁淑, 앞의 책, 61~67쪽.
98호분에서 출토된 유리그릇 파편의 성분 분석에서 납유리임이 확인되었다.
53) 《三國史記》 권 4, 신라본기 4, 지증왕 6년.

Ⅵ. 의식주 생활

1. 의생활
2. 식생활
3. 주생활

VI. 의식주 생활

1. 의생활

우리 민족 고유의복의 기본형은 대체로 襦·袴·裳·袍를 중심으로 여기에 冠帽·帶·靴 또는 履가 첨부되는 형태이다. 유는「저고리」로서 上衣이며, 고는「바지」, 상은「치마」로서 下衣이다. 또한 머리에는 관모를 쓰며, 허리에는 대를 띠고, 발에는 화 또는 履를 신어 의복의 형태를 갖추고, 그 위에「두루마기」로서의 포를 더함으로 寒帶性 衣服 즉 北方 胡服系統의 의복을 나타내고 있다.[1]

삼국시대에는 선사시대에 입었던 옷의 기본형태를 기반으로 하여 한국복식의 원형이 마련되었고, 삼국시대 말기에 이르러 중국의 漢六朝 복식과 唐制 복식의 영향으로 중국양식이 많이 도입되었다고 볼 수 있다. 그러나 중국의 복식제도는 왕실과 귀족층 일부의 관복과 예복에만 국한되었으며 그들도 보통 때는 우리의 전통 옷을 입었다고 여겨진다.

고구려 고분벽화를 통해 살펴 보면 머리에 관모를 쓰고, 저고리는 엉덩이까지 내려오며 직선으로 교차시켜 여미는 깃(直領) 형태였다. 또 깃·부리·도련에는 다른 천으로 襈을 두르기도 하였다. 바지는 대부분 홀태바지형이며 양복바지와 같은 窮袴, 가랑이가 넓은 廣袴, 잠방이와 같은 바지도 있었다. 치마는 길이가 길고 끝단까지 잔주름이 잡혀 있으며, 두루마기는 무릎 아래로 내려갈 만큼 길고 저고리와 같이 선을 둘렀다. 신은 주로 목이 긴 靴를 신고 목이 없는 고무신 형태의 履도 함께 신었다. 이러한 삼국시대의 복식은 고구려·신라·백제가 대체로 비슷했음을 여러 문헌, 벽화, 출토 유물을 통해서 알 수 있다.

---

1) 柳喜卿,《韓國服飾文化史》(敎文社, 1991), 18쪽.

1) 의생활의 기본구조

(1) 관모와 머리모양

우리 나라 冠帽의 원시형태이면서 기본형태는「巾」이다. 이것은 원래 머리가 흘러내리는 것을 감싸는 형태로 網巾과 같은 것이었다. 그 모습은《唐書》東夷傳에 나오는 巾幗과도 유사하다. 그러나 옛 기록에 보이는 우리 나라 최초의 관모는 幘과 折風이었으며, 책은 貴人계급이 착용한 것으로 鳥羽冠·金銅冠 등도 이에서 발달한 것이라고 보여진다. 이외에도 삼국시대에는 건괵·갓·금속관 등의 다양한 관모가 등장하였다.

우리 나라 여자의 首髮法은《海東繹史》에 '부인의 얹은머리'와 '미혼녀의 땋은 머리'로 구분하였고, 고분벽화에서는 푼기명머리·쪽머리·얹은머리 등 다양한 머리형태를 볼 수 있다. 남자의 머리모습은 약수리 벽화와 안악 고분벽화에서 볼 수 있는데, 쌍상투와 외상투의 두 가지 모습이 보인다.

(2) 저고리(유)

저고리는 남녀와 상하가 모두 착용한 웃옷으로 삼국시대에는 襦라고 불렀다. 유에 대하여 옛 문헌에는 黃襦·長襦·大袖衫·復衫·衫筒袖·尉解·筒袖·衫으로 표현하고 있다.[2)]

저고리 형태를 보면 길이는 엉덩이까지 내려오고 소매는 통소매이며, 깃·여밈·소맷부리·도련에 선을 둘렀으며, 허리에는 띠를 둘렀다. 귀족과 평민의 차이는 소매의 길이와 선의 文樣·色·옷감(衣次) 등에 있었던 것 같다.

저고리에 대한 가장 오래된 表音은「위해」로서, 임진란 전에는「우티」였고, 현재「우치」·「우태」·「우티」등 전국적으로 사용되고 있는 방언도 이 위해에서 나왔는데,「저고리」라는 표현은 世宗 2년 元敬王后 選奠儀에「赤古里」라 하여 처음 나온다.[3)]

---

2) 李如星,《朝鮮服飾考》(白楊堂, 1947), 122쪽.
3)《世宗實錄》권 7, 세종 2년 9월.

(3) 바지(고)

袴는《說文》에 脛衣라 하고《釋名》에는 두 다리 가랭이가 각각 걸터앉게 나누어져 있는 것[4]이라고 하여, 오늘날의 양복바지와 같은 것이라 하겠다. 우리말로는 현재「바지」·「고이」의 두 가지 유형이 존재하고 있는데, 옛 문헌에는 袴·靑錦袴·赤袴·綾袴·窮袴·太口袴·大口袴·袴大口·褐袴·赤黃袴·褌·柯半 등의 용어가 나온다.[5]

고구려 벽화를 보면, 신분에 따라 바지통·색·길이에 차이가 있는데 貴人들은 넓은 바지를 입고, 下庶人은 통이 좁은 잠방이형의 바지를 입은 모습을 볼 수 있다. 한편 여자들은 바지를 겉옷으로 입기도 하였고, 속옷으로 착용한 모습도 보인다. 백제의 바지는 대체로 고구려와 같았으나〈梁職貢圖〉에서「百濟國使」가 착용한 바지는 단에 선이 둘러져 있고 바지통도 넓고 풍성하나 대님을 묶지 않았다. 신라의 경우는 斷石山 공양상의 廣袴와 토우 부부상의 궁고에서 바지 모양을 짐작할 수 있다.

지금의「바지」라는 명칭은 조선시대에 들어와 鄭麟趾가「把持」라고 표현한 데서 비롯되었다고 하는데,[6] 袴를 이 호칭으로 대신하게 된 것은 그 이전의 일일 것이며, 어쩌면 저고리라는 명칭에 대응하여 생겨난 것인지도 모른다.[7]

(4) 치마(상)

「치마」는 裳 또는 裙으로 표현되고 있는데,《說文》에 보면 상은 下裙이라 하고 군은 下裳이라 하여 그 뜻을 거의 구별하지 않고 있으며,《釋名》에는 군이 상보다 幅을 더해 美化시킨 것으로 되어 있다. 상은 일반적으로 길이가 길고 폭이 넓어 땅에 끌릴 정도였으며, 허리부터 밑단까지 잔주름이 있었고, 밑단에는 일종의 裝飾緣을 붙였다고 보여진다. 그런데 귀족층은 폭이 넓은 치마를, 하층민은 폭이 좁은 치마를 착용하였으며 치마 밑에는 반드시 바지

---

4)《大漢和辭典》권 8(大修館書店, 1985), 1048쪽.
5) 李如星, 앞의 책, 128쪽.
6) 金東旭,《李朝前期 服飾硏究》(아세아문화사, 1973), 174쪽.
7) 柳喜卿, 앞의 책, 23쪽.

를 입었다.

상을 치마로 표현한 첫 기록은 世宗 2년 元敬王后 選奠儀에 赤古里와 함께 「赤亇」·「襪裙」이 있는데[8], 赤은 「텨」이고 「亇」는 마여서 「텨마」이고, 이 「텨마」가 「치마」가 된 것이라고 할 수 있다.[9] 《閑中慢錄》에서 보면, 「眞紅호오프 文緞치마」라 하여 이 때에 와서는 상이 「치마」로 불리우게 된 것을 알 수 있다.[10]

(5) 두루마기(포)

두루마기 즉 袍는 저고리와 바지 위에 입던 겉옷으로 남녀상하가 모두 착용하였으며,[11] 방한과 의례적인 용도로 입었다. 포에 대하여 옛 문헌에 衣袍·大袖紫袍·紫大袖袍·方袍·表衣 등의 용어가 있다.[12]

포는 裘 즉 갖옷에서 발전한 것이라고 볼 수 있는데, 구는 본디 북방계 민족이 방한을 위해 상고시대부터 입던 옷으로 중국에서는 周代에 입기 시작했고, 우리 나라에서는 제주도와 함경도에 개가죽 두루마기의 유물이 남아 있어 그 모습을 짐작케 한다.

《三國志》 부여전의 白布大袂袍로 보아 우리 민족이 부족국가시대부터 소매가 넓은 두루마기를 입었음을 알 수 있다. 귀족층에서는 소매가 넓고 길며 여밈은 직령교임식이고 깃·도련·수구에 선이 둘려진 것을 입었고, 허리에는 대를 맸을 것으로 보인다.

두루마기라는 명칭은 두루막혀 터진 곳이 없다는 데서 나온 순수한 우리말의 표현이라 할 수 있다.[13] 이러한 두루마기는 고려시대에 白苧袍로 이어져 왕실과 귀족관료 및 평민의 평상복으로 착용되었으며, 조선시대에는 명나라 의관제도를 따르면서 帖裏·褡胡·道袍·中致幕·氅衣 같은 형태로 발달하였다.

---

8) 《世宗實錄》 권 7, 세종 2년 9월.
9) 金東旭, 앞의 책, 178쪽.
10) 金東旭, 앞의 책, 179쪽.
11) 《三國史記》 권 33, 志 2, 服色.
12) 李如星, 앞의 책, 133쪽.
13) 柳喜卿, 앞의 책, 26쪽.

(6) 대

帶는 치마·저고리·두루마기에 두르던 띠로 金玉製·皮革製·角製·布帛製 또는 이들을 혼합한 것 등이 있었다. 옛 문헌에 나타난 대로는 銀帶, 金鉤革帶, 白韋帶, 白皮素帶, 紫羅帶, 素皮帶, 紫·皂·赤·靑·黃·白帶, 紅裎, 鍍金銙帶, 腰帶, 銙帶, 金·銀·銅·鐵腰帶, 繡組帶, 羅·綾·絹帶, 金銀絲帶, 烏犀帶 등이 있다.

馬形帶鉤가 출토되는 것으로 보아 대는 부족국가시대부터 사용한 듯하다. 삼국시대에 이르면 대는 단순히 의복을 정돈하는 실용성뿐만 아니라 품계를 구분하고 수식하는 목적도 띠게 되었다. 고구려에서의 대는 베나 비단 종류로 만든 布帛帶였으며, 귀인은 폭이 넓고 서민은 폭이 좁으며 천민은 실을 꼬아 만든 絲組帶를 사용했다. 백제는 대의 색을 달리하여 품계를 구별하였으며 신라에서는 여기에 금속장식을 더하여 사용했다. 삼국의 장식적인 대의 풍속은 고려초까지 이어졌다.

(7) 신(이·화)

신은 목이 짧은 履와 목이 길고 밑창이 두꺼운 靴로 나눌 수 있다. 《三國史記》에 紫皮靴·烏皮靴, 《舊唐書》에 赤皮靴·烏皮靴 등의 기록이 있으며, 쌍영총 후실 벽화에 목이 긴 화와 무용총 수렵도의 기마인이 신은 화를 볼 수 있다.

부여의 草鞜, 마한의 草蹻·草履 같은 신은 오늘날 고무신과 같은 모습으로 생각되는데 이의 실태를 보여주는 것이라 할 수 있다. 백제에서는 왕이 烏革履를 신었다고 하며, 일반인은 어떠한 신을 신었는지 알 수 없으나 상하의 구분이 있었으리라 생각된다.

신라에서는 화와 이를 함께 신었는데, 실제 飾履塚에서 출토된 많은 금동리들은 당시의 발달한 신의 문화를 알려주며, 금속·풀·천·나무 같은 다양한 재료로 신을 만들었을 것으로 보여진다. 그리고 신라에서는 화를 「洗」[14]라 하였다고 한다.

---

14) 《梁書》 권 54, 列傳 48, 東夷, 新羅.
《南史》 권 79, 列傳 69, 東夷, 新羅.

2) 고구려의 의생활

삼국의 의복이 비슷하였음은 문헌자료[15]와 회화·유물자료를 통해 알 수 있다. 고구려는 삼국 가운데에서 일찍부터 여러 문화를 수용하여 다른 나라에 전하는 선구적인 역할을 하기도 하였다.

《後漢書》東夷傳,《三國志》魏書 동이전,《梁書》諸夷傳,《南史》동이전 등의 고구려조에는 "시월에는 동맹이라 일컫는 제천을 위한 공회가 있어, 이때의 의복은 모두 繡錦·金銀으로 장식했으며, 大加主簿는 머리에 無後幘을 착용하였고, 小加는 折風弁을 착용하였다."고 하였다. 그리고《北史》열전,《周書》異域傳,《隋書》동이전 등의 고구려조에는 "고구려 사람들은 모두 弁과 같은 折風을 썼으며(《수서》에는 皮冠), 士人은 여기에 二鳥羽를 꽂았는데 특히 貴人의 冠은 蘇骨多라고 하여 紫羅로 만들었으며 金冠으로 수식하였다. 그리고 의복은 大袖衫(《주서》에는 袖衫)·大口袴를 입고 素皮帶를 띠었으며 黃革履를 신었다. 또 부인의 裙襦의 거수에는 모두 선을 가하였다."라고 기록되어 있다.

《新唐書》동이전에는 "王服은 五采服이며 王冠은 금테를 두른 白羅冠이었고 여기에 金釦를 장식한 革帶를 띠었으며, 大臣級은 靑羅鳥羽冠, 일반 官人은 絳羅鳥羽冠에 모두 금은을 장식하였고 의복은 筒袖衫·대구고 위에 白韋帶를 띠었으며 黃革履를 신었다. 그리고 庶人은 褐衣를 입고 弁을 썼으며 여자는 머리에 巾幗을 하였다."라고 되어 있다.

(1) 관 모

고구려 冠帽에 관해서 기록에 나타난 바를 토대로 하여 정리하면 〈표 1〉과 같다.[16]

---

15) 《三國志》권 30, 魏書 30, 東夷.
16) 李如星, 앞의 책, 74~ 76쪽.

〈표 1〉 계급에 따른 고구려 冠帽

<table>
<tr><th>階級
史書</th><th>王</th><th>貴 人
大官人</th><th>官 人</th><th>庶 人</th></tr>
<tr><td>魏 書</td><td></td><td>無後幘</td><td>折風巾</td><td></td></tr>
<tr><td>後 漢 書</td><td></td><td>無後幘</td><td>折風巾</td><td></td></tr>
<tr><td>南 齊 書</td><td></td><td colspan="2">折 風</td><td>幘</td></tr>
<tr><td>魏 書</td><td></td><td colspan="2">鳥羽折風弁</td><td>折風弁</td></tr>
<tr><td>北 史</td><td></td><td colspan="2">鳥羽折風弁 紫羅蘇骨</td><td>折風弁</td></tr>
<tr><td>南 史</td><td></td><td>無後幘</td><td>折風弁</td><td></td></tr>
<tr><td>周 書</td><td></td><td colspan="2">紫羅蘇骨 鳥羽蘇骨</td><td></td></tr>
<tr><td>梁 書</td><td></td><td>無後幘</td><td>折風巾</td><td></td></tr>
<tr><td>隋 書</td><td></td><td colspan="2">鳥羽冠 紫羅冠</td><td>皮 冠</td></tr>
<tr><td>通 典</td><td></td><td>無後幘</td><td>折風巾</td><td></td></tr>
<tr><td>舊 唐 書</td><td></td><td>青羅鳥羽冠</td><td>絳羅鳥羽冠</td><td>弁</td></tr>
<tr><td>新 唐 書</td><td>白羅冠</td><td>青羅鳥羽冠</td><td>絳羅鳥羽冠</td><td>弁</td></tr>
<tr><td>翰 苑</td><td></td><td colspan="2">金銀鹿耳無後幘</td><td>折 風</td></tr>
</table>

가. 책

《說文》에 보면 머리에 巾이 있는데 이를 幘이라 한다 하였고, 〈방언〉에는 首髮을 덮어씌우는 것을 幘巾·承露, 혹은 覆幘이라고도 한다 하였으며 〈急就篇〉의 註에는 책은 머리를 단정하게 하여 감추는 것이라 하였고, 〈廣雅〉에는 책은 덮고 맺는 것이라 하여 간단한 頭巾상의 冠帽임을 나타내고 있다.

武梁柯人物像을 통해 살펴보면, 책은 우리 나라 暖帽의 하나인「남바위」형상과 비슷한 것으로 종전의 단조로운 頭巾型과 다르게 머리를 엄격하게 엄폐하게 되어 있는 것이었다.[17] 고구려의 책은「無後」라 하였고, 중국의 책이 가지고 있는「收」즉 後垂의 형겊이 없는 것으로 보인다. 이 책은 大加主簿, 즉 貴人·大官階級이 주로 착용하였고, 서민계급에서는 거의 착용할 수 없는 것이었기 때문에 고구려 고분벽화에도 그 예가 많지 않다[18].

17) 《後漢書》 志 30, 輿服 下.
18) 柳喜卿, 《韓國服飾史 硏究》(이화여대출판부, 1989), 55쪽.

나. 절풍(변·소골)

折風은 중국의 기록에 의하면 그 형태가 弁과 같다 하였다. 우리 말로는 변을「곳갈」또는「고깔」이라고도 하는데「곳」은 즉 尖角을 말하고「갈」은 즉 관모를 의미하여 정상이 뾰죽한 관모라는 뜻이며, 이것은 중국의 변의 형상과 대개 일치하는 것으로, 그 유사점을 閻立本筆 帝王圖 隋煬帝像에서의 변,《三才圖會》에서의 皮弁 및 武弁의 그림에서 찾아볼 수 있다.

《周書》와《北史》에서 보면 蘇骨이라는 것이 있다.《주서》異域 高麗條에 의하면 소골은 丈夫 즉 일반 남자의 冠으로 흔히 紫羅를 가지고 만들었고, 官品을 가진 자는 여기에 2개의 鳥羽를 삽식하여 관품이 없는 자와 구별을 하였다 하였으며,[19]《북사》열전 고구려조에는 折風은 특수계급의 관모가 아닌데 士人은 여기에 2개의 조우를 꽂았고 貴子는 자라를 흔히 사용하여 그 관을 소골이라 불렀다고 되어 있다. 이로 볼 때 소골의 형태가 절풍과 동일한 것임을 알 수 있다.

변–절풍–소골의 형태는 고분벽화나 유물에서 찾아보면 쌍영총·무용총·감신총 등에 묘사된 인물의 관모에는 弁狀의 관모가 있고 그 위에 鳥羽를 삽식한 것이 있다.[20] 또한 근래 각지에서 출토된 白樺皮製의 변상관모도 이와 동일한 형태의 관모라고 추측된다. 양산 부부총에서 나온 華皮冠帽를 보면 그 형태가 금관의 내관과 같아 대체로 烏帽子型으로 되어 있고 정면에는 은제의 矢羽形 前立飾이 삽식되어 있어 벽화에서 보이는 折風弁과 같은 계통의 형태임을 보여주고 있다.

다. 조우관

鳥羽冠은 관모에 鳥羽를 삽식한 것을 말하는 것으로 절풍·皮冠·羅冠 등의 관모 좌우에 2개의 조우를 꽂아 貴賤을 가렸다고 한다.

고구려 고분벽화 인물상에 2개의 조우를 꽂고 있는 관모의 모습은 여기저기 보이고 있는데 그 전형적인 것은 雙楹塚 羨道 東西壁의 人物圖像에서 볼 수 있다. 그리고 쌍영총 主室 左右壁의 여러 騎馬人物의 관모에서는 2개

19)《周書》권 49, 列傳 41, 異域 上, 高麗.
20) 柳喜卿, 앞의 책, 1989, 56쪽.

의 조우 대신 多數의 鳥尾를 장식한 것을 볼 수 있는데 조미를 修飾으로 삼았다는 기록은 보이지 않으나 이러한 조우와 조미의 혼용은 다른 곳에서도 발견되고 있다. 조우가 金屬化된 수식으로 나타나는 것은 鎧馬塚 玄室 左方 寅方에 그려진 인물의 관모에서 볼 수 있는데, 이는 수식의 발달을 보여주는 것으로 남쪽에서 출토된 금속제 관모와 상통되는 성격의 것이라 할 수 있다.

이러한 鳥羽飾의 풍속은 백제·신라에서도 보인다. 《北史》 列傳, 《周書》 異域 百濟條에 의하면, 백제에서는 朝拜나 祭祀지낼 때 加翅한 관모 즉 조우를 삽식한 관모를 착용하였다 하며, 신라에 있어서는 金冠塚의 금관과 부부총의 金銅冠 內冠 앞부분에 수식된 翼狀의 金具가 있고 이와 동시에 출토된 樺皮製 관모에서도 金屬製 前立飾이 보이고 있어 鳥羽冠帽의 존재를 알려주고 있다.

라. 건 괵

《舊唐書》 東夷傳 高麗條에 婦人은 머리에 巾幗을 가했다 하였으며, 《新唐書》 동이전 고구려조에도 여자의 머리에 건괵을 하였다고 했는데 이는 부녀자의 「쓰개」 즉 머리수건을 뜻한다고 여겨진다. 이것은 三室塚 第1室 壁畵, 角觝塚 主室 奧壁 女人圖와 쌍영총 東壁 女人圖에 나타나 있는데, 髻의 주위와 상부까지를 완전히 둘러 덮는 방법과 그 주위만을 둘러쓰는 두 가지의 방법이 보인다.

근래까지 사용되어 오던 「머리수건」을 보면 개성 일원, 황해도, 함경도 지방의 부인은 수건을 角疊하여 머리의 주위 및 상부까지 덮어 뒤에서 매는 것이 보통이고, 평안도의 부인은 수건을 세로 접어 겹쳐 앞머리에서 뒷머리로 감아 매고 끼우고 있어 벽화에 보이는 모습과 일치한다.

(2) 의 복

王은 五采服을 착용하였으며, 官人은 大袖衫 또는 筒袖衫에 大口袴를 입었고, 庶人은 褐衣를 입었으며, 婦人은 裙襦를 입었다고 기록되어 있다.

襦를 지칭하는 것으로는 大袖衫·黃衫·衫筒袖·長襦·褐衣 등이 있는데, 이를 보면 대개 袖口의 모양과 명칭이 관련되어 있음을 알 수 있다.

그런데 袖의 형태는 左衽에 筒袖인 窄袖形에서 右衽에 廣袖形으로 점차 변화되었던 것 같다. 通溝지방 고분벽화에는 주인공일지라도 대개 착수를 착용하고 있는데, 평양지방 고분벽화의 주인공은 거의 다 袍를 입고 있긴 하지만 광수를 착용하고 있으며 여밈도 우임으로 넘어가고 있다.

袴를 지칭하는 것으로는 太口袴·大口袴·袴大口·赤黃袴·窮袴 등이 있는데, 대구고와 궁고의 구별은 그 폭에 있고 또 착용자의 신분과도 관계가 있었다. 고분벽화에 나타난 것에서 보면, 궁고는 오늘날의 홑대바지, 잠방이 형의 통이 좁은 下庶人의 下服이며, 대구고는 貴人들의 하복이었다. 당시에는 여자도 바지를 입은 모습을 벽화를 통해서 볼 수 있으며 평상시에는 남자와 같이 바지만을 입었고, 儀禮 때에는 바지 위에 치마를 더 입었다고 보여진다.

袍의 경우 기록에는 보이지 않으나 고분벽화에 포를 착용한 인물이 그려져 있어 그 존재를 알 수 있다. 포의 형태를 보면 直領交衽式이나 直袖型이었고, 저고리에서와 같이 깃·도련·수구에는 襈을 둘렀다.

당시 포나 저고리에는 옷고름이 없었고 帶를 사용하였는데 기록에는 銀帶·金釦革帶·白韋帶·白皮素帶·紫羅帶·素皮帶 등이 나온다. 이것은 주로 男子用이었고 고분벽화에는 대개 布帛帶·繩帶類 등이 그려져 있다.

靴와 履에 관하여는 黃革履·赤皮靴·烏皮靴 등의 기록이 보이고, 화는 胡服계통의 것으로 北方族이 신던 것이고, 당시의 형태를 고분벽화에서 보면 조선시대의 水靴子와 별로 다른 것이 없다. 그리고 이는 南方族이 신던 것으로 보통 가죽으로 만들어 신었다고 보여진다.

이상으로 고구려 복식에 관하여 살펴보았는데, 여기에서 귀족과 평민의 차이가 관모에 있어서는 재료와 수식, 의복에 있어서는 소매의 길이와 폭, 바지통의 폭, 치마의 길이 등에 있었다고 볼 수 있다. 호화찬란하였던 오채복에 金銅飾冠을 비롯하여 淵蓋蘇文이 莫離支가 되면서 그 衣服·冠·履에 모두 金綵를 裝飾하였다는 기록에서 당시 귀족의 복식을 짐작할 수 있으며, 여기에다 수식으로 耳飾에서부터 頭飾·頸飾·指環·腰佩에 이르기까지 모두 갖추었다고 보여진다.

3) 백제의 의생활

백제의 복식제도는 부여의 전통을 이어받은 고구려의 것에 마한·진한의 것이 가미되어 발달하였는데, 여기에서 두드러진 것은 복식의 계급적 분화가 더욱 현저하게 나타나 있다는 사실이다.

백제의 의복에 관해서는 《周書》·《北史》 百濟條에 저고리의 길이가 길어 袍와 비슷하고 그 소매가 넓지 않다라고 기록되어 있고, 《梁書》에는 백제인은 袴를 褌이라고 한다고 기록되어 있다. 《三國史記》에는 古尒王 27년(260)에 品官의 服飾官制를 제정했고 다음해 왕은 紫大袖袍에 靑錦袴를 입고 金花飾烏羅冠·素皮帶·烏韋履를 착용했으며 帶의 색에 따라 등급을 나누었는데 紫·皂·赤·靑·黃·白의 순이다[21]라고 기록되어 있다. 이를 확인시켜 주는 유물로는 武寧王陵에서 출토된 저고리와 넓은 바지를 입은 琉璃童子像과 四神圖가 있다.

南京博物館 소장품 중에는 百濟國使가 그려져 있는 것이 있는데 백제국사는 짙은 연두색 긴 저고리에 고동색 선을 袖口·옷깃·섶·밑단에 둘렀으며 길과 같은색 대를 띠었다. 분홍색 넓은바지 부리에는 주황색 선을 대었다.[22]

(1) 왕 복

王服에 관해 《舊唐書》와 《新唐書》 東夷傳 百濟條에 大袖紫袍에 靑錦袴를 착용하고 素皮帶를 띠었으며, 烏革履를 신었고, 관모로는 금화를 장식한 烏羅冠을 착용하였다고 하였다.[23] 여기에서 왕의 대수자포란 것은 넓은 소매의 자색포를 말하는 것인데, 이것은 평양지방의 고구려 고분벽화에 보이는 총주격 인물의 복식을 연상케 하는 것이다.

왕의 관식을 비롯하여 여러 수식을 자세히 알려주는 것으로는 武寧王陵에서 발굴된 유물이 있다. 당시 발굴된 부장품으로는 두 개의 金冠(金製 透彫草樺紋 冠

21) 柳喜卿, 앞의 책(1983), 69쪽.
22) 金美子, <우리나라 三國時代 衣服과 日本 衣服에 관한 硏究>(1993), 30~31쪽.
23) 《舊唐書》 권 199上, 列傳 149上, 東夷, 百濟.
《新唐書》 권 220, 列傳 145, 東夷, 百濟.

飾), 왕과 왕비의 청동제 신발, 청동병, 청동수저, 청동항아리, 여섯 귀가 달린 중국 도자기, 엽전, 돌사자, 지석, 중국백자, 못 등이 있다. 이를 보면 왕은 위에서 설명한 의복에 금관을 쓰고, 목걸이·귀걸이에 청동리를 신었다고 보여진다.

(2) 관인 복식

官人의 복식은 고이왕 27년(260)에 정해진 공복제도를 통해 알 수 있는데 이것을 표로 정리하면 〈표 2〉와 같다.[24)]

〈표 2〉 백제의 公服制度

官 名	品 級	冠 飾	帶 色	衣 色
佐 平	1 品 官	銀 花	(紫帶)	緋 衣
達 率	2 品 官	銀 花	(紫帶)	緋 衣
恩 率	3 品 官	銀 花	(紫帶)	緋 衣
德 率	4 品 官	銀 花	(紫帶)	緋 衣
扞 率	5 品 官	銀 花	(紫帶)	緋 衣
奈 率	6 品 官	銀 花	(紫帶)	緋 衣
將 德	7 品 官	無	紫 帶	緋 衣
施 德	8 品 官	無	皂 帶	緋 衣
固 德	9 品 官	無	赤 帶	緋 衣
季秀德	10 品 官	無	青 帶	緋 衣
對 德	11 品 官	無	黃 帶	緋 衣
文 督	12 品 官	無	黃 帶	緋 衣
武 督	13 品 官	無	白 帶	緋 衣
佐 軍	14 品 官	無	白 帶	緋 衣
振 武	15 品 官	無	白 帶	緋 衣
克 虞	16 品 官	無	白 帶	緋 衣
平 人	無	無		

24) 李如星이 《三國史記》 권 24, 百濟本紀 2, 고이왕 27년조와 《北史》 백제전, 《周書》 백제전에 의하여 만든 표를 전재하였다. 1품부터 6품까지의 대에 관하여 명시된 바가 없는데, 《隋書》에는 자대를 하였다고 되어 있다(李如星, 《朝鮮服飾考》, 102~103쪽). 《唐書》에는 관인은 모두 緋(絳)色衣를 착용하고 관에 은화를 장식하도록 하고 일반 서민은 왕복의 자색과 관인의 비(강)색을 의복에 사용하는 것을 금하였다고 되어 있다.

4) 신라의 의생활

신라는 중국 史書에 기록된 바에 의하면 고구려·백제의 복식과 같다고 하였다. 다만 "冠을 遺子禮라고 하고, 襦를 尉解, 袴를 柯半이라 하고, 靴를 洗라고 하였다"[25]고 기록되어 있다. 이는 신라음을 중국음으로 옮긴 것으로 유자례를 보면 고깔, 위해는 우티, 가반은 고이, 세는 신으로 추정되어 오늘의 복식용어가 신라에서 나왔음을 시사해 주고 있다.

신라도 의복에 素, 즉 백색을 숭상한다고 하였고, 머리모양은 여자는 辮髮하여 동이고(繞頭), 남자는 黑巾을 썼다고 하였다. 신라의 官制에는 17등급의 官階에 의해 복색을 정하였는데 그 내용은 〈표 3〉과 같다.

〈표 3〉 신라의 公服制度

<table>
<tr><td rowspan="2">官階</td><td>1</td><td>2</td><td>3</td><td>4</td><td>5</td><td>6</td><td>7</td><td>8</td><td>9</td><td>10</td><td>11</td><td>12</td><td>13</td><td>14</td><td>15</td><td>16</td><td>17</td></tr>
<tr><td>伊伐湌</td><td>伊湌</td><td>迊湌</td><td>波珍湌</td><td>大阿湌</td><td>阿湌</td><td>一吉湌</td><td>沙湌</td><td>級伐湌</td><td>大奈麻</td><td>奈麻</td><td>大舍</td><td>舍知</td><td>吉士</td><td>大烏</td><td>小烏</td><td>造位</td></tr>
<tr><td>公服</td><td colspan="5">紫衣</td><td colspan="4">緋衣</td><td colspan="2">青衣</td><td colspan="6">黃衣</td></tr>
</table>

여기서 紫·緋·青·黃의 4색 옷은 公服이었고 평인은 백색이나 흑색의 옷이었을 것으로 추측된다. 또 중국의 제도를 본뜬 冠은《唐書》에 보이는 흑건, 즉 幞頭였다고 추측된다. 이와 같이 중국 공복의 빛깔을 모방하였다 하더라도 그 복식제도는 우리 고유의 제도를 벗어난 것은 아니었다.

천마총 기마인물의 저고리에서는 선이 보이지 않으며 金庾信墓 12支護石像은 저고리의 袖口가 매우 넓다. 〈梁職貢圖〉에 보이는 신라 사신은 소매가 좁고 오른쪽으로 여며지는 저고리에 넓은 바지를 입었다. 바지 부리에는 넓은 다른 색의 선이 둘려져 있는데 고구려·백제의 사신과 같은 服裝이며 冠만 다르다.

---

25)《梁書》권 54, 列傳 48, 夷傳, 新羅
《南史》권 79, 列傳 69, 東夷, 新羅.

이상에서 보면 신라의 상류층 남자는 소매가 좁은 저고리와 넓은 바지를 입고, 서민 남자는 소매가 좁은 저고리와 좁은 바지를 입었다고 할 수 있다. 또한 서민 여자는 소매가 좁은 저고리와 치마를 입었음을 알 수 있다.

5) 가야의 의생활

金海貝塚은 이웃 梁山의 패총과 아울러 가야지역의 문화가 매우 발달했음을 알려준다. 이는 첫째 漢代 중국문화의 영향을 일찍부터 받았고, 둘째 弁辰 지방에 鐵이 많이 산출되었음에 기인한 것이라고 본다.

이를 보면 가야의 服飾文化 또한 삼국에 못지 않은 찬란한 것이 있었다고 할 수 있는데 이에 대한 기록이 보이지 않으며, 《三國志》 魏書와 《後漢書》에 변진에 관한 기록으로 그 윤곽을 살펴볼 수밖에 없다.

茶山 丁若鏞이 지적한대로, 金官伽耶의 金官은 곧 金冠의 뜻일 것이라 한 견해를 따른다면 가야에서도 금관이 王冠으로서 존재하였다고 할 수 있으며, 다른 복식도 호화롭고 다채로왔을 것으로 여겨진다.

《三國遺事》 駕洛國記에 의하면, 금관가야의 김수로왕은 인도공주인 허씨를 왕비로 맞이하였는데 이때 왕비가 綾袴를 벗어 산령에게 제물로 바쳤다고 한다. 그리고 가지고 온 錦繡·綾羅·疋段·金銀·珠玉·瓊玫·服玩器 등이 이루 기록하기 어려울 정도였다고 한다.[26] 이 기록에 따른다면 금관가야의 복식이 멀리 인도의 복식문화에서도 어떠한 영향을 받았을 것으로 보이지만 자세한 것은 알 길이 없다.[27]

삼국시대의 복식은 오늘날까지 구조상의 큰 차이없이 이어져왔다. 바지·저고리·포의 구조는 2천년 동안 변함이 없었으며 冠帽를 소중히 여기는 것도 오랜 전통이었다. 상고복식의 전통으로서 가장 한국적인 것으로 지목되는 금관은 당시 王者가 샤먼을 겸하고 있었으므로 巫冠에서 연유한 것으로 추측되며, 그 조형은 스키타이 지방에서 전승받은 것으로 추정된다. 그러나 일반적인 관모는 白樺帽로서 몽고나 고구려의 折風이나 신라의 백화모, 일본의

26) 《三國遺史》 권 2, 紀異 2, 駕洛國記.
27) 柳喜卿, 앞의 책, 1989, 48~49쪽.

上古 관모가 비슷한 유형을 가지고 있다. 띠도 革製나 布製로서 당시의 저고리가 엉덩이 선까지 내려오는 긴 것이었으므로 허리를 조르기 위하여 필수적이었다. 금관과 어울리는 銙帶는 실용적인 목적도 있었겠지만 또한 주술적인 내용도 내포되어 있다. 이 밖에 목에는 목걸이, 팔에는 팔찌, 손가락에는 반지를 끼고 발에는 버선을 신고 가죽신을 신었다. 이러한 복식을 제대로 다 갖춘 왕자의 경우는 매우 찬란하였을 것으로 추정된다. 이러한 삼국시대의 복식은 후에 중국의 영향을 받음으로서 많은 변화가 있었으나 그 기본적인 구성은 별로 변하지 않았다.

2. 식생활

삼국은 그들이 처한 자연지리적 환경에 따라 제각기 식생활 문화를 발전시켰다. 이 시기는 철제 농기구의 사용, 농업기술의 발전, 벼농사의 확대 등 농업생산력의 두드러진 발전이 주목된다. 이는 식생활에 지대한 영향을 미쳐 쌀을 비롯한 보리·조 등 주식의 생산이 늘어나고, 주·부식의 분리가 이루어졌다고 보여진다.

고구려가 위치한 한반도 북부지역과 만주 일대의 자연지리적 조건은 발곡식을 재배하는 데 적합하였다. 고구려인들은 조를 주식으로 이용하였고, 이전 시기의 유적들에서 기장·수수 등이 발견되는 것으로 보아 이러한 곡물도 食料로 이용되었음을 알 수 있다.[1] 그러나 고구려는 산악지대가 많고 농경지가 적어서 항상 식량이 부족했고, 이 때문에 음식의 양을 줄여서 먹는 풍속이 있었다.[2] 한편 동옥저를 복속시켜 이곳에서 나는 생산물을 날랐

1) 黃海道 鳳山 智塔里(피 또는 조), 咸北 茂山 虎谷(수수·기장·조), 咸北 會寧 五洞(콩·팥·기장), 平壤 南京(쌀·조·기장·수수·콩) 등.
2) 음식의 양을 줄여 먹는 節食에 대한 것은《後漢書》권 85, 東夷列傳 75, 高句麗 ;《三國志》권 30, 魏書 30, 東夷, 高句麗 ;《梁書》권 54, 列傳 48, 東夷, 高句麗 ;《魏書》권 100, 列傳 88, 高句麗 ;《南史》권 79, 列傳 69, 東夷, 高句麗 ;《北史》권 94, 列傳 82, 高句麗 참조.

다고 전해진다.[3] 이러했던 고구려도 평양천도 이후에는 철제 농기구의 보급, 농경법의 개선, 火田法의 이용 등으로 농경이 근본적인 산업이 되었다고 여겨진다.

백제는 비교적 넓은 평야와 수리시설에 알맞은 하천이 있어 일찍부터 농업국가의 면모를 갖추었다. 《三國史記》에 의하면 多婁王 6년(32)에 벼농사가 시작되었다.[4] 백제의 농업기술은 수리의 방면에까지 이르렀는데 金堤의 碧骨堤, 古阜의 訥堤, 全州의 大堤, 益山의 黃登堤 등이 남아 있다. 백제가 처한 자연환경과 이 지역의 수리시설들은 벼농사가 발달하였음을 보여주어 백제는 미곡의 산출과 쌀밥의 주식화를 일찍부터 진전시켰다고 보여진다.

《三國史記》 新羅本紀의 기록을 보면 신라는 초기부터 농경에 지대한 관심을 갖고 있었음을 알 수 있다. 권농기사들[5]과 많은 旱災·蝗災·雨雹 및 서리의 기사들이 그 예이다.[6] 이외에도 수리시설[7]과 牛耕[8]에 대한 기록도 있다. 신라의 주작물은 보리였던 것으로 보이며[9] 그 밖에 조·콩 등이 있었고 쌀도 재배가 가능하였다.[10] 신라는 보리농사를 위주로 하여 적지를 택해 벼농사를 확장시켜 나갔으며 가야의 합병, 한강유역의 점유를 통해 벼농사에 적합한 영토를 확보하였다.

---

3) 《後漢書》 권 85, 東夷列傳 75, 東沃沮.
《三國志》 권 30, 魏書 30, 東夷, 東沃沮.

4) 《三國史記》 권 23, 百濟本紀 1, 다루왕 6년.

5) 《三國史記》 권 1, 新羅本紀 1, 시조 혁거세거서간·파사니사금 3년·일성니사금 12년 ; 권 2, 新羅本紀 2, 벌휴니사금 4년·미추니사금 11년·흘해니사금 9년 등에서 권농 및 농사의 시기를 보장해주는 기사가 보인다.

6) 旱 ; 일성니사금 12년, 흘해니사금 4년, 내물니사금 17년, 눌지마립간 4년 등.
蝗 ; 남해차차웅 15년, 파사니사금 30년, 기마니사금 11년, 아달라니사금 8년, 조분니사금 8년, 첨해니사금 13년, 흘해니사금 4년, 내물니사금 34년·42년·44년, 실성니사금 5년 등.
雨雹·霜 ; 기마니사금 3년, 아달라니사금 17년, 나해니사금 10년·27년, 미추니사금 11년, 흘해니사금 28년 등.

7) 《三國史記》 권 1, 新羅本紀 1, 일성니사금 11년 ; 권 3, 新羅本紀 3, 눌지마립간 13년 ; 권 4, 新羅本紀 4, 법흥왕 18년.

8) 《三國史記》 新羅本紀 4, 지증왕 3년.

9) 《三國史記》 권 1, 新羅本紀 1, 파사니사금 3년, 기마니사금 3년 ; 권 2, 新羅本紀 2, 나해니사금 27년 ; 권 3, 新羅本紀 3, 눌지마립간 4년.

10) 《北史》 권 94, 列傳 82, 新羅.

가야는 철의 생산으로 널리 알려지기도 했지만 김해평야를 중심으로 하여 농업을 발전시켰고, 이를 바탕으로 성장하였다. 가야가 위치한 弁辰지역은 토지가 비옥하고 벼농사가 일찍부터 시작된 것으로 알려졌으며[11] 수로왕이 허왕후와 함께 온 뱃사공들을 돌려 보내면서 15명에게 각각 쌀 열섬씩을 주었다[12]는 기록을 보면 쌀이 풍부했던 것으로 보인다.

삼국 및 가야는 모두 농업을 기본적인 생업기반으로 하였고 삼국시대에는 농업생산력이 크게 발전하였다.[13] 철기문화의 전래 이후 철제 농기구가 보급되었고, 4~6세기경에는 보습·따비·가래·괭이·쇠스랑·낫·삽 등 중요 농기구의 대부분이 정비되었다.[14] 또한 우경을 비롯한 농업기술의 발달도 있었고 이와 더불어 永川 菁堤, 벽골제와 같은 수리시설도 축조되었다. 수리시설의 축조는 벼농사의 발전과 궤를 같이하는 것이었고[15] 당시 자연환경이 적합한 김해일대 평야, 한강유역 평야, 서해안 평야에서 벼농사가 이루어졌다고 보여진다.

삼국시대 사람들은 농업생산의 발전을 통해 풍부하고 다양해진 식료를 활용하였다. 기록이나 유물들을 통해서 알 수 있는 곡물의 종류를 보면 벼·조·보리·콩·피·기장 등이 있다. 벼농사의 확대는 쌀을 주식으로 하는 식생활을 가능하게 하였다. 그러나 보리·콩·조 등의 잡곡은 이전 시기부터 계속 경작되었고 자연적 조건으로 벼농사가 발달하지 못한 고구려에서는 잡곡이 주식이 되었던 것으로 보인다. 삼국의 稅制를 보면 주로 쌀을 비롯한 곡물로 징수하였는데,[16] 여기에서도 이런 곡물이 주식이 되었던 상황을 짐작할 수 있다.

이러한 곡류를 주식으로 하여 부식으로는 채소와 과일, 육류, 수산물 등이 이용되었다. 중국의 기록을 보면 백제와 신라의 오곡·과일·채소·짐승의

11) 《三國志》 30, 魏書 30, 東夷, 弁辰.
12) 《三國遺事》 권 2, 紀異 2, 駕洛國記.
13) 李春寧, 《韓國農學史》(민음사, 1989), 36~40쪽.
14) 김광언, 〈신라시대의 농기구〉(《신라사회의 신연구》, 서경문화사, 1987), 289쪽.
15) 權丙卓, 〈신라관개제도연구〉(위의 책), 174쪽.
16) 《北史》 권 94, 列傳 82, 高句麗·百濟.
《隋書》 권 81, 列傳 46, 東夷, 高麗.

물산·술·음식·약품 등이 중국의 것과 같다고 하였다.[17] 당시의 채소류로는 고구려에서 千金菜가 유명하였는데[18] 이는 상치로 보인다. 그리고 《濟民要術》[19]을 통해서 보면 아욱(葵)·상치(萵苣)·미나리(芹)·오이(瓜·胡瓜)·가지(茄子)·순무(蔓菁) 등이 이용되었다고 보여진다. 과일류로는 밤·잣·복숭아와 오얏 등이 기록에 보인다.[20] 육류는 사냥 또는 축산을 통해 공급되었다. 안악 3호분 동측실의 肉庫를 그린 벽화에는 꿩·돼지·노루 등이 걸려 있다.[21] 이 벽화에서는 외양간·마구간도 보이며[22] 기록을 통해 보면 소·돼지·닭·개 등이 사육되었음을[23] 알 수 있다. 그리고 김해패총에서 발견된 패류[24]를 비롯하여 고구려가 동옥저에서 날라온 물고기, 해중 식물[25] 등 다양한 수산물도 중요한 부식이 되었다.

이렇게 삼국시대에는 농업 중심의 경제생활과 벼농사의 확대를 통해 식생활이 비교적 안정되었다고 보여진다. 쌀·보리·조 등의 곡물이 주식이 되었고 부식으로 채소류·육류·과일류 등 다양한 식품이 이용되었다. 여기에서 주목되는 점은 이러한 생산의 안정과 풍부해진 식품을 바탕으로 주·부식이 분리될 수 있었던 것이다. 주·부식의 분리는 곡물 조리기술 및 각종 음식의 조리·가공기술의 발달을 통해 우리 나라 일상식의 구조로 발전하게 되었다.

---

17) 《周書》 권 49, 列傳 41, 異域 上, 百濟.
《北史》 권 94, 列傳 82, 百濟·新羅.
《隋書》 권 81, 列傳 46, 東夷, 新羅.

18) 韓致奫, 《海東繹史》 권 26.
李晬光, 《芝峰類說》 권 19, 食物部.

19) 《濟民要術》은 北魏 高陽郡 太守 賈思勰이 530~550년 사이에 저작한 것으로 보이며 농업에 관한 고전으로 우리 나라의 식생활에 지대한 영향을 미쳤다. 전 10권으로 3권에서 채소의 재배·관리·이용·조제에 대해 설명하고 있다.

20) 《隋書》 권 81, 列傳 46, 東夷, 百濟 ; 《梁書》 권 54, 列傳 48, 東夷, 高句麗 ; 《南史》 권 79, 列傳 69, 東夷, 高句麗.
《三國史記》 권 2, 新羅本紀 2, 나해니사금 8년.

21) 최무장·임연철, 《고구려벽화고분》(신서원, 1990), 497쪽.

22) 최무장·임연철, 위의 책, 42~43쪽.

23) 《隋書》 권 81, 列傳 46, 東夷, 百濟.
《三國史記》 권 28, 百濟本紀 6, 의자왕 20년.

24) 《大正九年朝鮮古蹟調査報告》(조선총독부, 1920), 44쪽.

25) 《後漢書》 권 85, 東夷列傳 75, 東沃沮.
《三國志》 권 30, 魏書 30, 東夷, 東沃沮.

이러한 식생활에서의 진전이 있었지만 모든 사람이 넉넉한 식생활을 누리지는 못했던 것으로 보인다. 평민들은 조세 및 부역을 담당하여 이들에게 큰 부담이 되었고, 자연재해는 큰 재난이 되었다. 고구려에서 시행된 賑貸法[26] 등 기록이 전하는 많은 구휼기사[27]는 이러한 모습을 보여주고 있다. 삼국은 왕족과 왕비족을 중심으로 한 귀족들이 지배하였던 사회였다. 이러한 사회구조는 식생활에도 반영되어 신분에 따른 식생활의 분화 및 계층화가 나타났을 것로 여겨진다.

우선 왕실의 식생활 모습은 화려한 생활양상을 보여주는 고구려의 벽화와 《삼국유사》에 실린 태종무열왕이 하루에 먹었던 음식의 양을 묘사한 기록[28]에서 살필 수 있다. 《삼국지》 위서 동이전을 보면 고구려에서는 下戶들이 먼 곳에서 식량·물고기·소금을 날랐고 이를 앉아서 받아먹는 계층이 존재했음을 알 수 있다.[29] 삼국의 귀족들은 조세 또는 전리품을 독점하여 풍요로운 식생활을 누렸던 것으로 보인다. 이에 비해 일반 백성들은 가난한 생활을 하였고 나무껍질을 벗겨 먹기도 하였다.[30] 그러나 식생활의 분화를 통해 이루어진 귀족층의 음식문화는 식생활 및 식품을 다양화하고 발전시킬 수 있는 조건이 되었다고 보여진다.

삼국시대의 부엌시설 및 경리시설들은 고구려벽화를 통해서 살펴볼 수 있다. 안악 3호분과 무용총의 벽화에는 부엌이 방과 분리되어 있다. 이외에도 태성리 1호분, 약수리 벽화무덤 등에도 부엌시설이 있다. 약수리 벽화의 부뚜막은 아궁이에 굴뚝이 직각으로 구부러져 달려 있다. 그리고 안악 3호분의 부엌벽화에서는 여자들이 부뚜막에 시루를 걸어 놓고 음식을 만들고 있는데 이러한 부뚜막들은 근래의 형태와 별로 다르지 않다. 부엌시설 이외에 디딜방아가 안악 3호분의 벽화에서 보이는데, 한 여자가 발로 방아를 딛

---

26) 《三國史記》 권 16, 高句麗本紀 4, 故國川王 16년.

27) 《三國史記》 권 1, 新羅本紀 1, 남해차차웅 15년·일성니사금 12년 ; 권 2, 新羅本紀 2, 나해니사금 31년·흘해니사금 4년 ; 권 3, 新羅本紀 3, 내물니사금 17년 ; 권 4, 新羅本紀 4, 지증왕 7년 ; 권 18, 高句麗本紀 6, 고국양왕 6년 ; 권 19, 高句麗本紀 7, 안장왕 5년·안원왕 6년 ; 권 24, 百濟本紀 2, 고이왕 15년.

28) 《三國遺事》 권 1, 紀異 2, 太宗春秋公.

29) 《三國志》 권 30, 魏書 30, 東夷, 高句麗.

30) 《三國史記》 권 3, 新羅本紀 3, 눌지마립간 16년.

고 섰으며 그 아래 한 여자가 키질을 하고 있다. 디딜방아는 평양 역전고분, 요동성 무덤의 벽화에도 보인다. 이외에 안악 3호분의 벽화에서는 우물의 모습도 볼 수 있고 육고간·외양간·마구간 등의 경리용 시설도 나타난다.[31] 이러한 자료들은 이 시대에 식생활에 필요한 제반의 시설들이 갖추어졌음을 보여준다.

식기로는 토기가 주를 이루었다. 식기로 이용된 토기로 바리·사발·쟁반·굽다리그릇·잔·목긴 항아리 등이 발굴되었다. 출토된 토기들은 주로 부장품으로 쓰인 것이지만 이들을 통해 이 시대 식기의 모습을 살필 수 있다. 토기들은 음식물의 종류·건습 등의 상태에 따라 다양하게 이용되었을 것이다. 백제와 신라 그리고 가야에서는 출토된 실용식기가 비교적 많으나 고구려에서는 출토유물이 적어 그 모습을 자세히 알 수 없다. 그렇지만 고구려에서의 모습은 벽화를 통해서 알 수 있다. 무용총 주실 북측벽의 벽화를 보면 3개의 짧은 굽이 달린 큰 대접 위에 과일이 높이 괴어 있고, 뚜껑이 있는 바리 모양의 그릇, 짧은 굽이 달린 사발, 뚝배기 모양의 그릇, 보시기, 종지와 같은 그릇들이 보인다. 각저총의 실내생활도에서는 잔·사발 등이 개인용 밥상 위에 놓여 있다. 그리고 기록을 보면 고구려에서는 籩豆·簠簋·罍洗가 이용되었고[32] 신라에서는 버드나무 그릇, 동제 그릇, 질그릇을 사용하였고 한다.[33] 식생활의 분화는 식기에도 나타났으며 금속기·유리기·칠기 등은 귀족들의 소용이 되었을 것이다.

부엌세간 중에서 중요했던 것은 시루와 솥이다. 이들은 곡물을 조리하는 데에 필수적인 도구였다. 시루는 곡물을 쪄내는 도구로 이전 시기부터 널리 이용되었으며 출토 유물들과 벽화에서 그 모습을 많이 볼 수 있다. 그리고 경주시 노서동 제138호 고분과 황오동 제4호 고분, 평양시 정백동 등에서 청동제 鼎이 발굴되었다. 정은 세 개의 발과 두 개의 귀가 달려 있는 것이 특징인데 다리와 귀가 없어진 솥으로 발전하였다. 가마솥은 고구려의 고분벽화

---

31) 최무장·임연철, 앞의 책, 34·42～43·119～124·314쪽.
32) 《舊唐書》 권 199上, 列傳 149上, 東夷, 高麗.
《新唐書》 권 220, 列傳 145, 東夷, 高麗.
33) 《舊唐書》 권 199上, 列傳 149上, 東夷, 新羅.
《新唐書》 권 220, 列傳 145, 東夷, 新羅.

에 자주 나타나며 금령총에서는 두개의 쇠솥이 출토되었다.[34] 벽화에서 보면 솥은 화덕 위에 놓고 사용한 것으로 보이는데 곡물조리에서 큰 변화를 보여주는 것이었다.

식생활의 안정과 분화는 음식의 조리와 가공기술을 발전시켰다. 우선 도정에는 방아가 이용되었다. 백결선생의 이야기에 방아가 등장하고[35] 벽화에 디딜방아가 보인다. 곡물조리에서도 쌀을 가루로 하여 죽을 쑤거나 쪄서 먹던 것에서 발전하여 솥에다 쌀을 끓여 익히는 밥을 짓는 단계로 발전하였다. 이외에도 시루를 이용하여 떡을 찌는 방법도 계속되었다. 떡에 대한 기록은 儒理王과 脫解王이 떡을 물어 잇자국으로 왕위를 정하는 이야기에서 보인다.[36] 떡의 주원료는 잡곡에서 쌀로 바뀌었으며 쌀과 잡곡의 혼합물이 많았을 것으로 보인다.[37]

그리고 각종 음식이 만들어져 부식으로 이용되었다. 가장 기본적인 상비식품은 醬이었다. 장의 원료인 콩은 일찍부터 재배되었고 널리 이용된 곡물이었다. 또한 뚜껑이 있는 壺形土器는 장과 관련하여 이해할 수 있다.[38] 통일신라시대의 기록이지만 神文王이 왕비가 될 집안에 보낸 예물에서 장·메주 등이 보이는데[39] 이것은 삼국시대부터 사용되었다고 보여진다. 장 이외에 소금은 조리에서 필수적인 요소였으며, 신문왕의 예물에 들어 있는 꿀과 기름도 조미료로 이용되었다.

생선과 육류의 가공식품으로는 신문왕의 예물에서 脯와 醢를 볼 수 있다. 포는 고기를 통채로 말리는 방식에서 진전이 있었음을 보여준다. 그리고 해는 소금에 절여서 만든 음식이었다. 따라서 생선과 육류의 가공과 저장에 말리거나 절이는 방법이 주로 이용되었다고 보여진다. 이외에 장의 가공과 양조에서와 같은 발효에 의한 가공법도 발달하였다.[40] 또한 음식물의 저장에는

---

34) 《大正十三年 朝鮮古蹟調査報告－慶州 金鈴塚·飾履塚 發掘調査報告》(조선총독부, 1924), 121～123쪽.
35) 《三國史記》 권 48, 列傳 8, 百結先生.
36) 《三國史記》 권 1, 新羅本紀 1, 유리니사금.
37) 이성우, 《동아시아속의 고대 한국식생활사연구》(향문사, 1992), 385～391쪽.
38) 윤서석, 〈신라의 음식〉(《신라사회의 신연구》, 서경문화사, 1987), 207쪽.
39) 《三國史記》 권 8, 新羅本紀 8, 신문왕 3년.
40) 강인희, 《한국식생활사》(삼영사, 1990), 124쪽.

얼음이 이용되었다. 智證王대에 처음으로 얼음을 저장하게 하였다고[41] 하며 여름에 음식물을 얼음 위에 둔다는 기록도 있다.[42] 얼음은 결빙기에 천연빙을 채취하여 빙고에 저장하였다가 사용하였으리라고 생각된다. 그러나 이들 식품들이 왕의 예물에 들어 있는 것을 보면 상류층에서 이용되어졌던 것으로 보인다.

특별음식으로는 술이 있었다. 고구려 사람들은 술을 잘 빚었다고 한다.[43] 그리고 백제에서는 곡식이 부족할 때 사사로이 술빚는 것을 금지하기도 하였다.[44] 술은 발효시켜 만든 곡주였으며 음식 가공기술의 발달과 밀접한 관련을 가졌다. 술은 주로 제사에 쓰였으며, 신라에서는 혼례에서 술과 음식을 내었는데 빈부에 따라 차이가 있었다고 하였다.[45] 또한 각종 행사와 모임에서 술이 중요한 역할을 하였던 것으로 보인다. 토기로 된 술잔 및 벽화에 나타나는 술잔들은 발달된 술문화의 모습을 보여준다.

이 시기에는 계절음식도 생겨났다. 신라에서는 정월 초하루에 하례식과 함께 연회를 열고 일월신에 제사하였으며[46] 정월 보름에 찰밥을 지어서 까마귀에 제사하였다[47]는 기록이 있다. 그리고 유리왕대에는 길쌈을 하여 팔월 보름에 승부를 정하고 진 편에서 술과 음식을 내었다고 전해진다.[48] 이들 節日은 지금에도 전해져 오고 있으며, 이를 통해서 계절음식이 발달하였다고 보여진다.

지금까지 삼국시대 식생활의 모습에 대해서 살펴보았다. 자료가 풍부하지 않아 많은 부분은 유추를 해야 했다. 또한 이들 자료는 기록에 남아 있거나 유물로 남아 있는 삼국시대 귀족층의 식생활에 국한된 것이다. 따라

---

41) 《三國史記》 권 4, 新羅本紀 4, 智證王 4년.
42) 《新唐書》 권 220, 列傳 145, 東夷, 新羅.
43) 《三國志》 권 30, 魏書 30, 東夷, 高句麗.
《梁書》 권 54, 列傳 48, 東夷, 高句麗.
44) 《三國史記》 권 23, 百濟本紀 1, 다루왕 11년.
45) 《隋書》 권 81, 列傳 46, 東夷, 新羅.
46) 《隋書》 권 81, 列傳 46, 東夷, 新羅.
《舊唐書》 권 199上, 列傳 149上, 東夷, 新羅,
《新唐書》 권 200, 列傳 145, 東夷, 新羅.
47) 《三國遺事》 권 1, 紀異 1, 射琴匣.
48) 《三國史記》 권 1, 新羅本紀 1, 유리니사금.

서 이러한 자료로 이 시대의 식생활을 전체적으로 이해하기에는 매우 제한적이다. 그러나 삼국시대에 형성된 식생활 문화는 계층간의 차이가 있었지만 서로 넘나들면서 확대·발전되었다고 보여진다. 그리고 삼국이 형성한 식생활 문화는 그 특징들을 유지하면서 우리 민족의 식생활에 기여하였다고 여겨진다.

3. 주생활

전설에 의하면 고구려는 B.C 37년에 주몽이 이끈 부여의 일파가 압록강 중류 동가강 환인지방에 자리잡고 세운 것으로 되어 있다. 그러나 이 지방에서는 이미 B.C 4세기경에 고구려의 선구적인 세력이 결집되어 있었다. 예맥이라고 불리던 것이 그것이다[1]. 고구려는 그 후 중국과의 항쟁과 교류 속에서 고대국가로의 위치를 확보하면서 발전해 나갔다. 고구려의 주생활은 현존하는 주택이 없기 때문에 그 자세한 사항을 알 수는 없지만 남아 있는 중국의 문헌과 《三國史記》·《三國遺事》 등의 고문헌, 그리고 고구려의 많은 고분 중 벽화분에서 자료를 얻을 수가 있다.

중국의 고문헌 중에서 주택의 기록이 자세한 것은 《三國志》와 《新唐書》이다. 《삼국지》에는 고구려에서 주거를 산골짜기에 의지하여 정했으며 농경생활은 이미 시작되었으나 좋은 땅이 부족하여 그들의 배를 채우기에 부족하였다고 하였다. 또한 궁궐(宮室)짓기를 좋아하였으며, 주거의 좌우에는 큰 건물을 세워 鬼神·靈星·社稷에 제사하였다고 한다. 집에는 큰 창고가 없고 집집마다 스스로 작은 창고를 지었는데 이를 桴京이라고 하며 또한 그 풍속에 혼사가 결정되면 신부측에서 집(大屋) 뒤에 작은 집을 지어 사위가 들게 하였는데 이를 壻屋이라고 하였다[2]고 한다. 이는 데릴사위제도를 말하는 것으로 장가를 들면 처가집에서 살다가 아이를 낳은 후에 처자를 데리

1) 李基白, 《韓國史新論》 新修版(一潮閣, 1992), 44쪽.
2) 《三國志》 권 30, 魏書 30, 東夷, 高句麗.

고 자기 집에 와서 살았다고 여겨진다. 이것은 당시의 고구려사회가 모계사회라는 것을 보여주는 자료이기도 하며 당시의 가족형태가 대가족이었음을 단편적으로 보여준다. 이 자료에서 볼 수 있는 궁실·대옥·서옥·부경 등의 건물이 어떤 구조로 되어 있는지는 정확하게 알 수 없지만 건물들의 명칭이나 기능이 다른 것으로 미루어 당시 주생활에서의 기능이 상당히 분화되었던 것을 알 수 있다. 물론 이 자료가 묘사하는 건물들은 당시 지배계급의 주거모습을 묘사한 것이고 농업을 주로 담당하던 下戶 이하의 양인과 천민은 전시기의 주거생활인 수혈주거이거나 원시적인 지상의 주거생활이었음을 짐작할 수 있다.

《신당서》에서도 위와 같은 내용을 확인할 수 있는데, 왕궁·관부·佛廬 등의 건물은 기와로 지붕을 이엇고 민가 즉 일반백성들의 집은 산골짜기에 의지하여 짓는다[3]고 했는데 이는 지붕을 茨草로 이은 초가집이었음을 알 수 있다. 이 자료에서 주의해서 보아야 할 것은 "…民盛冬作長坑熅火以取煖…"이라는 구절이다. 이것은 분명히 온돌시설과 같은 난방시설을 말하는 것으로 「長坑」이란 것이 긴 火道를 가리키는 것은 확실하나 이것으로 미루어 이 난방시설이 현재 우리가 일반적으로 사용하는 온돌을 표현한 것인지 또는 당시 중국과의 문물교류를 통하여 습득되어진 중국 북부지방에서 성행되고 있는「坑」또는「坑床」을 표현한 것인지는 확실히 알 수 없다[4]. 그리고 民이라고 표현된 사람들이 한겨울에 장갱을 만든다고 하였는데 그렇다면 지배계층이거나 그와 비슷한 사회·경제력을 가진 계층의 난방방식은 이것과는 달랐다는 것으로 해석할 수도 있다. 지배계층에 있는 사람들은 온돌과 같은 구조없이도 실내에서 기거할 수 있는 화로나 부뚜막을 이용한 난방법을 사용했으리라 추측된다.

이러한 난방형식을 추측할 수 있는 고구려의 벽화가 쌍영총에 있다. 이 그림에서는 묘주 부부인 듯한 인물이 앉아 있는 그림이 있다. 이 주인공 부부가 앉아 있는 곳은 고려시대에 중국의 영향을 받아서 유행하던「榻」같은

3) 《新唐書》 권 200, 列傳 145, 東夷, 高麗.
4) 金正基, 〈韓國住居史〉(《韓國文化史大系》 4, 風俗·藝術史 上, 高麗大 民族文化研究所, 1987), 152쪽.

것인데 이 모습을 보면 벽화에 묘사된 사람들은 좌식의 생활을 영위했다고 보여진다. 한편 무용총의 벽화를 보면 묘주 부부는 높이가 높은 의자에 걸터 앉아 있고 그 아래에 무릎을 꿇고 앉아 있는 사람의 모습을 볼 수 있다. 또한 식기류들도 모두 다리높은 식탁(床) 위에 놓여 있다. 이러한 상황을 종합하면 당시의 귀족계급에서는 입식과 좌식생활을 병행했으리라고 추측할 수 있다. 이렇듯 당시의 주생활은 쌍영총, 천왕지신총, 대안리 1호분, 안악 1호분, 통구 12호분, 안악 3호분, 약수리 벽화분, 무용총, 각저총, 마선구 1호분 등 고분벽화에서 볼 수 있다[5]. 이 중 안악 3호분은 방앗간·우물·부엌·육고간·차고·외양간·마구간 등을 표현하고 있다. 이것으로 보아 당시의 건물은 각각의 용도와 기능에 따라 분화되어 있었으며 이것은 농경생활의 다양화와 생산기술의 발달을 의미한다고 볼 수 있다.

경제생활의 다변화는 주거생활에도 영향을 미쳐 기본적인 가족생활을 영위하던 단순한 구조물에서 사회생활의 근거지로서 변화된 생활을 수용하는 공간으로 변화하였다. 전시대의 竪穴住居와 시원적인 지상주거에서는 한 棟의 건물에서 모든 주거생활이 영위되었으나 이 시점에서는 각각의 건물 기능에 따라 공간을 분할하고 더 나아가 기능에 맞는 건물을 각각의 독립채(棟)로 구분하여 지었던 것이다. 이것은 조선시대의 건물과 같이 부속채의 개념이 벌써 도입되었다는 것을 말해주는 것이다. 그러나 이 시기에 모든 사람들이 이런 집에서 생활했다고 볼 수는 없으며 일부 사회적·경제적으로 지배계층에 있는 부류에서만 가능했으리라고 추측된다.

백제의 주생활은 현재 남아 있는 유구가 수혈주거밖에 없고 그 이외의 지상주거를 확인할 만한 자료가 없으므로 문헌자료에 의지할 수밖에 없으나 그 문헌자료 조차도 많지 않아 정확한 주생활을 고찰하기가 쉽지 않다. 그러나 백제의 시조인 온조왕의 아버지가 주몽이라는 사실[6]로 보아서 고구려 계통의 이주민이 남하하여 삼한의 마한지방에 도읍을 하여 성장한 것으로 미루어 대개의 주거풍속은 고구려와 비슷하였을 것이라고 추측된다. 이를 입증하듯 《구당서》에 풍토와 산물이 고구려와 아주 비슷하다라는 기록[7]이 있으

5) 金正基, 위의 책, 152쪽.

6) 《三國史記》 권 23, 百濟本紀 1, 시조 온조왕.

며, 《신당서》에도 풍속이 고구려와 같다[8]라고 기록되어 있다. 한편 《삼국사기》에 온조왕이 궁실을 지었던 일에 대해 "봄 정월에 새 궁실을 지었는데 검소하되 누추하지 않았으며 화려하되 사치스럽지 않았다"[9]라고 하여 지배계층의 주생활을 엿볼 수 있는 기사가 실려 있다. 그리고 《삼국유사》에는 堗石이라 하여 스스로 덥혀지는 돌에 대하여 설명하고 있는데,[10] 이는 온돌(구들)을 이야기 하는 것이라고 볼 수 있다. 고구려에서의 長坑은 그간의 연구를 통해 ㄱ자형 구들로 보는 견해가 많은데 철기시대의 수원 서둔동 주거지에서 ㄱ자형 구들이 발굴되었고, 中島를 비롯한 여러 유적에서 구들이 발굴된 것으로 보아 백제에서도 구들이 시설되었음은 충분히 입증된다[11]. 또한 조선시대에 중국인 董越이라는 사람이 쓴 《朝鮮賦》에는 "백제지방에서는 땅에서 뚝 떨어진 높이에 마루를 설치한 집을 짓고 사다리에 의지하여 오르내린다"[12]라는 기록은 고상식 주거문화를 보여주는 예이다. 이는 현재 우리가 볼 수 있는 시골의 원두막과 같은 형식의 주거가 아니었나 추측된다. 또한 이것은 만주 집안현에 있는 마선구 1호분에서 볼 수 있는 귀틀집의 고상주거형식을 입증하는 자료라 할 수 있다.

이상의 문헌자료들을 고찰해 보면 백제에 불교가 도입된 이후인 枕流王 원년(384) 이후에는 적어도 고구려와 같은 형식의 주생활을 영위하지 않았나 생각된다. 이는 백제의 문화를 보여주는 부여나 공주 근처에서 출토된 유물과 백제인이 지었거나 기술을 전수해 주었다고 하는 신라의 皇龍寺탑지와 일본의 법륭사 등과 같은 건축물과 당시의 절터·궁궐터 등에서 출토되는 와당·전돌을 보아 분명하게 알 수 있다. 특히 출토 유물들을 보면 당시의 백제인들의 주생활이 고구려에 비해 손색이 없었다고 추측할 수 있다. 또한 고구려와 같이 사회적·경제적으로 지배계층에 있는 사람들은 기와로 지붕

---

7) 《舊唐書》 권 199上, 列傳 149上, 東夷, 百濟.
8) 《新唐書》 권 220, 列傳 145, 東夷, 百濟.
9) 《三國史記》 권 23, 百濟本紀 1, 시조 온조왕 15년.
10) 《三國遺事》 권 2, 紀異 2, 南扶餘 前百濟.
11) 주남철, 《백제시대의 주택》(공산성 성안마을 정비(백제촌 조성) 고증조사보고서, 충청남도, 1991).
12) 강영환, 《한국 주거문화의 역사》(기문당, 1993) 47쪽에서 재인용.

을 잇고 살았으며 그 이외의 사람들은 짚이나 띠 또는 새 등으로 지붕을 이은 초가집에서 살았을 것으로 추측된다.

신라와 가야의 주생활도 현재 남아 있는 유구는 거의 없고 다만 집모양토기(家形土器)가 출토되어 당시의 주생활 모습을 단편적으로 알려주고 있으며 이 이외의 사항은 문헌자료에 의지할 수밖에 없다. 대부분의 집모양토기가 대체로 副葬用, 또는 의식 특히 葬儀禮式에 쓰였던 것으로 짐작되는데, 그렇다 하더라도 이 집모양토기가 당시의 주택이나 주거생활을 반영하지 않고 만든 사람의 독창적인 상상력에 의해서 제작되었다고는 생각되지 않는다. 신라시대의 집모양토기[13]는 높이 11.5㎝로 고상식의 주거형식을 보이고 있는데 형태를 살펴보면 네 귀퉁이에 기둥을 세우고 그 위에 맞배지붕을 올린 집이다. 이 집모양토기가 형태 그대로 고상식의 주거형태라면 위에서도 언급한 만주지방 집안현에 있는 마선구 1호분의 벽화를 입증하는 예라고 할 수 있다. 또한《隋書》신라전에 풍속·형정·의복이 대체로 고구려·백제와 같다[14]는 기록과도 부합된다. 지붕의 겉 표면은 다른 집모양토기와는 달리 기와골이 표현되어 있지 않아 초가지붕을 표현한 것으로 추측된다. 그러므로 이는 신라 전성기의 헌강왕대에 서울(경주)의 민가 중에 초가가 한 채도 없었다는 사실을 볼 때 이 유형의 집은 일반 백성들의 집으로 추측할 수 있다.

이와 함께 가야시대의 집모양토기[15]는 높이 35㎝, 길이 36.8㎝의 크기로 집모양토기 중에서는 대형에 속한다. 이 집모양토기는 장방형의 평면을 가진 형태로 지붕은 맞배지붕에 기와를 얹었고 처마 끝에는 굴곡을 두어 막새기와를 표현하였다. 집은 전체적으로 3칸인 듯 좌측과 우측에 각각 1개와 2개씩의 창문을 선으로 표현하였고 중앙에는 2짝의 여닫이 문을 표현하였다. 이 형태로 보아 좌우는 방으로 추측되고 중앙은 바닥이 흙으로 마감된 부엌으로 추측된다. 이 3칸의 집은 주거공간의 분할로 남녀노소가 한 방에서 잠을 자던 상황에서 벗어나게 됨을 의미한다. 이는 단순한 공간의 확대가 아니라

13) 慶北大博物館 소장.
14)《隋書》권 81, 列傳 46, 東夷, 新羅.
15) 湖巖美術館 소장.

이렇게 집을 꾸밀 수 있었던 기술과 경제력의 발전을 말해 주며, 나아가 이러한 발전이 주생활 문화에 영향을 미쳐 1가구 1실에서 1가구 多室로 변화하였던 것이다. 이러한 건축기술은 6세기에 들어 현저하게 발전하였는데 신라는 뚜렷하게 분업화된 기술자들을 효과적으로 조직화하여 국가적인 토목건축공사를 추진할 수 있는 생산체제를 갖추고 있었음을 南山新城碑와 같은 일부 금석문 속에서 추정해 볼 수 있다.[16]

〈李鐘哲·鄭明燮〉

16) 김동욱,《한국건축공장사연구》(기문당, 1993), 15쪽.

Ⅶ. 문화의 일본 전파

1. 선사시대 문물의 일본 전파
2. 학문과 사상
3. 역학 · 의약 · 기술
4. 예술 문화

Ⅶ. 문화의 일본 전파

1. 선사시대 문물의 일본 전파

한국과 가장 가까운 이웃은 일본이다. 그러므로 일본은 선사시대부터 한국을 통하여 대륙의 문화와 한국의 선진문화를 받아 점차 개척해 나갔으며 드디어는 농경사회를 이룩하고 부족국가를 세운 뒤에 급속도로 발전하였던 것이다. 즉 한국은 아시아대륙 東端의 반도국가로서 3면이 바다에 면하였다. 그리하여 중국 역사의 변천에 따라 많은 영향을 받았으며 때로는 禍를 당하기도 하였다. 그러나 대륙과 해양의 중간에 위치하여 우리의 문화를 일본에 전하는 교량적인 역할을 크게 하였다.

한국과 제일 가까운 일본의 영토는 對馬島(쓰시마)이다. 한국에서 대마도까지의 직선 거리는 48~52㎞이며 대마도에서 일본 본토는 150㎞나 된다. 그러므로 대마도는 일본에서도 가장 먼저 한국의 문화를 받아들였을 것으로 생각되는데 실제 고고학적인 연구 결과 이러한 사실이 입증되었다.

1969년에 부산광역시 영도구 東三洞 貝塚에서 櫛文土器가 발견되었는데 이후 1976년 대마도에 있는 越高(고시다까 : 長崎縣 上縣郡 大字 越高)유적에서 우리 나라의 즐문토기가 출토되어 당시 이 유적을 발굴 조사한 坂田邦洋 교수는 월고유적을 부산 동삼동 패총과 직접 연결지어 한국의 신석기시대 문화가 이곳에 전해졌음을 주장하였다.[1] 이러한 즐문토기는 이후 九州(큐슈)의 서북 연안에서 잇달아 발견되어 당시 한국의 문물이 이곳에 전해졌던 사실이 밝혀졌다. 長崎縣 福江市 下大津町 江湖 패총에서 발견된 曾畑(소바다)式 토기, 大分縣 龍宮 동굴에서 발견된 토기, 壹岐(이끼)의 鎌崎(가마사끼)유적에

1) 坂田邦洋, 《韓國隆起文土器の硏究》(1978).
永留久惠, 《對馬の文化財－古代の遺産－》(杉屋書店, 1978), 27~28쪽.

서 발견된 소바다식 토기 등은 한국의 즐문토기와 직접 연관되어 한반도에서 건너간 것임을 일본학자들이 주장하고 있어,[2] 對馬島와 壹岐는 당시 일본 본토에 한국의 문화를 전해주는 길목 역할을 하고 있었음을 알 수 있다.

이후 청동기시대로부터 고분시대에 이르는 한국의 문물은 대마도, 일기를 거쳐 일본 본토에 가득히 전달되고 있음을 여러 곳에서 볼 수 있다. 우선 대마도의 '塔の首'(도노구비)유적을 들면, 이 유적은 대마도 東北端의 比田勝(히다가쓰) 항구를 내려다보는 언덕에 있는 4基의 石箱墳으로 1971년에 발견되었으며 九州大學에서 발굴·조사하여 비로소 학계에 알려졌다. 대지 위에 4기가 있었으나 아래쪽에 위치한 1기는 대부분 파괴되어 약간의 흔적으로 석재가 남아있을 뿐이다. 2기의 석상분이 완전하여 유물이 수습되었는데 이들은 거의가 한국의 호남지역에서 출토되고 있는 유물들과 같다는 것이 일본학자들의 견해이다.[3] 이밖에 대마도 각 처에서 많은 청동기시대의 유적 유물이 발견되고, 일기에서도 여러 곳에서 청동기시대의 유적 유물이 발견되었는데 특히 일기의 '가라까미'유적 출토유물과 鄕浦(고노우라) 사료박물관 소장의 銅劍과 戈 등은 모두 한국에서 직접 만들어진 것으로 알려졌다.

《三國志》魏志 東夷傳 弁辰條에 의하면 倭와의 관계를 약간이나마 알 수 있는데 倭人傳에는 대마도에 대하여 다음과 같이 기록하고 있다.

> 拘耶韓國(金海)에서 처음으로 一海를 건너 千餘里에 對馬國에 이른다. 그 大官은 卑拘, 副官은 卑奴母離라 한다. 사는 곳은 絶島이고 넓이는 대략 四百餘里이다. 土地는 山이 險하고 深林이 많고 道路는 짐승이 다니는 좁은 길과 같다. 千餘戶가 있다. 良田이 없고 海物을 먹고 自活하는데 배를 타고 南北에서 쌀을 사들인다(《三國志》魏志 東夷傳 倭).

위지 동이전이 만들어진 것은 297년으로 3세기인데 이 내용을 보면 대마도의 자연과 인문을 간결하면서도 정확하게 설명하고 있다. 한편 이 기록에 의하여 철기시대에 대마도의 상황이 파악되어 문헌에까지 기록되었음을 알

2) 坂田邦洋, 〈曾畑式土器に關する硏究〉(《江湖貝塚》, 長崎, 1973), 69쪽.
永留久惠, 앞의 책, 26쪽.
3) 對馬 上縣町敎育委員會, 《上縣町の文化財》(1983).

수 있어 이때에는 더욱 많은 문물의 전파를 짐작하게 한다.

九州 지역의 청동기시대를 비롯한 이후의 유적 유물은 곳곳에서 많이 발견 조사되었는데 福岡(후꾸오까)의 板付(이다쓰께) 유적은 일본 최초의 畓(논) 농사 유적으로 유명하며 이 유적에서 나온 옛날 쌀(古代米)이 우리 나라에서 발견된 옛날 쌀과 같다는 것이다. 벼농사의 경로를 고찰함에 있어서 중요한 문제는, '문화의 영향'으로 벼농사가 시작되는 것은 아니라는 것이다. 그것은 年中 계획적으로 일을 해야 하기 때문에 간단하게 익힐 수가 없는 기술이며 따라서 벼농사에 익숙한 사람들이 건너와 직접 벼농사를 지었음을 생각하게 된다. 여기서 벼농사에 익숙한 사람들의 渡來 경로가 문제될 것이나 이곳의 옛날 쌀이 한국의 옛날 쌀과 같다는 것은 곧 우리의 조상이 일찍이 이곳에 와서 벼농사를 지었음을 부정할 수 없게 하는 것이다. 벼농사의 경로를 고찰함에 있어서 또 한가지는 구주지역에서 출토되는 石器들에 주목해야 할 것이다. 汲田(쿤덴) 유적에서 발견된 석기는 벼이삭을 훑는 半月形石刀와 蛤刀石斧・有溝石斧・磨製石劍・長柳形石鏃 등인데 반월형석도와 합도석부는 중국과 한국에서 볼 수 있으나 유구석부와 마제석검, 장류형석촉은 한국에서만 출토되는 석기이다. 그러므로 이곳의 벼농사 유적은 곧 한국과 직결됨을 알 수 있는 것이다. 한편 한국의 중・남부지방에서 성행하였던 南方式支石墓(일명 바둑판 지석묘)가 구주의 唐津(가라쯔)市의 葉山尻(하야시리)에 산재해 있음을 볼 수 있으며 이곳에서 출토된 유물들이 한국의 것과 연결되었음은 이미 학계에 알려진 사실이다.

벼농사의 문제를 形質 인류학의 입장에서 논한 것은 金關丈夫씨이다. 金關씨는 山口縣 土井ヶ浜(도이가하마) 유적과 佐賀縣 三津(미쓰) 유적에서 발견된 人骨의 신장이 당시 일본인보다도 크며 오늘날의 경상도지방 사람들에 가깝다는 점을 들어 "새로운 종족의 상당수가 일본에 건너와서 구주지방 뿐만 아니라 畿內(기나이) 지방까지 퍼져 나갔다"고 주장하고 있다. 벼농사는 쉽게 배울 수 없는 기술이라는 점과 농경에 따르는 석기와 옛날 쌀을 한국에서 볼 수 있는 사실에 비추어 金關씨의 설은 설득력 있는 것으로 알려져 있다.

구주지방에서의 '벼농사의 시작'은 그 재배 기술을 익힌 사람들의 도래 없이는 생각할 수 없는 것이다. 그러나 이 지방에 뿌리를 내린 벼농사는 백년 후에 名古屋(나고야) 지방인 伊勢灣(이세완) 연안에까지 파급되었으며 수천 년 동안 이어오던 채취경제와는 멀어지게 되었다. 이와 같이 쌀을 주식으로 하는 일본문화의 기반은 한반도로부터 건너간 사람들에 의하여 이루어졌던 것이다.[4)]

이렇듯 벼농사가 일본 본토에 미치면서 구주 일대는 새로운 문화가 밀려들었으니 한반도의 남부지역에서 볼 수 있는 無文土器와 甕棺이 이곳 구주 지역에 나타나게 된 것이다. 청동기시대 말기의 일로 佐賀縣 唐津市 宇木汲田(우키쿤덴) 유적에서 백 수십 기의 옹관묘가 발견되었으며 일부 옹관에서는 銅劍과 銅鉾가 출토되었고 최근에 이르러는 佐賀縣 神崎(간사끼) 지역의 '吉野ケ里(요시노가리)' 유적에서 수많은 옹관이 출토되어 크게 주목되고 있다.

죽은 사람을 옹관에 넣어 묻고 청동제의 무기를 부장품으로 넣는 풍속은 경상남도 김해 지방에서 볼 수 있는 것으로 기원 후 1세기경의 한반도 남부와 구주의 북쪽 지방이 같은 문화권이었다는 사실을 입증해 주는 것이다. 이와 같은 사실은 여러 곳에서 볼 수 있는 바 福岡市 西區 周船寺千里(스젠지센리)에 있는 三所神社(산쇼진자)의 飛石(도비이시)에 얽힌 이야기를 대표로 들 수 있다. 이 도비이시는 支石墓인데 이 마을 사람들은 옛부터 '가라구니(韓國)'에서 날아온 것이라고 전해진다는 것이다. 이 고장의 기록인 糸島郡誌(이도시마군지)에는 "고구려로부터 천리나 되는 먼길을 거쳐왔기 때문에 이러한 이름이 생겼다. 千里라는 地名도 여기에서 유래된 것이다"라고 기록되어 있다.

이 시기에 중국 대륙에서는 큰 변동이 일어났다. 기원 후 8년에 王莽이 漢나라를 쓰러뜨리고 新나라를 세웠으며 12년에는 匈奴 정복을 에워싸고 고구려와 대립하였고 25년에 光武帝가 後漢을 세웠던 것이다. 그런데 왕망이 신나라에서 14년에 주조한 화폐인 貨泉이 44년까지 사용되었는 바 이 화천이 金海와 제주도에서 발견되었고 일본에서는 대마도 豊玉町(도요도마 마찌)과 壹岐의 原の辻(하라노쯔지), 糸島(이또시마)반도의 志摩町(시마쬬) 등지에서

4) 李進熙, 《韓國과 日本文化》(乙酉文化社, 1982), 11쪽.

출토되었다. 이와 같이 문헌과 유적 유물이 보여주듯 1세기로 접어들면서 한국의 문물은 모든 것이 九州지방에 들어가고 있었던 것이다.

2세기는 일본의 청동기시대의 말기로 한반도에서 조성한 동검과 동모, 銅戈 등이 자취를 감추고 그 대신 그것들을 모방한 大形의 劍과 鉾가 나타났다. 이들의 모양은 한국의 것을 닮았으나 대형으로 과장되어 있는데 이것은 실용적인 무기가 아니라 제사를 지내기 위한 도구로서 주조되었던 것이다.[5)]

이렇듯 한반도의 문화가 구주지역에 새롭게 자리잡을 때 이곳의 문화는 瀨戶內海(세도나이까이)를 거쳐 大阪灣(오오사가완) 연안을 비롯한 일본 본토에 상륙하였으니 이 지역에서 발견되는 銅鐸들이 그 증거인 것이다. 이것은 한국의 작은 동탁이 크게 변하고 장식적으로 변화한 것으로 농경사회에서 풍년을 기원하는 제사에 없어서는 안 될 도구였던 것이다. 이 시기에 이르러는 銅鏡이 나타나고 石器가 자취를 감추게 되었으니 鐵로 만든 무기와 농기구가 보급되었기 때문이다.

이상과 같이 선사시대의 한반도 문물이 일본으로 전달된 상황을 살펴보았는바 우선 신석기시대의 자취가 역력하다. 특히 기원전 3세기부터 기원후 2세기에 이르는 기간에 한반도로부터 수많은 사람이 일본으로 건너가 청동기, 벼농사의 기술, 철기 등의 새로운 문화를 전했으며 이에 따라 墓制·思想 등 많은 문물을 전하였으니 일본의 '새로운 문화의 서광'은 항상 한국으로부터 왔다.

고구려·백제·신라는 기원전 1세기에 초기 국가로서의 면모를 갖추기 시작하였으며 이후 3세기부터는 고대국가의 체제를 정비하면서 점차 발달하고 있었다. 4세기후반에 불교를 수용하면서 삼국의 문화는 사상·학문·제도·예술 등 모든 면에 획기적인 변화와 발전을 가져오게 되었다. 그리하여 고도화한 삼국문화는 곧 일본으로 전해져 일본 고대문화 형성의 기틀이 되었다. 문화의 전파는 수준 높은 문화권에서 미개한 곳으로 흘러가는 것이 필연적 사실이다. 신석기시대부터 청동기시대에 걸쳐 일본에 전달된 우리의 문화는 일본을 깨우쳐 주었다. 이제 삼국의 문화는 역사시대에 이르러 보다 차원 높

5) 李進熙, 위의 책, 20쪽.

은 문물이었으니 이러한 고도의 문화가 일본으로 전해져 일본의 고대국가 성립과 문화형성의 기반을 이룩하게 되었다.

2. 학문과 사상

삼국의 찬란한 문화는 한국과 이웃하고 있는 일본에 전파되어 많은 영향을 주었다. 삼국문화의 일본전수에서 가장 큰 역할을 한 것은 백제였다. 그것은 백제가 삼국 가운데 일본과 정치적으로 연결되어 친선관계가 유지되었기 때문이다. 그리하여 일본에 학문을 제일 먼저 전해준 나라는 백제였으니 일본의 史書인 《古事記》와 《日本書紀》에 잘 보이고 있다.

즉 《고사기》 중권 應神天皇 20年 己酉條에 보면 백제의 照古王(近肖古王)이 阿知吉師와 和邇吉師를 일본에 파견하였는바 이때 화이길사는 《論語》 10권과 《千字文》 1권을 가지고 갔다는 것이다. 그리고 이들은 후일에 아지길사는 阿直史等의 祖가 되고 화이길사는 文倉等의 祖가 되었다고 한다.

《일본서기》 應神天皇 15年 甲辰條와 應神天皇 16年 乙巳條에 보면 백제인 阿直岐는 능히 經典을 탐독할 수 있는 자로서 일본에 건너가 菟道稚郞子의 스승이 되었고 그후 博士 王仁이 일본에 초빙되어 가서 역시 經學을 전해주었다고 한다. 그런데 이 두 책의 내용을 좀더 주목해 보면 당시 일본에서 荒田別(아라다 와께)와 左別(가무나기 와께)를 백제에 보내어 학자를 구하니 임금의 명령으로 왕인이 《논어》 10권과 《천자문》 1권을 가지고 일본으로 건너갔는바 그의 해박한 經書의 지식으로 하여 일본 應神主의 신임을 받고 太子의 스승이 되었으며 이후 일본의 '學問의 祖上'으로 숭배되었다는 사실이다.

한국에는 고대의 관계기록이 없으나 조선시대에 이르러 몇 가지 문헌에 전라남도 靈巖郡 郡西面 鳩林里 지역의 왕인박사 史蹟에 관한 내용이 보이며 현재 이곳에는 구전되는 왕인박사에 관한 역사와 유적이 여러 곳에 남아 있다. 현지에서는 영암군 당국은 물론 王仁博士顯彰協會 등 여러 모임에서 그 동안 국내·외의 왕인박사 관계 사적을 조사하여 많은 論著를 발표하기도 하였으며 일본에서도 왕인박사 묘소 등 관계 사적을 보호하는 모임이 있어 여러 권의 논저를 출간하고 있다. 그러나 사학계에서는 왕인박사에 관한 사적조사와 연구가 아직은 미흡한 것 같으며 혹자는 부정적인 시각마저 보이고 있는 것 같다. 그것은 왕인박사가 일본으로 건너갔다는 기록이 한국의 史書에는 없으며 漢城 도읍기인 당시의 상황에서 渡日이 가능하였겠느냐는 생각에서 나타나는 의문인 것 같다.

한국에서 일본으로 전파된 문화는 이미 삼국시기 이전부터 다양한데 신석기시대와 청동기시대의 문물을 비롯하여 삼국시대에는 고구려·백제·신라의 문화가 일본 각 지역에 넓게 펴졌음을 볼 수 있으므로 한성 도읍기의 왕인박사 도일은 충분히 가능한 것이었던 것으로 생각된다. 도일 사실의 기록 문제는 당시 젊은 왕인박사가 도읍지인 한성으로부터 멀리 떨어져 있는 靈巖에서 일본으로 건너갔으니 《三國史記》나 《三國遺事》에 누락될 수도 있는 일이 아니었던가 한다. 오늘날 우리는 이들 史書에 누락된 역사적 사실을 각 지방 답사에서 얼마든지 찾아내고 있음으로 누락문제로 의문시 할 수는 없을 것 같다. 한편 일본에서는 문자를 전해주고 학문을 가르쳐준 국가의 은인이니 그들의 사서에서 명확히 밝히지 않을 수 없었을 것이다. 이러한 일은 마치 고려 제4대 光宗 때 과거제도를 실시케 해준 중국의 雙冀가 중국측 사서에는 보이지 않으나 《高麗史》와 《高麗史節要》에는 명기되어 있는 일과 같다고 하겠다.

현재 영암군의 구림리에는 왕인박사의 生家址인 聖基洞이 있고 이에 따르는 몇 곳의 遺址와 도일시 출항 포구였다는 上台浦 등의 사적지가 있다. 그리고 일본에는 大阪府內 각 市 지역에 왕인박사와 관련된 많은 유적과 그의 자손들과 관계된 각종 사적이 다양하게 남아있다. 일본에서 조사된 왕인박사 관계 사적은 오히려 한국내의 사적보다 훨씬 많다.

예컨대 八尾神社(大阪府 八尾市 近鐵 八尾驛 근방)는 왕인의 후손이 그의 祖神 왕인을 제사 지내는 곳이며 八坂神社(大阪市 淀區 大仁本町)는 곧 王仁神社로 왕인을 제사 지내는 곳으로 王仁像이 봉안되어 있고 王仁聖堂址(大阪府 松原市 岡町)는 일찍이 왕인이 이곳에서 講學하던 자리라 하여 추앙하고 있는 곳이다. 王仁墓(大阪府 枚方市 藤坂元町)는 왕인의 묘소로 많은 참배객이 끊이지 않고 있는데 이밖에 方違神社·高石神社·白鳥神社·西琳寺·藤井寺·野中寺·王仁池·和爾下神社·왕인마을 등 20여 곳에 왕인과 관계된 사적이 있음이 조사되었다. 그런데 九州 佐賀縣 神埼郡 神埼町 竹原지구에 鰐大明神社가 위치하고 있는데 여기에 왕인석상과 '王仁天滿宮'이라 새겨진 석비가 전하고 있다. 신사가 위치한 죽원지구는 한국으로부터의 도래인이 최초로 상륙했을 것으로 추정되는 지역인데 인근에 '吉野ヶ里' 역사공원유적이 있어 더욱 주목된다. 따라서 왕인이 이곳을 거쳐 일본 내륙으로 들어갔을 가능성이 있다는 현지 관계자들의 말은 주목을 끈다. 이와 같은 연유로 인하여 이 신사에서 왕인을 神으로 모시고 있는 것이다. 신기정에서 세운 안내판을 보면 "王仁이 지금으로부터 천 수백 년전에 應神天皇의 초청을 받아 백제로부터 많은 기술자 집단을 데리고 옴으로써 일본 최초의 漢字 교본인 《천자문》과 유교의 원전인 《論語》를 전하였다. 왕인박사 일행은 조선반도의 南西端의 목포항으로부터 渡海한 것으로 전해지는데 일본의 어디에 상륙하였는지는 기록에 없다. 혹시 吉野ヶ里의 도래인들처럼 이곳 죽원지구 부근에 상륙한 것은 아닌가"라고 쓰여져 있다.

이와 같은 모든 점을 종합해보면 백제로부터 일본에 학문이 전해지고 그 주인공은 왕인이었는데 이러한 문제에 대해서는 최근에 연구결과가 집성되어 출간된 바 있다.[1)]

당시 백제의 왕인박사가 일본에 가지고 갔다는 《논어》는 《阿晏集解論語》이고, 《천자문》은 魏나라의 鍾繇의 것이라고 李丙燾 박사는 말하고 있다.[2)] 백제는 일찍부터 漢郡縣과 접촉이 있었고 근초고왕대에는 東晋과 직접 통교하여 동진으로부터 鎭東將軍領樂浪太守라는 칭호를 받기도 하였다.[3)] 그러므로 동진의 학술과 사상이 백제에 전달되었을 것으로 짐작된다. 한자가 일본에 전해진 것은 이보다 앞서서 《삼국지》 위지 동이전 왜인조에 보이는 바와 같이 왜의 작은 나라들이 중국 및 낙랑·대방군과 교섭함으로써 이루어지게

1) 鄭永鎬, 《百濟王仁博士史蹟硏究》(韓國教員大 博物館 學術調査報告書 第9輯), 1~188쪽.

2) 李丙燾, 《韓國古代史硏究》(박영사, 1976), 579쪽.

3) 《晋書》 권 9, 簡文帝 咸安 2년.

된 것이나 본격적으로 한문이 전달된 것은 왕인박사의 일본행을 시발로 잡아야 할 것이다. 이렇듯 백제가 일본에 한문을 전함과 동시에 유학을 전수시킨 것은 백제가 이후 한성으로부터 熊津·泗沘로 도읍을 옮기고 나서도 끊임없이 계속되었는데, 이러한 사실은《일본서기》에 자주 보이는 백제의 五經博士 파견 사실로서 충분히 알 수 있는 것이다.[4] 백제는 이미 근초고왕대에 博士制가 갖추어져 있었으므로 유학에 대한 이해도 백제적인 것으로 소화되고 유학사상 역시 정리된 것으로 보아야 할 것이며, 따라서 일본에 전달한 유학과 그 사상도 백제적인 것으로 파악할 수 있을 것이다.

이와 같이 백제로부터의 학문과 유학사상의 일본 전수는 곧 일본에서의 학문과 유학사상의 보급을 보게 되고 유교정치이념의 이해를 가져오게 되어 정치적인 측면에서도 반영되기 시작하였다.《일본서기》推古天皇 11년조와 12년조를 보면 당시 섭정을 하고 있었던 聖德太子(쇼도구다이시)가 12階冠位와 17條 헌법을 제정하였다는 것이다. 冠位 12階는 德·仁·禮·信·義·智를 각각 大小로 나누어 12계로 한 것인데, 이것은 유교 덕목 그 자체를 이용해서 만든 것임을 알 수 있다. 17조 헌법은 儒佛思想에 입각하여 여러 신하들을 훈계하는 지배 원칙으로서 제2조의 '篤敬三寶云云'을 제외하고는 각 조목의 대부분은《논어》나《孝經》·《禮記》·《管子》등 유교 典籍의 사상을 따거나 구절을 이용하고 있어서 이것 또한 유교사상을 바탕으로 하여 이루어진 것임을 알 수 있다.

한편 이 관위 12계와 17조 헌법을 제정한 성덕태자는 불교관계는 고구려 승려인 惠慈에게 배우고, 유학은 박사 覺哿에게서 배워 통달했다고《일본서기》추고천황 원년조에 기록되고 있다. 여기에서 각가에 대한 인적 사항은 분명하지 않으나 일본에 유학을 전달한 나라가 백제이고 또 백제가 일찍이 박사제를 수립하여 오경박사를 일본에 파견한 일이라던가 각가가 박사란 칭호를 갖고 있었다는 점 등으로 미루어보아 백제사람으로 보는 것이 좋을 것 같다. 따라서 그의 유학사상은 성덕태자에게 큰 영향을 주었을 것이고 그것은 바로 백제의 유학사상의 영향이라고 할 수 있을 것이다. 이와 같은 관점에서 일본

---

4)《日本書紀》繼體天皇 7년 및 欽明天皇 15년.

에서 유학이 보급되고 유학사상이 이해되며 관위 12계와 17조 헌법을 통한 유교정치이념이 정치에 반영되었다는 점 등을 생각해 볼 때 백제의 유학사상이 짙게 반영되었을 것이며 일본으로 건너간 백제계 사람들이 그 구심적인 역할을 하였던 것으로 생각된다.

한편 道家思想과 五行思想이 삼국시대에 자리잡고 있었으나 언제 한반도에 들어왔는지 분명하지 않다. 그러나 고구려에서는 4세기말부터 5세기초에 걸쳐 四神圖가 고분 벽화에 나타나기 시작했고 7세기에 이르러는 벽화 고분의 주류가 사신도로 변하게 되었다.

《삼국사기》 고구려본기 榮留王 7年條(624)를 보면 "唐나라 高祖는 道士에게 명하여 天尊像 및 道法을 가져와서 老子를 講論하게 하므로 王과 國人이 이를 청강하였다"는 기록이 있다. 백제에서는 근초고왕대의 장군 莫古解가 근초고왕의 태자에게 간하기를 "일찍 道家의 말을 들으면, 만족할 줄 알면 욕되지 않고 그칠 줄 알면 위태롭지 않다고 하는데 지금 소득도 많거늘 어찌 더 많이 구하려 하리오" 즉 '知足不辱 知止不殆'라는 老子道德經의 구절을 인용한 것이 《삼국사기》 백제본기 近仇首王 즉위년조에 보인다. 이것은 근초고왕 30년(375)에 고구려의 故國原王이 친히 군사를 이끌고 백제를 침공했을 때 太子(後에 근구수왕)가 이를 격퇴하고 또다시 추격하려고 함에 장군 莫古解가 태자에게 간한 이야기이다. 이와 같은 고구려와 백제의 역사로 보아 도가사상이 일찍부터 한반도에 전래하였음을 알 수 있다.

고구려 사신도 고분 벽화의 영향은 곧 백제에 미치어 公州 宋山里 6호분과 부여 陵山里 1호분과 같이 사신도 벽화 고분이 나타나게 되었고 이러한 四神思想과 五行思想은 묘지 선정에도 반영되었을 것으로 짐작된다. 이밖에 부여에서는 山景文塼이 출토되었는데 이 塼에도 도가사상과 오행사상이 반영된 것으로 보인다. 《周書》 百濟傳에는 '又解陰陽五行'이라 하여 백제사람들이 음양과 오행사상을 이해하고 있었음을 전하고 있다. 이와 같은 사실은 삼국시대에 이미 도가사상과 오행사상이 성립되어 성행하였음을 입증하는 것이다.

일본에서 도가사상과 오행사상이 비롯되는 것은 학문의 전수와 같이 백제로부터 전달된 것으로 생각된다. 백제본기의 막고해 사례로 보아 근초고왕대에 이미 도가사상이 짙었음을 알 수 있을 뿐만 아니라 여기에 주목되는 일은 백제의 왕인박사가 일본에 전한《논어》가《아안집해논어》라는 점이다. 당시 중국은 남북조시대로서 도가의 학문이 성행하던 때였다. 이때에 阿晏은 동진시대의 유명한 道家였으므로 도가적 입장에서 유교경전을 해석하고 주해하였을 것이다.5) 그러므로 아안이 집해한《논어》에는 도가사상의 요소가 다분히 들어있었을 것이고 따라서《아안집해논어》를 전수한 왕인도 도가사상을 이해하고 있었다고 볼 수 있다.6) 이렇게 이해한다면 왕인이 일본에《논어》와《천자문》을 전한 것은 유학만의 전수에 그치지 않고 도교사상의 전달도 있었다고 보아야 할 것이다. 이러한 점은 그의 후손들로 이루어져 있다고 하는 東六部·西六部가 훗날 도교의식의 제사를 담당하고 있었다는 사실에서도 짐작이 된다.7)

한편《일본서기》추고천황 10년조를 보면 百濟의 승려 觀勒이 曆本及天文地理遁甲方術之書를 전하고 또 선발된 書生 가운데 大友村主 高聰에게는 天文遁甲을, 産背臣 日立에게는 方術을 가르쳐서 盛業케 하였다는 기록이 있다. 관륵스님 자신이 일본 불교계의 중심 인물로서 그에 의한 천문·방술의 교육은 도가 및 오행사상의 유포에 중요한 작용을 하였을 것이다.

이와 같이 백제인에 의한 도가사상과 오행사상의 전수는 정치적인 면에서도 반영되었으니 聖德太子傳曆에 의하면 태자가 12계 관위를 제정함에 있어서 "太子始制五行位 德仁義禮智信各有 大小德攝五行也 故置頭首"라 하여 유교 덕목에 오행사상을 가미시킨 것을 알게 한다. 12계 관위의 제정이 관륵스님이 일본으로 건너가 오행사상을 전수한 바로 이듬해라는 점을 생각할 때 성덕태자가 오행사상을 이해, 터득함에 있어서 관륵의 영향이 강하였던 것으로 짐작된다. 이밖에 오행사상은 일본에 있어서의 고분 벽화에도 반영되어 이후 조성된 飛鳥의 高松塚 고분에서는 人物行列圖와 함께 사신도가 배치된 벽화가 나타났다. 이 고분 벽화는 여러 학자가 주장하듯이 벽화를 그린 사람이 고구려 계통이라 하겠는데 이러한 점으로 보았을 때 고구려인에 의한 오

5) 馮友蘭,《中國哲學史》, 602~605쪽.
6) 李能和,《韓國道敎史》(東國大, 1959), 58~61쪽.
7) 李能和, 위의 책, 50쪽.

행사상의 전달도 추측할 수 있는 것이다.

이와 같은 모든 점들을 종합해 볼 때 일본에 있어서 도가사상과 오행사상의 성립도 백제와 고구려에 의하여 이루어졌으며 이 두 나라 사람들의 활동에 의하여 일본의 정치와 사회생활에 크게 반영되었을 것으로 짐작된다.

한편 불교사상에 있어서는, 고대국가 성립 과정에 있어서 사상적 통일에 크나큰 공헌을 한 것이 곧 불교였다. 삼국에 있어서 불교의 수용은 고구려는 소수림왕 2년(372)이었고 백제는 침류왕 원년(384)으로 4세기 후반의 일인데 신라는 법흥왕 14년(527)에 공인되었으니 두 나라에 비해 약 150년이 늦은 셈이다. 그러나 신라에는 눌지왕대(417~457) 초년에 이미 낙동강유역에 불교가 들어와 있었으므로 신라의 불교 전수도 4세기 후반에서 그리 멀지 않은 것으로 보아야 할 것이다.

일본의 불교 전수는 두 가지 설이 있는데 하나는《일본서기》欽明天皇 13년조(552)에 백제 성왕이 釋迦佛金銅像 1軀와 幡蓋 若干, 經論 若干卷 및 流通禮拜功德의 讚表를 첨부하여 보냈으니 이것이 불교전래의 시초라는 것이고, 또 하나의 설은 〈元興寺迦藍緣起幷流記資材帳〉의 戊午年(538)인데 538년설은 백제의 성왕때 太子像과 灌佛器一具, 佛書一卷 등을 가지고 일본으로 왔다는 것으로 이 兩說은 각기 타당성이 있는 내용이다. 538년과 552년은 14년의 차이로 양설이 모두 백제 성왕 때의 사실인 점이 주목되며 역시 일본불교의 시발이 백제에 있었음을 분명히 해주고 있다.

백제는 서울을 熊津(지금의 公州)으로 옮긴 후 大通寺와 같은 큰 사찰을 창건하였고 웅진 도읍기에 축조한 武寧王陵의 玄室 벽면은 蓮花紋塼으로 쌓여 있으며 부장품으로 불교적인 내용물이 출토되고 있어 불교 신앙이 융성했던 당시의 상황을 짐작할 수 있다. 성왕은 謙益이 인도에서 가지고 온 梵文五部律을 번역하게 하여 백제 新律을 성립시켰으며[8] 중국의 梁나라로부터 〈涅槃經義疏〉를 청해오는 등 敎學의 발전을 도모하였다. 그리하여 당시 백제의 불교가 성황을 이루었던 사실을《周書》백제전에 '僧尼寺塔甚多'라 표현하고 있다. 이러한 상황으로 미루어 볼 때 일본에 전수된 불교는 백제적인 불교였을

8) 李能和, 〈百濟時代 彌勒佛光寺事蹟〉(《朝鮮佛敎通史》, 新文館, 1918 ; 韓國學資料叢書 4, 永信아카데미 韓國學硏究所, 1977, 영인).

것으로 짐작된다. 이후 백제의 문물들은 끊임없이 일본에 전수되어 律師·禪師·比丘尼 등의 승려들을 파견하며 經論을 보내고 瓦博士·鑪盤博士·造佛工·造寺工 등 사원건축에 중심이 되는 기술자들을 파견하여 많은 사원을 창건하고 불상을 조성하였으니 이러한 사실이《일본서기》敏達天皇 6년조와 13년조, 그리고 崇峻天皇 원년조에 보이고 있다.

일본에서 불교를 수용하게 된 것은 당시 불교 숭배를 적극적으로 추진한 蘇我氏와 불교를 배격하고 재래의 國神信仰을 주장한 物部氏와의 대결에서 소아씨가 승리하여 권력을 장악함으로부터 비롯되었다. 소아씨는 추고천황대의 실력자로서 이후 불교를 크게 장려하고 法興寺(飛鳥寺)를 창건하였는데 이 소아씨는 백제계통의 사람으로 한반도에서 이주한 세력 집단을 배경으로 하여 정계에 두각을 나타낸 사람으로 알려져 있다는 것이다.[9] 이러한 상황으로 볼 때 일본의 불교는 백제로부터의 전래뿐만 아니라 일본에서의 홍법과 장려에도 백제계 사람들의 역할이 절대적이었음을 알 수 있다. 이러한 점은 불교가 전해진 후 일본지역에서 승려가 된 사람들의 대다수가 백제계 사람이 아니면 고구려와 가야계의 사람들이었다는 사실과[10] 백제가 여러 차례에 걸쳐 승려와 기술자들을 보내어 불교신앙을 장려했다는 점으로도 입증할 수 있다. 이후 일본의 불교는《일본서기》추고천황 32년조에 "當是時有寺冊六所 僧八百十六人 尼五百六十九人 并一千三百八十五人"이라 함과 같이 신앙의 확대를 보았던 것이다. 이것은 또한 불교적인 면에도 자극을 주게 되어 善信尼 등 3명의 尼僧이 戒學을 배우러 백제에 왔으며[11] 따라서 교학의 발전도 보게 되었던 것이다.

그리하여 일본에서의 교학적인 면의 발전도 백제와 고구려 승려들의 활동에 의하여 이루어졌다는 사실에 유의해야 할 것이다. 우선 계학을 볼 때 백제의 계학은 이미 성왕대에 新律의 성립을 보아 독자적인 발전을 이루고 있었음이 짐작되거니와 백제가 일본에 율사를 자주 파견한 일이라던가 일본의 善信尼 등이 백제에서 계학을 공부하였다는 점 등을 생각해 볼 때 일본의

9) 李弘稙,《韓國古代史의 硏究》(新丘文化社, 1971), 344~347쪽.
10) 金錫亨,《古代朝日關係史》(勁草書房, 1969), 456~457쪽.
11)《日本書紀》, 崇峻天皇 원년.

계학은 바로 백제의 것이었다고 해도 과언이 아닐 것 같다. 계학뿐만 아니라 三論을 講한 관륵스님은 백제의 승려였으며 원흥사에 살면서 三論宗을 弘布하고, 일본 三論宗의 시조가 된 혜관은 고구려의 승려였고 唐吉藏에게 三論을 전수받아 일본에 전한 道澄도 고구려의 승려였다고 한다.[12] 이러한 점으로 미루어보아 일본의 삼론학이 삼국의 승려들의 활동에 의하여 성립되었음을 알 수 있다. 그리고 당시 법문의 領袖로 추앙을 받고 있던 道藏은 백제 사람인데 그는 成實論을 講하여 成實學을 펼쳤으며 그가 편찬한 成實論疏 16권은 이후 成實의 講學에 중심이 되었다고 한다.[13] 이것도 일본의 성실학이 백제인에 의하여 성립되고 전파되었음을 보여주는 것이다.

성덕태자는 고구려 승려인 惠慈로부터 불교를 배웠으므로 그의 불교 사상에는 혜자의 영향이 강하게 작용했을 것으로 추측된다. 이것은 혜자가 三寶의 棟梁으로 칭송을 받았고 《일본서기》 추고천황 3년·4년조에 보이듯 추고천황 4년(596)에는 홍법사가 창건되어 그 주지로 임명되었다는 사실에서도 알 수 있는 일이다. 따라서 혜자의 활동은 고구려 불교사상이 일본 불교에 강하게 영향을 미치고 있었음을 짐작케 한다. 추고천황 32년(624)에는 어떤 승려가 祖父를 구타한 사건이 일어났는데 이 사건을 계기로 하여 처음으로 僧正·僧都 등의 僧官을 두어 사찰과 승려를 감찰하도록 하였다고 하는데 이 僧官制 설립에는 백제의 승려 관륵이 깊이 관여하였던 것 같다. 그것은 관륵스님이 '승려의 조부 구타사건'을 '以僧尼未習法律 輒犯惡逆'으로 파악했다는 《일본서기》 추고천황 32년조의 기록이라던가 또는 관륵스님이 初代 僧正으로 임명되어 僧尼의 기강을 바로 잡았다는 점에서 알 수 있는 것이다. 僧官制 실시 이후 초대 僧都에 고구려의 德積스님이 임명되었고 2대 僧正에는 고구려의 慧灌스님이 임명되었다는 사실이 《일본서기》 추고천황 33년조에 기록되어 있다. 이 혜관스님은 일본 삼론종의 시조가 되었다는 것인데 이러한 사실 등은 결국 일본에 있어서의 승관제 실시도 백제와 고구려 승려들의 활동과 영향에 의하여 이루어진 것임을 알 수 있게 하는 것이다.

이상과 같이 살펴본 내용에서 볼 때 일본에 있어서 불교는 초기 전파 과

12) 李能和, 앞의 글, 28~30쪽.
13) 李能和, 위의 글, 43~44쪽.

정뿐만 아니라 교학의 발전, 승관제도의 수립, 불교사상의 정치에의 반영 등 모든 면에 있어서 백제와 고구려 승려들의 활동에 의하여 이루어졌음을 알 수 있으며 고대국가 성립의 정신적 이념으로서의 불교사상은 三國에서 성립된 불교상이 전달된 바로 그것이였음을 알 수 있다.

3. 역학 · 의약 · 기술

백제는 일찍부터 宋의 元嘉曆을 사용하고 있었으니《周書》백제전에 "…用宋元嘉曆 以建寅用爲歲首"라는 기록으로 알 수 있다. 이러한 사실은 公州 武寧王陵 출토 買地券의 月朔과 日干支가 원가력과 부합되고 있는 점에서도 입증되고 있다. 그리고《주서》백제전에 백제의 外官 10部중에 日官部가 있고《일본서기》에 백제의 曆博士가 보이므로 백제에서는 일찍이 曆관계의 업무를 관장하는 官署가 갖추어져 있었음을 알 수 있다.

일본에 있어서는 日曆 관계에 대하여《大日本史》陰陽志 註에서 "《日本書紀》의 上世帝紀에는 日食의 기록이 없는데 推古帝 36년에 처음으로 일식을 쓰기 시작하였다. 法隆寺 金堂藥師…飛鳥寺 釋迦像光背 등은 모두 간지를 쓰고 있어 이것은 曆을 사용했다는 증거가 되겠다. 지금 원가력에 의거하여 추고천황 12년 甲子에서 持統帝 5년 辛卯年까지 月朔干支를 照合하면 不合함이 하나도 없어 원가력을 사용했음을 알 수가 있다"라고 하여 推古 12년 이후 원가력을 사용했을을 시사하고 있다. 그런데 일본에서 원가력을 사용하게 된 것도 백제 사람들의 활동에 의하여 이루어진 것으로 보아야 할 것이다. 이러한 추측은《일본서기》欽明天皇 15년조에 백제에서 역박사를 파견하였다는 기록이 있고, 원가력 시행에 대한 하나의 증거로 飛鳥寺의 건립과 일치된 석가상이 백제인에 의하여 제작된 것이라는 데서도 가능한 것이다. 특히 추고천황조의 원가력 시행과 관련하여 주목되는 것은 백제 관륵스님의 활동이다. 관륵스님은 추고천황 10년에《曆本天文地理遁甲方述》의 책을 일본에 전하고 일본 書生에게 역법을 전수하였다는 사실이《일본서기》추고천황 10년조에 기록되어 있다. 이때 관륵스님이 일본에 전한 曆은 원가력으로 추정하고 있는데,[1] 그렇다고 하면 추고천황 12년의 역의 시행에는 관륵스님의 원가력 전수와 그 교육이 크게 기여했다고 보아야 할 것이다. 이러한 상황으로 볼 때 백제의 역관계 문화도 일본에 전달되어 그 영향이 컸었음을 알 수 있다.

당시 백제는 의술과 약업에 관한 지식과 기술이 크게 발달하였음을 짐작할 수 있는데 《주서》 백제전에 '…亦解醫藥卜筮占相之術'이라 있어 이러한 추정을 할 수 있게 해 주고 있다. 또한 內官部中에 藥部가 설치되어 있는 것으로 보아 의술과 약업 관계의 제도도 정비되어 있었음을 알 수 있다.

이러한 백제의 의술과 약업의 지식과 기술도 일본에 전수되어 일본에서 약업이 성립되는데 중요한 역할을 하였던 것으로 보인다. 《일본서기》 흠명천황 4년조에 백제에 醫博士와 藥物을 요청한 사실이 보이며 15년조에는 백제에서 일본에 의박사와 採藥師를 파견한 기록이 보인다. 백제에서 일본으로 의박사와 채약사를 파견한 것은 백제의 의술과 약업의 기술이 그대로 전수된 것이라 하겠다. 그리고 의약술의 전수와 아울러 의약서적도 일본에 전해졌던 것이니 기원 후 984에 圓波康賴가 편찬한 《醫心方》 30권에는 여러 나라의 처방서와 함께 《百濟新集方》이라는 의술서가 인용되어 있고 약간의 내용도 기록되어 있으니 이러한 내용은 백제의 의약술이 일본에 전수된 역사적 사실을 실증하고 있는 것이다.[2] 또한 이 《의심방》에는 《新羅藥師方》이라는 의술의 책이름도 보이고 있어 신라의 의술과 의술서적도 일본에 전수되었음을 알 수 있다.

이와 같이 삼국에서 역학과 의약 등이 일본에 전수된 내용을 살펴보았거니와 이밖에 《일본서기》에는 삼국의 技藝가 일본에 전수된 사실을 상당한 내용으로 보여주고 있다. 예컨대 樂人의 파견에서 짐작되는 음악의 전수, 衣工과 縫女의 파견에서 알 수 있는 수공업기술의 전파, 저수지 축조에 따른 제방 축조기술 등의 전수를 들 수 있다. 이와 같은 모든 상황을 종합해 볼 때 일본의 역학, 의술, 약업, 기예 등의 성립도 삼국의 문화적 영향과 지도하에서 이루어졌음을 알 수 있는 것이다.

---

1) 李丙燾, 《韓國古代史硏究》(박영사, 1976), 585쪽.
2) 三木榮, 《朝鮮醫學史及疾病史》(발행처, 발행년도 不明), 9~10쪽.

4. 예술 문화

일본은 일찍이 선사시대부터 한반도의 문물을 받아들여 문화가 점차 발달하기 시작하였는데 6세기 초반(538~552) 백제로부터 불교를 수용한 이후 조형적인 예술 문화가 더욱 발달되었다. 즉 불교신앙이 확대됨에 따라 불교적인 조형미술이 발달했다는 것이다. 그것은 불교의 弘法과 敎勢의 확장에 따라 사찰과 불탑의 건립으로 건축미술이 발달되고 불상과 불교적인 조각물의 조성으로 조각술이 발달되었으며 아울러 불교적인 회화(佛畵 : 幀畵)와 공예미술 등의 발달을 보게 된 것이다.

이러한 일본의 불교문화는 문헌상으로나 현존 유적 유물, 그리고 불교 고고학적인 발굴 조사에 의하여 증명되고 있다. 그런데 여기서 잊어서는 안될 것은 고대 일본의 불교문화, 즉 조형적인 미술의 성립과 발달에 있어서 어느 한 나라 뿐만이 아니라 고구려·백제·신라 삼국의 불교문화가 절대적인 영향을 주었다는 것이다. 일본에 있어서 불교의 전수와 교학의 발달이 한반도에서 건너간 세 나라의 승려들에 의해서 이루어지고 그들의 활동에 의하여 정착하였으므로 불교신앙과 불교사상은 바로 삼국이 定立시킨 것이라 하겠다. 따라서 사원과 불탑의 건축, 불상 조각, 불교 회화, 불교적인 공예 등 불교와 관련된 모든 불교예술이 삼국을 생각하지 않고서는 존재할 수 없는 것이다.

우선 문헌상으로 보면《일본서기》敏達天皇 6년조(577)에 백제가 造寺工과 造佛工 등을 파견한 사실이 있고 崇峻天皇 원년조(588)에는 佛舍利 奉送과 함께 많은 승려와 寺工·鑪盤博士·瓦博士·畵士 등을 파견한 사실이 보인다. 이와 같이 백제로부터 조사공, 사공이 파견되었다는 것은 사원 건축이 진행되었음을 알 수 있고, 조불공이 파견되었다는 것은 불상 조성 등 조각의 발달을 알 수 있으며, 화사가 파견되었다는 것은 회화나 불화 등의 발달, 와박사·노반박사 등이 파견되었음은 공예미술의 발달을 알 수 있다. 이렇듯 각 분야에 걸쳐 전문가들이 빈번하게 일본으로 건너갔다는 것은 고대 일본의 사원 건축과 불상 조각 등 모든 조형적인 미술 문화가 이들에 의하여 조성되고 지도되었던 사실을 알 수 있게 하며 이러한 상황은 삼국의 모든 예술이 직접적으로 일본에 옮겨져 큰 영향을 미치게 했음을 가리키는 것이다.

앞에서 살펴보았듯이 일본의 僧官制 성립에 있어 백제의 승려 관륵이 깊이 관여한 뒤 초대 僧正으로 취임하였고 初代 僧都에는 고구려 승려 德積이 취임하였으며 2대 승정에 고구려의 혜관스님이 취임하였는바 여기에 백제로부터 많은 불교문물의 기술자가 초빙되어 왔음은 우리의 불교문화가 그대로 일본에 심어졌음을 쉽게 알 수 있게 한다.

우선 佛寺 건축에 있어서 伽藍배치를 살펴보면 大阪 四天王寺의 堂塔 배치가 백제의 一塔式 배치와 똑같다. 그것은 부여의 軍守里寺址에서 남쪽의 中門으로부터 木塔·金堂·講堂이 차례로 南·北 子午線上에 배치되고 그 주위를 廻廊으로 돌린 양식과 같다는 것이다. 즉 四天王寺도 2차대전후 복원된 현재의 모습이 자오선상에 남쪽으로부터 중문·불탑·금당·강당이 배치되고 그 주위를 회랑으로 돌리고 있다. 부여의 정림사도 같은 一塔一金堂의 배치로 불탑이 석탑인 점이 다를 뿐 역시 자오선상에 남쪽으로부터 중문·5층 석탑·금당·강당이 배치되었던 것이다. 그리고 일본 최초의 大伽藍인 飛鳥寺(法興寺)는 당시 세력가였던 蘇我씨의 願刹로 백제의 造寺工에 의하여 건축된 것인데 이 사찰의 배치는 불탑을 중심하여 東·西·北 세 방향에 金堂 1棟씩 배치하여 3금당의 가람양식을 보인다. 이러한 양식은 평양의 清岩里寺址의 고구려 가람양식과 같은 것이다.[1] 그리고 일본에서 가장 오래인 불탑인 奈良縣 법륭사 5층 목탑의 木造架構는 부여 錦城山의 天王寺址에서 출토된 금동탑재 양식과 흡사하여 그 연원을 백제에 두고 있음을 알 수 있게 한다. 한편 신라의 미륵신앙이 성덕태자 신앙으로 化成되었다는 신앙적인 측면에서 뿐만이 아니라 사탑의 건립에 있어서도 신라의 영향이 컸다는 것이다. 즉 국가불교의 실천이라는 목적으로 경영된 高麗大寺와 九層木塔을 모범으로 하여 만든 것이다.[2] 이와 같이 불교가 전해진 후 일본에 있어서 불교사

---

1) 朝鮮總督府, 〈平壤炭里廢寺址の調査〉(《昭和十三年度古蹟調査報告》).
2) 北野耕平, 〈日本에 있어서의 石造基壇의 成立과 初期의 新羅系要素〉(《韓日古代文化交涉研究》), 216~217쪽.

원의 표본이 되는 이들 중요 사원과 불탑 건립이 삼국의 寺工들에 의하여 이루어지고 또한 삼국의 가람배치와 그 건축 양식을 바탕으로 하여 이루어졌다는 것은 삼국의 불교문화가 직접적으로 크게 작용하였음을 보여주는 것이다.

불상 조각에 있어서《일본서기》흠명천황 13년조, 민달천황 8년조, 추고천황 26년조·31년조를 보면 백제와 신라가 불상을 보냈으며 백제가 造佛工을 파견하였다고 하므로 불상 조각에 있어 삼국의 영향을 짐작할 수 있는데 이러한 점은 실제 오늘날 남아있는 일본의 불상들을 보면 명백해 진다. 즉 법륭사 금당의 석가삼존불상은 鞍部鳥(止利)가 조성한 것이라 하는데 이 鞍部止利는 백제계 사람인 多須那의 아들이라고 하니 그는 백제의 조각가임을 알 수 있다.[3] 그리고 현재 법륭사 보물관에 전시되어 있는 '百濟觀音像'은 그 명칭이 알려주는 바와 같이 백제인이 조성하였음을 알 수 있고 부여의 軍守里寺址에서 출토된 金銅菩薩立像은 법륭사 夢殿의 목조관음과 같은 계통이라 함에 주목된다.[4] 飛鳥寺의 금동대불은 높이 2.7m의 큰 작품으로 양쪽 눈 주위에는 아직도 鍍金의 흔적이 남아있다. 이 불상은 법륭사 석가삼존불상보다 17년이 앞서고 奈良市 東大寺의 大佛보다 150년이 앞서는 일본 最古의 金銅佛으로 606년에 역시 止利佛師가 조성하였다고 한다. 불상의 相好에서 양쪽 눈이 杏仁形이고 法衣가 두툼한 점 등은 이 불상에서 볼 수 있는 특징인 것이다. 이렇듯 행인형의 양쪽 눈과 두툼한 법의는 백제 불상의 특징의 하나로서 瑞山 磨崖三尊佛像이나 군수리 石造如來坐像 등에서 볼 수 있는데 이러한 모든 상황을 종합해 보면 이 대불의 조성은 우리 조상들에 의하였음을 쉽게 알 수 있다.

長野市의《善光寺緣起》에 의하면 백제로부터 '請來佛三尊'이 모셔져 있어 일본 最古의 불상이라고 하는데, 이것은 오늘에까지 秘佛로 모셔져 있다. 다만 鎌倉시대의 模造像으로 금동삼존불이 알려져 있어 善光寺의 백제삼존불상의 형태를 짐작할 뿐이다. 선광사의 경우는 백제로부터 모셔온 불상이라 칭하지만 이밖에 神奈川縣 圓覺寺 金銅三尊佛像을 비롯하여 각 사찰의 삼존

3) 金錫亨,《古代朝日關係史》(勁草書房, 1969), 451~452쪽.
4) 黃壽永, 〈百濟의 美術文化〉(《韓國思想》9, 1968), 50쪽.

불상들은 三尊이라는 意匠과 그 양식이 한국의 영향인 것이다. 한국에 있어서 금동삼존불상은 삼국시대 각국에서 많이 조성되어 辛卯銘金銅三尊佛像, 癸未銘金銅三尊佛像, 皇龍寺丈六三尊佛像(현재는 燒失) 등을 꼽을 수 있는데 이들은 모두 6세기때 조성된 것으로 이러한 조형의 양식이 일본으로 건너가 7세기에 이르러 일본에서의 三尊佛 조성이 이루어졌던 것이다.

石佛에 있어서도 奈良縣 櫻井市 忍坂(오쯔사카)의 石位寺 三尊石佛은 主尊佛을 중심으로 좌·우에 합장한 보살입상을 배치하고 있다. 여기서 주목되는 것은 주존불의 앉은 자세로 倚像인 점이다. 그런데 이러한 기상의 형태는 7세기 초반인 고신라시대(선덕여왕대로 추정함)에 조성한 慶州 三花嶺 三尊石佛의 本尊인 彌勒如來倚像에서 볼 수 있다. 이 본존에서 가장 큰 특징을 자세에서 볼 수 있는데 直立 또는 結跏趺坐形이 아니라 坐形이면서도 方座에 걸터앉아 양쪽 다리를 바로 내려 이른바 倚坐形을 보이고 있는 점이다. 일본의 석위사 삼존석불은 본존에서도 이러한 특징을 볼 수 있는데, 이 석불에 대해서는 일본 학자들 사이에 白鳳時代 혹은 奈良前期의 조성으로 추정하고 있다. 백봉시대나 奈良전기는 7세기 후반부터 8세기초에 걸치는 시대이기 때문에 우리 나라에서 많은 문물이 일본으로 전해진 이후여서 이미 고신라의 선덕여왕대에 조성된 경주 삼화령 삼존석불 본존상의 양식과 作風이 일본으로 전해져 석위사 삼본불상과 같은 불상이 만들어졌을 것으로 생각된다. 이후에도 한국에서는 石造倚像이 조성되어 충청북도 보은군의 法住寺 磨崖如來倚像과 같은 유례를 보이고 있는데 일본에서는 이러한 양식이 계승되지 않고 있어 기상이 그 당시의 영향으로 조성되었음을 분명히 해주고 있는 것이다.

이밖에 일본에서 마애석불로 이름난 것은 頭塔藥師三尊石佛(奈良市 高畑町), 大谷寺 磨崖阿彌陀三尊佛像(栃木縣 宇都宮市 大谷町) 등으로 이들은 奈良시대 후기인 8세기 후반부터 平安시대 말기인 12세기 중반에 이르는 사이에 조성된 것으로 알려져 있는데, 한국에 있어서는 이보다도 훨씬 앞선 때에 마애삼존불이 조성되어 백제에서는 泰安 磨崖三尊佛像과 서산 마애삼존불상이 조성되었고 신라에서는 경주 남산의 삼화령 삼존석불 외에도 榮州 可興里 磨崖三尊佛像이 조성되었음을 볼 수 있으니, 이렇듯 한국에서의 마애불상 조성과 삼존불상의 양식이 일본에 전해져 일본에서도 삼존불상의 마애불 조성이 이루어졌던 것이다.

오늘날 일본 국내에는 한국의 불상이 많이 전해져 있다. 전국의 국·공·사립 박물관과 미술관에 전해지고 있는 한국 불상을 비롯하여 개인이 소장하고 있는 불상들, 사찰과 神社 등에서 예배의 主尊佛로 봉안하고 잇는 불상 등 실로 그 수효는 상당하리라 생각된다. 아직까지 정확한 통계는 없으나 일본 학자들과의 대화에서 한국에 남아있는 금동불상보다 일본에 소장되어 있는 금동불상이 더 많을 것이라는 이야기를 들은 적이 있고 어떤 학자는 1,000점은 넘으리라는 이야기를 하기도 하였다. 그리하여 1982년도에 奈良의 大和文華館에서 한국 불상 특별전을 개최하였으며 이후 오늘에 이르기까지 동경국립박물관이나 奈良국립박물관에서도 불교 미술전을 개최할 때는 반드시 한국의 각종 불상을 전시하여 한국인들의 눈길을 모으고 있다. 이렇듯 많은 한국 고대의 불상이 일본에 전해져 있다는 것은 일찍부터 한국으로부터 불상이 전해져서 일본의 고대불상 조각에 크나큰 영향을 주었음을 짐작케 하는 동시에 일본 기록에 보이듯이 불교 수용후 삼국으로부터 많은 불상을 일본으로 모셔갔다는 내용을 실증하고 있는 것이다.

이렇게 한국 불상이 일본에 많다는 것은 對馬島에서 한국 불상을 조사한 수효만으로도 쉽게 알 수 있으니 1989년도까지 122점의 한국 불상이 조사된 사실이 이를 뒷받침하고 있다.[5] 한국 불상이 일본으로 전해져 고대 일본 불상 조각의 모범이 되었음은 앞에서도 언급하였는바, 이러한 생각에서 일본의 국보 제1호로 지정 보존하고 있는 京都 廣隆寺의 木造半跏思惟像을 말하지 않을 수 없다. 이 불상에 대하여 田村圓登씨는 《日本史의 수수께끼와 발견》에서 다음과 같이 풀이하고 있다.

> 四天王寺의 金堂에 안치되어 있는 半跏像은 聖德太子를 戀慕渴仰해서 만들어졌다고 전해지고 있다. 이 반가상은 難波吉士(나니와키시)의 私寺 시대부터 안치되어 온것 같다. 또한 太奏(우즈마사)의 廣隆寺의 本尊도 寶冠彌勒이라고

---

5) 鄭永鎬, 〈日本對馬島의 韓國金銅佛像硏究試論〉(《三佛金元龍敎授停年退任紀念論叢 美術史學篇》, 一志社, 1987).
——, 〈日本對馬島의 韓國佛像新例〉(《歷史敎育論集》 13·14합집, 歷史敎育學會, 1990).

불리는 반가상이었다. 廣隆寺와 四天王寺, 즉 難波吉士씨의 절들은 다같이 新羅系 씨족의 소유 사찰이며 그리고 廐戶王(우마도노미코)와 긴밀한 관계에 있었던 사실을 지적했지만 어쨌든 간에 반가상은 聖德太子 신앙의 상징이었다. 반가상은 본래는 悉達太子像이었다.

그런데 근년에 광륭사의 목조반가사유상이 고신라에서 조성하여 일본으로 보내졌다는 사실이 일본학자 毛利久씨에 의하여 다음과 같이 밝혀졌다.

> 飛鳥時代前期 : 이 시대에 신라로부터 일본에 수시로 불상이 전해졌는데 현존하는 것 중의 하나로 廣隆寺의 木造彌勒菩薩半跏像을 들고 싶다. 이 불상은 광륭사에 전해 내려오는 내력으로 미루어 推古天皇 31년(623)에 아마도 聖德太子의 명복을 빌기 위하여 신라 궁실로부터 헌상되어진 것으로 생각된다. 양식상으로는 한국의 국립중앙박물관에 소장되어 있는 보살반가상을 닮은 고신라 독특의 수법으로 纖麗優美한 경향을 강하게 보이고 있다. 그런데 광륭사 불상이 만들어진 추고천황 31년은 法隆寺 釋迦三尊像을 止利씨가 조성한 연대이기도 하다. 兩 불상이 양식상으로 큰 차이를 보이고 있음은 명확한 사실이나 이러한 兩 불상이 거의 같은 시기에 並存했던 實例를 여기서도 볼 수 있는 것이다.[6]

한편 이 광륭사 목조반가사유상이 고신라의 조성물임을 고증한 논문은 毛利씨가 이미 1977년에 발표한바 있다.[7] 모리씨는 여러 관계문헌 연구와 특히 조형 상 한국의 국립중앙박물관 소장 국보 제83호 금동미륵보살반가사유상을 비교 고찰하였는바, 실제 이 兩 반가사유상을 비교하면 각부 양식에 있어서 너무나도 같은 점이 많아 1975년도에 일본에서 열린 한국미술 5,000年展 전시회에서 양 불상을 兄弟佛이라고 까지 칭하기도 하였었다.

이 양 불상이 같은 양식을 취하고 있음은 여러 부문에서 지적할 수 있으니 첫째, 寶冠 양식에서 매우 간소하여 이른바 三山冠을 이루고 있는 점이다. 둘째, 天衣에 있어서 上半裸身임이 또한 같은 점이다. 셋째, 台座가 圓形인 점과 그곳에 흘러내린 衣文의 표현이 보다 간략화되고 사실적이며 입체적으로 표현된 점이 너무나도 같다. 넷째, 상호의 細部와 三道, 그리고 兩手

---

6) 毛利久, 《佛像東漸(朝鮮と日本の古代彫刻)》(京都, 法藏館, 1983).

7) 毛利久, 〈廣隆寺寶冠彌勒像と新羅樣式の流入〉(《白初洪淳昶博士還曆紀念史學論叢》, 1977).

指의 표현 등에서도 같음을 볼 수 있고 상호에 나타난 미소도 똑같이 평화스러움을 볼 수 있다.

이와 같은 비교 고찰은 필자뿐만 아니라 선학들도 이미 연구를 진행하고 있었던 바인데, 오히려 일본 학자에 의하여 이 광릉사 목조반가사유상이 고신라의 所作으로서 일본으로 모셔갔다는 論著가 먼저 발표되었으니 한국측으로서는 다시 언급한 필요조차 없게 되었던 것이다. 물론 당시 일본 학계에서는 이러한 주장에 대하여 저항과 물의가 있었으나 毛利씨의 치밀한 조사연구에 따른 정확한 논리에는 이론이 있을 수 없었던 것이니 오늘의 일본 학계는 모리씨의 주장을 수용하여 정설로 통하고 있는 것으로 안다.

다음으로 이와 같은 반가사유상이 일본으로 전해진 것 가운데 백제의 것으로 최근에 새로이 밝혀진 사례를 살펴보면 다음과 같다.

첫째, 對馬島 美津島町 久須保의 淨林寺 所藏 金銅半跏像인데 이 불상은 1984년 2월에 새로이 발견 조사된 것이다.[8)]

둘째, 長野縣 北安曇郡 松川村의 觀松院 소장 金銅半跏像인데 이 불상은 오랫동안 秘佛로 모셔져 있어 공개되지 않다가 久野健씨(前 東京國立文化財硏究所 情報資料部長)에 의하여 조사 발표됨으로써 학계에 알려져 여러 학자의 주목을 받게된 것이다.[9)]

셋째, 松田光씨 소장 金銅半跏思惟像이다(神奈川縣 川崎市 麻生區 王禪寺光ヶ谷 거주). 이 불상은 오랜 동안 三重縣 一志郡의 積善寺에서 수장하고 있었던 것을 松田씨의 선친인 故 松田福一郎씨가 물려받았다고 한다. 이 불상에 대해서는 久野씨의 소개에 의하여 1987년과 1988년 두 차례 조사한 바 있어 그 출처를 자세하게 알 수 있었다.[10)]

이밖에 일본에 전하는 고대의 한국 금동불은 그 수를 헤아릴 수 없이 많다. 神社나 사찰에 秘佛로 모시어 엄숙하게 간직되었던 불상이 근년에 조사되어 한국 조성의 금동불로 밝혀진 것 가운데 대표적인 것으로 宮城縣 船形

---

8) 鄭永鎬, 〈對馬島發見百濟金銅半跏像〉(《百濟硏究》 15, 忠南大 百濟硏究所, 1984).
9) 久野 健, 〈中部地方の古代銅像〉(《美術硏究》 291, 東京國立文化財硏究所內 美術硏究所, 1974).
10) 鄭永鎬, 〈日本松田光氏所藏金銅半跏思惟像－百濟金銅半跏思惟像 渡日의 一例－〉(《蕉雨黃壽永博士古稀紀念美術史學論叢》, 1988).

山神社의 金銅菩薩立像, 新潟縣 關山神社의 金銅菩薩立像 등을 들수 있다. 久野씨가 그의 저서에서 한국으로부터의 渡來佛에 대하여 다음과 같이 소신을 밝힌바 있으니 이 兩 불상은 분명히 한국에서 조성된 불상인 것이다.

> 일본에 도래한 고 조선의 불상에는 두 가지 경로가 있었던 것으로 추정된다. 그중 하나는 한국으로부터 北九州로 들어와 瀨戶內海를 통해 大和지방에 운반된 가장 일반적인 경로이고 또 다른 하나는 한국에서 일본해를 건너 조류를 타고 중부지방인 일본해 연안에 상륙한 경우이다. 오늘날 新潟縣 關山神社의 主尊佛로 되어있는 금동보살입상이나 長野縣 觀松院의 금동보살반가상 등은 후자의 例이며 장야현 善光寺의 本尊像 등은 전자의 예이다. 船形神社의 보살입상도 이 중의 어느 경로에 의하여 일본에 도래한 것이 아닐까 추정한다(《渡來佛の旅》, 日本經濟新聞社, 1981).

이러한 구야씨의 주장은 현재 학계에서 통설화되어 있는데 한가지 아쉬운 것은 이들 보살상이 삼국시대에 조성된 것은 분명하나 삼국의 고구려·백제·신라 등 그 국적에 대하여 언급이 없는 점이다. 이 문제는 앞으로의 연구 과제로 남길 수밖에 없거니와 현재로는 이들 불상이 한국의 고대 불상이라는 점이 주목되며 이렇게 많은 삼국시대의 불상이 일본으로 건너가 일본 고대 불상 조각의 모범이 되었을 것임은 당연한 일로 생각된다. 이러한 상황은 대마도 정림사 백제 금동반가사유상의 경우 일본의《善隣國寶記》上卷을 보면 〈海外國記〉의 내용을 소개하되 天智天皇 3년(664) 4월에 백제의 佐平 禰軍 등 백여 명이 대마도에 가서 많은 문물을 전했다고 한다. 그런데 그 이전부터 백제로부터 대마도에 간 것은 일본 본토를 가기 위하여 그 길목인 대마도에 수없이 들렸던 것이니 이러한 사실이《일본서기》에 수없이 보이며 추측도 충분히 가능한 것이다. 그러므로 백제의 금동불상이 대마도에 전해졌음은 당연한 일로 생각된다. 다른 불상들도 그 전수경로가 분명할 것인바 결국은 모두 일본에 전달되어 일본 불상조각의 표본들이 되었으며 오늘날 각처의 主尊佛로 숭앙 받고 있는 것이다.

繪畵面에 있어서도 일본 회화의 원류는 삼국 회화에서 찾아야 할 것이며 삼국 회화의 영향은 곧 일본 회화 성립의 주역이었던 것이다.《일본서기》崇峻天皇 원년조(588)에 백제에서 畵工 白加가 파견된 사실이 보이고 추고천황

18년조(610)에는 3월에 고구려의 승려 曇徵이 五經을 비롯하여 彩色과 紙墨을 전해준 사실이 기록되어 있다. 그러므로 일본에 있어서 회화 기술과 그림을 그리는 데 필요한 재료가 삼국으로부터 전수되었던 것이다. 삼국의 畵師들이 일본으로 건너가 많은 활동을 전개하였을 것인 바, 백제의 阿佐太子는 성덕태자의 모습을 그렸다고 하며 담징은 법륭사 금당의 벽화를 그렸다는 이야기가 항간에 전해지고 있다. 현재의 법륭사 금당 벽화는 근년에 새로이 그린 것이나 본래의 벽화는 담징의 그림으로 전한다는 것이다. 금당 벽화가 화재에 그슬리어 전체적으로 훼손되었는데 그 중에서도 몇 편이 수습되어 본래의 畵風을 짐작할 수 있다고 한다. 이 수습된 몇 조각의 그림에서 고구려의 화풍을 알 수 있어 고대 일본 회화 연구에 귀중한 자료가 되어 있다. 그리고 飛鳥時代 말기로 추정되는 中宮寺의 《天壽國曼茶羅繡帳》의 畵本 집필자 중에는 고구려 사람인 加世溢의 이름이 나오고 있어 당시 고구려 화사의 활동을 짐작할 수 있다.[11] 그리고 앞에서도 언급한 비조의 高松塚고분 벽화는 고구려 계통의 화가에 의하여 이루어 졌으니, 1972년 이 벽화의 발견조사 당시부터 일본 학자들에 의하여 연구되어 이와 같은 결과가 학계에 알려졌던 것이다.

공예면에 있어서는 공예의 부문이 범위가 넓어 모든 분야를 전부 살필 수 없으므로 불교 전수로 말미암아 이루어진 불교적인 공예를 중심하고자 한다. 《일본서기》 崇峻天皇 원년조(588)에 백제에서 鑪盤博士 將德 白昧淳과 瓦博士 麻奈文奴를 비롯하여 陽貴文, 㥄貴文, 昔麻帝彌 등이 파견된 사실이 보인다. 鑪盤은 露盤이라고도 하였으며 불탑에 있어서 相輪部의 基台를 말하는데 여기에 노반은 상륜 전체를 일컫는다. 당시 불탑의 상륜부란 불탑을 장식하는 부분으로서 박사는 鑄造 기술자 즉 鑪盤師인데 이때 백제에서 건너간 白昧淳은 당시 백제의 官位 16階 가운데 제7에 해당하여 대단한 기술자였던 것이다. 그러므로 불탑의 중요한 부분인 상륜부를 제작하기 위하여 백제로부터 능숙한 노반박사를 초빙하였을 것이다. 瓦博士는 造瓦師라하여 당시 寺院의 기와뿐만 아니라 궁전 등 중요한 건물의 지붕기와를 만드는 박사였는데

---

11) 末永雅雄・井上光貞 편, 〈大陸裝飾古墳との比較考察〉(《高松塚壁畵古墳》, 1972), 67~140쪽.

이렇듯 금속공예와 土陶공예의 기술관이 직접 일본으로 건너갔으니 당시의 일본 공예는 삼국의 기술자들에 의하여 이루어졌던 것이다. 비조사를 비롯하여 광륭사·법륭사·北野廢寺址 등에서는 백제의 막새기와와 똑같은 것이 나왔고, 때로는 고구려 계통의 막새기와가 함께 출토되기도 하여 삼국에 의한 기술 전수의 현장을 확인할 수도 있다.

사찰에서 가장 성스러운 행사는 사월 초파일 석가탄신일의 灌佛 혹은 灌頂이다. 관불이란 부처님의 머리에 물을 정중히 적시는 작업으로 관정이라고도 하는데 이 행사는 본래 인도의 국왕 즉위나 태자를 책립할 때 행하여진 의식으로서 四大海의 물을 머리 위에 끼얹어 祝意를 표했다고 한다. 그리하여 관정을 행하는 방을 灌室이라 하며 관정을 위하여 특설된 도량을 '관정도량'이라 하는데 이러한 행사가 곧 석가탄신일에 그 탄생하신 모습에 향수를 정중히 뿌리는 관불의 행사가 된 것이다.

한국에서도 일찍부터 관불의 행사가 있었으니 백제에서 일본으로 灌佛器를 전해준 사실이 일본측 기록에 보이고 있다. 즉《元興寺伽藍緣起幷流記資財帳》에 의하면 "… 治天下七年歲次 戊午十二月度來 百濟國聖明王時 太子像幷灌佛之器一具及說佛起書卷一篋度而言…"이라 하여 灌佛器一具가 백제의 聖王때 일본에 건너간 사실을 밝히고 있다. 그런데 일본의《佛敎語大辭典》[12]에 의하면 관불의 행사가 일본에서 최초로 행하여진 것이 추고천황 14년(606)에 원흥사에서 행해진 관불 의식이었다고 하였는데 혹시 당시에 사용하던 灌佛器가 성왕시에 백제에서 보낸 바로 그 관불기가 아니었던가 생각된다. 물론 백제의 성왕대와 일본의 추고천황대는 약 반세기 정도의 차이가 있으나 설사 백제로부터 전해진 바로 그 관불기를 사용하지 않았다 하더라도 이 관불기를 모범으로 하여 만들어진 관불기를 사용하였을 것이니 결국 그 연원은 한국이었음을 알 수 있는 것이다. 현재 한국에는 고대의 관불기가 전해지는 것이 없으며 최근에 고려시대의 조성으로 추정되는 金銅灌佛盤이 조사되어 학계에 보고되었을 뿐이다.[13] 한국에 없는 문화재가 일본에는 많이

---

12) 中村元,《佛敎語大辭典》(東京書籍株式會社, 1975)

13) 鄭永鎬, 〈金銅佛器의 新例 - 高麗金銅灌佛盤의 推定 - 〉(崔永禧先生華甲紀念《韓國史學論叢》, 探究堂, 1987).

전해져 있다. 내용도 다채롭다. 그러나 그들의 연원은 모두 한국인 것이다.

'삼국문화의 일본전파'를 생각할 때 언급하지 않을 수 없는 것이 滋賀縣 石塔寺의 삼층석탑이다. 석탑사는 옛 식의 석탑이 중심을 이루고 있으므로 붙여진 寺名인데 여기에는 백제식의 3층석탑이 건립되어 있으며 奈良의 般若寺十三重石塔, 平等院十三重石塔 등의 전형적인 일본식 석탑과는 전혀 다른 형태를 보이고 있다. 蒲生郡 蒲生町의 한적한 곳에 석탑사가 있으며 높직한 台地위에 3층석탑을 건립하였는데 이에 대하여 《日本の石塔》에서는 다음과 같이 언급하고 있다.14)

> 안정감이 있어 大陸的인 감을 주는 탑이다. 天智天皇 8년(669)에 백제의 歸化人 7백여 인이 蒲生郡에 이주하였는데 이 탑은 그 사람들이 여기에 佛寺를 造營하고 母國의 양식에 의하여 건립한 것이다. 그러나 공양탑으로 세운 것이 아니고 伽藍經營의 塔으로 건립한 것이다. 奈良時代前期의 것으로 보인다. 이 탑은 聖德太子가 건립한 것으로 전해지고 있다. 寬弘 3년(1006)에 地中에서 古石塔 一基를 발견하였으니 寺刹은 이 古塔에 의하여 石塔寺라는 寺名이 붙게 된 것이다. 이 탑은 俗傳에 阿育王所造 八萬四千塔中의 하나라고 전해져 《源平盛衰記》에도 이미 이러한 기사가 있다.

이 석탑은 一見하여 백제시대의 석탑임을 곧 알 수 있다. 넓직한 塔區를 마련하고 地台石위에 塔身部를 받고 있는데 각층의 광대한 屋蓋石이나 탑신석의 구성으로 보아 부여의 定林寺 五層石塔과 흡사함을 느낄 수 있다. 이러한 양식의 석탑은 일본에서는 전혀 찾아볼 수 없는바 역시 백제인에 의하여 건립되었다고 하겠다.

〈鄭永鎬〉

---

14) 若杉 慧, 《日本の石塔》(東京, 木耳社, 1970)에서 일본 最古의 석탑이라고 初頭에 소개하고 있다.

집 필 자

개 요 ……………………………………………………………………… 정영호

Ⅰ. 토착신앙

1. 고구려의 토착신앙 ……………………………………………… 최광식
2. 백제의 토착신앙 ………………………………………………… 최광식
3. 신라의 토착신앙 ………………………………………………… 최광식
4. 토착신앙과 불교와의 관계 ……………………………………… 최광식

Ⅱ. 불교와 도교

1. 불 교 ……………………………………………………………… 신종원
2. 도 교 ……………………………………………………………… 양은용

Ⅲ. 유학과 역사학

1. 역사개념의 출현 ………………………………………………… 정구복
2. 유학과 역사학의 관계 …………………………………………… 정구복
3. 삼국의 유학 ……………………………………………………… 정구복
4. 삼국의 역사편찬 ………………………………………………… 정구복

Ⅳ. 문학과 예술

1. 언어와 문학
   1) 언 어 ………………………………………………………… 송기중
   2) 시 가 ………………………………………………………… 성기옥
2. 회 화 ……………………………………………………………… 전호태

V. 과학기술

VI. 의식주 생활

VII. 문화의 일본 전파

한국사 8

삼국의 문화

편찬간행 **국사편찬위원회**

초판1쇄 2003년 11월 30일

2쇄 2013년 6월 4일

번각발행 **탐구당**

등록일 1950년 11월 1일

등록번호 서울 제 03-00993 호

주소 서울특별시 용산구 한강대로 62 나길 6

전화 (02) 3785-2211(대표)

팩스 (02) 3785-2272

홈페이지 www.tamgudang.co.kr

전자우편 tamgudang@paran.com

ISBN 978-89-8236-574-4

978-89-8236-566-9(세트)

값 20,000 원

* 파본이나 잘못된 책이 있으면 교환해 드립니다.